ITALIENISCHE ADRIAKÜSTE

Eberhard Fohrer
Sabine Becht

INHALT

Was haben Sie entdeckt?

Haben Sie eine freundliche Trattoria weitab vom Trubel entdeckt, eine nette Unterkunft mit Atmosphäre, ein stilvolles Weingut oder einen schönen Wanderweg?

Wenn Sie Ergänzungen, Verbesserungen oder neue Tipps zum Buch haben, lassen Sie es uns bitte wissen!

Schreiben Sie an:

Eberhard Fohrer / Sabine Becht
Stichwort „Adriaküste“
c/o Michael Müller Verlag GmbH
Gerberei 19
D – 91054 Erlangen
fohrer.becht@michael-mueller-verlag.de

Kartenverzeichnis

Verzeichnis der Wanderungen

Mittels **GPS kartierte Wanderungen** – Waypoint-Dateien zum Downloaden unter: *www.michael-mueller-verlag.de/gps*

Zeichenerklärung für die Karten und Pläne

Autobahn
asphaltierte Verbindungsstraße
asphaltierte Straße
Nebenstraße
Piste
Fußpfad/Wanderweg
Grünanlage
Berggipfel
Aussicht
Höhle
Badestrand
Leuchtturm
Wasserfall
Kirche
Sehenswürdigkeit
Flughafen/-platz
Bushaltestelle
Taxistandplatz
Information
Post
Museum
Parkplatz
Ärztliche Versorgung
Apotheke
Telefon
Bank/Wechselstube

Sentiero n.2
TENZIONE
COLO CADUTA MASSI
o vento forte

Die Pracht der Serenissima: Venedig vom Meer aus gesehen

Die Adriaküste erleben

Endlose Sandstrände und eindrucksvolle Kulturstädte, imposante Lagunenlandschaften und das ruhige Hinterland mit seinen unzähligen Weinbergen – andererseits gigantische Wasserparks und Megadiscos, säuberlich in Reihe gestellte Liegestühle, überbordende Ferienzentren und kilometerlange Promenaden: Die wenigen Schlagworte zeigen bereits die Vielgestaltigkeit der beliebten Urlaubsregion zwischen Slowenien und Apulien.

Das wohl bekannteste Strandparadies Italiens erstreckt sich über hunderte von Kilometern und sechs Regionen: *Friaul-Julisch Venetien, Venetien, Emilia-Romagna, Marken, Abruzzen* und das kleine *Molise*. Von Triest am äußersten Nordostende des Adriatischen Meeres bis zum Sporn der Stiefelrepublik an der Nordgrenze zu Apulien planscht nicht nur halb Italien – und ein Gutteil von Mitteleuropa – samt *bambini* im meist seichten Küstenwasser der Adria, es bietet sich auch reichlich Kunst und Kultur, allen voran natürlich *Venedig*, die auf Millionen von Holzpfählen erbaute ehemalige Dogenrepublik an der oberen Adriaküste – zweifellos eine der schönsten Städte der Welt und schon für sich allein eine Reise wert.

Schon 1843 begann die Erfolgsgeschichte der italienischen Ostküste mit der Gründung des ersten bescheidenen „Bagno" in Rimini, heute das bekannteste aller italienischen Seebäder. Um die Jahrhundertwende galt Rimini als eine der ersten Adressen Europas, hauptsächlich besucht von der besseren Gesellschaft und der Aristokratie, 1908 öffnete das Grand Hotel seine Pforten. Die Weltkriege unterbrachen die prosperierende Entwicklung, doch mit den Wirtschaftswunderjahren kamen die deutschen Gäste massenweise über die Alpen gerollt – und mit der Zeit wurden es immer mehr. Die alten Fischersiedlungen mutierten quasi über Nacht zu

Für Kinder wie geschaffen: die kilometerlangen Strände der Adria

riesigen Badestädten, neue Orte entstanden, überhastet wurde gebaut und gebaut, die altehrwürdige Pineta abgeholzt und die über Jahrhunderte gewachsenen Dünenlandschaft eingeebnet. Über viele Jahre hinweg prägten deutsche Urlauber das Geschehen an der Adria, der „Teutonengrill" wurde zum vielzitierten Schlagwort, in Presse und Film wurde dem Urlaubsmichel augenzwinkernd der Spiegel vorgehalten – der Beliebtheit der Region tat das aber keinerlei Abbruch. Ende der 1980er Jahre ereignete sich jedoch der touristische Supergau: Die Algenpest erreichte die mittlere Adria und verursachte einen der größten Umsatzeinbrüche in der Geschichte des italienischen Tourismus. Riesige Mengen von weißem Algenschleim verschmutzten damals die Strände und das küstennahe Wasser, das Baden wurde unmöglich und die Besucher blieben massenweise aus. Schon wurde das Ende des Adriatourismus prophezeit, da verschwand der Spuk nach zwei Jahren so plötzlich, wie er gekommen war.

Aus dieser Katastrophe hat man an der Adria gelernt und in den letzten zwanzig Jahren wurde enorm viel getan, um die alten Stammgäste – auch die deutschen – zu behalten, aber auch um neue zu gewinnen. „Sanfter Tourismus" hieß nun die Devise. Man investierte in Umweltschutz, baute Kläranlagen und kümmerte sich um die Sauberkeit der Strände, wies Naturschutzgebiete aus, befreite die historischen Innenstädte von den endlosen Blechlawinen, schuf neue Freizeitmöglichkeiten und verwies auf die Schönheiten des Hinterlands: Dazugekommen sind in jüngerer Zeit großzügige Thermalanlagen, Sporteinrichtungen und vielseitige Wellnessangebote. Aber ebenso hat auch die Spaßgeneration ihr Recht bekommen, denn vor allem in Lido di Jesolo, Rimini und Riccione sind ausgeprägte Vergnügungszonen entstanden. Mittlerweile hat die Adria den Generationswechsel gut überstanden und blickt in eine prosperierende Zukunft. Die Jugend präsentiert sich tagsüber braungebrannt und knackig am Strand und feiert nachts in den zahllosen Discos, es gibt Pubs mit

Livemusik, Internetcafés und Freilichtkinos, aber auch Entspannungsoasen mit Whirlpools und Aromatherapie. Und natürlich können vor allem Familien mit Kindern ihr Ferienglück finden, denn in den großen Badestädten Lignano, Lido di Jesolo und Rimini/Riccione wurden höchst aufwändige Vergnügungsparks und Spaßbäder errichtet, es gibt Reitställe, Fahrraddroschken, Minigolf, Ausflugsangebote und vieles vieles mehr – und die auf hunderte von Metern flach ins Meer abfallenden Strände sind für die Kleinen und Kleinsten sowieso ideal wie nirgendwo anders in Europa. Es wird also etwas geboten an der Adria und die unterschiedlichsten Nationen räkeln sich für vier Monate in den wie mit dem Lineal gezogenen Liegestuhlreihen – der einstige Teutonengrill ist multikulti und „trendy" geworden, aber auch bei den Italienern selber nach wie vor heiß begehrt.

Die sechs Adriaregionen im Überblick

- **Friaul-Julisch Venetien (Friuli Venezia Giulia)**: Die nordöstlichste Region Italiens bietet für österreichische Gäste den schnellsten Zugang zum Mittelmeer und so ist die friulanische Adria allsommerlich fest in der Hand von Erholungssuchenden aus der Alpenrepublik, die auf der Alpen-Adria-Autobahn über Villach und Tarvisio im Handumdrehen anreisen und die zwei großen Badeorte *Grado* und *Lignano* bevölkern. Erfreulich, dass geschützte Naturparks nur wenige Kilometer entfernt liegen, wo man nach Herzenslust und oft fast völlig allein wandern oder Rad fahren kann. In jedem Fall lohnt ein Besuch im ehrwürdigen *Triest*, eine reizvolle Mischung aus Alt-Österreich, Italien und Slowenien, aber auch die berühmten friulanischen Weinbaugebiete liegen nicht weit von der Küste.

Nostalgischer Ferientrip zur Adria

Venetien (Veneto): *Bibione*, *Cáorle* und das gigantisch große *Lido di Jesolo* erfreuen sich in den Sommermonaten seit Jahrzehnten ungebrochener Beliebtheit, denn die Algenpest fand hier nicht statt. Im Gegensatz zu den beiden anderen erst im 20. Jh. entstandenen Ferienstädten besitzt Cáorle ein hübsches historisches Zentrum und einen lebhaften Fischerhafen. Einen Abstecher nach *Venedig* lässt natürlich kaum ein Besucher aus, aber auch in der Umgebung laden kulturell interessante Städte und Landschaften zu ein wenig Abwechslung vom anstrengenden Strandleben ein: Am idyllischen *Brenta-Kanal* zwischen Venedig und Padua kann man freskengeschmückte Villen venezianischer Adliger besichtigen, die hier nicht weit von der feuchten Lagunenstadt komfortabel im Grünen wohnten, *Padua* selbst lockt mit Giotto-Fresken und der großen Basilica di Sant'Antonio, und nur wenige Kilometer südlich der Stadt kann man in *Abano Terme* im Spa relaxen, in den reizvollen *Colli Euganei* Wein verkosten, stundenlang wandern oder aber in *Montagnana* eine der schönsten mittelalterlichen Stadtbefestigungen Europas besichtigen.

- **Emilia-Romagna**: Die eindrucksvoll weite und eigentümlich leere Landschaft des *Po-Deltas* liegt z.T. noch in Venetien, gehört aber in ihrem südlichen Abschnitt bereits zur Doppelregion Emilia-Romagna. Kulturelle Highlights sind dort das ehemalige byzantinische *Ravenna*, die „Klein-Venedig" genannte Wasserstadt *Comacchio* und die sympathisch fahrradfreundliche Renaissancestadt *Ferrara*. Von den folgenden großen Badestädten entlang der nahezu brettflachen Küste besitzt vor allem *Cesenatico* ein ansehnliches Centro Storico mit einem langen pittoresken Kanal, doch die weltberühmte Bademetropole *Rimini* mit ihrer immensen Ausdehnung, dem legendären Nachtleben und der unerwartet schmucken Altstadt ist nicht zu toppen.
- **Marken (Le Marche)**: Die Adriaorte der Region Marken zählen nicht unbedingt zu den schönsten im Land. Doch die Landschaft wird hier abwechslungsreich und in *Sirolo* oder *Numana* an der Südseite des so schroff wie eindrucksvoll ins Meer abfallenden *Monte Conero* findet man auch die sonst an der italienischen Adria so raren beschaulichen Badebuchten und sogar ein wenig dörfliche Idylle – im Sommer platzt allerdings gerade dieser Küstenabschnitt aus allen Nähten. Im Hinterland liegt die schöne Renaissance- und Universitätsstadt *Urbino*; eindrucksvolle Hochgebirgslandschaften findet man in den *Monti Sibillini* südöstlich von Ancona, keine zwei Autostunden von der Küste entfernt.
- **Abruzzen (Abruzzo)**: Auch hier lohnt sich verstärkt der Blick ins Landesinnere, denn die grandiosen Hochgebirgsregion des fast 3000 Meter hohen *Gran Sasso d'Italia*, ebenfalls nur rund zwei Autostunden von der Küste entfernt, sorgt für einen ganz besonders reizvollen Kontrast zur flachen Küste. Ebenso lohnenswert: die beschaulichen Städtchen in den Hügeln zwischen Adriaküste und Hochgebirge.
- **Molise**: Freie Strände ohne sorgfältig aufgereihte Sonnenschirmparaden findet man entlang der Küste der Region Molise ganz im Süden der Adria, kurz vor der großen Gargano-Halbinsel, die bereits den Beginn der süditalienischen Region Apulien markiert. Die Strände werden zwar nicht gepflegt, sind dafür aber auch weniger überlaufen – und in *Termoli*, dem einzigen größeren Küstenort dieser Region, lässt es sich durchaus eine Weile aushalten.

Landschaft und Geografie

Die Adriaküste ist für Überraschungen durchaus gut. Zwar erstreckt sich hinter den endlosen Sandstränden ein oft bis auf den letzten Quadratmeter kultiviertes und stellenweise stark zersiedeltes Nutzland – doch finden sich auch immer wieder interessante Eigenheiten und Reize, wie z. B. die riesigen Lagunen im Norden, das weit verästelte Po-Delta oder aber die imposante Steilküste des Monte Conero bei Ancona.

Das adriatische Meer erreicht am *Golf von Triest* in Friaul-Julisch Venetien seinen nördlichsten Punkt. Nach der steinigen Karstregion um Triest folgt eine flache Küstenlandschaft, die aus dem Schwemmland der zahlreichen Wasserläufe und den ausgeprägten Lagunengebieten besteht. Besonders charakteristisch zeigt sich diese küstennahe Wasserlandschaft in den großen *Lagunen von Marano* und *Grado*, die sich zwischen den Flüssen Isonzo und Tagliamento erstrecken. Umgeben war diese

Welt aus Wasser, Sumpflandschaft, schmalen Kanälen, Sandbänken und Flüssen einst von weiten Pinienwäldern, die durch den Bau der großen Badeorte immer mehr zurückgedrängt wurden und nur noch in Restbeständen erhalten sind. Die kilometerlangen Strände sind an vielen Stellen mehrere hundert Meter breit und fallen extrem flach ins Wasser ab.

Naturparks an der Adria

Riserve Naturali Regionali delle Foci dello Stella e della Valle Canal Novo (*Friaul-Julisch Venetien*): Die beiden Naturschutzgebiete umfassen Teile der großen Lagune von Marano. Der Naturpark *Foci dello Stella* kann im Rahmen von organisierten Bootsausflügen besucht werden, das *Valle Canal Novo* kann zu Fuß begangen werden (www.riservenaturali.maranolagunare.com).

Riserva Naturale Regionale della Foce dell'Isonzo (*Friaul-Julisch Venetien*): Das Mündungsgebiet des Isonzo steht auf beiden Seiten des Flusses unter Naturschutz, zahlreiche Vögel nisten in den ausgedehnten Schilfgebieten. Die *Area Naturale Caneo* am Westufer kann auf Asphalt erreicht werden, dort gibt es ein Besucherzentrum, ebenso auf der *Isola della Cona* an der Ostseite des Isonzo (www.foceisonzo.it, www.isoladellacona.it).

Parco Regionale del Fiume Sile (*Venetien*): Das geschützte Gebiet des Flusses Sile und seiner zahlreichen Nebenarme erstreckt sich im Umland von Treviso und reicht von den Quellen über das Stadtgebiet bis zur Mündung in die Lagune (www.parks.it/parco.fiume.sile).

Parco Regionale dei Colli Euganei (*Venetien*): Die über achtzig Euganäischen Hügel sind vulkanischen Ursprungs und liegen südwestlich von Padua. In der Po-Ebene bilden sie eine üppig grüne Oase, an ihrem Rand liegen die berühmten Thermalbäder Abano Terme und Montegrotto Terme (www.parks.it/ parco.colli.euganei).

Parco Nazionale del Delta del Po (*Venetien/Emilia-Romagna*): Mit sechs Armen mündet der Po südlich von Venedig ins Meer und bildet ein mächtiges Delta und das größte Sumpfgebiet Italiens – ideal zum Radfahren und Kajakfahren (www.parks.it/parco.delta.po.ve bzw. www.parks.it/parco.delta.po.er).

Parco Naturale Monte San Bartolo (*Marken*): Ein kleiner Regionalpark bei Pesaro, nur zehn Kilometer lang. Von dem Vorgebirge fällt die Küste bis zu 200 Meter steil ins Meer ab, zahlreiche Seevögel finden dort ihr Refugium, auf der Landseite gedeiht üppige Vegetation (www.parcosanbartolo.it).

Parco Naturale del Conero (*Marken*): Der Monte Conero (572 m) ist die einzig wirklich steile Erhebung entlang der Küste bis hinunter nach Apulien. An der unzugänglichen Felsküste nisten seltene Seevögel, im Park gibt es zahlreiche Wanderwege (www.parks.it/parco.conero).

Ein ähnliches Landschaftsbild präsentiert sich auch in der Nachbarregion Venetien, wo sich die Flüsse in mannigfachen Verästelungen ihren Weg zur Küste bahnen. In mehreren Armen münden sie in der Adria oder den Lagunen, wobei ihre Sedimentablagerungen die Küstenlinie immer weiter ins Meer vorschieben. Die größten Wasserläufe sind *Po*, *Adige* (Etsch), *Brenta*, *Piave* und *Livenza* sowie der kuriose Quellfluss *Sile*, der bei Treviso entspringt und einen großen Teil seiner etwa 90 km

Länge unterirdisch zurücklegt. Vor allem in Küstennähe wurden sie seit vielen Jahrhunderten durch ein kunstvolles System von Kanälen verbunden, die einerseits als Handels- und Transportwege dienten, z. T. aber auch begehrte Wohngegenden für den venezianischen Adel waren – am bekanntesten der *Brenta-Kanal* zwischen Padua und Venedig. Zu den charakteristischen Lagunenseen zwischen Po-Delta und Golf von Triest zählt auch die berühmte *Lagune von Venedig*, die größte Italiens. Ebenfalls landschaftsprägend an der Adriaküste ist das zum Naturpark erklärte *Po-Delta*, das unter dem Schutz der Unesco steht. Das fast völlig flache und dünn besiedelte Land wird hier durch mäandernde Flussläufe, Lagunen und ausgedehnte Feuchtgebiete bestimmt, während die sich südlich anschließende Küste der Emilia-Romagna mit ihren endlosen Sandstränden stark touristisch geprägt ist.

Die Landschaft ändert sich unvermittelt in den südlich angrenzenden Marken: Sanft gewellte Hügel erheben sich gleich hinter dem flachen Küstenstreifen, dazwischen erstrecken sich insgesamt 13 teilweise recht breite Flusstäler, die hier in die Adria münden. Großer landschaftlicher Höhepunkt der Region ist das steil bis auf fast 600 Meter ansteigende Vorgebirge (*Promontorio*) des *Monte Conero* südlich von Ancona: dramatisch abfallende Steilküste und unzugängliche Kiesbuchten, auf der Landseite dichter Wald – ein ungewöhnliches Bild für die Adriaküste. Südlich des Conero wird die Landschaft flach, erst ganz im Süden der Region rücken die Hügel wieder näher ans Meer und bilden einen reizvollen Kontrast.

Die Abruzzenküste tut sich nicht unbedingt mit aufregender Landschaft hervor, doch findet man diese dort reichlich im Hinterland, vor allem um den knapp 3000 Meter hohen *Gran Sasso d'Italia*, den höchsten Berg des Apennin. Hinter der flachen Küstenlinie mit ihren breiten Sandstränden breitet sich – ähnlich wie in den Marken – ein schier endloses Hügelland aus, wenngleich etwas steiler als weiter nördlich. Weinberge und mittelalterliche Städtchen auf den Hügelkämmen prägen das Bild, unterbrochen immer wieder von breiten Flusstälern mit viel Landwirtschaft.

Wirtschaft und Tourismus

Der Tourismus spielt überall eine große Rolle, wenn nicht sogar die größte. Das fruchtbare Schwemmland der Küste wird aber auch landwirtschaftlich intensiv genutzt, hinzu kommt ein nicht unerheblicher Anteil an Kleinindustrie.

Die industrielle Wirtschaftsleistung der italienischen Adriaregionen wird zu einem Großteil von Familienunternehmen und Kleinbetrieben mit weniger als zehn Angestellten erbracht. Allein in Venetien gibt es fast eine halbe Million dieser Firmen, allerdings auch die gigantomanisch anmutende Schwer- und Petrochemie um *Porto Marghera* an der Lagune von Venedig – zweifellos kein günstiger Standort, weder ökologisch noch touristisch. Ein bedeutender Wirtschaftszweig des Veneto ist aber auch die Textilverarbeitung, Unternehmen wie „Benetton", „Diesel" und „Replay" haben hier ihren Sitz. Das benachbarte Friaul-Julisch Venetien wird von Schiffsbau (riesige Werften liegen bei Monfalcone und Triest), Haushaltsgeräteherstellung und Möbelindustrie gestützt, ebenso wie die weiter südlich gelegenen Marken, wo sich außerdem Schuh- und Bekleidungsindustrie angesiedelt haben. Die Emilia-Romagna, eine der reichsten Regionen Italiens, ist auch ein bedeutender Wirtschaftsstandort, neben Automobil- und Maschinenbau gibt es Textilmanufakturen, Keramikproduktion und vor allem eine wichtige Lebensmittelindustrie, die allerdings hauptsächlich im Landes-

inneren um *Parma* und *Modena* zu finden ist. Industriell kaum von Bedeutung sind die noch heute ländlich geprägten Abruzzen, hier dominieren die Handwerksbetriebe und Kleinunternehmen, ebenso wie im benachbarten Molise.
Bei der Landwirtschaft spielen Obst- und Gemüseanbau in den fruchtbaren Ebenen hinter der Küste überall eine wichtige Rolle. Mais, Weizen, Reis, Kartoffeln, diverse Futterpflanzen, aber auch Kirschen, Pfirsiche, Oliven und im Hügelland natürlich auch Wein werden hauptsächlich in Venetien und Friaul-Julisch Venetien angebaut, die riesige Po-Ebene der Emilia-Romagna gilt dagegen als Kornkammer Italiens und Zentrum der italienischen Rinder- und Schweinezucht. Trotz der vielen malerischen Fischereihäfen spielt der Fischfang an der Adriaküste nur noch eine untergeordnete Rolle. In *Chioggia* (Venetien) gibt es zwar den größten Fischmarkt an der oberen Adria, doch gehen die Bestände – u. a. wegen Überfischung – seit Jahren zurück. Lediglich in den Küstenlagunen und im Po-Delta stellt die Fisch- und Muschelzucht noch einen der wichtigsten Wirtschaftsfaktoren dar.
Bleibt der Tourismus – seit Jahrzehnten die wichtigste Einnahmequelle der Regionen an der Adriaküste, in Venedig sogar schon seit Jahrhunderten. Das Geheimnis heißt: Innovationen schaffen, Trends aufnehmen, immer wieder Neues bieten, denn die Gäste wollen animiert sein. Doch die Saison ist nur vier Monate kurz und kaum jemand schafft es, sein Jahreseinkommen in dieser Zeit zu erwirtschaften, so haben die meisten Bademeister, Kellner und Hotelpagen in der kalten Jahreszeit andere Jobs.

Klima und Reisezeit

Warme, relativ trockene Sommer und milde Winter mit viel Niederschlag prägen das Klima entlang der italienischen Adriaküste. Je südlicher man kommt, desto mediterraner wird es. Dennoch: Die Saison in den Badeorten dauert nur von Anfang/Mitte Mai bis Mitte/Ende September.

Gerade an der Adriaküste kann es in der Vorsaison noch recht kühl sein, die Temperaturen liegen im März und April im Schnitt bei 10 bis 15°C, es ist also nur unwesentlich wärmer als nördlich der Alpen. Zumindest theoretisch etwas freundlicher gibt sich das Klima weiter südlich an der Küste, doch kann man hier das Pech haben, dass sich eine Regenfront am nahen Apennin über Tage regelrecht festhängt. Durchschnittlich regnet es in den Wintermonaten an der Adriaküste an 9 Tagen im Monat, im Sommer an etwa 5–6 Tagen. Die Temperaturen steigen im Mai auf durchschnittlich mind. 20°C, um sich im Juli und August auf 26 bis 28°C zu erwärmen. Auch der September kann in der ersten Monatshälfte noch sehr warm sein, spätestens am Ende des Monats geht es mit den Temperaturen schon recht deutlich bergab, viele Hotels in den Badeorten schließen ihre Pforten (Ausnahmen sind die Hotels in größeren Städten) und öffnen erst wieder zu Ostern bzw. Anfang Mai. Dann nämlich erlauben die Wassertemperaturen zumindestens Unerschrockenen einen Sprung in die knapp 20°C frische Adria, die im August mit bis zu 26°C wahrhafte Badewannenqualität hat. Auch im September sind die Wassertemperaturen mit 23°C noch überaus badetauglich, wogegen 18°C im Oktober doch recht kühl sind. Im Winter wird es dann auch an der Adriaküste unangenehm nasskalt, wenngleich das Thermometer fast nie unter den Gefrierpunkt fällt. Besonders in den regenreichen Monaten November und Februar herrscht eine gewisse graue Trostlosigkeit, nicht wenige der im Sommer so turbulenten Badestädte sind dann wie ausgestorben. Die Temperaturunterschiede entlang der Küste sind übrigens so

Uraltes Symbol Venedigs: der geflügelte Markuslöwe

dramatisch nicht. Am heißesten wird es im Sommer in der Po-Ebene und bei den Lagunen, diese drückende Hitze sollte man besser meiden, weiter südlich an der Adriaküste weht aber auch im August schon mal ein frischer Wind. **Achtung**: Wer seinen Adria-Urlaub in den zwei Wochen um den 15. August („Ferragosto") herum plant, sollte frühzeitig buchen, denn zu dieser Zeit verbringt halb Italien hier die Ferien!

Geschichte im Überblick

ab 1000 v. Chr. Zahlreiche Völker wandern auf die Apenninhalbinsel ein: die Veneter im Norden, Picener auf dem Gebiet der heutigen Marken, Sabiner (Samniten) im Süden.

ab 400 v. Chr. Einfall der Kelten im Norden Italiens, der Einflussbereich der Gallier und der italischen Völker teilt das Gebiet der heutigen Marken.

Die aufstrebende Regionalmacht Rom versucht in drei Kriegen (Samniten-Kriege), ihren Einflussbereich bis an die Adriaküste auszudehnen.

295 v. Chr. Schlacht von Sentinum. Die Römer besiegen eine Allianz aus Etruskern, Galliern und Samniten. Auch die Picener werden unterworfen. Rom erlangt die Herrschaft über die italienische Halbinsel.

um 220 v. Chr. Bau der Via Flaminia von Rom nach Fano (Marken) und weiter an der Adria entlang über Pesaro nach Rimini (Emilia-Romagna).

91-89 v. Chr. Der Bundesgenosssenkrieg erschüttert das römische Reich, die Bundesgenossen sagen sich von Rom los und gründen ihr eigenes Reich mit der Hauptstadt „Italia" (Corfinium, in den Abruzzen).

4. Jh. Das Christentum setzt sich als Staatsreligion durch.

395 n. Chr.	Teilung des römischen Reiches in Westrom (Hauptstadt Rom) und Ostrom (Hauptstadt Byzanz).
5./6. Jh.	Völkerwanderung.
493	Nach dem Untergang des Weströmischen Reiches macht der Gotenfürst Theoderich Ravenna zu seinem Regierungssitz.
540	Ravenna fällt unter die Herrschaft Byzanz. Unter byzantinischem Einfluss entwickelt sich die pentapolis marittima, ein Zusammenschluss der Städte Rimini, Pesaro, Fano, Senigallia und Ancona.
568–774	Langobardenreich in Italien, an der Adria aber bleiben Ravenna und die pentapolis marittima byzantinisch (bis 751).
754	Die sog. Pippinische Schenkung begründet den Kirchenstaat, der weite Teile Mittelitaliens umfasst.
773–887	Das Reich der Karolinger löst die Herrschaft der Langobarden in Italien ab.
ab dem 9. Jh.	Venedig entwickelt sich zur unabhängigen Stadtrepublik und zur Seemacht.
1140	Der Normannenfürst Roger II., König „beider Sizilien" dehnt seinen Einfluss auf die Abruzzen aus. Von nun an sind die Geschicke der Region eng mit Süditalien verknüpft.
1194	In Jesi (Marken) wird der Staufer Friedrich II. geboren (1198 König von Sizilien, 1215 deutscher König, 1220 Kaiser).
1250	Tod Friedrichs II.
ab Mitte d. 13. Jh.	Mit dem Ende der kaiserlichen Macht in Italien erstarken regionale Mächte und die großen Städte.
1376–81	Im Chioggia-Krieg entscheidet Venedig das Ringen mit Genua um die Vorherrschaft im östlichen Mittelmeer für sich.
15./16. Jh.	Renaissance in Italien; Ober- und Mittelitalien sind der kulturelle Mittelpunkt Europas; Venedig steht auf dem Höhepunkt seiner politischen und wirtschaftlichen Macht; in Mittelitalien ist die Kirche zur größten Territorialmacht avanciert.
	Machtgleichgewicht bei wechselnden Bündnissen in Italien zwischen den fünf größten Staaten: Mailand, Venedig, Florenz, Neapel-Sizilien und dem Kirchenstaat.
	Die Liga von Cambrai (Frankreich, Spanien, das Habsburgerreich und der Kirchenstaat) beendet die venzianische Expansion. Die Habsburger festigen ihren Einfluss im Nordosten (heutiges Friaul-Julisch Venetien).
ab dem 16. Jh.	Italien wird zum Schauplatz des Kampfes zwischen Frankreich und Spanien.
1701–1713/14	Im Zuge des Spanischen Erbfolgekrieges wird Italien erneut zum Schlachtfeld.
1797	Feldzug Napoleons in Italien, der letzte venezianische Doge muss abdanken, Österreich erhält von Napoleon die Verfügungsgewalt über Friaul-Julisch Venetien, Istrien, Dalmatien und Venetien bis zur Etsch.

1800	Mit der Schlacht von Marengo gerät Italien unter Napoleonische Herrschaft.
1814	Im Zuge der Neuordnung Europas während des Wiener Kongresses werden Venetien und Friaul-Julisch Venetien Österreich zugesprochen.
1860/61	Im Zuge des Risorgimento werden die Marken und die Romagna (vormals Kirchenstaat) sowie die Abruzzen (vormals Königreich beider Sizilien) Teil des geeinten Italien.
1866	Auch Venetien und der Westen Friaul-Julisch Venetiens schließen schließen sich dem jungen Königreich Italien an, der Osten des Friaul bleibt bis zum Ersten Weltkrieg bei der österreichisch-ungarischen Doppelmonarchie.
	Als letztes gelangt auch der Rest des Kirchenstaates zu Italien, Rom wird zur Hauptstadt.
1914	Beginn des ersten Weltkrieges; anfängliche Neutralität Italiens.
1915	Londoner Abkommen: Italien tritt auf der Seite der Alliierten in den Krieg ein, zunächst gegen Österreich-Ungarn; (1915–17 schwere Kämpfe um Friaul-Julisch Venetien); 1916 Kriegserklärung gegen Deutschland.
1919	Friede von Saint-Germain; Italien erhält Südtirol, Friaul-Julisch Venetien und Istrien, ist aber unzufrieden mit den Kriegsgewinnen.
1922	Machtergreifung Mussolinis („Marsch auf Rom"); beginnender Aufbau eines faschistischen Systems.
1939	Beginn des Zweiten Weltkrieges.
1940	Italien tritt in den Krieg ein.
1943	Landung alliierter Truppen in Sizilien; Sturz des faschistischen Systems; Gründung einer faschistischen „Gegenrepublik" in Norditalien (Republik von Salò).
1945	Kapitulation der deutschen Truppen in Italien; Mussolini wird von Partisanen gefangen genommen und erschossen.
1946	Proklamation der Republik.
1947	Mit dem Pariser Friedensvertrag vom 10. Februar 1947 werden Istrien und Dalmatien zusammen mit dem größten Teil des friulanischen Karstgebietes Jugoslawien zuerkannt, die Stadt Gorizia wird zwischen Italien und Jugoslawien geteilt. Triest wird als UNO-Schutzzone verwaltet.
1949	Italien ist Gründungsmitglied der NATO und des Europarats.
1954	Triest wird endgültig Italien zugesprochen.
1957	Gründung der EWG („Römische Verträge").
1976	Verheerende Erdbeben im Friaul.
1992/1993	Korruptionsskandale erschüttern die Republik; Wahlrechtsreform.
2001	Wahlsieg Berlusconis mit „Forza Italia".
seit 2006	Das Mitte-Links-Bündnis siegt mit hauchdünner Mehrheit, Romano Prodi wird zum Ministerpräsidenten Italiens gewählt.

Anfahrt über den Brenner: Castel di Beseno bei Rovereto

Anreise mit dem eigenen Fahrzeug

Je nach Ausgangspunkt und Reiseziel führt die Route für Urlauber aus Deutschland und Österreich meist über den Brenner oder auf der Alpen-Adria-Autobahn an Tarvisio im Friaul vorbei. Wer ganz aus dem Westen der Bundesrepublik bzw. aus der Schweiz kommt, nimmt die St.-Gotthard-Autobahn oder die Strecke über den San-Bernardino und durchquert Italien anschließend am besten durch die breite und völlig flache Po-Ebene Richtung Adria.

Das italienische Straßennetz ist hervorragend ausgebaut, mehrere Autobahnen führen zur Adriaküste und an ihr entlang, und je nach Zielort ist die Anfahrt locker an einem Tag zu schaffen – es sei denn, man kommt aus Norddeutschland und will bis hinunter zur Küste der Abruzzen, dann sollte man eine Zwischenübernachtung in den Alpen einkalkulieren. Gerade die obere Adria kann man auch auf herrlichen Gebirgsrouten z. B. durch die Dolomiten erreichen – da wird der Weg zum Ziel und sorgt für bleibende Eindrücke, auch oder gerade weil man auf den kurvigen Bergstrecken nur langsam vorankommt. Aus Österreich können es, je nach Wohnort, sogar nur ein paar Stunden sein, bis man sich an den Stränden von Lignano und Grado im warmen Wasser der oberen Adria tummeln kann.

Allerdings: Alle italienischen Autobahnen bis in die Abruzzen und Molise hinunter sind gebührenpflichtig, vielerorts sind die Altstadtzentren für den Verkehr gesperrt, Parken ist teuer, gewöhnungsbedürftig ist zudem das italienische Großstadtchaos, speziell in Triest, Rimini, Ancona und Pescara.

AutoZüge: Wer sich die lange Tour durch deutsche Lande und über die Alpen nicht zumuten will, gleichzeitig einen aktiven Beitrag zum Umweltschutz leisten möchte, für den bieten die AutoZüge (früher: Autoreisezüge) eine Alternative. Von Berlin, Hamburg, Hildesheim und Düsseldorf starten sie 1- bis 2-mal wöchentlich immer abends (Ankunft am nächsten Vormittag) nach **Bozen**; von Berlin, Hamburg, Düsseldorf und Frankfurt geht es ebenfalls 1- bis 2-mal wöchentlich nach **Verona**, die Züge verkehren zwischen Anfang April und Ende Oktober. Je nach Reiseziel an der Adria sind es beispielsweise ab Verona nach Ancona dann nochmal 360 km, nach Pescara sogar 500 km, wogegen Venedig mit 120 km recht schnell zu erreichen ist (jeweils Autobahn). Vor allem für Familien mit Kindern sind die AutoZüge ein stressfreier, wenn auch nicht ganz billiger Einstieg, wobei die Kosten je nach Reisedatum sehr unterschiedlich sind – eine vierköpfige Familie wird in der Hochsaison jedoch mindestens 500 € los, ab Berlin oder Hamburg mindestens 600 € (jeweils einfach). *Achtung*: max. Höhe des Fahrzeugs inkl. Dachaufbauten 167 cm, Gepäckmitnahme auf dem Fahrzeug ist nicht erlaubt. Details in der Broschüre „AutoZug Katalog", unter DB AutoZug Servicetelefon 01805/241224 (tägl. 8–22 Uhr, 0,14 €/Min.) oder im Internet unter www.dbautozug.de

Anfahrt von Süddeutschland über den Brenner

Wer aus bzw. über Süddeutschland anreist, wird in aller Regel die Brenner-Autobahn *A 22* benutzen bzw. die parallel verlaufenden Staatsstraßen. Wenn alles glatt läuft, ist man von München in etwa sieben Stunden am Meer, doch kann einem in den Sommermonaten das hohe Verkehrsaufkommen einen Strich durch die Rechnung machen. Vor allem zu Beginn von Ferienzeiten sind Staus an der Tagesordnung: Die Auffahrt zum Brenner und die Mautstation von Sterzing gelten als besonders anfällige Punkte. Die Staatsstraßen sind oft ebenfalls überlastet.

▸ **Bundes- und Staatsstraßen**: Um die österreichische Maut zu sparen, kann man für den Transit zwei „Schleichwege" nutzen, den *Zirler Berg* und den *Reschenpass* (siehe im Folgenden). Allerdings wird man dafür in der Regel einiges mehr an Zeit benötigen. In Italien verläuft neben der gebührenpflichtigen Autobahn die Staatsstraße *SS 12*. Auch hier ist man oft recht lange unterwegs, da zahlreiche Ortschaften mit ebenso vielen Ampeln durchquert werden müssen, das Verkehrsaufkommen ist hoch, und vor allem Wohnmobile schleichen gern auf der Brennerstraße den Berg hinauf.

In Österreich sind die **Benzinpreise** deutlich günstiger als in Deutschland, Italien und der Schweiz. Unter www.oeamtc.at/sprit gibt es detaillierte Hinweise, bei welchen Tankstellen der Kraftstoff am preiswertesten ist.

• *Über den Zirler Berg* Von München die **Starnberger Autobahn** nach **Garmisch-Partenkirchen** nehmen, auf Landstraße zum Grenzübergang **Mittenwald/Scharnitz**. Abenteuerlich ist dann die Fahrt den **Zirler Berg** hinab ins Inntal (15 % Gefälle!), beeindruckender Blick aufs Tal und Innsbruck. Vorsicht: Wenn man auf dieser Straße bleibt, gerät man unweigerlich auf die Inntal-Autobahn! Deshalb vorher nach **Zirl** abbiegen und auf der **B 171** nach Innsbruck, dort die **alte Brennerstraße (B 182)** durchs reizvolle Eisacktal hinauf zum Brenner nehmen. *Achtung*: Die B 182 darf von Fahrzeugen über 3,5 t und Fahrzeugen mit Anhänger nicht befahren werden!

• *Über den Reschenpass* Schöne, aber etwas umständliche Strecke über Garmisch-

Jenseits des Alpenhauptkamms beginnt „Bella Italia"

Partenkirchen, aus Schwaben kommend über Kempten und Füssen. Von Garmisch aus hält man sich in Richtung **Fernpass** (1209 m). Nach dem Pass kurvt die steile Bergstraße hinunter zum **Schloss Fernstein** am hübschen gleichnamigen See, in **Nassereith** links ab nach Innsbruck oder rechts und hinauf zur italienischen Grenze am **Reschenpass** (1504 m). In einer langen Schleife geht es den attraktiven **Vinschgau** hinunter nach **Meran** und weiter auf einer neuen Schnellstraße nach **Bozen**, dort auf die A 22 oder weiter auf der Staatsstraße.

Autobahngebühren Österreich: Alle österreichischen Autobahnen und Schnellstraßen sind gebührenpflichtig. Die Zehntages-Vignette für PKW kostet 7,60 €, Zweimonats-Vignette 21,80 €, Jahres-Vignette 72,60 € (Motorrad 4,30, 10,90, 29 €). *Tipp*: Für einen Aufenthalt, der länger als zehn Tage dauert, nicht die Zweimonats-Vignette nehmen, sondern für Hin- und Rückreise je eine Zehntages-Vignette. Vignetten sind bei den Automobilclubs, an grenznahen Raststätten und an der Grenze erhältlich (für die Rückreise auch auf Südtiroler Seite). Separat gezahlt werden muss außerdem die Auffahrt zum **Brenner** mit der eindrucksvollen Europa-Brücke. Kostenpunkt für alle Kfz bis 3,5 t (inkl. Anhänger) 8 €, über 3,5 t zahlt man 31 €!
Für Fahrzeuge ab 3,5 t finden Sie Informationen unter www.go-maut.at oder ✆ 0800-40011400.

Auf der Brenner-Strecke an die Adria

Übliche Anreiseroute mit dem Auto ist die gebührenpflichtige Brenner-Autobahn *A 22*, die über Verona nach Modena (300 km ab Brenner) und in weiter Kurve um Bologna herumführt (hier erfahrungsgemäß immer Stau). Bei Bologna wechselt man auf die *A 14* (*Adriatica*), die relativ schnell ans Meer nach Rimini und mehr oder minder in Küstennähe nach Ancona (Marken) und bis hinunter nach Pescara (Abruzzen) führt. Keine durchgängige Autobahn in Küstennähe gibt es zwischen Venedig und Rimini (Venetien und Emilia-Romagna), je nach Zielort fährt man ab Venedig auf der *SS 516* in südlicher Richtung oder ab Rimini auf der *SS 16* in nördlicher Richtung. Wer die obere Adria (Venetien und Friaul) zum Ziel hat, wechselt schon bei Verona auf die *A 4*, die über Padua nach Venedig und weiter durch das Friaul bis nach Triest führt.

Autobahngebühren Italien: Die italienischen „Autostrade" (www.autostrade.it) sind kostenpflichtig. Für PKW/Motorräder kostet die Fahrt vom Brenner auf der A 22/A 4 bis Venedig 20 € (mit Anhänger 25,10 €), nach Ancona sind es 31,90 € (40 €). Kontrollstellen (Alt stazione!) gibt es am Beginn jedes neuen Autobahnabschnitts und an jeder Einfahrt, hier wird ein Ticket ausgegeben (am Automat entweder bereits griffbereit oder gelben bzw. roten Knopf drücken), beim Verlassen oder Wechseln der Autobahn wird zur Kasse gebeten. Mautkarte nicht verlieren, sonst muss die mögliche Gesamtstrecke gezahlt werden. Den Zahlungsverkehr erleichtert die magnetische *Viacard*, erhältlich im Wert von 25 € und 50 € bei den Automobilclubs, an Grenzübergängen und großen Raststätten. Für Karteninhaber gibt's an den Zahlstellen Extraspuren, dort werden die Beträge automatisch abgebucht (Autobahnticket einführen, Betrag erscheint auf der elektronischen Anzeigetafel, dann Viacard einführen). Vorsicht: immer auf ausreichende Deckung achten bzw. eine zweite Karte mitführen, denn Aufzahlen in Bargeld ist nicht möglich. Auch mit den gängigen Kreditkarten kann mittlerweile gezahlt werden, man benutzt dafür die eigens ausgewiesenen Spuren. Falls Sie sich falsch eingeordnet haben, stoßen Sie keinesfalls zurück (kann als Rückwärtsfahren auf der Autobahn geahndet werden – hohe Bußgelder, sogar Fahrverbot!), sondern drücken Sie die Hilfstaste („assistenza" o. Ä.). Sie erhalten dann einen Quittungsstreifen, mit dem Sie die Maut bei einer anderen Mautstelle bezahlen bzw. nachträglich überweisen können.

Alternativrouten durch die Dolomiten

Wer die Brenner-Autobahn rasch in Richtung obere Adria (Veneto und Friaul) verlassen will, findet im Folgenden einige interessante Varianten für die Anreise.

▶ **Von Brixen über Cortina d'Ampezzo**: Kurz vor *Brixen (Bressanone)* die *SS 49* Richtung Osten nehmen und das *Pustertal (Val Pusteria)* entlang. Über das freundliche Städtchen *Bruneck (Brunico)* geht es parallel zum Fluss Rienz. In *Toblach (Dobbiaco)* biegt man nach Süden ins enge und fast völlig unbesiedelte *Höhlensteintal (Val di Landro)* ab und überquert die Grenze zum Veneto. Von hier sind es noch knapp 20 km in den berühmten Wintersportort *Cortina d'Ampezzo*. Südlich von Cortina geht es durch das *Valle d'Ampezzo* zum gut 10 km langen Stausee *Lago di Pieve di Cadore*. Beim gleichnamigen Ort geht es rechts ab auf die *SS 51* Richtung Küste (Venetien) oder aber in *Pélos di Cadore* rechts ab auf der *SS 52* ins Friaul und auf der Autobahn *A 23* oder der *SS 13* Richtung Küste.

▶ **Von Bozen über Cortina d'Ampezzo**: Herrliche Tour auf der „Großen Dolomitenstraße" ab *Bozen (Bolzano)* quer durch die Dolomiten: Bozen – Karer Pass – Canazei – Pordoi-Joch – Falzarego-Pass – Cortina d'Ampezzo.
Zunächst nimmt man von Bozen/Kardaun die *SS 241* durch die Schlucht des *Eggentals (Valle d'Ega)*. Um *Welschnofen (Nova Levante)* weitet sich das Tal, linker Hand herrlicher Blick auf den *Rosengarten*. Obligater Stopp ist der winzige *Karersee (Lago di Carezza)* inmitten von sattem Nadelwald. Dann überquert man den

Karer-Pass (1745 m) und kurvt hinunter ins *Fassa-Tal*. In *Vigo di Fassa* trifft man auf die *SS 48*. Schnelle Fahrt durch das *Val di Fassa*, bei *Canazei* beginnt eine steile Serpentinenstrecke mit herrlichen Panoramen hinauf zum 2239 m hohen *Pordoi-Joch (Passo Pordoi)*, die Grenze zur Region Venetien. In zahllosen Serpentinen kreist man nun vom Pass wieder hinunter, dann zügige Fahrt bis zum Abzweig nach Belluno (*SS 203*) und hinauf zum *Passo di Falzarego* (2117 m), im Anschluss geht es in langen Kurven hinunter in die Ebene von Cortina d'Ampezzo und weiter wie im Abschnitt „Von Brixen" beschrieben.

▸ **Von Trento nach Bassano del Grappa**: Über die beiden Badeseen *Lago di Caldonazzo* und *Lago di Lévico* geht es auf der *SS 47* das lang gezogene *Valsugana* entlang, reizvolle Panoramen öffnen sich immer wieder. Erster lohnender Stopp im Veneto ist die Grappastadt *Bassano del Grappa* mit vielen reizvollen Zielen in der Umgebung. Von Bassano geht es weiter nach Padua oder Trevisio und von dort jeweils an die Küste.

Anfahrt durch das Tal der Drau (Kärnten)

Alternativrouten über Österreich

Besonders wenn die Reise ins Friaul oder nach Venetien führt, kann es sinnvoll sein, schon am Inntaldreieck bei Rosenheim auf eine Alternativroute umzuschwenken. Auch hier führen einige reizvolle Strecken durch die Alpen.

Tauernautobahn: Man fährt auf der *A 8* in Richtung Salzburg und auf der Tauernautobahn *A 10* bis Villach – diese Strecke bevorzugen meist diejenigen, die über Tarvisio auf der *A 23* ins Friaul und ins östliche Venetien reisen wollen. Die Strecke führt durch die Radstädter Tauern und den *Tauern-* und den *Katschbergtunnel* (beide je ca. 6 km, Maut insgesamt 9,50 €), in der Ferienzeit häufig Staus und Blockabfertigung. Ab *Villach* wechselt man auf die *A 23*, die über *Tarvisio* rasch an die Adria (Friaul) führt.

▸ **Felbertauernstraße**: Von der *A 93* Richtung Innsbruck fährt man bei *Kufstein Süd* ab zur *Felbertauernstraße* – eine reizvolle Alpenstrecke durch den Nationalpark Hohe Tauern. In Kufstein Süd geht es zunächst auf *B 173* und *312* am Wilden Kaiser vorbei (2344 m), dann auf der *B 161* über Kitzbühel bis Mittersill. Dort beginnt die eigentliche Felbertauernstraße (*B 108*), auf der der 5286 m lange *Felbertauerntunnel* durchquert wird (mautpflichtig, PKW/Wohnmobil 10 €, Motorrad 8 €). Weiter fährt man über Matrei (Osttirol) nach *Lienz* ins Drau-Tal. Auf der *B 100* dann bis Oberdrauburg, hier nach Kötschach-Mauthen im Gailtal abzweigen. Nach zwölf kurvigen und steilen Kilometern erreicht man die italienischen Grenze am *Plöckenpass*, auf der *SS 52 bis* geht es nach Karnien hinein. Alternative ist der weiter östlich gelegene *Naßfeldpass*, von wo man nach Pontebba im wichtigen Durchgangstal *Val Canale* auf die Autobahn *A 23* und die *SS 13* trifft.

Anreise aus Österreich

Aus dem Westen Österreichs nimmt man die *Brenner-Route* (→ S. 21) oder fährt über *Lienz* und den *Plöckenpass* nach Friaul-Julisch Venetien und von dort auf der *A 4* Richtung Venedig und Padua, ab dort auf der *SS 516* mehr oder minder an der Küste entlang in Richtung Süden. Schnellster Einstieg für alle, die aus dem Osten der Alpenrepublik kommen, ist die Autobahn *A 2* von Wien über Graz nach Klagenfurt und Villach, dann weiter auf der *Alpen-Adria-Autobahn A 23* über *Tarvisio* (Grenzübergang), *Tolmezzo* und *Udine*. Bei *Palmanova* trifft man auf die *A 4*, von wo es nach Triest bzw. Venedig/Padua weitergeht. Die kürzestmögliche Fahrtzeit ab Villach bis zur Adriaküste beträgt kaum mehr als ca. zwei Stunden. Wer mehr von den Alpen sehen will, kann auch die schöne Bergstrecke über den *Semmering*, Bruck an der Mur und Leoben nach Klagenfurt wählen, von dort weiter auf der *A 23* zur Adria.
Eine interessante Alternative ist die Anreise über *Slowenien*, dafür nimmt man die *A 9* ab Graz bis Maribor und weiter die *A 1* über *Ljubljana* – schon in k.u.k.-Zeiten war diese „Strada per Vienna" genannte Verbindung die gängige Route von Wien zum Freihafen Triest und umgekehrt. Falls man über Tarvisio anreist und nach Gorizia und Triest weiter will, kann man über den *Passo del Predil* nach Slowenien abzweigen. Bei *Bovec* erreicht man den Isonzo, fährt immer dem Fluss nach und gelangt bei *Gorizia* wieder über die Grenze ins Friaul.

Die **Benzinpreise** in Slowenien sind die günstigsten in Mitteleuropa.

Anreise aus der Schweiz

Die Autobahn *A 2* führt durch den gebührenfreien *St.-Gotthard-Tunnel*, mit 16,3 km längster Straßentunnel durch die Alpen, und weiter über den Luganer See zum schweiz./ital. Grenzübergang *Chiasso*. Ausweichroute ist die *A 13* durch den *San-Bernardino-Tunnel*, auf dieser überlasteten Route besteht allerdings erhöhte Staugefahr. Unmittelbar nach der Grenze geht es an *Como* vorbei, nach *Milano* zügige Fahrt auf der *A 9*, weiter auf der *A 4* durch die flache Po-Ebene über *Verona* ins Friaul. Wer die südlichere Adria zum Ziel hat, nimmt bei Milano die *A 1* (*Autostrada del Sole*) nach Parma und weiter nach Bologna, wechselt dort auf die *A 14* (*Adriatica*) und erreicht das Meer bei Rimini (Emilia-Romagna). Auf der *A 14* geht es weiter Richtung Süden in die Marken/Abruzzen oder aber auf der *SS 16* in nordwestliche Richtung zu den Adriaorten der Emilia-Romagna, hinauf nach Ravenna (ab dort: *SS 516*) und zum Po-Delta.

Autobahngebühren Schweiz: Alle Schweizer Autobahnen (Nationalstraßen) und autobahnähnlichen Straßen sind gebührenpflichtig. Pauschal wird der Preis von 40 CHF (26,50 €) für eine Vignette (Plakette) erhoben. Die Vignette ist nicht übertragbar und jeweils für 14 Monate gültig (1. Dez. bis 31. Jan. des übernächsten Jahres). Für Anhänger wird eine zusätzliche Vignette benötigt. Die Plaketten sind an den Grenzen und auf jeder Schweizer Poststelle erhältlich, man kann sie aber bereits vor der Fahrt bei einem Automobilclub erstehen.

Rund um den italienischen Verkehr

Fahrzeugpapiere/Versicherung: Mitzuführen sind selbstverständlich der nationale Führerschein *(patente di guida)* und der Fahrzeugschein *(libretto di circolazione)*, bei Schadensfällen wird außerdem die Grüne Versicherungskarte (*carta verde*) verlangt. Auch ein Auslandsschutzbrief ist empfehlenswert, alle Automobilclubs und Versicherer bieten ihn an, Jahrespreis zwischen 30 und 50 €. Bei neuen Fahrzeugen ist außerdem eine vorübergehende Vollkaskoversicherung in Erwägung zu ziehen.

Tankstellen: Es gibt *benzina senza piombo* (Bleifrei), *super senza piombo* (Super) sowie *gasolio* (Diesel). Die Preise liegen ein wenig höher als in Deutschland und deutlich höher als in Österreich. Tankstellen sind an den Autobahnen 24 Std. durchgehend geöffnet, in Ortschaften meist 7–12.30 und 15–19.30 Uhr. Manche Tankstellen haben einen Ruhetag, meist ist es der Sonntag. An vielen Zapfautomaten können Sie aber im „Self-Service"-Verfahren mit unzerknitterten Euroscheinen tanken. Kreditkarten werden häufig, aber nicht immer akzeptiert.

Italienische Verkehrsschilder: *rallentare* = langsam fahren, z. B. wegen *lavori in corso* (Bauarbeiten) oder wegen *pericolo* (Gefahr, oft vor Steigungen und Kreuzungen); *accendere i fari* = Licht einschalten; *attenzione uscita veicoli* = Vorsicht Ausfahrt; *deviazione* = Umleitung; *divieto di accesso* = Zufahrt verboten; *temporamente limitato al percorso* = Durchfahrt vorübergehend verboten; *strada interrotta* = Straße gesperrt; *inizio zona tutelata* = Beginn der Parkverbotszone; *parcheggio* = Parkplatz; *senso unico* = Einbahnstraße; *strada senza uscita* = Sackgasse; *tutte le direzioni* = alle Richtungen; *zona disco* = Parken mit Parkscheibe; *zona a traffico limitato* = Bereich mit eingeschränktem Verkehr; *zona pedonale* = Fußgängerzone; *zona rimorchio* = Abschleppzone.

Höchstgeschwindigkeit: **innerorts** 50 km/h; **außerorts**, PKW, Motorräder und Wohnmobile bis 3,5 t 90 km/h, Wohnmobile über 3,5 t 80 km/h, PKW mit Anhänger 70 km/h; **Schnellstraßen** (zwei Spuren in jeder Fahrtrichtung), PKW, Motorräder und Wohnmobile bis 3,5 t 110 km/h, Wohnmobile über 3,5 t 80 km/h, PKW mit Anhänger 70 km/h; **Autobahnen**, PKW/Motorräder 130 km/h, auf dreispurigen Autobahnen auf der linken Spur 150 km/h, Wohnmobile 100 km/h, PKW mit Anhänger 80 km/h. Motorräder unter 150 ccm sind auf der Autobahn verboten!

Pannenhilfe/Notrufe: Notrufsäulen stehen in Abständen von 2 km an den Autobahnen. Der Straßenhilfsdienst des italienischen Automobilclubs **ACI** (www.aci.it) ist in ganz Italien rund um die Uhr unter ✆ 803116 zu erreichen (aus den Mobilfunknetzen mit ✆ 800 116800). Die Pannenhilfe ist kostenpflichtig, auch für Mitglieder von Automobilclubs.

Polizeinotruf ✆ 112, **Straßenpolizei** ✆ 113, **Unfallrettung** ✆ 118, **deutschsprachiger**

Notrufdienst des ADAC in Mailand: ✆ 02/66 1591 (rund um die Uhr erreichbar).

Stadtverkehr und Parken: Die historischen Stadtzentren Italiens mit ihren engen und verwinkelten Gassen sind dem hohen Verkehrsaufkommen in keiner Weise gewachsen. Fast überall hat man inzwischen drastische Maßnahmen ergriffen: Ganze Altstadtzentren sind zeitweise oder ständig für den Autoverkehr gesperrt (*zona a traffico limitato*), nur autorisierte Fahrer und Anwohner dürfen dort parken. Ärger und Kosten vermeidet man, indem man sich eine Parklücke außerhalb des *centro storico* sucht und zu Fuß hineinläuft bzw. einen Bus nimmt. In fußläufiger Entfernung zu den Sehenswürdigkeiten gibt es in vielen Städten auch oft **gebührenpflichtige** (und meist bewachte) **Parkplätze** (ca. 1–2 €/Std., bei längerem Aufenthalt wird es billiger). Im Zentrum kann man entweder an Gebührenautomaten oder gratis mit Parkscheibe in der **zona disco** parken. Während der Siestazeit ist das Parken an Stellplätzen mit Parkuhren meistens gratis. **Parkverbot** besteht an schwarz-gelb gekennzeichneten Bordsteinen sowie auf gelb markierten Parkflächen; blaue Markierung steht für einen gebührenpflichtigen Parkplatz, weiße Markierung für frei Parken. Urlaubern ist es gestattet, mit dem PKW vor Altstadthotels vorzufahren und auszuladen. Manchmal bekommt man vom Hotel einen **Anwohner-Parkausweis** ausgehändigt. Über eigene Garagen verfügen nur Hotels ab der Drei-Sterne-Kategorie aufwärts.

Gut zu wissen: Die italienischen Bußgelder gehören zu den höchsten in Europa!

Unfälle: An der Windschutzscheibe eines in Italien zugelassenen Wagens ist ein Aufkleber mit der Adresse der Versicherungsgesellschaft und der Versicherungsnummer angebracht. Diese unbedingt notieren und Zeugen ermitteln.

Wichtige Verkehrsvorschriften: **Abblendlicht** ist auch tagsüber auf allen Autobahnen und Landstraßen vorgeschrieben, für Zweiräder gilt generell „Licht an";
privates Abschleppen auf Autobahnen ist verboten;
Straßenbahnen haben grundsätzlich Vorfahrt;
die **Promillegrenze** liegt bei 0,5. Achtung, die Strafen bei Alkohol am Steuer sind sehr hoch, neben Bußgeldern bis 2500 € (!) droht auch der sofortige Einzug des Führerscheins;
das Telefonieren während der Fahrt ist nur mit einer **Freisprechanlage** gestattet;
im **Kreisverkehr** gilt grundsätzlich rechts vor links;
Dachlasten und Ladungen, die über das Wagenende hinausragen, müssen mit einem reflektierenden, 50 x 50 cm großen, rot-weiß gestreiften **Aluminiumschild** (kein Kunststoff!) abgesichert werden (erhältlich im deutschen Fachhandel, in Italien an Tankstellen). Fahrrad- oder Lastenträger mit Heckleuchten und Nummernschild, die im Kfz-Schein eingetragen sind, sind von dieser Regelung ausgenommen.
Für den Fall, dass man z. B. wegen Unfall oder Panne auf einer Autobahn das Auto verlässt, muss im Auto eine reflektierende **Sicherheitsweste** (DIN EN 471) zur Hand sein. Erhältlich ist sie bei uns in Tankstellen, Baumärkten etc.

Abweichende Verkehrsbestimmungen für Österreich und die Schweiz

In **Österreich** außerorts 100 km/h, auf Autobahnen generell max. 130 km/h, von 22–5 Uhr auf der Inntal-Autobahn (*A 10*), der Brenner-Autobahn (*A 12*) und der Rheintalautobahn (*A 14*) 110 km/h Höchstgeschwindigkeit. Eine Warnweste muss mitgeführt werden, darüber hinaus ist auch tagsüber mit Abblendlicht zu fahren (auch innerorts).

In der **Schweiz** gelten folgende Höchstgeschwindigkeiten: außerorts 80 km/h, auf Schnellstraßen 100 km/h, auf Autobahnen 120 km/h.

Bahnfahren in Italien: häufig verkehrende Züge und erfreulich preiswert

Anreise mit der Bahn

Zugfahren ist eine umweltverträgliche Art des Reisens und lohnt wegen der vergleichsweise günstigen Tarife in Italien. Doch auch ab Deutschland kann man unter bestimmten Voraussetzungen (und bei früher Buchung!) günstig reisen, die besten Tarife werden für die Nachtzüge nach Padua/Venedig und Bologna (dort umsteigen Richtung Rimini etc.) angeboten.

Als Alternative zur Brennerstrecke (über Bozen-Verona-Padua-Venedig) empfiehlt sich bei Tagesfahrten ins Friaul aus Deutschland auch die Route über Villach in Österreich, von *München* gibt es auf dieser Strecke mehrmals täglich Verbindungen nach *Triest,* die kürzeste Fahrt dauert 7½ Std., umsteigen muss man in der Regel in Villach und Udine bzw. Gorizia. Venedig lässt sich aus München 5-mal täglich sogar direkt (also ohne Umsteigen) erreichen, auch hier dauert die kürzeste Fahrt 7½ Std. (Normaltarif: 95,10 €) einfach. Von *Wien* gibt es 2-mal täglich Verbindungen nach Udine (Fahrtzeit ca. 6 Std.), dort steigt man nach Triest um (ca. 7½ Std.), eine andere Verbindung führt 2-mal täglich ohne Umsteigen nach Mestre/Venedig (7–8 Std.), von dort weiter Richtung Süden. Von München aus ist die südlichere Küste der Adria quasi immer mit Umsteigen in Bologna zu erreichen (Normaltarif ebenfalls 95,10 €), je nach Zugart kostet die Weiterfahrt von dort beispielsweise nach Rimini 6,65–15 €. Wer aus der Schweiz an die Adria möchte, muss immer in Milano umsteigen, von hier gibt es mehrmals täglich Verbindungen nach Venedig (je nach Zug 6 ½–8½ Std.) und nach Rimini (je nach Zug 7½–9½ Std.).

Da das Passagieraufkommen über die Alpen, nicht zuletzt wegen der wachsenden Billigflugangebote, seit einigen Jahren nachlässt, haben die Bahnverwaltungen von Deutschland, Österreich, der Schweiz und Italien eine Reihe günstiger Tarife eingeführt. Unschlagbar ist dabei das Angebot „SparNight“ der Deutschen Bahn: Frühbucher erhalten in bestimmten Nachtzügen nach Italien Preise ab 29 €/Person im Sitzwagen, für 39–49 € im Liegewagen und für 69 € im 2er-Schlafwagen; infrage kommen hier die Nachtverbindungen von München nach Bologna (fährt weiter nach Florenz) sowie von Hamburg und Berlin nach Bozen/Verona, von diesen Orten gibt es jeweils gute Verbindungen zu den größeren Städten an der Adriaküste.

Allerdings sind die SparNight-Angebote kontingentiert (Informationen/Buchungen über ✆ 01805/141514, www.nachtzugreise.de, alle Reisezentren der Deutschen Bahn und Reisebüros mit DB-Lizenz). Wer nicht auf diesen supergünstigen Tarif zurückgreifen kann, muss tiefer in die Tasche greifen: Der Normaltarif von München bis Verona liegt derzeit bei 79,10 €.

Wer aus Österreich oder der Schweiz anreist, kann auch hier diverse Sondertarife nutzen: In Österreich bietet die ÖBB (www.oebb.at) mit der **SparSchiene** einen ähnlichen Nachttarif nach Venedig und Bologna an wie die deutsche SparNight, in der Schweiz werden im Internet günstige **Click & Rail**-Tarife für Europa angeboten (www.sbb.ch).

Unterwegs in Italien sollte man sich aus den Fahrplänen der italienischen Eisenbahn *Ferrovie dello Stato* (abgekürzt FS) immer den geeigneten Zug heraussuchen: Die Nahverkehrszüge *Locale* (L) bzw. *Regionale* (R) sind langsam und halten an jeder Station. Etwas flotter bewegen sich *Diretto* (D) und *Interregionale* (IR), die aber ebenfalls häufig halten. Der *Espresso* (E) ist dagegen durchweg schnell. Am schnellsten fahren die komfortablen *Inter/Eurocity-Züge* (IC/EC), allerdings mit teils erheblichen Zuschlägen. Das italienische Pendant zum ICE ist der *Eurostar* (ES), sehr schnell und deutlich teurer als die ICs.

Tipps für Bahnreisende in Italien

- Am Fahrkartenschalter sagt man: **„Un biglietto (due biglietti) per Venezia (Rimini, Ancona ...), solo andata (andata/ritorno)"** – „einen Fahrschein (zwei Fahrscheine) nach Venedig (Rimini, Ancona ...), einfache Fahrt (hin und zurück)".
- **Wichtig**: Bevor man den Bahnsteig betritt, muss man sein Zugticket an einem der (meist gelben) Automaten **entwerten**, die an den Zugängen aufgestellt sind. Andernfalls gilt man als „Schwarzfahrer" – und das kann einiges kosten!
- **Nachlösen im Zug** ist in Italien nur möglich, wenn der Schalter des Abfahrtsbahnhofes geschlossen ist. Sollte das nicht der Fall sein, zahlt man beim Schaffner mehr als das Doppelte des regulären Fahrpreises!
- **Zuschlagspflichtige IC-Züge** sind auf den aushängenden Fahrplänen mit gestrichelter Linie gekennzeichnet (Zuschlag = supplemento).
- Auf den Fahrplänen immer die Spalte „Servizi diretti e annotazioni" beachten, dort ist vermerkt, ob der betreffende Zug nur **werktags** („si effetua nei giorni lavorativi/feriali") oder nur **feiertags** („si effetua nei festivi") fährt.
- Wenn der Fahrkartenschalter geschlossen ist, gibt es Zugtickets (Regionalverkehr) oft in der **Bahnhofsbar** oder im **Zeitschriften-** bzw. **Tabacchi-Laden**. Immer häufiger ersetzen allerdings auch **Automaten** die Schalter (Anweisungen auch in Deutsch vorhanden). Hierbei muss man aufpassen, denn manchmal kann nur mit Kreditkarte gezahlt werden oder es wird Restgeld nur bis zu einer bestimmten Höhe zurückgegeben.
- Auf kleineren Bahnhöfen hängen oft zusätzlich die Abfahrts-/Ankunftszeiten der **nächstgrößeren Bahnhöfe** bzw. Städte aus – nicht verwechseln!
- Oft werden noch in letzter Minute die **Gleise gewechselt**. Bis zuletzt auf Durchsagen und Mitwartende achten, außerdem immer noch einmal fragen, bevor man einen Zug besteigt.
- Gut zu wissen: **partenza** = Abfahrt, **arrivo** = Ankunft, **binario** = Gleis, **coincidenza** = Anschluss, **orario** = Fahrplan, **prezzo del biglietto** = Fahrpreis.

• *Plan & Spar (DB)* Reduzieren kann man den Preis auf der innerdeutschen Strecke mit den beiden **BahnCard-Varianten 25 bzw. 50** und durch die beiden Frühbuchertarife **Sparpreis 25** und **Sparpreis 50** (jeweils 25 bzw. 50 % Rabatt auf den Normalpreis). Die Plan-&-Spar-Tarife sind kontingentiert und gelten nicht für alle Züge! Weitere Infos: **www.bahn.de**

• *Sondertarife in Italien* Ab einem Mindestpreis von 30 € pro Ticket (2. Klasse) können auch in Italien nach einem ähnlichen System wie dem deutschen „Plan & Spar" Kosten reduziert werden. Informationen auch im Internet unter **www.trenitalia.com**

Hinweis für Adriareisende mit Zielen in Venetien und Friaul: Die Badeorte östlich von Venedig, also z. B. Lido di Jesolo, Eraclea Mare, Cáorle, Bibione, Lignano und Grado, sind nicht direkt mit dem Zug zu erreichen, die nächsten Bahnstationen liegen jeweils etwa 10–20 km landeinwärts.

Anreise mit dem Flugzeug

Die Billigflugangebote nach Nord- und Mittelitalien haben so manchen Urlauber vom Auto auf den Flieger umsteigen lassen, auch Kurztrips von wenigen Tagen sind populär geworden, weil finanziell erschwinglich. Wichtig ist jedoch eine frühzeitige Buchung. Falls man nicht mit öffentlichen Verkehrsmitteln unterwegs sein will, muss außerdem die Anmietung eines Leihwagens mit einkalkuliert werden.

Die führenden Low-Cost-Carrier bieten Flüge entlang der gesamten Adriaküste bis hinunter nach Pescara an (Stand Frühjahr 2007, häufige Änderungen), wobei *Ryanair* sicherlich das größte Angebot hat. Gebucht werden muss in der Regel im Internet, und zwar so früh wie möglich, um einen günstigen Tarif zu ergattern. Außerdem gibt es von Frankfurt und München nach Bologna und Verona Linienflüge mit *Lufthansa*, nicht aber direkt an die Adria (außer nach Venedig mit dem Lufthansa-Partner *Air Dolomiti*). Dauer der Flüge je nach Entfernung ca. 1–2 Std.

Infos zu Flugzeiten und Preisen: Man muss im Internet buchen, die Preise variieren stark nach Abflug- bzw. Rückflugtermin, dazu kommen noch die nicht unerheblichen Steuern und Gebühren. *Lufthansa*: www.lufthansa.com (Flüge teilweise über *Air Dolomiti*: www.airdolomiti.com), *Austrian Airlines*: www.aua.com, *Swiss*: www.swiss.com; *Air Berlin*: www.airberlin.com, *Germanwings*: www.germanwings.com, *TUIfly*: www.tuifly.com, *Ryanair*: www.ryanair.com, *Sky Europe*: www.skyeurope.com, *On Air*: www.flyonair.it

Internationale Flughäfen im Bereich der Adriaküste

• *Triest* (Friaul-Julisch Venetien) Der **Aeroporto Friuli Venezia Giulia** liegt in Ronchi dei Legionari, etwa 30 km von Triest, Flüge u. a. mit *Ryanair* ab Frankfurt/Hahn. APT-Bus 10 pendelt tagsüber alle 20–25 Min. von und zum Bahnhof von Monfalcone, Bus 1 und 51 fährt von und nach Gorizia, Bus 51 von und nach Udine und Triest (aktuelle Infos unter www.aptgorizia.it oder ✆ 0481/593511). ✆ 0481/773224, www.aeroporto.fvg.it

• *Treviso* (Veneto) Der **Aeroporto San Giuseppe** liegt etwa 2 km westlich vom Zentrum, wird z. B. mit *Ryanair* mehrmals wöchentlich ab Düsseldorf und Bremen angeflogen. Alle 30 Min. fährt Bus 6 zum Bahnhof in der Stadt, von dort weiter per Zug. ✆ 0422/315111, www.trevisoairport.it

• *Venedig* (Veneto) Der **Aeroporto Marco Polo** liegt etwa 8 km östlich von Mestre, direkt am Rand der Lagune, wichtiger Adriaflughafen – hier landet *TUIfly* von sehr vielen deutschen Städten mehrmals wöchentlich, außerdem *Ryanair* ab Bremen, Düsseldorf und Frankfurt/Hahn, sowie *Air Dolomiti* tägl. ab Wien und *Swiss* tägl. ab Zürich. ATVO- und ACTV-Busse fahren zum Bahnhof Mestre-Venezia, von dort häufig Zugverbindungen. ✆ 041/2606111, www.veniceairport.it

• *Verona* (Veneto) Der **Aeroporto Valerio Catullo di Villafranca/Verona** liegt wenige Kilometer südwestlich von Verona. Mehrmals tägl. mit *Lufthansa* ab München und Frankfurt, mehrmals wöchentlich *Ryanair* ab Frankfurt/Hahn, mit *Germanwings* ab Köln/Bonn, außerdem tägl. mit *Air Dolomiti* ab Wien. APTV-Busse fahren alle 20 Min. zur Busstation Porta Nuova beim Hauptbahnhof in Verona, von dort gibt es stündl. Verbindungen nach Padua/Venedig und ins Friaul. ✆ 045/8095666, www.aeroportoverona.it

• *Bologna* (Emilia-Romagna) Der **Aeroporto Guglielmo Marconi** liegt wenige Kilometer nordwestlich vom Zentrum, ab Deutschland mehrmals tägl. Linienflüge ab Frankfurt und München mit *Lufthansa* bzw. *Air Dolomiti*, mit *Austrian Airlines* mehrmals tägl. ab Wien. Als Low-Cost-Carrier fliegt nur *Germanwings* mehrmals tägl. ab Köln/Bonn. Der Aerobus pendelt vom Flughafen etwa 2-mal stündl. zum Bahnhof und retour (ca. 4,50 €), ab Bologna Stazione beste Verbindungen zur Adriaküste. ✆ 051/6479615, www.bologna-airport.it

• *Forlì* (Emilia-Romagna) Der **Aeroporto Luigi Ridolfi** liegt unmittelbar bei Forlì, Flüge gibt es u. a. mit *Ryanair* von und nach Frankfurt/Hahn. Busverbindungen nach Bologna, Ravenna, Rimini und in die Badeorte an der Küste. Stadtbusse fahren alle 20 Min. zum Bahnhof von Forlì (von dort gute Verbindungen), Taxi nach Forlì ca. 13 €. ✆ 0543/474990, www.forliairport.com

• *Rimini* (Emilia-Romagna) Der **Aeroporto Federico Fellini** liegt südlich vom Zentrum in Rimini-Miramare, zahlreiche Charterflieger aus ganz Europa landen hier fast tägl., z. B. *Air Berlin* und *TUIfly*, u. a. ab Hamburg, Berlin, Hannover, Düsseldorf, Köln/Bonn, München, Stuttgart etc., ab Wien mehrmals wöchentlich mit *Sky Europe* nach Rimini. Linienbus 9 fährt zum Bahnhof im Zentrum. ✆ 0541/715711, www.riminiairport.com

• *Ancona* (Marken) Der **Aeroporto Raffaello Sanzio** liegt ca. 10 km vom Zentrum entfernt bei Falconara, mehrmals tägl. *Lufthansa*-Flüge von und nach München. Ins Zentrum per Taxi. ✆ 071/28271, www.ancona-airport.com

• *Pescara* (Abruzzen) Der Flughafen **Aeroporto Internazionale d'Abruzzo** liegt einige Kilometer landeinwärts, u. a. wird er von *Ryanair* ab Frankfurt/Hahn und von der italienischen Fluggesellschaft *On Air* ab München angeflogen. Mit dem Stadtbus Nr. 38 in ca. 15 Min. ins Zentrum von Pescara, Taxi ca. 15 €, vom Bahnhof Pescara sehr häufige Verbindungen an der Küste entlang. ✆ 085/4324200, www.abruzzo-airport.it

Mietwagen online: Mit einer Vorab-Buchung fährt man oft günstiger als mit einer Anmietung vor Ort. Und auch der juristische Aspekt ist zu bedenken, denn der Gerichtsstand ist immer in dem Land, in dem das Auto gemietet wurde. Einer der derzeit preiswertesten Anbieter ist www.autoeurope.de – auf seiner Website bietet er unter FAQ sogar an, etwaige günstigere Offerten von anderen Firmen nach Möglichkeit zu unterbieten. Andere Adressen sind z. B. www.autovermietung.de, www.sungo.de, www.economycarrentals.com und www.billiger-mietwagen.de. Bei den **Billigfluglinien** kann man zusammen mit der Flugbuchung auch einen vergünstigten **Mietwagen** ordern, Abholung am Ankunftsflughafen.

Weitere Anreisemöglichkeiten

▸ **Bus**: Die Deutsche Touring GmbH bietet Fahrten direkt nach *Padua, Rimini* und *Pescara* an, für andere Ziele an der Adria muss man in Milano umsteigen, was die Fahrtzeit deutlich verlängert. Preisbeispiel Frankfurt/M. – Padua 118 € (hin und zurück 188,50 €), Frankfurt/M. – Pescara 92 € (166 €). Auskünfte und Buchung in allen DER-Reisebüros sowie bei Deutsche Touring GmbH (Am Römerhof 17, D-60486 Frankfurt/M., ✆ 069/7903501, www.deutsche-touring.com).

Sportradler an der Adria

Mitfahrzentralen: Preisgünstige Lösung für Fahrer und Mitfahrer – Ersterer spart Benzinkosten, Letzterer kommt ein ganzes Stück billiger als mit der Bahn über die Alpen. Rund 100 Mitfahrzentralen (MFZ) gibt es inzwischen in fast allen bundesdeutschen Großstädten, zu finden im Telefonbuch (zum Großteil unter ✆ 19444) oder im Internet unter www.mitfahrzentralen.de, www.mitfahrzentralen.org oder www.citynet-mitfahrzentrale.de.

Fahrrad: Für sportliche Naturen bietet sich die große Tour an die obere Adriaküste geradezu an – wenn man einmal den Alpenkamm überwunden hat, geht es bis zur Adria ständig bergab. Um die großen Lagunen entlang der brettflachen Küste gibt es zahllose Radwege.

Wer nicht über die Alpen strampeln will, kann das Fahrrad auch in vielen *Internationalen Zügen* mitnehmen, vom Bummelzug bis zum IC. In durchgehenden Zügen mit Fahrradmitnahme nach Italien (ca. 3-mal tägl.) muss zum Preis von 10 € eine *Internationale Fahrradkarte* erworben werden, verbunden ist damit eine Reservierung für einen Radstellplatz. Eine frühzeitige Buchung ist anzuraten. In Italien ist eine Reservierung nicht möglich. Die Deutsche Bahn bietet auf ihrer Internetseite (www.bahn.de) Fahrradinformationen unter „Mobilität und Service“, außerdem unter der Radfahrer-Hotline ✆ 01805/151415. In Stoßzeiten sind die Zustände in den Fahrradabteilen nicht selten chaotisch, oft werden die Räder bis an die Waggondecke gestapelt. Empfehlung für die Fahrt: Das Rad möglichst an feste Gegenstände anschließen und keine Helme, Fahrradcomputer etc. daran belassen, Diebstähle kommen immer wieder vor. Ein Fahrrad als *Gepäckstück* aufzugeben und es dann einige Tage später am Zielbahnhof abzuholen ist nur nach Südtirol möglich (ca. 25 €, Verpackung nötig). Problemlos ist der Transport in speziellen *Fahrradtaschen* (110 x 80 x 40 cm), die in Italien in allen Zügen (Ausnahme: Hochgeschwindigkeitszug „Pendolino“) mitgenommen werden dürfen, allerdings ist auch dafür eine Fahrradkarte notwendig.

Eine weitere komfortable Alternative bietet die Fahrradmitnahme im *Flugzeug*. Die Billigflieger berechnen dafür ab ca. 25 € pro Flug, rechtzeitige Anmeldung ist obligatorisch. Das Rad muss gut verpackt sein: Lenker nach innen drehen, Pedale entfernen, etwas Luft aus den Reifen lassen und das Rad in Plastikfolie, Pappe etc. einwickeln. Man muss außerdem unterschreiben, dass die Fluggesellschaft für keinerlei Schäden aufkommt.

> Weitere Informationen erteilt der **Allgemeine Deutsche Fahrrad-Club** (ADFC) unter ✆ 0421/346290, 📠 0421/3462950 bzw. www.adfc.de.

Nobelherberge am Monte Conero bei Ancona

Übernachten

Die italienische Adriaküste gehört zu den touristisch am meisten frequentierten Gebieten des Landes, dementsprechend groß sind auch die Übernachtungskapazitäten. Fast jeder der weiträumigen Badeorte verfügt über Hunderte von Unterkünften, von Campingplätzen über Ferienwohnungen, einfache Pensionen bis hin zu gehobenen Hotels ist alles vertreten. Deutlich dünner wird das Angebot im Landesinneren.

Lassen Sie sich vom italienischen Fremdenverkehrsamt in Deutschland, Österreich oder der Schweiz die alljährlich aktualisierten Unterkunftsverzeichnisse *(Annuario degli Alberghi)* der Region schicken, die Sie bereisen wollen. Darin sind alle registrierten Hotels, Pensionen und *locande* (Gasthöfe), oft auch Campingplätze, Ferienwohnungen und Bed & Breakfast-Adressen mit genauen Preisangaben, Öffnungszeiten und Hinweisen zur Ausstattung verzeichnet. Die angegebenen Preise können allerdings ab 1. Juni des jeweiligen Jahres erhöht werden. Sie erhalten diese Prospekte auch kostenlos bei den lokalen Informationsämtern. **In unseren Texten im praktischen Reiseteil finden Sie zahlreiche Unterkunftsempfehlungen, für die nächste Auflage freuen wir uns auch auf Ihre persönlichen Erfahrungen und Tipps!** Problemmonate für individuell Reisende sind *Juli* und *August*. Vor allem im August, dem traditionellen Reisemonat für italienische Familienferien, sind in den Badeorten 90 % der verfügbaren Betten und Stellplätze ausgebucht! Vorbestellung ist dann ratsam, sollte jedoch am besten noch im Vorjahr erfolgen, um Erfolg zu haben. In den Badeorten am Meer besteht in der Hochsaison in praktisch jeder Unterkunft Pensionspflicht, d. h. Übernachtung mit Frühstück und mindestens einer

Mahlzeit (Halbpension = HP) wird berechnet, außerdem muss man mindestens drei Nächte bleiben. Auch Übernachtung mit Frühstückszwang (offiziell verboten) treibt die Preise oft spürbar in die Höhe, wobei das Frühstück nicht selten dürftig ausfällt. Anders in der Nebensaison, denn dann sind die Hoteliers froh ihre Zimmer voll zu bekommen und man kann noch hier und dort ein Schnäppchen machen.

Die Preise im praktischen Reiseteil dieses Buches sind Circa-Preise und beziehen sich auf ein **Doppelzimmer (DZ) mit Bad** und ggf. mit Frühstück. **Zimmer ohne eigenes Bad** sind als solche kenntlich gemacht und verfügen nur über eine Etagendusche. Wenn eine Preisspanne angegeben ist (z. B. 80–100 € fürs DZ), meint die erste Zahl den Zimmerpreis in der **Nebensaison**, die zweite bezieht sich auf die **Hauptsaison** (Juli/August).

• *Agriturismo* „Urlaub auf dem Bauernhof" gibt es an der Küste nur wenig, meist muss man ein gutes Stück ins Hinterland ausweichen. Die Zimmer sind in der Regel ordentlich und sauber, teilweise wird für die Gäste auch gekocht, in einigen Fällen darf man auch sein Zelt oder sein Wohnmobil auf dem Grundstück aufstellen („Agricampeggio"). Eine Übernachtung mit Frühstück kostet je nach Saison pro Tag ca. 25–35 €/Person, mit Halbpension (oft obligatorisch) ca. 40–60 €. Im Sommer wird meist ein Mindestaufenthalt von drei Tagen oder einer Woche verlangt. Zahlreiche Websites verschaffen einen Überblick über das Angebot, z. B. www.agriturismo.com oder www.agriturismo-italia.net

• *Bed & Breakfast* Privatzimmer gibt es mittlerweile häufig, Tipps dazu finden Sie unter den jeweiligen Orten. Die Informationsbüros vor Ort haben einschlägige Listen vorrätig. Größter Anbieter des Landes ist Bed & Breakfast Italia, im Internet zu finden unter www.bbitalia.it

• *Camping* Entlang der gesamten Adriaküste findet man – teilweise sehr große und bestens ausgestattete – Campingplätze, oft mit Bungalow- und Appartementangebot, nicht selten auch zum „Villaggio Turistico" mit entsprechender Sport- und Abendanimation angewachsen. Näheres bei den jeweiligen Orten.

• *Ferienwohnungen* Werden sehr zahlreich angeboten. In der Hochsaison muss man sich in der Regel für mindestens eine Woche einquartieren, in der Nebensaison für drei Tage. Buchen kann man im Internet oder bei Vermittlungsbüros in den Badeorten. Spezialisiert auf Ferienwohnungen haben sich z. B. **Inter Chalet** (www.interchalet.com) und **Interhome** (www.interhome.de), weitere Angebote gibt es unter www.ferienwohnungen-online.de und www.fewo-direkt.de. Hilfreich kann auch der Blick in den Reiseteil überregionaler Zeitungen sein: Hier findet sich oft eine große Auswahl an Appartements und Ferienhäusern.

• *Jugendherbergen* Dem internationalen Herbergsverband IYHF angeschlossene Hostels gibt es z. B. bei Triest, in Aquileia, Venedig, Padua, Rimini, Ravenna und Ancona. Im Web sind sie unter www.ostellionline.org zu finden.

• *Stellplätze für Wohnmobile* Zahlreiche Stellplätze sind auf der Website www.camperweb.it unter „Sosta Camper" aufgelistet (nach Regionen sortiert).

Die meisten Unterkünfte – Hotels, Privatzimmer, Agriturismo, Jugendherbergen und Camping – besitzen mittlerweile eigene Websites, über die man sich informieren und online buchen kann. Bitte beachten Sie dafür die Webadressen der Unterkünfte unter den jeweiligen Orten. Folgende Portale bieten Online-Buchung für zahlreiche Unterkünfte: **www.in-italy.de**, **www.italy-hotels.it**, **www.initalia.it**, **www.venere.com** etc.

Noch lassen die Gäste auf sich warten

Essen und Trinken

Entlang der Küste dominiert natürlich Fisch den Speiseplan, sei es als Fischsuppe (brodetto oder boreto), Stockfisch (baccalà), vom Grill (alla brace) oder als weithin bekanntes Fritto misto. Abseits der Küste überwiegt dann die ländlich-traditionelle Küche, die oft einfach und deftig ist, aber immer auf besten und frischen Zutaten basiert.

Nicht nur landschaftlich, auch kulinarisch wandelt sich Italien entlang der Adriaküste Richtung Süden. Während die Triestiner Küche im *Friaul* ganz im Osten der Adria unübersehbar österreichisch-ungarische Einflüsse aufweist, sieht es im *Veneto* und in der *Emilia-Romagna* schon ganz anders aus. Das reiche Erbe der Weltmacht Venedig schlägt sich auch in der Vielfalt exotischer Gewürze nieder, ebenso ist der Reis der Po-Ebene aus der Küche des *Veneto* nicht mehr wegzudenken. Die *Emilia-Romagna* ist das Zentrum der italienischen Schweinezucht, bietet insgesamt eine sehr üppige Küche und gilt als unbestrittene Feinschmeckerprovinz Italiens, was sich allerdings mehr auf die Köstlichkeiten im Inland (u. a. Parmaschinken, Parmesankäse und Balsamico-Essig, dazu die verschiedensten Nudelvarianten) bezieht. An der Küste zählt dagegen Aal aus den riesigen Lagunen von Comacchio zu den kulinarischen Spezialitäten der Region. Die Küche der *Marken* gibt sich ähnlich gehaltvoll, bietet aber auch viele klassische Fischgerichte in regionaler Abwandlung „alla marchigiana“. An der südlich gelegenen Küste der *Abruzzen* wird dagegen wieder mehr mit Gewürzen experimentiert, v. a. mit den scharfen Peperoncini, traditionell isst man hier neben den üblichen Fischgerichten besonders im Landesinneren viel Lamm.

Gut zu wissen

Die **Preisangaben** in diesem Buch beziehen sich auf ein durchschnittliches Menü und sind als Anhaltspunkte gedacht, in einigen touristisch stark frequentierten Orten muss generell mit höheren Preisen gerechnet werden. *Pane e coperto* (Brot und Gedeck) werden extra berechnet, *servizio* (Bedienung) ist in der Regel bereits im Preis enthalten. **Trinkgeld** geben nur zufriedene Gäste, dabei ist Aufrunden jedoch unüblich, man lässt beim Gehen ein paar Münzen auf dem Tisch (5–10 %).

Achtung: Laut Gesetz müssen Sie die Rechnung (*ricevuta fiscale*), die Ihnen in jedem Restaurant ausgehändigt werden muss, mitnehmen und bis 50 m nach Verlassen des Lokals aufbewahren. Zwar haben wir noch nie von einer Rechnungskontrolle durch die Polizei gehört, dennoch: Sicher ist sicher.

Auf das gemeinsame Mittag- und Abendessen (*pranzo* bzw. *cena*) legt man überall in Italien allergrößten Wert. Beides sind reichhaltige Mahlzeiten mit mehreren Gängen, wobei das Abendessen (zumindest im Restaurant) sicher noch eine Spur üppiger ausfällt. Ideal ist folgende Speisenfolge: Zum Studieren der Karte (*menu* oder *lista*) genießt man einen *aperitivo* und die *bruschette*, geröstete Brotscheiben mit Öl, Tomaten o. Ä. Es folgen *antipasti* (Vorspeisen) und *primo* (erster Gang), Letzterer besteht entweder aus einer *zuppa* (Suppe) oder aus *pasta* (Teigwaren). Der *secondo* (zweite Gang) kommt in der Regel als Fleisch- oder Fischgericht auf den Tisch, dazu reicht man *contorni* (Beilagen) und/oder *insalata* (Salat). Abgeschlossen wird das Mahl mit *frutta* (Obst) und/oder *dolce* (Dessert bzw. Süßspeise), danach helfen *caffè* und *grappa* bei der Verdauung.

Da der Pizzaofen oft erst abends angeschürt wird, ist man mittags gezwungen, im Ristorante, der Osteria oder Trattoria ein größeres Menü einzunehmen. Dabei wird es Ihnen sicher niemand übel nehmen, wenn Sie den einen oder anderen Gang auslassen, zumindest ein Antipasto *oder* Primo und der Hauptgang mit Beilage sowie ein Caffè *oder* Digestiv sollten aber schon dabei sein. Wem das alles immer noch zu viel des Guten ist, bleibt eigentlich nur ein Besuch in der *Rosticceria* und *Tavola Calda* oder er nimmt sich eine Pizza auf die Hand mit, genannt *Pizza al Taglio*. In kleineren Orten ländlicher Gegenden finden sich diese Lokale jedoch nicht flächendeckend.

- **Getränke:** Traditionell bestellt man in Italien zum Essen einen Liter Wasser (*gassata* oder *frizzante* = mit Kohlensäure, *naturale* = still) und eigentlich immer auch Wein. Oftmals ist das der einfache Hauswein der jeweiligen Region, der in aller Regel sehr günstig ist (der *mezzo litro* kostet selten mehr als 5 €), dennoch aber für manch angenehme Überraschung sorgt. Auch Bier wird zum Essen häufig getrunken, jedoch eher in der Pizzeria als im feinen Ristorante. Im Vergleich zum Wein ist das Bier (v. a. Importbier) ziemlich teuer.

Tipp: Wer im *Veneto* unterwegs ist, sollte unbedingt einen Abstecher in die Prosecco-Region nördlich von Treviso und zu den zahlreichen Grappa-Brennereien in Bassano del Grappa unternehmen, im *Friaul* locken die Weinbaugebiete Colli Orientali del Friuli und Collio.

Spezialitäten der Regionen

Friaul-Julisch Venetien

Fritto misto – in Olivenöl gebackene Fische und Scampi, serviert mit Polenta; *boreto* – die typische Fischsuppe aus Grado, bei der neben mehreren Fischsorten traditionell nur Öl, Pfeffer und Essig verwendet werden dürfen; *sardoni/sardelle in saor* – frittierte Sardinen/Sardellen, eingelegt in Zwiebeln und Essigsud und verfeinert mit Pinienkernen und Rosinen; *granzevola* – zu Deutsch Meeresspinne, Meereskrebs mit spinnenartigen Beinen und dreieckigem Körper; *seppie in nero* – Tintenfisch in seiner „Tinte"; *canocie a la busara*, Heuschreckenkrebse, geschmort in einer Sauce aus Semmelbröseln, Weißwein und geschälten Tomaten; *porcina con senape e kren*, Favorit in den Buffets von Triest, geräuchertes Schweinefleisch (Kaiserfleisch) mit Senf und Kren; *jota*, schwere Suppe aus Bohnen, Sauerkraut und Speck, ursprünglich aus Slowenien, wird nun bevorzugt in Triest und Gorizia gegessen; *gubana*, opulenter grappagetränkter Nusskuchen mit Rosinen.

Venetien

Risi e bisi – Reis und junge Erbsen, in einer Fleischbouillon gekocht; *risotto con scampi* – mit Hummerkrabben aus der Lagune; *riso e tripe* – Reis mit Kutteln; *risotto al nero di seppie* – mit einer Sauce aus der schwarzen Tinte vom Tintenfisch; *tagliolini al nero di seppie* – schmale Bandnudeln mit der typischen schwarzen Tintenfischsauce; *fegato alla veneziana* – die berühmte venezianische Kalbsleber mit Zwiebeln; *faraona* – venezianisches Perlhuhn; *pasta e fasoi (fagioli)* – eine herzhaft-dicke Suppe aus Nudeln und großen roten Bohnen; *polenta* – der weißgelbliche Maiskuchen ist eine Grundlage der venezianischen Küche, wird oft auch in gerösteten Scheiben serviert; *stoccafisso/baccalà* – Stockfisch (Kabeljau); *baccalà mantecato* – cremig püriertes Stockfischmus; *baccalà alla vicentina* – Stockfisch mit diversen Gewürzen in Milch gekocht; *brodetto/broeto* – üppige Suppe aus Fisch und Meeresgetier, eher ein Fischgulasch; *sfoglie* – Blätterteigschnitten; *frittole* – eine Art Krapfen mit Rosinen und Pinienkernen.

Emilia-Romagna

Salama da sugo – Kochwurst aus Ferrara, mit diversen Gewürzen, in Rotwein eingelegt und schließlich mit Essig und Öl mariniert; *cappelletti reggiani*, mit vielfältigen Füllungen versehene Tortellini, z. B. mit Kalbfleisch, Mortadella oder Ricotta; *cappellacci di zucca* – mit Kürbisbrei gefüllte Nudeln; *cappello del prete* – dreieckige Wurst, die an einen Priesterhut erinnert; *zampone* – gefüllter Schweinefuß, oft mit Linsen serviert; *bollito misto* – mehrere Fleischsorten, zusammen gesotten und mit grüner Kapernsauce serviert; *anguille* – Aale, werden in den Lagunen von Comacchio (zwischen Ferrara und Ravenna) gezüchtet; *brodetto* – Fischsuppe, ähnelt der von Venedig; *piadine*, dünne Fladen aus Weizenmehlteig, belegt bzw. gefüllt mit Rucola, Parmesan, Schinken oder Nutella, zusammengeklappt und aus der Hand gegessen.

Marken

Olive all'ascolana – dicke gefüllte Oliven aus Ascoli Piceno; *cappelletti* – kleine gefüllte Teigtaschen („Hütchen") in Brühe; *vincisgrassi* – eine besonders reichhaltige Variante der Lasagne, mit Innereien, Huhn, Speck und Béchamelsauce; *brodetto* – marchigianische Fischsuppe mit 13 verschiedenen Arten Fisch, ursprünglich aus Ancona; *stoccafisso all'anconetana* – Stockfisch in Tomaten, Möhren, Milch, Knoblauch und Rosmarin; *triglie al forno* – gebackene Meerbarben mit Salbei; *merluzzo alla marchigiana* – frittierter Kabeljau.

Abruzzen

Maccheroni alla chitarra – eine besondere Art Pasta mit deftiger Tomatensauce mit Speck und Chili; *pancotto* – „gekochtes Brot", eine Suppe aus Tomaten, Peperoncini, Knoblauch, Pecorino und altbackenen Brotscheiben; *scripelle* – eine Art Crêpes, entweder mit Sauce oder als Suppeneinlage, Auflauf o. Ä., *brodetto vastese* – Fischsuppe aus Vasto, sieben verschiedene Sorten Fisch, Muscheln, Tomaten, Petersilie, Peperoni und Knoblauch; *brodetto pescarese* – Fischsuppe mit grünen Paprika; *scapece vastese* – frittierter Fisch, in Essig eingelegt und mit Safran gewürzt; *le virtú* – „die Tugenden", eine komplizierte Suppe aus Hülsenfrüchten und Fleisch, gibt es nur zu besonderen Anlässen; *parrozzo* – Mandelkuchen mit Schokoglasur, aus Pescara.

Im Collio (Friaul) werden einige der besten Weine Italiens produziert

Weine

Italien gilt als eine der führenden Weinnationen der Welt, und auch in den Regionen entlang der Adriaküste finden sich einige hervorragende Weine, allen voran die wertvollen – und oftmals ziemlich teuren – Gewächse aus dem Friaul. Weiter im Süden bringen auch die Marken und Abruzzen mittlerweile einige hochwertige Tropfen hervor.

Weinliebhabern und allen, die sich in ihrem Urlaub mit einigen guten Tropfen eindecken möchten, sei der Besuch in einer *Enoteca* empfohlen, die es in fast jedem größeren Ort gibt. Hier kann man zahlreiche Weine degustieren und etwa zum gleichen Preis wie in den Weingütern einkaufen. Wer lieber direkt beim Erzeuger kaufen möchte, sollte seinen Besuch bei der Kellerei möglichst telefonisch ankündigen (es sei denn, es sind feste Öffnungszeiten bekannt), allerdings sind nicht alle auf den Verkauf an Endverbraucher eingerichtet.

- **Friaul**: Die nordöstlichste Region Italiens ist heute eines der innovativsten Weinbaugebiete des Landes. Optimale Bedingungen, v. a. für Weißweine, herrschen besonders in den Moränenhügeln südöstlich von Udine vor, in den *Colli Orientali del Friuli* und im anschließenden *Collio*. Der Weinbau boomt in der Region, es gibt mittlerweile acht DOC-Zonen und eine DOCG-Zone, neben den international bekannten Rebsorten wie Chardonnay, Sauvignon Blanc, Merlot, Cabernet Sauvignon und Pinot Nero werden vermehrt auch heimische (autochthone) Rebsorten kultiviert.
- **Veneto**: Die Weine der Region um Venedig genießen einen nicht ganz so guten Ruf: Zu viel Masse (drittgrößte Erzeugerregion Italiens), zu wenig Qualität wird hier moniert, doch bringt auch das Veneto in seinen drei bekanntesten Anbaugebieten *Valpolicella* (nördlich von Verona), *Soave* (zwischen Verona und Vicenza) und der

weithin bekannten *Prosecco*-Region mehr als ein Dutzend DOC-Zonen und zwei DOCG-Zonen hervor. Generell kommen aus der Ebene Venetiens die qualitativ nicht ganz so hochwertige Weine, die besseren Tropfen werden in den Hügeln erzeugt. In Küstennähe machten in letzter Zeit die *Euganäischen Hügel* (*Colli Euganei*) bei Padua von sich reden.

- **Emilia-Romagna**: Die große Region zwischen Po und Apennin zählt gemeinhin nicht zu den Spitzengebieten in Sachen Wein, oftmals wird sie noch immer auf *Lambrusco* reduziert. Dabei erstrecken sich an den Apenninhängen der Romagna (östlich von Bologna) viele sonnenverwöhnte Weingebiete, im Hinterland von Cesenatico und Rimini wachsen z. B. der weiße Trebbiano und der rote Sangiovese. Einziges DOCG-Gebiet (neben 20 DOC-Zonen) der Region ist *Albana di Romagna* südwestlich von Faenza, hier wird Trebbiano abgebaut.
- **Marken**: Die küstennahen Anbaugebiete bringen einige gute Weine hervor, darunter den oftmals sehr hochwertigen *Rosso Conero* aus dem gleichnamigen Küstenvorgebirge bei Ancona. Insgesamt bringen es die Marken auf immerhin zwölf DOC-Zonen, deren bekannteste sicherlich der *Verdicchio dei Castelli di Jesi* mit riesigem Anbaugebiet westlich von Ancona ist. Im Gegensatz zu früheren Jahren werden hier nicht mehr nur Massenweine produziert, sondern zunehmend hochwertige, feine Weißweine.
- **Abruzzen**: Aus den Abruzzen kommt natürlich der weithin bekannte, oft sehr gehaltvolle und fruchtige Rotwein *Montepulciano d'Abruzzo*, der es 2003 im Anbaugebiet *Colline Teramane* (Nordosten der Region) sogar zum DOCG-Status gebracht hat.

Urlaub mit Kindern

Die Adria ist dank ihrer kilometerlangen und teilweise über 100 m breiten Sandstrände, die extrem flach ins Wasser abfallen, seit Jahrzehnten ein beliebtes Familienurlaubsziel.

Sollte es den Kleinen aber doch einmal zu langweilig werden beim Sandburgenbauen und Planschen im seichten Meer, bieten zahlreiche Wasser- und Vergnügungsparks die nötige Abwechslung. Lohnend sind natürlich auch Ausflüge auf dem Meer und zu Burgen, Höhlen etc. im Landesinneren.

- **Friaul-Julisch Venetien**: Vor allem die Badestadt *Lignano* verfügt über eine hervorragende Infrastruktur für Familien: Vom Spaßbad über den fantasievollen Themenpark Gulliverlandia und den Parco Junior (Tret-Carts, Kanufahren) bis zu einem schön angelegten Zoo und dem großen Luna Park gibt es hier alles, was das Herz der Kids begehrt. Zur Abwechslung kann man in der Umgebung endlos Fahrrad fahren und dabei die Pineta und Lagune erforschen oder Schiffsausflüge in die Lagune machen. Minigolf-, Tennis- und Fußballplätze gibt es ebenso wie Rollerskate-Bahnen und ein Thermalhallenbad für Schlechtwettertage. In den großen Lagunen liegen mehrere geschützte Naturparks, die man auf Lehrpfaden durchwandern kann. Ebenso lassen sich nahe der Küste des Friaul auch Burgen und Höhlen besichtigen, z. B. das malerisch über der Küste thronende *Castello di Duino* und das märchenhaft ausgestattete *Castello di Miramare* bei Triest. Das Innere der Erde erforscht man in den herrlichen Tropfsteinhöhlen *Grotta Nuova di Villanova* und *Grotta Gigante* bei Triest. Angenehmer Nebeneffekt – beide Höhlen liegen in Weinbaugebieten, so dass die zahlreichen Verkostungsmöglichkeiten auch den Eltern die nötige Kurzweil verschaffen.

Reisepraktisches

- **Venetien**: Die *Isola Albarella* ist ein erholsames Ziel für Familien, aber auch die großen Badeorte von *Lido di Jesolo* bis *Bibione* besitzen alle erdenklichen Freizeiteinrichtungen – Spaßbäder, Gokart-Bahnen, Seeräuberschiffe, Tiergehege, Luna Parks, Schiffsfahrten durch die Lagune usw., außerdem auch Hallenbäder für Regentage. Im „Centro di Educazione Ambientale Limosa“ in *Eraclea Mare* erhalten auch die Kleinen Informationen zur Natur der Küste, man kann einen Lehrpfad begehen und geführte Ausflüge in die Umgebung machen. Und schließlich ist die einzigartige Lagunenstadt *Venedig* nirgends unüberwindlich weit entfernt.

Familienurlaub an der Adria

Emilia-Romagna: Zu den größten Attraktionen zählen die zahlreichen Wasser- und Vergnügungsparks entlang der Küste, z. B. die Wasserparks Acqua Flash bei *Ravenna*, Atlantica bei *Cesenatico* und Aquafan bei *Riccione*, um nur einige der größeren zu nennen. Der älteste Vergnügungspark Italiens (aus dem Jahr 1965) heißt Fiabilandia und befindet sich bei *Rimini*, einer der größten ist Mirabilandia bei *Ravenna*, weithin berühmt ist der Park Italia in miniatura bei *Rimini* mit seinen fast 300 Reproduktionen im Maßstab 1:25, topmodern zeigt sich der 2004 eröffnete Themenpark Oltremare bei Riccione, wo man eine Reise ins Innere der Erde und in die Weltmeere erleben kann. Für Eltern und Kinder gleichermaßen interessant ist ein Ausflug von der Küste (Höhe Rimini) in die Zwergenrepublik *San Marino* mit gleich drei mächtigen Burgen und jeder Menge Rummel (sowie steuerfreiem Einkauf von Taschen, Schmuck etc.).

- **Marken**: Hier ist das Angebot entlang der Küste deutlich bescheidener. Für die Spaßbäder bzw. Vergnügungsparks muss man nach Rimini/Riccione/Cattolica hinauffahren, dafür liegt nahe der nördlichen Küste der Marken sicherlich eine der schönsten Ritterburgen der ganzen Küste: die *Festung Gradara* bei Gabbice Mare. Ebenfalls nicht weit ist es von der Küste nach *San Leo*, wo eine weitere eindrucksvolle *Festung* mit Burgverlies, Rüstungen und Waffensammlung auf Entdeckung wartet. Einen Tagesausflug von der Küste sollte man unbedingt zu den *Grotte di Frasassi* (ca. 60 km von Ancona, Schnellstraße) unternehmen: Es handelt sich um das größte zugängliche Höhlensystem Italiens und die größte bekannte Tropfsteinhöhle Europas, entsprechend groß ist der Andrang.

- **Abruzzen**: Auch hier muss man sich mit einer etwas dünneren Auswahl begnügen. Doch bieten die Badeorte neben dem üblichen weiten Sandstrand oft diverse Spielplätze und kleinere Kinderrummel (mit Karussell etc.), und bei *Tortoreto* (fast noch an der Grenze der Marken) gibt es den Acquapark Onda Blu mit riesigen Rutschen, Baby-Becken und Spielplatz. Ebenfalls im Norden der Abruzzen kann die eindrucksvolle Fortezza Spagnola (Festung) von *Civitella del Tronto* mit Museum besichtigt werden (ca. 45 Min. ab Alba Adriatica, auf schmalen Sträßchen). Weiter im Süden der Region wird es dann sehr spärlich mit besonders auf Kinder ausgerichteten Angeboten.

Wissenswertes von A bis Z

Ärztliche Versorgung

Der offizielle Weg zu ärztlicher Hilfe führt für gesetzlich Versicherte nicht mehr über den Anspruchsschein E 111 für EU-Länder, sondern über die **European Health Insurance Card** *(EHIC)*, die den Auslandskrankenschein bald komplett ersetzen wird. Bis dahin sollte man die Karte etwa zehn Tage vor Reisebeginn bei der Kasse bestellen. Mit der EHIC kann man im europäischen Ausland direkt zum Arzt gehen, ohne dabei die Kosten vorstrecken zu müssen. Theoretisch zumindest, denn viele niedergelassene Ärzte behandeln nicht im Rahmen des staatlichen Gesundheitssystems, sodass man die Behandlung oftmals bar bezahlen muss. Ihre heimische Krankenkasse erstattet die Kosten jedoch gegen eine ordnungsgemäße Quittung (ricevuta) des behandelnden Arztes, die Diagnose sowie Art und Kosten der Behandlung beinhalten sollte, ganz oder anteilig zurück (je nach Kasse und Höhe der Summe verschieden). Falls Ihnen ein Rezept verschrieben wurde, werden auch die Apothekenkosten verrechnet. Wissen sollte man allerdings, dass die ärztlichen Honorare in Urlaubsgebieten oft unverhältnismäßig hoch ausfallen – unter Umständen muss man also größere Beträge vorschießen.

Staatliche Krankenhäuser behandeln bei Vorlage der EHIC kostenfrei. Einige niedergelassene Vertragsärzte, die dem staatlichen Gesundheitssystem angeschlossen sind, tun dies auch – allerdings müssen Sie dafür vorher die EHIC bei einer Niederlassung (Azienda) des staatlichen Gesundheitsamtes Unità Sanitaria Locale (USL) vorlegen und erhalten ein italienisches Gutscheinheft (Modulario per l'assistenza sanitaria) für ärztliche Behandlungen und Arzneien. In einigen größeren Badeorten wie z. B. *Grado*, *Lignano*, *Lido di Jesolo*, *Cáorle* und *Bibione* übernehmen auch die Fremdenverkehrsämter den Umtausch, ansonsten können sie zumindest bei der Suche nach der nächsten USL behilflich sein.

Sinnvoll ist der Abschluss einer zusätzlichen **Auslandskrankenversicherung**, die die meisten privaten Krankenversicherer (auch für Mitglieder gesetzlicher Kassen) und manche Banken und Automobilclubs preiswert anbieten (um 10 € für max. sechs Wochen). Darin enthalten ist auch ein aus medizinischen Gründen notwendig gewordener Rücktransport nach Hause (auch Überführung), den die gesetzlichen Krankenkassen nicht übernehmen.

• *Notruf (pronto soccorso)* Notarzt und Krankenwagen erreicht man kostenlos von allen öffentlichen Apparaten in ganz Italien unter ✆ **118** oder ✆ **112** (auch über Handy).

Alternativ kann man unter ✆ **113** die Unfallrettung der Straßenpolizei anrufen (*polizia*), diese schickt dann die Ambulanz.

• *Guardia Medica Turistica* In den größeren Badeorten werden in den Sommermonaten Erste-Hilfe-Stationen betrieben, genannt *Guardia Medica Turistica*. Urlauber mit der EHIC (→ oben) werden hier in leichteren Fällen kostenfrei ärztlich behandelt. Ohne EHIC kostet eine Behandlung ca. 21 €, ein Hausbesuch ca. 31 €, ein Rezept um 5 €.

• *Apotheken (farmacia)* Können bei kleineren Problemen den Arzt ersetzen. Ungefähre Öffnungszeiten Mo–Sa 8.30/9–12.30/13 und 16–19.30 Uhr, Not- und Wochenenddienste sind an jeder Apotheke angeschlagen.

• *Privatversicherung* Falls Sie privat versichert sind, müssen Sie anfallende Rechnungen selbst bezahlen. Gegen genau ausgefüllte, quittierte Rechnungen erstattet Ihre Kasse nach der Rückkehr die aufgewendeten Beträge – allerdings nur so weit, wie sie der italienische Gesundheitsdienst ebenfalls getragen hätte. Prüfen Sie, ob Ihre Kasse auch etwaige Rücktransportkosten übernimmt.

Baden

Die endlosen Strände der italienischen Adria sind überwiegend feinsandig, sehr breit und meist auch völlig schattenlos. Fast überall fallen sie seicht ins Wasser ab und sind somit ideal für Kinder.

Unterbrochen wird die weitgehend flache Küstenlinie, die im nördlichen Bereich durch ein weit verzweigtes Lagunen- und Deltagebiet geprägt ist, nur bei Ancona durch die imposante Steilküste der Riviera del Conero, deren höchster Berg fast 600 m aus dem Meer ragt. Kleinere Vorgebirge (ital.: Promontorio) finden sich auch bei Pesaro und Ortona. Baden ist dort nur in kleinen und teilweise schwer zugänglichen Buchten möglich.

In nahezu allen Badeorten sind weite Strandbereiche mit gebührenpflichtigen Badeanstalten belegt, den sogenannten „Stabilimenti Balneari" oder „Bagni". Diese bestehen – je nach Strandbreite und Andrang – aus zehn bis 20 Liegestuhl-/Sonnenschirmreihen hintereinander, besitzen Sanitäranlagen und Umkleidekabinen, meist auch eine Strandbar, manchmal auch ein Ristorante (in Rimini, Riccione etc. sind sogar gelegentlich Discos dabei → dort) sowie Sport- und Spieleinrichtungen, manchmal werden auch Wassersportgeräte verliehen. Ein Bademeister, der „Bagnino", hat die Aufsicht und kümmert sich um die Sicherheit. Pro Tag zahlt man in der Hochsaison im Schnitt ca. 15 € für die Miete von zwei Liegestühlen und einem Sonnenschirm (sowie die Benutzung der Serviceeinrichtungen), auch Wochen- und Monatsabonnements sind möglich. Während der Saison werden die Strände täglich intensiv sauber gehalten. Vielerorts schützen schwere Felsblöcke und Molen den Strand und seine Besucher vor größeren Wellen, die bereits bei mittlerem Seegang entstehen können und sich eindrucksvoll an den vorgelagerten Barrieren brechen.

Die Ruhe vor dem Ansturm

Kostenfreie Strandabschnitte, die „Spiagge libere", gibt es in fast jedem Badeort, allerdings nicht immer in zentraler Lage. Gänzlich unorganisierte Strände findet man kaum. Im Mai und September hat man jedoch so manchen Strand fast für sich allein, sieht dann aber auch mit Erschrecken, was so alles an Strandgut angeschwemmt wird. FKK ist unüblich und höchstens an abgelegenen, ortsfernen Stränden in der Nebensaison möglich (ein guter Anlaufpunkt ist Lido di Dante bei Ravenna, S. 215), oben ohne dagegen fast schon normal. Hunde haben bei den „Bagni" keinen Zutritt, an den unorganisierten, meist auch abseits der Badeorte gelegenen Strände gibt es dagegen kaum Probleme (außer in der Hochsaison, wenn es auch hier übervoll ist).

Die Strand- und Wasserqualität italienischer Küsten wird alljährlich strengstens geprüft und bei besonderer Sauberkeit und Umweltfreundlichkeit mit der Bandiera Blu („Blaues Band") ausgezeichnet. Im Jahr 2006 waren dies entlang der italienischen Adria insgesamt 36 Orte, nachzulesen im Internet unter www.feeitalia.org. Andererseits gibt es natürlich auch eingeschränkt bis gar nicht badetaugliche Küstenabschnitte (v. a. an großen Flussmündungen, im Umkreis von Industriehäfen und in den industriell geprägten Randgebieten größerer Städte), hierüber informieren z. B. die großen Automobilclubs auf ihren Websites (in der Regel nur für Mitglieder). Von den unappetitlichen Algenteppichen, die Ende der 1980er Jahre an der mittleren Adria auftraten, ist glücklicherweise seitdem nichts mehr zu sehen gewesen, die Wasserqualität ist heute fast überall gut und das Baden unbedenklich.

Gut zu wissen: Tiere und Tierchen an der Adria

Im Sommer ist die gesamte obere Adria mit ihren flachen Lagunengewässern ein riesiges Brutgebiet für **Mücken**. Wer diese Region als Ziel hat, sollte sich darauf einstellen und geeignete Mittel mitnehmen, z. B. ätherische Öle, Autan, Zedan oder Zanzarin. In Italien werden u. a. Citronella-Öl und Ultraschallgeräte angeboten, die die Biester vertreiben sollen. Leider ist nicht gesagt, dass all diese Mittel wirklich helfen, die tägliche Dosis Fenistil-Tropfen und -Gel gehört deshalb einfach dazu. In Ferienanlagen und auf Campingplätzen wird oft mit dem Aussprühen von Chemikalien versucht, die Plage einzudämmen, was so schön nicht ist und meist nur kurzfristig Linderung verschafft.

Im Gegensatz zum Tyrrhenischen Meer der Westküste Italiens ist die Adria von **Quallen** (ital.: *Medusa*) normalerweise kaum betroffen. Experten gehen allerdings davon aus, dass das Quallenaufkommen im Mittelmeer generell steigen wird, nicht zuletzt durch die Klima- und Meereserwärmung und das dadurch veränderte Ökosystem des Meeres. Die Nesseltiere kommen – wenn auch selten – im seichten Wasser in Strandnähe vor. Manche sind harmlos, die Nesseln der Feuerquallen lösen jedoch bei Berührung Hautrötungen und brennende Schmerzen aus. Die quasi transparenten Quallen mit ihren teilweise meterlangen Tentakeln sind schwer zu sehen, oft bemerkt man sie erst bei der überaus schmerzhaften Berührung. Heftige Hautreaktionen, teilweise auch Schwindel, Übelkeit, Kopfschmerz und Kreislaufprobleme sind die Folge. Bei großflächigem Hautkontakt sollte man einen Arzt aufsuchen, kleinere und leichtere Verbrennungen können selbst behandelt werden: Stelle mit Meerwasser begießen (auf keinen Fall Süßwasser!), dann trocknen lassen, eventuelle Reste der Tentakel mit einer Pinzette entfernen oder mit einer Kreditkarte o. Ä. abkratzen (auf keinen Fall mit der bloßen Hand!), danach die Haut mit Eis kühlen. Oder man reibt die betroffenen Hautstellen mit Essig oder Rasierschaum ein, lässt danach den Schaum trocknen und reibt die Haut mit einem stumpfen Gegenstand ab, um die Nesseln zu lösen.

Ein Andenken aus Venedig

Diplomatische Vertretungen

Deutschland, Schweiz und Österreich besitzen an der Adria Honorarkonsulate bzw. Konsulate in Triest und Venedig, Deutschland hat außerdem eine Vertretung in Rimini. Übergeordnet sind die Generalkonsulate in Mailand oder aber die jeweiligen Botschaften in Rom. In Notfällen – z. B. beim Verlust sämtlicher Reisefinanzen – kann man sich an diese Vertretungen des Heimatlandes wenden. In erster Linie erhält man Hilfe zur Selbsthilfe, z. B. die Vermittlung von Kontaktmöglichkeiten zu Verwandten oder Freunden und Informationen über schnelle Überweisungswege. Nur wenn keine andere Hilfe möglich ist, bekommen Sie Geld für die Heimreise per Bahn vorgestreckt, allerdings werden keine Schulden übernommen (z. B. Hotelkosten) oder Mittel für die Fortsetzung des Urlaubs gegeben.

• *Deutschland* **Deutsche Botschaft**, Via San Martino della Battaglia 4, I-00185 Roma, ✆ 06/492131, ℻ 06/4452672, www.rom.diplo.de

Generalkonsulat der Bundesrepublik Deutschland (Consolato Generale della Repubblica Federale di Germania), Via Solferino 40, I-20121 Milano, ✆ 02/6231101, ℻ 02/6554213, www.mailand.diplo.de

Honorarkonsulat Triest (Console Onorario della Repubblica Federale di Germania), Via Beccaria 8 (3. Stock), I-34133 Trieste, ✆ 040/369071, ℻ 040/364396, E-Mail: hk.brd-ts@libero.it

Honorarkonsulat Venedig, San Marco, Campo S. Angelo 3816, I-30124 Venezia, ✆ 041/5237675, ℻ 041/5227655, E-Mail: consolatodigermania.ve@tin.it

Honorarkonsulat Rimini, Viale Trieste 3/E, I-47037 Rimini, ✆ 0541/27784, ℻ 0541/54444.

• *Österreich* **Österreichische Botschaft**, Via Pergolesi 3, I-00198 Roma, ✆ 06/8440141, ℻ 06/8543286, www.aussenministerium.at/rom

Generalkonsulat der Republik Österreich (Consolato Generale di Austria), Piazza del Liberty 8/4, I-20121 Milano, ✆ 02/783743, ℻ 02/783625, www.bmaa.gv.at

Honorarkonsulat Triest (Console Onorario di Austria), Via della Geppa 4, I-34132 Trieste, ✆/℻ 040/633712, E-Mail: cons.austria.ts@alice.it

Honorarkonsulat Venedig, Palazzo Condulmer, S. Croce 251, I-30135 Venedig, ✆ 041/5240556, ℻ 041/5242151, E-Mail: consolato.austria@zoppas.com

• *Schweiz* **Schweizer Botschaft**, Via Barnaba Oriani 61, I-00197 Roma, ✆ 06/809571, 📠 06/8088510, www.eda.admin.ch/roma

Generalkonsulat (Consolato Generale di Svizzera), Via Palestro 2, I-20121 Milano, ✆ 02/7779161, 📠 02/76014296, www.eda.admin.ch/milano

Konsulat Triest (Consolato di Svizzera), Via Battisti 18, I-34125 Triest, ✆ 040/7600400, 📠 040/3483378, E-Mail: p.vogrich@hotmail.it

Konsulat Venedig, Dorsoduro 810, Campo S. Agnese, I-30123 Venezia, ✆ 041/5225996, 📠 041/2443863, E-Mail: svizzeravenezia@libero.it

Einkaufen

Vor allem für Mode und Kulinarisches ist Italien geradezu ein Einkaufsparadies – und die Adriaregion macht hier keine Ausnahme.

Prall gefüllt und farbig präsentieren sich die Theken der Feinkostläden mit frischem Obst und vielfältigem Gemüse, dazu gibt es Wein en masse, Olivenöle diverser Produzenten, Grappa und Liköre in ansprechenden Flaschen, fantasievolle Nudelsorten, Schinken in ganzen Keulen, Wurstwaren, frischen Fisch und Meeresgetier, Käse, wertvollen Essig, verschiedene Sorten Reis, getrocknete und frische Pilze, eingelegte Früchte, Honig verschiedener Blüten, Gewürze und so manches mehr. In jedem Fall lohnt die Mitnahme eines leckeren Tropfens, entweder aus einer gut sortierten *Enoteca* (Weinhandlung mit Verkostung) oder von einem der Weingüter, die Direktkauf anbieten. Auch Olivenöl kann man direkt bei den Produzenten einkaufen.

▸ **Antiquitäten**: Interessant und vielseitig sind die Antiquitäten- und Flohmärkte namens *Mercatino Antiquariato*, *Mercatino delle pulci* etc., die ein- bis mehrmals monatlich in vielen Orten abgehalten werden. In größeren Städten gibt es außerdem zahlreiche Antiquitätenläden.

▸ **Kleidermärkte**: Jeden Wochentag findet in einem anderen Ort ein großer Markt mit fliegenden Händlern statt. Das Angebot besteht aus Kleidung, Schuhen, Kassetten, Spielzeug, Schmuck, Kosmetika etc. – meist nicht sonderlich originell, doch durchweg günstig, so dass man so manches Schnäppchen machen kann.

▸ **Kunsthandwerk**: Regional gibt es völlig unterschiedliche Schwerpunkte. Die größte Auswahl findet man sicher in Venedig, z. B. die kunstvollen *Karnevalsmasken*, *marmoriertes Papier*, *Spitzen* oder aber das berühmte mundgeblasene *Murano-Glas*.

▸ **Strandverkäufer**: Bei den schwer bepackten Verkäufern aus aller Herren Länder, die tagtäglich die Badezonen bevölkern, kann man oft für günstiges Geld einkaufen, muss allerdings sorgfältig auswählen, denn natürlich ist auch viel Minderwertiges dabei. Tipp sind z.B. die durchaus solide gefertigten Badetücher.

- Tipp für Mode- und Preisbewusste: Der **Schlussverkauf** (*saldi*) im Juli/August und Februar bringt radikale Preisnachlässe von 50 % und mehr!
- Auch der Einkauf direkt bei der **Fabrik** kann deutlich Geld sparen helfen. Viele renommierte Firmen bieten ihre Produkte auch direkt an. Schilder „Punto vendita diretto" weisen den Weg.
- Wer von Strandverkäufern, an abendlichen Straßenmärkten o. Ä. offensichtlich **gefälschte Artikel** hochwertiger Marken erwirbt, macht sich strafbar. In den letzten Jahren wurden an Touristen bereits Exempel mit empfindlichen Geldstrafen statuiert.
- **Montagvormittag** sind in vielen Städten die Geschäfte geschlossen, geöffnet wird erst ab 15 Uhr.

Eintrittspreise

Museen und sonstige Sehenswürdigkeiten kosten fast immer Eintritt (meist 1–6 €). Wer EU-Bürger ist und nachweislich unter 18 oder über 65 Jahren, erhält in staatlichen Museen freien Eintritt, Schülern und Studenten zwischen 18 und 25 Jahren wird oft 50 % Ermäßigung gewährt. Der Besuch von Kirchen ist in der Regel frei (Ausnahmen sind die kunsthistorisch bedeutenden Kirchen von Venedig, der Dom in Aquileia und die Kirchen von Ravenna mit ihren weltberühmten byzantinischen Mosaiken), teilweise wird aber für die Besichtigung von Krypta und/oder Kreuzgang ein Obolus erhoben.

Feste, Festspiele & Feiertage

So gut wie jeder Ort feiert alljährlich ein oder mehrere Feste, die oft historische Ursprünge haben. In den Weinbaugebieten dreht sich natürlich alles um den Wein, am Meer gibt es Prozessionen übers Wasser, dazu kommen Mittelalterspiele, Bikertreffs, Jazz und Folk, Sportereignisse wie Marathon oder Bootsregatten und vieles mehr. Eine kleine Auswahl der zahllosen Feste finden Sie im Folgenden.

Gesetzliche Feiertage in Italien

- **Capodanno** (Neujahrstag)
- **Epifania** (Dreikönigstag)
- **Pasqua/Lunedì dell'Angelo** (Ostersonntag/Ostermontag)
- **Festa della Liberazione** (Tag der Befreiung vom Faschismus) am 25. April
- **Festa dei Lavoratori** (Tag der Arbeit) am 1. Mai
- **Festa della Repubblica** (Tag der Gründung der Republik) am 2. Juni
- **La Solennità dei Santi Pietro e Paolo** (Peter und Paul) am 29. Juni
- **Assunzione di Maria Vergine/Ferragosto** (Mariä Himmelfahrt) am 15. August
- **Ognissanti** (Allerheiligen) am 1. November
- **Immacolata** (Mariä Empfängnis) am 8. Dezember
- **Natale** (Weihnachten) am 25. Dezember
- **Santo Stefano** (Tag des heiligen Stephanus) am 26. Dezember

• *Überregionale Feste* **Cantine Aperte**, immer am letzten Sonntag im Mai. Zahlreiche Weinkellereien, die Mitglieder des „Movimento Turismo del Vino" sind, öffnen ihre Tore für Besucher. Den ganzen Tag über finden Verkostungen und Führungen statt. Einige Winzer öffnen nach Voranmeldung bereits am Samstag. Die teilnehmenden Kellereien und viele weitere Hinweise kann man im Internet abrufen unter www.movimentoturismovino.it

• *Friaul-Julisch Venetien* **Trieste Film Festival**, alljährlich im Januar findet dieses Filmfestival statt, bei dem hauptsächlich Werke aus Mittel- und Osteuropa gezeigt werden (www.triestefilmfestival.it).

Carnevale Muggesano, größtes Fest in Muggia ist der farbenfrohe Karneval, der mit Umzügen und Veranstaltungen sieben Tage lang gefeiert wird. Höhepunkt ist der Umzug mit aufwendigen Wagen und Kostümen am Faschingssonntag.

Maratona d'Europa (La Bavisela), großer Marathon am ersten Sonntag im Mai an der Triestiner Riviera auf einer exakt 42,195 km langen Strecke vom Castello di Duino zum

Castello di Miramare, deswegen auch „Zwei-Schlösser-Marathon" genannt (www.bavisela.it).

Perdón de Barbana, eindrucksvolle Schiffsprozession am ersten Julisonntag durch die Lagune von Grado zur Insel Barbana mit ihrer bekannten Wallfahrtskirche.

Contesa della Rotella, am zweiten Sonntag im Juli historischer Umzug in Palmanova zur Erinnerung an einen alten Kampf der drei Stadtviertel.

Nozze Carsiche, die traditionelle Karsthochzeit findet alle zwei Jahre am letzten Augustsonntag im Karstdorf Rupingrande statt, die nächsten Male 2007 und 2009. Bereits am Mittwoch wird mit dem Feiern begonnen, am Sonntagmorgen folgt dann eine Trachtenprozession vom nahe gelegenen Zola zur Kirche, wo die Messe stattfindet. Bis abends wird dann getanzt und gefeiert. Alle Zeremonien finden in Slowenisch statt.

Barcolana, seit fast 40 Jahren große Segelregatta am zweiten Sonntag im Oktober, mit 2000 teilnehmenden Booten eine der größten der Welt. Gestartet wird in Bárcola vor Triest (www.barcolana.it).

• *Venetien* **Carnevale**, der weltberühmte Karneval in Venedig zieht sich vom Samstag eine Woche vor Faschingssamstag bis Rosenmontag, wobei sich die Lagunenstadt in einen einzigen Maskenball verwandelt.

Festa di San Marco, alljährlich am 25. April findet das große Fest zu Ehren des Stadtpatrons von Venedig statt, Prozession und Gottesdienst im Markusdom, nachmittags Ruderregatta.

Festa de la Sensa, an Christi Himmelfahrt, große Schiffsprozession in Venedig, die sog. „Hochzeit mit dem Meer", das älteste Fest der Lagunenstadt. Um dieselbe Zeit wie die Festa de la Sensa findet auch die **Vogalonga** statt, ein großer Rudermarathon von 30 km Strecke, man kann auch mit der Gondel teilnehmen (www.vogalonga.com).

Festa di Sant'Antonio, am 13. Juni in Padua. Umzug mit den Reliquien des populären Stadtheiligen, abends Fackelparade auf dem Fluss Bacchiglione.

Festa del Redentore, in Venedig am dritten Sonntag im Juli. Das größte Sommerfest der Stadt, das die Venezianer am liebsten essend und trinkend auf ihren Booten verbringen, beginnt in der Nacht vom Samstag auf den Sonntag mit einem großen Feuerwerk, am Sonntag wird zwischen den Zattere und der Redentore-Kirche auf der Insel

Historische Fahnenschwingergruppen treten häufig bei Festen auf

Giudecca eine Pontonbrücke gebaut, auf der man zur Kirche hinübergeht und in einem feierlichen Gottesdienst dem Ende der Pest im Jahr 1576 gedenkt.

Mostra Internazionale del Cinema, die Biennale von Venedig findet alle zwei Jahre Ende August bis Anfang September (2007: 29.8.–8.9.) im Palazzo del Cinema am weltberühmten Lido statt. Neue Filme internationaler Regisseure werden vorgestellt und preisgekrönt, dazu erscheinen diverse Stars und entsprechend glamouröses Publikum.

Regata Storica, am ersten Sonntag im September in Venedig. Bedeutendste historische Gondelregatta der Stadt, 7 km lange Bootsparade auf dem Canal Grande, darunter viele historische Schiffe.

Riviera Fiorita, am zweiten Sonntag im September, farbenprächtige Bootsregatta am Brenta-Kanal zwischen Padua und Venedig.

Festa di Castagna, Fest zur Kastanienreife am dritten Sonntag im Oktober in Teolo in den Euganäischen Hügeln bei Padua. Überall werden geröstete Esskastanien angeboten.

Festa della Salute, am 21. November in Venedig. Für diesen Tag wird eine hölzerne Pontonbrücke über den Canal Grande geschlagen, über die die Venezianer zur Santa Maria della Salute pilgern – Erinnerung an die große Pest von 1630, als die Stadtväter beschlossen, der „Heiligen Maria der Gesundheit" eine Kirche zu errichten.

• *Emilia-Romagna* **Festa di Ascensione**, am ersten Sonntag im Mai in Cervia. Es wird die „Seehochzeit" gefeiert, deren Ursprünge ins 14. Jh. zurückgehen.

Palio di San Giorgio, am letzten Maisonntag in Ferrara. Historische Parade und Reiterfest, am Nachmittag u. a. Pferde- und Eselrennen. Die Ursprünge des Festes liegen im 13. Jh.

Festival del Teatro, im Juni in Santarcangelo di Romagna bei Rimini.

Palio del Niballo, am letzten Junisonntag in Faenza. Reitturnier und Umzug vom Hauptplatz zum Stadion, dort Armbrustschießen.

Ravenna Festival, den ganzen Juli und August Opern- und Musikaufführungen (klassisch, Orgel, Jazz und Folklore) an verschiedenen Orten in und außerhalb der Stadt.

Festa di Rustida, großes Fischessen in Cattolica am zweiten Wochenende im Juli.

Estate Ferrara, Mitte Juli bis Mitte September, zahlreiche Veranstaltungen aus allen kulturellen Sparten – Tanz, Theater, klassische Musik, Rock, Jazz u. a.

Ottocento-Festival, Anfang August neun Tage lang in Saludécio bei Rimini.

Festa di San Lorenzo, am 10. August in Cervia und Rimini. Wasserspiele und Feuerwerk, die Bauern gehen mit ihren Tieren ins Wasser, was Gesundheit bringen soll.

Busker's Festival, Ende August in Ferrara, internationales Fest der Straßenmusiker.

Sagra Musicale Malatestiana, Musikfest von Rimini, den ganzen Sommer über musiziert ein Aufgebot internationaler Orchester und Musikgruppen, z. T. im berühmten Tempio Malatestiano.

• *Marken* **Carnevale**, in Fano, großer Umzug mit monströsen Figuren aus Pappmaschee, es wird eine wahre Bonbon- und Schokoladenschlacht ausgetragen. Umrahmt ist das Ganze von unzähligen Veranstaltungen wie z. B. dem Maskenball auf der Piazza XX Settembre – die Stadt steht Kopf zur Faschingszeit, die im Sommer als **Carnevale d'Estate** wiederholt wird.

Ancona Jazz, das älteste Jazzfestival in den Marken, alljährlich ab Februar. Seit einigen Jahren gibt es auch ein Sommer-Jazzfestival etwa in der vorletzten Juliwoche (www.anconajazz.com).

Fano Jazz by the Sea, alljährlich Ende Juni bis Anfang Juli. Den oft kostenlosen Konzerten kann man u. a. im Corte Malatestiana an der Piazza XX Settembre lauschen.

Stagione Lirica, von 15. Juli bis 15. August finden im Sferisterio von Macerata Opernfestspiele statt, oft Verdi, Puccini usw., Programm und Tickets unter www.sferisterio.it

Giostra della Quintana, Reiterwettspiele in Ascoli Piceno, immer am ersten Sonntag im August. Der Wettkampf findet noch immer nach den strengen Regeln des Jahres 1377 statt, dabei treten sechs Stadtviertel gegeneinander an, es wird auf eine schwarze Puppe, den „Moro", eingestochen, der als Symbol für die hier an der Küste einfallenden Sarazenen im 9. Jh. gilt.

Rossini Opera Festival (ROF), in Pesaro, wo Rossini 1792 geboren wurde. Alljährlich im August, die Opernfestspiele sind weit über die Grenzen der Region hinaus bekannt (www.rossinioperafestival.it).

Palio dell'Assunta, am 15. August in Fermo, traditionelles Pferderennen mit großem Mittelalterfest.

Festa del Duca, in Urbino, immer am dritten Wochenende im August. Am Samstag Reitturnier wie zu Zeiten des Fürsten

Federico, am Sonntag dann ein großer Umzug in historischen Kostümen.
Festa dell'Aquilone, in Urbino. Am ersten Septemberwochenende steigen auf den nahe gelegenen Colline Monti delle Cesane sämtliche Drachen der Stadt. Die Contrade (Stadtviertel) von Urbino treten gegeneinander zum Wettbewerb an, prämiert wird auch der schönste Drachen, der des jüngsten Teilnehmers etc.

• *Abruzzen* **Carnevale** in Francavilla al Mare bei Pescara, mit großen Umzügen.
Processione della Sacra Spina, am Freitag vor Karfreitag findet in Vasto die Prozession der „Heiligen Dorne" statt.
Processione del Cristo morto, in Chieti, die berühmte Karfreitagsprozession mit Fackeln, bei der die Gläubigen das traditionelle Büßergewand tragen.
Festa del Perdono, am ersten Sonntag im Mai feiert man in Ortona zu Ehren des Stadtpatrons San Tommaso Apostolo das „Fest der Vergebung".
Festa di San Zopito, Pfingstmontagsprozession in Loreto Aprutino mit einem weißen Ochsen, der einen Engel trägt.
Madonna di Porto Salvo, Fischerprozession in Giulianova, in der ersten Augustwoche.
Festa dell'Assunta, am 15. August in Atri, mit Öffnung der Porta Santa der Cattedrale Santa Assunta.
Alla Corte de lo Governatore, Mittelalterfest in der Fortezza von Civitella del Tronto, in der Woche um Ferragosto.
La Perdonanza, in L'Aquila feiert man alljährlich am 28./29: August ein großes Fest zu Ehren des Papstes Coelestin (13. Jh.).

Tipp: Lassen Sie sich in jedem Fall vor Ort die aktuellen Veranstaltungskalender geben, denn während der warmen Jahreszeit ist eigentlich immer irgendwo etwas geboten.

Geld

In Sachen Geld und Devisen hat die Eurozone natürlich vieles vereinfacht, und seit 2007 gilt der Euro auch im benachbarten Slowenien. In allen größeren Orten an der Küste und auch im Hinterland gibt es Geldautomaten (*Bancomat*), wo man mit Bankkarte und Geheimnummer rund um die Uhr problemlos bis mindestens 250 € erhält (Bedienungshinweise meist auch in deutscher Sprache). Fast alle Automaten können mit ec-Karte (bzw. maestro-Karte) bedient werden. Eine Abhebung kostet mit der EC-Karte in der Regel 3,30–4,50 €, mit der Kreditkarte 4 % des Betrages, mindestens aber 5 €. Tipp: mit der „Postbank SparCard 3000 plus" sind die ersten vier Abhebungen im Jahr gratis.
Für das Einlösen von *Reiseschecks* müssen Sie – mit Ausweisdokument – am Bankschalter vorstellig werden. Wartezeiten sind hier aber die Regel, eine Gebühr wird ebenfalls meist fällig. Italienische Banken haben im Wesentlichen einheitlich geregelte Öffnungszeiten, nämlich Mo–Fr 8.30–13.30 und 14.45–16.30 bzw. 15–16 Uhr, regional können die Zeiten leicht schwanken. Wechselstuben gibt es in Italien kaum noch.

Wechselkurs Schweiz (Stand Mai 2007): 1 € = 1,65 CHF, 1 CHF = 0,61 €

Wer nicht allzu viel Bargeld mit sich herumtragen will, kann auch problemlos auf die *Bankkarte* und alle gängigen *Kreditkarten* zurückgreifen, die als Zahlungsmittel weithin akzeptiert werden (z. B. Hotels, Restaurants, Tankstellen, Läden, Fahrzeugvermietungen, Bahn- und Flugtickets). Seit Einführung des Euro ist dabei das bisherige Auslandsentgelt von 1 % entfallen.

Im Notfall

Bei Verlust von Geldkarte, Kreditkarte, Reiseschecks etc. diese sofort telefonisch sperren lassen, nach Deutschland unter der einheitlichen Notrufnummer ✆ 0049/116116, ansonsten kann man die aktuellen Nummern vor der Reise bei der heimischen Bank erfragen. Im Fall eines Totalverlustes an Geld kann man sich über „Western Union Money Transfer" von einer Kontaktperson zu Hause innerhalb weniger Stunden Geld überweisen lassen. Einzahlung u. a. bei allen Filialen der Postbank, die Gebühr für eine Überweisung von 250 € beträgt beispielsweise 23 €. Dieses Verfahren funktioniert auch ohne einen eventuell abhanden gekommenen Ausweis. Auszahlung bei Postfilialen, bestimmten Banken und Reisebüros. Näheres unter www.westernunion.com. Günstiger ist die Überweisung über „Money Gram" (www.moneygram.com), 250 € kosten dort nur 14 €, aber die Annahme- und Ausgabestellen sind deutlich dünner gesät.

Hunde

Die Akzeptanz für Hunde – zumal wenn sie wohlerzogen, gepflegt und freundlich sind – ist zwar höher als vielfach angenommen, doch kann es gerade an der Adriaküste im Sommer ziemlich heiß werden und für den Hund somit zur Quälerei. Generell besteht für Hunde im Süden Italiens eine erhöhte Ansteckungsgefahr mit *Leishmaniose*, einer von Sandmücken übertragenen Parasiten-Erkrankung, die in fast allen Mittelmeerländern vorkommt, in den nördlicheren Küstenregionen der italienischen Adria wird in den Lagunen- und Feuchtgebieten vor *Schlangenbissen* gewarnt.

Erlaubt sind Hunde in der Regel auf Campingplätzen und in Gartenrestaurants, allerdings nur in einigen wenigen Hotels und Appartements. An Stränden mit Strandservice sind Hunde verboten, hier muss man an einen „freien" Strand ohne Einrichtungen ausweichen. Ebenso verboten sind Hunde in edlen Restaurants. Maulkorb und Leine sind immer mitzuführen.

Bei der Einreise nach Italien braucht der Hund ein Tollwut-Impfzeugnis, das mindestens 30 Tage und maximal zwölf Monate vor Einreisedatum ausgestellt sein muss, ebenso einen EU-Heimtierausweis und eine Identitätskennung: entweder Mikrochip unter der Haut oder Tätowierung im Ohr.

Informationen

Italien betreibt in Deutschland drei Fremdenverkehrsämter, in Österreich und Schweiz je eines. Vor der Reise können Sie dort oder über unten stehende Webadresse Prospekte bestellen.

Jede Provinz der Regionen entlang der Adriaküste besitzt ein Verkehrsamt, das für die gesamte Provinz zuständig ist und in allen Städten und touristisch bedeutsamen Orten Informationsstellen betreibt, genannt *AIAT (Agenzia di Informazione e Accoglienza Turistica)* oder *IAT (Informazione e Accoglienza Turistica)*, das Hauptbüro der Provinz wird als *APT (Azienda Provinziale per il Turismo)* geführt – fragen Sie einfach nach dem „Ufficio informazioni", das versteht jeder. Diese Büros sind in der Regel gut mit Prospekten, Broschüren und Infos jeglicher Art ausgestattet. Erhältlich sind u. a. Stadtpläne und Umgebungskarten, Hinweise zu Sehenswürdigkeiten, Tipps für Sport und Freizeit, Veranstaltungskalender sowie Unterkunftslisten. Fragen Sie bei Interesse auch nach Wander- und/oder Radwegkarten zur Umgebung. Oft sprechen die Mitarbeiter Deutsch (Details in den jeweiligen Texten).

• *Italienische Fremdenverkehrsbüros*
Deutschland, Kaiserstr. 65, D-60329 Frankfurt/ M. ✆ 069/237434, 📠 232894, E-Mail: enit.ffm@t-online.de; Mo–Fr 10–17 Uhr, Sa/So geschl.
Friedrichstr. 187, D-10117 Berlin. ✆ 030/ 2478398, 📠 2478399, E-Mail: enit-berlin@t-online.de; Mo–Fr 10–17 Uhr, Sa/So geschl.
Lenbachplatz 2, D-80333 München. ✆ 089/ 531317, 📠 534527, E-Mail: enit-muenchen@t-online.de; Mo–Fr 10–17 Uhr, Sa/So geschl.
Österreich, Kärntnerring 4, A-1010 Wien. ✆ 0043/1/505163012, 📠 5050248, E-Mail: delegation.wien@enit.at; Mo–Do 9–17, Fr 9–15.30 Uhr, Sa/So geschl.
Schweiz, Uraniastr. 32, CH-8001 Zürich. ✆ 0041/43/4664040, 📠 4664041, E-Mail: enit@bluewin.ch; Mo–Fr 9–17 Uhr, Sa/So geschl.

Internet: www.enit-italia.de

Internet

Neben den Websites der Tourismusämter gibt es eine Vielzahl weiterer Seiten, die Informationen über das Zielgebiet bieten und in der Regel unkompliziert in den einschlägigen Suchmaschinen zu finden sind. Einige Seiten sind im praktischen Reiseteil unter den jeweiligen Orten zu finden, weitere auf der Website www.michael-mueller-verlag.de unter „Reiselinks“.

Kirchen

Viele italienische Kirchen sind mit Kunstschätzen geradezu überladen, die Adriaküste und ihr Hinterland machen hier keine Ausnahme. Die Besichtigung der Kirchen in Dörfern und Städten ist in der Regel den ganzen Tag über möglich (mit Ausnahme der Siesta von etwa 12 bis 16 Uhr), zu Gottesdienstzeiten allerdings unpassend. Beachten Sie bitte, dass auf angemessene Kleidung allergrößter Wert gelegt wird: Frauen sollten Schultern und Bauch bedeckt haben und einen mindestens knielangen Rock tragen, Männer lange Hosen und ein Hemd oder zumindest ein T-Shirt. Wer sich eine Kirche vom Kustoden aufschließen und zeigen lässt, sollte die **Spende** für den Klingelbeutel nicht vergessen. In manchen kunsthistorisch bedeutenden Kirchen muss Eintritt bezahlt werden, vor allem in Venedig und Ravenna.

Notruf

Polizeinotruf in ganz Italien unter ✆ **112** (auch über Handy), Unfallrettung unter ✆ **118**. Für die Pannenhilfe (*Soccorso stradale*) ist der italienische Automobilclub **ACI** (*Automobil Club d'Italia*) zuständig, landesweite Rufnummer ✆ **803116**, vom Handy die ✆ **800116800** wählen. Die deutschsprachige Notrufstation des ADAC in Milano ist unter ✆ **02/661591** ganzjährig und rund um die Uhr erreichbar.

Öffnungszeiten

Das Grundprinzip bildet die mediterrane Siesta, d. h. von etwa 13 bis 16 oder 17 Uhr schließen die meisten Geschäfte und sonstigen Einrichtungen. Dafür ist abends, wenn die Tageshitze nachlässt, immer lange offen: in der Regel mindestens bis 20 Uhr, oft deutlich länger, vor allem in touristischen Gebieten und Badeorten, auch an Wochenenden. Abgesehen von den Urlaubszonen sind viele Geschäfte einen Nachmittag in der Woche geschlossen, meist auch am Montagvormittag. Im Folgenden ein paar Hinweise zu spezifischen Öffnungszeiten.

Geschäfte: in der Regel Mo–Fr vormittags ca. 8/8.30–12.30/13, nachmittags ca. 16/17–19.30/20 Uhr, Sa 9–13 Uhr. Vor allem Souvenirläden und andere Geschäfte mit touristischem Bedarf schließen ihre Pforten erst sehr spät abends, haben oft auch sonntags geöffnet.

Kirchen: Von 7 Uhr früh bis 12 Uhr mittags sind sie offen. Dann wird unbarmherzig geschlossen und frühestens gegen 15, oft erst 16 Uhr wieder aufgemacht, um bis 19 oder 20 Uhr geöffnet zu bleiben. Sonntags während der Messen ist eine Besichtigung nicht möglich. Manche Kirchen sind durchgängig geschlossen und öffnen nur einmal pro Woche zum Gottesdienst ihre Pforten, andere sind gar nicht zu besichtigen.

Museen und Sehenswürdigkeiten: Hier herrschen nicht selten verwirrende Verhältnisse. Meist sind die Zeiten je nach Saison unterschiedlich und werden mehrmals jährlich geändert. Einzige Konstante ist, dass staatliche Museen montags fast immer geschlossen haben und ansonsten meist Di–Fr (oder Sa) Vormittag 9–14 Uhr und So 9–13 Uhr geöffnet sind, bedeutendere Museen oft auch Di–So 9–19 Uhr. Kleinere Einrichtungen in abgelegenen Gegenden sind nur in den Hochsaisonmonaten Juli und August geöffnet und auch dann manchmal nur an den Wochenenden. Detaillierte Hinweise unter den einzelnen Orten.

Banken und **Post** siehe im entsprechenden Abschnitt, **Apotheken** → Ärztliche Versorgung.

Post

Ein Postamt gibt es in fast jedem Ort. Oft ist es dort allerdings sehr voll, denn viele Italiener begleichen am Schalter ihre Telefon-, Wasser- und Stromrechnungen und die Rentner erhalten am Monatsanfang ihre Rente. Deshalb auf Wartezeiten einstellen. Auch die Karte an die Lieben daheim dauert ihre Zeit. Deshalb besser in einem Umschlag abschicken, Briefe laufen schneller. Der Vermerk „Per Luftpost" (*posta aera*) bringt bei Karten und Briefen nach Mitteleuropa nichts, da sie generell mit Luftpost verschickt werden. Trotzdem dauert die Beförderung nach Deutschland etwa sechs bis sieben Tage. Innerhalb von drei Tagen erreicht ein Brief angeblich sein Ziel, wenn man eine Briefmarke für „Posta Prioritaria" benutzt, die etwa 50 % teurer ist als eine Normalmarke. Die Sendung wird dabei mit einer blauen Marke mit der Aufschrift „Posta Prioritaria" und einer Wertmarke versehen.

Öffnungszeiten: regional verschieden, meist Mo–Fr 8.15–14, Sa 8–13 Uhr. In Städten oft auch nachmittags offen, meist 16–20 Uhr.

Briefmarken: „Francobolli" kann man nicht nur bei der Post erstehen, sondern auch in vielen Tabacchi-Läden und Souvenirshops, die Postkarten verkaufen.

Poste restante (Fermo in Posta): Jedes Postamt nimmt postlagernde Sendungen an. Diese können mit Personalausweis und gegen eine kleine Gebühr abgeholt werden. Ein Brief wird normalerweise bis zu zwei Monate aufbewahrt. Als Absender in so einem Fall immer den Empfängernamen (Nachnamen unterstreichen!), das Zielpostamt (bei größeren Orten am besten immer das Hauptpostamt) und „Fermo in Posta" bzw. „Poste restante" auf den Umschlag schreiben.

Telegrafische Postanweisung: Über „Western Union Money Transfer" oder „Money Gram" kann man sich von einer Kontaktperson zu Hause innerhalb weniger Stunden Geld überweisen lassen (→ S. 50).

Reisedokumente

Für den Aufenthalt in Italien genügt der Personalausweis (*Carta d'Identità*). Wer auf Nummer sicher gehen will, nimmt außerdem seinen Reisepass (*Passaporto*) mit. Kinder unter 16 Jahren benötigen einen *Kinderausweis* (ab zehn Jahren mit Lichtbild) oder müssen im Pass der Eltern eingetragen sein. Kinder und Jugendliche, die ohne Erwachsene reisen, benötigen außer ihrem Ausweis eine schriftliche *Vollmacht* der Erziehungsberechtigten, die in Englisch oder Französisch abgefasst sein muss.

▸ **Einreise mit dem eigenen Fahrzeug**: Neben dem nationalen Führerschein (*Patente di guida*) braucht man auch den Fahrzeugschein (*Libretto di circolazione*), außerdem wird bei Unfällen noch immer die Grüne Versicherungskarte (*Carta verde*) verlangt.

Sport

Viel spielt sich an der Adriaküste natürlich am und ums Meer ab, man findet kaum einen Badestrand ohne provisorisches Beachvolleyball- oder Fußballfeld. In Lignano (Friaul-Julisch Venetien) wird sogar alljährlich der Beachvolley-Weltcup abgehalten; und im Fußball sind die Italiener bekanntermaßen Weltmeister und absolut ballvernarrt, überall wird gekickt. Aber auch sonst gibt es in den touristisch hoch entwickelten Küstenorten der Adria zahlreiche Möglichkeiten, sich sportlich zu betätigen. Vom Bootsverleih (auch Kajaks, Kanus etc.) über Windsurfschulen bis Wasserski und Fallschirmsegeln ist meist alles geboten. Tennisplätze findet man häufig auf Campinggeländen und bei größeren Hotels bzw. in Feriendörfern (Villaggio Turistico). Radler können vor allem an der oberen Adria zahllose Wege befahren, die durch die flachen Lagunenlandschaften und die Po-Ebene führen – kilometerweit kann man hier radeln und ist oft völlig allein. Entlang der italienischen Adriaküste – bzw. ein Stück landeinwärts – gibt es außerdem zahlreiche Golfplätze. Für Wanderer eignet sich neben dem *Triestinischen Karst* (→ S. 107) und den *Euganäischen Hügeln* bei Padua (→ S. 166) vor allem das herrliche Vorgebirge um den *Monte Conero* bei Ancona (→ S. 287) mit seinen zahlreichen markierten Wegen.

• *Fahrrad* Speziell in der **Po-Ebene** sind die Möglichkeiten für Genuss- und Hobbyradler zahllos, um Ravenna und Ferrara sind beispielsweise mittlerweile 200 km Radwege ausgebaut worden. Ebenso gut geeignet sind die großen **Lagunenlandschaften** von Friaul und Venetien. Die steilen **Euganäischen Hügel** südlich von Padua sprechen dagegen vor allem konditionsstarke Sportfahrer an.
Etwas schwieriger – und weniger reizvoll – wird es weiter südlich, wo man mangels ausgewiesener Radwege auf den viel befahrenen Hauptstraßen nur wenig Spaß hat. Ausnahmen sind die Panoramastraßen an der Küste, z. B. am **Monte San Bartolo** (nördlich von Pesaro) und am **Monte Conero** (südlich von Ancona), hier trifft man vor allem an Wochenenden auf viele Radler.

• *Golf* Golfplätze gibt es an der Adriaküste und in ihrem Hinterland reichlich, wobei Venetien und die Emilia-Romagna die größte Dichte aufweisen. Das **Friaul** bietet insgesamt vier küstennahe Plätze (Lignano, Grado, Triest, Gorizia), **Venetien** acht Plätze (drei in und um Padua, dann Lido di Jesolo, Venedig, Mogliano bei Venedig, Isola di Albarella bei Rovigo und Cáorle), neun Plätze sind es in der **Emilia-Romagna**: Cervia, Argenta, zweimal Ferrara, Cesena, Cesenatico, Faenza, Magliano bei Forlì und Rimini. Deutlich dünner fällt die Auswahl in den beiden südlicheren Regionen aus: In den **Marken** gibt es gerade mal zwei

Windsurfer im Trockendock

küstennahe Golfplätze (Sirolo am Monte Conero und Montefiore dell'Aso bei Grottammare), in den **Abruzzen** nur einen (Migliamico bei Chieti). In der Region Molise gibt es in Küstennähe keinen Golfplatz. Genaue Daten sämtlicher hier aufgeführter Golfplätze sind im Internet unter www.federgolf.it, der offiziellen Seite des Italienischen Golfverbandes (*Federazione Italiana Golf*) zu finden, dort auf den Button „Dove giocare" klicken, die Auflistung erfolgt nach Regionen.

• *Reiten* Einige Agriturismo-Betriebe bieten auch Ausritte und Reitstunden an, dies allerdings weniger an der Küste, sondern im dünner besiedelten Hinterland. Im Friaul kann man im Naturpark am **Isonzo** geführte Ausritte machen (→ S. 76), eine gute Adresse in der Emilia-Romagna liegt im Badeort **Lido delle Nazioni** (→ S. 198). Weitere Infos bei den örtlichen Touristenbüros.

• *Wassersportzentren* Große Anlagen mit Sportbecken, Riesenrutschen und Wellenbädern findet man u. a. in Lignano Sabbiadoro, Lido di Jesolo, Cervia, Cesenatico, Rimini/Riccione (der Wasserpark Aquafan ist der größte Europas!), Cattolica und Tortoreto an der Grenze zwischen Marken und Abruzzen.

• *Windsurfen* Windigste Monate der warmen Jahreshälfte sind April und Oktober, gefolgt von Mai und September. Dann finden auch ambitionierte Kitesurfer genügend Betätigung. Im Hochsommer ist der Wind dagegen eher flügellahm.

Sprache

Leider sprechen die meisten deutschen Urlauber, die Italien besuchen, kein Italienisch – mit *Grazie, Buongiorno, Pizza* und *Pasta* ist oft der Wortschatz erschöpft. Dagegen verstehen und sprechen zahlreiche Italiener, die im Tourismusgeschäft tätig sind, sehr gut Deutsch, vor allem an der Adria. Im Friaul kommt die lange Zugehörigkeit zur österreichischen k.u.k.-Monarchie hinzu, so dass vielen Einwohnern Deutsch vertraut ist. Anders in den touristisch kaum erschlossenen Gebieten im Hinterland, mit etwas Glück kommen einem hier ehemalige Gastarbeiter zu Hilfe. Englischkenntnisse findet man in den großen touristischen Zentren, auf dem Land dagegen kaum.

Wer etwas Italienisch üben will, findet unser **Sprachlexikon** am Ende des Buches. Sprachkurse, u. a. in Triest, Venedig und Ravenna, veranstaltet „La Scuola", die Schule für Italienisch, Diemelstr. 2–4, D-60486 Frankfurt am Main, ✆ 069/706900, 📠 333332, www.la-scuola.com. Eine bekannte Sommeruniversität für Sprachschüler ist Urbino (→ S. 264).
Wer sich eingehender mit dem Thema „Italienisch lernen in Italien" beschäftigen möchte, sollte sich die gleichnamige Broschüre bei der „Aktion Bildungsinformation" (ABI) in Stuttgart bestellen, eine sehr umfangreiche Info-Broschüre rund um den Sprachurlaub (16 € inkl. Versand). Adresse: Lange Straße 51, D-70174 Stuttgart, ✆ 0711/2021630, 📠 22021640, www.abi-ev.de

Telefonieren

Alle öffentlichen Apparate funktionieren mit *magnetischen Telefonkarten* (carta telefonica) der italienischen Telecom, erhältlich für 2,50 € in Tabak- und Zeitschriftenläden, manchmal auch an Rezeptionen von Hotels und Campingplätzen. Vor dem Gebrauch muss die vorgestanzte Ecke abgebrochen werden. Wenn die Karte leer ist, kann man eine zweite nachschieben, ohne dass das Gespräch unterbrochen wird. Die Gültigkeitsdauer der Karten ist meist auf ein oder zwei Jahre begrenzt. Als interessante Alternative dazu gibt es *internationale Telefonkarten* (scheda telefonica internazionale), die ab 5 € kosten. Damit kann man deutlich länger als mit den Telecom-Karten telefonieren. Man führt sie jedoch nicht ins Telefon ein,

Das „telefonino" ist immer dabei

sondern wählt eine kostenlose Nummer (numero verde), die auf der Karte vermerkt ist – sowohl fürs Festnetz (rete fissa) wie fürs Handy (cellulare oder telefonino). Nach der elektronischen Freigabe rubbelt man die Geheimnummer frei, die ebenfalls auf der Karte vermerkt ist, und kann erst dann die Teilnehmernummer wählen. Die Karte kann im Prinzip von jedem Telefon und Handy benutzt werden, allerdings ist die „numero verde" oft besetzt oder funktioniert nicht von älteren öffentlichen Apparaten.

R-Gespräch nach Deutschland: Es besteht die Möglichkeit, von jedem privaten Telefon (nicht öffentlich) in Italien die Nummer 0800-172-0049 der Telekom in Frankfurt anzurufen. Von dort können Sie sich mit dem gewünschten Teilnehmer – sein Einverständnis vorausgesetzt – auf dessen Kosten verbinden lassen.

▶ **Mobiltelefon**: Sobald sich das Handy in eines der italienischen Handynetze (*TIM* = Telecom Italia, *Omnitel-Vodafone* und *Wind*) eingebucht hat, kann man fast überall problemlos telefonieren und Anrufe entgegennehmen, Funklöcher gibt es fast keine mehr. Man zahlt dann die jeweiligen Tarife des italienischen Netzbetreibers, zusätzlich werden für jeden Anruf sogenannte Roaming-Gebühren Ihres Mobilfunk-Providers fällig. **Spartipp**: Die Tarife sind in den Netzen unterschiedlich, das Handy bucht sich aber immer automatisch im jeweils stärksten Netz ein. Wenn man sich vor der Reise beim eigenen Betreiber informiert, welches ausländische Netz das Günstigste ist, kann man dieses vorab im Menü des Mobiltelefons einstellen. Man kann sich aber auch vor Ort selbst alle Netze anzeigen lassen und den billigsten Anbieter manuell aussuchen (Menü: Netz, Unterpunkt „Netz-Info" o. „Netz-Wahl", von automatisch auf manuell umstellen). Auslandsgespräche mit Handy sind immer recht teuer, Vorsicht ist aber besonders geboten, wenn Sie in Italien angerufen werden, denn Sie zahlen dann immer die Weiterleitungsgebühren

Wellness gibt es auch gratis

aus Deutschland – selbst wenn der Anrufer in Italien ist, wird das Gespräch über Deutschland umgeleitet. Auch für Anrufe auf Ihre Mailbox zahlen Sie doppelt: den Anruf aus Deutschland und die Umleitung auf die Mailbox in Deutschland (Tipp: Rufumleitung Ihres Handys deaktivieren). Auf Bestreben der EU werden die Roaming-Gebühren ab September 2007 deutlich reduziert.

Für alle, die viel telefonieren oder längere Zeit in Italien bleiben, lohnt sich eventuell der Kauf einer italienischen SIM-Karte von einer der italienischen Mobiltelefongesellschaften. Sie kostet ca. 50 €, hat allerdings auch ein Gesprächsguthaben in derselben Höhe. Man bekommt damit eine italienische Nummer und muss die Gespräche, die aus dem Ausland kommen, nicht mitfinanzieren. Beim Kauf muss man den Personalausweis vorzeigen und eine Adresse (auch Hotel o. Ä.) in Italien haben.

- Wenn Sie **aus Italien** ins Ausland anrufen: Bundesrepublik Deutschland = 0049, Österreich = 0043, Schweiz = 0041 und jeweils die Null der Ortsvorwahl weglassen.
- Wenn Sie aus dem Ausland **nach Italien** anrufen: aus der BRD = 0039, aus Österreich = 04, aus der Schweiz = 0039. Wichtig: Die **Null der Ortsvorwahl** muss immer mitgewählt werden!
- Wenn Sie in Italien **innerhalb eines Fernsprechbereichs** (Provinz, Großstadt etc.) telefonieren, müssen Sie ebenfalls die Ortskennziffern mitwählen – dies gilt auch für Gespräche innerhalb eines Ortsbereichs!
- Werktags zwischen 22 und 8 Uhr und an Sonntagen ist das Telefonieren **billiger**.

Thermen/Wellness

Obwohl man es sich an den sonnendurchfluteten Stränden der Adria zweifellos auch ohne Sauna und heißes Thermalwasser gut gehen lassen kann, hat sich der internationale Wellness-Trend auch hier durchgesetzt. Kaum eine der großen Badestädte an der oberen Adria will und kann es sich mittlerweile leisten, auf eine Therme zu verzichten. Mit Altersrheuma, Gicht und Arthrose hat das Ganze allerdings nicht mehr viel zu tun, vielmehr ist es die sportliche, schönheits- und genussbetonte Jugend, die hier relaxt.

Ursache für die zahlreichen Heilquellen südlich des Alpenbogens ist Sickerwasser, das in den Voralpen bis in 3000 m Tiefe dringt, sich bis 87°C erhitzt, mit Salzen und Mineralien wie Brom und Jod angereichert wird und nach 30-jähriger Reise in der Adriaregion wie auch im Hinterland wieder zutage tritt.

Die größte und bekannteste Therme des Friaul liegt in *Grado* direkt am Strand. Der dortige Thermalwasser-Park „Parco Termale Acquatico“ verfügt u. a. über ein 85 m langes Becken, Rutschen, begrünte Liegeflächen und Spielgelegenheiten für Kinder – Wellness für die ganze Familie. Aber auch die Hafenmetropole Triest besitzt mit dem „Aquamarina“ mittlerweile ein neues Thermalbad mit Thalassotherapie und 30°C warmem Wasser (www.2001team.com). Und natürlich leistet sich auch die große Badestadt *Lignano* eine moderne Anlage, die „Terme di Lignano“ (www.termedilignano.it).
Bibione, das nur durch den Tagliamento von Lignano getrennt ist, aber bereits im Veneto liegt, verfügt mit „Bibione Thermae“ über ein topmodernes Bad, wo das natriumkarbonat- und fluoridhaltige Mineralwasser in 400 m Tiefe bei einer Temperatur von 52°C entspringt (www.termedilignano.it).
In der Emilia-Romagna hat die *Terme di Cervia* einen schönen Standort mitten im Grün der Pineta (www.terme.org), in Rimini gibt es eine Thermalanlage im Ortsteil Miramare (www.riminiterme.com), und auch das benachbarte Riccione kann mithalten (http://www.riccione.net/terme.htm).
Weitere Informationen über die Thermen an der Adria und in ganz Italien finden sich unter www.terme.info.

Terme Euganee: Thermalbaden mit Tradition

Ein Stück von der venetischen Küste entfernt liegt am Fuß der Euganäischen Hügel die größte und schönste Kurlandschaft Italiens. In den Kurorten *Abano Terme* und *Montegrotto Terme* besitzt so gut wie jedes Hotel seine eigene Thermalanlage, viele Sportler lassen sich hier rund ums Jahr in den heilkräftigen, 37–38°C heißen und mit Algenhumus versetzten Fangoschlamm packen, der vor allem für die Rekonvaleszenz nach Sportunfällen ideal sein soll. Bereits in römischer Zeit lag hier eine der größten Thermalzonen der Antike.

Zoll

Innerhalb der EU dürfen Waren zum eigenen Verbrauch unbegrenzt ein- und ausgeführt werden. Es existiert allerdings ein Katalog über Richtmengen von Waren (s. unten). Überschreitet man diese, muss man im Fall einer Stichprobenkontrolle glaubhaft machen, dass diese Mengen nicht gewerblich genutzt werden, sondern nur für den persönlichen Verbrauch bestimmt sind. Haben Sie also mehr als 90 l Wein dabei, kommen Sie in Beweisnot ...
Achtung: Bei der Rückreise über die *Schweiz* gelten deutlich niedrigere Quoten. Es dürfen nur 200 Zigaretten, 1 l Spirituosen und 2 l Wein sowie sonstige Waren im Wert von 300 € zollfrei eingeführt werden. Beim Transfer durch die Schweiz kann man aber für seine Weinkisten bei der Einreise Kaution zahlen, die man bei der Ausreise wieder zurückerhält.

Richtmengenkatalog (Warenmenge pro Person ab 17 Jahre): 800 Zigaretten, 400 Zigarillos, 200 Zigarren, 1 kg Rauchtabak, 10 l Spirituosen, 20 l Zwischenerzeugnisse (z. B. Campari, Cinzano etc.), 90 l Wein (davon höchstens 60 l Schaumwein) und 110 l Bier. Weitere Hinweise in der Broschüre „Urlaub“, erhältlich bei vielen öffentlichen Stellen, in Reisebüros und beim Zollamt.

Weingut bei Cormòns im Hinterland der Adria

Die Küste von Friaul-Julisch Venetien

Nicht so richtig Italien, nicht Slowenien, nicht Österreich – die Grenzregion am oberen Ende der Adria ist ein eigenständiges Gebiet mit eigener Sprache und einer schwierigen Geschichte, kulturell hin- und hergerissen zwischen dem Stiefel, dem Balkan und der österreichisch-ungarischen k.u.k.-Monarchie. Heute bietet sich hier vor allem für Österreicher der schnellste Weg zum Mittelmeer: Im Sommer ist die Strandregion um Grado und Lignano fest in der Hand von Gästen aus der Alpenrepublik.

Nirgendwo an der Adria rücken die Alpen so nah ans Meer wie hier im äußersten Nordosten Italiens. Bei klarem Wetter sind sie von der Küste aus zu sehen, ein wunderschöner Anblick, zu dem das ausgedehnte, üppig grüne Lagunengebiet einen prächtigen Kontrast setzt. Von der Mündung des Tagliamento bis zum venezianisch geprägten Städtchen Muggia kurz vor der slowenischen Grenze zerfällt die Küste in zwei landschaftlich völlig unterschiedliche Gebiete: Da ist zum einen die Region der großen Lagunen, langen Sandstrände und bekannten Badeorte zwischen den Flüssen Tagliamento und Isonzo, zum anderen die sog. *Riviera Triestina* östlich der Industriestadt Monfalcone – die Welt des Karstes mit felsigen Steilabfällen und wenigen eingelagerten Stränden, aber auch mit der großen, sehr sehenswerten Hauptstadt *Triest* und der *Grotta Gigante*, eine der beeindruckendsten Tropfsteinhöhlen Europas.

Doch wo immer man an der Küste Urlaub macht, die berühmten Weinbaugebiete *Collio* und *Colli Orientali del Friuli* im sanft hügligen Alpenvorland, die einige der körperreichsten Weißweine Italiens hervorbringen, sind nirgendwo unüberwindlich weit entfernt, so dass einer genüsslichen Degustation nichts im Wege steht.

Landschaftliche und kulturelle Highlights

Aiello del Friuli: abseits der Touristenpfade, die Stadt der Sonnenuhren (→ S. 69)

Aquileia: der mächtige Dom mit seinem riesigen, vielgestaltigen Mosaikboden, dazu die größten römischen Ausgrabungen im Nordosten Italiens (→ S. 70)

Castello di Duino: Hier schrieb Rilke seine weltberühmten Duineser Elegien, nostalgische Inneneinrichtung, betörender Meerblick (→ S. 81)

Castello di Miramare: Hollywood lässt grüßen – weißes Habsburger Schloss an den Gestaden des Mittelmeers (→ S. 84)

Colli Orientali del Friuli & Collio: Weinreben bis zum Horizont, genussvolles Degustieren und Speisen auf hohem Niveau (→ S. 77)

Grado: Lagunenstadt mit historischem Kern – Fischmarkt, Sandstrände und Thermalkuren (→ S. 73)

Grotta Gigante: größte Einraumhöhle der Welt, versteckt im Triestiner Karst (→ S. 105)

Lagunen von Grado und Marano & Isonzo-Mündung: Naturparks am Meer, kilometerlange Sandstrände – Schilf, Wasser und Einsamkeit (→ S. 65, 67 & 76)

Palmanova: Festungsstadt in Form eines neunzackigen Sterns (→ S. 68)

Triest: klassizistisches Gesamtkunstwerk mit Kaffeehaus-Romantik und dem Flair der k.u.k.-Monarchie (→ S. 87)

Val Rosandra: Wanderparadies am Rand der Großstadt (→ S. 106)

Friaul-Julisch Venetien

Vom Tagliamento bis zum Isonzo

Zwischen den Mündungen des Flusses Tagliamento im Westen und dem Isonzo im Osten erstreckt sich das riesige, flache Gebiet der Lagunen von Marano und Grado mit Flussläufen, kilometerlangen Stränden, endlosen Schilfzonen, zahllosen kleinen Inseln und breiten Sandbänken.

Mit den zwei Badestädten Lignano und Grado liegt hier das Meer- und Sonnenparadies des Friaul, das sich nahtlos im benachbarten Veneto fortsetzt (→ S. 110). Hunderttausende von Urlaubern verbringen hier alljährlich ihre Ferientage, finden endlose Sandstrände, aber auch geschützte Naturparks in den Lagunen und an der Mündung des Isonzo sowie interessante Ausflugsziele im Hinterland, allen voran *Aquileia* mit seinem prachtvollen Mosaikboden in der Basilika. Die beiden großen Badeorte unterscheiden sich deutlich: *Lignano* ist eine moderne Urlaubsmetropole

Am Meer bei Grado

Endlich am Ziel: der Strand von Lignano

ohne geschichtliche Wurzeln, die alte Fischerstadt *Grado* besitzt dagegen einen gut erhaltenen historischen Kern und kann in ihrer Badetradition bis in die k.u.k.-Zeiten des 19. Jh. zurückblicken.

Lignano (ca. 6000 Einwohner)

Die größte Badestadt der friulanischen Adria liegt auf einer weit nach Osten vorstoßenden Landzunge an der Mündung des Tagliamento und besteht aus drei Ortsteilen: Riviera, Pineta und Sabbiadoro. Vor der fast unüberschaubaren Urbanisation erstreckt sich ein riesiges Strandareal, gut 8 km lang, mit Uferstraße und dichter Pineta (großteils eingezäunt) sowie mehreren Dutzend Badeanstalten, aber auch kostenfreien Strandabschnitten.

In den 1950er- und 60er Jahren begann der Aufstieg Lignanos. Dieses Erbe ist allerdings auch Ballast, denn die Beton- und Schuhschachtelarchitektur der Gründerjahre prägt den Ortscharakter bis heute. Viele Hotels, die rein äußerlich nicht sonderlich attraktiv wirken, wurden jedoch mittlerweile geschmackvoll modernisiert. Das Seine dazu tut die herrliche Pinienvegetation, die viele Bausünden abmildert. Heute ist Lignano bei jungen Leuten aus Österreich besonders beliebt, aber auch für Familien wird viel geboten: Es gibt u. a. das große Spaßbad Aquasplash, einen Zoo, einen Lunapark und den Themenpark Gulliverlandia. Einen guten Ruf besitzt Lignano auch bei Bootsbesitzern, denn mit acht Marinas und über 5500 Liegeplätzen ist es einer der wichtigsten Häfen der Adria.

Anfahrt/Verbindungen/Information

• *Anfahrt/Verbindungen* **PKW**, gut ausgebaute Schnellstraße mit mehreren Spuren ab **Latisana**, von der A 4 Venedig-Triest Ausfahrt Latisana.

Bahn, nächste Bahnstation ist **Latisana** (Lignano-Bibione) an der Strecke Venedig-

Triest, von dort fahren häufig Busse (Busabfahrt nicht weit vom Bahnhof).

Bus, Busstation in der Viale Gorizia 26, gleich bei der Fußgängerzone Via Udine. ✆ 0431/71373.

• *Information* **AIAT**, großes Büro im Ortsteil Sabbiadoro, Via Latisana 42, viele Prospekte, Zimmervermittlung. In der Hochglanzbroschüre „Lignano Sabbiadoro Holiday" werden die Hotels mit Fotos vorgestellt. Tägl. 8.30–12.30, 15–19 Uhr. ✆ 0431/71821, ℻ 70449, 899278. www.aiatlignano.it

Internet: www.lignano.it, www.lignano.com, www.lignano.org

Übernachten (siehe Karte S. 62/63)

Wer in einem der über 150 Hotels nächtigen will (mehrere Tage Aufenthalt werden in der Regel erwartet), wendet sich am besten an das Booking Center „Lignano Vacanze", Via Latisana 44 (neben Info-Büro), ✆ 0431/723133, ℻ 722800, www.lignanovacanze.org. Weiterhin gibt es die Online-Agentur CAI/Consorzio Alberghi Lignano (Viale Europa 40, www.hotelslignano.net), in der sich eine Reihe von Hoteliers zusammengeschlossen haben. Zahlreiche Agenturen vermitteln außerdem Ferienwohnungen (z. B. www.lignanomare.it, www.agenzia-friulia.com, www.agenzialignano.it), einige haben ihre Büros gleich am Ortseingang von Lignano Pineta.

• *Sabbiadoro* **** **Marin (21)**, seit 1903 zentral an der Strandstraße, mehrfach modernisiert und vergrößert, netter Garten und Pool, umgeben von üppigem Grün. DZ mit Frühstück ca. 116–135 €. Lungomare Trieste 1, ✆ 0431/71283, ℻ 73290, www.hotelmarin.it

**** **International (8)**, ebenfalls an der Uferfront, größeres Haus mit gut eingerichteten Zimmern, schöner Garten mit Pinien und Pool. DZ mit Frühstück ca. 80–150 €. Lungomare Trieste 134, ✆ 0431/71151, ℻ 71152, www.hotelinternational.it

*** **Capanna d'Oro (15)**, an der Uferstraße, ansprechend gestaltetes Haus mit großem Garten, von den Zimmern z. T. Blick aufs Meer, hübsche Frühstücksterrasse. DZ mit Frühstück ca. 100–130 €. Lungomare Trieste 124, ✆ 0431/71240, ℻ 73816, www.hotelcapannadoro.com

*** **Pelikan (22)**, ganz zentrale Lage an der Uferstraße von Sabbiadoro, nahe der „Terrazza Mare". Alle Zimmer mit Sat-TV, Balkon und Meerblick. DZ mit Frühstück ca. 75–90 €, Liegestühle im Strandbad vor dem Haus im Preis inbegriffen. Lungomare Trieste 10, ✆ 0431/71070, ℻ 720775, www.hotelpelikan.it

*** **La Goletta (13)**, nette Pension in interessanter Lage direkt am Hafen mit Blick auf die Jachten. DZ mit Frühstück ca. 64–82 €. Vialle Italia 44, ✆ 0431/71274, ℻ 73180, www.hotelgoletta.it

** **La Perla (12)**, ruhige, trotzdem zentrale Lage, moderne Zimmer mit Sat-TV, privater Parkplatz, Restaurant, DZ mit Frühstück ca. 52–80 €, inbegriffen sind reservierte Liegestühle am Strand (200 m entfernt). Via Padana 10, ✆ 0431/71539, ℻ 71445, www.hotelperlalignano.com

* **Ornella (11)**, eines der günstigsten Häuser am Ort, zentrale Lage, 26 Zimmer, einige Parkplätze vorhanden. DZ mit Frühstück ca. 52–76 €. Via Adriatica 11, ✆ 0431/71262, ℻ 720133, E-Mail: hotel.ornella@virgilio.it

Isola Augusta, 10 moderne und gut ausgestattete Ferienwohnungen im großen Weingut von Massimo Bassani bei Palazzolo della Stella (→ Shopping), etwa 15 km landeinwärts von Lignano. Geheizt wird mit einer unterirdischen warmen Quelle. Ganzjährig. ✆ 0431/58046, www.isolaugusta.com

• *Camping* Die drei Plätze öffnen Anfang bis Mitte April und schließen in der zweiten Septemberhälfte. Im Hochsommer gibt es Bustransfers zu Diskotheken, Aquasplash etc.

**** **Sabbiadoro (4)**, zweigeteilter, sehr großer Platz in zentraler Lage zwischen Pineta und Sabbiadoro, viele österreichische Jugendliche kommen hier unter, Schatten durch hoch gewachsene Pineta und Laubbäume, großer Pool, 250 m zum Strand. ✆ 0431/71455, ℻ 721355, www.campingsabbiadoro.it

**** **Pino Mare (10)**, bei Lignano Riviera, direkt an der beschaulichen Mündung des Tagliamento. Guter Baumbestand und eigener Wasserpark, davor breiter Strand, der hier ein riesiges Dreieck bildet. ✆ 0431/428512, ℻ 427480, www.campingpinomare.it

**** **Girasole** ca. 2 km vor Lignano linker Hand, bei Aprilia Marittima. Pool mit Kinderbecken und Poolbar, Tennisplätze mit Flutlicht, Kinderspielplatz, Fußball und Beach-Volleyball. Via Lignano Sud 53, ✆ 0431/53900, www.italien-camping-girasole.de

Friaul-Julisch Venetien

Essen & Trinken

Die meisten Lokale sind auf Fließbandabfertigung eingerichtet. Abends wird es schnell voll, rechtzeitig kommen.

Bidin (6), alteingesessener Familienbetrieb, gilt wegen seiner hervorragenden Meeresküche als eines der besten Restaurants der Badestadt. Eine Enoteca ist angeschlossen, 500 Weine werden ausgeschenkt. Gehobene Preise. Mi-Mittag geschl. Viale Europa 1, ✆ 0431/71988.

Alla Vecchia Finanza (9), direkt beim Camping Pino Mare an der Tagliamento-Mündung, rustikales Restaurant abseits vom Trubel, ausschließlich Fisch wird hier serviert. ✆ 0431/424440.

Al Cason (3), großes, populäres Fischlokal in einem nachgebauten Casone am Tagliamento, neben dem kleinen Hafen Marina Uno, auch viele Plätze auf der schönen Freiterrasse. Fisch aus der Lagune gehört zu den Spezialitäten. Corso dei Continenti 167, ✆ 0431/423029.

Da Willy (1), einige Kilometer landeinwärts vom Ortsteil Pineta (beschildert), am Ufer des Tagliamento. Gemütliches Ambiente in einem schilfgedeckten Haus im Grünen, Fisch und Fleisch vom Holzkohlengrill oder in der Tonform gebacken. Via Casabianca 9, ✆ 0431/428743.

Messico (17), an der Uferstraße in Sabbiadoro, mexikanische Küche und Pizza mit Meerblick, dazu mexikanische Biere und Tequila, Terrasse zum Meer hin. Lungomare Trieste 110, ✆ 0431/73517.

Nachtleben

In Sabbiadoro spielt sich abends alles in der Fußgängerzone ab, viel Trubel und jede Menge Cocktailbars, Pubs und Cafés. In Lignano Riviera und Pineta ist es dagegen eher ruhig, Ausnahme ist die „Tenda Bar" (→ unten).

• *Bars* (Sabbiadoro) **Café Gossip (23)**, in der Terrazza Mare, dem auffallenden Wahrzeichen von Lignano im östlichen Strandbereich. Schöne Location, wo man sich auf der Terrasse den Meerwind um die Nase wehen lassen kann. Im Sommer häufig

Live-Jazz, am Wochenende legt ein DJ auf.

Farmacia dei Sani (14), in der „Apotheke für die Gesunden" kann man die Weine der Region kosten, dazu Antipasti und leckere Pasta. Di geschl. Via Latisana 44/a, neben der Informationsstelle.

La Nicchia del Mediterraneo (16), beliebte Weinbar in der Fußgängerzone, große Auswahl und hausgemachte Sangria.Via Tolmezzo 45.

Enoteca Scarpa (20), das älteste Weinlokal am Ort, Bruschette und Frico, dazu sehr gute Weinauswahl. Klimatisierter Innenraum und Sonnenterrasse. Ganzjährig, Mi geschl. Vicolo Marano 9.

Birreria Vitaliy (18), großer, freundlich geführter Pub in der Fußgängerzone, diverse Biersorten und gelegentlich Themenpartys. Via Udine 29, www.birreriavitality.it

Tenda Bar (5), an der zentralen Piazza von Pineta, *der* Treff in Pineta, meist rappelvoll, DJs legen auf, oft auch Livemusik. Piazza Marcello d'Olivo 7.

• *Diskotheken* Zum großen Teil fest in österreichischer Hand.

Italia (19), mitten in der Fußgängerzone, Räume im Keller etwas niedrig, Eintritt ca. 10 € inkl. ein Getränk, Mädels meist gratis. Via Udine, ✆ 0431/70444.

Drago (7), Jugenddisco unter einer Straßenbrücke zwischen Camping Sabbiadoro und Zentrum. Preislich etwas günstiger, Eintritt mit Getränk ca. 5–7 €. Im Hochsommer tägl. Viale Centrale 1, ✆ 0431/71661, www.dragoclub.com

Bunker (2), weitere beliebte Disco, allerdings in Lignano Pineta. Im Hochsommer Shuttlebus ab Sabbiadoro (✆ 338-6565707). Geöffnet Mai und erste Septemberhälfte Do–So, Juni bis Aug. tägl. Corso degli Alisei 11, ✆ 0431/420642, www.discobunker.it

Freizeit/Shopping/Sonstiges

• *Freizeit* **Aquasplash**, beliebter Wasserpark mit Riesenrutschen, großem See und Wellenschwimmbad am Viale Europa neben dem Themenpark Gulliverlandia. ✆ 0431/428826, ✆ 427470, www.aquasplash.it

Arena Alpe Adria, architektonisch reizvolles Veranstaltungszentrum in Form eines antiken Theaters mit 2800 Sitzplätzen, eröffnet 1987. Umgeben ist es von einem großen Gartenlabyrinth.

Cinema Cinecity, während der Saison werden hier täglich die neuesten Filmhits gezeigt. Via Arcobaleno 12, Sabbiadoro. ✆ 0431/71120.

Golf Club Lignano, schön gelegener 18-Loch-Platz mit Übungsgelände im Hinterland von Lignano Riviera, umrahmt von herrlichem Pinienwald. Via della Bonifica 3, ✆ 0431/428025, 423230, www.golflignano.it

Gulliverlandia, großer Themenpark mit einer Meereslandschaft, wo man die Fische aus einem durchsichtigen Tunnel unter dem Wasser betrachten kann. Mit kleinen Booten befährt man die Vulcano Rapids, dort gibt es eine große Dinosaurierausstellung u. v. m. Anfang Mai bis Mitte Sept. tägl. 10–18 Uhr, Eintritt ca. 16 €, Kinder (3–8 J.) 13 €. ✆ 0431/423133, ℻ 427793, www.gulliverlandia.it

Im Café Gossip auf der Terrazza Mare

Lunapark Strabilia, großer Vergnügungspark am Viale Europa. Tägl. 20–1 Uhr nachts, die Attraktionen kosten zwischen 1 und 3 €, www.strabilialunapark.it

Parco Junior, Viale Centrale, zentral in Sabbiadoro, großes Spielgelände für Kids. Bei schönem Wetter 10–13.30, 17–23.30 Uhr, bei Bewölkung durchgehend geöffnet. ✆ 0431/721370.

Parco Zoo Punta Verde, mit großer Pflanzenvielfalt, Wasserläufen und Seen liebevoll angelegter 10-ha-Park direkt am Tagliamento, 1200 Tiere von über 200 verschiedenen Arten. April bis Sept. tägl., März/Okt. Mo–Fr, Feb. nur So. Eintritt ca. 10 €, Kinder (3–11 J.) 8 €. ✆ 0431/428775, ℻ 427051, www.parcozoopuntaverde.it

Riviera Acqua Park, im Parco Unicef in Riviera, Öffentlicher Pool, Kinderspielplatz und Snackbar. Tägl. ab 10 Uhr. Viale dell'Industria, ✆ 0431/423657.

Terme di Lignano, moderne Anlage in Riviera direkt am Strand, neben diversen ärztlichen Anwendungen (u. a. Thermalwannenbäder in Meerwasser und Sandbäder) gibt es auch ein Schwimmbad mit Sauna (ca. 16 €). ✆ 0431/422217, ℻ 424488, www.termedilignano.it

• *Shopping* **Isola Augusta**, das große Weingut liegt westlich von Palazzolo della Stella, nicht weit von der Autobahnausfahrt Latisana. Erstehen kann man die guten und gar nicht teuren Weine des Hauses in der „Cantinetta Isola Augusta" direkt an der SS 14 (etwa 5 km südlich der Autobahn). Geöffnet etwa Mai bis Sept. ✆ 0431/58046, www.isolaugusta.com

• *Sonstiges* **Internet**, Netc@fé in Lignano Pineta, Corso Alisei 11, ✆ 0431/42709.

▸ **Sehenswertes**: Wahrzeichen von Lignano ist die *Terrazza Mare*, eine Betonbrücke mit muschelförmigem Aufbau, die im östlichen Strandbereich von Sabbiadoro weit ins Wasser hineinragt.

Zwischen Sabbiadoro und Pineta steht zwischen schattigen Pinien am Viale Centrale die Kirche *Santa Maria del Mare*. Im Inneren des schlichten Backsteinbaus verbergen sich Fresken des 15. Jh.

In Pineta liegt der *Parco Hemingway*, heute der Stadtpark von Lignano. 1953 besuchte der berühmte amerikanische Schriftsteller Lignano und bezeichnete es als „Florida Italiens". Man bot ihm damals an, an dieser Stelle ein Sommerhaus zu bauen. Er nahm zwar an, kam aber nie mehr nach Lignano. Heute ist der 4 ha große Park mit über 4000 Bäumen bepflanzt, es gibt einen Trimm-Dich-Pfad, einen Kinderspielplatz und eine kleine, überdachte Freilichtbühne.

Lignano/Umgebung

▶ **Latisana**: Das alte Städtchen liegt 15 km landeinwärts am Tagliamento. Im Zweiten Weltkrieg wurde es wegen seiner wichtigen Flussbrücke stark bombardiert. Inzwischen hat man versucht, es in der alten Bautradition wieder aufzubauen. In der Pfarrkirche *San Giovanni Battista* ist das wertvolle Tafelbild „Die Taufe Christi“ von Paolo Veronese erhalten. Mittwochs findet ein großer, bunter Markt statt.
Wenn man über die Tagliamento-Brücke fährt, kommt man ins Veneto und nach *Alvisopoli* und *Portogruaro* (→ S. 178).

Kreuzfahrten in der Lagune: Adriano Zentilin, Enkel des legendären „Capitano Geremia“, der 1969 diese Fahrten ins Leben rief, startet mit seinem Boot „Nuovo Saturno“ (170 Sitzplätze) von Mitte Juni bis Mitte Sept. 2-mal tägl. in Lignano Sabbiadoro, Mitte Sept. bis Mitte Juni jeweils sonntags in Marano Lagunare (→ S. 66). Angeboten werden verschiedene Routen, von Lignano aus z. B. nach Marano Lagunara und zu den küstennahen Inseln, zum Naturpark Foci dello Stella und zwischen Weiden und Pappeln den stillen Flusslauf des Fiume Stella hinauf bis Precenicco und Palazzolo dello Stella. Gerastet wird in einem typischen „Casone“. Kontakt: ✆ 0431/67891, 335-5368685, www.saturnodageremia.it

Die Lagune per Fahrrad: Um die Lagune zwischen Lignano und Grado verläuft ein Netz von Fahrradwegen, die teilweise neu angelegt wurden und vielfältige Ausflugsmöglichkeiten eröffnen. Informationen unter www.lagunainbicicletta.it, dort gibt es auch ein umfangreiches Kartenwerk zum Downloaden.

▶ **Palazzolo dello Stella**: Das unter den Römern als „Castrum“ gegründete Städtchen am Fluss Stella besitzt mehrere historische Bauten. In der *Casa del Marinaretto* an der großen Piazza del Porto ist heute das *Museo dello Stella* mit römischen Fundstücken eingerichtet, darunter die Überreste zweier Schiffe, die im Fluss geborgen werden konnten. In der Pfarrkirche *Santo Stefano* sind Fresken des bekannten Malers „Il Pordenone“ erhalten, in der kleinen *Chiesa di San Bartolomeo* gibt es ein Fresko aus dem 13. Jh., das der Schule Giottos zugeschrieben wird. Weitere Wandbilder des 15. Jh. findet man in der Friedhofskirche *Beata Vergine del Suffragio*.

▶ **Parco dello Stella**: Da es nördlich von Palazzolo keine größeren Ortschaften am Fluss gibt, sind die Uferregionen eine anmutige und relativ unberührte Landschaft mit vielen Wasserläufen und Grundwasserquellen („Risorgive“) geblieben. In *Ariis* steht an der Stelle einer alten Festung die *Villa Ottelio* aus dem 16. Jh., ehemaliger Herrensitz der Adelsfamilie Savorgnan. Hier kann man in aller Ruhe spazieren gehen und die prächtige, alte Vegetation bewundern, es gibt eine Wassermühle sowie Lagerhäuser für Salz, da die Savorgnan den Handel auf dem Fluss kontrollierten.

Laguna di Marano

Die Lagune von Marano Lagunare ist mit 9500 ha die größte im Friaul und gleichzeitig der nördlichste Bereich des gesamten Mittelmeers.

Immerhin 1377 ha sind davon als *Riserve Naturali Regionali* (Naturparks) ausgewiesen, die mithilfe des WWF (Worldwide Fund) geführt werden. Sie bestehen aus zwei Bereichen, dem „Valle Canal Novo“ und den „Foci dello Stella“. Einziger Ort an der Lagune ist das Fischerstädtchen *Marano Lagunare*, dort liegt der Zugang zum Valle Canal Novo.

Marano Lagunare ist ein beliebtes Ausflugsziel

Marano Lagunare

(ca. 2100 Einwohner)

Das sympathische Örtchen liegt am Rand der gleichnamigen Lagune. Die Fischfangflotte und die Fischmarkthallen gehören zu den größten im Friaul. In der Thunfischfabrik am Ortsrand wird außerdem „tonno" aus aller Herren Länder verarbeitet.

Marano wurde bereits von den Römern gegründet, von 1420 bis 1797 war es ein befestigter Stützpunkt der venezianischen Republik. Durch eine akkurat gepflasterte Fußgängerzone gelangt man auf die zentrale Piazza Vittorio Emanuele, die heimelig wie ein Wohnzimmer wirkt. Hier steht das Wahrzeichen Maranos, der *Uhrturm*, genannt „Torre millenaria". Venezianische Herrscherwappen und in die Fensterbögen eingelassene Büsten schmücken ihn. Schräg gegenüber steht fast unscheinbar der *Palazzo dei Provveditori*, im 16. Jh. Sitz der venezianischen Gouverneure.

Nur wenige Schritte sind es von der Piazza zum Rand der Lagune, wo der *Fischereihafen* liegt, sowie zum Naturschutzgebiet *Valle Canal Novo*, das 1992 am westlichen Ortsrand eingerichtet wurde.

• *Übernachten* *** **Jolanda**, am Ortseingang rechts, das einzige Hotel in Marano, ordentlich ausgestattet, gemütliche Zimmer mit Sat-TV und Klimaanlage, Parkplatz, gutes Ristorante und Bar. DZ ca. 65–95 €. Via Udine 7/9, ✆ 0431/67700, ✆ 67988, www.hotel-jolanda.it

• *Essen & Trinken* **Stella d'Oro**, direkt an der zentralen Piazza Vittorio Emanuele, nettes Plätzchen in einem mittelalterlichen Palazzo mit Laubengang, seit 1872 in nunmehr fünfter Generation von Familie Corso geführt. Solide Fischküche zu angemessenen Preisen. Mo/Di geschl. ✆ 0431/67018.

Vedova Raddi – alla Laguna, weiteres gutes Fischlokal etwas südlich vom Zentrum, direkt am Beginn des Canale del Molino, der vom Lagunenhafen landeinwärts führt. Mi geschl. Piazza Garibaldi 1, ✆ 0431/67019.

• *Feste und Veranstaltungen* Di ist **Markttag**.

Festa di San Vito, großes Dorffest mit Bootsprozession am dritten So im Juni.

Festa Triennale, alle drei Jahre Mitte Aug., u. a. Ruderwettkämpfe und Feuerwerk und die gefeierte Ankunft einer Madonnenstatue mit dem Boot.

Riserve Naturali Regionali delle Foci dello Stella e della Valle Canal Novo (Naturschutzgebiet)

Das Naturschutzgebiet Valle Canal Novo wurde 1992 am westlichen Ortsrand von Marano Lagunare eingerichtet.

Der Spaziergang durch die romantische Lagunenlandschaft, über Holzbrücken durch mannshohes Schilf und vorbei an schnatternden Entenfamilien bietet nichts Spektakuläres, macht aber Spaß. Am Ende des Wegs trifft man auf ein nach Art der traditionellen Schilfhütten („Casone") gebautes Haus, das eine kleine Dokumentation zur Lagune beherbergt und als Beobachtungspunkt dient.

Der Naturpark *Foci dello Stella* liegt weiter westlich um die Mündung (= Foci) des Flusses Stella und wurde bereits Ende der 1970er Jahre eingerichtet. In der unberührten Natur des Flussdeltas mit seinen zahllosen Wasserläufen und dem undurchdringlichen Schilfdickicht nisten und überwintern zahlreiche Vogelarten. Es gibt dort auch ein Dorf der Fischerhütten, die früher als Unterkünfte während der Fischereisaison dienten. Man kann die Region im Rahmen von organisierten Bootsausflügen besuchen (→ S.65) ebenso die sogenannte *Isola delle Conchiglie* (Muschelinsel), die die Lagune zum offenen Meer hin abtrennt.

• *Information* **Ufficio Riserve Naturali**, Via delle Valli 2, I-33050 Marano Lagunare (UD), ✆ 0431/67551, www.riservenaturali.maranolagunare.com

• *Öffnungszeiten/Preise* **Valle Canal Novo**, Feb. bis Mitte Juni Di–So 9–17 Uhr, Sa 9–18 Uhr, So 9–19 Uhr, Mo geschl.; Mitte Juni bis Mitte Sept. Di 9–13.30 Uhr, Mi–So 9–13.30, 16–20 Uhr, Mo geschl., Mitte Sept. bis Jan. Di–So 9–17 Uhr, Mo geschl.; Eintritt ca. 3 €, Stud. 2 €. ✆ 0431/67551.

Blick über das Valle Canal Novo

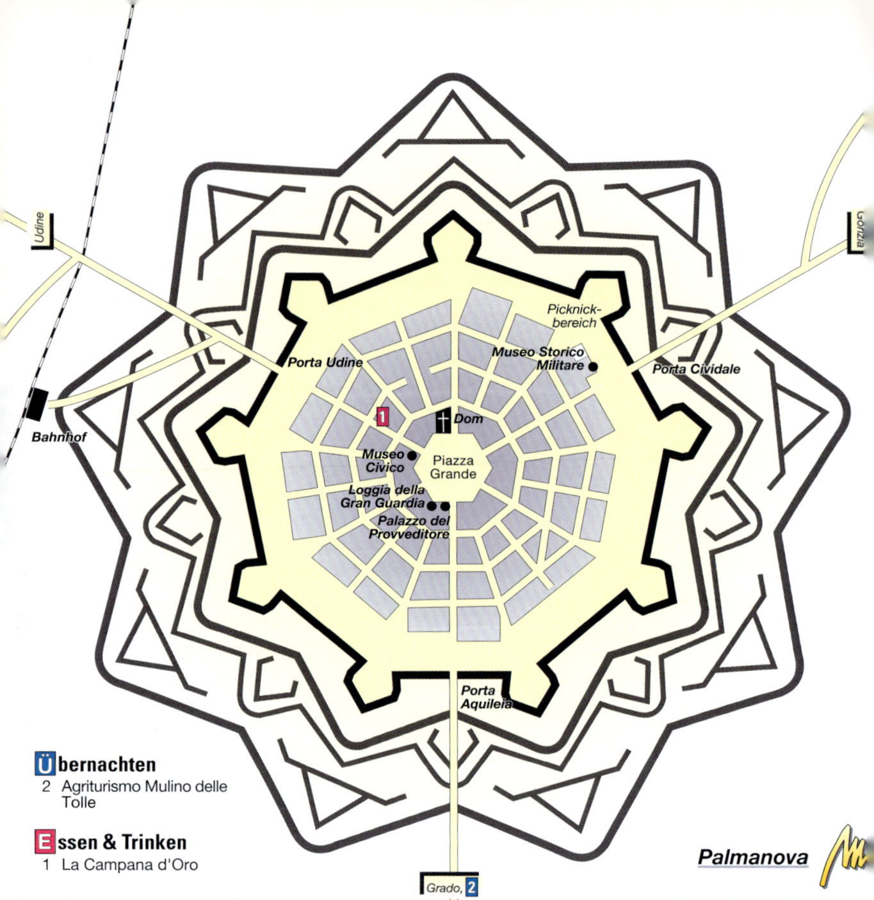

Palmanova

(ca. 5500 Einwohner)

Die Kleinstadt liegt auf halbem Weg zwischen Udine und der Küste um Grado, am Schnittpunkt der Autobahnen nach Venedig, Triest und Udine. Vollständig erhalten ist die Stadtbefestigung mit ihren drei Ringen aus jeweils neun gewaltigen Bastionen, die von den Venezianern seit 1593 als Grenzfestung gegen die Türken und die Habsburger in Form eines neunseitigen Sterns angelegt wurde – eine Symmetrie ohne jeden Makel.

Die hochtrabenden Pläne, die die Venezianer mit dem stolzen Bollwerk hatten, wurden allerdings nie Wirklichkeit. Anstatt wichtigster Brückenkopf der Serenissima auf dem Festland und eine der stärksten Festungen Europas zu werden, fristete das Städtchen als unattraktive Garnisonsstadt sein Dasein. 1797 marschierte Napoleon ein, unterzeichnete hier die Kriegserklärung gegen Venedig und besiegelte damit das Ende der tausendjährigen Republik. Heute ist Palmanova eine der wenigen barocken Planstädte, deren ursprüngliche geometrische Struktur noch unverfälscht erhalten ist. 1960 wurde sie zum nationalen Denkmal erklärt.

• *Öffnungszeiten/Preise* **Civico Museo Storico**, Mo, Di und Do–Sa 9.30–12.30, 16–18 Uhr, So 9.30–12.30 Uhr, Mi geschl., Eintritt ca. 2 €.
Museo Storico Militare, Mo–Sa 9–12, 16–18 Uhr, So 9–12 Uhr, Eintritt ca. 2 €.

• *Übernachten* TIPP! **Mulino delle Tolle (2)**, Agriturismo in Sevegliano an der Straße nach Aquileia. Hier wird noch alles von der Familie erledigt: Feldbau, Weinerzeugung, Viehmast, Schlachtung und Zubereitung. Vermietet werden gepflegte Zimmer, das Restaurant ist Mi–So geöffnet, das hauseigene Weingut liegt etwas außerhalb (hervorragnder Sauvignon und Malvasia). Die Tochter des Hauses spricht Deutsch. DZ ca. 70 €, EZ ca. 50 €. Geschl. im Jan. und während der Weinlese (1. Sept. bis 15. Okt.). ✆ 0432/924723, www.mulinodelletolle.it

• *Essen & Trinken* **La Campana d'Oro (1)**, bereits seit 1868 gibt es diese gemütliche Trattoria nahe der Piazza Grande. Familie Gandin serviert Meeresküche und Gerichte aus dem Hinterland, dazu gibt es eine gute Weinkarte. Di, So und Mo-Abend geschl., außerdem zweite Julihälfte. Borgo Udine 27, ✆ 0432/928719.
Enoteca Vinarius, ein paar Schritte weiter kann man ein gutes Gläschen trinken und Wein einkaufen. So geschl. Borgo Udine 21.

Sehenswertes: Ins „centro storico" gelangt man durch eines der drei Stadttore: *Porta Udine* (Nordwest), *Porta Aquileia* (Süd) oder *Porta Cividale* (Nordost). Zwangsläufig trifft man dann auf die sechsseitige *Piazza Grande*, einst der Exerzierplatz der Garnison. Der riesige Platz bildet heute das verkehrsberuhigte Zentrum der Stadt. Mit Blick auf die weiße Fassade des Renaissancedoms kann man in einem der Cafés sitzen und die Weite des fast völlig leeren Platzes in sich aufnehmen, der von Statuen und Fächerpalmen umgeben ist. Sechs Straßen gehen von hier nach allen Seiten strahlenförmig aus. Die konzentrisch angeordneten Nebenstraßen wiederholen das Sechseck der zentralen Piazza – es heißt, dass die Stadtplaner der Renaissance das Modell der „città ideale" beim Netzbau der Gemeinen Hausspinne abguckten.

Der *Duomo di Palmanova* besitzt eine Fassade aus istrischem Kalk und einen hohen, einschiffigen Innenraum ohne Säulen, beachtenswert ist die schöne Orgel aus dem 17. Jh. Neben dem *Palazzo del Provveditore Generale*, einst Sitz des Festungskommandanten, heute das Rathaus, steht die hohe *Loggia della Gran Guardia* mit einem Gefallenendenkmal. Das *Museo Civico* im Palazzo Trevisan am Borgo Udine 4, wenige Meter vom Platz, zeigt Relikte der Stadtgeschichte aus venezianischer und napoleonischer Zeit, u. a. Waffen, Karten und Dokumente zum Bau der Festungsstadt.

Ein *Museo Storico Militare* ist schließlich in der Porta Cividale untergebracht, die auch heute noch militärische Sperrzone ist. Links neben dem Tor kann man auf den mit Gras, Büschen und Bäumen bewachsenen Wall hinaufsteigen. Parallel zum Wasserlauf, der sich um die Mauer zieht, verlaufen heute Wege durchs Grüne, die zum Spazierengehen oder Radfahren genutzt werden können.

Aiello del Friuli: Dorf der Sonnenuhren

In dem kleinen Ort südwestlich von Palmanova wurden über 50 außergewöhnliche Sonnenuhren geschaffen, die sowohl künstlerisch als auch handwerklich herausragend sind. Die Kunstwerke sind im ganzen Ort verteilt, dabei sind die unterschiedlichsten Konstruktionen vertreten. Eine besondere Attraktion ist der große „Hof der Sonnenuhren" mit dem *Museo della Civiltà Contadina*, in dem gleich zwölf Sonnenuhren unterschiedlichster Art den Besucher faszinieren (www.ilpaesedellemeridiane.com).

Vollendetes Stilleben: Aquileias Basilika mit Zypressen

Aquileia

(ca. 3500 Einwohner)

Das heute unbedeutende Städtchen am stillen Flusslauf besitzt eine monumentale romanische Basilika mit einem einzigartigen Mosaikboden und ist außerdem die wichtigste römische Ausgrabung im Nordosten Italiens.

Was man im 21. Jh. kaum noch erahnen kann – das antike Aquileia war wirtschaftliches Zentrum der oberen Adria und zeitweise eine der größten Handelsstädte des römischen Imperiums. Im Meereshafen, dem heutigen Grado, wurden die ankommenden Waren auf kleine Schiffe verladen, die sie den Fluss Natissa hinauf bis in die Stadt transportierten. Auch in frühchristlicher Zeit konnte Aquileia seine Bedeutung zunächst behalten und spielte als Sitz eines Bischofs (der sich später „Patriarch" von Aquileia nannte) eine Vorreiterrolle in der Ausbreitung des Christentums, bis die Hunnen Attilas im 5. Jh. die Stadt dem Erdboden gleichmachten. Die großen Stadtbauten der Antike wie das Amphitheater und die Thermen wurden dabei völlig vernichtet und sind bis heute nicht ausgegraben worden.

• *Anfahrt/Verbindungen* **PKW**, Aquileia liegt direkt an der Zufahrtsstraße von Cervignano nach Grado.

Bahn, nächster Bahnhof ist **Cervignano** an der Strecke von Venedig bzw. Udine nach Triest, Busse pendeln nach Aquileia.

• *Information* **IAT**, am Platz vor der Basilika. 9–12.40, 14–17 Uhr, Do geschl. ✆ 0431/919491.

• *Übernachten* *** **Patriarchi,** direkt an der Durchgangsstraße, bei der Einfahrt zur Basilika. 22 gut ausgestattete Zimmer. Mit Parkplatz. DZ mit Frühstück 80–85 €. ✆ 0431/919595, ℻ 919596, www.hotelpatriarchi.it

*** **Aquila Nera**, ordentliches Albergo an der zentralen Piazza Garibaldi, ruhig, gute Küche, moderne Zimmer mit TV. DZ ca. 70–75 €. ✆ 0431/91045, www.hotelaquilanera.com

Azienda Agrituristica Ca'Ospitale, an der Straße nach Grado. Das ehemalige Zollgebäude wurde zu einem schönen Gästehaus mit 14 komfortablen Zimmern hergerichtet, auch einen Swimmingpool gibt es. DZ ca. 32–72 €, jede weitere Pers. 22–25 €. Via Beligna 10, ✆ 0431/917423, www.caospitale.com

Ostello Domus Augusta, 1999 eröffnete Jugendherberge in einer früheren Schule für Säuglingsschwestern, die Rückfront grenzt direkt an den Flusslauf. Geräumig und gut ausgestattet, 92 Betten in DZ (18 €/Person) und Mehrbettzimmern (16,50 €/Person), Frühstück inkl. TV-Raum, Waschmaschine, Fahrradverleih. Via Roma 25, ✆ 0431/91024, ℻ 917105, www.ostelloaquileia.it

** **Camping Aquileia**, am nördlichen Ortsrand die Straße nach Osten nehmen (beschildert). Wiese mit viel Baumschatten, Restaurant, Pool und Kinderbecken. Mitte Mai bis Mitte Sept. ✆ 0431/91042, 919583, www.campingaquileia.it

**** **Camping Belvedere Pineta**, 5 km in Richtung Grado, in einem Pinienhain am Rand der Lagune. Badestrand, Pool mit Kinderbecken, Minigolf, Tennis. Vermietung von Bungalows. Mai bis Sept. ✆ 0431/91007, ℻ 918640, www.belvederepineta.it

• *Essen & Trinken* **La Colombara**, ca. 1 km von Camping Aquileia (Straße weiter Richtung Triest fahren), beliebtes Fischrestaurant mit großem Parkplatz. Mo geschl.

• *Cafés* **Mosaico**, hübsches Café/Pasticceria im Gässchen rechts vor der Basilika. Unter schlanken Zypressen vor dem Haus kann man Nusscremetorte und Eis schlemmen.

• *Shopping* TIPP! **Fattoria Clementin**, Franco Clementin produziert in seinem Weingut nördlich von Aquileia sehr gefällige und wohlriechende Weine auf biologischer Basis: Friulano, Pinot Grigio, Chardonnay, Refosco u. v. a. Verkostung in einem schönen großen Raum mit Kamin, gelegentlich Kunstausstellungen gutes Preis-Leistungs-Verhältnis. Terzo di Aquileia, Via Galileo Galilei 5. ✆/℻ 0431/32642, www.fattoriaclementin.it.

Sehenswertes

Basilika: Der romanische Bau aus dem 11. Jh. steht auf Vorgängerbauten, die bis in frühe 4. Jh. zurückreichen, und wurde im 14. Jh. grundlegend umgestaltet. Ein Portikus verbindet die Fassade mit dem vorgebauten *Baptisterium*, der freistehende *Campanile* ist 73 m hoch.

Der weite und lichte Kirchenraum wird durch zwei Säulenreihen in drei Schiffe unterteilt, die Holzdecke in Form eines Schiffskiels stammt aus dem 16. Jh. Der Altarraum liegt etwas erhöht und ist mit verblassten byzantinischen Fresken aus dem 11. Jh. ausgemalt. Der wellige Mosaikboden zieht sich über die ganze Länge des Kirchenschiffs und stammt aus dem 4. Jh. Er gilt mit seinen 760 m^2 als das **bedeutendste und größte frühchristliche Mosaik Europas** und wurde erst Anfang des 20. Jh. entdeckt – beim Umbau im Mittelalter hatte man einfach einen zweiten Boden über das Meisterwerk gezogen. Von gläsernen Stegen aus kann man die Bildwerke genauer betrachten. Dargestellt sind hauptsächlich Meeresszenen in erstaunlich realistischer Weise, u. a. Engel und Apostel, die auf Fischfang gehen (bekannte christliche Symbolik), die Episoden um Jonas, der von einem Ungeheuer verschlungen (Tod Christi) und wieder ausgespien wird (Auferstehung), der Kampf von Hahn (Christus) und Schildkröte (Mächte der Finsternis), außerdem Fische und Meerestiere aller Art (Standorte der einzelnen Motive und Hinweise zu den Mosaiken im deutschsprachigen Faltblatt, das in der Kirche erhältlich ist). Die *Cripta degli Affreschi* unter dem Altar ist mit hübsch bunten, naiv anmutenden Fresken des 12. Jh. ausgemalt, in vergitterten Wandschränken sind außerdem reich geschmückte Reliquien aus Knochenresten ausgestellt. Besonders sehenswert ist die lang gestreckte *Cripta degli Scavi*, links vom Kirchenschiff (Zugang gleich hinter der Fassade). Auch hier schreitet man auf gläsernem Steg über die weitläufigen Mosaikböden früherer Basiliken und Häuser mit filigranen Mustern von Blumen, Tieren und Ornamenten. Vor allem im hintersten Abschnitt gibt es wunderschöne Darstellungen von bunten Vögeln, Hummern, Widdern, Hahn und

Schildkröte etc. Krönender Abschluss einer Besichtigung ist die Besteigung des Campanile, wo man die Ausgrabungen von Aquileia bestens aus der Vogelperspektive betrachten kann.

• Öffnungszeiten/Preise **Kirche**, Mai bis Okt. tägl. 9–19 Uhr, Nov. bis April 8.30–12.30, 14.30–17.30 Uhr, sonntags wegen Messe nicht zugängl. 10.30–11.15 Uhr. Eintritt in die Kirche frei, Sammeleintritt für beide Krypten ca. 3 €. **Torre Campanile**, tägl. 9–13, 14.30–18 Uhr, Eintritt ca. 1,50 €

Römische Stadt: Sie wurde im 5. Jh. völlig zerstört – und was die Hunnen stehen gelassen hatten, nutzten die Venezianer später als willkommenen Steinbruch. Erhalten sind das *Forum* an der Durchgangsstraße, Reste von Häusern, eine Grabstätte *(sepolcreto)* und der Flusshafen.

Schön und beschaulich ist der etwa 1 km lange Spaziergang auf der Zypressenallee *Via Sacra* den halb zugewachsenen Fluss Natissa entlang Richtung Norden. Der Weg beginnt hinter der Basilika, man kommt an den Hafenanlagen des *Porto Fluviale Romano* vorbei und erreicht die Via Gemina, die zum Campingplatz führt. Erst kürzlich hat man dort einen weiteren großen Mosaikboden entdeckt. Ein Stück weiter nördlich kann man das *Museo Paleocristiano* besuchen, das hauptsächlich frühchristliche Grabinschriften und Mosaiken besitzt.

Von der Basilika aus auf der anderen Seite der Durchgangsstraße liegt das *Museo Archeologico* (Eingang Via Roma 1) mit zahlreichen Funden aus römischer Zeit, darunter beachtliche Skulpturen und Porträtköpfe.

Öffnungszeiten/Preise **Museo Paleocristiano**, Di–So 8.30–14 Uhr, Eintritt frei. **Museo Archeologico**, Mo 8.30–14 Uhr, Di–So 8.30–19.30 Uhr, Eintritt ca. 4 €.

In der Altstadt von Grado

Grado

(ca. 10.000 Einwohner)

Das einstige Fischerdorf liegt weit draußen in der Laguna di Grado und ist über einen kilometerlangen Autodamm zu erreichen. Längst ist es zu einer modernen Badestadt gewachsen, deren sympathisch verwinkelter Kern aber ausgezeichnet erhalten und durch einen begehbaren Damm zum Meer hin geschützt ist. Zwei lange Sandstrände liegen zu beiden Seiten benachbart.

In römischer Zeit war Grado der Hafen des weiter landeinwärts gelegenen Aquileia, später war es Zufluchtsort vor den marodierenden Horden der Hunnen. Zur k.u.k.-Zeit genoss Grado einen guten Ruf als Thermalkurort, der Adel und das vermögende Bürgertum aus der Habsburger Monarchie kamen zuhauf zur Sommerfrische. Auch heute gibt es einen großen Thermalbereich und der mit Mineralien angereicherte Sand wird für Kuranwendungen genutzt. Die lange *Spiaggia Principale* östlich vom alten Ortskern ist gänzlich mit kostenpflichtigen Badeanstalten belegt, an der Inselspitze westlich vom Zentrum liegt dagegen der frei zugängliche, im Sommer allerdings übervolle Strand *Costa Azzurra*. Gebadet wird außerdem an der Dammpromenade, die die Altstadt zum Meer hin abschirmt. Generell fallen die Strände sehr flach ins Wasser ab, man kann weit hinauslaufen – ideal für Kinder.

Information

AIAT, in der Fußgängerzone hinter dem Strand, parallel zum Lungomare. Unterkunftslisten, Preislisten für Badeeinrichtungen, Stadtplan sowie diverses weitere Material. Mo–Fr 9–18 Uhr, Sa/So 9–18.30 Uhr. Viale Dante Alighieri 72, ✆ 0431/877111, 📠 83509, www.gradoturismo.it

Übernachten (siehe Karte S. 75)

Etwa 100 Hotels, ein Großteil im Sommer mit Pensionspflicht. Besonderer Tipp sind die Villen aus österreichischer Zeit.

**** **Ville Bianchi (14)**, 5 Villen aus der k.u.k.-Zeit in einem großen Parkgelände hinter dem Strand. Vor einigen Jahren umfassend renoviert, gepflegt und unaufdringlich-elegant möbliert. Zimmer mit behaglichen Parkettböden, teils große Balkone, auch Appartements für Familien. VP 100–120 €/Person. Viale Dante Alighieri 50, ✆ 0431/80169, 📠 877000, www.villebianchi.it

*** **Marina Fiorita (1)**, außerhalb in Richtung Golfplatz am Rand der Lagune, moderne Appartementanlage mit geräumigen und gut eingerichteten Wohneinheiten, jeweils mit Klimaanlage, TV und Waschmaschine, das Ganze eingebettet in Rasenflächen. Vorhanden sind ein Pool mit Kinderbecken, Tennisplatz und eine kleine Marina, zum Strand sind es 250 m. Wochenpreis 2–4 Pers. ca. 385–650 €, 4–6 Pers. ca. 500–720 €. ✆ 0431/85557, 📠 878365, www.marinafiorita.it, www.gradese.it

*** **Villa Reale (10)**, prächtige herrschaftliche Villa einer Familie aus Wien, in dritter Generation aufmerksam und freundlich geführt von Maria Vianello. In den behaglichen Zimmern Parkettböden, schöner Garten, ruhig, Garage. Ein Haus voll alter „Grandezza" und Atmosphäre. DZ ca. 100–175 €, Frühstück extra. Via Colombo 11/Ecke Viale Dante, in der Fußgängerzone, ✆ 0431/80015, 📠 80520, www.hotelvillareale.com

*** **Alla Spiaggia (16)**, prima Lage direkt an der Strandpromenade, gleichzeitig nur wenige Schritte von der Altstadt. Zimmer mit Meerblick, ruhig, kleiner Garten, Restaurant. DZ mit Frühstück ca. 110–130 €. Via Mazzini 2, ✆ 0431/84841, 📠 80162, www.albergoallaspiaggia.it

*** **Marea (8)**, modernes Albergo direkt am Damm vor der Altstadt, sehr ruhig, vorne raus Panoramablick aufs Meer, von zwei Schwestern freundlich geführt. DZ mit Frühstück ca. 75–90 €. Via dei Provveditori 6, ✆/📠 0431/81206.

** **Sirenetta (3)**, in unmittelbarer Nähe zum Weststrand, allerdings durch eine Straße vom Strand getrennt. DZ ca. 76–86 €, Frühstück extra. Via Milano 1, ✆ 0431/80404, 📠 80807.

* **Villa Marin**, dieselben Vorzüge der Lage wie „Marea" und derselbe Preis. DZ mit Frühstück ca. 75–87 €. Via dei Provveditori 20, ✆ 0431/80789, 📠 85534, E-Mail: villamarin @grado.it

* **Al Sole Meuble (7)**, schräg gegenüber vom Thermalwasser-Park, wenige Schritte zur großen Strandzone. 9 Zimmer, Parkplatz, kleiner Garten. DZ mit Frühstück ca. 47–60 €. Viale del Sole 31, ✆ 0431/80370, 📠 877221, E-Mail: solemare@xnet.it

• *Camping* **(5)** Mehrere Zeltplätze liegen östlich vom Ort direkt am Strand.

** **Al Bosco**, der ortsnächste Platz, ca. 3 km ab Zentrum, naturbelassenes Gelände in einem schönen Wäldchen mit dichtem Baumbestand, gemütliche Bar und kleines, rustikales Restaurant mit gutem Essen, Laden mit internationaler Presse. Nette kinderfreundliche Besitzer. Vor dem Platz sehr flacher Strand mit Schlick und vielen Krabben, wenn man nach links geht, wird's deutlich schöner. Keine Haustiere. Preislich relativ günstig. Mai bis Sept. ✆ 0431/80485, 📠 81 008, www.campingalbosco.it

4 km weiter findet man die schön gelegenen und komfortabel ausgestatteten Vier-Sterne-Plätze **Punta Spin** (April bis Sept., ✆ 0431/80732, 📠 83530, www.puntaspin.it), **Europa** (April bis Sept., ✆ 0431/80877, 📠 82290, www.villaggioeuropa.com) und **Tenuta Primero** (Mai bis Mitte Sept., ✆ 0431/896900, 📠 896901, www.tenuta-primero.com).

Essen & Trinken/Sport/Feste

Im Zentrum von Grado isst man stimmungsvoll, allerdings auch zu recht gehobenen Preisen. Weiter außerhalb wird es günstiger.

Alla Fortuna ‚Da Nico' (11), in strategisch günstiger Lage wenige Schritte vom Hafen, hübsch ausstaffiert. Nico Mazzolini bereitet frischen Fisch und Meeresfrüchte nach traditionellen Rezepten zu, allabendlich findet sich hier ein fröhliches Volk ein. Nicht billig. Do geschl. Via Marina 10, ✆ 0431/80470.

Tavernetta All'Androna (13), mitten in der Altstadt hinter der Kirche Santa Maria delle Grazie, elegant und stimmungsvoll illuminiert, schön zum Draußensitzen, dieselbe Preisklasse wie „Alla Fortuna". Di geschl. (nur Winter). Campo Porta Piccola 4, ✆ 0431/80950.

Alla Vittoria (18), beliebtes Freiluftlokal bei der Ausgrabung der Basilica del Campo (→ Sehenswertes). Piazza Biagio Marin, ✆ 0431/80744.

In Piasèta (9), Campo Porta Nuova, unprätentiöse Spaghetteria an einem kleinen Platz am Beginn der Altstadt, für Grado-Verhältnisse günstig, neben Nudelgerichten auch Fisch und Pizza.

Al Chiaro di Luna (6), auf der Isola della Schiusa, etwas abseits vom Trubel. Ruhiges Lokal, geführt von einer italienisch-deutschen Familie, kein Coperto. Riva Sant' Andrea 36, ✆ 0431/877103.

Al Casone (2), Gourmet-Treff am Golfplatz gegenüber von Camping Tenuta Primero, östlich von Grado. Man speist in einem schilfgedeckten Lokal, das den traditionellen Fischerhütten der Lagune nachempfunden ist. ✆ 0431/896891.

TIPP! **Al Quattro Pioppi (4)**, einige Kilometer außerhalb, die Ausfallstraße nach Osten nehmen und nach dem Canale Asonzato rechts abzweigen (beschildert). Einfaches Landlokal mit *carne e pesca alla griglia* zu erfreulich günstigen Preisen. Fr–So mittags und abends, sonst nur abends. ✆ 0481/711584.

• *Weinstuben* (Enoteche): **Santa Lucia (Gustibus 2000) (12)**, wenige Schritte vom Restaurant Da Nico entfernt. Gepflegte Enoteca mit reicher Auswahl an regionalen und überregionalen Weinen. Hinten kleine Terrasse zum Verkosten. Via Marina 28;

Al Gìal (17), große, aufwändig auf alt getrimmte Osteria im Neubauviertel. Netter Ort, um ein Gläschen zu genießen. Mi geschl. Via Marina/Ecke G. Caprin;

Vini Pregiati (15), populäre Weinprobierstube in der Fußgängerzone. Viale Europa Unità 52.

Sport

Parco Termale Acquatico, großer Thermalwasser-Park östlich vom Stadtkern, unmittelbar hinter der Strandpromenade. 85 m langes Meerwasserbassin mit Rutschen, künstlichen Wasserfällen. Hydromassage, Gegenstromkanal, Whirlpool, begrünten Liege-

flächen und Spielgelegenheiten für Kinder. Tageskarte kostet für Erw. ca. 10 €, Kinder 5 €. **Golfplatz**, beim Camping Tenuta Primero, schön gelegen zwischen Seen und Kanälen, einmal 18 und einmal 9 Löcher. ✆ 0431/896896, ℻ 896897, www.tenuta-primero.com

Sehenswertes: Der malerische *Hafen* hinter der Altstadt ist durch einen Kanal mit der Lagune verbunden. Hier kann man den zahlreichen Fischern zusehen, die ihre Netze sortieren, oder einen der täglichen Bootsausflüge in die Lagune mitmachen. Ein interessantes Schauspiel bietet sich werktags jeweils ab 8 und 15 Uhr im *Mercato Ittico* an der Ostseite des langen Hafenkanals, wenn der frische Fang unter den örtlichen Händlern und Gastronomen versteigert wird.

Das historische Zentrum mit seinen geduckten, grauen Häusern und gepflasterten Gassen steht unter Denkmalschutz und ist für den motorisierten Verkehr gesperrt. Es wirkt schlicht und natürlich und scheint trotz Touristenrummel so unberührt wie eh und je. An einem freien Platz erhebt sich die Pfarrkirche *Sant'Eufemia*, ein großer Backsteinbau aus dem 6. Jh., deren gesamter Innenraum von einem prächtigen Mosaikboden eingenommen wird. Gleich daneben befinden sich schwere römische Sarkophage und ein großes, helles *Baptisterium* mit sechseckigem Taufbecken und ebenfalls einem Mosaikboden.

Wenige Schritte entfernt steht die Kirche *Santa Maria delle Grazie*, in der eine Marienstatue verehrt wird. Ihr ursprünglicher Boden, ebenfalls Mosaik, liegt ein ganzes Stück tiefer als der heutige und ist mit Gittern abgesperrt.

Die hübsche, überdachte *Markthalle* (Mercato coperto) findet man an der Piazza Duca d'Aosta meerwärts der Altstadt. Mit wenigen Schritten kommt man von dort

zum Damm, der als bevorzugte Flanier- und Sonnenpromenade fungiert und von dem man schnell Ost- und Weststrand erreicht.
Unmittelbar östlich der Altstadt hat man auf der Piazza Biagio Marin die frühchristliche *Basilica del Campo* mit wunderschönem Mosaikboden und Friedhof ausgegraben. Sie stammt wahrscheinlich aus derselben Zeit wie die Vorgängerbauten der Basilika von Aquileia (ca. 5. Jh. v. Chr.). Darunter liegen die Ruinen eines römischen Landhauses.

Sturm und Pest: Die Madonna von Barbana

Barbana ist eine der größten Inseln im Ostteil der Lagune. Von Grado aus sieht man den Turm der Wallfahrtskirche *Santa Maria di Barbana* hervorragen. Die Ursache für ihren Bau liegt lange zurück. Im Jahr 582 n. Chr. soll ein schwerer Sturm auf der damals von Eremiten bewohnten Insel gewütet haben. Plötzlich erschien eine hölzerne Muttergottesstatue und der Sturm zog ab. So errichtete man zu Ehren der Maria erst eine Kapelle, später ein Kloster. 1237 bewahrte die heilige Jungfrau die Region um Grado von einer schrecklichen Pestepidemie. Seitdem veranstalten die Bewohner von Grado am ersten Julisonntag eine eindrucksvolle Schiffsprozession mit festlich beflaggten Booten nach Barbana, genannt „perdón de Barbana" (Vergebung von Barbana), an der mindestens ein Mitglied jeder Familie teilnehmen soll – die älteste Tradition der Lagune. Morgens gegen acht Uhr geht es los mit den Rufen: „In nome de Dio, avanti!", dabei wird auf den Booten eine Marienstatue aus der Basilika von Grado mitgenommen. In Barbana angekommen, findet eine kurze Prozession zur Kirche statt, dort wird die Messe gelesen und die heilige Statue der Madonna gesegnet.
Die heutige Wallfahrtskirche von Barbana wurde 1924 geweiht. Zahlreiche Devotionalien aus den letzten Jahrhunderten belegen die lange und intensive Verehrung der heiligen Maria. Nicht weit von der Wallfahrtskirche steht die kleine *Cappella dell'apparizione* (Kapelle der Erscheinung) – an dieser Stelle soll sich im Sturm des Jahres 582 die Holzstatue der Maria gezeigt haben.

Riserva Naturale Regionale della Foce dell'Isonzo

Das Mündungsgebiet des Isonzo steht unter Naturschutz, zahlreiche Vögel nisten in den ausgedehnten Schilfgebieten. Die „Area Naturale Caneo" am Westufer kann auf Asphalt erreicht werden (beschildert ab der Straße zwischen Grado und Monfalcone).

Am Ende der Straße steht am Rande eines großen Schilfgebiets am Isonzo-Ufer das funkelnagelneue „Centro Visite Caneo" (Canna = Schilf) mit Restaurant, Bar, großer Terrasse und modernen Doppelzimmern. Ein hölzerner Steg führt durch Schilf zu einem Aussichtspunkt am Flussufer, dann einige hundert Meter weiter zu einer kleinen Fischersiedlung mit Miniaturhafenbecken und weiter zu einem überdachten Holztürmchen mit herrlichem Blick über den Isonzo bis hinüber zu den Werften von Monfalcone, dem Schloss von Duino und dem dahinter aufsteigenden Karst – ein idyllisches Fleckchen Erde.
Auf der *Isola della Cona* an der Ostseite des Isonzo gibt es ebenfalls ein Besucherzentrum, zu erreichen auf einer Erdpiste. Eine kleine Ausstellung zeigt die verschiedenen Entenarten, es gibt eine Bar und 20 Gästebetten. Man kann Fahrräder

leihen, geführte Touren zu Pferd unternehmen oder zu Fuß zu den Schilfhütten (Casoni) an der Flussmündung wandern (ca. 3 Std. hin und zurück).

- *Öffnungszeiten/Preise* **Isola della Cona**, Fr–Mi 9–17 Uhr, Do geschl., Eintritt ca. 2 €. ✆ 0432/998133, www.foceisonzo.it, www.isoladellacona.it
- *Übernachten/Essen & Trinken* **Centro Visite Caneo**, Westseite des Isonzo, 10 Zimmer mit edlen Holzfußböden, Aircon., Heizung und Kühlschrank, Blick übers Schilf zum Isonzo, 2 Zimmer sind behindertengerecht ausgebaut. Das Restaurant bietet Fisch nach Art der Region, Reservierung sinnvoll (Fr–So mittags und abends, Di–Do nur mittags, Mo geschl.). DZ mit Frühstück ca. 60 €, mit HP 80 €. ✆ 0431/884422, 📠 88480, www.areanaturalecaneo.it

Ausflug ins Hinterland

Colli Orientali del Friuli und Collio

Das sanft hüglige Alpenvorland östlich von Udine gehört seit einigen Jahrzehnten zu den besten Weinanbaugebieten Italiens. Die friulanischen Weinpioniere wie Livio Felluga, Silvio Jerman und Josko Gravner sind mittlerweile weltbekannt und ihre Tropfen erzielen Höchstpreise. Doch auch zahllose unbekannte Winzer bieten ihre Produkte an. Fazit: Weinliebhaber sollten sich diesen Ausflug nicht entgehen lassen.

Ein guter Anlaufpunkt ist das Marktstädtchen und Weinbauzentrum *Cormòns* im Collio. In der Enoteca am Hauptplatz kann man die Weine von zwei Dutzend Produzenten verkosten, u. a. erhält man hier auch den berühmten „Vino della Pace", der aus fast 600 Rebsorten aus aller Welt gekeltert wird, die aus allen 55 Wein produzierenden Staaten stammen. Erwerben kann man die Collioweine auch in der großen „Cantina Produttori Cormòns" an der südlichen Ausfallstraße der Stadt (Via Vino della Pace 31, ✆ 0481/60579, 📠 630031, www.cormons.com).

Im nahen *Brazzano* produziert Livio Felluga seine Spitzenweine, die sich im hochmodernen Rahmen degustieren lassen. Danach kann man sich in der schönen alten Osteria „Terra & Vini" Wildgerichte munden lassen, die Enoteca liegt gleich nebenan. Und auch in *Capriva del Friuli* produzieren mehrere hochkarätige Güter Spitzenweine, darunter das mitten im Grün der Weinberge gelegene „Castello di Spessa", wo man in noblen Gästezimmern komfortabel nächtigen kann.

Doch nicht alles dreht sich hier um den süßen Rebensaft. Auch die Schauplätze der schrecklichen Isonzo-Schlachten des Ersten Weltkriegs sind nicht weit, sie liegen vor allem um den *Monte San Michele*: etwa 8 km südlich von Gorizia und 4 km östlich von Gradisca (ausgeschildert). Und die geteilte Stadt *Gorizia/Nova Gorica* verweist auf die geschichtlich-politischen Spannungen der Region im äußersten Osten Italiens.

Übernachten/Essen & Trinken

- *Cormòns* **La Subida**, in der Località Monte, etwas nordöstlich außerhalb (beschildert). 12 rustikale Appartements für ca. 65–90 €, Tennisplatz, Pool, Reitpferde und Kinderspielplatz. Josko Sirko serviert in seiner zum Haus gehörigen Trattoria **Al Cacciatore** friaulisch-slowenische Küche mit hervorragenden Wildgerichten (Sa und So mittags und abends, Mo, Do und Fr nur abends, Di und Mi geschl.). In der **Osteria della Subida** kann man sich mit Schinken, Salami und Käse stärken, dazu gibt es einen bestens sortierten Weinkeller (Do geschl., im Sommer durchgehend geöffnet). ✆ 0481/60531, 📠 61616, www.lasubida.it

Bei Cormòns: Wein, soweit das Auge reicht

TIPP! **B & B La Casa di Alice**, ein paar Minuten südlich vom Zentrum. Anna Brandolin und ihr Partner Massimo vermieten in ihrem komfortabel renovierten Bauernhof 3 geräumige Zimmer, Anna kocht fantastisch und spricht Deutsch, Massimo Englisch. Außergewöhnliches Ambiente, wunderbares Frühstück und sehr freundliche Aufnahme. DZ ca. 75–95 €. Via Ara Pacis 22, ✆ 335-377994, ✆ 0481/61743, www.wel.it/alice

B & B Tana dei Ghiri, am Monte Quarin, oberhalb von Cormòns, schönes Privatquartier, vermietet werden 5 Zimmer, prächtiger Blick. DZ ab ca. 70 €. ✆/✆ 0481/61951, www.italyone.com

Al Giardinetto, die weit über die Grenzen des Friaul bekannte Trattoria von Giorgio und Paolo Zoppolatti genießt einen exzellenten Ruf und bietet kreative Speisen österreichischer und friulanischer Art. Im Sommer kann man auch draußen sitzen. Gehobene Preise, aber kein „Schickimicki". Achtung: Plätze sind limitiert, Reservierung nötig. Mo und Di geschl. 3 Gästezimmer für ca. 75–95 €. Via G. Matteotti 54, im Zentrum, kurz unterhalb vom Dom. ✆ 0481/60257, 630704, E-Mail: algiardinetto@tin.it

Antica Osteria all'Unione, Giovanna und Pino Pecorella bieten traditionelle friulanische Küche zu korrekten Preisen, dazu Weine von kleinen Winzern, wo man keinen „Bekanntheitsaufschlag" zahlen muss. Mo geschl. Via P. Zorutti 14, ✆ 0481/60922.

Enoteca di Cormòns, man kann gemütlich in den Innenräumen oder im schönen Innenhof sitzen. Freundliche Bedienung. Mi–So 10–13, 17–21 Uhr, Di geschl. Piazza XXIV Maggio 22, ganz zentral im Palazzo Locatelli am großen Hauptplatz. ✆ 0481/630371, E-Mail: enotecadic@virgilio.it

Il Cantiniere, alte Gastwirtschaft mit gemütlichem Garten, hier kann man Weine der Cantina Produttori Cormòns verkosten, dazu gibt es lokale Wurst- und Käsesorten. Di geschl. Südlich von Cormòns an der SS 305 Udine–Monfalcone, wenige Kilometer nördlich von Mariano del Friuli.

• *Brazzano* **Terra & Vini**, DZ ca. 110 €. Via XXIV Maggiore 34, ✆ 0481/60028, ✆ 639198, www.terraevini.it

• *Capriva del Friuli* **Castello di Spessa**, die Zimmer sind mit antikem Mobiliar im Stil des 18. Jh. ausgestattet, das Restaurant bietet eine exquisite Menüauswahl, ein 18-Loch-Golfplatz wurde im Herbst 2005 eröffnet, es gibt eine eigene Weinprobierstube und ein Wellnesscenter ist im Aufbau. Am Fuß des Hügels lässt es sich in der „Tavernetta del Castello" hervorragend speisen und im ebenfalls zum Schloss gehörigen Weingut „La Boatina" kann man Käse, Wurstwaren und Schokolade degustieren. DZ mit Frühstück ca. 150–170 €. Via Spessa 1, ✆ 0481/808124, www.paliwines.com

• *Mossa* Hier laden mehrere Restaurants zum guten und nicht zu teuren Gaumenschmaus ein.

Vecchie Province Mic, an der Durchgangsstraße, kein Namensschild und nur durch eine gelbe Laterne kenntlich gemacht. Im seitlichen Hof sitzt man gemütlich und kann die slowenisch inspirierte Küche kosten, z. B. die hausgemachten Teigtaschen namens „Zlikrofi". Mi geschl. Via Zorutti 18, ✆ 0481/808693.

Blanch, gemütliche Trattoria mit schattigem Gastgarten, deren friulanische Hausmannskost seit vielen Jahren ein Begriff ist. Di-Abend und Mi geschl. Am östlichen Ortsende, Via Blanchis 35, ✆ 0481/80020.

Shopping

Bei folgenden Weingütern ist man auch ohne Voranmeldung willkommen, was nicht überall die Regel ist.

Borgo San Daniele, die Kellerei der Gebrüder Mauri liegt mitten im Zentrum von Cormòns. Ihr Motto: weniger Produktion, mehr Selektion. Ihre Weine (Cuvees): Arbis Blanc und Arbis Ross. Via San Daniele 16, ✆ 0481/60552, www.borgosandaniele.it

Colle Duga, das Weingut von Damian Princic liegt in der Località Zegla 10, direkt an der slowenischen Grenze. Auf den 4 Weinbergen entstehen dank der schonenden Arbeit im Keller einzigartige Weine: Chardonnay, Friulano und Merlot. ✆ 0481/61177.

Ronco dei Tassi, Fabio Coser und seine Söhne erzeugen ihre unverwechselbaren Weine in der Località Monte (Via Monte 38) – Pinot Grigio, Friulano, Sauvignon u. a. 2005 wurde einer ihre Weine zum Weißwein des Jahres gewählt. ✆ 0481/60155, www.roncodeitassi.it

Azienda Thomas Kitzmüller, Brazzano, Via XXIV Maggio 56, ✆ 0481/60853, 📠 60853, E-Mail: Thomas.kitzmueller@tin.it

Wanderung durch die Weinberge von Cormòns zu den Laghetti del Preval

GPS-Wanderung

Leichte Wanderung von etwa 8 km Länge zwischen üppigen Weinreben zu den kleinen Seen von Preval. Man geht abwechselnd auf Wegen, Naturstraßen und Asphalt, unterwegs öffnen sich immer schöne Panoramen.

Dauer: ca. 2 ½ Std.

Wegbeschreibung: Wir beginnen unsere Wanderung in Cormòns vor dem **Palazzo Locatelli** auf der zentralen Piazza XXIV Maggio **(WP 1)** und gehen die **Via Dante** nach Osten. Bald mündet die Via Battisti von rechts auf unsere Straße ein **(WP 2)**, einige Minuten später eine zweite, die Via Roma **(WP 3)**. Wir bleiben auf der Hauptstraße, diese führt als **SS 409** im Bogen in Richtung Plessiva aus dem Ort heraus. Wir passieren den Abzweig zur Località Pradis und gehen zwischen alleinstehenden Häusern und Weinreben leicht bergauf. 30 Min. nach Beginn der Wanderung erreichen wir die **Chiesa della Subida**, die rechts oberhalb der Straße steht **(WP 4)**. Der Wanderweg führt uns an der Kirche vorbei in den Wald. An der ersten **Weggabelung** halten wir uns links **(WP 5)** und treffen nach wenigen Metern erneut auf eine **Gabelung**, an der wir uns ebenfalls links halten **(WP 6)**. An Rebstöcken vorbei geht der Fahrweg direkt durch die Weinberge, dabei hat man wunderbare Ausblicke, bei klarer Sicht bis zu den Voralpen. Achtung: Vom schönen Blick abgelenkt, kann es passieren, dass man dem Weg immer weiter durch die Weinberge folgt – was ganz und gar nicht unschön ist, die Wanderung aber stark verkürzt (→ Skizze). Wenn wir stattdessen die längere Variante zu den Seen von Preval wählen, ist beim nächsten **Linksknick** der Piste etwas Konzentration gefordert, denn hier müssen wir einen zwar breiten, aber unscheinbaren **Wiesenweg** geradeaus nehmen **(WP 7)**. Nach etwa 250 m kommen wir an einen Durchgang, der wie ein Trampelpfad für Tiere aussieht (Vorsicht: bei feuchter Witterung etwas matschig), hier gehen wir durch **(WP 8)**. Der Weg führt uns ein kleines Stück leicht steigend durch den Wald **(WP 9)**. Oben angekommen

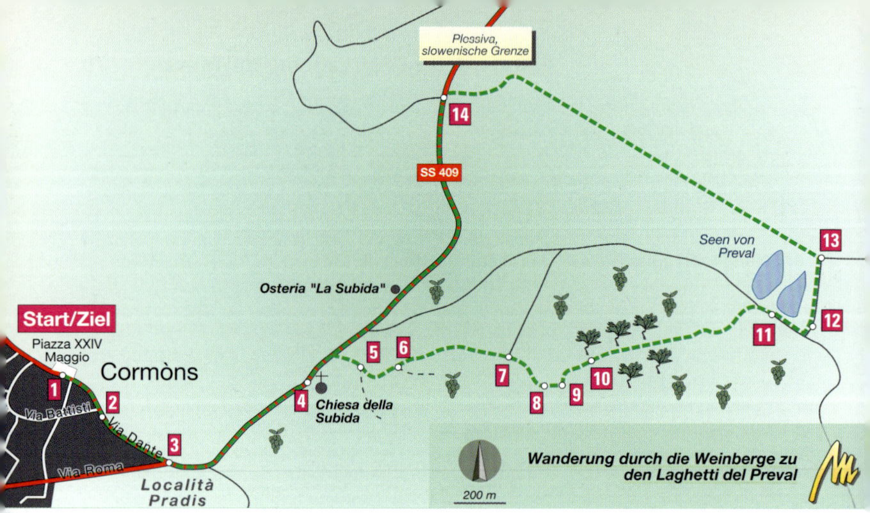

treffen wir auf eine **Naturstraße** (Fahrweg), diese gehen wir links herum **(WP 10)**. Dieser Teil der Wanderung ist besonders schön, denn hier öffnet sich ein außerordentliches Panorama auf die Ebene des Preval und die Hügel des slowenischen Collio. Nun gehen wir immer geradeaus, entlang an Rebstöcken und durch eine **Allee** aus Olivenbäumen **(WP 11)**. Ein Waldweg führt uns ein Stück hinunter, bis wir auf eine weitere **Naturstraße** treffen **(WP 12)**, hier geht es nun rechts Richtung slowenische Grenze. Nach etwa 300 m gehen wir links über eine **Brücke (WP 13)**. Eine lange Straße führt uns immer geradeaus am **Bach** entlang **(WP 14)**, links können wir einen Blick auf die kleinen **Seen von Preval** werfen. Die Natur erscheint hier – bis auf den begradigten Bach – nahezu unberührt. Nach 2 km treffen wir auf die **SS 409** von Cormòns nach Plessiva **(WP 15)**. Hier gehen wir nach links zum Ausgangspunkt der Wanderung zurück, können dabei nach etwa der Hälfte der Strecke rechts in der „Osteria La Subida" einkehren (→ Cormòns/Essen & Trinken).

Riviera Triestina

Östlich der Industriestadt Monfalcone ändert die Küste ihren Charakter. Die weiß-grauen Kalkfelsen des Karstes, die teilweise fast senkrecht zum Meer hin abbrechen, sind dicht mit Macchia und Mischwald überwachsen und ziehen sich bis Triest. Darunter verstecken sich einige kleine Küstenorte, die hauptsächlich als Jachthäfen fungieren, aber auch eingelagerte Strände besitzen. Ein kleines Erlebnis ist die Fahrt auf der malerisch in den Fels gesprengten SS 14.

Vor Triest lohnt in erster Linie ein Besuch der beiden Schlösser *Castello di Duino* und *Castello di Miramare*, hinter der klassizistischen Großstadt ein Abstecher ins venezianische Küstenstädtchen *Muggia*, wenige Kilometer vor der slowenischen Grenze. Im Hinterland bietet der bewaldete Karst viele Wandermöglichkeiten, für die erschöpften Wanderer stehen zahlreiche Gasthäuser entlang der „Strada del Vino Terrano" zur Verfügung. Die *Grotta Gigante*, eine der größten Tropfsteinhöhlen der Welt, will ebenfalls besichtigt sein und das *Val Rosandra* ist ein Naturparadies direkt vor der Haustür der Großstadt.

Tipp: Am ersten Sonntag im Mai ist die Triestiner Riviera Schauplatz des großen Marathonlaufs **Maratona d'Europa** auf einer exakt 42,195 km langen Strecke vom Castello di Duino zum Castello di Miramare, deswegen auch „Zwei-Schlösser-Marathon" genannt (www.bavisela.it).

- **Alberoni**: attraktive Waldzone an der Mündung des Isonzo, zu erreichen von der Straße nach Grado, indem man sich an der Kreuzung von *Bistrigna* in Richtung Meer hält. Es gibt dort zahlreiche Wege für Spaziergänger und Radfahrer, ein schöner Anlaufpunkt ist das Ausflugslokal „Alberoni" mit Kinderspielplatz (✆ 0481/419926).
- **Monfalcone und Umgebung**: Die Stadt und ihre vorgelagerte Uferzone, die die nördlichste Bucht des Mittelmeers bildet, sind nicht über die Maßen attraktiv. In der Fincantieri-Werft an der Ostseite der Bucht werden einige der weltgrößten Kreuzfahrtschiffe gebaut. Erst wenn man die riesige Papierfabrik am südlichen Stadtende hinter sich gelassen hat, wird die Strecke nach Triest reizvoll.
- **San Giovanni del Timavo**: Die westliche Grenze der Triestiner Riviera bildet die Timavo-Mündung. Bei San Giovanni del Timavo bricht der Fluss nach rund 40 km unterirdischem Lauf aus dem Karst, gerade mal 2 km verläuft er oberirdisch. Der Ort war in der Antike heilig, heute ist er ein lauschiges Plätzchen mitten im Wald, beschildert mit „Risorgive del Timavo" (in der Nähe des Abzweigs nach Gorizia). Direkt unterhalb der SS 14 steht hier die große gotische Kirche *San Giovanni in Tuba*, im Umkreis findet man historische Schleusen.
- **Villaggio del Pescatore**: Nördlich von Duino führt eine steile Abfahrt zu dieser ehemaligen Fischersiedlung direkt an der Mündung des Timavo hinunter. Doch der romantische Name täuscht, fast alle der ehemaligen Fischer arbeiten inzwischen in der großen Papierfabrik von Monfalcone. Etwas ganz Besonderes ist der Ort jedoch für Paläontologen: In einer nahe gelegenen Höhle wurde nämlich 1996 das Skelett des größten je auf italienischem Boden gefundenen Dinosauriers entdeckt! Der 4 m lange Androsaurus, der vor etwa 80 Millionen Jahren lebte, wurde liebevoll „Antonio" genannt (obwohl er weiblich war) und im Dezember 2000 zum ersten Mal ausgestellt (→ Triest/Civico Museo di Storia Naturale).

Duino (ca. 9000 Einwohner)

Der schmucke Hafen mit Kiesstrand und mehreren Restaurants ist von malerischer Steilküste umgeben, hoch darüber thront das Castello di Duino der Familie Thurn und Taxis bzw. der Familie „Torre e Tasso", wie der italienische Zweig der Fürstenfamilie sich nennt.

In den Genuss der adligen Gastfreundschaft im *Castello di Duino* kommen heute vor allem Teilnehmer internationaler Kongresse, früher waren es begnadete Dichter. Der berühmteste unter ihnen war Rilke, der sich hier während langer Wanderungen entlang der Küste zu den „Duineser Elegien" inspirieren ließ, einem Meisterwerk deutscher Lyrik, und sie seiner Gönnerin, der Fürstin Marie von Thurn und Taxis-Hohenlohe, widmete: *„Wer, wenn ich schriee, hörte mich denn aus der Engel Ordnungen? und gesetzt selbst, es nähme einer mich plötzlich ans Herz: ich verginge von seinem stärkeren Dasein ..."* Die Besichtigung des Schlosses mit seinem reizvoll angelegten Park und den mit Gobelins, Ölgemälden und historischem

Blick vom Rilke-Pfad auf das Schloss von Duino

Mobiliar reich ausgestatteten Zimmerfluchten ist beeindruckend. Zahlreiche Fotos und Dokumente weisen auf die große Zeit Ende des 19. und Anfang des 20. Jh. zurück. Es gibt einen schönen Innenhof, einen Turm aus dem 16. Jh. mit angeblich 2000 Jahre alten Grundmauern sowie mehrere Aussichtspunkte (Belvedere 1–3), von denen man den Ausblick aufs Meer genießen kann. Der Park ist mit romantischen Wegen, Statuen und Terrassen auf mehreren Ebenen angelegt. Erst seit März 2006 ist der 400 m^2 große *Bunker* zu besichtigen, der 1943 von Zwangsarbeitern 18 m unter dem Schloss in den Fels gegraben wurde, um Sistiana gegen eine Landung der Alliierten zu verteidigen.

In der Nähe des Schlosses sind die Ruinen des *Castello Vecchio* aus dem 11. Jh. erhalten, das während der Kämpfe zwischen Venezianern und Türken zerstört wurde. Unterhalb davon gibt es einen kalkweißen Felsblock, der der Legende nach eine versteinerte Frau darstellt und deshalb „Dama bianca" („Weiße Dame") genannt wird. Es heißt auch, dass Dante Alighieri, der Schöpfer der „Divina Commedia", die Burg einst im Auftrag der Skaliger aus Verona besucht hat. Auf einem exponierten Felsrücken, der weit ins Meer hineinragt, soll er damals seine Verse verfasst haben, seitdem heißt er „Scoglio di Dante".

Duino ist aber auch bekannt für sein berühmtes „United World College of the Adriatic". Es ist eins von zwölf United World Colleges weltweit, eine Art von Eliteinternat, das die letzten beiden Schuljahre vor dem Studium umfasst. Etwa 20 Schülerinnen und Schüler aus Deutschland erhalten jährlich einen Platz an einem der Colleges (www.uwc.de).

• *Öffnungszeiten/Preise* **Castello di Duino**, März bis Sept. Mi–Mo 9.30–17.30 Uhr, Okt. Mi–Mo 9.30–16.30 Uhr, jeweils Di geschl., Nov.–Feb. nur Sa/So 9.30–16 Uhr. Eintritt ca. 7 €, Stud. und über 65-Jährige 4,50 €, 7–16 J. 3 €. ✆ 040/208120, www.castellodiduino.it

• *Übernachten* ** **Villa Gruber**, am Hafen, altes Landhaus mit wunderschönem Garten. DZ ca. 80–90 €, Frühstück extra. ✆ 040/208115, ℻ 2071119, www.alladamabianca.com.

** **Alla Dama Bianca**, am Hafen, 7 helle Zimmer, fast alle mit Balkon, Speiseterrasse direkt über dem Meer, kleines, hoteleigenes Strandbad, Bianca Varisco heißt die freundliche Wirtin. DZ ca. 80–90 €, Frühstück extra. ✆ 040/208137, ✆ 208258, www.alladamabianca.com.

• *Essen & Trinken* **Al Cavalluccio**, am Hafen. Guter Ruf und gute Küche, nicht billig, dafür speist man in traumhafter Lage auf einer idyllischen Terrasse (vor der sich im Sommer allerdings die zu- und abfahrenden Autos „stapeln"). Di geschl. ✆ 040/208133.

Unterwegs auf dem „Sentiero Rilke"

Der „Rilke-Pfad" führt etwa 2,5 km weit an der Steilküste entlang von Duino nach Sistiana. Er beginnt bei der östlichen Einfahrt von der SS 14 nach „Duino Centro" und endet in Sistiana neben dem Informationsbüro. Für den Hin- und Rückweg zwischen den grauen Karstfelsen benötigt man etwas mehr als eine Stunde, die Aussicht ist dabei ebenso betörend wie der Duft von Lavendel und Thymian – man kann vom Isonzo im Westen bis Savudrija (Kroatien) an der Spitze der istrischen Halbinsel blicken. Unterwegs trifft man auch auf die Reste einiger Stellungen aus dem Ersten Weltkrieg. Das Gebiet um den Rilke-Pfad steht als „Riserva naturale regionale delle Falesie di Duino" (Naturschutzgebiet Duineser Klippen) unter Naturschutz und ist u. a. Lebensraum der Samtkopfgrasmücke. Das Verlassen des Wegs ist deshalb untersagt.

▶ **Sistiana**: Der zweite Ort der Triestiner Riviera liegt über einer von Karstfelsen umgebenen Bucht. Unten gibt es einen großen Jachthafen und einen Kiesstrand mit Badeanstalt (Eintrittsgebühr), Parken ist kostenpflichtig. Ein schattiger Campingplatz blickt oberhalb der Steilküste auf den Hafen hinunter.

• *Übernachten/Essen & Trinken* *** **Locanda Gaudemus**, kleines, gepflegtes Hotel an der Durchgangsstraße, 11 Zimmer mit TV und hübsches Ristorante, die Terrasse mit viel Grün zur Straße abgeschirmt. DZ mit Frühstück ca. 70–80 €. ✆ 040/299255, ✆ 2908031, www.gaudemus.com

*** **Gruden**, in San Pelagio, knapp 5 km im Landesinneren. Vortreffliches Restaurant mit guter Hausmannskost und 5 Appartements an der Weinstraße des Carso, die im Hinterland von Villa Opicina nach Visogliano oberhalb von Sistiana führt. App. ca. 80 €, Restaurant Mo/Di geschl. ✆ 040/200151, ✆ 200854, www.myresidence.it

Dream House, wunderbar gelegen unterhalb der Küstenstraße nach Triest, 2 km nach dem Felsentunnel „Galleria naturale" (Abfahrt nicht verpassen). Geräumige, gut eingerichtete Zimmer mit Panoramablick, Gemeinschaftsraum mit TV und großer Terrasse, kleiner Pool. Mindestaufenthalt 2 Tage. DZ ca. 90–120 €. Strada Costiera 230, ✆ 040/224186 o. 380-7096375, www.dreamhousetrieste.it

Da Ciro, beliebte Pizzeria an der Durchgangsstraße, freundlich geführt, an Wochenenden Livemusik. Strada Statale 14, ✆ 040/208226.

**** **Camping Marepineta**, angenehm schattiges Gelände im Pinienwald über der Steilküste, das Meer liegt allerdings weit unten (im Sommer Pendelbus). Restaurant/Pizzeria, Pool, Tennis, Spielplatz, Vermietung von Mobil Homes und Wohnwagen. Es wird Deutsch gesprochen. Vor dem Gelände führt der Rilke-Pfad vorbei. Mai bis Mitte Sept. An der SS 14, Ortsausfahrt Richtung Duino. ✆ 040/299264, ✆ 299265, www.marepineta.com

* **Camping Alle Rose**, kleiner Platz einige hundert Meter weiter landeinwärts (beschildert), keine Einrichtungen und sanitär bescheiden, dafür preiswert und freundlich geführt von Herrn Giovanni (Johann), der ausgezeichnet Deutsch spricht. ✆ 040/299457.

*** **Camping Imperial**, vom Camping Alle Rose noch ein Stück die Straße weiter hinauf in Richtung Aurisina. Schönes, bewaldetes Gelände mit Pool, im Sommer Shuttlebus zum 4 km entfernten Meer. ✆ 040/200459, www.campingimperialalcarso.it

• *Sonstiges* **Schiffsausflüge** mit dem Motorschiff **Livenza** nach Triest und zum Naturschutzgebiet an der Mündung des Isonzo. ✆ 040/299264.

Friaul-Julisch Venetien

Schloss Miramare: pittoresker Bau mit prachtvollem Innenleben

Castello e Parco di Miramare (Schloss und Park Miramare)

Das schneeweiße Habsburgerschloss thront mit seinem wunderschönen, kleinen Hafen und dem weitläufigen Park bühnenbildgerecht auf einem Felsvorsprung direkt am Meer. Es ist zu einem Symbol der Riviera Triestina geworden und gehört zu den meistbesuchten Schlössern Italiens.

Mitte des 19. Jh. fand der österreichische Erzherzog Maximilian, Bruder von Kaiser Franz Joseph, Gefallen an der Triestiner Riviera und wünschte sich hier eine Residenz. 1859 ließ er sich im zarten Alter von 27 mit seiner knapp 20-jährigen Gemahlin Charlotte, Tochter des belgischen Königs Leopold, im *Castelletto* nieder und überwachte die schwierigen Bauarbeiten unter dem Wiener Architekten Carl Junker persönlich. Ein Jahr später zog das Paar dann ins noch längst nicht fertiggestellte Schloss ein. Maximilian hätte hier in Ruhe seinen zahlreichen Interessen nachgehen und ein sorgenfreies Leben führen können, die junge Charlotte hätte sich der Musik, Literatur und Malerei gewidmet. Doch packte ihn der Ehrgeiz, er nahm das Angebot klerikal-konservativer Notabeln an und ließ sich, von französischen Truppen unterstützt, zum Kaiser von Mexiko ausrufen (und verzichtete dafür auf die österreichische Thronfolge). 1864 stach er von Miramare aus in See, wurde aber nach dem Abzug der Franzosen im Bürgerkrieg gegen die mexikanische Nationalbewegung unter Benito Juárez gefangen genommen und 1867 von Aufständischen erschossen. Seine Gattin, die Maximilian zu dem verhängnisvollen Abenteuer ermutigt hatte, verfiel in geistige Umnachtung, kehrte nach Europa zurück und lebte dort noch 60 Jahre. Das Märchen von Miramare fand nicht statt, das Schloss wurde erst 1870 endgültig fertiggestellt und beherbergte nach Maximilian noch weitere gekrönte Häupter, darunter Kaiserin Elisabeth (Sissi), die 1898 vom Anarchisten Luigi Lucheni in Genf erstochen wurde, das österreichische Thronfolgepaar, das 1914 in Sarajevo ermordet wurde, Herzog Amadeo von Aosta, der 1942 in einem britischen Gefangenenlager an Malaria starb, sowie im Zweiten Weltkrieg die deutsche Generalität, die z. T. hingerichtet wurde. So kam das Gerücht auf, dass jeder, der in Miramare wohne, eines unnatürlichen Todes sterbe. Heute stehen die großen, lichten Räume mit ihrem wertvollen historischen Mobiliar zur Besichtigung frei.

Museo Storico del Castello di Miramare: Der Rundgang durch die wunderbar restaurierten Räumlichkeiten ist ein Genuss. In jedem Raum findet man interessante Erläuterungen zu Entstehung und Einrichtung.

Die ersten beiden Räume im Erdgeschoss sind das spartanisch gehaltene *Schlafzimmer* und das *Arbeitszimmer* Maximilians. Sie besitzen wunderbare Holztäfelungen, sind aber niedrig wie Schiffskajüten gehalten. Maximilian war seinerzeit oberster Kommandeur der österreichischen Kriegsmarine und hat hier seine Zeit auf der Kriegsfregatte „Novara" festgehalten. Das Arbeitszimmer ist dem Heckraum dieses Schiffes nachgebildet, das Schlafzimmer soll eine Kabine darstellen.

Es folgen die prächtige *Bibliothek* mit etwa 3000 Bänden, dann der *Speisesaal* und das *Arbeitszimmer* Charlottes, beide mit herrlicher blauer Tapete. Das folgende achteckige Zimmer diente als *Musik-*, *Lese-* und *Malraum* für Charlotte. Weiter kommt man durch das *Schlafzimmer* Charlottes und die *Hauskapelle* in den großen *Windrosensaal* – so genannt, weil der Zeiger an der Decke mit einer Wetterfahne am Dach verbunden war. Er diente als Eingangsraum für Gäste, die vom kleinen Hafen heraufkamen, wurde aber auch als Spielzimmer genutzt.

Durch ein herrliches *Treppenhaus* aus Eichenholz steigt man in den ersten Stock hinauf, der erst nach der Abreise des jungen Paars nach Mexiko fertiggestellt wurde. Der *Herrschersaal*, so genannt nach den zahlreichen Herrscherporträts an den Wänden, wurde später als Gästezimmer genutzt. Der Fußboden spiegelt die Motive der Deckenverzierungen wider. Das Bett ist ein Geschenk Kaiser Napoleons III., an dem kleinen, schwarzen Marmortisch hat Maximilian die Annahme der mexikanischen Krone unterzeichnet.

Im *Audienzsaal* sieht man über den Türen Bilder der Habsburger Schlösser, darunter eins von Schloss Chapultepec, Maximilians Residenz in Mexiko.

Durch zwei Räume im *japanisch/chinesischen Stil* gelangt man in den *Historischen Saal* (auch Cesare-dell'Acqua-Saal) mit einigen bedeutenden Bildwerken zur Biografie Maximilians: das „Angebot der Krone Mexikos durch eine mexikanische Delegation", die „Abreise Maximilians und Charlottes" sowie der „Besuch der Kaiserin Elisabeth im Schloss".

Schließlich setzt der prunkvolle, zwei Stockwerke hohe *Thronsaal* mit seiner aufwendigen gotischen Holzdecke einen krönenden Schlusspunkt. An den Wänden hängen zwei riesige Gemälde: die „Allegorische Darstellung der Besitzungen Karls V.", dessen Nachkomme Maximilian war, sowie der „Stammbaum der Familie Habsburg-Lothringen". Die Habsburger sind darin golden hinterlegt, die Lothringer „nur" silbern.

Parco di Miramare: Reizvoll ist auch ein Spaziergang durch den 22 ha großen, wunderschön angelegten Park. Die Bepflanzung mit z. T. seltenen Bäumen (darunter viele aus Mexiko und Kalifornien) wurde von Maximilian persönlich veranlasst und folgte einem präzisen Plan, allerdings konnte die ursprüngliche Planung eines rein tropischen Gartens wegen des rauen Klimas nicht verwirklicht werden. Im zentralen italienischen Garten mit seinen kunstvollen Blumenrabatten gibt es ein

Friaul-Julisch Venetien

Kaffeehaus, im hinteren Teil trifft man auf ein bronzenes Standbild des Kaisers von Mexiko, im *Parco Tropicale* werden tropische Vögel und Schmetterlinge gehalten (separater Eintritt) und das *Castelletto* beherbergt eine Ausstellung zur Meeresfauna und -flora. Vor der Küste von Miramare hat der WWF bereits vor über 20 Jahren einen geschützten *Meerespark* initiiert, der an Wochenenden mit Schnorchel oder Atemgerät besichtigt werden kann (mit Führung, Anmeldung unter ✆ 040/224147, www.riservamarinamiramare.it).

• *Anfahrt/Verbindungen* Man erreicht Schloss Miramare direkt von der SS 14 (Abfahrt beschildert) oder mit einem kleinen Spaziergang vom Hafen von Grignano aus. Von Triest fährt **Bus 36** ab Bahnhof, auch Nahverkehrszüge stoppen in Grignano, im Sommer gibt es außerdem **Bootsverbindungen** ab Triest: Ende April bis Mitte Okt. etwa 5-mal tägl. (im Sommer häufiger), ca. 3 € einfach, www.triestetrasporti.it

Badezone an der Riviera Triestina

• *Öffnungszeiten/Preise* **Schloss**, ganzjährig tägl. 9–19 Uhr, Eintritt ca. 4 €, von 18–25 J. 2 €, unter 18 und über 65 J. frei. **Schlosspark**, April bis Sept. tägl. 8–19 Uhr, Rest des Jahres bis 17 bzw. 18 Uhr, Eintritt frei. ✆ 040/224143.

Castelletto, April bis Sept. tägl. 9-12.30, 14.30–18.30 Uhr, Okt. bis März 9–12.30, 14–17 Uhr (Mo und Do geschl.); Eintritt ca. 3 €, mit Führung 5 €, von 6–17 J. 2 bzw. 3 €.

• *Übernachten* *** **Riviera e Maximilian's**, komfortables Haus oberhalb der Bucht von Grignano, herrlicher Blick die Küste entlang, Restaurant mit Panoramaterrasse. Lift zu einer privaten Badeplattform unterhalb. Gut eingerichtete Zimmer mit Balkonen und Meerblick, Restaurant „Le Terrazze" ebenfalls mit herrlichem Blick aufs Meer. DZ mit Frühstück ca. 125–240 €. Strada Costiera 22, ✆ 040/224551, ℻ 224300, www.hotelrivieraemaximilian.com

* **Mignon**, direkt im Hafen von Grignano, schöner Meerblick. DZ mit Frühstück ca. 70–90 €. Via Junker 12, ✆/℻ 040/224611.

Jugendherberge Ostello Tergeste (IYHF), an der Zufahrt zum Schloss, kurz vor dem Parkeingang. Vom Bahnhof in Triest Bus Nr. 36. Großartige Lage in einer Villa am Meer, 74 Betten, Übernachtung mit Frühstück ca. 14 €/Person. Viale Miramare 331, ✆/℻ 040/224102, www.ostellotergeste.it

Von Grignano bis Triest

Hinter dem Schlossfelsen von Miramare zieht sich entlang der Straße eine kilometerlange Küstenpromenade bis nach *Bárcola*, das bereits zu Triest gehört. Im Sommer herrscht hier Hochbetrieb, man stellt den mitgebrachten Liegestuhl aufs Pflaster und steigt über die Felsen ins Meer. In Bárcola gibt es einen schattigen Pinienhain.

▸ **Faro della Vittoria**: Der 68 m hohe Leuchtturm oberhalb von Bárcola wurde seit 1924 als Denkmal für die gefallenen Marinesoldaten des Ersten Weltkriegs errichtet und am 24. Mai 1927 feierlich eröffnet. Als mächtige, klassische Säule thront er mit der überlebensgroßen Statue eines Soldaten auf den Grundmauern einer österreichischen Festung. Das Kapitell bildet ein ausladender „Mastkorb", darin ragt ein

Am Canal Grande im Zentrum von Triest

Gerüst aus Bronze und Glas mit verzierter Bronzekuppel empor, gekrönt von der „Statua della Vittoria“. Der Leuchtturm kann bis zum Kapitell bestiegen werden.
Öffnungszeiten/Preise **Faro della Vittoria**, April bis Sept. 9–11, 16–18 Uhr, sonst 10–15 Uhr, Mi geschl.; Eintritt frei.

Triest (Trieste) (ca. 230.000 Einwohner)

Hauptstadt der Region Friaul-Julisch Venetien, östlichste Großstadt Italiens, einstmals wichtigster Mittelmeerhafen der Doppelmonarchie Österreich-Ungarn. Eingeschlossen von karstigen Kalkhängen liegt die Stadt in einer halbkreisförmigen Bucht nur wenige Kilometer vor der slowenischen Grenze. Die eigenartige Mischung aus riesigen Hafendocks, prächtigen Palästen der k.u.k.-Monarchie und Kaffeehausromantik prägt ihr Ambiente. Allgegenwärtig sind die Winde, vor allem die Bora, die immer wieder mit bis zu 100 km/h von den umliegenden Hängen herunterfegt.

Die exponierte geografische Lage und die damit verbundene, wechselvolle Geschichte haben das Gesicht der Stadt gezeichnet. Ungarische, slawische und vor allem österreichische Einflüsse sind spürbar: in der Architektur, im alltäglichen Leben, in Kunst und Literatur, nicht zuletzt aber auch in der Küche. Das Zentrum ist in effektvollen klassizistischen Linien gestaltet, zahlreiche monumentale Bauten aus Eklektizismus, Jugendstil und Neugotik spiegeln die Bedeutung Triests im 18. und 19. Jh., als die Stadt unter den Habsburgern ein bedeutender Freihafen war. Als Zeichen von Reichtum und „Grandezza“ entstanden damals überall prächtige Palazzi, u. a. die Börse, die Theater und das auch heute noch anerkannt gute Opernhaus. Triest wurde zur bedeutenden Kulturmetropole an der Nahtstelle zwischen Ost und West, aber gleichzeitig im Herzen Europas, und Schriftsteller wie James Joyce, Italo Svevo und Umberto Saba machten es zu einer Hochburg der Literatur.

Essen & Trinken

1 Caffè Tommaseo	27 Caffè San Marco
2 Elefante Bianco	29 Al Barattolo
4 Da Pepi	30 Da Mario
6 Caffè degli Specchi	31 Da Giovanni
10 Taverna del Ghetto	33 Gran Malabar
12 La Caffeteria del Borgo	34 Gelateria Al Pinguino
13 Città di Pisino	35 Pasticceria/Caffè Pirona
15 Vulcania	36 Da Siora Rosa
17 Ai Fiori	37 Antipastoteca di Mare
18 Zampolli	

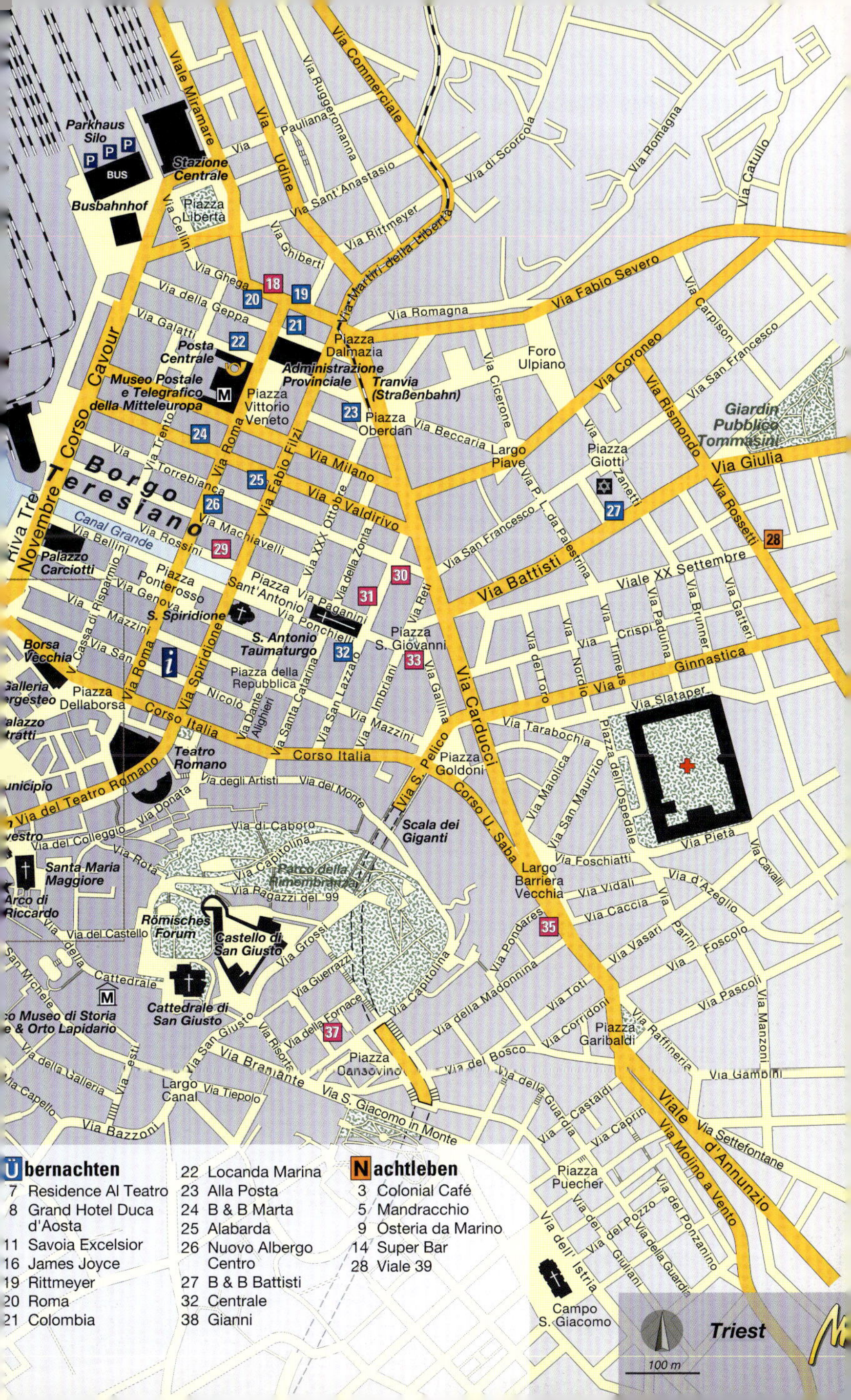
Übernachten
7 Residence Al Teatro
8 Grand Hotel Duca d'Aosta
11 Savoia Excelsior
16 James Joyce
19 Rittmeyer
20 Roma
21 Colombia
22 Locanda Marina
23 Alla Posta
24 B & B Marta
25 Alabarda
26 Nuovo Albergo Centro
27 B & B Battisti
32 Centrale
38 Gianni
Nachtleben
3 Colonial Café
5 Mandracchio
9 Osteria da Marino
14 Super Bar
28 Viale 39
Triest
100 m
Parkhaus Silo
Stazione Centrale
Busbahnhof
Piazza Libertà
Posta Centrale
Museo Postale e Telegrafico della Mitteleuropa
Administrazione Provinciale
Tranvia (Straßenbahn)
Piazza Dalmazia
Piazza Vittorio Veneto
Piazza Oberdan
Foro Ulpiano
Largo Piave
Piazza Giotti
Giardin Pubblico Tommasini
Borgo Teresiano
Canal Grande
Palazzo Carciotti
Piazza Ponterosso
S. Spiridione
S. Antonio Taumaturgo
Piazza Sant'Antonio
Piazza S. Giovanni
Piazza della Repubblica
Borsa Vecchia
Piazza Dellaborsa
Teatro Romano
Piazza Goldoni
Scala dei Giganti
Santa Maria Maggiore
Arco di Riccardo
Parco della Rimembranza
Römisches Forum
Castello di San Giusto
Cattedrale di San Giusto
Museo di Storia e & Orto Lapidario
Largo Barriera Vecchia
Piazza Garibaldi
Piazza Sansovino
Largo Canal
Piazza Puecher
Campo S. Giacomo
Corso Italia
Corso Cavour
Via Carducci
Via Giulia
Via Battisti
Via Fabio Severo
Via Coroneo
Viale XX Settembre
Via Ginnastica
Viale d'Annunzio
Via Molino a Vento
Via Commerciale
Viale Miramare
Riva Tre Novembre
Corso U. Saba
Via del Teatro Romano
Via S. Giacomo in Monte

Nach dem Ersten Weltkrieg und dem Auseinanderfallen des k.u.k.-Imperiums wurde Triest Italien zugeschlagen und zu einem Zentrum des Schiffbaus, die großen Werften liegen bis heute südlich der Innenstadt. Nach der deutschen Besetzung im Zweiten Weltkrieg geriet Triest zum Zankapfel zwischen Italien und Jugoslawien, wirtschaftliche Not und soziale Krisen drohten den Glanz der einstigen Handels- und Wirtschaftsmetropole zu zerstören. Erst 1954 wurde Triest wieder italienisch, wobei das Hinterland jugoslawisch bzw. slowenisch blieb – ein schwieriges Erbe, denn der „Eiserne Vorhang“ verhinderte jeglichen wirtschaftlichen Austausch. Seit der Demokratisierung der Balkanstaaten ist man jedoch auf gutem Weg, an die frühere Bedeutung anknüpfen zu können.

Anfahrt/Verbindungen/Information

• *Anfahrt/Verbindungen* **PKW**, an der Uferfront gibt es viele gebührenpflichtige Stellplätze, weitere gibt es bei der Piazza Oberdan und im südlichen Hafenbereich (gegenüber Stazione di Campo Marzio). Das **Parkhaus** „Silos“ liegt neben dem Bahnhof.

Flug: Der Flughafen „Aeroporto Friuli Venezia Giulia“ in Ronchi dei Legionari liegt etwas außerhalb von Monfalcone, am Beginn des triestinischen Karstes, etwa 30 km von Triest. Er wird u. a. von Frankfurt-Hahn mit Ryan Air angeflogen. APT-Bus 10 pendelt tagsüber alle 20–25 Min. von und zum Bahnhof von Monfalcone, Bus 1 und 51 fahren von und nach Gorizia, Bus 51 von und nach Udine und Triest/Busbahnhof. Fluginformation unter ✆ 0481/773224, www.aeroporto.fvg.it

Bahn, der Hautbahnhof **Stazione Centrale** liegt an der Piazza della Libertà etwas nördlich vom Hafen und der Altstadt. Häufige Verbindungen gibt es u. a. nach Gorizia und Udine, außerdem nach Venedig, Mailand, Villach und Salzburg.

Bus, Busstation neben dem Bahnhof, stündliche Busse die Küste hinauf bis Udine. Bus 20 fährt ins Städtchen Muggia, 24 zum Burghügel San Giusto hinauf, Bus 36 zum Schloss Miramare, Bus 51 zum Fughafen.

Schiff, täglich mehrmals Verbindungen nach Muggia ab Molo Pescheria, nach Grignano (Schloss Miramare) ab Stazione Marittima.

• *Information* **AIAT**, im Palazzo del Municipio an der Piazza dell'Unità d'Italia. Tägl. 9.30–19 Uhr. ✆ 040/3478312, 📠 3478320, E-Mail: aptour@libero.it

Hauptstelle in der Fußgängerzone, Via San Nicolò 20 (3. Stock). Mo–Fr 9–19 Uhr. ✆ 040/6796111, 📠 6796299, www.triesteturismo.com

T for you: Mit dieser Karte gibt es freien Eintritt in den städtischen Museen und in der Grotta Gigante (→ S. 105), eine kostenlose Stadtrundfahrt mit „Trieste by bus“ sowie Rabatte in verschiedenen Hotels, Restaurants, Cafés, Museen u. a. Die Karte ist für 8 (24 Std.) bzw. 10 € (48 Std.) im Informationsbüro an der Piazza dell'Unità d'Italia, im Schloss Miramare und bei den teilnehmenden Adressen erhältlich.

Übernachten (siehe Karte S. 88/89)

Etliche Mittelklassehotels liegen in Bahnhofsnähe, einfache *locande* verstreut im Zentrum.

**** **Grand Hotel Duca d'Aosta**, **(8)** bestes Haus am Platz, hervorragende und repräsentative Lage am schönsten Platz der Stadt, komfortable und sehr stilvolle Ausstattung im gediegenen „mitteleuropäischen“ Stil. Im Untergeschoss liegt das exklusive Ristorante „Harry's Grill“, das in den meisten Restaurantführern in Triest den ersten Platz einnimmt. Parkgarage in der Nähe, die Badeplattform vom „Riviera e Maximilian's“ in Grignano kann gratis benutzt werden. DZ mit Frühstück ca. 190–330 €. Piazza Unità d'Italia 2, ✆ 040/7600011, 📠 366092, www.grandhotelduchidaosta.com

**** **Savoia Excelsior**, **(11)** klassizistischer Palazzo in zentraler Lage an der Uferstraße. Herrlicher Meerblick, prächtige Einrichtung mit Stuck, Marmor und Spiegeln im Stil der

Habsburger Dynastie. Helle und komfortable Zimmer, schallisoliert und klimatisiert, Internetzugang, TV. Restaurant mit ausgesuchter Küche. DZ mit Frühstück ca. 140–270 €, 24 Std. Parken ca. 25 €. Riva del Mandracchio 4, ✆ 040/77941, ℻ 638260, www.starhotels.it

**** **Colombia (21)**, ein Haus, das sich mit Kunstausstellungen einen Namen macht. Die Zimmereinrichtung ist farblich sorgfältig aufeinander abgestimmt. DZ mit Frühstück ca. 130–260 €, 24 Std. Parken ca. 18 €. Via della Geppa 18, ✆ 040/369191, ℻ 369644, www.hotelcolombia.it

*** **Alla Posta (23)**, großes, elegantes und wohnliches Albergo in einem alten Palazzo, gemütlicher Aufenthaltsraum mit Kamin, 47 gut ausgestattete Zimmern, jeweils mit Klimaanlage und geräumigem Bad. DZ mit Frühstück ca. 130–155 € (mit „T for you" um die 100 €). Piazza Oberdan 1, ✆ 040/365208, ℻ 633720, www.albergopostatrieste.it

*** **Roma (20)**, alteingeführter Familienbetrieb in Bahnhofsnähe, geräumige Zimmer, Sanitäres okay, freundlich geführt. DZ mit Frühstück ca. 105–140 €, Parkgarage in der Nähe (gegen Gebühr). Via Carlo Ghega 7, ✆ 040/370040, ℻ 3483574, www.hotelromatrieste.it

** **Alabarda (25)**, in der Nähe des Canal Grande. Geräumige, helle Räume mit Sat-TV in einem restaurierten Gebäude, freundlicher Service, familiär geführt. 18 Zimmer, z. T. nur mit Etagendusche. DZ mit Bad ca. 60–75 €, mit Etagendusche ca. 44–58 €, jeweils mit Frühstück. Via Valdirivo 22, ✆ 040/630269, ℻ 639284, www.hotelalabarda.it

** **James Joyce (16)**, charakteristischer Palazzo mitten in der Altstadt, kürzlich modern renoviert. 9 helle und saubere Zimmer mit Holzbalkendecke, Bad und TV. DZ mit Frühstück ca. 80–110 €. Via dei Cavazzeni 7, ✆ 040/311023, ℻ 302618, www.hoteljamesjoyce.com

* **Nuovo Albergo Centro (26)**, Nähe Kanal, 2004 renoviert, moderner Standard, 24 Zimmer mit Sat-TV. DZ mit Bad ca. 70 €, mit Etagendusche ca. 55 €, Frühstück inkl. Via Roma 13, ✆ 040/3478790, ℻ 3475258, www.hotelcentrotrieste.it

* **Centrale (32)**, ordentliches Albergo in verkehrsberuhigter Straße am Kopfende des Canal Grande, neben der klassizistischen Kirche Sant'Antonio Taumaturgo. 15 Zimmer, DZ mit Bad ca. 73 €, mit Etagendusche 60 €, Frühstück inkl. Via Ponchielli 1, ✆ 040/639482, ℻ 370677, E-Mail: hotelcentralets@libero.it

* **Locanda Marina (22)**, Nähe Bahnhof, mit 28 Zimmern das größte Ein-Stern-Albergo, sehr einfach, altes Mobiliar, aber nette, ehrliche Leute. DZ mit Bad ca. 60–65 €, mit Etagendusche ca. 45–50 €, kein Frühstück. Via Galatti 14, ✆ 040/369298, ℻ 775259.

* **Gianni (38)**, Nähe Markthalle und Hallenbad, nur 8 Zimmer, DZ mit Etagendusche ca. 50–55 €, kein Frühstück. Via Lazaretto Vecchio 22, ✆ 040/300738, ℻ 232118, E-Mail: pensionegianni@libero.it

• *Privatzimmer* **Rittmeyer (19)**, ca. 5 Min. vom Bahnhof. Einfache Pension im 3. Stock, 11 Zimmer mit 3 Gemeinschaftsbädern für ca. 43 €, 1 Zimmer mit eigener Nasszelle für ca. 55 €, kein Frühstück. Via Rittmeyer 2, ✆ 040/76223311, www.pensionerittmeyer.com

B & B Marta (24), ebenfalls zentrale Lage zwischen Bahnhof und Canal Grande, gemütliche Wohnung im 2. Stock, alle Zimmer mit TV. DZ mit Bad/WC ca. 63 €, nur mit Dusche ca. 55 €, mit Etagendusche 50 €, Frühstück ca. 4 €/Person. Via Valdirivo 11, ✆/℻ 040/660242, www.hotelmarta.it

B & B Battisti (27), im 5. Stock eines historischen Palazzo, über dem berühmten Caffè San Marco (→ Cafés). DZ ca. 58–62 €. Via Cesare Battisti 18, ✆ 040/3498350, www.bb-battisti.it

• *Ferienwohnungen* **Residence Al Teatro (7)**, ganz zentrale Lage bei der Piazza dell' Unità d'Italia. Das frühere Hotel wurde in schön eingerichtete Appartements und Studios umgewandelt. Preis ca. 80–160 €/Tag, bei mehrtägiger Anmietung wird es günstiger. Via Capo di Piazza Bartoli 1, ✆ 328-0685866 (9–21 Uhr), www.alteatrostudios.com

• *Jugendherberge* **Ostello Tergeste** (IYHF), 8 km außerhalb beim Schloss Miramare (→ Schloss Miramare).

• *Camping* *** **Pian del Grisa**, bei Villa Opicina, einem Vorort hoch über Triest, etwa 7 km vom Meer (→ S. 104). Moderner Platz in waldreicher Umgebung, großer Swimmingpool, Tennis, Kinderspielplatz, gutes Restaurant. Zu erreichen ab Piazza Oberdan mit der „Tranvia/Tram 2" (→ Villa Opicina) und noch 2 km zu Fuß oder mit Bus 4 und 1,2 km zu Fuß. Mitte Mai bis Mitte Sept. ✆ 040/213142, ℻ 2155112, www.piandelgrisa.it

** **Obelisco**, unterhalb von Villa Opicina, an der Strecke der kabelgezogenen Straßenbahn „Tranvia" ab Piazza Oberdan. Uriger Platz in einem Waldstück an steilem Hang,

Im Caffè San Marco

terrassenförmige Stellplätze, ziemlich eng, für Wohnmobile ungeeignet, ruhig, aber nicht sonderlich gepflegt. Ganzjährig geöffnet. ✆ 040/211655, ✆ 212744.

Zwei weitere Plätze liegen in **Sistiana** über einer schönen Bucht mit Kalkfelsen (→ Sistiana), einer kurz vor der slowenischen Grenze bei **Muggia** (→ Muggia).

Essen & Trinken (siehe Karte S. 88/89)

In der Triestiner Küche mischen sich venezianische, friulanische, ungarische, slawische, jüdische, griechische und österreichische Einflüsse. Neben den üblichen italienischen Gerichten stehen auch Knödel und Klöße, *porzina* (Kaiserfleisch) und Prager Schinken, Schweinefleisch und Wiener Schnitzel, Gulasch und *jota*, eine dicke Bohnensuppe slowenischer Art, auf den Speisekarten. Daneben sind auch die in Zwiebeln eingelegten Sardinen namens *sardoni in savor* sehr beliebt. An Süßspeisen gibt es z. B. Krapfen, Strudel und Wiener Sachertorte, aber auch slowenische Leckereien wie *presnitz* (Mandeltorte), *putizza* und *pinza*. Auf jeden Fall sollte man einmal einen frisch vom Fass gezapften *Terrano* versuchen, den erdigen, dunkelroten Wein aus dem Karst.

Wer wenig Geld ausgeben, aber trotzdem gut und reichlich essen möchte, sollte eines der sogenannten „Buffets“ aufsuchen, wo hauptsächlich Schweinefleisch in allen erdenklichen Varianten angeboten wird – auch dies ein Überbleibsel der österreichischen Epoche. Hier steht man ungezwungen am Tresen und nimmt eine Jause („rebechin“ oder „merenda“) ein, kann aber auch an einem der wenigen Tische Platz nehmen.

Elefante Bianco (2), elegantes „In“-Lokal mit halbrundem, verglastem Vorbau, warm beleuchtet. Italienische Küche vom Feinsten, gute Nudelgerichte mit Meereszutaten, die aus Slowenien importiert werden. Menü um die 35–40 €. Sa-Mittag und So geschl. Riva Tre Novembre 3 (Uferfront), ✆ 040/362603.

Vulcania (15), große, populäre Pizzeria an der Uferfront. Abends eines der fröhlichsten Plätze der Stadt, große Freiluftterrasse, „vera pizza napoletana", nicht teuer. Riva Nazario Sauro 4/Ecke Via Felice Venezian, gegenüber der Stazione Marittima. ✆ 040/304053.

Da Pepi (4), das bekannteste einer ganzen Reihe von „Buffets", 1997 100 Jahre alt geworden. Man kann den ganzen Tag warmes Essen bekommen, vorzugsweise deftige Fleischgerichte vom Schwein mit Sauerkraut, es geht laut und ungezwungen zu. Nur Innenplätze. So geschl. Via della Cassa di Risparmio 3, ✆ 040/366858.

Al Barattolo (29), Ristorante/Pizzeria in schöner Lage an der Piazza San Antonio, wenige Schritte vom Canal Grande. An warmen Tagen bleibt kein Plätzchen an den Außentischen frei, Straßenmusiker geben dazu ihre Konzerte. Via Rossini 2/d, ✆ 040/631480.

Da Giovanni (31), nett rustikal eingerichtetes Buffet, wo die Schinken dekorativ von der Decke hängen und eine riesige Mortadella auf der Theke liegt. Diverse Vorspeisen und deftige Fleischgerichte, aber auch Fisch und Meeresküche. Man kann schön an Tischen auf der Fußgängerzone sitzen. So geschl. Via San Lazzaro 14, Nähe Canal Grande. ✆ 040/639396.

Da Mario (30), weiteres gemütliches Buffet mit kleinem Speisesaal und offener Terrasse vor der Tür, allerdings Mopedparkplatz gleich daneben. Sa/So geschl. Via Torrebianca 41, Seitenstraße der Via Carducci. ✆ 040/639324.

• *Altstadtviertel Cavana* landeinwärts der Uferfront, etwa auf Höhe der Stazione Marittima.

Ai Fiori (17), gepflegtes Ristorante, dessen Fischküche einen ausgezeichneten Ruf genießt. Menü um die 35–50 €. So/Mo geschl. Piazza Hortis 7, ✆ 040/300633.

Città di Pisino (13), schöne Einrichtung, gute Fischgerichte lokaler Tradition, z. B. *sardoni in savor*, freundlich und originell geführt von Alessandro Cattaruzza. Sa/So geschl. Via Alberto Boccardi 7, ✆ 040/303706.

TIPP! **Da Siora Rosa (36)**, seit Jahrzehnten kulinarischer Eckpfeiler des Viertels, schlichtes Buffet mit Trattoria, nette Plätze auf der verkehrsbefreiten Straße vor dem Haus. Auf der täglich neu mit der Hand geschriebenen Speisekarte sind zahlreiche bodenständige Gerichte verzeichnet, dazu trinkt man Terranowein und Tropfen aus dem Collio. Wird abends schnell voll, frühzeitig kommen. Sa/So geschl. ✆ 040/301460.

• *Außerhalb vom Zentrum* **Antipastoteca di Mare (37)**, versteckt an der Rückseite des Hügels von San Giusto liegt das kleine, innovative Fischlokal von Roberto Surian bei der Piazza Sansovino (vom Kastell steigt man rasch hinunter). Wie der Name sagt, gibt es keine Hauptgerichte, sondern ausschließlich Meeres-Antipasti. Nur abends, Mo geschl. Via della Fornace 14, ✆ 040/309606.

Antica Trattoria Suban, 1865 als Landgasthaus gegründet, eingerichtet mit viel dunklem Holz und Schmiedeeisen, Panoramablick von der Terrasse. Seit langem Garant für die hervorragende Zubereitung typischer Triestiner und slowenischer Spezialitäten – z. B. die berühmte *jota*, ein hervorragendes Risotto mit Kräutern und gute Fleischgerichte, darunter auch Cevapcici. Aus der k.u.k.-Küche wurde der *palacinche* (Palatschinken) in die Gegenwart gerettet. Menü um die 40–50 €. Reservieren und mit dem Taxi hinfahren. Mo-Mittag und Di sowie in der ersten Augusthälfte geschl. Via Comici 2, im Vorort San Giovanni. ✆ 040/54368.

TIPP! **Scabar**, von Ami Scabar und ihrer Familie liebevoll geführtes Lokal, ein Ort der „Haute cuisine", wunderbarer Fisch, kreativ zubereitet, dazu die besten Weine der Umgebung, ausgewählt von Bruder Giorgio. Menü ca. 50 €. Aug. und Mo geschl. Erta Sant'Anna 63, südlich vom Zentrum, Nähe Krankenhaus. ✆ 040/810368.

• *Cafés* **Caffè degli Specchi (6)**, 1839 an der zentralen Piazza dell'Unità d'Italia eröffnet, galt das ehemalige Literatencafé mit seiner großen Terrasse einst als „Wohnzimmer" der Stadt, u. a. verkehrten hier Rilke und James Joyce. Nach mehreren Renovierungen erinnert nicht mehr viel an früher. Der Name bedeutet „Café der Spiegel" – und so sieht's denn innen auch aus. Do geschl.

Caffè Tommaseo (1), seit 1830 in Betrieb, das älteste Café der Stadt und eines der ältesten Italiens, herrlicher Stuck ist erhalten und Stendhal soll hier verkehrt sein. Mo geschl. Riva Tre Novembre 5 (Uferfront).

Antico Caffè San Marco (27), berühmtes Jugendstil-Café direkt neben der Synagoge (→ Sehenswertes). Spiegel, Holztäfelung und kaffeebraune Marmortischchen, Klimaanlage, das ideale Zeitungscafé schlechthin. Mi geschl. Via Cesare Battisti 18 a (Seitenstraße der Via Carducci).

La Caffeteria del Borgo (12), historische Inneneinrichtung und eine wunderbar geschwungene, schmiedeeiserne Treppe in den 1. Stock. Mo geschl. Via Malcanton 6/a, Nähe Piazza dell'Unità d'Italia.

Pasticceria/Caffè Pirona, **(35)**, seit 1900 berühmt für seine Kaffeesorten und die typischen Triestiner Leckereien *presnitz*, *putizza* und *pinza*. James Joyce war gerne hier. Mo geschl. Largo Barriera Vecchia 12, Verlängerung der Via Carducci.

• *Enoteche* **Gran Malabar**, **(33)**, legendärer Weinausschank, seit den 1980er Jahren setzt Walter Cusmich bevorzugt auf Weine kleiner und junger Winzer. Tägl. frühmorgens bis 20.30 Uhr. Piazza San Giovanni 6, ✆ 040/636226.

Taverna del Ghetto (10), zentral gelegenes, kleines Weinlokal, wo man gemütlich um Fässer sitzt. Via del Ponte 6/c.

• *Eis/Konditoreien* **Gelateria Al Pinguino (34)**, Molo di Pescheria, man sitzt direkt am Kai unter riesengroßen Sonnenschirmen.

Zampolli (18), das beste Eis, wie viele meinen. Via Ghega Carlo 10.

Rund um die schwarze Bohne: Kaffeeröstereien in Triest

Triest ist seit Jahrhunderten der wichtigste Einfuhrhafen für Kaffee im Mittelmeer. Dementsprechend viel Wert legt man hier auf Qualität, zahlreiche Kaffeeröstereien, „Torrefazioni" genannt, machen bekannt guten Kaffee und die Kaffeehauskultur ist lebendig wie eh und je. In den Röstereien kann man aber nicht nur viele Kaffeesorten verkosten und kaufen, man trifft sich auch gerne auf ein Tässchen, verbunden mit einem zwanglosen Schwatz. Zu den beliebtesten zählen die Torrefazioni „CremCaffè" an der Piazza Goldoni (Via Carducci) und „La Triestina" an der Piazza Cavana (Altstadt), beide am Sonntag geschl. Neben den Kaffeemischungen für alle Geschmäcker gibt es für Urlauber schöne Souvenirtassen namens „The Taste of Triest". Bekannteste Triestiner Kaffeedynastie ist die Familie Illy. Jeder, der Italien bereist, wird früher oder später auf das Logo „illycaffè" stoßen. Bereits in dritter Generation führt die Familie Illy ihr stetig expandierendes Kaffeeunternehmen. Was 1933 als kleine Kaffeerösterei des Großvaters begann, ist dabei, den Weltmarkt zu erobern. In Italien ist man im Bereich Gastronomie bereits Marktführer vor Lavazza und Segafredo.

Shopping/Sport/Veranstaltungen/Nachtleben

• *Shopping* **Markthalle**, Mo 8–14 Uhr, Di–Sa 8–19 Uhr. Via Carducci 36 d.

Wochenmarkt, Di–Sa auf der Piazza della Libertà, hauptsächlich Kleidung und Haushaltswaren.

Obst- und Gemüsemarkt, Di–Sa auf der Piazza Ponterosso am Canal Grande, auf derselben Piazza jedes Wochenende großer **Klamotten- und Jeansmarkt**.

Es gibt etwa 60 **Trödel- und Antiquitätenläden** in der Stadt (hauptsächlich im Altstadtviertel Cavana), in der Via del Bastione laden **Antiquariate** zum Stöbern ein. Ein **Mercatino dell'Antiquariato** findet jeden dritten So in den Straßen der Altstadt statt.

• *Sport* **Hallenbad Bruno Bianchi**, im südlichen Bereich der Hafenfront, kurz nach der früheren Fischmarkthalle. Im Aug./Sept. geschl., sonst tägl. geöffnet, Eintritt ca. 7 €. ✆ 040/4306024.

Thermalbad Aquamarina, kurz vor dem Leuchtturm La Lanterna, mit Fitnesscenter, Sauna und türkischem Bad. Das Wasser ist 30 °C warm. Eintritt ca. 6 €, Kind 4,70 €. Öffentlicher Zutritt nur zu bestimmten Zeiten. ✆ 040/301100, www.2001team.com

• *Veranstaltungen* Alljährlich im Jan. bringt das große **Trieste Film Festival** (www.triestefilmfestival.it) hauptsächlich Werke aus Mittel- und Osteuropa in ihrer Originalsprache zur Vorführung (Untertitel in Englisch und Italienisch).

• *Nachtleben* Im Sommer geht es im Stadtzentrum hoch her, zahlreiche Bars wurden in den letzten Jahren neu eröffnet. Von Mitte Juni bis Mitte Juli gibt es auf der Piazza dell'Unità d'Italia häufig Livekonzerte.

Super Bar (14), gemütliche Bar, allabendlicher Szenetreff, immer voll Largo Riccardo Pitteri, direkt hinter der Piazza dell'Unità d'Italia.

Osteria da Marino (9), schöne, alte Osteria in einem schmalen Gässchen im alten jüdischen Viertel Nähe Piazza della Borsa. Wein, Bier und leckerer Schinken werden wochentags ab mittags, Sa/So ab 18.30 Uhr serviert. Abends und nachts ein besonders populärer Anlaufpunkt und bis 4 Uhr offen (Hinweis an der Tür: Ab 23 Uhr darf kein Bier vor dem Lokal getrunken werden …). Via del Ponte 5/a.

Mandracchio (5), kleines, „heißes" Disco-Lokal mit Blick auf die Piazza dell'Unità d'Italia, Mi Studentenparty. Passo di Piazza 1.

Colonial Café (3), mitten in der Altstadt, Cocktails und vielfältige Musik. Via del Canale Piccolo 2/b, ✆ 040/7600464.

Viale 39 (28), sehr angesagte Discobar, Mi Studentenparty, Do lateinamerikanischer Abend, Fr Black music und R&B, Sa Hits von heute. 22–3 Uhr. So–Di geschl. Via XX Settembre 39/a, Nähe Rossetti-Theater.

„Mein Herz ist hier": James Joyce in Triest

James Joyce wurde am 2. Februar 1882 in Dublin geboren, Kindheit und Jugend in der zwölfköpfigen Familie waren von strenger katholischer Erziehung und Geldnot geprägt. Um der heimatlichen Enge zu entfliehen, ging er 1904 als 22-jähriger Englischlehrer mit seiner Lebensgefährtin Nora Barnacle nach Triest, wo er an der Berlitz-School arbeitete (Via San Nicolò 32, 2. Stock). Er lebte hier elf Jahre, schrieb dabei u. a. seinen Kurzgeschichtenband „Dubliners", begann seinen autobiografisch geprägten Roman „Portrait of the artist as a young man" („Ein Porträt des Künstlers als junger Mann") und legte erste Grundzüge zu seinem Meisterwerk „Ulysses", auf das er sich seit 1907 vorbereitet hatte. Der Roman verfolgt die Ereignisse im Leben von drei Figuren (Leopold Bloom, Molly Bloom und Stephen Dedalus) am 16. Juni 1904 in Dublin und verquickt das Großstadtgeschehen mit dem mythologischen Stoff des Odysseus. Joyce entwickelte darin die Technik des „Inneren Monologs" und stellte in Form des sogenannten *stream of consciousness* (Bewusstseinsstrom) die Gedankengänge und Empfindungen seiner Figuren völlig ungefiltert dar, besonders eindrucksvoll im Schlussmonolog, der über 100 Seiten ohne Punkt und Komma die Gedanken von Molly Bloom fließen lässt. Wegen seiner auch sexuell freizügigen Sprache war der „Ulysses" jahrelang verboten und wurde erst 1922 in zensierter Form als Buch veröffentlicht. Noch heute feiern Joyce-Fans alljährlich am 16. Juni den „Bloomsday", der in Dublin zur touristischen Attraktion geworden ist.

Eine englischsprachige Broschüre des Fremdenverkehrsamts bezeichnet 36 Lokalitäten in Triest, die für James Joyce wichtig waren, darunter allein neun Wohnungen, Häuser und Räume, in denen er gelebt hat – Joyce war dafür bekannt, die Miete seiner Wohnungen nicht zu zahlen, aus diesem Grund musste er immer wieder umziehen. 2004 wurde das „Museo Joyciano" eröffnet (→ S. 100). Weitere umfassende Informationen unter www.univ.trieste.it/nirdange/netjoyce

Sehenswertes

Um die ganze Atmosphäre und Verschiedenartigkeit der Stadt zu erleben, sollte man mehrere Spaziergänge unternehmen: durchs klassizistische Zentrum und ins benachbarte kleine Altstadtviertel Cavana, auf den Hügel von San Giusto und natürlich am Hafen entlang. Dem heftigen Verkehr in den langen Straßenschluchten kann man in den Fußgängerbereichen um Canal Grande und Piazza dell'Unità d'Italia entgehen.

Trieste by Bus: zweistündige Stadtrundfahrt per Bus, dabei 15 Min. Aufenthalt auf dem Stadthügel San Giusto. Abfahrt am Bahnhof, jeweils Sa um 14 Uhr. Tickets am selben Tag ab 12.30 Uhr im „Club Eurostar" im Bahnhof. Preis für Erw. 5,20 €, Kinder bis zehn Jahre gratis. ✆ 040/44144.

Rondó di Trieste: knapp zweistündige Rundfahrt mit einem historischen Triebwagen ab Stazione di Campo Marzio bis zum Hauptbahnhof, jeweils sonntags 9.45 Uhr von Mitte Mai bis Ende Okt. Preis ca. 8 €, mit einstündiger Rückfahrt ca. 12 €. Tickets bei den Bahnhöfen der Region.

Schiffsausflüge: Nach Grado (16 € hin/zurück) und Lignano (18 € hin/zurück) fährt das Motorschiff „Marconi" ab Stazione Marittima 3-mal wöchentlich, außerdem zu Zielen auf der istrischen Halbinsel. Tickets bei Samer & Co Shipping, Stazione Marittima, ✆ 040/303540, E-Mail: stazione.marittima@samer.com

Hafenpromenade und Umgebung

Beim Gang entlang der breiten und stets viel befahrenen Uferstraße passiert man den Canal Grande, der rechts vom prächtigen Palazzo Carciotti flankiert wird. Danach kommt man kurz vor der Piazza dell'Unità d'Italia am klassizistischen *Teatro Verdi* vorbei, das 1801 eröffnet wurde. Im Weiteren passiert man meerseitig die *Stazione Marittima*, heute Kongresszentrum, und danach das Aquarium mit der ehemaligen Fischmarkthalle *Ex-Pescheria Centrale*, die noch in den 1990er Jahren lebendiger Anlaufpunkt für alle Fischliebhaber der Stadt war und heute für Ausstellungen genutzt wird. Kurz nach dem Hallenbad endet das Hafenbecken mit dem Thermalhallenbad „Aquamarina" und dem früheren Leuchtturm La Lanterna.

Auf den Spuren von James Joyce

Zu den Museen entlang der Hafenfront siehe weiter unten, S. 99.

Canal Grande: Der breite Kanal mit seinen monumentalen Fassaden, Brücken und Booten ist sicher das bekanntestes Stück der City und Zentrum des mondänen Viertels *Borgo Teresiano*, das hier mit streng rechtwinkligen Straßenzügen und neoklassischen Palästen Ende des 18. Jh. unter Joseph II. entstand. Einige Straßen sind hier seit geraumer Zeit Fußgängerzonen.

Am Kopfende des Kanals steht die streng klassizistische *Kirche Sant'Antonio Taumaturgo* mit einem Vorbau im Stil griechischer Tempel, gleich in der

Nähe die serbisch-orthodoxe *Kirche San Spiridone* aus dem 19. Jh. im neobyzantinischen Stil. Am meerseitigen Ende des Kanals erhebt sich rechter Hand der riesige *Palazzo Carciotti* mit Kuppel und ionischer Säulenfassade, heute Sitz der Hafenbehörden. Auf der anschließenden *Piazza Ponterosso* herrscht vor allem an Wochenenden lebhaftes Markttreiben.

Ex-Faro La Lanterna: Der ehemalige Leuchtturm auf der Mole Fratelli Bandiera am Westende des Hafens darf bis zur ersten Plattform bestiegen werden.

Öffnungszeiten/Preise April bis Sept. Do–Di 9–11, 16–18 Uhr, Mi geschl., Okt. bis März nur So 10–15 Uhr.

Piazza dell'Unità d'Italia und Umgebung

Die Piazza dell'Unità d'Italia ist einer der größten und eindrucksvollsten Plätze Italiens und gilt als größter Platz Europas am Meer. Sie ist der durch und durch repräsentative Mittelpunkt der Stadt, wunderbar weit und offen angelegt, abends wirkungsvoll illuminiert. Prachtvolle Palazzi umrahmen die Piazza: links vorne der *Palazzo del Governo* mit kunstvollen Fassadenmosaiken, daneben der *Palazzo Stratti* mit dem Caffè degli Specchi (Spiegelcafé), rechts vorne der *Palazzo Llyod Triestino* (heute Sitz der Regionalregierung), danach das Hotel *Duchi d'Aosta* und der barocke *Palazzo Pitteri*. An der Landseite steht der *Palazzo del Municipio* mit prachtvoller Fassadendekoration, davor ein hoher Brunnen, dessen Statuen die vier Kontinente darstellen, sowie eine Säule mit der Statue des Habsburger Kaisers Karl VI., der Triest im 18. Jh. zum Freihafen ernannte.
An der Meerfront steht das Fahnen schwingende Bronzedenkmal eines *Bersagliere*. Diese Elitetruppen gingen hier am 3. November 1918 an Land und nahmen Triest wieder für Italien in Besitz. Die daneben am Kai sitzenden Bronzefrauen nähen dazu emsig an der italienischen Trikolore.

Ghetto & römisches Theater: Links hinter der Piazza liegen um die Via delle Beccherie die engen Gassen des einstigen jüdischen Viertels, in denen sich heute einige beliebte Cafés und Kneipen verstecken. Zum Hügel San Giusto ist das Viertel abgegrenzt durch die Via del Teatro Romano, benannt nach dem *römischen Theater* am Fuß des Hügels. Daneben steigt man zum Hügel San Giusto hinauf (→ unten).

Piazza della Borsa: Die lang gestreckte Piazza wird dominiert von der klassizistischen Säulenfassade der *Borsa Vecchia* (Alte Börse) vom Anfang des 19. Jh., in der heute die Handelskammer untergebracht ist. Daneben liegt die kreuzförmige Einkaufspassage *Tergesteo*, die 1840 eröffnet wurde. Im Sommer findet auf der Piazza ein Teil des bunten Triester Nachtlebens statt.

Cavana

Rechter Hand der Piazza dell'Unità d'Italia beginnen die schmalen, abends reichlich düsteren Gassen des kleinen Altstadtviertels. Von der weiträumigen und großzügigen Planung des klassizistischen Zentrums ist hier nichts zu bemerken. Enge, verwinkelte Gassen und hohe, manchmal halb verfallene Häuser prägen das Bild. Wenn die heftigen Borawinde die Hänge herunterstürmen, kommt es hier immer wieder zu schweren Schäden.
An der Piazzetta Barbacan, am Fuß des Stadthügels, steht der *Arco di Riccardo*, ein Tor der antiken Stadtmauer, errichtet 33 v. Chr. Ein wenig bergab kommt man zur Barockkirche *Santa Maria Maggiore* und zum romanischen Kirchlein *San Silvestro* aus dem 11. Jh., dem ältesten Sakralbau der Stadt, das seit 1785 die protestantische

Auf der Piazza dell'Unità d'Italia

Glaubensgemeinschaft der Waldenser beherbergt, die sich lange vor Luther von der katholischen Kirche abspaltete.

Hügel von San Giusto

Der Hügel war schon seit prähistorischer Zeit besiedelt und ist seit jeher das historische Zentrum der Stadt. Heute bietet sich ein etwas krauses Durcheinander von römischen, mittelalterlichen und venezianischen Überresten, jedoch hat man einen wunderbaren Blick auf Stadt und Meer.

Cattedrale di San Giusto: Der äußerlich schlichte Bau aus dem 15. Jh. ist aus zwei Kirchen zusammengefügt, die hier eng nebeneinander standen. Die romanische Fassade ist einfach gehalten, einziger Schmuck ist eine große Rosette. Das Innere besteht aus fünf Schiffen, in einigen der Apsiden sind Mosaike und Fresken erhalten, so in der Hauptapsis die „Krönung Mariens".
In einem Gewölbe unter der *Cappella dei Borboni* (im rechten Seitenschiff) sind neun Mitglieder der sogenannten „Karlisten" beigesetzt, die Grabplatten sind in der Kapelle sichtbar. Es handelte sich dabei um eine Seitenlinie des bourbonischen Königshauses, die um den spanischen Thron kämpfte und ihre streng absolutistische Auffassung gegen die Liberalen und Republikaner in mehreren Bürgerkriegen durchzusetzen versuchte.

Römisches Forum: Neben dem Dom liegen die Ruinen des antiken römischen Forums, das nach dem Niedergang des Reiches als willkommener Steinbruch für den Bau des Doms diente.

Castello San Giusto: Das Kastell hinter der Kirche wurde im 15. Jh. von den Österreichern unter Erzherzog Maximilian an der Stelle einer früheren mittelalterlichen

Burg errichtet, um den Habsburger Herrschaftsanspruch nach 1382 (→ Geschichte) buchstäblich zu „untermauern". In den z. T. original ausgestatteten Räumen wird eine kleine Waffensammlung präsentiert.

Civico Museo di Storia ed Arte & Orto Lapidario: Im Museum an der Via Cattedrale 15, etwas unterhalb der Kathedrale, sind archäologische Funde aus dem Stadtgebiet von der Prähistorie bis zum Mittelalter ausgestellt. Im *Orto Lapidario* daneben (Zugang über das Museum) gibt es eine Inschriften- und Skulpturensammlung unter freiem Himmel. Hier findet man in einem klassizistischen „Tempel" auch das Grab des deutschen Archäologen und Historikers Johann Joachim Winckelmann, dessen Hauptwerk „Geschichte der Kunst des Altertums" Goethes treuester Begleiter auf seiner Italienreise war. Winckelmann wurde 1768 in Triest unter eigenartigen Umständen erstochen.

• *Hinaufkommen* Hinter der Piazza dell' Unità d'Italia geht es am **Römischen Theater** vorbei zur kopfsteingepflasterten Via Capitolina hinauf, die auf den Hügel führt. Alternative: die gewaltige **Scala dei Giganti** von der Piazza Goldoni, unter der Treppe rauscht der Verkehr durch den Sandrinelli-Tunnel. Weitere Alternative: am Bahnhof den Bus 24 nehmen.

• *Öffnungszeiten* **Kathedrale**, Mo–Sa 8–12, 14.30–18.30 Uhr, So 8–13, 15.30–20 Uhr.
Castello, April bis Sept. tägl. 9–19 Uhr, Okt. bis März 9–17 Uhr; Eintritt ca. 1 € (Waffensammlung Di–So 9–13 Uhr, Eintritt ca. 2 €, Kind 1 €).
Civico Museo di Storia ed Arte & Orto Lapidario, Di und Do–So 9–13 Uhr, Mi 9–19 Uhr, Mo geschl., Eintritt ca. 2 €, Kind 1 €.

Außerhalb des Zentrums

Synagoge: Der monumentale, 1912 errichtete Bau steht an der Via Gaetano Donizetti, einer Seitenstraße der Via Cesare Battisti, westlich der Via Carducci. Sie ist eine der größten Synagogen in Europa und beherbergt ein hebräisches Museum.

Öffnungszeiten Besichtigung mit Führung Mo 15.30–18 Uhr, Mi 9–12 Uhr und Do 15.30–18 Uhr, Eingang an der Piazza Giotti.

Giardino Pubblico Tommasini: Nicht mehr weit ist es von der Synagoge zum üppig grünen Park am Ende der Via Battisti, durchaus eine angenehme Abwechslung im Asphaltdschungel der Großstadt.

Museen

Die folgenden Museen liegen von Nord nach Süd direkt an der Hafenfront oder in den Straßenzügen dahinter.

Museo Postale e Telegrafico della Mitteleuropa: Ausstellung zum Postwesen in habsburgerischer Zeit im Postamt an der Piazza Vittorio Veneto (Nähe Bhf.).

Öffnungszeiten/Preise tägl. 9–13 Uhr, Eintritt ca. 1,60 €.

Museo d'Arte Orientale: in der Altstadt, Via San Sebastiano 1. Zahlreiche Stücke aus dem asiatischen Raum, hauptsächlich aus China und Japan, darunter Schmuck, Porzellan, Waffen und Musikinstrumente.

Öffnungszeiten/Preise Di und Do–So 9–13 Uhr, Mi 9–19 Uhr, Eintritt ca. 3 €.

Acquario Marino: Das Aquarium wirkt ein wenig trist. Ein paar arme Pinguine stehen etwas verloren herum, im 1. Stock kann man ein paar Schlangenterrarien und Unterwasserfotografien betrachten.

Öffnungszeiten/Preise März bis Okt. Di–So 9–19 Uhr, Nov. bis Feb. 8.30–13.30 Uhr, Mo geschl., Eintritt ca. 3 €.

Galleria d'Arte Moderna & Museo Revoltella: Die beiden aneinandergebauten Palazzi (Eingang in der Via Armando Diaz 27, neben Piazza Venezia) bilden den musealen Höhepunkt Triests. Ersterer wurde innen völlig entkernt und mit viel Beton avantgardistisch-verwinkelt und reichlich verwirrend zur Kunstgalerie umgebaut. Die sehenswerte Sammlung moderner Maler und Bildhauer des 19. und 20. Jh. beinhaltet so viele originelle Stücke, dass ein Rundgang auch denen Spaß machen kann, die normalerweise mit moderner Kunst nicht viel anfangen können. Ein echtes Kontrastprogramm bietet der benachbarte Palazzo Revoltella. Er gehörte dem Baron *Pasqualle Revoltella* (1795–1869), der mit dem Bau des Kanals von Suez zu Vermögen gekommen war und der bereits zu Lebzeiten plante, den Palazzo nach seinem Tod der Stadt Triest als Museum zu übereignen. Heute ist hier auf mehreren Stockwerken eine wunderbar erhaltene Inneneinrichtung des 19. Jh. zu besichtigen: Parkettböden mit Einlegearbeiten und vergoldete Kassettendecken, wertvolle Polstermöbel, Spiegel und Kronleuchter, aufwendige Skulpturengruppen aus Marmor und Gemälde Triestiner Maler.

Öffnungszeiten/Preise Mo und Mi–Sa 9–13.30, 16–19 Uhr, So 10–19 Uhr, Di geschl., Mitte Juli bis Ende Aug. Do–Sa bis Mitternacht geöffnet; Eintritt ca. 5 € (bei Ausstellungen 7 €).

Museo Sveviano & Museo Joyciano: im zweiten Stock des Palazzo Attilio Hortis an der Piazza Hortis 4, wo auch die große städtische Bibliothek (Biblioteca Civica) ihren Sitz hat. Historische Druckausgaben, Manuskripte und Briefe des Triestiner Schriftstellers Italo Svevo sowie Dokumente zum elfjährigen Aufenthalt von James Joyce in Triest – das letztere Museum wurde 2004 eröffnet, exakt 100 Jahre nach der Ankunft von Joyce in Triest.

Öffnungszeiten/Preise **Museo Sveviano**, Mo–Sa 10–13 Uhr, So 10–12 Uhr, **Museo Joyciano** , Mo–Fr 10–12 Uhr; beide Eintritt frei.

Civico Museo di Storia Naturale: Naturkundesammlung im dritten Stock desselben Gebäudes an der Piazza Hortis 4. Ausstellungsstücke aus Botanik, Zoologie, Mineralogie, Geologie und Paläontologie, darunter Funde zur Menschheitsentwicklung (Uomo di Mompaderno) und das berühmte Dinosaurierskelett von „Antonio", der 1996 im Villaggio del Pescatore bei Duino entdeckt wurde (→ S. 81).

Öffnungszeiten/Preise Di–So 8.30–13.30 Uhr, Mo geschl. Eintritt ca. 3 €.

Civico Museo del Mare: Am Südende des Hafens macht die Uferstraße eine scharfe Kurve. An der landeinwärts abzweigenden Via Campo Marzio findet man dieses Museum, in dem Schiffbau und Fischerei der Region dargestellt sind.

Öffnungszeiten/Preise Di–So 8.30–13.30 Uhr, Mo geschl., Eintritt ca. 3 € (bei Ausstellungen 4,50 €), bis 14 und über 60 J. 2 €.

Museo Ferroviario: In der 1960 stillgelegten Stazione di Campo Marzio der früheren „Wocheinerbahn" nach Österreich haben alte Dampfloks, Triebwagen und Pferdewagen der Triester Straßenbahnen ihre letzte Ruhe gefunden. Dokumente zur Eisenbahngeschichte Triests und eine umfangreiche Modelleisenbahn, die den früheren Bahnknotenpunkt Opicina im Jahre 1910 abbildet, runden die Ausstellung ab. Im nostalgisch eingerichteten Pub „The Tender" kann man seinen Durst löschen.

Öffnungszeiten/Preise Di–So 9–13 Uhr, Mo geschl., Eintritt ca. 2 €.

Speleovivarium: Via Guido Reni 2/c, beim Museo del Mare ein Stück landeinwärts. Fundstücke aus dem Karst und lebendige Exemplare der dortigen Tierwelt in einem ehemaligen Luftschutzbunker, dessen Umwelteigenschaften denen natürlicher Karsthöhlen ähneln.

Öffnungszeiten/Preise Mitte Okt. bis Mitte Juni So 10–12 Uhr, im Sommer geschl., Eintritt frei.

Risiera di San Sabba: Konzentrationslager im Friaul

Nach der Kapitulation Italiens erklärten die deutschen Besatzer 1943 Triest und sein Hinterland zu einem großdeutschen Gau und richteten im Oktober desselben Jahres in einer früheren Reisfabrik südlich vom Stadtzentrum das einzige Vernichtungslager auf italienischem Boden ein (Sammellager zum Weitertransport nach Deutschland und Polen gab es mehrere). Unter der Regie der deutschen SS wurden hier zwischen 3000 und 5000 zivile Geiseln, Partisanen, politische Gefangene und Juden ermordet und danach in einem Krematoriumsofen verbrannt. Noch höher war die Zahl derer, die in andere Konzentrations- und Arbeitslager weitertransportiert wurden, wo sie ebenfalls großteils starben. In den 1960er Jahren formte der Architekt Romano Boico die halb zerstörte Risiera zur Gedenkstätte. Sie ist heute zum Nationaldenkmal erklärt. Wenn man die Anlage durch den bedrückenden Zugang zwischen 11 m hohen Betonwänden betreten hat, liegt linker Hand die sogenannte „Todeszelle", wo die Gefangenen vor ihrer Tötung eingekerkert wurden. Danach folgten Schneider- und Schusterwerkstätten, wo die Gefangenen arbeiteten, sowie die Unterkünfte für die SS-Soldaten. Im Erdgeschoss dieses Gebäudes liegt ein großer Saal mit 17 Zellen, in denen jeweils bis zu sechs Menschen für Tage und Wochen eingesperrt waren, bevor sie ermordet wurden. Im Hof erinnert eine stählerne Plattform an das Haus mit dem Verbrennungsofen, das hier stand, bevor es von den Nazis gesprengt wurde. Der Umriss ist noch am großen Zentralgebäude zu erkennen. Dort ist heute eine ergreifende Sammlung von Erinnerungsstücken untergebracht, u. a. persönliche Gegenstände, Kleidungsstücke, Briefe und Zeichnungen der Häftlinge sowie Dokumente und Fotos der Zeit, dazu laufen erläuternde Filme.

- *Öffnungszeiten/Preise* tägl. 9–19 Uhr (25. Dez. und 1. Jan. geschl.), Eintritt frei.
- *Anfahrt/Verbindungen* Die Risiera di San Sabba liegt in der Via Ratto della Pileira 43, südöstlich vom Stadtzentrum, in unmittelbarer Nähe des großen Palasport Stadions. Bei der Anfahrt mit PKW nimmt man die Ausfallstraße am Ostende des Hafens in Richtung Muggia, fährt aber nicht auf die Autobahn ab. Genaue Lage siehe Stadtplan „Entdecken Sie Triest", erhältlich beim Infobüro. Zu erreichen mit Bus 8 bis „Stadio Comunale".

Muggia

(ca. 13.000 Einwohner)

Das kleine, außerhalb der Saison sympathisch verschlafene Küstenstädtchen liegt genau gegenüber von Triest. Es gehört schon zur istrischen Halbinsel, zur slowenischen Grenze sind es von hier nur noch wenige Kilometer. Zur großen klassizistischen Hafenstadt bildet es einen angenehm beschaulichen Kontrapunkt.

Der Ortskern „Borgo Lauro" ist mit seinen engen Gassen hübsch und erfreulich intakt, von der Stadtmauer sind ein Turm und das Osttor erhalten geblieben. An der zentralen Piazza Giuglielmo Marconi steht der gotische *Duomo dei SS. Giovanni e Paolo*, dessen elegant geschwungene Schaufassade mit dem eindrucksvollen Relief der Dreifaltigkeit über dem Haupttor und der prächtigen Rosette einen markanten Blickfang bildet. Gegenüber steht der hübsche, meist flaggengeschmückte *Palazzo Comunale* mit Arkaden, an dessen Mauer ein venezianisches Löwenrelief prangt.

Im Hafen von Muggia, darüber das Kastell

Am Wasser schmiegt sich ein dicht mit Fischerbooten bestücktes *Hafenbecken* in die Uferfront, davor liegt ein großes Becken mit Jachten und Sportbooten. Von den Fischrestaurants am Hafen blickt man auf die Industriezone von Triest – ein wenig gewöhnungsbedürfig, aber vor allem nachts eindrucksvoll.

Wenn man die gewundene Hauptgasse Viale Dante Alighieri verfolgt, kommt man zur Kirche *San Francesco*, in deren Innenraum eine kleine, aber liebevoll aufgestellte Krippensammlung ausgestellt ist. Von hier aus kann man zum (verschlossenen) Kastell hinaufsteigen, das den Ortskern überragt, und auf einer Treppe wieder zum Hafen heruntergelangen.

Reizvoll ist schließlich noch ein Abstecher zum *Santuario di Santa Maria Assunta* hoch über Muggia.

Anfahrt/Verbindungen/Information

- *Anfahrt/Verbindungen* Von **Triest** nimmt man die Ausfallstraße am Ostende des Hafens in Richtung Slowenien, fährt auf die Autobahn ab und durchquert das riesige Industrie- und Werftenviertel von Triest. Nach einigen Kilometern kommt die Abfahrt nach Muggia, im Weiteren sorgfältig auf Schilder achten.
Tagsüber fährt außerdem alle 30 Min. der **Bus 20**.
Schöne Alternative: mit der **Fähre** übersetzen: Ende April bis Mitte Sept. 10-mal tägl. (an Sonn- und Feiertagen 6-mal) ab Molo Pescheria (hin und zurück ca. 5,80 €), www.triestetrasporti.it
- *Information* **AIAT**, Via Roma 20, ✆ 040/273259, www.muggia.info

Übernachten

**** **San Rocco**, schicke Herberge im gleichnamigen Jachthafen, ein wenig westlich außerhalb. DZ mit Frühstück ca. 115–140 €. ✆ 040/330100, 📠 271867, www.hotelsanrocco.com

*** **Il Sole**, im Ortsteil Lazzaretto, kurz vor der slowenischen Grenze, ein wenig zurück vom Meer. 23 Zimmer mit Balkon, Ristorante mit

Panoramaterrasse. DZ mit Frühstück ca. 73–90 €. Strada per Lazzaretto 93, ✆ 040/271106 ℻ 273515, www.hotelsolemuggia.it

* **Corallo**, fast im Zentrum, ordentliche Zimmer mit Bad, DZ ca. 52 €, kein Frühstück. Falls niemand da ist, im Ledergeschäft „Elena" (fast daneben) nachfragen. Via Roma 34, ✆/℻ 040/271431.

* **La Bussola**, preisgünstiges Albergo mit Restaurant direkt im Hafen, saubere Zimmer, z. T. schöner Ausblick, nur Etagendusche. DZ mit Frühstück ca. 30–35 €. Via Manzoni 5, ✆/℻ 040/271266.

** **Camping San Bartolomeo**, 5 km westlich von Muggia, 250 m vor dem Grenzübergang nach Slowenien. Großer, schattiger Platz in leichter Hügellage, viele Dauercamper, freundlich geführtes Ristorante/Bar. Busstopp 100 m entfernt. Mai bis Sept. ✆/℻ 040/271275, www.campeggiosanbartolomeo.it

Wohnmobile können kurz vor Muggia am Molo Bolòta unterhalb von **Santa Barbara** stehen (beschildert).

Essen & Trinken

Um den Hafen sitzt man schön mit Blick auf die Skyline der Triestiner Werftindustrie.

TIPP! **Ittiturismo La Terrazza**, das Restaurant der Fischereigenossenschaft von Muggia (Cooperativa Peschatori Beta) liegt direkt am Hafen über der Fischhalle. Von der Terrasse im 1. Stock genießt man den schönen Meerblick, der täglich frisch angelieferte Fisch ist preislich im Rahmen. Mo geschl. ✆ 040/275331.

Risorta, gepflegtes Ristorante gleich daneben, schöner, alter Innenraum und stimmungsvolle Terrasse zum Meer. Hervorragende Fischgerichte zu gehobenen Preisen, Primi ab 10 €, Secondi ab 17 €. So abends und Mo geschl. Riva de Amicis 13/a, ✆ 040/271219.

La Bussola, ein paar Schritte weiter, ebenfalls mit Terrasse zum Meer, hier gibt es auch Pizza. Fr geschl. Via Manzoni 5, ✆ 338-8793436.

Buffet alla Marina, günstiges Lokal neben La Bussola, auch mit Meerterrasse. Di geschl. ✆ 040/271329.

Splendor, bescheidene Trattoria an der Hauptgasse in Richtung Kirche San Francesco. Tische an einer kleinen Piazza, günstige Preise, einfach und korrekt. ✆ 040/275262.

▶ **Santuario di Santa Maria Assunta und Parco Archeologico**: Auf einem Hügel hoch über Muggia steht die romanische Wallfahrtskirche Santa Maria Assunta, einzig unversehrt erhalten gebliebener Rest der mittelalterlichen Siedlung Muggia Vecchia, von der im Umkreis Mauerreste und Ruinen ausgegraben wurden. Dieser „Parco Archeologico" ist mit informativen Hinweisschildern ausgestattet, sodass man einen schönen Eindruck von der alten Siedlung erhält, die in ihren Ursprüngen bis weit in prähistorische Zeiten zurückreicht.

Die schlichte Marienkirche wurde im 13. Jh. erstmals schriftlich erwähnt, ist aber wahrscheinlich deutlich älter. Der Innenraum besitzt noch recht farbenkräftige Fresken, eine pittoreske Kanzel und ein Lesepult aus Marmor, in der Altarabgrenzung sind frühmittelalterliche Ornamente erhalten.

Aber schon allein der Blick von der Aussichtsterrasse vor der Kirche über den Golf von Triest ist es, der den kleinen Ausflug lohnend macht: Man erkennt das Kastell von Duino, das Schloss Miramare und den merkwürdigen Tempio Mariano, aber auch der Standort des ehemaligen Konzentrationslagers Risiera di San Sabba ist anhand eines großen Panoramafotos des Golfs zu orten.

• *Anfahrt/Wegbeschreibung* Mehrere Straßen führen nach Muggia Vecchia, beschildert mit **Area Archeologica di Muggia Vecchia**, z. B. kurz bevor man von Triest kommend Muggia erreicht.
Von Muggia kann man außerdem in etwa 30 Fußminuten die Salita Muggia Vecchia hinaufsteigen (westlich vom Ortszentrum).

• *Essen & Trinken* Es gibt mehrere Restaurants mit Panoramablick in der Hügelzone, am nächsten zur Kirche liegt die **Hostaria Belvedere** (✆ 349-6266731).

▸ **Von Muggia zur slowenischen Grenze**: Die Straße führt weitgehend direkt am Ufer entlang, immer wieder hat man schöne Ausblicke aufs Meer und hinüber nach Triest. Kurz vor dem Grenzübergang liegt Campingplatz San Bartolomeo. Dort führt eine Straße hinauf zur „Area Archeologica di Muggia Vecchia" (→ vorheriger Abschnitt).

Carso Triestino (Triestiner Karst)

Ausflüge auf das dicht bewachsene Plateau oberhalb von Triest lohnen landschaftlich wegen der eindrucksvollen Erosionslandschaften und kulinarisch, um in den Osmizze (Buschenschänken) einzukehren, die überall ihre Weine aus Eigenanbau anbieten. Ideal sind dabei die Tage unter der Woche, da am Wochenende ganz Triest auf den Beinen ist. Von den einzelnen Orten lassen sich überall kleine Wanderungen und Spaziergänge unternehmen. Erster Anlaufpunkt ist aber natürlich meist die berühmte Grotta Gigante.

Die bizarren Oberflächenformen des Karsts sind durch Verwitterung des Kalkgesteins entstanden: Das im Regenwasser enthaltene Kohlendioxid löst den Kalk, es entstehen Ritzen und Spalten, die sich im Lauf der Zeit erweitern. Dringt ein Fluss in Karstgebiet ein, so arbeitet er sich immer tiefer, bis er an besonders durchlässigen Stellen versickert, um oft erst weit entfernt wieder zutage zu treten – bestes Beispiel im Triestiner Karst ist der *Timavo* (→ S. 81). Aber auch eindringendes Regenwasser bildet unterirdische Wasserläufe. So entsteht eine Welt voller Höhlungen, Grotten und Stollen, in der das tropfende Wasser Stalaktiten und Stalagmiten formt – beeindruckendstes Beispiel ist die Grotta Gigante.

Vom Villenvorort Villa Opicina oberhalb von Triest zieht sich die 1986 eingeweihte „Strada del Vino Terrano" (Terrano-Weinstraße) mit fast zwei Dutzend ländlichen Gasthäusern nach Visogliano oberhalb von Sistiana. Eine Einkehr in einer der typischen „Osmizze" sollte man sich nicht entgehen lassen. Diese Lokale stammen noch aus der Zeit des Habsburger Reichs, als Kaiser Josef II. 1784 den Bauern den direkten Verkauf von Eigenbauwein und Eigenprodukten für eine Zeitspanne von acht Tagen zugestand: Der slowenische Name „osmica" bedeutet acht. Man erkennt diese Lokale am bekannten Efeuzweig, der unweit der Wirtschaft an der Straße aufgehängt wird. Der dunkelrot-erdige Karstwein „Terrano" ist allerdings recht eigen im Geschmack.

Für Wanderungen leistet folgende Karte gute Dienste: **Carso Triestino**, Carta Topografica per Escursionisti, Transalpina Editrice (1:25.000), erhältlich in Triest für ca. 8 €.

▸ **Villa Opicina**: Von Triest führt eine kurvige Autostraße hinauf oder man fährt ab der Piazza Oberdan mit der kabelgezogenen Straßenbahn namens „Tranvia" (7–20 Uhr alle 20 Min., ca. 1 € einfach), erbaut im Jahr 1902 als erste elektrische Zahnradbahn der k.u.k.-Monarchie. Die Grotta Gigante liegt nur wenige Kilometer außerhalb und kann auch per Bus schnell erreicht werden (→ Grotta Gigante).

Noch vor dem Ortseingang steht linker Hand ein großer *Obelisk*, errichtet 1830 von den Österreichern zur Erinnerung an den Straßenbau zur adriatischen Küste. Hier hat man einen wunderbaren Panoramablick auf Triest, kann außerdem in Richtung Nordwesten eine kleine Wanderung auf der sogenannten „Napoleonica" starten. Dieser gut ausgebaute, etwa 5 km lange Weg, der angeblich von Napoleons

Truppen angelegt wurde, führt ohne große Höhenunterschiede entlang des Küstengebirges bis ins Örtchen *Prosecco*. Auf halber Strecke passiert man den Monte Grisa (334 m) mit dem monumentalen Wallfahrtszentrum *Santuario Nazionale a Maria Madre e Regina*.

Von Villa Opicina kommt man auf der anfangs schnurgeraden „Strada per Vienna" schnell hinüber nach Slowenien und über Ljubljana und Graz nach Wien – in der Habsburger Epoche die gängigste und schnellste Anreise zum Freihafen Triest.

• *Übernachten* **Ostello Scout „Alpe Adria"**, in Campo Sacro nördlich von Prosecco, große Jugendherberge in einem ehemaligen Flüchtlingslager des Zweiten Weltkriegs. Etwa 70 Stockbetten in Schlafsälen, ordentliche Sanitäranlagen, auch Zeltmöglichkeit auf einem schattigen Wiesengelände. Zu erreichen ab Triest in 20 Min. mit Bus 44 ab Piazza Oberdan oder Bahnhof (oder mit Bus 42 bis Prosecco und noch 20 Min. zu Fuß). Das Ostello liegt in Fußentfernung zur Grotta Gigante und zur Wallfahrtskirche auf dem Monte Grisa. Übernachtung ca. 11 €, Frühstück 4 €/Person. Gut für Gruppen geeignet. ✆ 040/225562, http://ostello.amiscout.it

• *Essen & Trinken* **Daneu**, altes Wirtshaus an der Straße nach Wien, serviert wird vielfältige regionale Küche, sowohl aus den Bergen wie vom Meer. Tipp ist z. B. das Gulasch, zum Dessert Strudel und Palatschinken. Strada per Vienna 55, ✆ 040/211241.

Santuario Nazionale a Maria Madre e Regina: Marienwallfahrtskirche auf dem Monte Grisa

Monumental und weithin sichtbar thront die Kirche über dem Golf von Triest. Ungewöhnlich und fast schon avantgardistisch wirkt ihre pyramidenförmige Betonarchitektur, in der die symmetrische Form des Dreiecks dominiert. Ihre Entstehung geht auf ein Gelübde zurück, das der Erzbischof von Triest im Zweiten Weltkrieg für die Rettung der Stadt abgelegt hatte. Die Nationalsozialisten hatten noch kurz vor der Kapitulation im Frühjahr 1945 gedroht, den Hafen zu sprengen. Dazu kam es glücklicherweise nicht. Heute ist sie eines der wichtigsten Wallfahrtsziele im Friaul und ganzjährig Ziel zahlreicher Pilger.

Verbindungen Bus 42 fährt 2-mal stündl. ab Bahnhof Triest über Villa Opicina, Borgo Grotta Gigante und Prosecco nach Borgo San Nazario/Monte Grisa.

Grotta Gigante

Die mit fast 300 m Länge und 107 m Höhe zu den größten Einraum-Grotten der Welt zählende Tropfsteinhöhle (angeblich passt der gesamte Petersdom hinein!) liegt etwa 3 km nordwestlich von Villa Opicina und 15 km nördlich von Triest.

Entstanden ist die schon wegen ihrer gewaltigen Ausmaße in höchstem Maß faszinierende Höhle durch den unterirdischen Verlauf des Flusses Timavo, entdeckt wurde sie 1840 und schon seit 1908 wird sie von Naturinteressierten besucht. Auf langen Treppen steigt man hinunter in den stimmungsvoll ausgeleuchteten Höhlensaal und auf der anderen Seite wieder hinauf. Die enorme Höhe der laut Guinnessbuch der Rekorde „größten touristischen Höhle der Welt" kann auch wissenschaftlich genutzt werden, denn zwischen Gewölbe und Höhlengrund sind die zwei längsten Messpendel der Welt befestigt, die hier – eingefasst in Schutzmäntel aus Kunststoff – ungestört von atmosphärischen Einflüssen seismische Bewegungen kontrollieren.

• *Anfahrt/Verbindungen* Mit der „Tranvia" nach **Villa Opicina** und von der dem Bahnhof gegenüberliegenden Busstation weiter mit Bus 42 (2-mal pro Std.). Auch Taxis stehen hier bereit.

• *Öffnungszeiten/Preise* Führungen April bis Sept. Di–Sa 10–18 Uhr jeweils zur halben und vollen Stunde; März und Okt. 10–16 Uhr, übrige Monate 10–12, 14–16 Uhr, jeweils zur vollen Stunde, Mo geschl.; Eintritt ca. 7,50 €. ✆/℻ 040/327312, www.grottagigante.it

• *Sonstiges* **Centro Benessere Avalon**, Borgo Grotta Gigante. Wellness-Zentrum am Ortsausgang in Richtung Rupinpiccolo, im Jahr 2000 eröffnet an einer Stelle, wo Karstquellen zutage treten. Zur Anlage gehört das große Ristorante **Salviarosmarino** mit schöner Terrasse unter schattigen Bäumen. Eintritt für Pool, Sauna, Dampfbad und Fitnessraum ca. 16 €. Tägl. 9–22.30 Uhr. ✆ 040/327431, ℻ 2028035, www.avalonwellness.it

▶ **Rupingrande**: wenige Kilometer nordöstlich der Grotta Gigante. Hier kann man die *Casa Carsica* mit traditioneller Hauseinrichtung, alten landwirtschaftlichen Geräten und Trachten aus dem Karst besichtigen. Alle zwei Jahre findet um den letzten Augustsonntag das viertägige, ganz slawisch geprägte Fest der „nozze carsiche" statt, die Karsthochzeit.

• *Öffnungszeiten/Preise* **Casa Carsica**, nur sonntags 11–12.30, 15–17 Uhr; Eintritt frei.

• *Übernachten/Essen & Trinken* ** **Krizman**, wohltuend ruhig gelegener Landgasthof mit hübschem Gartenrestaurant. Gute Alternative zum lauten Triest. DZ mit Frühstück ca. 64–74 €. ✆ 040/327002, ℻ 327370, www.hotelkrizman.com

▶ **Sgonico**: In der Ortsmitte lohnt ein Besuch in der Weinkellerei, wo man Weine und andere Köstlichkeiten aus der Region verkosten kann. Wer sich für die Flora des Karsts interessiert, findet südlich von Sgonico, an der Straße nach Gabrovizza, den *Giardino Botanico Carsiana* mit Hunderten von typischen Karstpflanzen und einer Höhle mit Zugangsschacht. Ansonsten ist vor allem der „Riselce-Pfad" interessant, der als ausgeschilderter Lehrpfad durch die landschaftlich reizvolle Umgebung von Sgonico führt. Er beginnt nordwestlich vom Ort auf dem gekennzeichneten Weg 34 und führt über den Weg 40 wieder zurück.

• *Öffnungszeiten/Preise* **Giardino Botanico Carsiana**, April bis Okt. Di–Fr 10–12, Sa/So 10–13, 15–19 Uhr, Mo geschl. Eintritt ca. 2 €.

• *Übernachten* ** **Milic**, in Sgonico, Mittelklassehaus mit Restaurant (Mo geschl.). DZ mit Frühstück ca. 70–80 €. ✆ 040/327330, ℻ 327005.

Skerlj, Landgasthof in Sales, nördlich von Sgonico. Typische Karster Küche und 3 Fewo für je 2 Pers., Preis ca. 50 €. Feb. bis Juni und Sept. bis Nov. ✆ 040/229253.

• *Essen & Trinken* **Gustin**, Trattoria an der „Strada del Vino Terrano" mitten in Sgonico, nur ein paar Schritte vom Botanischen Garten entfernt. Die Karte „T for you" (→ Triest) wird akzeptiert, es gibt ein Verkostungsmenü, Jahresmenüs und Aktionsmenüs. Mo abends und Mi geschl. ✆ 040/229123, www gustintrattoria.com

TIPP! **Azienda Agricola Zagrajski**, Zagradec 2 (Sgonico). An der Straße von Sgonico über Rupinpiccolo nach Rupingrande trifft man bei der Località Sagrado auf einen kleinen Parkplatz. Von dort erreicht man die „Azienda Agricola Zagrajski". Man sitzt schön im Hof und stärkt sich mit der typischen Karstküche, so gut wie alles wird in eigener Produktion hergestellt. Dazu kann man Terrano, Vitovska oder Malvasia verkosten, aber auch ein Chardonnay ist zu haben. Sehr zu empfehlen sind die selbst gemachten Kräuterschnäpse. Gästezimmer gibt es ebenfalls. Nur Fr–So geöffnet, reservieren! ✆ 040/229383.

Val Rosandra

Die tiefe Schlucht des Flusses Rosandra liegt an der Grenze zu Slowenien, am Talschluss stürzt sich die Rosandra als schmaler Wasserfall nach unten.

Vom leichten einstündigen Spaziergang bis zur anspruchsvollen Tageswanderung ist hier alles möglich, Klettern im Kalkfelsen inklusive. An einigen Stellen im vorderen Talbereich bildet der Fluss außerdem Bassins, die genussvolles Baden ermöglichen. Ausgangspunkt für Wanderungen im Tal ist das „Rifugio Mario Premuda" im ruhigen Örtchen *Bagnoli Superiore*, 1 km oberhalb von *Bagnoli di Rosandra*.

• *Anfahrt/Verbindungen* Mit dem eigenen Fahrzeug Triest in östlicher oder südöstlicher Richtung verlassen und Hinweisschilder nach **Bagnoli della Rosandra** im Gebiet von San Dorligo della Valle suchen, der Ort ist ca. 8 km vom Stadtzentrum entfernt. An Werktagen kann man bis **Bagnoli Superiore** fahren, am Wochenende muss man im unteren Ortsteil parken und 1 km hinaufgehen. Wer mit öffentlichen Verkehrsmitteln fahren will, kann vom Bahnhof in Triest Bus 40 oder 41 bis Bagnoli Superiore nehmen.

• *Essen & Trinken* Im **Rifugio Mario Premuda** in Bagnoli Superiore kann man sich nach der Wanderung in aller Ruhe unter hohen Pappeln und Nadelbäumen stärken – ein nettes Örtchen. Di geschl. ✆ 040/228147.

TIPP! **Locanda Mario**, weitab im abgeschiedenen Weiler Draga Sant'Elia, östlich vom Val Rosandra, am besten zu erreichen über Basovizza. Bei Mario trifft man sich vormittags zur herzhaften „Merenda" (Jause) mit Schinken, Käse und Salami, abends zu Wildspezialitäten, *filetto di cavallo* (Pferdesteak), Spaghetti mit Froschsauce (!) und Schneckenragout mit Polenta. Dazu schmeckt ein Dolina bianco oder Dolina rosso vom Karst. ✆ 040/228173.

• *Shopping* **Ota**, alteingesessene Konditorei an der Piazza von Bagnoli della Rosandra. Anerkannt gute Schokoladenerzeugnisse mit hohem Kakaobutteranteil. 7.15–13, 16.30–19 Uhr. So und Mo/Mi nachmittags geschl. ✆ 040/228253, www.ota.it

Olivenöl siehe Kasten, S. 109

Wanderung durch das Val Rosandra zur slowenischen Grenze

GPS-Wanderung

Schöne und panoramareiche Wanderung das Val di Rosandra entlang bis zur slowenischen Grenze, zurück auf der anderen Talseite. Unterwegs Bademöglichkeiten und ein Wasserfall.

Dauer: ca. 2-2½ Std.

Wegbeschreibung: Wir beginnen die Wanderung beim **Rifugio Mario Premuda** **(WP 1)** in Bagnoli Superiore und gehen dort in einem Hohlweg **(WP 2)** nach rechts bis zur **Asphaltstraße (WP 3)**, die zum

Im Triestiner Karst

Talbeginn führt. Auf der Straße gehen wir nach links, bis wir nach 50 m einen **Parkplatz** erreichen. Hier beginnt der Fußweg entlang der westlichen Talseite. Kurz darauf kommen wir zum Fluss. Wenn man ihn überquert, erreicht man einige malerische **Wasserbecken** zwischen den Felsen, wo man schön baden kann.

Für unsere Wanderung nehmen wir vor dem Fluss die **Abzweigung** rechts **(WP 4)**. Nach einigen Minuten treffen wir auf einen breiten **Weg** und gehen rechts hinauf **(WP 5)**, kurz darauf folgt eine **Gabelung** mit Beschilderung „Val di Rosandra", wo wir links gehen **(WP 6)**. Der Pfad tritt nun aus dem Wald heraus und verläuft sonnig und luftig etwa 30 m über dem Flusslauf. Voraus ist das Ende des Tals bereits sichtbar, dort tritt die Rosandra als ein im Sommer nur spärlich fließender **Wasserfall** aus den Felsen heraus. Etwa 25 Min. nach Beginn der Wanderung kommen wir zu **Stufen (WP 7)**, 10 Min. später zu einem abzweigenden Weg, wo die Markierung nach links weist **(WP 8)**. Kurz darauf erreichen wir eine **Brücke** über die Rosandra **(WP 9)**, die im Sommer nur ein Rinnsal ist. Wenige Meter weiter treffen wir auf einen **asphaltierten Fahrweg (WP 10)**, die Zufahrt zum einsamen Örtchen **Botazzo**, das nur aus wenigen Bauernhäusern besteht **(WP 11)**. Hier haben wir nun, knapp 60 Min. nach Beginn der Wanderung, die **slowenische Grenze** erreicht, symbolisiert durch einen blau-weiß-rot gehaltenen **Zollbaum (WP 12)**. Eine kleine **Quelle** lädt zur Erfrischung ein. Der Weg setzt sich hier als sogenannter **„Sentiero dell'amicizia"** (Freundschaftsweg) über die offene Grenze nach **Beka** (Slowenien) fort.

Für den Rückweg nehmen wir zunächst die **Asphaltstraße**, sie führt an der Ostseite des Tals steil bergauf. Ein Aussichtspunkt **(WP 13)** bietet einen schönen Blick über das Tal auf die andere Bergseite. 30 Min. ab Botazzo trifft man am **Bivio G. Modugno (WP 14)** auf einen breiten Radweg, der die Straße nach links verlässt. Bald sieht man unten Bagnoli liegen, im Hintergrund erblickt man Triest und das

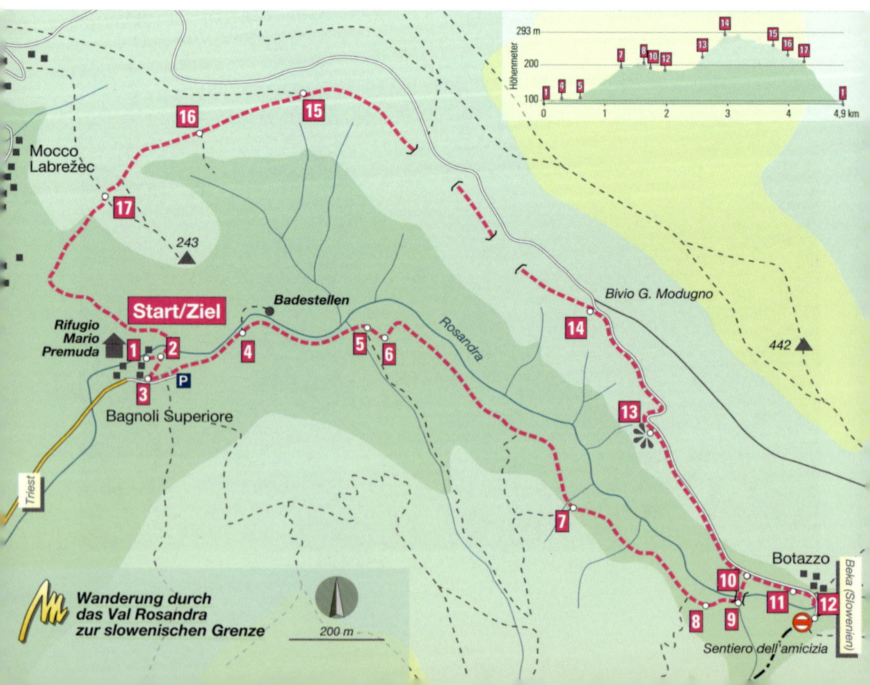

Meer. Wir durchqueren zwei **Tunnels** und verlassen nach etwa 45 Min. den Weg bei einer **Brücke** über ein Bachbett nach links. Der Abzweig ist hier deutlich auf Bäumen markiert **(WP 15)**. Der **Fußpfad** senkt sich nun durch den Wald allmählich ab, bei einem Abzweig links gehen wir geradeaus weiter **(WP 16)** und erreichen bald darauf einen breiten **Querweg (WP 66)**, den wir überqueren. Unter uns ist das **Rifugio Mario Premuda** schon gut in Sicht. Wir steigen auf schönem Waldweg hinunter und erreichen das **Rifugio (WP 18)**, wo wir gemütlich im Freien essen können.

Idyllisches Badeplätzchen

Das „grüne Gold" von San Dorligo della Valle: Olivenöl aus Triest

Dass unmittelbar bei Triest hervorragendes Olivenöl hergestellt wird, ist bislang nur wenigen Insidern bekannt: Im Gebiet *San Dorligo della Valle* (an der slowenischen Grenze südlich von Triest) liegt das Zentrum der Olivenölproduktion der Region Friaul-Julisch Venetien. Zwar wurden beim verheerenden Winterfrost von 1929 praktisch alle Olivenplantagen im Raum Triest vernichtet, doch konnte seit den 1980er Jahren die über 100-jährige Tradition der Olivenölgewinnung erfolgreich wiederbelebt werden. Mittlerweile stellen wieder zahlreiche Einwohner ihr eigenes Olivenöl her. Von allen Olivensorten hat sich die autochthone „Belica" (ital. Bianchera) als besonders witterungsbeständig erwiesen. Sie ist sehr ertragreich, die Oliven sind mitteldick und können ab der zweiten Oktoberhälfte bis Mitte Dezember geerntet werden, die Früchte werden dabei weitgehend per Hand gepflückt. Im Jahr 2001 wurden die Ölerzeuger von San Dorligo in den nationalen Verband „Città dell'olio" aufgenommen, so steht es nun auch stolz am Ortsschild von Dolina, dem Hauptort der Region. Vor Kurzem haben sie außerdem von der EU die kontrollierte Ursprungsbezeichnung „DOP Tergeste" für ihr Öl bekommen. In Dolina kann eine alte Ölfabrik besichtigt werden, die kürzlich in ein Museum umgebaut wurde.

Azienda Agricola Sancin, Dolina 360, Monte d'Oro. Dottor Vitjan Sancin ist der Pionier des Olivenanbaus in San Dorligo. Er begann bereits 1983 mit der Produktion und vor einigen Jahren hat er begonnen, die Oliven vor der Extrahierung/Pressung zu entkernen – ob dies allerdings positive Auswirkungen auf den Geschmack hat, ist unter Experten umstritten. Sein „Olio Celo" genießt seit Langem einen guten Ruf. ✆ 040/228870, www.sancin.com

Starec, Bagnoli della Rosandra, an der zentralen Piazza. Danilo Starec begann 1984 mit der Produktion, heute haben die Söhne Roberto und Paolo den Betrieb übernommen. Ihre Bäume werden weder gedüngt noch künstlich bewässert. Ihr besonderes Highlight ist das „Extra vergine Belica/Bianchera", das es nur in kleinen Mengen gibt – die Oliven entstammen dabei zu 100 % der Sorte Belica und werden entkernt, das Öl wird in eleganten 250 ml-Flaschen verkauft. ✆ 040/227040, ✆ 8326105, www.starec.it

Unvergessliches Venedig: die Lagunenstadt gilt als schönste Stadt Italiens

Die Küste von Venetien

Wie ein großer Ring umschließt die Region Venetien ihr weltberühmtes historisches Zentrum inmitten der größten Lagune Italiens. Bereits im Mittelalter begann der Aufstieg Venedigs zur mächtigen Großmacht, die ihren Einfluss bis weit ins östliche Mittelmeer ausdehnte, seit dem 15. Jh. aber auch ihr Hinterland unterwarf. Heute ist die durch den Asienhandel und Beutezüge im Osten unendlich reich gewordene Lagunenstadt von einer der größten Badezonen am italienischen Stiefel umgeben.

Schier endlos ziehen sich die extrem flach ins Wasser abfallenden Sandstrände entlang des gesamten Küstensaums der oberen Adria von Venedig bis Lignano in der Nachbarregion Friaul, dahinter greifen ausgedehnte Lagunenseen tief ins Land und erstrecken sich Reste der großen Pinienwälder, die einst die gesamte Uferregion bedeckten. Als in den 1950er Jahren der Italientourismus einsetzte, entstanden an der früher großteils unbesiedelten Küste weit um sich greifende Badestädte, die Pinienhaine wurden für die Belange des Fremdenverkehrs immer mehr dezimiert, die Dünen ebnete man ein. In ihrer modernen Stereotypie – lediglich die alte Fischerstadt *Cáorle* besitzt einen historischen Kern – sind die „Badegroßstadt" *Lido di Jesolo* sowie *Eraclea Mare* und *Bibione* sicherlich nicht die reine Augenweide, aber trotzdem seit Jahrzehnten Anziehungspunkte für junge Familien – Kleinkinder können unbegrenzt im Sand buddeln oder im Niedrigwasser plantschen, während die etwas älteren Kids mit ihren Käschern blitzschnelle Fischchen jagen, bei Ebbe im hunderte Meter breiten Schlamm- und Schlickstreifen versteckte Garnelen orten oder im Familienverband die Spaßbäder und Vergnügungsparks aufsuchen, gegebenenfalls auch das topmoderne Thermalbad von Bibione. Viele alt gewordene Stammgäste kehren ebenfalls Jahr für Jahr wieder und sogar die Spaßgeneration hat die Adria wiederentdeckt – heißes Nachtleben, Events und Discos gibt es zuhauf. So hat die Region ihr Publikum, und da die Algenpest, die Rimini Ende der 1980er heimsuchte, hier nicht auftrat, konnten bislang alle touristischen Krisen problemlos bewältigt werden. Südlich von Venedig setzt sich der Badebetrieb fort. Ein echtes Kontrastprogramm dazu bildet der authentische Fischerhafen *Chioggia*. Noch weiter südlich lockt die beliebte Urlaubsinsel *Albarella*. Sie liegt am Nordrand des faszinierenden Podeltas, wo der Tourismus nur auf kleinster Sparflamme kocht, aber endlose Wege und Dämme zum genussvollen Radeln einladen. Doch natürlich hat auch das Hinterland einiges zu bieten: die Riviera di Brenta mit ihren prächtigen Villen, die alte Universitätsstadt Padua mit seinen berühmten Giotto-Fresken, der Basilica di Sant'Antonio und dem vermeintlichen Sarkophag des Apostels Lukas – und die malerischen Euganäischen Hügel, wo man Wandern und Degustieren miteinander vereinen kann.

Im Podelta

Landschaftliche und kulturelle Highlights

Arquà Petrarca: malerisches Dörfchen und Alterssitz des Dichters Francesco Petrarca (→ S. 165)

Cáorle: Beliebter Badeort mit historischem Zentrum und prächtigen Stränden (→ S. 173)

Euganäische Hügel: pittoreske Hügellandschaft vulkanischen Ursprungs – Weinberge, Wellness und Wandern (→ S. 161)

Lagune von Venedig: In der größten Lagune Italiens gibt es viel zu entdecken (→ S. 145)

Montagnana: Eine der besterhaltenen Stadtbefestigungen Europas (→ S. 166)

Padua: Die Stadt der Giotto-Fresken, der Basilica di Sant'Antonio und des vermeintlichen Lukasgrabs (→ S. 154)

Podelta: Das größte Feuchtgebiet Italiens ist eine Landschaft voller Stille und Weite (→ S. 184)

Portogruaro: malerisches Städtchen im Hinterland der Küste (→ S. 178)

Riviera del Brenta: Das Wohngebiet des venezianischen Adels, jahrhundertealte Landvillen im Grünen (→ S. 150)

Valle Vecchia: der letzte Küstenstreifen der oberen Adria ohne touristische Einrichtungen (→ S. 176)

Venedig: Das weltberühmte Gesamtkunstwerk in der Lagune ist mehr als eine Reise wert (→ S. 112)

Litoranea Veneta: die venetische Küste

Die „Litoranea Veneta“ ist eine eigentümliche Wasserlandschaft, die sich vom Podelta über die große Lagune von Venedig bis zum Golf von Triest erstreckt und durch ein jahrhundertealtes System von Kanälen miteinander verbunden ist. Eine Welt aus Wasser, schwimmenden Landstücken, flachen Sumpflandschaften, schmalen Kanälen, Sandbänken und Flüssen – geprägt ebenso von der Natur wie von den ständigen Eingriffen der Menschen, die sich hier Handels- und Transportwege bahnten. Ihre typische Vegetation ist das Seegras, eine ausdauernde Meerespflanze, die jungen Fischen und wirbellosen Tieren Unterschlupf und Schutz bietet. In der Nähe der Flussmündungen erstrecken sich breite Schilfgürtel, in denen Reiher und Sumpfrohrsänger brüten. In den fließenden Gewässern findet man eine Vielzahl von Wasserpflanzen, während entlang der Straßen und Deiche Weiden, Pappeln und Ulmen stehen. Nur noch an wenigen Stellen erinnert die Vegetation an den ursprünglichen Uferwald aus schweren alten Pinien.

Venedig (Venezia) (ca. 70.000 Einwohner)

Die einzigartige Stadt mitten in der Lagune hat nichts von ihrer Anziehungskraft verloren und gehört noch immer zu den schönsten und faszinierendsten der Welt – trotz Touristenhorden, Nepp und horrenden Preisen. Wasser ist das alles beherrschende Element. Reizvollste Zufahrt: per Schiff von der Punta Sabbioni. Man landet fast unmittelbar in der berauschenden Szenerie um den Markusplatz!

Venedig wurde im 5. Jh. n. Chr. von Flüchtlingen gegründet, die vor den anrückenden Germanenheeren des Nordens auf die zahllosen kleinen Inseln der Lagune flüchteten. Sie bebauten nach und nach mehr als hundert Inseln und säumten die Ufer der dazwischen verlaufenden Wasserwege mit schweren Holzpfählen, auf denen ebenfalls prächtige Palazzi und Kirchen entstanden. Ein schier unglaublicher Kraftakt, der nur noch durch den gigantischen Aufschwung übertroffen wurde, den die Stadt im Mittelalter nahm. Jahrhundertelang war Venedig die mächtigste Seerepublik der bekannten Welt. In einer gewaltigen Expansionsbewegung unterwarf die „Serenissima“ die gesamte Adria bis tief ins östliche Mittelmeer. Der Venezianer Marco Polo fand sogar den Weg ins ferne China und erschloss damit den Weg zu den fernöstlichen Gewürzen und Genussmitteln, die zuvor von arabischen Zwischenhändlern vertrieben worden waren. Dank des damit erworbenen Handelsmonopols auf Zucker, Salz, Pfeffer und Kaffee überschwemmten wahre Schätze die Republik. Dazu kamen ständige Beutezüge im Osten. Pracht und Reichtum der Stadt müssen ans Märchenhafte gegrenzt haben. Nur die allerbesten Künstler wurden verpflichtet, wenn es um die Ausstattung der Palazzi und Kirchen ging. Auch wenn diese Zeiten lange vorbei sind und Venedig heute zur Museumsstadt degradiert ist, ist es noch immer ein Erlebnis, durch die Stadt zu schlendern. Es gibt über 3000 Gassen auf 118 Inseln, verbunden durch mehr als 400 Brücken und durchzogen von 177 Kanälen. Zahllose Schriftsteller und Künstler haben sich von der unverwechselbaren Atmosphäre dieser großartigen Stadt inspirieren lassen, gefolgt von endlosen Urlauberströmen, die seit dem 19. Jh. Venedig überfallen.

Dem Großteil der Besucher entgehen jedoch die prekären Probleme, vor denen Venedig im beginnenden 21. Jh. steht. Schon wenn man von der hässlichen Betonstadt *Mestre* über den langen Bahndamm in die Lagune hineinfährt, sieht man die rauchenden Schlote der riesigen petrochemischen Fabrikanlagen von *Porto Marghera*. Die drittgrößte Industriestadt Italiens beherrscht heute die Lagune und ist für das Schicksal Venedigs mitverantwortlich. Jahrelang pumpte die Industrie große Mengen Wasser aus dem schlammigen Untergrund der Stadt. Folge: Die Straßen und Plätze Venedigs sanken jährlich um etwa 1 mm! Die Häuser der Stadt begannen sich zu neigen und die Zehntausende von Stämmen, auf denen viele der Prachtbauten und nasskalten Wohnhäuser der Stadt stehen, faulten schneller. Seit vor einigen Jahren die Wasserentnahme strikt verboten wurde, ist zumindest die Gefahr des Absinkens der Stadt gestoppt. Jedoch droht neue, womöglich noch größere Gefahr von außen, denn der Adriaspiegel steigt kontinuierlich. Immer wieder drückt der warme, aus Süden wehende Scirocco riesige Wassermassen vom offenen Meer in die Lagune, begünstigt durch die für die Öltanker vertieften Fahrrinnen. Dazu kommt die überhandnehmende Passagierschifffahrt, die ebenfalls immer wieder künstliche Überschwemmungen hervorruft. Bis zu hundert Mal jährlich geben die venezianischen Sirenen Hochwasseralarm. Bei der bislang größten Flutkatastrophe im November 1966 stand der Markusplatz – die tiefste Stelle der Stadt – fast 2 m hoch unter Wasser. Mittlerweile wird Venedig zwischen Oktober und März im Schnitt bis zu 40 Tage lang überflutet. Ein umstrittenes Milliardenprojekt namens „Mose“ (Modello sperimentale elettromeccanico) soll nun frühestens 2011 Abhilfe schaffen – ein gewaltiges System von 79 mobilen Schleusentoren soll bei den drei Zufahrtskanälen Chioggia, Lido und Malomocco am Grund der Lagune liegen, bei Hochwasser aber mit Pressluft aufgerichtet werden, die Zugänge abriegeln und so Sturmfluten zurückhalten.

Der Canal Grande: romantisch, aber hochgradig belastet

Sant' Erasmo
CANNAREGIO
Madonna dell'Orto
Ghetto Nuovo
Mestre
Rio Terra
S. Leonardo
Pal. Vendramin-Calergi
Lista di Spagna
Canal Grande
Fond. d. Turchi
San Stae
Ca' Pesaro
Strada Nuova
Ca' d'Oro
Ponte d. Scalzi
Bahnhof S. Lucia
Tronchetto
S. Giacomo dell'Orio
SANTA CROCE
Sta. Maria dei Miracoli
Ponte di Calatrava
Piazzale Roma
SAN POLO
Campo S. Polo
Fond. d. Tedeschi
Campo S. M. Formosa
Rialto Brücke
I Frari
S. Rocco
Scuola di San Rocco
Canal Grande
Mercerie
SAN MARCO
Museo Fortuny
Campo S. Margherita
Pal. Grassi
Ca' Foscari
S. Marco
Piazza San Marco
S. Fantin
Fenice Theater
S. Stefano
DORSODURO
Ca' Rezzonico
Pal. Ducale
S. Moisè
San Sebastiano
Gallerie d. Accademia
Guggenheim Museum
San Trovaso
S. Maria della Salute
Zattere
Squero
Gesuati
Tronchetto
Zatt. di Gesuati
Canale della Giudecca
Redentore
Isola della Giudecca

Übernachten

5 Ostello Santa Fosca
6 Caprera
7 Santa Lucia
8 Florida
12 Bernardi Semenzato
20 Locanda Sturion
21 Foresteria Valdese
22 Domus Civica
27 Casa Peron
32 Ca' Foscari
34 Ai do Mori
35 Serenissima
37 San Samuele
38 La Residenza
40 San Gallo
42 Locanda Fiorita
51 Do Pozzi
52 Galleria
55 Locanda Ca' Zose
56 Messner
59 La Calcina
60 Seguso
61 Ostello di Venezia

Cafés

39 Causin dal 1928
44 Il Caffè
46 Caffè Quadri
48 Caffè Florian
50 Harry's Bar
57 Nico

Nachtleben

3 Al Paradiso Perduto
26 Devil's Forest
47 Da Codroma
49 Vino Vino
53 Cantina del Vino già Schiavi

Essen & Trinken

1 All'Antica Mola
2 I Quattro Rusteghi
4 Gam Gam
9 Vini da Gigio
10 All'Anfora
11 Ca' d'Oro 'Alla Vedova'
13 Da Crecola
14 La Zucca
15 Alle Oche
16 Do Mori
17 Da Alberto
18 Antico Dolo
19 Alla Madonna
23 Rosticceria Gislon
24 Al Mascaron
25 Antico Gafaro
28 Da Ignazio
29 Giardinetto
30 Osteria a la Campana
31 Al Volto
33 Da Remigio
36 Acqua Pazza
41 Chat Qui Rit
43 Al Bacareto
45 Antico Capon
54 Ai Cugnai
58 Da Gianni
62 Altanella

Zudem leitete die petrochemische Industrie von Marghera über Jahrzehnte hinweg hochgiftige Abfälle in die Lagune. Aus den teils maroden Anlagen ergossen sich jährlich bis zu 50.000 m^3 Abwässer, die u. a. Dioxin, Quecksilber, Schwermetalle und radioaktive Substanzen enthielten. Diese gelangten in die Nahrungskette und nagen noch immer unerbittlich an den historischen Mauern und Fundamenten der Stadt. Die Kanäle sind mittlerweile randvoll mit *sedimenti*, ihre Giftstoffe töten jegliche Fauna und Flora restlos ab, sogar im Canal Grande nicht weit von der Rialtobrücke hat man bereits hohe Dioxinwerte festgestellt. Die Wohnverhältnisse in den unteren Stockwerken der morbiden Palazzi sind inzwischen katastrophal geworden: nasskalte Wohnungen im Winter, feucht-heiß im Sommer, oft steht das Wasser zentimeterhoch. Kein Wunder, dass jährlich an die 3000 Venezianer das sinkende Schiff in Richtung Festland verlassen, einen gewissen Ausgleich schafft lediglich der Zuzug wohlhabender Ausländer.

Und auch der Massentourismus macht Venedig schwer zu schaffen, denn mehr als 12 Mio. Besucher bevölkern alljährlich die Stadt mit ihren nur noch knapp über 70.000 Einwohnern – zu Hochsaisonzeiten sind die gängigen Trampelpfade ganztägig so voll wie die Eingangsbereiche zu einem Rolling-Stones-Konzert.

Anfahrt/Verbindungen

Venedig ist für jeglichen PKW-Verkehr vollkommen gesperrt. Alle Fahrzeuge müssen für teures Geld auf den großen Parkplätzen am Stadteingang abgestellt werden.

Verbindungen von und zur Stadt

Der Flughafen **Marco Polo** liegt etwa 8 km östlich von Mestre, am Rand der Lagune. ✆ 041/2606111, www.veniceairport.it

Wassertaxi (Taxi acqueo), die Fahrten mit den Motorbooten des „Consorzio motoscafi Venezia" kosten ca. 70 €. Zentrale ✆ 041/5222303, 24-Std.-Dienst ✆ 043/2573597, www.motoscafivenezia.it;

Autotaxi, ca. 50 €, ✆ 041/936222;

Alilaguna, rote und blaue Wasserbusse pendeln etwa alle halbe Std. ab Airport (ca. 6–24 Uhr) über Murano und Lido di Venezia nach San Marco Giardinetti (Linie rot fährt weiter nach Zattere Gesuati) und umgekehrt, Dauer ca. 70 Min., ca. 10 €. Außerdem gibt es eine direkte Verbindung vom Airport zur Punta Sabbioni (Litorale del Cavallino). ✆ 041/5416555 oder ✆ 041/5235775 (Hauptbüro), www.alilaguna.com

ATVO-Bus, Expressbus etwa 1-mal stündl. ab Airport (ca. 8–24 Uhr) bis Piazzale Roma und umgekehrt (ca. 5–20 Uhr), 20 Min. Fahrtzeit, ca. 3 €. ✆ 0421/383672, ✆ 041/383671 (Piazzale Roma), www.atvo.it

ACTV-Bus 5 fährt alle halbe Std. ab Airport zum Bahnhof Santa Lucia (werktags ca. 5.30–21.30 Uhr, sonntags 7–20 Uhr) und umgekehrt (werktags 5.30–20.30 Uhr, sonntags 6.30–20 Uhr), häufige Stopps, ca. 1,50 €. ✆ 041/2722111. www.actv.it

Der Flughafen **San Giuseppe** liegt etwa 2 km westlich von Treviso, im Hinterland von Venedig. Angeflogen wird er u. a. von Germanwings (Köln-Bonn) und Ryanair (Frankfurt-Hahn). Alle 30 Min. fährt Bus 6 ins Zentrum, außerdem fahren Busse direkt nach Venedig (knapp 30 Min.). ✆ 0422/315111, www.trevisoairport.it

• *PKW* Täglich wälzen sich PKW-Schlangen und Buskarawanen auf dem Ponte della Libertà über die Lagune nach Venedig. Am Eingang zur Stadt liegen zwei Parkhäuser auf dem **Piazzale Roma**, ein weiteres auf der künstlich aufgeschütteten **Isola Tronchetto** (beschildert). Die Reservierung eines Stellplatzes ist dringend zu empfehlen (auch online möglich).

Scusi Signorita – kann ich helfen?

Autorimessa Comunale, Piazzale Roma, Parkgebühr 19 € für 24 Std. oder einen Teil dieser Zeit. ✆ 041/2727301, www.asmvenezia.it

Garage San Marco, Piazzale Roma, Parkgebühr 19 € für 12 Std., 26 € für 24 Std. oder einen Teil dieser Zeit. ✆ 041/5232213, www.garagesanmarco.it

Tronchetto Parking, Isola Nuova del Tronchetto, Parkgebühren ca. 19 € für 24 Std. oder einen Teil dieser Zeit. ✆ 041/5207555, www.veniceparking.it

Sant'Andrea, Piazzale Roma, bewachter offener Parkplatz für Kurzzeitparker, 2 Std. ca. 4,50 €. ✆ 041/2727302, www.asmvenezia.it

Verbindungen ins Zentrum: Von Piazzale Roma zum Markusplatz fährt alle 10 Min. **Vaporetto 1** und hält dabei an fast jeder Station. Schneller geht's mit **Vaporetto 82**, ebenfalls alle 10 Min., der nur an wenigen Stationen am Canal Grande hält. Ein Taxiboot kostet ca. 45 €.

Vor allem für Badeurlauber vom Litorale del Cavallino und aus Lido di Jesolo, Cáorle etc. ist die Anfahrt durch die „Hintertür" sinnvoll, die eigentlich die Vordertür der Seerepublik ist. Man fährt dafür den Litorale del Cavallino entlang bis zum Westende, der **Punta Sabbioni**. Auf den dortigen Parkplätzen zahlt man ca. 7 € pro Tag (bewacht bis ca. 22 Uhr) und kann mindestens stündl. mit dem **Motonave 14** (Liniendampfer) gemütlich ins Herz der City tuckern. Angelegt wird an der Riva degli Schiavoni, ca. 500 m östlich vom Markusplatz. Fahrtdauer ca. 45 Min., letzter Dampfer zurück gegen 23 Uhr.

Tipp: Preiswerter als in Venedig parkt man in **Mestre** und Umgebung, die Eisenbahnfahrt über den Damm dauert keine 10 Min.

• *Bahn* Die moderne **Stazione Santa Lucia** liegt direkt am Canal Grande, der Hauptwasserstraße von Venedig. Häufige Verbindungen nach Mestre, Padua, Verona und andere Städte des Veneto. Es gibt **Gepäckaufbewahrung** (6–24 Uhr) und **Albergo Diurno** (Tageshotel) mit Dusche (tägl. 7–20 Uhr, ca. 5 €, oft Wartezeiten). Nachts geschl. von ca. 1–3.45 Uhr. ✆ 041/5298711, www.veneziasantalucia.it

Vom Bahnhof zum Markusplatz kommt man mit Vaporetto 1 oder 82 (→ Abschnitt „PKW").

• *Bus* Fernbusbahnhof am **Piazzale Roma**.

Unterwegs in und um Venedig

Es gibt keinen landgebundenen Verkehr, man benutzt die eigenen Füße oder die *vaporetti* bzw. *motoscafi*, ob man ins Theater will oder in die nächste Kneipe.

• *Zu Fuß* Spazieren gehen ist die schönste Art und Weise, die Stadt kennenzulernen. Wer allerdings eine bestimmte Adresse sucht, ist ohne guten Stadtplan völlig aufgeschmissen (→ Orientierung). **Schilder mit schwarzer Schrift auf gelbem Grund** weisen u. a. den Weg zum Bahnhof (Ferrovia), nach San Marco und Rialto.

• *Vaporetti/Motoscafi/Motonavi* Die Wasserbusse der **ACTV** (www.actv.it) sind in der Lagunenstadt allgegenwärtig. Achtung, Taschendiebe sind immer unterwegs. **Vaporetti** nennt man die größten Boote, die bis zu 300 Pers. fassen und hauptsächlich über den Canal Grande fahren. **Motoscafi** fassen ca. 200 Pers. und bedienen die übrigen Linien, abseits vom Canal Grande. **Motonavi** sind richtige Fährschiffe, die weiter entfernte Ziele in der Lagune ansteuern. Abfahrtsstellen sind den meisten Stadtplänen zu entnehmen, Knotenpunkte sind Piazzale Roma, Bahnhof Santa Lucia, Rialtobrücke und San Marco.

Unterwegs in Venedig

Eine einfache Fahrt kostet ca. 3,50 € (Gepäck zusätzlich 3,50 €!), ein Rückfahrtticket ca. 6 € (gültig bis Mitternacht), ausgeschlossen sind dabei jedoch Fahrten auf dem Canal Grande sowie Alilaguna, Fusina, LineaBlu und Clodia-Linien. Ein Ticket für den Canal Grande kostet 5 €, ist 90 Min. gültig und darf in dieser Zeit mehrfach benutzt werden (auch hin und zurück). Ein Ticket für das Überqueren des Canal Grande, von San Zaccaria nach San Giorgio und von der Isola Santa Elena zum Lido kostet 1,80 €.

Sehr zu empfehlen sind **Tagespässe** (12 Std. 13 €, 24 Std. ca. 15 €, 36 Std. 20 €, 48 Std. ca 25 € und 72 Std. für 30 €), die in allen Wasserbussen (außer Alilaguna, Fusina, LineaBlu and Clodia) sowie in allen Bussen in Mestre und am Lido gelten, ein Gepäckstück darf dabei mitgenommen werden. Erhältlich sind die Karten an allen Vaporetto-Ticketständen.

Wichtige Linien: **Nr. 1** fährt alle 20 Min. ab Piazzale Roma über Stazione Santa Lucia den Canal Grande entlang nach San Marco und hinüber zum Lido – ideal für den Blick auf die Palazzi am Canal Grande, hält an beinahe jeder Station.

Nr. 82 ist die schnellere Variante durch den Canal Grande (nur wenige Haltestellen), von San Marco über die Insel Giudecca und den Zattere zurück zum Piazzale Roma. Achtung: Auch auf dieser Linie fährt ein Teil der Vaporetti zum Lido.

Nr. 12 fährt von den Fondamente Nuove zu den Inseln Murano, Burano und Torcello hinüber.

Nr. 42 umrundet Venedig im Uhrzeigersinn, **Nr. 41** fährt in entgegengesetzter Richtung. Beide laufen dabei auch die Inseln San Michele und Murano an.

Nr. 52 umrundet Venedig im Uhrzeigersinn, **Nr. 51** fährt in entgegengesetzter Richtung. Ein Teil der Vaporetti fährt zum Lido.

• *Traghetti* Diese spottbilligen (0,50 €) Liniengondeln, mit denen man an mehreren Stellen den Canal Grande überqueren kann, verkehren u. a. zwischen der Pescheria und dem Campo Santa Sofia, zwischen San Samuele und Calle del Traghetto (Ca' Rezzonico) sowie zwischen den Giardinetti Reali (Nähe San Marco) und der Fondamenta Dogana (Santa Maria della Salute). Achtung: Betriebszeiten nur morgens bis mittags.

• *Gondeln* Eine Gondelfahrt kostet tagsüber ca. 75 € für 50 Min., abends ca. 90 €. Nicht selten werden noch höhere Preise verlangt bzw. die Zeit wird abgekürzt. Maximal dürfen sechs Personen mitgenommen werden. Den Preis **und** die genaue Fahrtzeit sollte man unbedingt **vor der Fahrt** festmachen.

Gondelparkplatz vor San Marco

O Sole mio ...

Noch etwa 400 Gondeln einschließlich Gondoliere gleiten heute über die Kanäle von Venedig. Im 16. Jh. waren es über 10.000, damals waren sie das einzige Verkehrsmittel in der Wasserstadt. Die Gondeln bestehen aus acht verschiedenen Hölzern (nämlich Lärche, Seekiefer, Ulme, Fichte, Tanne, Trauerweide, Kirsche und Eiche) und sind asymmetrisch gebaut (auf der rechten Seite 24 cm kürzer), um das Gewicht des Gondoliere auszugleichen. Um den Widerstand möglichst gering zu halten, liegen sie nur mit dem mittleren Teil im Wasser. Schwarz sind die Gondeln erst seit 1562. Vorher waren die der Reichen leuchtend bunt und aufwendig verziert, doch das erregte bei den Armen Unzufriedenheit über den verschwenderischen Luxus des Adels. Fortan strich man sie also außen schwarz, dafür war die nun verdeckte Innenausstattung umso prachtvoller und luxuriöser. Im *Museo Storico Arsenale* (→ Sehenswertes) sind Modelle der früheren Prachtgondeln zu bewundern.

Information

• *Städtische Informationsbüros*

1) im **Palazzina del Santo** bei den Giardinetti Reali vor der Piazza San Marco, weißes Gebäude an der Wasserfront. Tägl. 10–18 Uhr.

2) unter den Arkaden am Ende der **Piazza San Marco** links, Piazzale San Marco 71/f. Mo–Sa 9.30–15.30 Uhr, So geschl.

3) im Bahnhof **Santa Lucia**, tägl. 8–18.30 Uhr.

4) am **Lido**, Gran Viale Santa Maria Elisabetta 6/a, Nähe Vaporetto-Station. Juni bis Sept. tägl. 9–12.30, 15.30–18 Uhr.

Der Markuslöwe auf der Piazzetta San Marco

5) **Piazzale Roma**, Garage ASM (nördl. Einfahrt neben den Mietwagenfirmen), tägl. 9.30–18.30 Uhr.
6) im Flughafen **Marco Polo**. Mo–Sa 9.30–19.30 Uhr.
Meistens wird Deutsch gesprochen. Achtung: Die Öffnungszeiten sind je nach Saison unterschiedlich und auch sonst stark änderungsanfällig.
Telefonische Auskunft: ✆ 041/5298711.

• *Internet* (Auswahl)
www.turismovenezia.it
www.meetingvenice.it
www.doge.it
www.govenice.com
www.guestinvenice.com
www.veniceguide.net
www.venezia.net
www.veniceonline.it
www.venicexplorer.net
www.comune.venezia.it

• *Internet-Points* **World House**, Castello 4502, Calle Rio Terrà della Chiesa (Nähe San Marco), tägl. 10–23 Uhr, ✆ 041/5284871, www.world-house.org;
The Net House, San Marco 2967, Campo Santo Stefano (zwischen San Marco und Dorsoduro), tägl. 8–2 Uhr, ✆ 041/5286585.

Rolling Venice: Diesen Pass gibt es für alle von 14–29 J. gegen Vorlage des Ausweises und eines Passbildes, Kostenpunkt ca. 3 €. Man bekommt damit u. a. Ermäßigungen für öffentliche Verkehrsmittel, in Museen sowie in diversen Hotels und Restaurants. Erhältlich ist der „Rolling Venice"-Pass bei den Informationsstellen, außerdem u. a. bei:
Comune di Venezia, Servizio politiche giovanili, San Marco 1529, Corte Contarina, westlich der Piazza San Marco, Mo–Fr 9.30–13 Uhr, Di und Do auch 15–17 Uhr, ✆ 041/2747645;
Uffici Informativi Rolling Venice, Kiosk vor dem Bahnhof Santa Lucia, Juli bis Sept. tägl. 8–20 Uhr, ✆ 041/5242852, ℻ 5242904;
Vela, Abteilung der Transportgesellschaft ACTV, Kiosk auf dem Piazzale Roma, Juli bis Sept. tägl. 8–20 Uhr, ✆ 041/2424, www.velaspa.com

Orientierung

Venedig ist in sechs Bezirke („sestiere") unterteilt: *Cannaregio, Dorsoduro, Castello, Santa Croce, San Polo* und *San Marco* (→ Stadtplan). Jeder dieser Distrikte hat mehrere tausend Hausnummern, die in der Regel nicht nach Straßen geordnet sind. Das bedeutet, man findet in jedem Viertel (eigentlich „Sechstel") Nummern von 1 bis weit über 5000, die nur insofern gegliedert sind, als benachbarte Nummern auch nahe beieinanderliegen. Eine Adresse setzt sich aus Bezirk und Hausnummer zusammen, z. B. Dorsoduro 3942. Nur selten wird der Straßenname hinzugefügt, z. B. Dorsoduro 3942, Calle Crosera. Unverzichtbar ist also ein guter Stadtplan.

Übernachten (siehe Karte S. 114/115)

In Venedig ist fast das ganze Jahr über Saison, die Zimmer sind überteuert (gut 20 % über dem italienischen Durchschnitt) und trotzdem oft ausgebucht. Einzige Ausnahme ist der tiefe Winter (abgesehen von der Weihnachtszeit), doch schon zum berühmten Karneval endet die kurze Flaute. Auf jeden Fall ist es empfehlenswert, Zimmer vorzubestellen. Überlegenswert ist auch, aufs Festland auszuweichen, z. B. nach Mestre oder Padua, und von dort mit dem Zug zu pendeln. Die niedrigsten Preise für ein DZ mit Bad liegen in der NS bei gut 70 €, ein DZ mit Etagendusche bekommt man vielleicht für 60 €, in der Hochsaison wird es deutlich teurer. Für junge Leute und Rucksacktouristen wurden eine Reihe von *Hostels* eingerichtet, weitere gibt es am Brenta-Kanal und in Padua.

„Last Minute": Kurzfristig Hotelzimmer buchen kann man über www.veneziasi.it oder ✆ 0039/041/5222264, in Italien gebührenfrei über Numero Verde 800/843006. Täglich durchgehend geöffnete Vermittlungsstellen gibt es im Bahnhof neben dem Informationsbüro, am Parkplatz Tronchetto, am Parkplatz Piazzale Roma (Garage Comunale und Garage San Marco), am Flughafen Marco Polo und an der Ausfahrt Bazzera von der Autobahn Triest – Venedig.

• *Mittelklasse* *** **Do Pozzi (51)**, zentrale, trotzdem sehr ruhige Lage, Nähe Teatro La Fenice, man kann im kleinen Innenhof sitzen. Die Zimmer sind altvenezianisch ausgestattet, besitzen aber Minibar und TV. DZ mit Frühstück ca. 130–280 €. San Marco 2373, Calle Larga XXII Marzo, ✆ 041/5207855, ℻ 5229413, www.hoteldopozzi.it

*** **San Gallo (40)**, 12 Zimmer im venezianischen Stil, jeweils TV und Minibar, gemütlicher Aufenthaltsraum und schöne Dachterrasse, von Lesern empfohlen. DZ mit Frühstück ca. 80–200 €. San Marco 1093/A, Campo San Gallo, ✆ 041/5227311, ℻ 5225702, www.hotelsangallo.com

*** **La Calcina (59)**, bekannt als Ruskin's House, da dieser englische Dichter im 19. Jh. hier wohnte. Prächtige Lage am Giudecca-Kanal, Zimmer mit Parkettfußboden, hinten hinaus günstiger als mit Blick zum Kanal. Auf dem Kanal vor dem Haus liegt eine große hölzerne Caféplattform, wo das Frühstück eingenommen wird, außerdem gibt es eine Dachterrasse mit herrlichem Blick. DZ mit Frühstück ohne Blick ca. 100–160 €, nach vorne raus ca. 130–200 €. Dorsoduro 780, Fondamenta Zattere ai Gesuati, ✆ 041/5206466, ℻ 5227045, www.lacalcina.com

*** **Locanda Ca' Zose (55)**, 2003 renoviertes Gästehaus aus dem 17. Jh., mit Liebe eingerichtete Zimmer im altvenezianischen Stil, jeweils TV und Internetanschluss. DZ mit Frühstück ca. 70–210 €. Dorsoduro 193/b, Calle del Bastion, Nähe Peggy-Guggenheim-Museum, ✆ 041/5226635, ℻ 5226624, www.hotelcazose.com

*** **Locanda Sturion (20)**, Blick auf den Canal Grande. Im 3. Stock eines alten Palazzo und bereits seit dem Mittelalter als Herberge in Betrieb, vor einigen Jahren vollständig renoviert. Einige der geräumigen, im klassischen Stil des 18. Jh. eingerichteten Zimmer haben Blick auf den Canal, die Wände sind z. T. mit Seidenstoffen bezogen. DZ mit Frühstück je nach Lage und Ausstattung ca. 100–250 €. San Polo 679, Calle del Sturion, Nähe Rialtobrücke, ✆ 041/5236243, ℻ 5228378, www.locandasturion.com

** **Serenissima (35)**, nur wenige Schritte vom Markusplatz entfernt. Gepflegtes und aufmerksam geführtes Haus, seit 1960 im Besitz der Familie Dal Borgo. Hübsch eingerichtete Zimmer im venezianischen Stil mit ADSL-Internetzugang, TV und Klimaanlage. Zum Innenhof ruhiger. Unten im Haus eine kleine Bar. DZ mit Frühstück ca. 120–180 €. San Marco 4486, Calle Goldoni, ✆ 041/5200011, ℻ 5223292, www.hotelserenissima.it

** **La Residenza (38)**, östlich von San Marco, schöne Lage an einem ruhigen Platz mit Kirche. Herrlicher Palazzo aus dem 15. Jh., prachtvoller Salon mit Fresken und historischem Mobiliar, die geräumigen Zimmer sind seit einigen Jahren vollständig renoviert und besitzen jeweils Minibar und TV. DZ mit Frühstück ca. 85–160 €. Castello 3608, Campo Bandiera e Moro, ✆ 041/5285315, ℻ 5238859, www.venicelaresidenza.com

** **Seguso (60)**, altmodisches Haus in toller Lage am Giudecca-Kanal, direkt neben Hotel La Calcina (→ oben). Die nostalgisch-antiquierte Einrichtung des Salons würde einem Museum zur Ehre gereichen. Zimmer ebenfalls altertümlich eingerichtet, z. T. mit Blick. DZ mit Bad ca. 80–190 €, mit Etagendusche ca. 70–180 €, Frühstück inkl. (allerdings wird meist HP verlangt). Dorsoduro 779, Fondamenta Zattere ai Gesuati, ✆ 041/5286858, ✆ 5222340, www.pensioneseguso.it

** **Messner (56)**, freundlich-familiäres Haus bei der Kirche Santa Maria della Salute, Einrichtung solide, aber nicht besonders stilbewusst, hinten schmale Speiseterrasse. DZ mit Frühstück ca. 95–145 €. Dorsoduro 216, Rio Terra dei Catecumeni, ✆ 041/5227443, ✆ 5227266, www.hotelmessner.it

** **Florida (8)**, kürzlich vollständig renoviert, hellhörige, ansonsten korrekte Zimmer mit TV in unmittelbarer Bahnhofsnähe, Internet bei der Rezeption. DZ mit Frühstück ca. 90–170 €. Cannaregio 106, Calle Priuli dei Cavalletti, ✆ 041/715253, ✆ 718088, www.hotel-florida.com

* **Locanda Fiorita (42)**, die rot gestrichene, mit üppigem Grün geschmückte Locanda liegt an einem hübschen kleinen Platz in der Nähe des Campo Santo Stefano und besitzt gemütliche Räume mit Holzbalkendecken. Im Sommer kann man vor dem Haus frühstücken. DZ mit Frühstück ca. 80–150 €. San Marco 3457, Campiello Novo, ✆ 041/5234754, ✆ 5228043, www.locandafiorita.com

• *Preiswert* * **Santa Lucia (7)**, vom Bahnhof die Lista di Spagna entlang und links einbiegen. Neueres Haus, ruhig in einer schmalen Seitengasse, trotzdem ganz zentral. Man kann gemütlich vor dem Haus sitzen, Zimmer mit TV. DZ mit Bad ca. 70–110 €, mit Etagendusche 50–85 €, Frühstück inkl. Cannaregio 358, Calle de la Misericordia, ✆ 041/715180, ✆ 710610, www.hotelslucia.com

** **Caprera (6)**, ordentliches Haus in einer ruhigen Seitengasse der Lista di Spagna, Zimmer mit funktionaler Einrichtung. DZ mit Bad ca. 90–120 €, Frühstück extra (6 €/Person). Cannaregio 219/220, Calle Gioacchina, ✆ 041/715271, ✆ 715927, www.hotelcaprera.it

** **Bernardi Semenzato (12)**, vor einigen Jahren renoviert, schlichte Zimmer, der freundliche Besitzer spricht Deutsch. DZ mit Bad ca. 65–120 €, Frühstück extra. Cannaregio 4366, Calle dell'Oca, Nähe Campo S.S. Apostoli, ✆ 041/5227257, ✆ 5222424, www.hotelbernardi.com

* **Casa Peron (27)**, Nähe Frari-Kirche. Sauber, einfache Zimmer und gemütliche Dachterrasse. DZ mit Dusche/WC ca. 60–95 €, nur mit Dusche ca. 50–85 €, Frühstück inkl. Santa Croce 84–85, Salizzada San Pantalon, ✆ 041/710021, ✆ 711038, www.casaperon.com

* **Galleria (52)**, superzentrale Lage am Canal Grande direkt neben der Accademia-Brücke, dazu schön im venezianischen Stil möblierte Zimmer und nicht zu hohe Preise. DZ mit Bad ca. 120 €, mit Etagendusche ca. 110 €, Frühstück inkl. Dorsoduro 878/a, Accademia. ✆ 041/5232489, ✆ 5204172, www.hotelgalleria.it

* **Locanda Ca' Foscari (32)**, angenehme Familienpension in der Nähe der Frari-Kirche. DZ mit Bad ca. 93 €, mit Etagendusche ca. 72 €, Frühstück inkl. Dorsoduro 3887/b, Calle della Frescada, Vaporetto 1 oder 82 bis San Tomà, ✆ 041/710401, ✆ 710817, www.locandacafoscari.com

* **Ai do Mori (34)**, einfaches Hotel in superzentraler Lage, wenige Meter vom Markusplatz, 11 Zimmer mit TV, vom oberen Stock Blick auf die Kuppeln von San Marco, in einem Annex vier weitere Zimmer. Fast alle Zimmer mittlerweile mit eigenem Bad. DZ mit Bad ca. 80–140 €. San Marco 658, Calle Larga, ✆ 041/5204817, ✆ 5205328, www.hotelaidomori.com

* **San Samuele (37)**, in der 2. Etage eines uralten Hauses, unten klingeln und vom Innenhof die Stufen hinauf. Ordentliche, nach vorne raus helle Zimmer, gute Lage, junge, engagierte Leitung. DZ mit Bad 50–120 €, mit Etagendusche ca. 40–90 €, Frühstück extra (ca. 5 €/Person). San Marco 3358, Salizzada San Samuele, Nähe Campo Santo Stefano, ✆/✆ 041/5228045, www.albergosansamuele.it

* **Doni**, zentrale Lage, Nähe Campo San Zaccaria. Ordentliche Zimmer mit Blick auf den benachbarten Kanal Rio del Vin. DZ mit Bad ca. 80–120 €, mit Etagendusche ca. 60–95 €, Frühstück inkl. Castello 4656, Fondamenta del Vin, ✆/✆ 041/5224267, www.albergodoni.it

• *Hostels etc.* **Ostello di Venezia (IYHF) (61)**, auf der Insel Giudecca, schöne Lage mit Blick auf Dogenpalast und Piazzetta. Mit Vaporetto 42 oder 82 vom Hauptbahnhof bis Zitelle, noch 200 m zu Fuß. Straff geführtes Hostel mit 254 Betten in Schlafsälen zu höchstens 8 Betten. Pro Pers. ca. 18,50 €

Abseits der Trampelpfade

mit mickrigem Frühstück, Abendessen ca. 8,50 €. Ganzjährig geöffnet, in der HS immer voll belegt. Vormerkung 7–9.30 Uhr, Anmeldung 13.30–23 Uhr (Reservierung über Internet möglich), Schließzeit 24 Uhr. In der zweiten Dezemberhälfte geschl. 86, Fondamenta Zitelle, ✆ 041/5238211, 📠 5235689, www.ostellionline.org, E-Mail: vehostel@tin.it

Domus Civica (22), Nähe Frari-Kirche. Günstige Lage etwa 5 Gehminuten vom Bahnhof: über den Canal Grande, links neben der Kirche rein, dann rechts halten, über eine Brücke und den mittleren Weg nehmen. Gut ausgestattet und freundliche Aufnahme. Bett im Zweibettzimmer ca. 27 €, auch Einzel- und Dreibettzimmer, mit JH-Ausweis oder Rolling-Venice-Card Ermäßigung, kein Frühstück. Check-In 7.30–11.30 Uhr, Schließzeit 0.30 Uhr. Juni bis Sept. San Polo 3082, Ecke Calle Campazzo/Salizzada San Rocco, ✆ 041/721103, 📠 5227139, www.domuscivica.com

Foresteria Valdese (21), untergebracht im schönen Palazzo Cavagnis, dem Gästehaus der protestantischen Waldenserkirche. DZ für ca. 75 € (mit Bad) und 58 € (Etagendusche), sowie Mehrbettzimmer und Schlafsäle für ca. 22 €/Person, inkl. Frühstück. Anmeldung tägl. 9–13 und 18–20 Uhr, Reservierung nur für Gruppen möglich. Keine nächtliche Schließzeit. Ganzjährig geöffnet. Castello 5170, Calle Lunga Santa Maria Formosa (Nähe Campo Santa Maria Formosa), nächste Vaporettostation ist Rialto, ✆/📠 041/5286797, www.diaconiavaldese.org/venezia

Ostello Santa Fosca (5), früheres Kloster, heute Studentenwohnheim und Hostel. Freundliche Aufnahme und günstige Preise, hübscher Garten mit Resten einer mittelalterlichen Kirche. Reservierung frühestens sieben Tage vor Besuch. Bett im DZ ca. 19 €/Person, 16 € im Schlafsaal. Cannaregio 2372, vom Bahnhof die Lista di Spagna nach links, Nähe Campo Santa Fosca, ✆/📠 041/715775 und 715733, www.santafosca.com

• *Übernachtungsmöglichkeiten um Mestre und an der Lagune* Großer Vorteil – die Preise sind deutlich günstiger als in Venedig selber. Mit Bus und Bahn kommt man schnell in die Lagunenstadt.

** **Campiello**, in Mogliano Veneto, etwa 20 Bahnminuten nördlich von Venedig am Weg nach Treviso. Kleines Mittelklassehotel, nur 150 m vom Bahnhof entfernt, trotzdem vergleichsweise ruhig, da in einer Nebenstraße gelegen. Kleine, saubere Zimmer, Betten etwas schmal, TV vorhanden (nur ital. Programme), Bad okay. DZ ca. 70–130 €. Taxi ab Airport ca. 40 € (auch Busverbindung). Viale Montegrappa 2, ✆ 041/5904595, 📠 5902080, www.campiellohotel.it

B & B Casa del Miele, in Ca' Noghera, 5 Min. vom Flugplatz „Aeroporto Marco Polo". Gemütliches Haus mit Bienenzucht und großem Garten, Pool in der Nähe. 3 hübsche Zimmer, jeweils mit TV und ADSL-Anschluss. DZ mit Frühstück ca. 55–90 €, 10 % Ermäßigung mit Rolling-Venice-Card. Regelmäßige Busverbindung nach Venedig. Via Paliaghetta 2/a, ✆ 041/5416129, 📠 5342718, www.casadelmiele.com

B & B L'Erba Matta, in Caposile, am Ostrand der Lagune von Venedig bei Musile di Piave. Das Bauernhaus liegt in einem großen Park direkt an der Lagune und bietet DZ mit Frühstück für 56 € (Kinder bis 7 J. gratis). Gutes Frühstück mit Marmelade aus den Früchten der eigenen Obstbäume. Dalmazio spricht Deutsch. Das etwa 30 km entfernte Venedig ist in 30 Min. mit dem Bus zu erreichen, Lido di Jesolo ist 12 km entfernt. Via Salsi 6, ✆/📠 0421/230397 o. 380-5116106, www.erbamatta.it

• *Camping* Von folgenden Plätzen kommt man mit öffentlichen Verkehrsmitteln rasch in die Lagunenstadt:

Fusina, Wiesenplatz an der Lagune, Restaurant/Pizzeria und Bar mit gelegentlicher Livemusik. Zwar ungünstige Lage nahe den Fabriken von Porto Marghera, jedoch regelmäßige Vaporetto-Verbindung mit Linie 16 zur Fondamenta delle Zattere am Giudecca-Kanal. Vom Bahnhof Santa Lucia mit Zug nach Mestre, dort den Bus 11 nach Fusina nehmen. Mit dem Auto biegt man von der SS 309 nach Ravenna bei Malcontenta ab. Ganzjährig. ✆ 041/5470055, 📠 5470050, www.camping-fusina.com

Serenissima, direkt an der SS 11 von Padua nach Venedig. Kleines, lang gestrecktes Gelände zwischen Häusern, freundliches Personal, Vermietung von Bungalows (mit Bad) und Wohnwagen, Waschmaschinen. Etwa alle 30 Min. Bus 53 oder „Venezia" zum Piazzale Roma (in umgekehrter Richtung ebenfalls Bus 53 oder „Dolo" bzw. „Padova"), Fahrzeit 20–30 Min., Tickets am Campingplatz, nicht im Bus. Ostern bis Anfang Nov. Via Padana 334, bei Oriago am Brenta-Kanal (→ S. 150), ✆ 041/921850, 📠 920286, www.campingserenissima.com

Alba d'Oro, Tessera, wenige Kilometer vom Flugplatz entfernt. Restaurant, Bar mit gelegentlicher Abendunterhaltung, Swimmingpool. Juni bis Sept. Shuttlebus nach Venedig, sonst Bus 15 bis Airport, dort umsteigen in Bus 5 nach Venedig/Piazzale Roma (in umgekehrter Richtung von Piazzale Roma Sektion 7 rot Bus 5 bis Airport, umsteigen in Bus 15 nach Ca' Noghera, aussteigen an der vierten Haltestelle). Via Triestina 214/b, ✆ 041/5415102, www.ecvacanze.it

Weiterhin liegen mehrere große und gut ausgestattete Campingplätze am langen Sandstrand **Littorale del Cavallino**, der sich in Richtung Lido di Jesolo hinzieht (→ S. 170).

Essen & Trinken (siehe Karte S. 114/115)

Auch in Venedig kann man gut und preislich angemessen speisen, allerdings muss man dafür ein Stückchen laufen. Faustregel: je weiter weg von Rialto und Piazza San Marco, desto preiswerter. Im gesamten Zentrum und um den Bahnhof ist Nepp eher die Regel als die Ausnahme. Praktisch alle Lokale bieten *Touristenmenüs* an, die auf den ersten Blick erschwinglich wirken, doch oft sind die Portionen bescheiden und von mäßiger Qualität, nicht selten schrauben zudem versteckte Extras die Preise in die Höhe. Bevor man Platz nimmt, sollte man immer auf der Speisekarte die Gebühren für „servizio" und „coperto" einsehen sowie die Kosten für Getränke. Direkt am Canal Grande zahlt man die höchsten Preise. Eine preiswerte Alternative zum Restaurantessen stellen die *cicheti* genannten Appetithappen dar, die in allen Bars und *bàcari* – so heißen die typisch venezianischen Weinbars – ausliegen (→ Kasten S. 127).

• *San Marco* **Ostaria a la Campana (30)**, nettes Lokal mit rustikalem Ambiente, man wartet mit einem Gläschen am Tresen, bis ein Platz frei wird, schlichtes Gedeck. Spezialität ist *nero di seppie con polenta* (schwarzer Tintenfisch), Hauswein einfach, aber schmackhaft. Viele Einheimische kehren hier ein, für Venedig erfreulich günstige Preise. So geschl. San Marco 4720, Calle dei Fabbri, ✆ 041/5285170.

Al Bacareto (43), beliebte Osteria mit traditioneller venezianischer Küche, z. B. *risotto* oder *fegato*, preislich etwas angehoben. Sa-Abend und So geschl. San Marco 3447,

Logenplatz an der Rialto-Brücke

Calle Crosera San Samuele, ✆ 041/5289336.

Acqua Pazza (36), schön zum Draußensitzen, neapolitanische Pizza und Meeresküche. Mo geschl. San Marco 3808, Campo Sant'Angelo, ✆ 041/2770688.

• *Dorsoduro* **Antico Capon (45)**, hübsch zum Draußensitzen auf einem der nettesten Plätze des Viertels, touristisch entdeckt, aber eher am Rande des Rummels. *Tagliatelle al Capon* mit Pilzen und Wurststückchen, diverse Filets oder den typischen *fegato veneto* (Leber mit Polenta) kosten. Preislich Mittelklasse. Mi geschl. Dorsoduro 3004/b, Campo Santa Margherita, ✆ 041/5285252.

Da Gianni (58), beliebtes Fischlokal und Pizzeria direkt am Giudecca-Kanal, wunderschön, wenn abends die Sonne untergeht. Die unmittelbar danebenliegende Vaporetto-Station verursacht allerdings einigen Trubel. Nicht ganz billig. Mi geschl. Dorsoduro 918, Zattere ai Gesuati, ✆ 041/5237210.

Ai Cugnai (54), kleine, authentische Fischtrattoria, hinter dem Speiseraum kleiner Hof, alles sehr sauber und angenehm, herzliche Gastgeber, sympathische Umgebung. Mo geschl. Dorsoduro 857, Piscina del Forner, zwischen Gallerie dell'Accademia und Peggy-Guggenheim-Museum, ✆ 041/5289238.

• *San Polo* **Alla Madonna (19)**, der „Fischkönig" der Stadt residiert in einer pittoresken Seitengasse, in der sich die überhängenden ersten Etagen beinahe berühren; großes Lokal mit mehreren Räumen, durch die flinke Kellner eilen, oft rappelvoll, leider keine Sitzgelegenheiten im Freien. Versuchen sollte man das *risotto con frutti di mare*. Preise für diese Lage durchaus erfreulich. Mi geschl. San Polo 594, Calle della Madonna (Nähe Rialto), ✆ 041/5223824.

Da Ignazio (28), in einer engen Gasse versteckt sich dieses angenehme und geräumige Mittelklasse-Restaurant, hinten lockt ein begrünter Innenhof, in dem die etwas steifen Kellner fast deplatziert wirken; serviert werden fantasievolle Nudelgerichte, *risotto della casa* und viel Fisch. Sa geschl. San Polo 2749, Calle della Saoneri, ✆ 041/5234852.

Giardinetto (29), freundlich geführtes Ristorante mit Garten abseits vom Trubel; hier kann man auch unbesorgt den kleckernden Nachwuchs mitnehmen. Als Vorspeise empfehlen wir *antipasto misto di pesce*. Mo geschl. San Polo 2910/a, Fondamenta Forne, ✆ 041/2760619.

• *Santa Croce* **La Zucca (14)**, winziges, nett eingerichtetes Lokal, neben vegetarischen und venezianischen Gerichten werden auch Experimente gewagt, die einfallsreiche Speisekarte wechselt täglich. Vor der Tür nur eine Handvoll Tische, drinnen einige weitere Plätze mit Blick auf den benachbarten Kanal. Junge, engagierte Leitung, es wird auch Englisch gesprochen. So geschl. Santa Croce 1762, Ponte del Megio (Nähe Campo San Giacomo dell'Orio), ✆ 041/5241570.

Da Crecola (13), idyllische Lage auf einem kleinen Platz direkt am Kanal, sehr hübsch zum Sitzen, kulinarisch aber eher Standard – in der Lage muss man nicht zaubern. Preise bisher maßvoll. Di geschl. Santa Croce 1459, Campiello del Piovan, wenige Schritte vom Campo San Giacomo dell'Orio, ✆ 041/5241496.

Alle Oche (15), wenige Tische entlang der ruhigen, schmalen Gasse, große Auswahl an sehr gut belegten Pizzen, reichhaltige Salate. Wird schnell voll. Mo geschl. Santa Croce 1552, Calle del Tentor, ✆ 041/5241161.

Antico Gafaro (25), gepflegtes Restaurant in einer breiten Gasse, unter der schattigen Pergola werden sehr gute Fischgerichte serviert. Santa Croce 116/a, Salizzada San Pantalon 130, ✆ 041/5242823.

All'Anfora (10), großes, populäres Lokal, oft bis auf den letzten Platz gefüllt, hinten schön begrünter Hof, gute Auswahl an Pizzen. Fr geschl. Santa Croce 1223, Lista Vecchia dei Bari, vom Bahnhof aus schnell zu erreichen. ✆ 041/5240325.

• *Cannaregio* **Al Paradiso Perduto (3)**, lockere, von jungen Leuten geführte Studentenkneipe, gutes Essen, v. a. Fisch, und im vorderen Teil Kneipenbetrieb bis spät in die Nacht (→ Nachtleben), auch draußen vor der Tür. Mi geschl., ebenso erste Augusthälfte. Cannaregio 2540, Fondamenta della Misericordia, ✆ 041/720581.

Gam Gam (4), direkt am Canale di Cannaregio, hier kann man am Rande des ehemaligen jüdischen Ghettos (→ Sehenswertes) koscher speisen, z. B. Falafel oder Couscous. Fr-Abend und Sa geschl. Cannaregio 1122, Sotto Portico di Ghetto Vecchio, ✆ 041/715284.

I Quattro Rusteghi (2), zentral im jüdischen Viertel, schöne Lage auf dem ruhigen Platz mit dem hebräischen Museum. Hier gibt es auch vegetarische Speisen, Preise relativ günstig. Cannaregio, Campo Ghetto Nuovo, ✆ 041/715160.

All'Antica Mola (1), kleine Trattoria mit Innenhof und schönen Plätzen am Kanal. Viele Venezianer kommen hierher, Touristen sind noch nicht in der Überzahl. Risotto und Meeresküche zu nicht zu hohen Preisen, *coda di rospo* versuchen. Cannaregio, Fondamenta degli Ormesini, ✆ 041/717492.

Vini da Gigio (9), freundlich geführte Trattoria, schön am Ufer des Kanals gelegen, ordentliche Küche zu angenehmen Preisen sowie beste Weine aus Veneto und Friaul. Mo geschl. Cannaregio 3628/a, Fondamenta San Felice, ✆ 041/5285140.

Ca' d'Oro „Alla Vedova" (11), urige, typisch venezianische Osteria, schon seit dem 19. Jh. trifft man sich hier zum Palavern und nimmt dazu „un'ombra" oder einen „spritz". Berühmt für seine hervorragenden *polpette* und die zahllosen *cichetti*. Abends kann man die venezianischen Spezialitäten kosten: *spaghetti alla busara, zuppa di trippe, frittura* u. a. So-Mittag und Do geschl. Cannaregio 3912, am Ende der Via Ramo di Ca' d'Oro, ✆ 041/5285324.

• *Castello* **Da Remigio (33)**, beliebte und nett gelegene Trattoria, viele Einheimische, preislich okay. Mo-Abend und Di geschl. Castello 3416, Salizzada dei Greci, ✆ 041/5230089.

Iguana, mexikanische Bar mit Essensangebot, preiswert und gern von jungen Leuten besucht. Mo geschl. Cannaregio 2515, kurz vor dem Paradiso Perduto, ✆ 041/713561.

• *Giudecca* **Altanella (62)**, traumhaft schöne Terrasse über einem Kanal. Die Trattoria ist seit vier Generationen in derselben Familie. Hemingway war hier, ebenso d'Annunzio. Innen dekorieren alte Fotos aus Venedig den Raum, die Küche legt weniger Wert auf Raffinesse als auf die Qualität der Lebensmittel, die Preise sind nicht übertrieben, der Gast wird nicht gedrängt. Man kann hier einen wunderschönen Abend verbringen – allerdings ist ohne Vorbestellung nichts zu machen, Mo, Di und im August geschl. Giudecca 269, Calle dell'Erbe, ✆ 041/5227780.

• *Self-Services* **Rosticceria Gislon (23)**, große Auswahl und preiswert, auch venezianische Spezialitäten im Angebot. Mo geschl. San Marco 5424/a, Calle della Bissa, Nähe Rialtobrücke.

Chat Qui Rit (41), passable Auswahl, preislich im Rahmen, warme Küche 11–21.30 Uhr, um die Ecke auch Stehimbiss. Sa geschl. San Marco 1133, Calle Tron/Ecke Frezzeria (westlich der Piazza San Marco).

• *Pizza zum Mitnehmen* **Millevoglie da Tarcisie**, Pizzastücke und wagenradgroße Pizzen, preiswert und lecker. San Polo 3031, Salizzada San Rocco, bei der Frari-Kirche. Angeschlossen eine gute Eisdiele (→ unten).

• *Bars/Cafés/Konditoreien* Außer am Markusplatz sitzt man am schönsten an der Promenade del Zattere im Viertel Dorsoduro mit Blick auf die Insel Giudecca. Ein typisch venezianischer Cocktail ist der *Bellini*, eine pikante Mischung aus Pfirsichsaft (1/3) und Prosecco (2/3). Der *Spritz*, ein leichter Weißwein mit einem Schuss Campari, wird als Aperitif getrunken.

Harry's Bar (50), noble Einrichtung, köstliche Cocktails und fürstliche Preise. Hemingway war Stammgast. Mo geschl. San Marco 1323, Calle Vallaresso.

Caffè Florian (48), seit dem 18. Jh. das berühmteste Café Venedigs. Drinnen sitzt man in hübschen, kleinen Räumen auf verblichenen, roten Ledersesseln zwischen historischen Bleispiegeln, draußen spielt ganztägig ein routiniertes Orchester die Evergreens von vorgestern. Die altmodisch-noble Atmosphäre hat ihren Preis – ein *cappuccino* kostet gut 8 €. Mo geschl. Piazza San Marco.

Caffè Quadri (46), die noble Konkurrenz von gegenüber; streitet sich mit dem *Florian*, wer als erster in Venedig türkischen Mokka serviert hat, ebenfalls hauseigenes Orchester und dieselbe Preisgestaltung. Mo geschl. Piazza San Marco.

TIPP! **Il Caffè (44)**, bildhübsche Cafékneipe an einer sympathischen Piazza, rot getünchte Außenfront, schöne Holztheke, blank polierte Kaffeemaschine aus Kupfer und viele Spiegel, draußen reichlich Sitzgelegenheiten. 8–24 Uhr, So geschl. Dorsoduro 2963, Campo Santa Margherita.

• *Eis* **Santo Stefano-Paolin**, gilt bei vielen als die beste Gelateria von Venedig, schön zum Draußensitzen. Mo geschl. San Marco 2962/a, Campo Santo Stefano.

Nico (57), Nähe Vaporetto-Stop. Super-Ausblick von der Plattform auf den viel befahrenen Kanal. Do geschl. Dorsoduro 922, Zattere ai Gesuati.

Millevoglie da Tarcisie, Eisdiele mit leckerer Auswahl, großen Portionen und günstigen Preisen. San Polo 3033, Salizzada San Rocco, bei der Frari-Kirche.

Causin dal 1928 (39), Spezialität ist hier *gianduialli*, Schokoladen-Haselnusseis mit Schlagsahne. Dorsoduro 2996, Campo Santa Margherita.

Bàcari: Genießen auf venezianisch

In diesen typischen Weinschenken trifft man sich zum „Ciacole", d. h. zum Plaudern, Tratschen etc. Gegessen und getrunken wird an einfachen Holztischen, oft sogar nur im Stehen am Tresen. Im Vorbeigehen schlürft man hier zu jeder Tageszeit eine *ombra* (Schatten) bzw. eine *ombretta*, ein Gläschen prickelnden Prosecco. Dazu kann man eine Vielzahl traditioneller *cicheti* kosten: dreieckige, fantasievoll gefüllte *tramezzini* (Sandwiches), Käse- und Wursthappen, verschiedene Gemüse, Fisch- und Fleischbällchen, *seppie* (Tintenfisch) und *folpeti* (kleine Tintenfische), Polenta, Oliven und Schnecken, *baccalà* (Stockfisch) in verschiedenen Zubereitungsarten, *sarde in saor*, kleine Muscheltierchen namens *canoce* (Meeresheuschrecken) und manches andere.

Do Mori (16), eine der ältesten und typischsten Osterie der Stadt, Treffpunkt der Arbeiter und Angestellten im Umkreis, man isst und trinkt im Stehen, große Auswahl an Weinen und leckeren *cicheti*. So geschl. San Polo 429, Calle dei do Mori, beim Rialtomarkt.

Antico Dolo (18), ebenfalls nicht weit vom Rialtomarkt. Einfach und typisch gebliebenes Bàcaro ohne modischen Schnickschnack, schlichte Küche des Veneto, z. B. Kuttelsuppe und maritime Antipasti. So geschl. San Polo 778, Ruga Vecchia San Giovanni.

Al Volto (31), nur wenige Schritte vom Canal Grande, nahe der Rialtobrücke. Hat sich dank seiner engagierten Führung und wegen der ausgezeichneten Weinauswahl v. a. abends zum populären Treffpunkt entwickelt. Mittags kann man hier auch recht günstig essen. So geschl. San Marco 4081, Calle Cavalli (→ Nachtleben).

Da Alberto (17), populäre Osteria im traditionellen Stil, auf dem Tresen sind diverse Spezialitäten aufgereiht – *bacalà* in verschiedenen Variationen, *sarde in saor*, Gemüsegerichte u. a. So geschl. Cannaregio 5401, Calle Giacinto Gallina, Nähe Campo Santi Giovanni e Paolo.

Al Mascaron (24), gemütliches Bàcaro, in den Abendstunden viel von jungen Leuten besucht und mittlerweile sehr populär, allerdings auch teuer geworden – zum Essen muss man reservieren. So geschl. Castello 5225, Calle Lunga Santa Maria Formosa (→ Nachtleben). ✆ 041/5225995.

Nachtleben (siehe Karte S. 114/115)

Nicht viel geboten, ab 24 Uhr schläft Venedig. Ein Spaziergang durch die menschenleeren Gassen lässt einen die Stadt gänzlich anders erleben als in der Hektik des Tages. Lange Schatten, schummrige Silhouetten, irgendwo klappern einsame Schritte – ideal zu verbinden mit einer Vaporetto-Fahrt über dunkel glucksende Kanäle, in deren Wasser sich im Idealfall der Vollmond spiegelt ...

Al Paradiso Perduto (3), viel besuchte Studentenkneipe, eine der wenigen, wo abends Livemusik geboten wird, auch zum Draußensitzen am Kanal. Mi geschl. Cannaregio 2540, Fondamenta della Misericordia, ✆ 041/720581.

Da Codroma (47), beliebter Treffpunkt der Studenten und Szene, zwischen den alten holzgetäfelten Wänden schmecken belegte Panini und Tramezzini, dazu Bier und Wein. Ab und zu Livemusik. Sa geschl. Dorsoduro 2540, Fondamenta Briati, ✆ 041/5246789.

Devil's Forest, **(26),** populärer British Pub mit entsprechender Einrichtung, diverse Biersorten. So geschl. San Marco 5185, Calle dei Stagneri, Nähe Rialto. ✆ 041/5200623.

Margaret DuChamp, schick und trendy, Szenelokal am Campo Santa Margherita, Dorsoduro 3019. Bis 2 Uhr nachts, Mi geschl. ✆ 041/5286255.

• *Weinlokale* **Vino Vino (49)**, fröhliche Enoteca mit riesiger Auswahl an Tropfen aus dem Veneto und anderen Regionen. Auch essen kann man hier gut und nicht zu teuer. Di geschl. San Marco 2007/a, Calle del Caffetier, Nähe Teatro La Fenice. ✆ 041/2417688.

La Mascareta, entspannter Treff zum Plaudern und Trinken, dazu gibt es Kleinigkeiten zu essen. Nur abends, So geschl. Castello 5183, Calle Lunga Santa Maria Formosa, hübscher Ableger vom „Al Mascaron" (→ Bàcari) und nur wenige Schritte von diesem entfernt, ✆ 041/5230744.

TIPP! **Cantina del Vino già Schiavi (53)**, viel besuchter Weinladen mit Ausschank, an warmen Tagen sitzt man mit seinem Glas draußen auf dem Mäuerchen am Kanal und genießt das lebhafte Treiben. So geschl. Dorsoduro 992, Fondamenta Nani, direkt beim malerischen Ponte San Trovaso, ✆ 041/5230034.

Shopping

Venedig ist ein Paradies für Liebhaber von Trödel und Antiquitäten. Zahlreiche Künstler und Kunsthandwerker leben in der Stadt, die vielen kleinen Läden und Galerien sind ideal zum Stöbern. Seit Jahrhunderten weltberühmt sind das venezianische *Muranoglas*, die *Spitzen* und *Tuche*, *Marmorpapier* und das geschöpfte *Büttenpapier*, mittlerweile auch die mystisch angehauchten *Karnevalsmasken*. Die meisten Läden ballen sich natürlich im Viertel San Marco. In San Polo, Castello oder Dorsoduro zahlt man für die gleiche Qualität oft deutlich niedrigere Preise.

Venezianische Karnevalsmasken sind weltweit gefragt

• *Muranoglas* Beim Kauf dieses bekanntesten venezianischen Exportartikels ist Vorsicht angebracht, denn alle Qualitätsstufen sind vertreten – von billigen Imitationen bis zur hochwertigen Rarität. Besonders groß ist das Angebot entlang der **Calle Frezzeria** (San Marco), vor allem aber auf der Insel **Murano** (→ Sehenswertes).

Venini, einer der bekanntesten Produzenten, besticht durch interessante Designs. San Marco 314, Piazzetta Leoncini.

Galleria Rossella Junck, einige der besten Glaskünstler sind hier ausgestellt, Muranoglas vom 16. bis 21. Jh. San Marco 3463, Calle delle Botteghe.

• *Karnevalsmasken* Die venezianische Maskerade gibt es seit vielen hundert Jahren. Maskenmacher findet man heute in allen Stadtteilen, natürlich vor allem im von Touristen verstopften San Marco, fündig wird man dort hauptsächlich in der **Calle Frezzeria**.

La Venexiana, originell gestalteter Laden voll fantasiereich drapierter Masken. San Marco 1135/a, Calle Frezzeria.

Mondonovo, große Vielfalt an fantasievollen Masken. Dorsoduro 3036, Rio Terrà Canal, beim Campo Santa Margerita. Große Vielfalt an fantasievollen Masken.

Aus dem Festkalender der Venezianer

Karneval (Februar): Alljährlich in der letzten Faschingswoche (Samstag vor Faschingssamstag bis Rosenmontag) verwandelt sich die Lagunenstadt in einen einzigen Maskenball. Die Mystik der regennassen Kanäle, Gässchen und lautlos dahingleitenden Gondeln ist ein grandioser Hintergrund für die zahllosen fantastischen und geheimnisvollen Kostüme. Der weltberühmte venezianische Karneval (Carne vale = Abschied vom Fleisch) geht in seinen Ursprüngen mindestens bis ins 15. Jh. zurück: 1420 besiegten venezianische Truppen das feindliche Aquileia. Dieser Sieg wurde fortan mit einer Parodie gefeiert – der Patriarch von Aquileia und seine Ratsherren erschienen in Venedig als Bulle, gefolgt von zwölf Schweinen. Seitdem wurde „Il Carnevale" die einzige Zeit in der streng hierarchischen Gesellschaft der Dogenrepublik, in der es keine Klassenunterschiede gab und jeder, ob arm oder reich, sich freizügig und respektlos zeigen konnte. Im 16. Jh. entstanden die improvisierten Stegreifkomödien der „Commedia dell'Arte". Die Schauspieler verkörperten darin bestimmte Menschentypen, die durch festgelegte Masken und Kostüme gekennzeichnet waren. Diese Masken bestimmten fortan das Bild des Karnevals. Im sinnenfreudigen Rokoko des 18. Jh. wurde gleich sechs Monate lang gefeiert, wobei die tabulosen und derben Späße der Aristokraten unter dem Schutz der Maske immer mehr überhand nahmen, so dass Napoleon 1797 den Mummenschanz als dekadent und vergnügungssüchtig verbot. 1979 begannen venezianische Künstler erstmals, ihn wieder öffentlich zu zelebrieren und die Pracht des 18. Jh. wiederzubeleben.

Festa de la Sensa (Christi Himmelfahrt): An diesem Tag wird die „Hochzeit Venedigs mit dem Meer" gefeiert, das älteste und malerischste Fest der Lagunenstadt. Wie früher die Dogen fährt der Bürgermeister mit dem Staatsschiff Bucintoro zum Lido hinaus, gefolgt von einer Gondelregatta, wo er einen Lorbeerkranz (früher war es ein goldener Ring) ins Wasser wirft. Am selben Tag findet auch die **Vogalonga** statt, ein Wettbewerb der Ruderboote, der 1974 aus Protest gegen die zunehmende Motorisierung der Wasserwege Venedigs entstand.

Festa del Redentore (3. Sonntag im Juli): Das große Sommerfest, das die Venezianer am liebsten essend und trinkend auf ihren Booten verbringen, beginnt in der Nacht vom Samstag auf den Sonntag mit einem großen Feuerwerk (ca. 23.30 Uhr): Zwischen Zattere und der Redentore-Kirche auf Giudecca wird eine Pontonbrücke gebaut.

Regata storica (1. Sonntag im September): Im ersten Teil des Festes wird mit Kostümen und prächtig geschmückten Gondeln an die goldene Zeit der „Serenissima" erinnert. Dann findet eine landesweit beachtete Regatta auf dem Canal Grande statt. Den Siegern winken großzügige Preise.

Festa della Salute (21. November): Für diesen Tag wird eine hölzerne Pontonbrücke über den Canal Grande geschlagen, über die die Venezianer zur Santa Maria della Salute pilgern – Erinnerung an die große Pest von 1630, als die Stadtväter beschlossen, der „Heiligen Maria der Gesundheit" eine Kirche zu errichten.

Maskenmacherin bei der Arbeit

Bottega d'Arte Artigianale, einer der ältesten Maskenhersteller Venedigs. Castello 6360, Barbaria delle Tole.

• *Kunst/Kunsthandwerk* Zahlreiche **Kunstgalerien** liegen in den Gassen um das Peggy-Guggenheim-Museum.

Gianfranco Missaija, Castello 4683, Campo San Zaccaria. wunderschöne venezianische Aquarelle und Grafiken

Loris Marazzi, Campo di Santa Margherita 2903 (südliches Platzende). Man traut seinen Augen nicht: Schuhe, Taschen, Unterhosen und Büstenhalter – alles aus Holz geschnitzt (www.lorismarazzi.it).

• *Lebensmittel/Märkte* Jeden Morgen außer sonntags malerischer **Fisch-, Gemüse- und Obstmarkt** nördlich der Rialtobrücke in San Polo (→ Sehenswertes/San Polo).

Strada Nova, Verlängerung der Lista di Spagna am Bahnhof, viele Verkaufsstände aller Art.

Fondamenta della Misericordia, nördlich parallel zur Strada Nova, einfaches Wohnviertel, in dem man preiswert Lebensmittel und Kleidung kaufen kann.

• *Marmor- und Büttenpapier* Die Kunst des handbedruckten Marmorpapiers wurde von den Venezianern aus dem Orient mitgebracht. Angebot vom Feinsten in der traditionsreichen Buchbinderei **Legatoria Piazzesi**, San Marco 2511, Campiello della Feltrina; außerdem bei **Legatoria Polliero**, San Polo 2995, Campo dei Frari; **Il Pavone**, San Marco 3287, Salizzada San Samuele; **Paolo Olbi**, San Marco 3653, Calle della Mandola.

• *Spitzen und Tuche* **Jesurum**, traditionsreiches Kaufhaus, in dem sich im 19. Jh. der Adel seine Nachthemden und Brautkleider anfertigen ließ. San Marco 4857, Merceria del Capitello (zwischen San Marco und Rialto). **Kerer**, weitere Spitzenadresse für Spitzen, riesige Auswahl, mehrere Schauräume. San Marco 4328/a, Calle Canonica (hinter Kirche San Marco).

Sehenswertes

Venedig ist ein einziges Freilichtmuseum, im Folgenden nur ein Ausschnitt aus dem gewaltigen Angebot.

Ziellos durch die Gässchen laufen ist die schönste Art, die Stadt kennenzulernen. Langweilig wird das nie, denn immer wieder trifft man auf neue, unbekannte Plätze, läuft an romantischen Kanälen entlang oder entdeckt irgendwo einen prächtigen alten Palazzo.

Gut zu wissen: Eintrittspreise und Sammeltickets

Der **Museums-Pass** für die „Musei Civici Veneziani" kostet ca. 15,50 € (Stud. bis 29 J. 10 €) und gilt für Palazzo Ducale (Dogenpalast), Museo Civico Correr, Biblioteca Nazionale Marciana, Museo Archeologico Nazionale, Ca' Rezzonico, Palazzo Mocenigo, Casa di Carlo Goldoni, Ca' Pesaro, Museo del Vetro-Murano (Murano) und Museo del Merletto (Burano). Die ersten vier Sehenswürdigkeiten können nur mit diesem Sammelticket besucht werden, die anderen auch einzeln mit separater Eintrittsgebühr.
Weiterhin gibt es eine sogenannte **Museum Card** für:
„I Musei di Piazza San Marco" (Palazzo Ducale, Museo Civico Correr, Museo Archeologico Nazionale und Biblioteca Nazionale Marciana), Preis 11 € (für Stud. bis 29 J. 5,50 €);
„Area del Settecento" (Ca' Rezzonico, Palazzo Mocenigo und Casa di Carlo Goldoni), Preis 8 € (für Stud. bis 29 J. 4,50 €);
„I Musei delle Isole" (Museo Vetrario auf Murano und Museo del Merletto auf Burano), Preis 6 € (für Stud. bis 29 J. 4 €).
Erhältlich sind die Sammeltickets in allen genannten Museen.

Die **Venice Card Blu** berechtigt einen, drei oder sieben Tage lang zur Benutzung der öffentlichen Verkehrsmittel und Toiletten (jedoch nicht alle!), die **Venice Card Orange** zusätzlich zum Eintritt in folgenden städtischen Museen: Palazzo Ducale, Museo Civico Correr, Ca' Rezzonico, Museo Vetrario (Murano), Scuola dei Merletti (Burano), Ca' Pesaro, Museum Fortuny (derzeit wegen Restaurierung geschl., aber wechselnde Ausstellungen) und Casa di Carlo Goldoni. Es gibt sie nur auf Vorbestellung unter www.venicecard.it oder ✆ 0039-041-2424 (tägl. 8–19.30 Uhr) bei den Vela-Fahrkartenbüros Piazzale Roma, Bahnhof, Tronchetto und Punta Sabbioni (tägl. 8–20 Uhr), außerdem am Flughafen bei Vela (tägl. 9–19 Uhr) und Alilaguna (tägl. 19–24 Uhr). Preise: blu einen Tag (bis 29 J. 9 €, ab 30 J. 14 €), drei Tage (bis 29 J. 22 €, ab 30 J. 29 €), sieben Tage (bis 29 J. 49 €, ab 30 J. 51 €), orange einen Tag (bis 29 J. 18 €, ab 30 J. 28 €), drei Tage (bis 29 J. 35 €, ab 30 J. 47 €), sieben Tage (bis 29 J. 61 €, ab 30 J. 68 €). Bedenken Sie vorher sorgfältig, ob sich diese teure Karte wirklich lohnt.

Seit 1998 muss in 15 Kirchen Venedigs Eintritt bezahlt werden. Mit dem **Chorus Pass** für ca. 9 € (Stud. bis 29 J. 6 €) erhält man überall Einlass, ein Einzelticket kostet jeweils 2,50 €, d. h. der Pass lohnt sich ab vier Kirchenbesuchen. Wichtig: In Kirchen gilt ein striktes **Kleidungsgebot** – keine nackten Schultern, keine Shorts, keine Miniröcke.

Canal Grande

Die längste und schönste Wasserstraße Venedigs zieht sich in Form eines großen „S" fast 4 km quer durch die Stadt, dicht bebaut mit den vornehmen Palazzi der reichen Kaufmanns- und Adelsfamilien.

Mit dem Vaporetto entlangfahren (am besten per Bummel-Dampfer Nr. 1) macht Spaß. Wer will, kann die Namen der meisten Palazzi der Gratiskarte entnehmen, die es bei der Tourist-Info gibt.

Rundfahrt: Wer am Bahnhof mit dem Vaporetto Nr. 1 oder 82 losfährt, kommt zunächst linker Hand an der Kirche *Santa Geremia* vorbei. Gleich danach mündet der breite Canale Cannaregio in den Canal Grande, wenig später steht links der *Palazzo Vendramin Calergi*, einer der schönsten Paläste der frühen Renaissance in Venedig. 1883 starb hier Richard Wagner, heute ist in den luxuriösen Räumlichkeiten das städtische Casino untergebracht. Gegenüber passiert man die byzantinisch verspielte Fassade des *Fondaco dei Turchi* – das frühere Handelshaus der Türken ist heute Sitz des Naturhistorischen Museums.

Kurz darauf stoppt der Vaporetto rechter Hand bei der klassizistisch strengen *Kirche San Stae*. Dann folgt die *Ca' Pesaro*, der bedeutendste Barockpalast der Stadt, mit der „Galleria d'Arte Moderna" und dem „Museo d'Arte Orientale" (→ Santa Croce). Schräg gegenüber, bald nach dem Rio di San Felice, kommt man linker Hand zur gotischen *Ca' d'Oro*, einem der schönsten Paläste Venedigs. Hinter der filigranen Marmorfassade mit leicht orientalischem Einschlag verbirgt sich die „Galleria Franchetti" (→ Cannaregio). Schräg gegenüber folgt die *Pescheria*, der Fischmarkt, und kurz darauf die *Erberia*, der Obst- und Gemüsemarkt.

Genau in der Krümmung des „S" überquert die berühmte *Rialtobrücke* (→ San Polo) den Canal. Hier ist eine wichtige Vaporetto-Station, von der aus man in knapp 10 Min. den Markusplatz erreichen kann. Wenige Meter vor der Brücke steht links der *Fondaco dei Tedeschi*, einst das Hauptquartier der deutschen Kaufleute, die um den nahen Campo San Bartolomeo wohnten, heute ist hier die Hauptpost untergebracht. Weiter den Canal entlang, sieht man gleich links den *Palazzo Dolfin Manin* von Sansovino (heute Banca d'Italia), etwas später, an der Einmündung des Rio di San Luca, den mächtigen Renaissancebau des *Palazzo Grimani*.

Kurz vor der letzten großen Kanalkurve, *Volta* genannt, steht linker Hand ein ganzes Bündel von aneinandergebauten Palästen, die *Palazzi Mocenigo*. Rechter Hand passiert man die berühmte gotische *Ca' Foscari* aus dem 15. Jh., heute Sitz der Universität, und bald darauf die massive *Ca' Rezzonico* mit dem üppig ausgestatteten „Museo del Settecento Veneziano". Gegenüber steht der klassizistische *Palazzo Grassi*, seit seiner Restaurierung 1986 einer der großen Kulturtempel Venedigs (→ San Marco).

Unter der Akademiebrücke hindurch und an den berühmten *Gallerie dell'Accademia* (→ Dorsoduro) vorbei, fährt man rechts am unvollendeten *Palazzo Venier dei Leoni* mit der Peggy-Guggenheim-Sammlung (→ Dorsoduro) entlang. Gegenüber steht der *Palazzo Corner della Ca' Grande* aus der Hochrenaissance, gefolgt von einer Reihe von Palästen, in denen sich Hotels etabliert haben. Gleich darauf folgt rechts der bildhübsche *Palazzo Dario* mit runden Marmorverzierungen.

Der schmale *Palazzo Contarini-Fasan* mit seinen radförmigen Verzierungen an den Balkonen steht genau gegenüber der gewaltigen Kirche *Santa Maria della Salute* (→ Dorsoduro). Hier beginnt das offene Meer und es sind nur noch wenige Meter zur Endstation Markusplatz mit einer Vaporettostation vor den *Giardinetti Reali* und einer kurz nach dem Platz, vor der Kirche *San Zaccaria*. Wenn man an Letzterer aussteigt und über den *Ponte della Paglia* zum Platz zurückgeht, kommt man am Dogenpalast und der berühmten „Seufzerbrücke" vorbei.

San Marco

Das repräsentative Zentrum der Stadt. Hier zahlt man die höchsten Preise und findet den meisten Trubel.

Der Markusplatz war einst das Eingangstor Venedigs. Alle Schiffe, die die Adria heraufkamen, landeten vor dieser einmalig prunkvollen Kulisse um die Basilika. Auch heute noch ist die Anfahrt über die Lagune der schönste Einstieg, denn die „Skyline" Venedigs kann man vom Meer aus am besten betrachten (→ Anfahrt/Verbindungen).

Piazza San Marco *(Markusplatz)*: Tauben, Touristen, Marmor, Cafés, die Basilika, der Campanile, der Dogenpalast ... Es gibt wenige Plätze in der Welt, die so vom internationalen Tourismus eingenommen sind und trotzdem einen derartig reichen

Der von Palästen gesäumte Canal Grande zieht sich durch die ganze Stadt

Zauber ausstrahlen. Ein Abend auf der Piazza San Marco gehört zu den großen Italien-Erlebnissen. Wenn es langsam dunkel wird, die Kaffeehausorchester aufspielen, warme Windlichter flackern und perfekt livrierte Ober schaumigen Cappuccino servieren, wird der nostalgische Charme des 19. Jh. lebendig. Selbst die täglich aus aller Welt einfallenden Heerscharen können den ureigenen Charakter dieses Platzes nur oberflächlich ankratzen.

Die großzügige architektonische Konzeption lässt sich am besten in den frühen Morgenstunden oder spät abends bewundern, denn den ganzen Tag über herrscht hektisches Treiben. Die beiden Längsseiten werden von den *Prokurazien* bestimmt, den Verwaltungsgebäuden der Serenissima, unter den Arkadengängen bieten elegante Geschäfte wertvolle Tuche, Spitzen und venezianisches Glas. Die historischen Cafés *Florian* und *Quadri* liegen einander genau gegenüber. An der rückwärtigen Front des Platzes befindet sich die *Ala Napoleonica* (Napoleonischer Flügel), die Napoleon errichten ließ, um die beiden Prokurazien miteinander zu verbinden. Hier und in der südlichen Prokurazie ist das *Museo Civico Correr* mit einer umfassenden Sammlung zur Stadtgeschichte und zum venezianischen Leben untergebracht. Es bietet Skulpturen, Waffen, Drucke, Stoffe, Keramik, Münzen etc., außerdem eine beachtliche Gemäldesammlung mit Werken von Jacopo, Bellini, Carpaccio und Lotto, dazu deutsche und flämische Stücke. Durch das Museo Correr gelangt man ins etwas kunterbunt zusammengestellte *Archäologische Museum*, in dem vor allem viele griechische und römische Skulpturen zu finden sind. Von hier aus wiederum hat man Zugang zum prachtvollen Renaissancepalast der *Biblioteca Marciana* an der Piazzetta San Marco (→ unten), erbaut im 16. Jh. von Sansovino.

Der große Prachtsaal ist mit Decken- und Wandgemälden von Veronese, Tizian, Tintoretto und Schiavone bedeckt, ausgestellt sind wertvolle Handschriften und Kalligrafien.

• *Öffnungszeiten/Preise* **Museo Civico Correr**, **Archäologisches Museum** und **Biblioteca Marciana**, April bis Okt. tägl. 9–19 Uhr (letzter Zutritt 18 Uhr), Nov. bis März 9–17 Uhr (letzter Zutritt 16 Uhr). Eintritt nur mit Museums-Pass „Musei Civici Veneziani" oder Museum Card „Musei di Piazza San Marco".

Tauben und Touristen

„Tauben füttern“ am Markusplatz gehörte bisher zu den Standardfotos aller Venedigurlauber. Doch nun hat die Stadt den Taubenschwärmen den Kampf angesagt, denn die Verschmutzung durch ihren Kot sei eine einzige „Katastrophe“: Die fliegenden Händler, die den Touristen Körner verkaufen, sollen an einen anderen Ort der Lagunenstadt umziehen – und wer die Vögel trotzdem füttert, muss mit bis zu 500 € Strafe rechnen.

Basilica di San Marco *(Markuskirche)*: Ihre glanzvolle, orientalisch anmutende Zuckerbäckerfassade mit den fünf Kuppeln beherrscht das Platzbild – Sinnbild des Reichtums der ehemaligen Handelsmetropole, die ihre Niederlassungen überall in der Welt hatte.

Die Basilika wurde zwischen 1060 und 1070 im byzantinischen Stil erbaut, jedoch bis ins 16. Jh. ständig verändert und mit Raubstücken ausgeschmückt, die venezianische Söldner von Beutezügen mitbrachten, z. B. das berühmte *Pferdegespann* über dem Hauptportal, das 1204 bei der Eroberung Konstantinopels den Besitzer wechselte. Heute ist es von Grünspan befallen, abmontiert und durch Kopien ersetzt worden. Wegen der starken Luftverschmutzung gefährdet sind auch die großen *Mosaiken* aus dem 17. Jh. in den Bogenöffnungen der Außenfront. Man erwägt ihre Abnahme.

Die *Vorhalle* ist gänzlich mit biblischen Mosaiken ausgeschmückt – passender Auftakt zum überwältigenden Inneren der Basilika: Praktisch der gesamte Innenraum des Kreuzkuppelbaus ist mit byzantinischen *Goldgrund-Mosaiken* aus dem 12. und 13. Jh. bedeckt – ein fantastischer Schatz und die größte zusammenhängende Mosaikfläche der Welt! Trotzdem wirkt der Raum düster, die kleinen Fenster in den Kuppelwölbungen lassen kaum Licht herein. Auch der mittlerweile stark gewellte *Boden* ist ein Meisterwerk der Mosaikkunst mit vielen verblüffenden Mustern und geometrischen Formen aus Marmor, Porphyr und Glas.

Der *Hochaltar* ist durch eine prächtige Chorschranke mit Marmorstatuen vom Hauptraum abgetrennt. Unter dem Baldachin ruhen die Gebeine des Evangelisten Markus, des Namenspatrons der Kirche, die im 9. Jh. nach Venedig überführt wurden. Höhepunkt der Besichtigung ist die blitzende und funkelnde *Pala d'Oro* hinter dem Altar. Die große goldene Tafel ist übersät mit Edelsteinen und Perlen, auf 80 kunstvollen Emaillebildern sind neben Jesus und Maria Apostel und zahlreiche Heilige dargestellt. Im rechten Seitenschiff befindet sich der Zugang zur *Schatzkammer* (tesoro), in Glasvitrinen sind dort Reliquien und Raubstücke von der Einnahme Konstantinopels ausgestellt.

Auf der rechten Seite der Kirche führt eine schmale Treppe zur *Loggia dei Cavalli* hinauf. Oben stehen die Originale des Pferdegespanns aus Konstantinopel, außerdem kann man auf die Loggia hinaustreten und hat die Mosaiken in Augenhöhe vor sich. Im kleinen *Museo Marciano* sind verschiedene Stücke der Kirchenausstattung ausgestellt.

• *Öffnungszeiten/Preise* **Basilica di San Marco**, tägl. 9.45–17 Uhr, Eintritt frei;
Pala d'Oro, April bis Sept. Mo–Sa 9.45–17 Uhr, So 14–17 Uhr (Okt. bis März 13–16.45 Uhr), Eintritt ca. 1,50 €;
Tesoro, April bis Sept. Mo–Sa 9.45–17 Uhr, So 14–17 Uhr (Okt. bis März 13–16.45 Uhr); Eintritt ca. 2 €;
Museo di San Marco (Loggia dei Cavalli & Museo Marciano), April bis Sept. tägl. 9.45–17 Uhr; Eintritt ca. 3 €.

Der Dogenpalast: einstiges Machtzentrum der Seerepublik

Achtung: Dezente Kleidung ist ein Muss, keine kurzen Hosen, Tops etc. Die Mitnahme von größeren Gepäckstücken ist verboten, Gepäckaufbewahrung im Ateneo San Basso an der Piazzetta dei Leoncini vor der Nordfassade.

Campanile *(Markusturm)*: Er begann seine Existenz im 9. Jh. als Leuchtturm und wurde dann vom 12. bis 16. Jh. zu seiner heutigen Höhe von 99 m hinaufgezogen. Im Sommer 1902 stürzte er aus unerklärlichen Gründen in sich zusammen und wurde wieder neu aufgebaut, ebenso wie die kleine Renaissance-Loggetta am Fuß des Turms. Mit einem Fahrstuhl kommt man in die Glockenstube hinauf, phänomenaler Blick über Stadt und Lagune.

Öffnungszeiten/Preise Juli bis Sept. tägl. 9.45–20 Uhr, Okt. bis März 9.45–16 Uhr, April bis Juni 9.30–17 Uhr; Eintritt ca. 6 €.

Piazzetta San Marco: Der sich zum Wasser hin öffnende Platzteil war bis zum 12. Jh. noch ein Hafenbecken. An einer Seite ist er flankiert vom großartigen Palazzo Ducale, auf der anderen Seite steht der klassische Renaissancepalast der *Biblioteca Marciana*, die nur durch das Museo Civico Correr betreten werden kann (→ Piazza San Marco). An der Wasserfront liegt einer der wichtigsten Gondelhalteplätze der Stadt. Zwei *Säulen* schließen hier den Platz ab, eine mit dem heiligen Theodor auf der Spitze, dem byzantinischen Schutzpatron der Stadt, der später vom Evangelisten Markus abgelöst wurde. Auf der anderen thront der Markuslöwe. Der Platz dazwischen diente früher als Exekutionsstätte.

Palazzo Ducale: Der gotische *Dogenpalast* (Palast der Stadtoberen) wurde im 14./15. Jh. erbaut und war das administrative Zentrum der Weltmacht Venedig. Seine großartige, massiv und zugleich verspielt wirkende Fassade ist ganz in rosa schimmerndem Veroneser Marmor und istrischem Kalk gehalten. Perfekte Eleganz spricht aus den beiden unterschiedlichen Säulengängen übereinander. In der filigranen Komposition kann man orientalische Züge erkennen.

Die Seufzerbrücke: für viele eine Brücke ohne Wiederkehr

Man betritt den Palast durch den meeresseitigen Eingang, die *Porta del Frumento*. Die ehemaligen Regierungs- und Amtsräume des Palastes wurden in der jahrhundertelangen Regierungszeit der Dogen von führenden Künstlern ihrer Zeit ausgeschmückt. Vom offenen Arkadengang im ersten Stock gelangt man über die *Scala d'Oro* mit ihrem reich verzierten Tonnengewölbe in das zweite Obergeschoss. Die dortigen Zimmerfluchten sind vollständig mit Wand- und Deckengemälden von Tintoretto, Tizian, Veronese u. a. bedeckt. Besonders schön sind die *Sala del Collegio* und die daran anschließende *Sala del Senato*. Es folgen die Räume der Sicherheitsbehörden, darunter die *Sala del Consiglio dei Dieci* und die *Sala degli Inquisitori*. Im Flur ist noch einer der berüchtigten Denunziations-Briefkästen zu sehen, mittels derer in den finsteren Zeiten der Republik jedermann unerkannt seinen Nachbarn den Untersuchungsbehörden ans Messer liefern konnte. Nicht unpassend dazu folgt eine große Waffensammlung, in der wirklich sehenswerte und seltene Exponate ausgestellt sind.

Danach steigt man in den ersten Stock hinunter zum prachtvollsten und größten Raum des Palastes, zur *Sala del Maggior Consiglio* (Sitzungssaal des großen Rats). Hier ist der Hit des Dogenpalastes untergebracht – das „Paradies" von Tintoretto, eines der größten Ölgemälde der Welt! Ein unglaubliches Menschengewimmel auf 25 m Länge, entstanden 1588–1590 unter tatkräftiger Mithilfe seiner Schüler. Im Deckenfries sind 76 Dogenporträts aneinandergereiht, ein Feld ist jedoch schwarz – der betreffende Doge wurde als Verräter entlarvt und 1355 hingerichtet. An der reich vergoldeten Decke sieht man Gemälde von Veronese, Tintoretto u. a. Vom Fenster hat man einen herrlichen Blick auf die Piazzetta mit den beiden Säulen und der Mole davor.

Über den berühmten *Ponte dei Sospiri* (Seufzerbrücke) gelangt man hinüber in die venezianischen Staatsverliese, die *Prigioni*. Sie sind nur durch einen schmalen Kanal vom Palazzo Ducale getrennt. Die Gefangenen, die durch das filigrane Gitterwerk der Brücke einen letzten Blick in die Freiheit werfen konnten, blieben meist lebenslänglich in den engen Zellen. Der Gefängnisneubau stammt aus dem 16. Jh., doch wurden auch die alten Zellen im Dogenpalast weiterhin genutzt: die stickigen *Pozzi* (Brunnen), deren Feuchtigkeit so mancher Insasse nicht überlebte, und die nicht minder berüchtigten *Piombi*, direkt unter dem bleiernen Dach gelegene Kammern, die im Sommer höllisch heiß wurden. Hier saß 1755 auch Casanova fest und konnte schließlich unter abenteuerlichen Umständen über die Dächer des Palazzo Ducale entkommen.

Die *Porta della Carta* an der Piazzetta dient als Ausgang nach der Führung. Dass kein unautorisierter Sterblicher die mächtige Treppe *Scala dei Giganti* im Innenhof entweiht, darüber wachen die beiden Giganten Mars und Neptun samt einer massiven Kette.

• Öffnungszeiten/Preise April bis Okt. tägl. 9–19 Uhr (Zutritt bis 18 Uhr), Nov. bis März 9–17 Uhr (Zutritt bis 16 Uhr). Eintritt nur mit Museums-Pass „Musei Civici Veneziani" oder Museum Card „Musei di Piazza San Marco".

Itinerari Segreti, nach Voranmeldung kann man 2-mal tägl. an einer englischsprachigen Führung durch die Geheimgemächer des Gebäudes teilnehmen, darunter Inquisitionszimmer, Folterraum und Pozzi (ca. 13 €, Anmeldung bei der Kasse oder 48 Std. vorher unter ✆ 041/5209070).

Mercerie: Neben der Basilica San Marco durchquert man den Torbogen der *Torre dell'Orologio* (Uhrturm), auf deren Dach zwei Mohren die Stunde schlagen. Hier beginnen die Mercerie, die Hauptgeschäftsstraße Venedigs. Ein touristischer Trampelpfad, der mit etlichen Windungen hinüber zur Rialtobrücke führt (→ San Polo).

Teatro La Fenice: Das Ende des 18. Jh. errichtete Haus gehört zu den Renommiertheatern Italiens. Seine glorreichste Zeit erlebte es unter Verdi, damals entstanden hier „Rigoletto" und „La Traviata". Im Oktober 1995 brannte La Fenice fast vollständig aus, übrigens zum dritten Mal innerhalb seiner Geschichte – deswegen der bezeichnende Name „La Fenice" = Phönix (aus der Asche). Noch im selben Jahr wurde mit dem Wiederaufbau begonnen und im Dezember 2003 konnte tatsächlich die neuerliche Eröffnung gefeiert werden. 100 Mio. € hat die hervorragend gelungene Rekonstruktion gekostet, die die alte Pracht mit großer Authentizität wiedererstehen ließ.

Palazzo Grassi: 2005 erwarb der französische Milliardär François Pinault den historischen Palast für 29 Mio. € und ließ die Innenräume vom Stararchitekten Tadao Ando umgestalten. Ein Teil der umfangreichen Kunstsammlung Pinaults soll hier präsentiert werden, hauptsächlich moderne Avantgarde von Warhol bis heute, das Schwergewicht wird aber auf großen Wechselausstellungen liegen. Schon im Freien ist das neue Museum kenntlich an dem bunten „Balloon Dog" von Jeff Koons – ein durchaus provokativer Akzent in der venezianischen Museumslandschaft.

Öffnungszeiten Tägl. 10–19 Uhr, weitere Auskünfte in den Informationsbüros oder unter ✆ 041/5231680, www.palazzograssi.it

Sonstiges: Auf dem viel begangenen Weg vom Markusplatz zu den Gallerie dell' Academia im Viertel Dorsoduro kann man mehrere Kirchen besichtigen, darunter die barocke *San Moisè*, *San Fantin* beim Teatro La Fenice und *Santo Stefano* am schönen gleichnamigen Platz, in dessen Museum drei Gemälde von Tintoretto hängen.

Öffnungszeiten/Preise **Santo Stefano**, Mo–Sa 10–17 Uhr, So 13–17 Uhr, Eintritt ca. 2,50 € oder Chorus Pass.

Dorsoduro

Im Viertel südwestlich von San Marco liegen zwei der wichtigsten Museen Venedigs und eine der letzten Gondelwerften. Besuchenswert ist auch der *Campo di Santa Margherita*, der trotz seiner Größe intim wirkt wie ein Wohnzimmer.

Gallerie dell'Accademia: unmittelbar beim Ponte dell'Accademia. Die wichtigste Gemäldegalerie Venedigs besitzt eine großartige Sammlung von venezianischen Malern des 14.–19. Jh., die in etwa 30 Sälen chronologisch geordnet ist, u. a. Bellini, Mantegna, Tintoretto, Tizian, Veronese und Tiepolo. Zu den zahlreichen Höhepunkten gehören die opulenten Bilderbögen des venezianischen Lebens von *Carpaccio* (15. Jh.), vor allem die „Legende der heiligen Ursula", die sanften Madonnen von *Bellini* (für die angeblich die schönsten Dirnen der Stadt Modell standen), außerdem das „Gastmahl im Haus des Levi" von *Tintoretto*.

Öffnungszeiten/Preise Mo 8.15–14 Uhr, Di–So 8.15–19.15 Uhr (Zutritt bis 30 Min. vorher); Eintritt ca. 6,50 €, EU-Bürger zwischen 18 und 25 J. 3,25 €, unter 18 und über 65 J. frei. Sammelticket Accademia, Ca' d'Oro und Museo Orientale 11 €, ermäß. 5,50 €.

Peggy-Guggenheim-Sammlung: im Palazzo Venier dei Leoni direkt am Canal Grande, Nähe Santa Maria della Salute. Peggy Guggenheim (1898–1979), Kunstsammlerin, Wahlvenezianerin und Ehrenbürgerin der Stadt, erwarb den Palazzo 1949 und richtete hier eine exquisite Kollektion der Kunst aus der ersten Hälfte des 20. Jh. ein. Schwerpunkte sind Surrealismus und Kubismus. Peggy Guggenheim liegt in ihrem Garten begraben, Seite an Seite mit ihren „beloved babies", wie sie ihre Hunde nannte. Geplant ist für die nächsten Jahre der Umzug in ein neues Gebäude an der Punta della Dogana, der Landspitze von Dorsoduro.

Öffnungszeiten/Preise Mi–Mo 10–18 Uhr, Di geschl.; Eintritt ca. 10 €, über 65 J. 8 €, Stud. und unter 18 J. 5 €.

Santa Maria della Salute: Der perfekt symmetrische Zentralbau steht ausgesprochen pittoresk auf der hübschen Landspitze am Ausgang des Canal Grande, schräg gegenüber von San Marco (Traghetto Giardini Reali – Fondamenta Dogana). Seit Generationen grüßt die hoch über die Häuser ragende Kuppel die ankommenden Schiffe. Die barocke Kuppelkirche aus weißestem Marmor gilt als das Meisterwerk

Auf der hölzernen Accademiabrücke

des venezianischen Architekten Baldassare Longhena. Erbaut wurde sie zu Ehren Mariä, nachdem die Pest 1630 die Einwohnerzahl der Stadt um 50.000 Menschen dezimiert hatte. Der runde Innenraum beeindruckt in seiner klar gestalteten Monumentalität. Am dritten Altar links die „Ausgießung des heiligen Geistes" von Tizian. In der Sakristei eine großartige „Hochzeit von Kanaa" von Tintoretto.

Öffnungszeiten/Preise tägl. 9–12, 15–17.30 Uhr, bei Sakristeibesuch Spende erbeten.

Squero von San Trovaso: Am Rio San Trovaso arbeitet eine der letzten Gondelwerften Venedigs. Den Handwerkern über die Schulter schauen kann man allerdings nicht. Man muss sich mit dem Blick vom gegenüberliegenden Kanalufer auf die Holzbaracken und den zum Kanal abfallenden Platz begnügen.

Fondamenta delle Zattere: Die Flanierzone am Südrand des Dorsoduro liegt direkt an einem der Hauptschifffahrtswege der Stadt, Panoramablick übers Wasser auf die vorgelagerte Insel Giudecca. In der *Chiesa ai Gesuati* Deckengemälde von Tiepolo und eine dramatische „Himmelfahrt" von Tintoretto (links vom Altar).

Öffnungszeiten/Preise **Chiesa ai Gesuati**, Mo–Sa 10–17 Uhr, So 13–17 Uhr; Eintritt ca. 2,50 € oder Chorus Pass.

San Sebastiano: Die Kirche aus dem 16. Jh. steht am gleichnamigen Platz im Westen von Dorsoduro und ist berühmt wegen der zahlreichen Decken-, Wand- und Altargemälde von Paolo Caliari (1528–1588), genannt „Veronese", der hier auch begraben liegt.

Öffnungszeiten/Preise Mo–Sa 10–17 Uhr, So 15–17 Uhr; Eintritt ca. 2,50 € oder Chorus Pass.

Scuola Grande dei Carmini: An der Westseite des Campo di Santa Margherita trifft man auf die große gotische, später barock umgebaute *Chiesa dei Carmini*. Gleich gegenüber steht die Scuola Grande dei Carmini, Sitz einer Ende des 17. Jh. rund 75.000 Mitglieder zählenden Bruderschaft. Im Hauptsaal des ersten Stocks sind neun auf Leinwand gemalte Deckengemälde von Giambattista Tiepolo erhalten.

Öffnungszeiten/Preise Mo–Sa 9–18 Uhr, So 9–16 Uhr, Eintritt ca. 5 €.

Ca' Rezzonico: Der wunderbare, in 20-jähriger Arbeit aufwendig restaurierte Barockpalast am Canal Grande ist Sitz des *Museo del Settecento Veneziano*, dessen reich ausgestattete Räumlichkeiten einen lebendigen Einblick in die Wohn- und Lebenskultur des 18. Jh. geben. Darunter sind auch viele Stücke aus den Villen an der Riviera del Brenta. Einige Säle besitzen Fresken von Giambattista Tiepolo und seinem Sohn Giandomenico. Neu sind im Obergeschoss die *Farmacia Ai Do San Marchi* und die *Pinacoteca Egidio Martini* mit über 300 Werken venetischer Künstler des 17. und 18. Jh.

Öffnungszeiten/Preise **Museo del Settecento Veneziano**, April bis Okt. Mi–Mo 10–18 Uhr, übrige Zeit 10–17 Uhr, Di geschl., Eintritt ca. 6,50 € (Schüler/Stud. 14–20 J. 1,50 €) oder Museums-Pass bzw. Museum Card „Area del Settecento".

San Polo

Dieses „Sestiere" ist durch den Canal Grande von San Marco getrennt, die Rialtobrücke stellt die Verbindung her. Hier findet man die Frari-Kirche, aber auch einige der nettesten Plätze der Stadt.

Rialtobrücke: Der Ponte di Rialto – der Name kommt von „Rivo alto", also hohes Ufer, denn es handelt sich um einen der höchstgelegenen Punkte Venedigs – wurde im 16. Jh. auf über 12.000 Pfählen errichtet und war bis ins 19. Jh. der einzige Über-

Venetien

gang über den Canal Grande. Er diente als bedeutender Handelsumschlagplatz, denn an den benachbarten Fondamenti, wo sich heute Restaurants reihen, wurden die Waren angelandet und in die umliegenden Kaufmannsniederlassungen verschafft, darunter der *Fondaco dei Tedeschi*, das Haus der deutschen Kaufleute (→ Canal Grande).
Heute ist die 50 m lange Brücke auf ihrer gesamten Länge beidseitig mit Souvenirläden zugebaut. An ihrer Westseite erstreckt sich entlang der Ruga degli Orefici ein Budenmarkt bis hin zur Calle della Beccarie mit vormittäglichem Obst- und Gemüsemarkt (Mo–Sa) und dem benachbarten größten Fischmarkt der Stadt. An der Ostseite der Brücke beginnen die *Mercerie*, die wichtigste Geschäftszeile von Venedig. Sie führt direkt zur Piazza San Marco (→ San Marco).

Campo San Polo: Der zentral gelegene Platz gehört zu den größten der Stadt. Abends verwandelt er sich in einen beliebten Treffpunkt und großen Kinderspielplatz. Im Café am Platz kann man die Szenerie in aller Ruhe genießen.

Basilica dei Frari: Die gotische Basilika am Campo dei Frari ist eine der bedeutendsten Kirchen Venedigs, denn in ihr befinden sich zahlreiche Grabmäler von Dogen und anderen illustren Venezianern. Die bis auf die Portale völlig schmucklos gehaltene, monumentale Backsteinkirche der Franziskaner ist ein Werk der Gotik. Der gewaltige Innenraum wird dominiert vom marmorverkleideten Chor mit seinem prachtvollen Gestühl und den pompösen Grabdenkmälern im Hauptschiff. Über dem Altar prangt in leuchtenden Farben das berühmte, fast 7 m hohe Tiziangemälde „Mariä Himmelfahrt", ebenfalls von Tizian ist die „Madonna der Familie Pesaro" am zweiten Altar des linken Seitenschiffs. Tizian soll hier sogar begraben liegen, sein vermeintliches Grabmal ist von der Fassade aus gesehen das zweite rechts im Hauptschiff. Mystisch zeigt sich das pyramidenförmige Mausoleum zu Ehren des Bildhauers Antonio Canova neben dem heutigen Haupteingang im linken Seitenschiff – eine verschleierte Gestalt verschwindet durch eine halb geöffnete Tür ...

Öffnungszeiten/Preise April bis Okt. Mo–Sa 9–18 Uhr, So 13–18 Uhr (übrige Zeit eine Stunde kürzer); Eintritt ca. 2,50 € oder Chorus Pass.

Scuola Grande di San Rocco: Das ehemalige Hauptgebäude der größten venezianischen „Bruderschaft" steht unmittelbar hinter der Frari-Kirche am Campo San Rocco. Der Venezianer Tintoretto (1518–1594) hat den Renaissancepalast in mehr als zwanzigjähriger Arbeit mit 56 herrlichen Wand- und Deckengemälden ausgeschmückt und sich so gleichsam sein eigenes Museum geschaffen – die größte Tintoretto-Sammlung der Welt. Im oberen Stockwerk findet man die Bilder des jungen Tintoretto, darunter in der *Sala dell'Albergo* dramatische Passionsszenen und eine imposante „Kreuzigung" sowie an der Decke den „Heiligen Rochus", den Schutzpatron der Bruderschaft. Im Erdgeschoss sind die Werke des gereiften Meisters zu betrachten, u. a. eine grandiose „Verkündigung", die opulente „Flucht nach Ägypten" und der „Bethlehemische Kindermord".

Öffnungszeiten/Preise April bis Okt. tägl. 9–17.30 Uhr, Nov. bis März 10–16 Uhr; Eintritt ca. 5,50 €, von 18 bis 25 J. 4 €, unter 18 J. 1,50 €.

Santa Croce

Mit Bahnhof und Parkplätzen das am wenigsten aufregende Viertel der Stadt. Im 19. Jh. wurden große Teile des „Sestiere" abgerissen, um den Erfordernissen des modernen Verkehrs gerecht zu werden.

Seit Jahren ist zwischen Piazzale Roma und Bahnhof die neue Fußgängerbrücke **Ponte di Calatrava** über den Canal Grande in Bau, die Fertigstellung verzögert sich jedoch immer wieder.

Ca' Pesaro: Der bedeutendste Barockpalast der Stadt steht direkt am Canal Grande. In den Untergeschossen kann man die *Galleria d'Arte Moderna* mit Werken aus dem 19. und 20. Jh. besichtigen, u. a. sind Chagall, Klee, Kandinsky und Klimt vertreten, oben besitzt das *Museo d'Arte Orientale* eine reiche Sammlung fernöstlicher Stücke.

• Öffnungszeiten/Preise **Galleria d'Arte Moderna & Museo d'Arte Orientale**, April bis Okt. Di–So 10–18 Uhr, übrige Zeit 10–17 Uhr; Eintritt ca. 5,50 € (Stud. bis 29 J. 3 €) oder Museums-Pass. Sammelticket für Accademia, Ca' d'Oro und Museo Orientale siehe unter Gallerie dell' Accademia, für Ca' d'Oro und Museo Orientale ca. 6 € (ermäß. 3 €).

San Stae: vom Ca' Pesaro nur durch zwei Kanäle getrennt. Die klassizistische Komposition verrät Palladio-Einfluss, die Seitenaltäre ähneln griechischen Tempeln. Es gibt eine Reihe von Deckengemälden, darunter „Das Martyrium des heiligen Bartolomeus" von Tiepolo. Für den Stifter der Stae-Kirche, Alvise Mocenigo II, wurde eine Grabplatte in den Boden eingelassen: Sensenmänner und Knochen erinnern an die Vergänglichkeit menschlichen Tuns.

Öffnungszeiten/Preise Mo–Sa 10–17 Uhr, So 13–17 Uhr; Eintritt ca. 2,50 € oder Chorus Pass.

Palazzo Mocenigo: Etwas landeinwärts von San Stae steht dieser Palazzo an der Salizzada di San Stae. Er beherbergt das *Centro Studi di Storia del Tessuto e del Costume* mit einer herrlichen Sammlung von historischen Stoffen und Kostümen, Gemälden, antikem Mobiliar und Leuchtern aus Murano-Glas.

Öffnungszeiten/Preise April bis Okt. Di–So 10–17 Uhr, übrige Zeit Di–So 10–16 Uhr; Eintritt ca. 4 € (Stud. bis 29 J. 2,50 €) oder Museums-Pass bzw. Museum Card „I Musei di San Marco".

Reizvoll:
Wohnen in venezianischen Palazzi

Cannaregio

Der ruhige Norden der Stadt erstreckt sich vom Bahnhof weit nach Osten und ist ein reines Wohnviertel mit kleinen Plätzen, schmalen Kanälen und versteckten Gassen. Interessant ist besonders das ehemalige jüdische Viertel im Nordwesten.

Lista di Spagna: touristischer Trampelpfad seitlich vom Bahnhof, flankiert von zahlreichen Restaurants und Hotels, in der Verlängerung auch Marktstände.

Ghetto: ein tragisches Relikt. Das erste jüdische „Ghetto" Europas ist vom Bahnhof über die Verlängerung der Lista di Spagna zu erreichen. Benannt ist es nach der

„O sole mio“: Touristen mögen's mit Musik

Metallgießerei (gettare = gießen), die hier vorher stand. Der Name bürgerte sich später als Bezeichnung für alle Judenviertel ein. Seit 1516 mussten die Juden Venedigs in diesem abgeschlossenen Quartier eingepfercht wohnen. Die Religionsausübung war ihnen im Gegensatz zu vielen anderen Ländern jedoch gestattet, deshalb kamen ständig neue Flüchtlinge an. Wegen Platzmangels wurden die Häuser bis zu acht Stockwerke hoch gebaut, ein Klein-Manhattan in Venedig. Napoleon ließ das Ghetto 1797 öffnen, doch die nachfolgenden Österreicher machten das bald wieder rückgängig. Im Juli 1944 – Italien hatte bereits kapituliert – fielen Nazis und italienische Faschisten gemeinsam ins venezianische Ghetto ein. Eine Gedenktafel und Flachreliefs an der Mauer der *Schola Spagnola* im Ghetto Vecchio erinnern an die Deportationen. Am Campo Ghetto Nuovo, dem großen Platz im Zentrum, steht das *Museo Ebraico*, das auch Führungen in drei der insgesamt fünf erhaltenen Synagogen aus dem 16. Jh. und auf dem jüdischen Friedhof am Lido organisiert.

• *Öffnungszeiten/Preise* **Museo Ebraico**, Juni bis Sept. So–Fr 10–19 Uhr, übrige Zeit 10–17.30 Uhr, am Sabbat und an jüdischen Feiertagen geschl., Eintritt ca. 3 €; englischsprachige Führungen stündl., deutschsprachige Führungen nach Vereinbarung, ca. 8 €. ✆ 041/715359.

Ca' d'Oro: Direkt am Canal Grande steht dieser ursprünglich gotische Palast mit leicht orientalischem Einschlag und filigranen, sechsbogigen Maßwerkloggien im ersten und zweiten Stock der Fassade. Leider ist von den früheren Goldverzierungen, die dem Palazzo seinen Namen gaben, nichts mehr erhalten. Im schön gestalteten Inneren kann man die *Galleria Franchetti* besuchen mit Mobiliar, Skulpturen und Gemälden, darunter viele zweitrangige und einige bedeutende Stücke, z. B. das Fresko „Heiliger Sebastian“ von Mantegna in der ehemaligen Hauskapelle, „Venus am Spiegel“ von Tizian und ein Werk von Giorgione, das einst an der Außenfront prangte.

• *Öffnungszeiten/Preise* Mo 8.15–14 Uhr, Di–Sa 8.15–19.15 Uhr; Eintritt ca. 3 €, von 18–25 J. 2,50 €, frei unter 18 und über 65 J. Sammelticket für Accademia, Ca' d'Oro und Museo Orientale siehe unter Gallerie dell'Accademia, für Ca' d'Oro und Museo Orientale ca. 6 € (ermäß. 3 €).

Santa Maria dei Miracoli: idyllisches Fleckchen am Zusammenfluss dreier Kanäle und eine der schönsten und ungewöhnlichsten Renaissancekirchen der Stadt. Der Bildhauer und Architekt Lombardo ließ sich 1481–1489 allerhand einfallen. Prächtige Inkrustationen schmücken die Fassade und der Marmor wirkt fast wie Stoff mit Batikornamenten, denn Lombardo setzte die großen Blöcke mit jeweils gleicher Maserung nebeneinander und wechselte sie nach jedem Fenster. Ins Tonnengewölbe der Decke sind zahlreiche Porträts eingelassen.

Öffnungszeiten/Preise Mo–Sa 10–17 Uhr, So 13–17 Uhr; Eintritt ca. 2,50 € oder Chorus Pass.

Madonna dell'Orto: In der rechten Chorkapelle dieser gotischen Kirche im Norden des Cannaregio liegt Tintoretto begraben, mehrere seiner Gemälde schmücken den Innenraum. Sein Wohnhaus, die *Casa di Tintoretto*, liegt ganz in der Nähe an der Fondamenta dei Mori (Cannaregio 3399).

Öffnungszeiten/Preise Mo–Sa 10–17 Uhr, So 13–17 Uhr; Eintritt ca. 2,50 € oder Chorus Pass.

Castello

Der östliche Zipfel Venedigs, mit seiner riesigen Werft *(Arsenale)* früher der industrielle Motor der Stadt, ist heute weitgehend ruhig und ohne großartige Sehenswürdigkeiten. Hier gibt es jedoch die einzigen nennenswerten Grünanlagen der Stadt.

Riva degli Schiavoni/Riva dei Sette Martiri: Von San Marco die Uferstraße nach Osten geht es über den *Ponte della Paglia*, wo sich morgens bis abends die Massen drängen, um die berühmte Seufzerbrücke zu knipsen. An den zahlreichen Haltestellen der Vaporetti entlang gelangt man zur *Chiesa della Pietà* mit Deckengemälden von Tiepolo und weiter zum großen *Museo Storico Navale* (→ Arsenale) und zu den öffentlichen Grünanlagen, den *Giardini Pubblici*.

Campo Santa Maria Formosa: Der weite Platz ist praktisch seit der Renaissance unverändert geblieben. Zwischen den alten Palazzi und der gleichnamigen Kirche stehen Marktstände und spielen Kinder.

Santi Giovanni e Paolo: Die monumentale gotische Backsteinkirche steht auf einer großen, freien Piazza, nur wenig nördlich vom Campo Santa Maria Formosa. Sie ist der größte Sakralbau Venedigs und wurde vom Dominikanerorden errichtet. Beim Eintreten wird man von der Weite des Raums fast erschlagen. Meterdicke Säulen tragen das hohe Schiff, in dessen Seitenwänden – wie in der Frari-Kirche – zahlreiche Grabmäler von berühmten Dogen und Feldherren der Republik Venedig eingelassen sind.
Seitlich neben der Kirche ist die *Scuola di San Marco* mit interessanten perspektivischen Reliefs in der Fassade angebaut, dient heute aber als Eingangsbereich des Krankenhauses von Venedig (keine Besichtigung). Vor der Kirche dominiert das mächtige Reiterdenkmal des Bartolomeo Colleoni aus Bergamo 1488 geschaffen vom Florentiner Andrea del Verrocchio. Einige Cafés runden das Gesamtbild ab.

Öffnungszeiten **Santi Giovanni e Paolo**, Mo–Sa 7.30–12.30, 15.30–19 Uhr, So 15–18 Uhr.

Fondamente Nuove: Hier starten die Boote zu den Laguneninseln San Michele, Murano, Burano und Torcello (→ Lagune von Venedig). Blumenstände am Kai signalisieren die Funktion von San Michele: Die Insel ist der Friedhof Venedigs.

Arsenale: Die riesige Werft der expansiven Seerepublik Venedig war noch bis zum Ersten Weltkrieg in Betrieb. Sie war gleichsam eine Stadt in der Stadt, bot einst bis zu 16.000 Menschen Arbeit und war im 18. Jh. eine der größten und leistungsfähigsten der Welt. Der Zutritt zu dem ummauerten Komplex ist leider nicht möglich,

Venetien

lediglich zur Biennale öffnet sich kurzzeitig die Welt der venezianischen Kriegsmarine. Am Haupttor wachen drei antike Löwenskulpturen aus Griechenland.
Das *Museo Storico Navale* am Canale dell'Arsenale zeigt zahlreiche Schiffsmodelle, außerdem Dokumente zur Geschichte der venezianischen und italienischen Marine, Seekarten, Gemälde, Waffen, nautische Instrumente, Uniformen u. v. m. In der Nähe des Eingangs zum Arsenale kann man im *Padiglione delle Navi* an der Fondamenta della Madonna historische Schiffsbauten betrachten, darunter den „Scalè Reale“ von 1850, der für zeremonielle Zwecke genutzt wurde. Mit ihm wurden die sterblichen Überreste des Papstes Pius X. zur Markusbasilika gebracht.

Öffnungszeiten/Preise **Museo Storico Navale**, Mo–Fr 8.45–13.30 Uhr, Sa 8.45–13 Uhr, So geschl., Eintritt ca. 1,60 €.

Isola di San Pietro: Auf der ruhigen Insel hinter dem Arsenale steht die klassizistische Kirche San Pietro di Castello, die bis Anfang des 19. Jh. der Dom Venedigs war. Der marmorne Bischofssitz hat eine außergewöhnliche Rückenlehne. Es handelt sich um eine Grabstele mit arabischer Ornamentik und auch einigen Schriftzeichen – Koranverse, die hinter dem Rücken des Erzbischofs von Venedig Allahs Lob priesen. Vor der Kirche ein schönes Wiesenstück für die gemütliche Siesta.

Öffnungszeiten/Preise **San Pietro di Castello**, Mo–Sa 10–17 Uhr, So 13–17 Uhr, Eintritt ca. 2,50 € oder Chorus Pass.

Giardini Garibaldi, Giardini Pubblici, Parco delle Rimembranze: Nach dem Trubel im Zentrum herrscht in den Grünanlagen erholsame Ruhe – abgesehen von der Zeit der Biennale von Venedig, die hier seit 1895 alle zwei Jahre (etwa Mitte Juni bis Anfang November) stattfindet (www.labiennale.org). Mit den Vaporetti 1, 52 und 82 kommt man von den Giardini wieder nach San Marco zurück oder in 20 Min. zu Fuß.

Giudecca und San Giorgio Maggiore

Giudecca: Bis auf die von Palladio anlässlich einer schrecklichen Pestepidemie erbaute *Chiesa Il Redentore* findet man hier keine großen architektonischen Werke. Die Giudecca ist volkstümlich geblieben, ein Viertel, in dem weniger Prominenz als vielmehr in erster Linie Venezianer wohnen. Der Inselcharakter ist auf Giudecca deutlicher spürbar als anderswo in Venedig – und die Preise sind günstiger. Jedes Jahr am dritten Juliwochenende findet eine Wallfahrt zur Kirche statt, die „Festa del Redentore“.

Öffnungszeiten/Preise Chiesa Il Redentore, Mo–Sa 10–17 Uhr, So 13–17 Uhr, Eintritt ca. 2,50 € oder Chorus Pass.

San Giorgio Maggiore: markante Kirche auf der kleinen Insel gegenüber vom Markusplatz, erbaut von Palladio in seinem typischen Stil. Die Fassade in Form eines antiken Tempels, im Chor zwei Gemälde von Tintoretto, „Der Mannaregen“ und „Das Abendmahl“. Der Rundblick vom Campanile aus ist vielleicht noch origineller als vom Campanile di San Marco. An die Kirche schließt sich der Komplex eines früheren Benediktinerklosters an. Heute ist hier die *Fondazione Giorgio Cini* untergebracht, die regelmäßig Sonderausstellungen moderner Kunst zeigt. Zu erreichen ist San Giorgio Maggiore mit Vaporetto-Linie 82.

• *Öffnungszeiten/Preise* **San Giorgio Maggiore**, tägl. 9.30–12.30, 14–18 Uhr; Eintritt frei, **Campanile** ca. 3 €.

Fondazione Giorgio Cini, Führungen nur an bestimmten Tagen nach Vereinbarung unter ✆ 041/5240119, ca. 12 € (unter 18 und über 65 J. 10 €), www.cini.it

Leben in der Lagune: Wasser, Sandbänke und Schilf

Lagune von Venedig

Die große Lagune bietet zahlreiche Möglichkeiten für Tagesausflüge. Je weiter man sich vom Rummelplatz Venedig entfernt, desto beschaulicher wird die Szenerie.

Von der Riva degli Schiavoni (hinter San Marco) tuckern die Vaporetti 1, 51, 52 und 82 zum vorgelagerten *Lido di Venezia*, die Nr. 20 fährt auf die Klosterinsel *San Lazzaro*. Auf die Inseln *San Michele* und *Murano* kommt man mit den Nrn. 41 und 42 ab den Fondamente Nuove an der Nordseite der Stadt, nach *Murano*, *Burano* und *Torcello* mit der Nr. 12, auf die stille Gemüseinsel *Sant'Erasmo* mit der Nr. 13. Für einen Besuch der geschäftigen Hafenstadt *Chioggia* am Südrand der Lagune nimmt man ab Lido di Venezia zunächst den Bus Nr. 11, muss allerdings im weiteren Verlauf mehrmals zwischen Fähre und Bus wechseln (→ S. 181).

Lido di Venezia

Wer die Novelle „Der Tod in Venedig" von Thomas Mann oder deren Verfilmung von Luchino Visconti mit der Musik von Gustav Mahler kennt, hat bereits einen perfekten Eindruck von der elegant-dekadenten Atmosphäre am Lido um die Jahrhundertwende bekommen. Viele Szenen wurden im „Grand Hotel des Bains" am Lungomare Marconi 17 verfilmt.

Die 12 km lange Insel schiebt einen schützenden Riegel vor die Lagune. Der ebenso lange Sandstrand an der Meerseite gilt seit über hundert Jahren als einer der edelsten Badeplätze Italiens, Hotels im Liberty-Stil, Restaurants und Souvenirstände stehen dicht an dicht. Das Wasser ist jedoch keinesfalls sauber und der Eintritt zu den

Wertvolles Kunstobjekt: Muranoglas

„stabilimenti“ kostet ein kleines Vermögen. Frei zugängliche Strandpartien gibt es nur an den äußersten Enden des Lido, weit außerhalb der Exklusivregion mit ihren teuren Hotels und Villen.

Sehenswert ist der malerisch verwilderte *Jüdische Friedhof*, den man erreicht, wenn man von der Vaporetto-Station etwa 500 m am Wasser entlang nach links geht. Das ruhige, von Kanälen umgebene Örtchen *Malamocco* im Südwesten war in römischer Zeit der Hafen der mächtigen Stadt Padua. Später wurde es eine Keimzelle des venezianischen Staates, bis es 811 nach „Riva alto“ verlegt wurde, wo das Zentrum Venedigs entstand. Die Kirche Santa Maria Assunta besitzt einen Nachbau des Campanile von San Marco.

Die bequemste Art, den Lido zu erkunden, bietet ein Fahrrad, mehrere Verleihstellen gibt es nicht weit vom Vaporetto-Anleger. Südlich vom Hotel „Excelsior“ fährt man an der Meerseite das befestigte Ufer entlang, „Murazzi“ genannt, bis zu den „Bagni Alberoni“ am Südende des Lido. Sportliche strampeln – mit zwei Ferryboat-Pausen – bis Chioggia.

Öffnungszeiten/Preise **Jüdischer Friedhof**, englischsprachige Führungen nach Vereinbarung im Museo Ebraico (→ Cannaregio), meist Fr 10.30 Uhr und So 14.30 Uhr. ✆ 041/715359.

Alljährlich Anfang September bringen die Filmfestspiele **Mostra Internazionale del Cinema** im Palazzo del Cinema Abwechslung an den Lido. Für den Siegerfilm vergibt die Jury zum Abschluss den „Goldenen Löwen“. Die wenigen für die Öffentlichkeit bestimmten Tickets (ca. 20–35 €) bekommt man nur am Tag der Aufführung (Auskunft bei „Ente Autonoma La Biennale di Venezia“, San Marco 1364/a, Ca' Giustinian, ✆ 041/5218711, ✆ 5227539, www.labiennale.org/en/contact und www.veneziafilmfestival.com).

• *Übernachten/Essen & Trinken* **Agriturismo Le Garzette**, fast am Südende des Lido, etwa 5 Min. vom Strand von Alberoni. Der Tipp, um ruhig und ländlich bei Venedig zu wohnen. Das Haus von Renza di Orazia und Salvatore Manzi liegt hinter dem Deich zwischen grünen Artischocken- und Weinfeldern, hat 6 ordentliche Zimmer und ein gemütliches Restaurant mit schattiger Terrasse (nur am Wochenende geöffnet). Von der Anlegestelle Bus B Richtung Alberoni nehmen und an der zweiten Haltestelle nach Malamocco im Ortsteil Capitello aussteigen. DZ mit Frühstück ca. 80–95 €, auch HP möglich. Dez. und Jan. geschl. ✆ 041/731078, ✆ 2428798, www.legarzette.on.to

Isola Pellestrina

Die südliche Fortsetzung des Lido, jenseits der breiten Südzufahrt zur Lagune, ist schmal wie ein Handtuch. Die Häuser sind bunt wie auf Burano, nur Touristen finden weniger hierher. Es gibt einige kleine Strände und drei authentische Trattorie: „Da Nane“ mit schönen Terrassenplätzen (✆ 041/5279100), ein Stück weiter südlich

„Da Memo", wo man auf einem Ponton über dem Wasser sitzt (✆ 041/5279125) und ein paar Kilometer weiter „Da Celeste" mit kleinem Garten (✆ 041/967355).

San Lazzaro degli Armeni: Ein Ort der Stille

Nur einmal täglich fährt der Vaporetto Nr. 20 ab San Zaccaria (Riva degli Schiavoni) auf die dem Lido vorgelagerte Insel der armenischen Mönche und wieder zurück (ca. 15.10 Uhr, die Abfahrtszeit ist auf die Führungen im Kloster abgestimmt). Im Mittelalter unterhielten die Benediktiner auf San Lazzaro ein Leprakrankenhaus. 1717 überließ die Republik Venedig die Insel armenischen Mönchen, die aus dem Osmanischen Reich vertrieben worden waren. Die *Mechitaristen* (benannt nach dem Mönch Mechitar) machten San Lazzaro zu einem der bedeutendsten Zentren der armenischen Kultur. Heute wohnen, studieren und meditieren im Kloster noch acht Mönche und etwa ein Dutzend Schüler, die aus dem gesamten Mittelmeerraum kommen. Zu sehen sind neben armenischen Keramik- und Silberarbeiten auch ägyptische Mumien und buddhistische Schriftrollen. Einmalig ist die in einem neuen, klimatisierten Rundbau untergebrachte Bibliothek mit kostbaren Handschriften und Miniaturen aus diversen privaten Sammlungen.

Öffnungszeiten/Preise tägl. 15.30–17.30 Uhr, nur mit Führung (auch in deutscher Sprache); Eintritt ca. 6 €. ✆ 041/5260104.

Venetien

Isola San Michele

Die Friedhofsinsel liegt nicht weit von den Fondamente Nuove entfernt, dicht vor der Nordküste Venedigs. Zu den berühmten Toten, die einst auf der Trauergondel nach San Michele gerudert wurden, gehören der Dichter Ezra Pound und der Komponist Igor Strawinsky. Infolge Platzmangels auf der Insel werden die Toten heute auf dem Festland bestattet.

Öffnungszeiten tägl. 8.15–16 Uhr, im Sommer bis 18 Uhr. Diskrete Kleidung ist empfohlen, keine Shorts.

Isola Murano

Das Inselstädtchen wirkt mit seinen schmalen Kanälen, Brücken und niedrigen Häuschen wie eine Miniaturausgabe von Venedig und ist Standort der berühmten venezianischen Glasindustrie. Bereits seit der Gründung Venedigs spielte die Glaserzeugung eine große Rolle. Im Mittelalter verlegte man dann sämtliche Manufakturen aus der brandgefährdeten Stadt nach Murano. Obwohl der politische Niedergang Venedigs die Glasindustrie in eine schwere Krise stürzte, arbeiten noch immer zahlreiche Glasbläsereien. Anschauen ist überall kostenlos. Die Werkstätten sind als *fornace* ausgeschildert, gearbeitet wird in der Regel bis 16 Uhr. Im sehenswerten *Museo Vetrario*, untergebracht im Palazzo Giustinian an der gleichnamigen Fondamenta, sind Meisterwerke der Glasbläserei von der Antike bis in die Neuzeit ausgestellt. Die romanische Basilika *Santa Maria e San Donato* fällt durch ihren mächtigen Glockenturm auf, im Inneren schöner Mosaikboden und ein byzantinisches Mosaik in der Apsis. Im Dom *San Pietro Martire*, südlich vom Canal Grande di Murano, ein wertvolles Bellini-Gemälde, „Madonna mit Heiligen", und prächtige Leuchter aus Kristallglas.

Öffnungszeiten/Preise **Museo Vetrario**, April bis Okt. Do–Di 10–17 Uhr, übrige Zeit 10–16 Uhr, Mi geschl.; Eintritt ca. 4 € (Stud. bis 29 J. 2,50 €) oder Museum Card „I Musei delle Isole".

Isola Burano

Ein malerisches Fleckchen mit beachtlich schiefem Campanile und farbenfroh bemalten Häusern, ruhig und idyllisch – falls nicht zu viele Touristen unterwegs sind. Man lebt vom Fischfang, außerdem von Herstellung und Verkauf von Spitzen. Den Klöpplerinnen kann man bei der Arbeit zusehen (die meisten der heute in Venedig verkauften Spitzen sind jedoch maschinell in Fernost hergestellt und importiert). Besuchenswert ist die *Scuola dei Merletti*, eine hundert Jahre alte Klöppelschule mit angeschlossenem Museum.

Öffnungszeiten/Preise **Museo del Merletti**, April bis Okt. Mi–Mo 10–17 Uhr, übrige Zeit 10–16 Uhr, Di geschl.; Eintritt ca. 4 € (Stud. bis 29 J. 2,50 €) oder Museum Card „I Musei delle Isole".

Isola Torcello

Schöne Fahrt durch die Lagune zu den Wiesen und Weingärten der abgelegenen kleinen Insel. Im frühen Mittelalter war Torcello Bischofssitz mit über 10.000 Einwohnern, heute leben hier gerade noch eine Handvoll Menschen. Zwei alte Kirchen und die Grundmauern eines Baptisteriums aus dem 7. Jh. sind die Zeugen vergangener Größe.

An der Piazza Torcello trifft man zunächst auf die romanische Kreuzkuppelbasilika *Santa Fosca* aus dem 11. Jh. Durch einen Laubengang kommt man zur benachbarten Kathedrale *Santa Maria Assunta*, die in ihren Anfängen aus dem 7. Jh. stammt und damit als älteste Kirche der Lagune gilt. Der heutige Bau stammt allerdings im Wesentlichen aus dem 11. Jh. Im Inneren findet man prächtige Mosaiken auf Goldgrund. Das Glanzstück unter ihnen ist das über sechs Bilderstreifen verlaufende „Jüngste Gericht" an der Rückwand. Noch bedeutender ist die wunderbare „Madonna mit Kind" auf Goldgrund in der rechten Apsis. Der frei stehende *Campanile* kann bestiegen werden, an klaren Tagen genießt man einen herrlichen Blick über die Lagune. Im gegenüberliegenden *Museo dell'Estuario* sind archäologische Funde aus der Lagune, Kunstgegenstände aus verschiedenen Jahrhunderten, Mosaiken und Schmuck zu sehen.

Die bunten Häuser von Burano

• *Öffnungszeiten/Preise* **Santa Maria Assunta**, April bis Okt. tägl. 10.30–17.30 Uhr, übrige Zeit 10–16.30 Uhr; Eintritt ca. 3 €.

Campanile, April bis Okt. tägl. 11–16 Uhr; Eintritt ca. 2 €.

Santa Fosca, dieselben Öffnungszeiten wie Santa Maria Assunta, Eintritt frei.

Museo dell'Estuario, April bis Okt. Di–So 10.30–17 Uhr, übrige Zeit 10–16.30 Uhr, Mo geschl., Eintritt ca. 2 €.

Sammelticket kostet ca. 6 €.

Isola Sant'Erasmo

Die ruhige Insel nördlich von Venedig war schon zur Zeit der Dogen der Obst- und Gemüsegarten Venedigs und bis heute betreiben die etwa 800 Einwohner fast ausschließlich Landwirtschaft, an erster Stelle steht der Anbau von Artischocken und Blumen. Mit dem Fahrrad kann man die stillen Landschaften der etwas mehr als 4 km langen und 500 m bis 1 km breiten Insel auf einem einstündigen Rundkurs erkunden und dabei die Ausblicke auf umliegende Inseln genießen. Zu Fuß braucht man etwa drei Stunden.
Nur ein Katzensprung ist es mit dem Vaporetto 13 von Sant'Erasmo zur verlassenen Insel *Lazzaretto Nuovo*, die während der Pestepidemie von 1576 als Quarantänestation diente. Ein kleines Museum erinnert daran.

Mit dem Fahrrad nach Sant'Erasmo

Samstags und sonntags setzt ACTV Wasserbusse ein, in denen man ein Fahrrad nach Sant'Erasmo mitnehmen kann. Hin und zurück kostet das mit Rad ca. 9,30 €, eine Reservierung ist sinnvoll, da die Boote schnell besetzt sind. Folgende drei Startpunkte gibt es: **Parkplatz San Giuliano** (am Festland in der Nähe des Beginns der Autobrücke nach Venedig), **Punta Sabbioni** (Landspitze des Litorale del Cavallino) und **Lido San Nicolò** am Lido di Venezia. Reservierung bei den Vela-Kiosken in Venedig, am Piazzale Roma, am Lido di Venezia und an der Punta Sabbioni. Auskünfte unter ✆ 899-909090, tägl. 7.30–20 Uhr.

Übernachten **Il Lato Azzurro**, großzügiges Gästehaus an der Südseite der Insel, geräumige Zimmer (Einzel, Zwei-, Drei- und Vierbettzimmer sowie Schlafsäle), Veranda, schön gelegener Garten, Kinderspielgeräte, Fahrräder. DZ mit Frühstück ca. 56–70 €, Bett im Schlafsaal ca. 22,50–25 €, ab 6 Nächten 10 % Rabatt. Auch gut für Gruppen geeignet. Anmeldung erforderlich. Via Forti, 13, ✆ 041/2444900, 📠 5230642, www.latoazzurro.it

Essen & Trinken **Bar Pizzeria da Tedeschi**, an der südöstlichen Inselecke, Nähe Torre Massimiliano. Schöne Lage an einem kleinen Strand mit Panoramablick. Im Sommer tägl. bis Mitternacht.

Eintauchen in die Welt der Lagune

Sieben Frauen, darunter eine Deutsche, und zwei Männer haben sich zur „Cooperative Limosa“ zusammengeschlossen. Sie bieten interessante, nicht alltägliche Führungen durch Venedig und Bootsfahrten zu unbekannten Inseln wie Sant'Erasmo, San Lazzaretto, Certosa und San Francesco del Deserto sowie einwöchige Aktivurlaube auf der Insel Sant'Erasmo für Familien mit Kindern. Im Badeort Eraclea Mare betreibt die Kooperative das „Centro di Educazione Ambientale Limosa“ (→ S. 172), das naturkundliche Führungen veranstaltet.
Kontakt Cooperativa Limosa, Via Angelo Toffoli 5, I-30175 Venezia Marghera, ✆ 041/932003, 📠 5384743, www.limosa.it (www.natura-venezia.it).

Venetien

Schon vor Jahrhunderten ein bevorzugtes Wohngebiet: der Brenta-Kanal

Venedig/Hinterland

Riviera del Brenta (Brenta-Kanal)

Für den Weg von Venedig nach Padua oder umgekehrt sollte man sich Zeit nehmen. Wesentlich schöner als die schnurgerade Autobahn ist die SS 11, die malerisch entlang des sattgrünen Brenta-Kanals verläuft. Beiderseits des von üppigen Trauerweiden und Pappelalleen flankierten Wasserwegs stehen zahlreiche Villen und Palazzi aus den letzten Jahrhunderten, außerdem säumen Schleusen und Brücken den Kanal.

Bereits im 16. Jh. begann man mit der Kanalisierung der Brenta, die vorher immer wieder für Überschwemmungen gesorgt hatte. Seitdem ließ sich der venezianische Adel die natürlichen Vorzüge der „Riviera del Brenta" nicht entgehen, denn man konnte gänzlich im Grünen wohnen, aber doch nur einen Katzensprung von der Stadt. So entstanden an den Ufern des Kanals Dutzende von großzügigen Landhäusern, in denen es sich die Hautevolee gut gehen ließ. Heute sind die Prachtbauten teilweise heruntergekommen und leer stehend, teilweise aber noch immer bewohnt, einige wurden zu stilvollen Hotels umgebaut. Sechs von ihnen sind restauriert und können besichtigt werden. Die Anfahrt per PKW ist problemlos und auch Linienbusse zwischen Venedig und Padua stoppen an einigen der Villen. Am reizvollsten sind aber sicherlich die touristischen Fährangebote auf dem Kanal (→ Kasten).

Unterwegs mit dem „Burchiello“: Kreuzfahrt zwischen venezianischen Villen

„Burchielli“ nannte man zur Zeit der Serenissima die von Pferden gezogenen Boote, die die adligen Sommergesellschaften von der Lagunenstadt zu ihren Villen am Brenta-Kanal brachten. Mehrere Schifffahrtsgesellschaften haben heute den Flussverkehr auf den Spuren der alten Adelsfähren wieder aufgenommen.

Zwischen März und November fährt das komfortable, vollklimatisierte Motorschiff **Il Burchiello** 3-mal wöchentlich auf dem Brenta-Kanal von Venedig nach Padua bzw. umgekehrt (Rückkehr jeweils mit Bus oder Eisenbahn). Dauer der Fahrt einen ganzen Tag (ca. 9–18.40 Uhr), unterwegs Besichtigungsstopps bei den Villen Gradenigo, Foscari (La Malcontenta), Barchessa Valmarana und Pisani. Kostenpunkt ca. 62 €/Person, für Kinder und Jugendliche von 6–17 Jahre ca. 36 € (Preise inkl. Besichtigung, Villa Pisani muss jedoch extra gezahlt werden). Abfahrt möglich in Padua (Piazzale Boschetti) oder Venedig (San Marco, Pontile Pietà Riva degli Schiavoni). Buchen kann man in den meisten Reiseagenturen im Umkreis von San Marco.

Adresse: Divisione Navigazione „Il Burchiello“ di SITA S.p.A., Via Orlandini 3, 35121 Padova, ✆ 049/8774712, 📠 8763044, www.ilburchiello.it

Die modernen Motorschiffe **I Battelli del Brenta** fahren von April bis Oktober mehrmals wöchentlich von Venedig nach Padua und von Venedig nach Strà und umgekehrt. Unterwegs u. a. Besichtigung der unten genannten Villen, außerdem der Mühlen von Dolo. Es gibt verschiedene Halb- und Ganztagestouren, Kostenpunkt ca. 42–62 €, Kinder und Jugendliche von 6–17 Jahre ca. 36 € (Preis inkl. Besichtigung, Villa Pisani muss jedoch extra gezahlt werden).

Adresse: I Battelli del Brenta, Via Porciglia 34, 35121 Padova, ✆ 049/8760233, 📠 8763410, www.antoniana.it/battellidelbrenta

Sehenswürdigkeiten von Ost nach West

Sechs Villen sind es, die entlang der Riviera del Brenta besichtigt werden können. Wer mehrere davon besuchen will, für den lohnt eventuell der Kauf des „Pass Ville“ für 19 €. Damit können außer der Villa Foscari „La Malcontenta“ alle genannten Villen besichtigt werden. Erhältlich ist der „Pass Ville“ bei den Infoschaltern des APT Venezia oder beim Eingang der fünf Villen.

▸ **Villa Foscari „La Malcontenta“**: 1560 entwarf Palladio südlich von Mestre den eleganten, quadratischen Komplex mit ionischer Säulenvorhalle für die Dogenfamilie Foscari – die einzige Palladio-Villa am Brenta-Kanal. „La Malcontenta“ (Die Unzufriedene) wurde sie genannt, weil eine lebenslustige Angehörige der Familie hier einige Zeit zwangsweise leben musste. Den Hauptsaal schmücken allegorische Fresken von Giambattista Zelotti.

Öffnungszeiten/Preise Via dei Turisti 9, Mai bis Okt. Di und Sa 9–12 Uhr; Eintritt ca. 7 €. ✆ 041/5470012.

▸ **Villa Widmann Rezzonico Foscari**: Die Villa steht in *Mira*, dem Hauptort am Brenta-Kanal, in einem großen Park direkt an der SS 11. Erbaut wurde sie im frühen 18. Jh. für die aus Persien stammende Adelsfamilie Serimann. 50 Jahre später kaufte sie die Familie Widmann und ließ sie im Stil des französischen Rokoko völlig umgestalten. Die hellen Innenräume wurden von Giuseppe Angeli wunderbar harmonisch ausgemalt, das Deckengemälde im hohen Hauptsaal zeigt, wie so häufig in den venezischen Villen, die Eigentümer, in diesem Falle die Familie Widmann.

Öffnungszeiten/Preise Via Nazionale 420, Mai bis Sept. Di–So 10–18 Uhr, April 10–17 Uhr, Okt. bis Dez. nur am Wochenende 10–17 Uhr. Eintritt ca. 5 €. ✆ 041/424973.

In der Villa Widmann ist ein **Info Point** eingerichtet. Mai bis Sept. Di–So 10–18 Uhr, Okt. bis März Sa/So 10–17 Uhr. ✆ 041/424973, 📠 4266560, www.riviera-brenta.it

▸ **Villa Barchessa Valmarana**: erbaut im 17. Jh. in *Mira*. Die zwei bis heute erhaltenen Bauten waren einst die Seitenflügel eines mächtigen Herrenhauses, das 1908 abgerissen wurde. Eines der beiden Gebäude kann besichtigt werden, es enthält Mobiliar aus dem früheren Haupthaus und Fresken vom Tiepolo-Schüler Michelangelo Schiavoni, genannt „Il Chiozzotto".

Öffnungszeiten/Preise Via Valmarana 11, März bis Okt. Di–So 9.30–12, 14.30–18 Uhr, Mo geschl., übrige Zeit nach Vereinbarung; Eintritt ca. 6 €. ✆/📠 041/424754, www.villavalmarana.net

▸ **Barchessa Alessandri**: Am Eingang zum ehemaligen Gästehaus der Villa Alessandri stehen Statuen von Cäsar und Alexander. Im ersten Stock ist ein Freskenzyklus mit Themen der griechischen Mythologie erhalten, gemalt in den Jahren 1701–1708 von Giannantonio Pellegrini, der in seiner leichten und hellfarbigen Maltechnik zu den Vorläufern von Tiepolo gezählt wird. Das Gästehaus diente schon im 18. Jh. als Casino.

Öffnungszeiten/Preise Via Nazionale 64, Di–So 10–12.30, 14.30–17 Uhr, Mo geschl.; Eintritt ca. 4 €. ✆ 041/415729.

▸ **Villa Pisani**: Die imposanteste aller Brenta-Villen wurde von 1736–1756 für eine Dogenfamilie am östlichen Ortsausgang von *Strà* errichtet. Wie ein Schloss wirkt der repräsentative Prachtbau in einem weitläufigen Park und tatsächlich ließen sich gekrönte Häupter, Eroberer und Diktatoren immer gerne in „Klein-Versailles" blicken, darunter Gustav von Schweden und Alexander von Russland. Napoleon erwarb sogar den Palast und 1934 fand hier das erste Treffen von Mussolini und Hitler statt. An der markanten *Fassade* stützen gigantische Riesen eine Terrasse, durch eine monumentale Säulenhalle gelangt man in das Innere mit zahlreichen Sälen im typischen Prachtstil des Rokoko. Höhepunkt ist der über zwei Stockwerke reichende *Ballsaal*, in dem Tiepolos gewaltige Deckenfresken die Familie Pisani rühmen. Hinter dem Palast erstreckt sich ein prächtiger Park mit Springbrunnen, Teichen, Pavillons und einem Labyrinth aus Buchsbaumhecken, in dessen Mitte ein Aussichtsturm steht.

Öffnungszeiten/Preise Via Doge Pisani 6, April bis Sept. tägl. 9–18 Uhr, Okt. bis März 9–16 Uhr; Eintritt ca. 5 € (nur Park die Hälfte), frei unter 18 und über 65 J. ✆ 049/502270.

▸ **Villa Foscarini Rossi**: Die repräsentative Villa in der Nachbarschaft der Villa Pisani wurde mitsamt Nebengebäuden im späten 16. Jh. vom Architekten Vincenzo Scamozzi im typischen Palladio-Stil erbaut. Giuseppe Jappelli restaurierte sie im 19. Jh. im klassizistischen Stil. Die Barchessa im Park besitzt einen vorgebauten Säulengang, ihr „Grand Salon" ist vollständig mit allegorischen Fresken verschiedener Künstler ausgeschmückt. In der Villa, die heute direkt an der Straße steht, kann

So romantisch und üppig grün ist der Kanal nicht mehr überall

man eine Ausstellung historischer Designerschuhe besichtigen, die beim hiesigen Adel immer eine große Rolle gespielt haben.

Öffnungszeiten/Preise Via Doge Pisani 1, April bis Okt. Mo–Fr 9–12.30, 14.30–18 Uhr, Sa 9.30–12.30, 14–18 Uhr, So 10–19 Uhr, übrige Zeit Mo–Fr 9–12.30, 14.30–18 Uhr. Eintritt ca. 5 €. ✆ 049/9800335, www.villafoscarini.it

Übernachten/Essen & Trinken am Brenta-Kanal

• *Mira und Umgebung* **** **Villa Margherita**, an der Durchgangsstraße, schräg gegenüber steht die Villa Barchessa Valmarana (→ Sehenswertes). Das ehemalige Gästehaus der Adelsfamilie Contarini aus dem 17. Jh. liegt inmitten eines großen Parks und wird sehr aufmerksam geführt von Familie Dal Corso. Die 19 Zimmer sind jeweils verschieden voneinander und bis ins Detail durchkomponiert. In einem Nachbarbau des 19. Jh. befindet sich das hervorragende Restaurant des Hauses (Di-Abend und Mi geschl.). DZ mit Frühstück ca. 145–250 €, Rabatt wird gewährt. Via Nazionale 416, ✆ 041/4266531, 📠 5608996, www.villa-margherita.com

*** **Riviera dei Dogi**, schön restauriertes, historisches Haus, etwas abseits der Durchgangsstraße, 43 ordentliche Zimmer mit TV, freundlich geführt. Gutes Restaurant benachbart, Busstopp nach Venedig 5 Fußminuten entfernt. DZ mit Frühstück ca. 70–134 €. Via Don Minzoni 33, ✆ 041/424466, 📠 424428, www.rivieradeidogi.com

** **Vecia Brenta**, gutes Fischrestaurant (Mi geschl.) mit Vermietung von 8 eleganten Zimmern. DZ mit Frühstück ca. 72–85 €. Via Nazionale 403, ✆ 041/420114, 📠 5600120, www.veciabrenta.com

Casa del Sole e della Luna – Ostello di Mira, IYHF-Hostel ca. 5 km südlich von Mira in der Località Giare, nahe der vom WWF geschützten Lagune „Valle Averto". Moderne Jugendherberge mit 56 Betten, Schlafsäle mit 5 Betten (ca. 14 €/Person) und einige DZ (ca. 17 €/Person), Frühstück inbegriffen. Bahnanreise: Zug bis Mestre, dann Bus ab Via Fratelli Bandiera Richtung Sottomarina, in Giare aussteigen, die SS Romea 309 überqueren und den Schildern 1 km weit folgen. April bis Sept. ✆ 041/5679203, 📠 5676457, www.casasoleluna.it

Nalin, etwas südlich außerhalb von Mira, Via Argine sinistra Novissimo 29, am Seitenarm Canale Novissimo (beschildert). Bekannte Adresse für Fisch und Meeresfrüchte, viel Platz, schön zum Draußensitzen. So-Abend, Mo und Aug. geschl. ✆ 041/420083.

• *Dolo und Umgebung* ** **Villa Goetzen**, alte Villa direkt am Fluss, auf der anderen Seite allerdings von der SS 11 tangiert. Elegant eingerichtete Zimmer mit schmiedeeisernen Betten und TV, unten gepflegtes Restaurant mit kleinem Gastgarten an der Flussseite (So und Do abends geschl.). DZ mit Frühstück ca. 78–103 €. Via Matteotti 6, ✆ 041/5102300, 📠 412600, www.villagoetzen.it

• *Oriago und Umgebung* **Casa del Sole e della Luna – Ostello di Oriago**, weiteres IYHF-Hostel in Oriago am Brenta-Kanal, untergebracht in einer historischen Villa mit großem Garten und günstigem Restaurant. Fahrradverleih, Mehrbettzimmer verschiedener Größe und DZ, im Mehrbettzimmer ca. 17,50 € mit Frühstück. Von Venedig Bus 53 ab Piazzale Roma, von Mestre Bus nach Dolo-Riviera, Oriago ist außerdem Zugstation an der Linie von Venedig nach Adria. Juni bis Sept. Riviera Bosco Piccolo 84, ✆ 041/5631213, 📠 5631214, www.casasoleluna.it

Camping Serenissima, kleiner Platz bei Oriago, nur wenige Meter seitlich von SS 11 und Kanal. Details siehe unter Venedig/Übernachten.

Riviera Fiorita: Erinnerung an große Zeiten

Alljährlich am zweiten Sonntag im September wird der Brenta-Kanal zwischen Malcontenta und Strà zum Schauplatz einer prächtigen Regatta, die an die längst vergangene Epoche der venezianischen Villenkultur erinnert. Zum Gedenken an das Treffen des Dogen Alvise Mocenigo mit dem französischen König Henri III., das im Jahre 1574 in der Villa dei Contarini in Mira stattfand, bewegt sich ein langer Zug von historischen Schiffen mit farbenprächtig kostümierten Ruderern den dicht mit Zuschauern gesäumten Kanal entlang. Auch viele Anwohner nehmen mit ihren festlich geschmückten Booten daran teil. Ein buntes Rahmenprogramm rundet das Ereignis ab.

Padua (Padova) (ca. 230.000 Einwohner)

Großes Wirtschafts- und Messezentrum, seit dem 13. Jh. Universitätsstadt, dank der Basilika des heiligen Antonius außerdem eines der wichtigsten Wallfahrtsziele Italiens. Im historischen Zentrum dominieren großzügige Plätze und lange Arkadengänge. Touristen kommen hauptsächlich wegen einiger bedeutender Kunstwerke, allen voran die Giotto-Fresken in der Cappella degli Scrovegni.

In den 40er Jahren des 19. Jh. war Padua ein wichtiger Versammlungspunkt der liberalen Bürger und Studenten, die die Einigung Italiens anstrebten. Im Februar 1848 lieferte man sich eine Schlacht mit der Polizei der österreichischen Besatzungsmacht, das berühmte Caffè Pedrocchi mit seinen bis heute erhaltenen Einschusslöchern ist ein Zeuge dieser turbulenten Vergangenheit. Dank der ausgeprägten Studentenszene gibt es etliche Kneipen, Ausstellungen und Kinos, die jedoch nur während der Semesterzeit für Abwechslung sorgen.

Anfahrt/Verbindungen/Information

• *Anfahrt/Verbindungen* **PKW**, großer, gebührenpflichtiger Parkplatz vor der Kirche Santa Giustina am Prato della Valle im Süden der Stadt, Nähe Basilica di Sant'Antonio.

Bahn, Bahnhof im Norden der Stadt, der Corso del Popolo (später Corso Garibaldi)

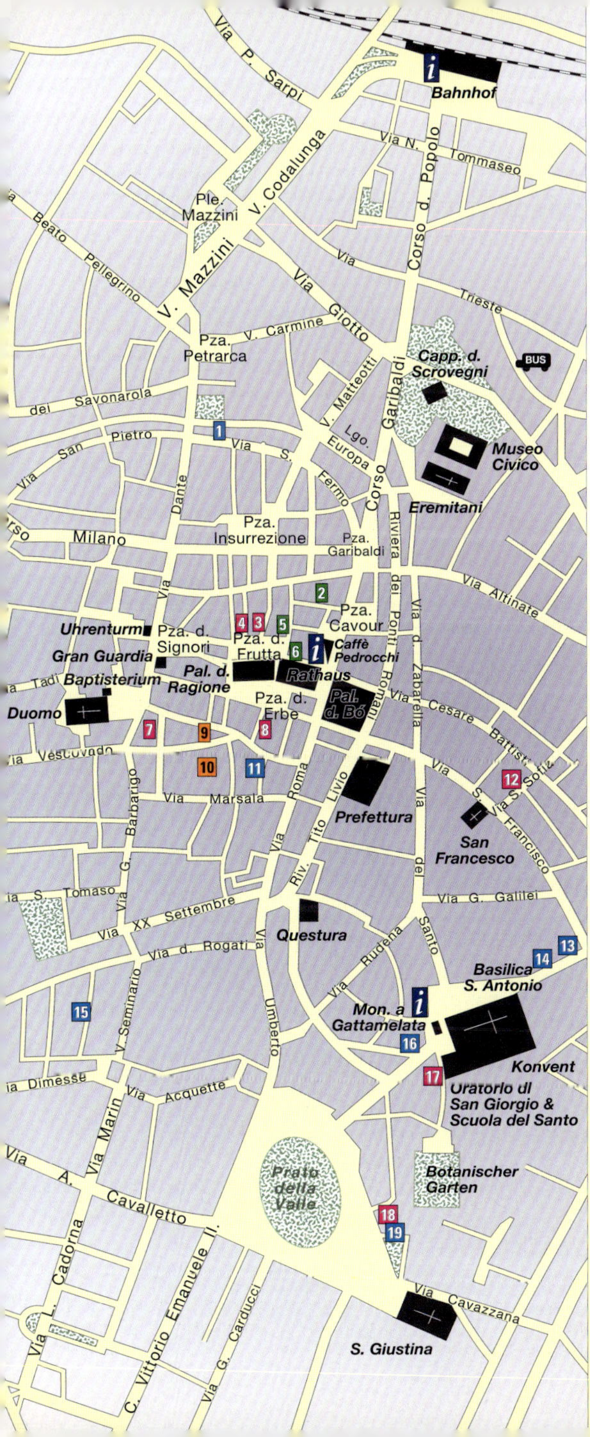

Übernachten

1 Sant'Antonio
11 Majestic Toscanelli
13 Locanda La Perla
14 Casa del Pellegrino
15 Ostello Città di Padova (Jugendherberge)
16 Al Fagiano
19 Al Giardinetto

Essen & Trinken

3 Osteria Vitanova
4 La Corte dei Leoni
7 Antica Osteria dal Capo
8 Osteria dei Fabbri
12 Da Nane della Giulia
17 Al Borgo
18 Zairo

Cafés

2 Taberna
5 Paparazzi Fashion Café
6 Caffè Margherita

Nachtleben

9 Antica Osteria L'Anfora
10 The Highlander

50 m

Padua

führt schnurgerade ins Zentrum, ca. 1,5 km. Häufige Verbindungen nach Venedig.

Bus, Stadtbusse fahren ab Bahnhof, SITA- und ATP-Busse in die Umgebung ab Piazzale Boschetti (vom Bhf. geradeaus und vor dem Fluss links). Bus 15 fährt alle 30 Min. von und zum Flughafen „Marco Polo" (Venedig).

• *Information* **IAT**, im **Bahnhof**, Mo–Sa 9.15–17.45 Uhr, So 9–12 Uhr, ✆ 049/8752077.

Galleria Pedrocchi (beim gleichnamigen Café), Mo–Sa 9.30–12.30, 15.30–19 Uhr, ✆ 049/8767927.

Schräg gegenüber der **Basilica di Sant'Antonio**, März bis Okt. tägl. 8.30–13, 14–18.30 Uhr, ✆ 049/8753087.

Internet: www.turismopadova.it

Übernachten (siehe Karte S. 155)

Vieles ist auf Pilger eingestellt, die meisten Möglichkeiten findet man deshalb im Umkreis der Basilika. An Messetagen ist die Stadt nicht selten weitgehend ausgebucht. Aber auch Venedigtouristen kommen zusehends in Padua unter, um den hohen Preisen in der Lagunenstadt zu entgehen. Mit der Karte „Padova Weekend" gibt es für Wochenendbesucher Vergünstigungen bis zu 30 %, Auskunft in den Informationsbüros.

**** **Majestic Toscanelli (11)**, komfortable Oase mitten in den kleinen Gassen der Altstadt, sehr ruhig, Zimmer mit Klimaanlage und TV, Parkplatz. DZ mit Frühstück ca. 130–170 €. Via dell'Arco 2/Ecke Via San Martino e Solferino, ✆ 049/663244, ℻ 8760025, www.toscanelli.com

*** **Al Giardinetto (19)**, schräg gegenüber der Kirche Santa Giustina, Mittelklassehaus mit kleinem Park vor dem Haus. DZ mit Frühstück um die 100–135 €. Via Prato delle Valle 54, ✆ 049/656766, ℻ 656972.

** **Al Fagiano (16)**, seitlich der Via Beato Luca Belludi, für die gute Lage bei der Basilika zivile Preise, DZ ca. 75–83 €, Frühstück extra. Via Locatelli 45, ✆/℻ 049/8753396, www.alfagiano.it

** **Casa del Pellegrino (14)**, große katholische Herberge direkt neben der Basilika, mehr als 100 saubere, funktionale Zimmer, viele Pilger finden hier Quartier. DZ mit Bad ca. 61–70 €, mit Etagendusche ca. 47–54 €. Frühstück in der großen Bar nebenan kostet extra. Parkplatz im Hof (ca. 6 €/Tag). Via Cesarotti 21, ✆ 049/8239711, ℻ 8239780, www.casadelpellegrino.com

** **Sant'Antonio (1)**, ordentliches und modern eingerichtetes Albergo in zentrumsnaher und ruhiger Lage, nach hinten Blick auf den Fluss Bacchiglione. DZ mit Bad ca. 78–85 €, Frühstück extra. Via San Fermo 118, ✆ 049/8751393, ℻ 8752508.

* **Locanda La Perla (13)**, etwa 150 m hinter der Basilika, 8 Zimmer, nur Etagendusche. DZ ca. 40–45 €, kein Frühstück. Via Cesarotti 67, einfaches Albergo, ✆ 049/8758939.

• *Privatzimmer* Die Initiative **Koko Nor** vermittelt Zimmer mit Frühstück in Padua und Umgebung, DZ ca. 60–70 €. In der Regel kann man kurzfristig buchen (1–2 Tage vorher), für Aufenthalte im Aug. aber besser 1–2 Monate im Voraus. Adresse: I-35135 Padova, Via Selva 5, ✆/℻ 049/8643394, www.bandb-veneto.it/kokonor

• *Hostels* **Città di Padova (15)**, gutes Jugend-Hostel im Zentrum, Nähe Prato della Valle. Bus 3, 8, 12 oder 18 ab Bahnhof (sonntags Bus 32). 112 Betten in 13 Schlafsälen, Gemeinschafts- und TV-Raum. Pro Pers. etwa 15 € mit Frühstück, kein IYHF-Ausweis nötig. Tägl. 8–9.30, 16–23 Uhr, ganzjährig geöffnet. Via Aleardo Aleardi 30, ✆ 049/8752219, ℻ 654210, www.ctgveneto.it/ostello

• *Camping* Nächster Platz ist **** **Camping Sporting Center** am nordöstlichen Ortsrand von Montegrotto Terme, ca. 10 km südlich von Padua (Bahnverbindung, aber vom Bhf. in Montegrotto Terme noch gut 2,5 km zu Fuß). Großer Wiesenplatz mit Pool (gegen Gebühr), Thermalbad und Disco. März bis Anfang Nov. ✆ 049/793400, ℻ 8911551, www.sportingcenter.it

Essen & Trinken (siehe Karte S. 155)

La Corte dei Leoni (4), moderne „trendy" Enoteca mit kleinem Innenhof, nur wenige Schritte von der Piazza della Frutta. Gut für ein leckeres Tagesgericht oder eine ausgedehnte Weinverkostung (1200 Etiketten), gelegentlich Livejazz im Hof. So-Abend und Mo geschl. Via Pietro d'Abano 1, ✆ 049/8750083.

Die Eleganz des 19. Jh. wird im Caffè Pedrocchi lebendig

Osteria Vitanova (3), schräg gegenüber, bescheidene Nachbarschaftstrattoria mit großem Tresen und einer Hand voll Tische, verführerischer Duft dringt auf die Straße, z. B. vom *spezzatino di cavallo*. Preiswert. Via Pietro d'Abano 10, ✆ 049/650784.

Antica Osteria dal Capo (7), Nähe Dom, sehr gute Küche, zum Wein leckere Appetithappen. So geschl. Via dei Soncin 43, ✆ 049/663105.

Da Nane della Giulia (12), etwas abseits, der Weg lohnt aber. Hübsch traditionell eingerichtete Osteria/Trattoria mit guter Küche, Spezialität *pasta e fagioli*, gelegentlich Livemusik. Mo geschl. Via Santa Sofia 1, ✆ 049/660742.

Al Borgo (17), nett eingerichtete und gemütliche Pizzeria bei der Basilika, von der Außenterrasse Blick auf die nahe Kirche. Di geschl. Via Beato Luca Belludi 58/Ecke Piazza del Santo, ✆ 049/8758857.

Zairo (18), großes Freiluftlokal direkt am Prato della Valle, drinnen und draußen viel Platz, gute Küche und viel Auswahl. Mo geschl. ✆ 049/663803.

TIPP! **Osteria dei Fabbri (8)**, im ehemaligen jüdischen Viertel, gemütlich wie ein Wohnzimmer, große kommunikationsfördernde Holztische, venezianische Gerichte und gute Weine. Via dei Fabbri 13, ✆ 049/650336.

• *Cafés* **Caffè Pedrocchi**, elegantes Kaffeehaus schräg gegenüber der Uni, wenige Schritte von der Piazza Cavour, im 19. Jh. Treffpunkt der Anhänger der Widerstandsbewegung gegen Österreich. Man sitzt auf samtbezogenen Sesseln (weitgehend Originalmobiliar) zwischen Marmor und „griechischen" Säulen, auch eine Außenterrasse gibt es. Bis heute darf man hier auch sitzen, ohne etwas zu bestellen, so wurde es von den Gründern in der revolutionären Zeit um 1831 festgeschrieben – nicht nur Adlige sollten ihre Zeit im Kaffeehaus verbringen können, sondern auch Bürgerliche. Im „Piano Nobile" wurde kürzlich ein Museum eröffnet (→ Sehenswertes). Di–So 8–23.30 Uhr, Mo geschl. Via 8 Febbraio 15.

Caffè Margherita (6), großes Café im Laubengang an der Piazza della Frutta.

Caffè Al Duomo, weiterer populärer Freilufttreff an der Piazza beim Dom.

Nachtleben/Shopping (siehe Karte S. 155)

• *Osterie und Kneipen* Die Studentenstadt Padua hat daran keinen Mangel, geöffnet ist mindestens bis Mitternacht, an Wochenenden oft länger.

Paparrazi Fashion Café (5), smartes „In"-Café der modischen Padovaner Jugend. Via Marsilio da Padova 17, ganz zentral bei der Piazza della Frutta.

Taberna (2), hübsch zum Sitzen auf der Fußgängergasse, gut zum Frühstück, aber auch tagsüber als Café und abends als gemütlicher Treff, *tramezzini* und leckere Salate. Bis 2 Uhr nachts geöffnet. So geschl. Via Santa Lucia 33.

The Highlander (10), groß aufgemachter Scottish Pub. Via San Martino e Solferino 69.

TIPP! **Antica Osteria L'Anfora (9)**, mit dunklem Holz gemütlich eingerichtet, beliebter Treff mit fröhlichen Gästen, an Wochenenden steht man bis auf die Straße. Preiswert, gute Weine und ebensolche Küche. So und Mo-Mittag geschl. Via dei Soncin 13.

• *Shopping* Mo- bis Fr-Vormittag und Sa ganztägig Markt auf der **Piazza dell'Erbe** und der **Piazza della Frutta**.

Am 3. So. im Monat Antiquitäten- und Flohmarkt am **Prato della Valle**, dem größten Platz der Stadt.

Sehenswertes

Cappella degli Scrovegni und Umgebung: Die äußerlich unscheinbare Kapelle steht inmitten der *Giardini dell'Arene*, einer schönen schattigen Parkanlage nicht weit vom Bahnhof. Ihr hoher Innenraum ist bis zur Decke vollständig mit fantastischen Fresken von Giotto bedeckt – sie begründeten seinen Ruf als Vorläufer der Renaissance. 1303–1305 bemalte Giotto die Seitenwände auf einem tiefblauen Hintergrund in zahlreichen Einzelfeldern mit Szenen aus dem Leben von Maria und Jesus, darunter setzte er symbolische Darstellungen der Tugenden und Laster und an die Eingangswand ein großes „Jüngstes Gericht". Am Altar bedeutende Marmorskulpturen von Pisano und der Sarkophag Enrico Scrovegnis, der Kirche und Fresken in Auftrag gab.

Der Eingang zur Kapelle führt durch die *Musei Civici Eremitani* im Kreuzgang der gleichnamigen Kirche. Neben Lapidarium und Archäologischer Abteilung enthält es eine bemerkenswerte Gemäldesammlung venezianischer Meister des 14.–16. Jh., darunter ein hölzernes Kruzifix von Giotto.

Die *Chiesa degli Eremitani* wurde im Zweiten Weltkrieg durch Bombenangriffe völlig zerstört und wieder aufgebaut – doch die herrlichen Fresken von Mantegna sind großteils unwiederbringlich verloren.

• *Öffnungszeiten/Preise* **Cappella degli Scrovegni** und **Musei Civici Eremitani**, tägl. 9–22 Uhr, Sammeleintrittskarte ca. 12 € (19–22 Uhr 8 €), Schüler/Stud. 5 €, mit Padova Card gratis. Achtung: Für den Besuch der Kapelle ist Reservierung per Internet oder Telefon obligatorisch (mind. 48 Std. vorher), es dürfen nur jeweils 25 Pers. die Luft- und Staubschleuse passieren, Aufenthalt in der Kapelle 15 Min. ✆ 049/2010020, www.capelladegliscrovegni.it

Musei Civici Eremitani, Di–So 9–19 Uhr, Mo geschl. Eintritt ca. 10 €, Schüler/Stud. 5 €.

Chiesa degli Eremitani, Mo–Sa 8.15–18.45 Uhr, So 10–13, 16–19 Uhr, Eintritt frei.

Padova Card: Das Sammelticket „Padova Card" kostet ca. 14 € und gilt für einen Erwachsenen und ein Kind bis zwölf Jahre 48 Stunden lang (bei Kauf am Freitag das ganze Wochenende) für Cappella degli Scrovegni, Musei Civici agli Eremitani, Palazzo della Ragione, Piano Nobile des Caffè Petrocchi, in weiteren Sehenswürdigkeiten ist der Eintritt ermäßigt. Zusätzlich können die städtischen Busse und Fahrräder (erhältlich bei der Informationsstelle an der Basilika) kostenlos benutzt werden.

City Sightseeing Padova: Ein bunt bemalter Bus mit offenem Oberdeck fährt von Mai bis September zwischen 9 und 20 Uhr tägl. etwa 1- bis 2-mal stündl. durch das Zentrum von Padua. Man kann an zwölf Stationen beliebig zu- und aussteigen, das Ticket ist 24 Stunden gültig.

Plausch vor dem Baptisterium

Zentrum: Von Reichtum und Pracht der mittelalterlichen Handelsmetropole zeugt die großartige Komposition der beiden Plätze *Piazza dell'Erbe* und *Piazza della Frutta*, letzterer mit täglichem Markt. Zwischen den Plätzen prunkt der gewaltige *Palazzo della Ragione* mit offenen Loggien an beiden Längsseiten. Der riesige Innenraum *Il Salone* im Erdgeschoss ist heute mit Verkaufsläden aller Art belegt, der Saal darüber ist vollständig mit einem astrologischen und religiösen Freskenzyklus ausgemalt und kann besichtigt werden.
Einen Blick wert ist auch die anschließende hübsche *Piazza dei Signori* mit ihrem Uhrenturm. In der Nähe steht der *Dom* mit unvollendeter Fassade und weitgehend schmucklosem Innenraum. Das benachbarte *Baptisterium* ist mit Fresken aus dem 14. Jh. ausgemalt, die Szenen aus dem Leben Jesu und Johannes des Täufers darstellen.
Weiteres Zentrum für Stadtflanierer ist die gemütliche *Piazza Cavour* mit Cafés und Restaurants, dem benachbarten *Caffè Pedrocchi* (→ Essen & Trinken), in dessen Piano Nobile 2004 das *Museo del Risorgimento e dell'Eta Contemporane* eröffnet wurde, und dem nahen *Palazzo del Bò*, dem Hauptgebäude der Universität – schon Galileo Galilei hat hier gelehrt. Die *Aula Magna* mit ihren endlosen Wappenreihen von ehemaligen Studentenschaften ist der älteste medizinische Hörsaal („Teatro Anatomico") der Welt und besitzt extrem enge und steile Sitzreihen.

• Öffnungszeiten/Preise **Palazzo della Ragione**, Di–So 9–19 Uhr, Mo geschl., Eintritt ca. 8 €, Schüler/Stud. 4 € (bei Ausstellungen Änderungen möglich und kein Freieintritt mit der Padova Card).
Baptisterium, tägl. 10–18 Uhr, Eintritt ca. 2,50 €.
Museo del Risorgimento e dell'Eta Contemporane, Di–So 9.30–12.30, 15.30–18.30 Uhr, Mo geschl., Eintritt ca. 4 €, Schüler/Stud. 2,50 €.
Palazzo del Bò, Führungen Mo, Mi, Fr 15.15, 16.15, 17.15 Uhr, Di, Do, Sa 9.15, 10.15, 11.15 Uhr. Nur mit Reservierung beim Tourist Info in der Galleria Pedrocchi.

Basilica di Sant'Antonio und Umgebung: höchst eigenwillige byzantinische Konstruktion aus dem 12.–14. Jh. mit acht immensen Kuppeln und schlanken Spitztürmchen. „*Il Santo*" wurde zu Ehren des heiligen Antonius errichtet, der in Portugal geboren wurde und seit Ende des 13. Jh. hier begraben liegt. Die Kirche hat sich seitdem zu einem landesweiten Pilgerziel entwickelt, der Devotionalienhandel blüht. Inmitten der Verkaufsstände geht das berühmte Reiterstandbild des *Gattamelata* auf der Piazza fast etwas unter – es stammt von Donatello und gilt als eines der bedeutendsten Werke der italienischen Frührenaissance.
Im linken Seitenschiff liegt die *Cappella di Sant'Antonio*. Hier ruht Antonius in einem großen Sarkophag, behängt mit zahllosen Medaillons und Fotos von Gläubigen, die die Hilfe des Heiligen erflehen. Dramatisch und lebensecht wirken die

großen Marmorreliefs an der Rückwand der Kapelle, die Szenen aus seinem Leben darstellen. Benachbart sind die Kapelle der *Schwarzen Madonna* und die freskengeschmückte Kapelle des *Beato Luca Belludi*. Die Schranke des *Hochaltars* ist mit Bronzestatuen von Donatello bestückt. Im rechten Seitenschiff enthält die *Cappella di San Felice* einen berühmten Freskenzyklus von Altichiero (entstanden 1374–1379): „Geschichte des heiligen Jakob von Compostela" und „Kreuzigung". Mit der Natürlichkeit seiner Gestalten ohne jegliche Steifheit der Formen war Altichiero ein entscheidender Vorläufer der Renaissance. Höhepunkt der Pilgerfahrt ist die *Zentralkapelle* in der Rückfront der Basilika – im ehrfürchtigen Gänsemarsch geht es an goldenen Reliquiaren vorbei, in denen Antonios nicht verweste Zunge (!), sein Unterkiefer mit fünf Zähnen und andere sterbliche Überreste ausgestellt sind.
In den Kreuzgängen rechts neben der Basilika wird eine *Tonbildschau* über das Lebenswerk des Sant'Antonio gezeigt, außerdem gibt es hier das *Museo Antoniano* mit kirchlichen Schätzen, Ölgemälden und konservierten Fresken aus Kirchen und Klöstern.
Zurück auf der Piazza findet man angebaut an die Basilika das *Oratorio di San Giorgio* und die *Scuola di Sant'Antonio* – Ersteres ist vollständig mit Fresken von Altichiero ausgemalt, während die Scuola im Obergeschoss Fresken hauptsächlich aus dem 16. Jh. besitzt, einige davon sollen von Tizian stammen.

• *Öffnungszeiten/Preise* **Tonbildschau**, tägl. 9–12.30, 14.30–18 Uhr, Eintritt frei, Dauer 25 Min. **Museo Antoniano**, Di–So 9–13, 14.30–18.30 Uhr, Mo geschl., Eintritt ca. 2,60 €, Schüler/Stud. 1,60 €. **Oratorio di San Giorgio** und **Scuola di Sant'Antonio**, tägl. 9–12.30, 14.30–19 Uhr (Winter bis 17 Uhr), Eintritt ca. 2 €, Schüler/Stud. 1,50 €.

Am Prato della Valle

Orto Botanico: gleich in der Nähe der Basilika, einer der ältesten Botanischen Gärten Europas, gegründet 1545 als Heilpflanzengarten der Medizinischen Fakultät. 1997 wurde er in die Liste des Weltkulturerbes der Unesco aufgenommen.
Öffnungszeiten/Preise tägl. 9–13, 15–18 Uhr, Eintritt ca. 4 €, Schüler/Stud. 1 €.

Prato della Valle und Santa Giustina: weiter, offener Platz im Süden der Stadt, schöne Grünflächen und Wassergraben, eingefasst von hohen Steinfiguren, ideal zum Relaxen und Bummeln. Samstags findet hier ein großer Markt statt.
Am Südende des Platzes steht die riesige Backsteinkirche *Santa Giustina*. Im monumentalen Innenraum stützen gewaltige Pfeiler die drei Schiffe, das große Altarbild „Martyrium der heiligen Justina" stammt von Veronese. In der Kapelle des hl. Lukas liegt Elena Lucrezia Cornaro Piscopia begraben, die 1678 als erste Frau der Welt einen Doktortitel erhielt – da ihr der Dr. theol. von der Kir-

Kilometerweiter Blick von den Colli Euganei

che verweigert wurde, promovierte sie in Philosophie. Im linken Querschiff steht ein Sarkophag, der die vermeintlichen sterblichen Überreste des Evangelisten Lukas enthält. Geboren wurde der Apostel etwa 65 n. Chr. in der syrischen Stadt Antiochia, mit 84 Jahren starb er im griechischen Theben. Anhand neuer genetischer Untersuchungen konnte festgestellt werden, dass der Körper tatsächlich mit hoher Wahrscheinlichkeit aus dem antiken Syrien stammt und auch sein Alter den Lebensdaten des Evangelisten entspricht.

Öffnungszeiten **Santa Giustina**, Mo–Sa 7.30–12, 15.30–20 Uhr, So 7.30–12.40, 15.45–20 Uhr.

Colli Euganei (Euganäische Hügel)

Über hundert kegelförmige Erhebungen steigen südlich von Padua unvermittelt aus der Poebene an. Am Rand der Hügelregion liegen mehrere gediegene Thermalorte, die zusammen die „Terme Euganee" bilden, Italiens größte Kurlandschaft.

Ein Abstecher in die schöne, üppig grüne Landschaft vulkanischen Ursprungs mit kleinen Dörfern und venezianischen Herrenhäusern lohnt sehr. Immer wieder genießt man herrliche Ausblicke, zahlreiche schön gelegene Gasthäuser bieten sich für Pausen an, auch Gelegenheit zur Weinverkostung gibt es und in mehreren Agriturismohöfen kann man übernachten.

▸ **Abano Terme**: der bekannteste der Thermalkurorte am Fuß der Euganäischen Hügel. Hauptsächlich Rheuma- und Arthritiskranke, aber auch zusehends Sportler und Liebhaber von „Wellness"- und „Beauty"-Kuren lassen sich in den heilkräftigen, fast 40 °C heißen und mit Algenhumus versetzten Fangoschlamm packen oder kuren in den rund 140 Hotels, die alle eigene Thermalbrunnen mit teils malerisch gestalteten Poollandschaften besitzen. Abano ist fast reine Hotelstadt, einen historischen Kern gibt es nicht, jedoch mehrere schöne Parks und überall viel Grün. Im Zentrum lädt ein großzügiger Fußgängerbereich zum gemütlichen Bummel ein.

▸ **Montegrotto Terme**: zweiter großer Kurort der Terme Euganee, mit Abano praktisch zusammengewachsen. Erhalten sind die Ruinen römischer Thermalanlagen, ganz in der Nähe kann man den *Butterfly Arc* ansehen, ein Schmetterlingshaus mit drei tropischen Gärten.

Das mittelalterliche *Castello di San Pelagio* steht südöstlich von Montegrotto Terme zwischen SS 16 und Autobahn. Von hier aus startete der Literat und Nationalheld Gabriele d'Annunzio 1918 zu einem gewagten Doppeldeckerflug ins feindliche Wien – allerdings nicht, um Bomben, sondern um Flugblätter mit von ihm entworfenen Texten abzuwerfen. Aus diesem gelungenen Propagandafeldzug entstand die Idee zum *Museo dell'Aria e dello Spazio*, das heute seinen Platz im Schloss hat. Dokumentiert wird die Geschichte des Fliegens vom Vogelflug über die Mythologie von Dädalos und Ikaros, die ersten Flugversuche Leonardo da Vincis und die farbenprächtigen Heißluftballone der Gebrüder Montgolfier bis zu den beiden Weltkriegen und der bemannten Raumfahrt.

• *Öffnungszeiten/Preise* **Terme Romane**, nur nach Voranmeldung mit Führung Anfang Mai bis Mitte Juni und Anfang Sept. bis Mitte Okt., Sa vormittags um 9, 10 und 11 Uhr, Eintritt frei, ✆ 049/8911673
Butterfly Arc, April bis Sept. tägl. 9.30–12.30, 14.30–17.30 Uhr, März und Okt. 9.30–12.30, 14–16.30 Uhr, Eintritt ca. 6 €, www.farfalle.org
Castello di San Pelagio, Sommer Di–So 9–12.30, 14.30–19 Uhr, Winter 9–12.30, 14–17.30 Uhr (Dez. und Jan. nur So), Mo geschl. Eintritt ca. 7 €. ✆ 049/9125008, www.museodellaria.it

▸ **Castello del Catajo**: Das elegante, in seiner Anlage sehr wehrhaft wirkende Schloss nördlich von Battaglia Terme wurde 1570–1573 für den Söldnerführer Pio Enea degli Obizzi erbaut, nach dem die „Haubitze" benannt wurde. Im Rahmen einer Führung kann ein Teil der über 300 Zimmer besichtigt werden. Der prachtvolle, fast königlich anmutende Hauptsaal im Piano Nobile sowie viele weitere Säle sind mit Fresken von Giambattista Zelotti geschmückt.

Öffnungszeiten **Castello del Catajo**, April bis Aug. Di und So 15–19 Uhr, März und Sept. bis Nov. 14.30–18.30 Uhr, Feb. 14–18 Uhr, Gruppen tägl. bei Voranmeldung. Eintritt ca. 7 €, ✆ 049/9100411, www.castellodelcatajo.it

Das Original: „Maraschino" – Kirschlikör aus Torreglia

In Torreglia wird der berühmte Kirschlikör „Maraschino" hergestellt. Die Firma „Luxardo" wird heute in sechster Generation betrieben, 22.000 Marasca-Kirschbäume nennt die Familie ihr Eigen. Neben dem Original-Maraschino werden auch Limoncello, Amaretto, Sambuca und viele weitere Destillate produziert. Mo–Sa 9–12.30, 15–19 Uhr, www.luxardo.it

▸ **Teolo**: Das zwischen dicht bewaldeten Erhebungen gelegene Hügeldorf ist gut für einen Zwischenstopp geeignet, außerdem Ausgangspunkt für die Wanderung um den nahen *Monte Grande* (→ S. 166), an dessen Südhängen sich ein ausgedehntes Weinbaugebiet erstreckt.

• *Übernachten* *** **Villa Lussana**, schöne, alte Jugendstilvilla oberhalb vom Dorfplatz von Teolo, herrlicher Blick auf die Berge der Umgebung. Mit Parkplatz und empfohlenem Restaurant. DZ mit Frühstück ca. 88 €. Via Chiesa 1, ✆/℻ 049/9925530, E-Mail: hotelvillalussana@libero.it

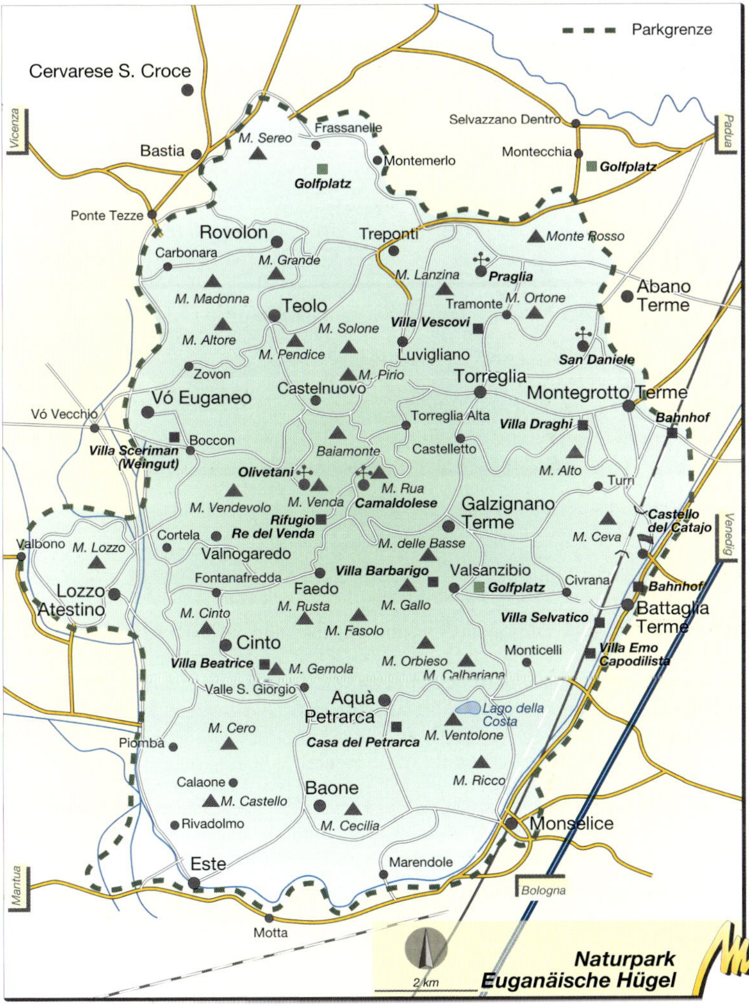

B & B I Gemelli, Villa di Teolo. Ruhige Lage im Grünen, 3 Zimmer und 2 Badezimmer. DZ mit Frühstück ca. 50–60 €. Via delle Croce 12, ✆ 049/663616, E-Mail: atsattin@davide.it

Agriturismo Terre Bianche, kürzlich renoviertes Landhaus, umgeben von Weinbergen und Olivenbäumen. 3 Zimmer und 2 Badezimmer, Selbstversorgerküche, draußen reichlich Platz zum Sonnen und für Kinder. DZ ca. 55 €. Via Pastorie 23, Treponti di Teolo, ✆ 049/619872, ✆ 8764558, www.terrebianche.it

• *Essen & Trinken* **La Montanina**, von Abano Terme kommend vor dem Ortseingang von Teolo rechts. Schönes Anwesen in Hügellage mit Park und Panoramaterrasse. Das Innere schmücken zahlreiche Gemälde von Künstlern, die hier zu Gast waren. Spezialität sind die hausgemachten Pastagerichte. Mi geschl. ✆ 049/9925036.

Gartenlokal in Arquà Petrarca

▸ **Monte Rua** (416 m): Die gesamte Spitze des dicht bewaldeten Berges nordwestlich oberhalb von Galzignano Terme nimmt der ausgedehnte *Eremo Camaldolese* ein, eine 1537 gegründete Einsiedelei der Camaldulensermönche. Bis zum „Rifugio Monte Rua" kann man mit dem Wagen fahren. Das letzte Stück zum Gipfel steigt man zu Fuß hinauf. Die Mönche leben hier oben in völliger Abgeschiedenheit und strenger Klausur. Nur Männer dürfen jeweils einzeln die Kirche und eine Zelle besichtigen.

• *Öffnungszeiten* **Eremo Camaldolese**, Do und So im Sommer 14.30–16.30 Uhr, sonst 15.30–17.30 Uhr, ✆ 049/5211041.

• *Übernachten* **B & B Artemisia**, vollkommen ruhiges Grundstück an der Auffahrt zum Monte Rua. Renata Sensi vermietet 3 Zimmer und ein separates Gästehaus. Motto der Eigentümer: „Silence is golden". DZ mit Frühstück ca. 70–90 €. Ganzjährig. Via Monte Rua 15, ✆ 049/9930317, www.artemisiaonline.it

B & B I Vecchi Mulini, am westlichen Ortseingang von Torreglia. Wunderbar restaurierte Mühle aus dem 13. Jh., geschmackvoll eingerichtete Zimmer mit Bad, Ruhewiese. DZ je nach Aufenthaltsdauer (Mindestaufenthalt 2 Nächte) ca. 55–75 €. Via Facciolati 28, ✆/℻ 049/5211424, www.ivecchimulini.it

• *Essen & Trinken* **Rifugio Monte Rua**, elegantes Restaurant mit großzügiger, teilweise überdachter Panoramaterrasse. Kredenzt wird hauptsächlich Gegrilltes, z. B. *grigliata di carni misti* oder *tagliata d'anitra*, an Pasta gibt es u. a. *bigoli*. Di geschl. ✆ 049/5211049.

Agriturismo Ca' Noale, Via Cicogna Pirio (Collina), an der Straße von Torreglia nach Torreglia Alta. Hübscher Hof mit Wein- und Olivenanbau, im Restaurant wird die typische Veneto-Küche serviert, Spezialitäten sind z. B. *lasagne con i „bisi"* und *grigliate miste*. Geöffnet ganzjährig Sa und So und vor Feiertagen. ✆/℻ 049/5212473.

▸ **Monte Venda** (602 m): Die Auffahrt von Castelnuovo zum höchsten Gipfel der Colli Euganei ist militärisch gesperrt. Man kann aber den Gipfelbereich im Rahmen einer Wanderung von Süden aus begehen und dabei im urigen „Rifugio Re del Venda" einkehren. Dazu nimmt man die Straße, die östlich am Monte Venda vorbeiführt und biegt etwa 1 km nördlich vom Passo Roverello in die Via Sottovenda ein. Auf holpriger Piste geht es bis zu einem Parkplatz, wo linker Hand ein behindertengerecht ausgebauter Wanderweg zu einem überdachten Rastplatz in 348 m Höhe führt (Weglänge 5,6 km, Dauer ca. 3 Std.). Der Gipfel selber, auf dem die Ruinen eines mittelalterlichen Olivetanerklosters stehen, kann auf dem „Lorenzoni-Weg" erreicht werden (die Broschüre „Die Wanderwege der Euganeischen Hügel" ist bei den Infostellen erhältlich).

• *Übernachten* **B & B Alto Venda**, rustikaler Hof in 400 m Höhe zwischen Monte Venda und Monte Venevolo, zu erreichen von Valnogaredo. Ländliches Restaurant (Fr, Sa, So), eigene Weinproduktion, Blick ins Tal, 5 ordentlich eingerichtete Zimmer. DZ mit Frühstück ca. 55–65 €. Via Sassoni 26, Valnogaredo di Cinto Euganeo, ☏/📠 0429/647217, www.agriturismoaltovenda.it

• *Essen & Trinken* **Il Rifugio Re del Venda**, holprige Anfahrt bis zum Parkplatz, wo der behindertengerecht ausgebaute Wanderweg beginnt. Rechter Hand steht das alte Haus mit Loggia und Wandbemalungen, davor liegt ein einladender und sonniger Gastgarten mit weitem Blick. Mo geschl.

▸ **Arquà Petrarca**: In dem malerischen Dorf im Süden der Euganäischen Hügel starb am 18. Juli 1374 Francesco Petrarca, neben Dante und Boccaccio der wahrscheinlich berühmteste italienische Dichter. Seine Villa „Casa Petrarca" in der Via Vallesselle enthält eine Fotodokumentation zu seinem Leben und Mobiliar des 16. Jh., z. T. auch noch angebliche Originalstücke von Petrarca, dazu zahlreiche Faksimiles seiner Schriften. Am Hauptplatz steht der *Sarkophag* Petrarcas vor der Kirche *Santa Maria*.

• *Öffnungszeiten/Preise* **Casa del Petrarca**, Feb. bis Sept. Di–So 9–12.30, 15–19 Uhr, Okt. bis Jan. 9–12.30, 14.30–17.30 Uhr, Mo geschl. Eintritt ca. 4 €.

• *Übernachten* **B & B Chez Vivì**, renoviertes Landhaus mit großem Garten, einige Fußminuten vom Petrarca-Haus. 2 hübsch eingerichtete Appartements und 2 Zimmer, kleiner Pool und überdachte Frühstücksterrasse. Vivian und Franco bieten außerdem verschiedene Heilmassagen, Hydrotherapie u. Ä. DZ mit Frühstück ca. 60–85 €. Centro Benessere, Via Palazzina 28, ☏ 0429/776098, 📠 776224, www.chezvivi.it

Jugendherberge Colli Euganei, wenige Kilometer westlich von Arquà Petrarca. Privat geführtes Hostel mit 43 Betten in 6 Schlafsälen (2 davon Familienzimmer) und großem Garten. Übernachtung mit Frühstück ca. 15 €, HP ca. 22 €. März bis Okt. Via Donna Daria 2, Valle San Giorgio (Baone), ☏ 0420/601286, 📠 615567, E-Mail: ideogrammi.ostelli@libero.it

• *Essen & Trinken* **La Pergola**, schattiges Gartenlokal an der Hauptgasse von Arquà Petrarca. Di geschl. ☏ 0429/718002.

Villa Sceriman: Weinprobe in entspanntem Ambiente

Wenn man an der Westseite der Colli Euganei die Straße zwischen Vò Euganeo und Este befährt, kommt man kilometerweit an Weinbergen mit den dazugehörigen Gütern vorbei, wo überall Wein im Direktverkauf angeboten wird. Eine besonders stimmungsvolle Adresse ist die Villa Sceriman an der Straße zwischen Castelnuovo und Vò Euganeo, die im 15. Jh. nach Plänen von Palladio erbaut wurde. In den ehemaligen Pferdeställen neben der Villa betreibt heute die freundliche Familie Soranzo einen schön aufgemachten Weinkeller. Man kann in aller Ruhe umhergehen, aus dem großen Angebot an Cabernet, Chardonnay, Merlot, Marzemino, Prosecco, Pinot Grigio und Novello auswählen – oder sich mit Salami und Käsehappen der Region auf einen gemütlichen Imbiss niederlassen. In der Loggia sitzt man an rustikalen Holztischen und im Garten sind lauschige Lauben eingerichtet.

Villa Sceriman, Vò Euganeo, Mo–Sa 10–12, 15–19 Uhr, So geschl. ☏ 049/9940123.

Venetien

Wanderung um den Monte Grande (Sentiero del Monte Grande)

Man umrundet den 467 m hohen Berg – der vierthöchste der Colli – zunächst auf breitem Weg ohne größere Steigungen, steigt dann zum Bergrücken hinauf und kommt wieder zum Ausgangspunkt zurück. Länge etwa 4,2 km, Dauer je nach Schrittgeschwindigkeit ca. 1½–2 Std., auch geeignet für Mountainbiker.

Wegverlauf: Von Teolo nimmt man die kurvige Straße nordwärts bis zum Passo Fiorine, wo man neben dem Gasthaus „Baita Passo Fiorine“ parken kann. Der Weg beginnt an der Wiese dahinter und führt als breite Piste in den Wald am Nordhang hinein. Bald passieren wir links die Abzweigung nach Rovolon. Bei der weiteren Wanderung sehen wir, wie gefährdet das Gebiet ist. Schwere Steinbrocken schützen den Hang vor Erosion und erst 2004 hat ein Waldbrand den Baumbestand zum wiederholten Mal schwer geschädigt. Waldarbeiter haben nun eine gewaltige Schneise geschlagen und sind mit der Wiederaufforstung beschäftigt, der Schlagwald soll in Hochwald umgewandelt werden. Am Ostende des Massivs zweigt ein Weg zur Via Bettone ab, die unten durch das Weinbaugebiet verläuft und beim Weingut „Le Querce“ endet. Nun beginnt der Anstieg zum Gipfelplateau, der aber relativ rasch zu bewältigen ist. Unterwegs sieht man die vorher erwähnte Schneise am Nordhang von oben, kommt dann rasch zu einer meteorologischen Station. Es geht weiter am Bergrücken entlang, dann abwärts und in weiten Kurven durch Eichen und Kastanienwald hinunter zur Straße, die man kurz vor der Passhöhe mit dem Gasthaus erreicht. Kurz vor der Straße zweigt bei den Kurven ein Weg zur Lichtung „Parco Lietta Carraresi“ ab, wo man rasten kann.

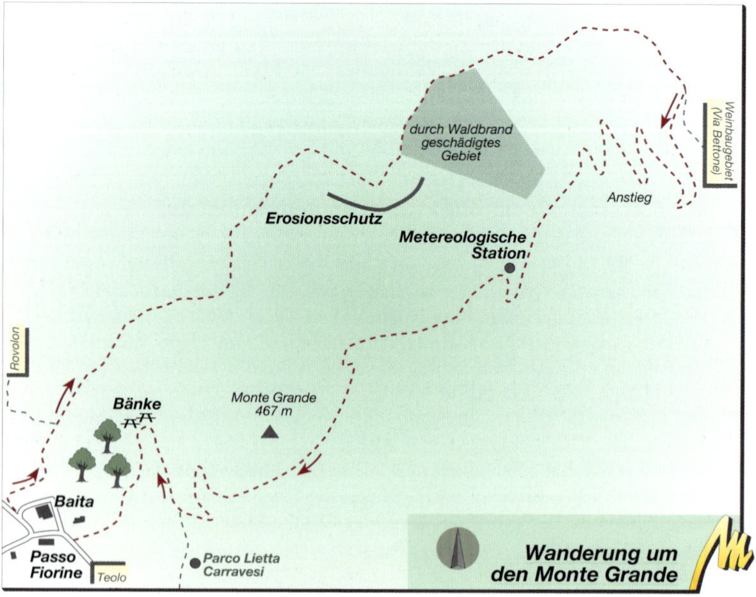

Montagnana

(ca. 9.400 Einwohner)

Das 10.000-Einwohner-Städtchen südwestlich der Euganäischen Hügel besitzt eine der schönsten Stadtbefestigungen Europas, perfekt erhalten ist der gesamte Mauerring samt 24 Türmen, vier Toren und einem breiten grünen Wallgraben. Im *Castello di San Zeno* an der Ostseite der Stadtmauer ist ein *Museo Civico* untergebracht, hauptsächlich mit Funden aus vorgeschichtlicher und römischer Zeit. In der Westbastion *Rocca degli Alberi* kann die Jugendherberge besichtigt werden. Der imposante *Dom* aus dem 15. Jh. steht am großen, freien Hauptplatz und besitzt großflächige Ölgemälde, Fresken und schönes altes Chorgestühl.

Am ersten Sonntag im September findet im Graben das große mittelalterliche Reiterturnier *Palio dei 10 Comuni* statt, dessen Ursprünge auf das Jahr 1259 zurückgehen.

• *Öffnungszeiten/Preise* **Museo Civico**, Führungen Mi–Fr 11 Uhr und Sa/So 11, 12, 16 und 17 Uhr, Mo/Di geschl., Eintritt ca. 2,10 €.

• *Information* **Pro Loco**, Castello di San Zeno, Piazza Trieste. Tägl. 9.30–12.30, 16–19 Uhr. ✆ 0429/81320.

• *Übernachten* *** **Aldo Moro**, gepflegtes Albergo mitten in der Altstadt, wenige Schritte vom Hauptplatz. Garage und kleiner Garten. DZ ca. 90–115 €, Frühstück extra. VIa Guglielmo Marconi 27. ✆ 0429/81351, ℻ 82842, www.hotelaldomoro.com

Jugendherberge im Kastell Rocca degli Alberi, etwa 600 m vom Bahnhof. Tolle Atmosphäre im alten Turm, davor netter Garten, ruhig. Pro Pers. ca. 12 €, Frühstück extra. Anfang April bis Mitte Okt. ✆/℻ 0429/81076, ℻ 0429/8070161, www.ostellionline.org

• *Essen & Trinken* **Da Stona**, gemütliche Trattoria mit Paduvaner Hausmannskost und guter Weinauswahl. Nicht teuer. Mo geschl. Via Carrarese 51, ✆ 0429/81532.

Hostaria à la Rocca, neben der JH, Trattoria mit „Biergarten", von Mai bis Aug. gelegentlich Open-Air-Musik.

Venetien

▸ **Este**: Das kleine Städtchen am Südfuß der Euganäischen Hügel war Stammsitz der bekannten gleichnamigen Dynastie. Ein Stopp lohnt wegen des wunderschonen *Parks* innerhalb der ehemaligen Burgmauern, der sich mit seinen kunstvoll geschnittenen Hecken den Hügel hinaufzieht, und wegen des Archäologischen Museums *Museo Nazionale Atestino* am Parkeingang mit reichhaltigen Funden aus vorrömischer und römischer Zeit.

Öffnungszeiten/Preise **Museo Nazionale Atestino**, tägl. 9–20 Uhr, Eintritt ca. 4 €, ca. 2 € für 18- bis 25-Jährige, unter 18 und über 60 J. frei.

▸ **Monsélice**: Das im Zentrum recht malerische Städtchen liegt ganz nah an der Autobahn Padua–Bologna. Schon von dort erkennt man am markanten Hang des bewaldeten Burgbergs das Wallfahrtsheiligtum *Sette Chiese* – sieben Kapellen, die sich entlang der Via al Santuario zur großen Villa Duodo hinaufziehen. Der schöne Spaziergang beginnt oberhalb der zentralen Piazza Mazzini. Zunächst kommt man am *Castello Ca'Marcello* vorbei, das der venezianische Fabrikant Cini mit Möbeln aus Mittelalter und Renaissance stilvoll ausstatten ließ. Die benachbarte *Villa Nani-Mocenigo* besitzt eine Mauer mit Zwergenfiguren. Wenig später passiert man den romanisch-gotischen *Duomo Vecchio*. Die *Villa Duodo* ist nicht zu besichtigen, doch gegenüber führt eine breite Freitreppe ein Stück weit den Berghang hinauf. An Sonntagen in Frühjahr und Herbst kann man weiter hinaufsteigen bis zur Burgruine *Mastio Federiciano* und den Blick in die südlich anschließende Ebene genießen.

• *Öffnungszeiten/Preise* **Castello Ca'Marcello & Antiquario Longobardo**, Besichtigung mit Führung April bis Nov. Di–So 9–12, 15–18 Uhr (jeweils zur vollen Stunde), Mo geschl., Eintritt ca. 6 € (Stud. 3 €).

Am Strand des Valle Vecchia bei Cáorle

Mastio Federiciano, April bis Juni und Sept./Okt. nur So 15–18 Uhr, Eintritt ca. 4 € (Stud. und über 60 J. 2 €).

• *Übernachten* ** **Cavallino**, ordentliches Albergo in zentraler Lage. DZ mit Frühstück ca. 68 €. Mit Parkmöglichkeit. Via Petrarca 2, ✆/℻ 0429/72242, http://web.tiscali.it/albergocavallino

• *Essen & Trinken* **Enoteca al Castello**, Pub-Enoteca mit Ritterrüstungen und mittelalterlichem Ambiente. Mo geschl. Oberhalb der Piazza Mazzini, beim Beginn des Aufstiegs zur Villa Duodo.

Villa Contarini, herrschaftliche Villa des 16. Jh. mit prächtigem barockem Zierrat und großem Garten. Sehr edles Ambiente, das gerne für Hochzeiten und ähnliche Anlässe genutzt wird. Fr, Sa und So abends hat aber auch die Pizzeria im Erdgeschoss geöffnet. Via Verdi 4, westlich vom Zentrum. ✆ 0429/72291, www.villacontarini.it

Küste östlich von Venedig

Die obere Adria zwischen Venedig und Lignano Sabbiadoro ist mit ihren kilometerlangen Stränden eine der beliebtesten Badelandschaften Italiens. Im Gegensatz zur endlosen Agglomeration von Lido di Jesolo besitzt das hübsche Cáorle einen sympathischen historischen Kern, der direkt neben einem langen Sandstrand liegt, während Bibione sogar eine vorzügliche Thermenanlage vorzuweisen hat. Die komfortabelsten Campingplätze liegen auf der Landzunge Litorale del Cavallino.

Wer vom Meer genug hat, kann per Rad die Umgebung entdecken. In ihrer Weite und Ausprägung erinnert die brettflache Landschaft an Holland – Wasserläufe und weite Lagunen, grüne Wiesen, endlose Felder und Pappelalleen bis zum Horizont, sogar die typischen Zugbrücken über die „Grachten“ sieht man hier und dort. Bis auf einige Naturoasen ist die Landschaft agrarisch vollständig erschlossen, hauptsächlich Gemüse- und Obstanbau wird hier betrieben. Inzwischen hat man aber einige wenige geschützte Gebiete ausgewiesen, in denen sich die alte Küstenflora wieder ungestört entfalten kann, z. B. das „Valle Vecchia“ bei Cáorle (→ S. 176).

Litorale del Cavallino (Marina di Venezia)

Der schmale Festlandstreifen unmittelbar östlich von Venedig mit Zentrum Lido di Jesolo ist Mittelpunkt eines gigantischen Badebetriebs und eines der meistfrequentierten Campingziele Europas. An Wochenenden wälzen sich endlose Autoschlangen zum viele Kilometer langen Sandstrand. Über 40 Campingplätze gibt es hier, viele von ihnen gewaltig groß und mit allen erdenklichen Einrichtungen.

Punta Sabbioni, die Westspitze der Landzunge, liegt genau gegenüber von Venedig, der Vaporetto 14 pendelt mindestens stündlich zwischen Lido und Stadt (Dauer 40 Min. einfach, ca. 6 € hin und zurück) – speziell für Badeurlauber aus Jesolo und Umgebung ist dies die bequemste Venedig-Anfahrt, den PKW kann man auf zahlreichen bewachten Parkplätzen bei der Fährstation abstellen (ca. 7 € pro Tag).

• *Übernachten* **Camping Miramare**, ein für die Stadtbesichtigung sehr günstiger Platz, exakt 1 km von der Anlegestelle der Motorschiffe nach Venedig entfernt. Grünes, ruhiges und sauberes Gelände mit 650 Stellplätzen, über die Straße zum eigenen Strand. Ostern bis Anfang Nov. Lungomare Dante Alighieri 29, ✆ 041/966150, ✆ 5301150, www.camping-miramare.it

Marina di Venezia, großer und sehr gepflegter Platz, einer der beliebtesten bei Venedig, der vor allem für Urlaub mit Kindern beste Möglichkeiten bietet. Große Poollandschaft, schöne Bungalows, Kinderanimation u. v. m. Von einem großen Automobilclub als „Superplatz 2005" ausgezeichnet. Mitte April bis Sept. Via Montello 6, ✆ 041/5302511, ✆ 966036, www.marinadivenezia.it

Union Lido Vacanze, ebenfalls „Superplatz 2005", hervorragender Platz mit eigenem Naturpark, 5000 m^2 Wasserlandschaft, 7 Restaurants (Tipp ist die „Cantinetta Lispida" von Fabio, der prima Deutsch spricht), 16 Sanitäranlagen und 25 Geschäften. Mehr als 11.000 Besucher finden hier Platz, abends kann man flanieren wie in einer norditalienischen Kleinstadt, eine Disco liegt außerhalb. Der Platz hat 2005 sein 50-

Auch in Lido di Jesolo gibt es noch ruhige Fleckchen

jähriges Jubiläum gefeiert, 1955 wurde er von den italienischen Generalimporteuren für die Autofirma NSU als Ferienplatz mit Namen „NSU Lido" ausschließlich für Werksangehörige von NSU gegründet. Später ging NSU in Audi auf und der Platz wurde „Union Lido" genannt. ✆ 041/968080, 📠 5370355, www.unionlido.com

Ca' Savio, weitläufiger Platz in der Pineta, großer Poolkomplex, Sportangebot, Miniclub, Restaurant. Mitte April bis Sept. ✆ 041/966017, 📠 5300707, www.casavio.it

Lido di Jesolo

(24.000 Einwohner)

Der Traumstrand der 1950er Jahre ist aktuell wie eh und je. Auf 15 km Länge ziehen sich Hotelfronten und schnurgerade Straßenzüge hinter einem oft bis zum letzten Liegestuhl gefüllten Strand aus feinstem Dolomit-Sand.

Vom Fischerdörfchen *Cortellazzo* an der Piave-Mündung über das üppig grüne *Jesolo Pineta* mit seinem halben Dutzend Campingplätzen und das geschäftig-urbane *Jesolo Centro* bis *Jesolo Faro* mit seinem weithin sichtbaren Leuchtturm an der Mündung des Flusses Sile erstreckt sich die gigantische Urlaubsmaschine. Fast stundenlang kann man hier laufen (O-Ton Werbung: „Fußgängerzone Jesolos, mit 8 km die längste Europas"), es sieht alles irgendwie gleich aus. Trotzdem erfreut sich diese Mammutbadewanne ungebrochener Beliebtheit. Abwechslung in den Badealltag bringen die diversen Sport- und Spaßmöglichkeiten, Radausflüge ins nahe Lagunengebiet oder eine Motorschiff-Exkursion nach Venedig. Sogar ein Museum gibt es, nämlich das *Museo civico di storia naturale* (Stadtmuseum für Naturkunde) in einem früheren Schulgebäude an der zentralen Via Bafile. Die ausgestellten Vögel, Säugetiere, Fische, Mollusken und Krebstiere stammen aus ganz Europa, aber auch die Geologie und Geomorphologie der venezianischen Küste wird thematisiert.

Öffnungszeiten **Museo civico di storia naturale**, im Sommer 9–13, 15–23 Uhr, ✆ 0421/382248.

Information

IAT Nr. 5 Jesolo-Eraclea, Piazza Brescia 13, zentral an der Via Aquileia. Großes Büro mit viel Material, darunter kleine Führer für Radtouren in die Umgebung. Es wird Deutsch gesprochen. Mo–Sa 9–19 Uhr, So geschl. ✆ 0421/370601, 📠 370608, www.jesolo.it

Übernachten

Hotels aller Preisklassen wie Sand am Meer – vom mondänen „Park Hotel Brasilia" bis zur Ein-Stern-Pension. Mindestaufenthalt von 3 Tagen ist oft Bedingung, im Sommer außerdem oft Pflicht zur Halb- oder Vollpension. Relativ ruhig wohnt man im östlichen Ortsteil Jesolo Pineta.

****** Casa Bianca al Mare**, ganz zentral, trotzdem sehr ruhig. 1923 erbaute Türmchenvilla im Liberty-Stil, bevorzugte Lage direkt am Strand. Eins der ältesten Häuser am Ort, mit Privatpark, Pool und Restaurantterrasse, davor eigener Strandabschnitt. Exquisites Wohnen in teils mit Antiquitäten eingerichteten Zimmern. HP ca. 95–121 €/Person. Piazzetta Casa Bianca 1, ✆ 0421/370615, 📠 371659, www.hotelcasabianca.com

***** Trevi**, Nähe Piazza Marina. Großes, gepflegtes Haus in zweiter Reihe am Strand, zu erkennen am auffallenden Wandfresko. Von Familie Saramin sehr aufmerksam und herzlich geführt, dementsprechend viele Stammgäste. Gutes Restaurant, Pool, Privatstrand, Unterwassermassage, Solarium, Parkplatz. DZ mit Frühstück ca. 58–85 €. Via Padova 26, ✆ 0421/971762, 📠 370948, www.hoteltrevivenezia.com

***** Edelweiss**, zentrale Lage Nähe Piazza Mazzini. Seit 1949 als Hotel in Betrieb, unten gediegen antik mit Polstermöbeln, die 40 Zimmer modern eingerichtet, jeweils TV. Parkplatz, Privatstrand, Restaurant und Café. HP ca. 40–60 €/Person. Via Andrea Bafile 341, ✆ 0421/370306, 📠 371538, www.edelweisshotel.it

Strandbar abseits vom Getümmel

• *Ferienwohnungen* Fast 20 Agenturen vermitteln Ferienwohnungen, z. B. **Adriatica**, Piazza Marconi, ✆ 0421/93202, ✆ 93203, www.adriaticaimmobiliare.com

• *Camping* Die meisten Zeltplätze liegen im östlichen Ortsteil **Jesolo Pineta**. Eine Ausnahme bildet der weiträumige *** **Camping International** am westlichen Ortsausgang, kurz vor dem Leuchtturm. Das großzügige und streng bewachte Baumgelände besitzt einen 5000 m^2 großen Poolbereich und ein komplettes Sportzentrum. ✆ 0421/971826, ✆ 972561, www.jesolointernational.it

Essen & Trinken/Nachtleben

• *Essen & Trinken* Obwohl das Essen von der Stange in Lido di Jesolo nahezu perfektioniert wurde, gibt es auch hier einige echte kulinarische Tipps.

Alla Darsena, großzügiges Restaurant im Grünen, viele Sitzplätze im Freien, gute Fischgerichte, *fritto misto, zuppa di pesce* u. Ä. Etwas höhere Preise. Mitte Mai bis Mitte Sept. tägl. geöffnet, sonst Mi und Do geschl. Im Ortsteil Jesolo Pineta, kurz vor Cortellazzo, ✆ 0421/980081.

La Taverna, Gianni Bettio bietet täglich frischen Fisch und leckere Meeresfrüchte. Mo-Abend und Di geschl. Mitten im Örtchen Cortellazzo an der Piave-Mündung. ✆ 0421/980113.

Il Vecchio Marina, sympathisch geführte Trattoria in einem restaurierten Landhaus. Fisch und Meerestiere auf venezianische Art. Mo geschl. Via Roma destra 120/c, etwas außerhalb in Richtung Littorale del Cavallino, ✆ 0421/370645.

Alla Grigliata, Holzhütte beim großen Wasserpark Aqualandia. Die Brüder Luigi und Manola bieten hier hervorragende Fleischgerichte aller Art – saftige Steaks, Grillspieße und Würste, alles über offenem Grill gebraten. Im Sommer tägl. geöffnet, sonst Mi geschl. Via Buonarroti 17, ✆ 0421/372025.

Il Fagiolo, im Trubel Jesolos eine Rückbesinnung auf die venetische Küche – *pasta e fagioli, baccalà* und *seppie in umido*, aber auch Pizza vom holzbefeuerten Grill. Via Andrea Bafile 205, zwischen Piazza Drago und Piazza Brescia, ✆ 0421/92450.

Il Gatto Che Ride, „Der lächelnde Kater" hebt sich vom kulinarischen Einheitsbrei angenehm ab – buntes Art-Design, sehr leckere Fisch- und Fleischgerichte, auch die Pizza sieht toll aus, dazu persönlicher Service. Via Altinate 35, Zona Est, zwischen Piazza Milano und Piazza Torino, ✆ 0421/363226.

Hemingway, vor allem an Wochenenden stark besucht, da hier eine gute bodenständige Küche geboten wird, die noch dazu recht preiswert ist. Via dei Mille 38, ✆ 0421/372465.

• *Nachtleben* Den Ragazzi aus ganz Europa stellt sich an der Adria lediglich eine einzige Frage: Rimini, Lignano oder Jesolo? Die Hauptstraße Via Andrea Bafile wird abends zur kilometerlangen Fußgänger- und Vergnügungszone, ein Ballungszentrum des Trubels ist die zentrale Piazza Mazzini. Ab Mitternacht locken gut 20 Discos, z. B. das legendäre **Matilda**, Via Bafile 362, das **Papaya**, Via Aquileia 176, das **Dolce Vita**, Via Mameli 115, das **Cuba Libre Café**, Via Buonarroti 15, und der **King's River Club**, Via Equilio 56.

Sound Garden Café, Via Aleardi/Piazza Mazzini, Rock Club mit häufiger Livemusik und Disco, tägl. 22–4 Uhr. Programm unter www.soundgardencafe.com

Terrazzamare, Alternative zu den teuren Discos – große, sehr beliebte Freiluftbar kurz nach der Einfahrt zum Camping Internazionale am Fluss Sile, der am Leuchtturm ins Meer mündet. Ab 23 Uhr ist es hier oft brechend voll, gute Kontaktmöglichkeiten, Eintritt frei.

Baden/Sport & Spiel/Fahrrad/Internet

• *Baden* Neben den kostenpflichtigen Liegestuhl- und Sonnenschirmreihen gibt es auch gebührenfreie Strandzonen, z. B. am **Westende** beim Leuchtturm und vor den Campingplätzen in **Jesolo Pineta**. In regelmäßigen Abständen liegen Strandbars, z. B. die freundlich geführte **Tapas Bar** kurz vor dem Leuchtturm.

• *Sport & Spiel* Spaßbaden im riesigen Wasserpark **Aqualandia** (Via Buonarroti 15), Ausgehen im **Luna Park Jesolandia** (Via Equilio), Abenteuer an Bord des Piratenschiffs **Jolly Roger**, Tennis, Fußball, Basketball und Rollerskater im **Play Village** (Via Roma Destra), außerdem Minigolf, Bocciaspielhalle, Fitnesscenter, Hallenbad und die **Pista Azzurra** (Via Roma Destra), eine der weltweit größten Gokart-Bahnen (www.pista-azzurra.com).

• *Fahrrad* Eine schöne Tour führt am Rande des Lagunengebiets am Fluss Sile entlang. Verleih bei **MGE-Freeway**, Piazza Nember, **Basso Francesco**, Via Trentin, und **Good Bike**, Viale Venezia.

• *Internet* u. a. **Salagiochi Sirenetta**, Via Bafile 416, und **Jouer&Jouer**, Via delle Meduse 8.

Eine Fußnote der Geschichte

Der österreichische Rechtspopulist Jörg Haider wurde im Juli 2000 unter heftigen Protesten zum Ehrenbürger Jesolos ernannt. Der Bürgermeister des beliebten Urlaubsorts ist ein Ex-Mitglied der rechtsnationalen Lega Nord. Demonstranten lieferten sich Straßenschlachten in der Nähe des Rathauses, auch in Venedig kam es zu Protesten. Haider hatte vorgeschlagen, das Veneto und die Nachbarregion Friaul-Julisch Venetien sollten sich von Italien abspalten und mit Kärnten eine „Großregion“ bilden.

Eraclea Mare (ca. 12.000 Einwohner)

Pluspunkt in diesem modernen Ferienort ist der mit 50.000 Bäumen größte Pinienwald an der oberen Adria, die Hotels und Feriendörfer liegen z. T. direkt in der Pineta.

Der Strand ist im zentralen Bereich mit Steinmolen geschützt und erstreckt sich kilometerweit nach Osten bis Porto Santa Margherita bei Cáorle. Die große, völlig unbebaute und naturbelassene *Lagune del Mort* begrenzt Eraclea nach Westen hin bis zur Mündung des Piave.

In einem ehemaligen Obst- und Gemüselager im östlichen Ortsbereich ist das „Centro di Educazione Ambientale Limosa“ untergebracht (→ S. 149). Hier kann man sich über Entstehung, Fauna und Flora der Küste informieren, es gibt einen Lehrpfad durch den Wald und die Dünen zum Strand. Auch Ausflüge zur Laguna del Mort werden organisiert.

• *Öffnungszeiten/Preise* **Centro di Educazione Ambientale Limosa**, Via degli Abeti 2, Juni bis Aug. Mi–Mo 9–17 Uhr, Di geschl., Sept. bis Mai jedes erste Wochenende im Monat Sa/So 9–17 Uhr. Eintritt ca. 1 €. ✆ 0421/66024 (c/o Coop. Limosa, ✆ 0421/932003, ℻ 5384743, www.limosa.it).

• *Information* **IAT**, Via Marinella 56, am Ortseingang. Di–Sa 9–19 Uhr, Mo 9–14 Uhr, So 9–12, 15–18 Uhr. ✆ 0421/66134, ℻ 66500, www.turismojesoloeraclea.it

• *Übernachten* *** **Park Hotel Pineta**, großes Gelände im Pinienwald, nur wenige Meter zum Strand. Zimmer im Haupthaus oder Residenzen, schattig, gut für Familien geeignet, hübscher Pool. HP pro Pers. 53–75 €. Via della Pineta 30, ✆ 0421/66063, ℻ 66196, www.parkhotelpineta.com

*** **Elisa**, gleich in der Nachbarschaft des Park Hotels, die gleichen Vorzüge der Lage. Moderne Zimmer mit TV. HP 40–60 €/Person. Via della Pineta 8, ✆ 0421/66053, ℻ 66331.

*** **Marilù**, angenehmes Haus mit schöner Rasenanlage und Pool am Saum vom Pinienwald, Familie Mazzola spricht Deutsch. HP 50–67 €/Person. Via delle Rose 36, ✆ 0421/66059, ℻ 66479, www.hotelmarilu.com

* **Lucia**, gegenüber vom Marilù, ebenfalls freundlich geführt von Familie Ruzzene, große Lokalterrasse. DZ mit Frühstück ca. 53–78 €. Via delle Rose 1, ✆ 0421/66085, ℻ 66085, www.hotel-helvetia.it

Villaggio California & Villaggio Settebello, einfache Holzbungalows in einem ruhigen Teil des Pinienwaldes nah am Strand. Via delle Acazie 1, ✆ 0421/66162, ℻ 66377 (Winter 0444614510).

Camping Portofelice, schattiges Wiesengelände, allerdings 400 m landeinwärts vom Strand. Schöne, große Poolanlage, Fußball-, Basket- und Beachvolleyballplatz, Miniclub, Internet Point, spezielle Sanitäranlagen für Kinder bis zehn Jahre. Viale dei Fiori 15, ✆ 0421/66411, ℻ 66021, www.portofelice.it

• *Essen & Trinken* **Caravan Park**, ruhige Lage im Pinienwald, wenige Meter vom Strand, Spezialitäten sind Risotto und gegrillter Fisch. Via Tra i Pini 72.

Ristorante 33 Da Gianni, nettes Terrassenlokal, das einer Schilfhütte nachempfunden ist, Spaghetti, Risotto, Fisch. Via Tra i Pini 16, ✆ 0421/66032.

Da Luigi, im nahen Torre di Fine. Familie Guitto bietet seit über 20 Jahren hervorragende Meeresküche, wobei besonderer Wert auf die Qualität der Zutaten gelegt wird. Mi geschl., außer Juni bis Aug. Via Dante Alighieri 25, ✆ 0421/237407.

• *Sonstiges* **Erste Hilfe Station**, Via Dancalia 66, ✆ 0421/66224.

Fahrräder verleiht **Ferro**, Via delle Tuie (Seitenstraße der Via Dancalia), ✆ 0421/66077.

Kinderspielplatz **GommaSpugna** an der Via Dancalia, abends 19–24 Uhr. ✆ 347-6064336.

Reiten im **Circolo Ippico „Prima Rosa"**, Via Dancalia 152, ✆ 0421/66282.

▸ **Zwischen Eraclea Mare und Cáorle**: Die Urbanisationen *Duna Verde* und *Porto Santa Margherita* sind ebenfalls reine Feriensiedlungen und mit großen Marinas vor allem auf Urlauber mit eigenem Boot eingestellt. Porto Santa Margherita ist mit 800 Anlegestellen sogar Venetiens größter Hafen.

Cáorle (ca. 12.000 Einwohner)

Wenn man die langen Hotelzeilen zu beiden Seiten des Orts außer Acht lässt, zeigt sich Cáorle als schmuckes Ferienstädtchen mit bunt getünchten Häusern, breiten Bummelstraßen, hübschen „Campielli" (kleine Plätze) und netten Fischerpinten. Der Kanal aus dem Hinterland endet in einem engen Fischerhafen, ein Wald von Masten und Takelage mitten in der Stadt.

Cáorle war einst eine der bedeutendsten Städte an der oberen Adria, erst mit dem Aufstieg Venedigs büßte die Stadt ihre kulturelle und wirtschaftliche Stellung ein. Und wie Venedig war auch Cáorle eine auf Pfählen errichtete Lagunenstadt. Erst Anfang des 20. Jh. wurden die Kanäle zugeschüttet und sind seitdem Fußgängergassen.

Im Fischerhafen von Cáorle

Dass die Häuser so farbenfroh gestaltet sind – nicht unbedingt typisch für die Badeorte der Adria – geht auf Anregung eines einheimischen Kunstmalers zurück. Zeugnis der früheren Bedeutung Cáorles ist die romanische Kathedrale *Santo Stefano* aus dem 11. Jh. mit ihrem frei stehenden, runden Glockenturm. Neben diversen Ölgemälden und Fresken gibt es über dem Altar eine byzantinische „Pala d'Oro", eine reich verzierte Gold- und Silberarbeit. Zum Meer hin erstreckt sich ein breiter Promenierdamm, der den Ortskern gegen Wind und Wellen schützt. Die aufgeschütteten Felsbrocken aus istrischem Kalk wurden von jungen Künstlern zu originellen Skulpturen gestaltet, bei einem Bummel trifft man auf die unterschiedlichsten Gesichter, Tierfiguren und Fantasiegestalten. Am Westende des Uferdamms steht die Kirche *Madonna dell'Angelo*. Die benachbarte kleine Grünfläche mit dem malerischen Strandblick fungiert als beliebter Picknickplatz.

Beiderseits vom Ort liegen kilometerlange Sandstrände, die auch im Hochsommer nicht vollständig überlaufen sind. Im Westen zieht sich die *Spiaggia di Ponente* bis zur Mündung des Flusses Livenza, der mit der Autofähre überquert werden kann oder auf einer Brücke im Hinterland. Im Osten reicht die breite, im weiten Bogen gekrümmte *Spiaggia di Levante* bis zur Einfahrt in die *Laguna di Cáorle*. Nur der ortsnahe Anfang ist dabei mit Liegestühlen und Schirmen belegt, danach findet man endlos Platz und kann genüssliche Strandspaziergänge unternehmen.

• *Information* **IAT**, Calle delle Liburniche 16, etwas versteckt in einer kleinen Gasse im Zentrum (zwischen Ende des Fischerkanals und Hauptgasse). In der HS durchgehend 8–20 Uhr geöffnet. Auskünfte in Deutsch. ✆ 0421/81085, 📠 218623, www.caorleturismo.it, www.caorlemare.it

• *Übernachten* Fast alle Hotels reihen sich in den Neubauvierteln hinter den 2 Stränden (kostenpflichtige Badeanstalten).

*** **Marco Polo (9)**, am Beginn der Spiaggia di Ponente, nur wenige Meter vom Zentrum, modern und gemütlich aufgemacht, Blick auf den Strand. DZ mit Frühstück ca.

76–100 €. Via L. dal Moro, ✆ 0421/81205 (Winter 0421/81950) ✆ 210200, www.hotelmarcopolocaorle.it

*** **Splendid (8)**, westlich vom Zentrum, unten sehr schicke und gediegen aufgemachte Halle, Zimmer ordentlich, Sonnenterrasse mit kleinem Pool und Blick über Strand und Meer. DZ mit Frühstück ca. 80–110 €. Viale Santa Margherita 31, ✆ 0421/81316, www.splendidhotel.it

*** **International Beach Hotel (7)**, ebenfalls an der Westseite von Cáorle, aufmerksam geführtes Haus mit ausgezeichneter Küche (auch bayer./österr. Abteilung), Pool und kostenlosem Radverleih. DZ mit Frühstück ca. 80–115 €. Viale Santa Margherita 57, ✆ 0421/81112, ✆ 211005, www.internationalbeachhotel.it

Am Oststrand liegen 3 Campingplätze, der breite Strand ist dort nicht mit kostenpflichtigen Liegestuhlreihen vollgestellt.

Sole (4), kleiner Platz in der schattigen Pineta, direkt am hier sehr breiten Strand. ✆ 0421/81908, ✆ 0434/208703.

Laguna Village (4), 2 Fußminuten vom Meer entfernt, dichte Pineta und Pappeln, Kinderspielgeräte. ✆ 0421/210165, ✆ 217085, www.campinglagunavillage.com

Falconera (4), am Ende des Oststrandes, an der Einfahrt zur großen Lagune. Einfacher Platz mit Stellplätzen unter schattigen Pappeln, Sanitäranlagen o. k., mehrere Pizzerien gleich vor dem Eingang. Allerdings Mückenproblem. ✆ 0421/84282, ✆ 210018.

Santa Margherita (6), der einzige Zeltplatz am Weststrand, nah an der Livenza-Mündung,

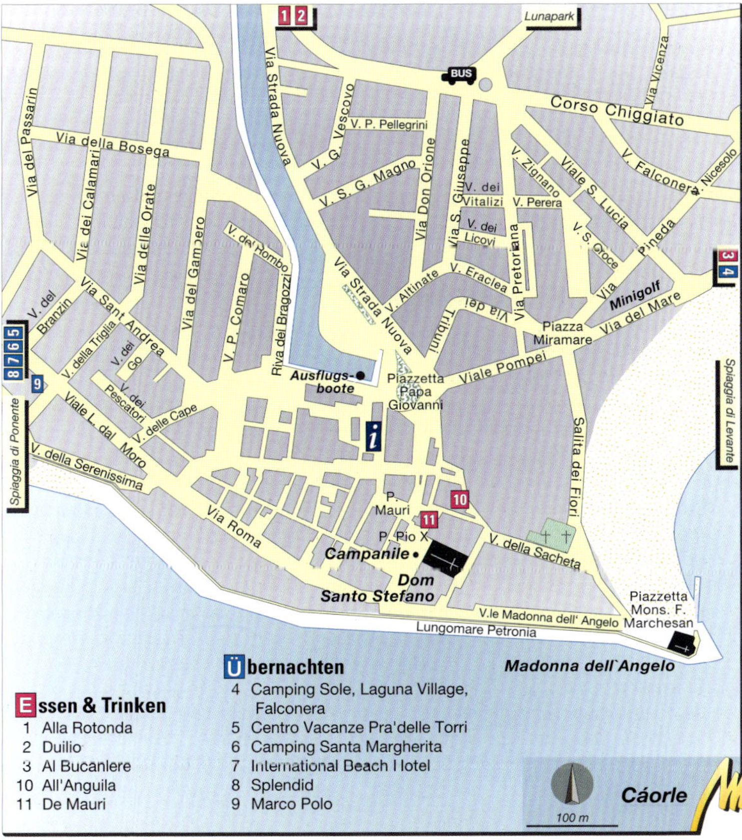

lang gezogenes, schattiges Gelände, teilweise hüglig, zum Meer hin Dünen. ✆ 0421/ 81276, ✆ 83434.

Centro Vacanze Pra'delle Torri (5), etwa 3,5 km westlich vom Zentrum. Pluspunkt dieser großen Ferienanlage mit Hotel, Bungalows und Zeltplatz ist die großzügige Poollandschaft mit mehreren Becken, Rutsche und Whirlpool. ✆ 0421/299063, ✆ 299035, www.pradelletorri.it

• *Essen & Trinken* Cáorles große Fischerflotte bringt tägliche Beute in den Ort. Die Restaurants servieren Fisch und Meerestiere aller Art sowie den typischen *broeto* (Fischsuppe) mit Polenta.

Duilio (2), beliebtes Fischrestaurant am Kanal, der zum Hafen führt. Hübsch im maritimen Outfit, ausgezeichnete Essensqualität und große Weinkarte. Etwas höhere Preise. Mai bis Aug. tägl. geöffnet, sonst Mo geschl. Strada Nuova 19 (im Hotel Diplomatic), ✆ 0421/210361.

All'Anguila (10), großes, aufmerksam geführtes Restaurant, Sitzplätze im Hof und im liebevoll maritim ausgestatteten Innenraum. Gute Meeresküche: Muscheln, Krabben, Krebse usw. Calle Falconera, wenige Schritte von der Piazza Pio X.

De Mauri (11), urige Fischtrattoria an der stimmungsvollen Piazza Mauri, wenige Meter vom Dom. Polenta und Fisch, auch Pizza.

Al Bucaniere (3), großes, im Stil der traditionellen Fischerhütten (casoni) aufgemachtes Fischlokal, authentisch und originell. Wenige Schritte hinter Camping Falconera an der Einfahrt zur Lagune. Via dei Casoni 24, ✆ 0421/210802.

TIPP! **Alla Rotonda (1)**, großes, luftiges Lokal etwas außerhalb, an der Abzweigung nach San Michele al Tagliamento bzw. Portogruaro. Im Grünen gelegen, geeignet für Familien mit Kindern, viel Platz, Spielgeräte und gute, nicht zu teure Pizza.

• *Shopping* kleiner, überdachter **Fischmarkt** beim Fischerhafen am Ende vom Kanal (Kreisverkehr).

Obst- und Gemüsemarkt ist am Samstag.

• *Ausflüge* Auf den Spuren Hemingways durch die **Lagune** tuckern – täglich fahren Motorschiffe durch die Schilfkanäle hinter dem Porto di Falconera (ca. 14 €). Weiterhin gibt es Bootsfahrten ins nahe **Venedig** (ca. 24 €), zu den Inseln der **venezianischen Lagune** (ca. 28 €) sowie **Nachtfahrten** vor Cáorle (ca. 10 €). Alle Boote starten im Fischerhafen.

• *Feste* **Cáorle vivistoria**, am 3. So im Sept. Nachgestellt wird die Befreiung der Dorffrauen aus Piratenhand.

Valle Vecchia: das letzte Refugium

Zwischen den Lagunenzuflüssen Porto di Falconera und Porto di Baséleghe erstreckt sich das *Valle Vecchia*, ein 800 ha großes, unbesiedeltes Küstengebiet mit der langen *Spiaggia di Valle Vecchia*, die bis auf einen Parkplatz keinerlei touristische Einrichtungen besitzt und ein erholsames Ziel abseits vom Rummel darstellt – das vielleicht allerletzte derartige Gebiet der oberen Adria. Ein beschilderter Lehrpfad erklärt die verschiedenen Erscheinungsformen der Flora, vom alten Pinienwald bis zum vielfältigen Dünenbewuchs.
Große Widerstände gibt es gegen Pläne des Oberaufsichtsamts für Kunst- und Umweltgut der Region Veneto, das beabsichtigt, den abgelegenen Strand mit Sonnenschirmen, Toiletten und Duschen auszustatten. Nach Ansicht der Kritiker bedeutet dieses Vorhaben ein schweres Risiko für die Flora und Fauna an diesem Küstenstreifen, der bis heute vom saisonbedingten Massentourismus bewahrt blieb. Naturorganisationen haben deshalb vorgeschlagen, die Duschen und Toiletten beim Parkplatz einzurichten.
Zu erreichen ist das Valle Vecchia auf einer 15 km langen Zufahrt, die von der Straße nach San Michele al Tagliamento abzweigt und hinter Bussa in eine Piste übergeht. Sie endet an einem im Sommer gebührenpflichtigen Parkplatz direkt hinter der Küstenpineta. Günstig essen kann man bei „Mazarak“, kurz bevor man die Spiaggia di Valle Vecchia erreicht, rechts ab (✆ 0421/84119. Mi geschl.).

Schmuck und aufgeräumt: das Zentrum von Bibione

Bibione

(ca.12.000 Einwohner)

Zehntausende von bambini bauen Sandburgen und plantschen im seichten Uferwasser. Bibione ist ein großzügiger, seit Jahrzehnten beliebter und sehr gepflegter Familienbadeort. Er besitzt zwar keinerlei historischen Kern, dafür einen großen Pinienwald und einen 10 km langen, bis zu 300 m breiten Sandstrand, hinter dem auf mehreren Kilometern ein Fußgänger- und Fahrradweg verläuft.

Es gibt den großen Zoo „Punta Verde" mit etwa 1500 Tieren, einen Erlebnispark namens „Gulliverlandia" mit Aquarium und Aussichtsturm, das Piratenschiff Jolly Roger, einen Luna Park mit Riesenrad, den Wasserpark „AquaSplash" und einen Miniclub in jedem Strandabschnitt. Größtes Highlight ist aber das hochmoderne Thermalbad „Bibione Thermae" (✆ 0431/441111, 📠 441199, www.bibioneterme.it). Besonders hübsch ist der 5 km lange Radausflug zum Anfang des 19. Jh. erbauten Leuchtturm an der Mündung des Tagliamento, dem Grenzfluss zur Region Friaul-Julisch Venetien.

• *Information* **APT**, an der Hauptstraße. Sachkundig und sehr geduldig werden die Gäste mehrsprachig bedient. Tägl. 8–20 Uhr. Viale Aurora 37/39, ✆ 0431/442111, 📠 439997, www.bibione.com

• *Übernachten* Am Kreisverkehr an der Ortseinfahrt liegt **ABA**, die Agentur des Hotelierverbands von Bibione, wo Zimmer vermittelt werden. ✆ 0431/430101, 📠 439939, www.abaviaggi.it

Am folgenden Corso del Sole reiht sich eine Vermittlungsagentur an die andere.

*** **San Marco**, ruhige Lage im westlichen Ortsteil Pineda, hübscher Garten mit schattigen Bäumen und Pool, nur wenige Meter zum Strand, kostenlose Gästefahrräder. HP ca. 55–72 €/Person. Via delle Ortensie 2, ✆ 0431/43301, 📠 438381, www.sanmarco.org

*** **Franz**, westlich des großen Thermalbades, nettes Haus mit gemütlichem Barbereich und hübschem Pool im Garten, nicht weit zum Strand. Zimmer nicht sehr groß, aber weitgehend mit kleinem Balkon. VP pro Pers ca. 48–64 €. Via Alemagna 2, ✆ 0431/438195, 📠 43518, www.hotelfranzbibione.it

* **Garni Lele**, zentrale Lage, Zimmer mit Balkonen, Frühstücksterrasse im 1. Stock. DZ mit Frühstück ca. 50–75 €. Via Croce del Sud 28, ✆ 0431/43261, E-Mail: hotel.lele@libero.it

• *Camping* 4 große Plätze buhlen um die Gunst der Besucher, alle liegen direkt am Strand.

Internazionale, komfortabler Platz in der Pineta, aber auch Wiesenplätze mit wenig Schatten. Großer Pool mit Rutsche, außerdem Kinderspielplatz, Disco, Kino, Tennis u. v. m., von einem Automobilclub als „Superplatz" ausgezeichnet. Via delle Colonie 2, ✆ 0431/442611, 📠 43620, www.vti.it

Weiter westlich folgen die Plätze **Il Tridente** (✆ 0431/439600, www.iltridente.com) und **Lido** (✆ 0431/438480, 📠 439193, www.camping lido.com).

Capalonga, großes, bestens ausgestattetes und gut beschattetes Gelände in toller Lage am Westende der Halbinsel von Bibione, direkt zwischen Strand und Lagune. 170 Bootsliegeplätze, Exkursionen in die Lagune können gebucht werden. ✆ 0431/438351, 📠 438370, www.capalonga.com

• *Essen & Trinken* **Al Ponte**, große, grüne Oase beim Tagliamento, am Ortseingang von Bibione, bei der Schwenkbrücke, in der Nähe der Abfahrt nach Lignano. Ideal für Familien, eigener Landungssteg, Spielplatz. Via Pineda 1, ✆ 0431/430322.

Ai Casoni, herrliche Lage in Porto Baséleghe am Westende der Halbinsel von Bibione, direkt an der Lagune. Im Ambiente alter Fischerhütten („casoni") werden venetische Fischspezialitäten serviert, dazu kann man den Sonnenuntergang erleben. April bis Okt. (April, Mai und Okt. Mo geschl.). ✆ 0431/438556.

• *Nachtleben* **Zonzozoo**, in Bibione Pineda, große Diskothek mit Terrasse zum Strand. Via degli Ontani, ✆ 0431/43448, www.zonzozoo.com

Cocobongo, Cocktails, mexikanische Küche und häufig Livemusik. Via di Lauri, gleich neben Zonzozoo, ✆ 0421/43448.

Cáorle und Bibione/Hinterland

Portogruaro (ca. 25.000 Einwohner)

Historisches Städtchen im östlichen Veneto, ca. 30 km landeinwärts der Adria, schönes Ziel für einen Ausflug von einem der nahen Badeorte Cáorle, Bibione und Lignano (Friaul-Julisch Venetien).

In die Altstadt des ehemaligen Handelszentrums, das über Kanäle mit der Lagune von Venedig verbunden war, gelangt man durch eines der drei erhaltenen Tore der früheren Stadtbefestigung – *Porta San Gottardo, Porta San Giovanni* und *Porta Sant'Agnese*. Der sympathische Altstadtkern gruppiert sich um die beiden arkadengesäumten Hauptstraßen Via del Seminario und Corso Martiri della Libertà mit zahlreichen Palazzi aus Mittelalter und Renaissance. Zentrum des Corso Martiri della Libertà ist die palmenbestandene Piazza della Repubblica. Der gotische *Palazzo Municipale* bildet hier mit Schwalbenschwanz-Zinnen und Außentreppe einen malerischen Blickfang, daneben thront der mächtige *Dom* mit beachtlich schiefem Glockenturm. Wenige Schritte hinter dem Dom findet man ein besonders malerisches Fleckchen am Flüsschen Lémene, das in mehreren Armen die Stadt durchzieht und nördlich von Cáorle in die Lagune mündet: eine Loggia mit dem hübschen, kleinen *Oratorio della Pescheria* – eine Kapelle, erbaut 1627 von Fischern aus Cáorle, die damit dem Fischreichtum von Fluss und Lagune Respekt zollten – und zwei alte Mühlen unter prächtigen Trauerweiden.

Einen Besuch wert ist schließlich das liebevoll gestaltete *Museo Archeologico Nazionale Concordiese* in einer dreischiffigen Basilika in der Via del Seminario 22. Hier sind hauptsächlich Funde aus der ehemaligen Römerstadt *Concordia Sagitta-*

Wassermühle im Zentrum von Portogruaro

Venetien

ria ausgestellt, die sich nur wenige Kilometer südlich befindet. Unter der dortigen Piazza liegt die großflächige Ausgrabung der frühchristlichen *Basilica Apostolorum* aus dem 4. Jh., als das Städtchen Bischofssitz war.

- *Öffnungszeiten/Preise* **Museo Archeologico Nazionale Concordiese**, tägl. 9–20 Uhr, Eintritt ca. 2 €, unter 18 und über 65 J. frei; **Basilica Apostolorum**, tägl. 9–19 Uhr, Eintritt frei.
- *Information* Corso Martiri della Libertà 19, Mo–Fr 9–13 Uhr, Sa 9–12 Uhr. ✆ 0421/73558, ✆ 72235.
- *Übernachten* *** **Antico Spessotto**, zentrale Lage wenige Schritte vom Dom. Liebevoll gepflegtes Haus im venezianischen Jugendstil, bereits vor fast 100 Jahren eröffnet. Zimmer mit TV und Mini-Bar, gutes Restaurant (Mo geschl.) und Parkplatz. DZ mit Frühstück ca. 60–75 €. Via Roma 2/Ecke Via Garibaldi, ✆ 0421/71040, ✆ 71053, www.hotelspessotto.com
- *Essen & Trinken* **Tre Scalini**, neben der Fischerkapelle am Fluss (→ oben), Innenraum mit Kupfergeschirr hübsch dekoriert, anerkannt gute Küche. Etwas trinken kann man auch draußen unter einem Sonnenschirm, fast direkt am Flussufer. Di geschl. ✆ 0421/71318.

Antico Pozzo, schöne zentrale Lage am Hauptplatz, Pizzeria mit schattigen Außentischen, benannt nach dem benachbarten Brunnen. ✆ 0421/74953.

Osteria al Campanile, hübsche Osteria/Bar mit Holzbalkendecke hinter dem Dom, einige Plätze auch im Freien. Warme Küche nur mittags. Mo geschl. ✆ 0421/74997.

Enoteca ai Mulini, um die Ecke der „Osteria al Campanile", *cicheti* (Appetithappen), *insalatone* und Pasta. So geschl. ✆ 0421/280161.

- *Shopping* Donnerstag ist **Markttag**.

▸ **Alvisopoli:** Östlich von Portogruaro verwandelte am Ende des 18. Jh. der venezianische Adlige Alvise Mocenigo ein malariaverseuchtes Sumpfgebiet in fruchtbares Ackerland. Im Park der *Villa Mocenigo* siedelte er exotische Pflanzen an, zog Kanäle und legte Heckenwege an. Heute ist der Park völlig verwildert und die typische Flora der Feuchtwälder hat sich verbreitet.

Über den Fluss und in die Wälder

In der Villa Mocenigo lebte die 19-jährige Adriana Ivancich, in die sich der 50-jährige Ernest Hemingway, der in vierter Ehe verheiratet war, Ende der 40er Jahre des letzten Jahrhunderts verliebte. Sie inspirierte ihn zu dem autobiografischen Roman „Über den Fluss und in die Wälder“ (Across the River and into the Trees), wo sie als Renata erscheint – eine zarte Liebesgeschichte zwischen einem todkranken Oberst und einer jungen Frau vor der morbiden Kulisse Venedigs.

▸ **Sesto al Reghena**: 10 km nördlich von Portogruaro steht die ehemalige Benediktinerabtei *Santa Maria in Sylvis* bereits in der Region Friaul-Julisch Venetien. Von der wehrhaften Anlage aus langobardischer Zeit ist nur noch der Torturm samt Wassergraben erhalten. Bevor man die Kirche betritt, durchquert man eine Vorhalle mit einigen Fresken, in der Architekturfragmente und Gemälde im Stil Giottos ausgestellt sind. Die romanische Kirche selbst ist vollständig mit mittlerweile allerdings recht verblassten Fresken ausgemalt, bemerkenswert ist „Christus am Baum des Lebens“ im südlichen Querschiff. In der Krypta steht der mit Reliefschnitzereien verzierte Marmorsarkophag der heiligen Anastasia aus dem 8. Jh.
Öffnungszeiten/Preise tägl. 8–12, 15–18.30 Uhr. ✆ 0434/699014.

Küste südlich von Venedig

Südlich von Chioggia münden die Flüsse Brenta und Etsch in die Adria. Am kilometerlangen Sandstrand südlich davon hat der Pauschaltourismus seine viel besuchten Nischen, hauptsächlich Familien fühlen sich hier wohl, vor allem auf der Isola Albarella.

Chioggia (ca. 54.000 Einwohner)

Geschäftige Stadt am Südrand der Lagune, einer der größten Fischerhäfen mit einem der bedeutendsten Fischmärkte der Adria, laut und authentisch. Mit Vaporetto, Bus und Dampfer von Venedig in schöner, wenngleich etwas zeitraubender Fahrt durch die Lagune zu erreichen.

Die Altstadt auf einer Insel ist durch drei Brücken mit dem Festland verbunden. Beherrschend ist die breite Hauptstraße *Corso del Popolo* mit langen Laubengängen, dem Dom *Santa Maria Assunta* und diversen Kirchen. Wie die Gräten eines Fischs zweigen davon die schmalen, grauen Seitengässchen mit niedrigen Häuschen ab, wo der Trubel schnell der Stille weicht. Beim *Granaio*, einem ehemaligen Kornspeicher aus dem 14. Jh., kommt man zum belebten Fischmarkt und weiter zum Obst- und Gemüsemarkt am *Canale della Vena*, der parallel zum Corso verläuft und von mehreren hübschen Brücken überquert wird. Beim südlichen Stadttor kann man das *Museo Civico della Laguna Sud* im ehemaligen Klosterbau San Francesco besuchen. Auf drei Stockwerken beherbergt es Exponate aus vorrömischer Zeit bis in die Neuzeit.

Die Neustadt *Sottomarina* erstreckt sich am langen Sandstrand, wo sich das gewohnte Bild bietet – Badeanstalten, Pizzerien und Bars in den Sand gesetzt, dahin-

Fischerboote und Marktstände am Canale della Vena in Chioggia

ter Hotelfronten ohne Ende. An der nördlichen Landspitze liegen einige Campingplätze und eine lange Mole mit großen Fischernetzen.

Öffnungszeiten **Museo Civico della Laguna Sud**, Mitte Juni bis Ende Aug. Di–Sa 9–13 Uhr, Do–So 19.30–23.30 Uhr, übrige Zeit Di–Sa 9–13 Uhr, Do–So 15–18 Uhr. ✆ 041/5500911.

Anfahrt/Verbindungen/Information

• *Anfahrt/Verbindungen* **Bahn**, Stichbahn ab Rovigo, vom Bahnhof ca. 1 km über die Brücke Ponte Lungo in die Altstadt, nach Sottomarina mit dem Stadtbus weiterfahren.

Schiff, Chioggia ist von Venedig etwas umständlich zu erreichen. Zunächst mit dem Vaporetto zum Lido, dort Bus 11 bis Alberoni an der Südspitze und übersetzen auf den Litorale di Pellestrina. Weiter per Bus bis Pellestrina und in 25 Min. mit dem Dampfer nach Chioggia. Gesamtdauer etwa 1½–2 Std., Abfahrt/Ankunft in Chioggia am Nordende des Corso del Popolo.

• *Information* in Sottomarina, Lungomare Adriatico 101 (gegenüber Hotel Miramare). Tägl. 9–12, 15–18 Uhr, Juli/Aug. durchgehend 8–19.45 Uhr. ✆ 041/401068, 📠 5540855, www.chioggiatourism.it

• *Übernachten* Stimmungsvoller als in Sottomarina wohnt man in den gerade mal 4 Herbergen der Altstadt.

**** **Grande Italia**, perfekte Lage am Nordende des Corso del Popolo, direkt am Anleger der Motorschiffe nach Venedig. Das Relikt aus der guten, alten Zeit mit Stuck und Deckenmalereien wurde vor wenigen Jahren totalrenoviert. DZ mit Frühstück und Blick zur Piazzetta oder Lagune ca. 125–170 €, mit Blick zur benachbarten Gasse ca. 95–140 €. Piazzetta Vigo 1, ✆ 041/400515, 📠 400185, www.hotelgrandeitalia.com

* **Clodia**, sobald man von Sottomarina kommend die Altstadtinsel erreicht, rechts abbiegen, nach wenigen Metern trifft man auf das Hotel. Zwar liegt es unmittelbar am lauten Hafen, bietet aber gerade deshalb eine interessante Umgebung. Direkt beim Hotel kann man das Fahrzeug abstellen. Nur Zimmer mit Etagendusche, DZ ca. 56–70 €. Calle Forno Filippini 876, ✆ 041/400813. E-Mail: hotelclodia@libero.it

* **Locanda Val d'Ostreghe**, vom Corso del Popolo im nördlichen Teil bei der Chiesa di Sant'Andrea zu Fuß den Vena-Kanal überqueren (Achtung: per PKW nur aus der entgegengesetzten Richtung zu erreichen). Einige Zimmer über einem einladenden, traditionsreichen Lokal (→ Essen & Trinken), die meisten mit Etagendusche. DZ mit Bad ca. 45–50 €, ohne ca. 36–40 €. Calle Sant'Andrea 763, ✆ 041/400527.

Am Lungomare Adriatico und an der Nordspitze von Sottomarina gibt es zahlreiche Campingplätze, die fast alle direkt am Strand liegen, z. B.:

Europa, kurz vor der Einfahrt nach Chioggia, gut begrüntes Gelände direkt am Strand. Vermietung von Bungalows mit TV. ✆/℻ 041/5540300, www.campingeuropa2000.com

Grande Italia, in Richtung nördlicher Landspitze, mit Bäumen bestandenes Grüngelände zwischen Straße und Strand. ✆/℻ 041/5506877, www.campinggrandeitalia.com

Tropical, Nähe nördliche Landspitze, kleines, angenehm bescheidenes Gelände. ✆ 041/403055, ℻ 5500593, www.campingtropical.com

Isamar, bei Sant'Anna, einige Kilometer südlich von Sottomarina. Großer, komfortabler Platz mit Olympia-Schwimmbecken und weiteren Pools, Tennis, Spielplatz und (schalldichter) Disco. ✆ 041/498100, ℻ 490440, www.villaggioisamar.com

• *Essen & Trinken* In Chioggia isst man preiswerter als in Venedig. Am Wochenende wird es jedoch sehr voll und oft hat man Probleme, einen Tisch zu finden.

Al Bersagliere, seit über 40 Jahren wird hier in elegantem Rahmen die typische Chioggia-Küche serviert, z. B. gamberetti di laguna con polenta, fritture miste und branzini alle erbe agli scampi alla busera. Di geschl. Via Cesare Battisti 293, ✆ 041/401044.

Locanda Val d'Ostreghe (→ Übernachten), traditionelle Trattoria mit hübschem, grün bedachtem Innenhof. Gute Fischküche, Menüs für ca. 18 € oder teurer à la carte. Mi geschl. ✆ 041/400527.

Osteria da Penzo, schmale Gasse im nördlichen Teil des Corso del Popolo, kurz vor dem Ponte Vigo links. Nett zum Sitzen und freundlich geführt. Di geschl. Calle Largo Bersaglio 526, ✆ 041/400992.

• *Markt* **Fisch-, Obst- und Gemüsemarkt** Di–Sa am Vormittag am Canale della Vena, jeden Do **Markt** am Corso del Popolo.

Der große Fischmarkt **Mercato Ittico** (www.ittico.chioggia.org) liegt an der Via Giovanni Poli im Norden der Isola dei Cantieri, die man auf der Brücke zwischen Sottomarina und Chioggia Centro überquert. Er ist geöffnet Mo–Sa 6–11.30 Uhr, offiziell zwar nur für Fischhändler, doch danach fragt in der Regel niemand.

Südlich der Etschmündung

Ein 9 km langer Sandstrand zieht sich bis zur Insel Albarella, dahinter erstrecken sich ein dichter Piniengürtel und ausgedehnte Lagunen. Der Küstenstrich gehört bereits zum ausgedehnten Naturpark Delta Po (→ Podelta) und ist ein bevorzugtes Urlaubsziel mit den Badeorten *Rosolina Mare* und *Rosapineta Mare* sowie der einzigartigen *Isola Albarella*.

Rosolina Mare (ca. 6500 Einwohner)

Das weitläufige Feriengebiet ist ein angenehmes Ziel für Strandurlauber, die Hotels stehen z. T. zwischen Pinien und Macchia, es herrscht nicht der Riesenrummel wie in Jesolo und Umgebung. Am südlichen Ende der Landzunge liegt bei Porto Caleri der reizvolle *Giardino Botanico Litoraneo*, wo man auf verschiedenen Lehrpfaden die typische Lagunenflora des Podeltas kennenlernen kann. Nur der Zufluss zur Lagune trennt die Halbinsel von der einzigartigen Isola Albarella (→ Kasten).

• *Öffnungszeiten/Preise* **Giardino Botanico Litoraneo**, April bis Sept. Di, Do und So 10–13, 16–19 Uhr, Führungen 10.30 und 16.30 Uhr. ✆ 0426/68408.

• *Information* **IAT** in Rosolina Mare, Via dei Ligustri 3, ✆ 0426/68012, ℻ 326007, E-Mail: iat.rosolina@provincia.rovigo.it

• _Übernachten_ Es gibt etwa 14 Hotels.
*** **Olympia**, modernes Haus, umgeben vom Pinien und nicht weit vom Strand, gut eingerichtete Zimmer, Blick über die Pinien, z. T. aufs Meer, Pool beim Hotel Alexander. DZ mit Frühstück ca. 70–90 €. Viale dei Pini 41, ✆ 0426/68057, ℻ 68284, www.hotelolympia.ro.it
*** **Fiorella**, seit 30 Jahren bietet Familie Zennaro in ihrem Haus fast direkt am Strand 7 ordentliche Zimmer, dazu ein gutes Restaurant mit Meeresküche. DZ mit Frühstück ca. 60–70 €. Via Trieste 138, ✆ 0426/68010, ℻ 329091, www.albergofiorella.it

Mehrere große Campingplätze, z. B. in Rosolina Mare **La Margherita** (✆/℻ 0426/68212, www.lamargherita.it) und **Vittoria** (✆ 0426/-68128, www.campingvittoria.it), bei Rosapineta **Rosapineta** (✆ 0426/68033, ℻ 68105, www.rosapineta.com).
Juni bis Sept. kostenpflichtige Stellplätze für **Wohnmobile** auf dem Piazzale Europa.

• _Fahrradverleih_ in Rosolina Mare **Giuseppe Crivellari**, Strada Sud 218, ✆ 0426/ 68462, und **Gabriella Pozzato**, Via dei Ginepri 9.

Familienurlaub auf der Isola Albarella

Die 500 ha große, 5 km lange und 1,5 km breite Ferieninsel ist durch einen Damm mit dem Festland verbunden. Schon die Anfahrt entlang der Lagune lässt Ferienstimmung aufkommen, denn es geht durch die typische einsame Lagunenlandschaft, über der im Sommer die Sonne vom strahlend blauen Himmel brennt, bis zu einem Jachthafen. Linker Hand liegt hier der schrankenbewehrte Eingang nach Albarella, denn die Zufahrt ist nur Gästen mit Buchung und Hausbesitzern gestattet. Albarella besitzt über 2000 Wohneinheiten mit und ohne Pool (Hotels, Studios und Appartements in Reihenhäusern, Ferienhäuser und Villen), sonst gibt es keinerlei Bebauung, dafür ausgedehnte Grünzonen mit viel Wald und zahlreiche künstlich angelegte Wasserarme. Entgegen anderen Gerüchten wird auf der Insel durchaus Auto gefahren, das Straßennetz beträgt immerhin rund 80 km und vor allem die zahlreichen Eigentümer benutzen häufig ihr Fahrzeug, um zum Strand, zum Einkaufen oder zum Sport zu gelangen, zugelassene Höchstgeschwindigkeit ist 30 km/h. Ansonsten lässt man sich in der kleinen Inselbahn herumkutschieren oder fährt Rad, einfache Bikes (ohne Gangschaltung, aber mit Kindersitzen) können gemietet werden. Ein langer, breiter und sehr flach abfallender Sandstrand schließt die Insel zum Meer hin ab, Liegen und Sonnenschirme sind teuer, aber es existiert auch ein großer, frei zugänglicher Bereich. In der Hauptsaison gibt es ein reichhaltiges Sportangebot (u. a. Tennis, Reiten, Bogenschießen, Fußball, Golf, Schwimmkurse, Wasserski), mehrere Schwimmbäder, Disco, Kino, zwei schöne große Kinderspielplätze mit Schatten, zwei weitere ohne, sowie einen Mini-Zoo und auch die Animationsangebote sind vielfältig (Zirkus, Varietè, Kinderdisco ...). Die vorgelagerte Möweninsel *Scano Cavallari* kann mit dem Boot erreicht werden. Drüben gibt es eine Bar und es werden Liegestühle und Sonnenschirme vermietet.

Für Familien kann Albarella ein optimales Urlaubsquartier sein, auf Mücken muss man allerdings eingestellt sein und im Hochsommer sollte man nur Wohneinheiten mit Klimaanlage buchen. Die Auswahl an Quartieren ist vielfältig, buchen kann man z. B. über Albarella T.S. GmbH (Thomas-Wimmer-Ring 15, 80539 München, ✆ 089/290316, ℻ 29031777, www.albarella-touristik.de) oder Reiseagentur Marco Erban OHG (Bergstraße 28, 79862 Höchenschwand, ✆ 07755/8105, ℻ 8492, www.insel-albarella.com).

Adria

(ca. 21.000 Einwohner)

Vor mehr als 2500 Jahren lag das Handelszentrum Hátria mit seinem großen Hafen direkt am Meer. Es war so bedeutend, dass die gesamte Ostküste Italiens davon ihren Namen erhielt. Doch in den vergangenen Jahrhunderten drang wegen der ständigen Sandablagerungen das Delta des Po mehr als 25 km ins Meer vor – und so liegt Adria heute etwas schläfrig ein ganzes Stück landeinwärts.

Die Altstadt erstreckt sich um den schiffbaren *Canale Bianco*, der von einer hübschen Fußgänger- und Radfahrerbrücke überquert wird. Am Piazzale degli Etruschi kann man das kürzlich modernisierte *Archäologische Museum* mit etruskischen, griechischen und römischen Funden der Region besuchen.

Etwas außerhalb, an der Straße in Richtung Loreo, wurde vor einigen Jahren ein historisches Pumpwerk des 19. Jh. restauriert und als *Museo Septem Mària* eröffnet, zu erkennen schon von Weitem an dem 46 m hohen Kamin. Anfangs wurde es mit Kohle betrieben, dann bis in die frühen 1990er Jahre mit Dieselkraftstoff. Auch eine schöne Entoca und Birreria sind jetzt darin untergebracht, so dass man hier in ungewöhnlichem Rahmen auch ein Abendessen genießen kann.

• *Öffnungszeiten/Preise* **Museo Archeologico**, tägl. 9–20 Uhr, Eintritt ca. 2 €; **Museo Septem Mària**, tägl. 9–19 Uhr, Eintritt ca. 2 €, ✆ 0425/21530.

• *Übernachten/Essen & Trinken* *** **Molteni**, gemütliches Albergo in ruhiger Seitengasse direkt am Kanal. Parkmöglichkeit und ordentliches Restaurant, Zimmer mit TV. DZ mit kleinem Frühstück an der Bar ca. 75 €, mit Frühstück im Restaurant ca. 85 €. Via Ruzzina 4, ✆/📠 0426/42520, www.albergo molteni.it

Ostello Amolara, im restaurierten Pumpwerk (→ siehe oben), 48 Betten in Mehrbettzimmern, ca. 26–30 €/Person. Mit Enoteca, Birreria und Ristorante. Via Capitello 11, ✆ 0426/943035, 📠 902174, www.amolara.it

Podelta

Das weite Mündungsgebiet des größten italienischen Flusses, der 650 km durch Norditalien fließt, sich hier in sechs Arme spaltet und auf den letzten Kilometern vom Adige (Etsch) begleitet wird, ist eine stille und eigentümliche Landschaft: schmale Straßen, immer dicht an Wasserläufen und auf Deichen, riesige Reisfelder, üppige Wiesen und Schilf, bewaldete Flussinseln, einsame Bauernhäuser. Ein eigenes Fahrzeug ist hier Voraussetzung. Vor allem Fahrräder und Kanus sind optimal, um das Delta zu erkunden, das erst vor etwa 400 Jahren durch Anschwemmungen entstanden ist, sich weiterhin ständig vergrößert und seine Form laufend ändert.

Das Delta des Po ist das größte Feuchtgebiet Italiens, fast 400 Arten von Wasservögeln haben in dem gewaltigen Biotop ihre Nistplätze, darunter auch Fischadler. Seit 1997 steht ein Großteil der endlosen Schilflandschaft als *Parco Nazionale del Delta del Po* (www.parks.it/parco.delta.po.ve) unter Naturschutz. Ein Rest des Waldes, der einst weite Teile des Deltas bedeckte, ist im Süden erhalten. Nachdem die Venezianer ihr Augenmerk in den letzten Jahrhunderten vor allem auf die Schiffbarkeit der Kanäle gerichtet hatten, begann man erst in den 40er Jahren des 20. Jh., die weiten Lagunen und Sumpfzonen systematisch urbar zu machen. Über 20 Jahre arbeiteten die Deltabewohner daran, die Anbauzonen zu vergrößern: immer wieder aufs Neue wurden Gräben gezogen und musste Wasser abgepumpt werden, um

Das Podelta, größtes Feuchtgebiet Italiens

Überschwemmungen zu verhindern – eines der größten historischen Pumpwerke, das in den 1990er Jahren restauriert wurde, kann man mittlerweile in Ca' Vendramin besichtigen.

Heute wird im Delta vor allem Reis angebaut, aber auch Weizen, Zuckerrüben, Gerste, Soja und verschiedene Gemüse. Seit Jahrhunderten funktioniert hier das Prinzip des Tagelohns – Großgrundbesitzer geben den Arbeitssuchenden im Delta Saisonarbeit zur Pflanzzeit und zur Ernte, den Rest des Jahres müssen sie sich nach anderen Beschäftigungen umsehen. Die Fischer haben sich zu Kooperativen zusammengeschlossen, hauptsächlich Aal wird hier gefangen, etwa 50–60 t jährlich. Außerdem machen die ausgedehnten Muschelbänke denen in der Lagune von Venedig ernsthaft Konkurrenz.

Für einen Badeaufenthalt ist das Podelta nur bedingt geeignet, auch wenn es zwei kilometerlange Strandzonen gibt: die *Spiaggia di Boccasette* im nördlichen Delta und die *Spiaggia di Barricata* auf der Isola della Donzella. Zwar haben moderne Kläranlagen entlang des Po die Wasserqualität des ehemals dreckigsten Flusses Italiens in den letzten Jahrzehnten stark verbessert und auch in den umliegenden Badeorten der Adriaküste sind zahlreiche Klärwerke in Betrieb – jedoch leitet Mailand seinen Dreck nach wie vor weitgehend ungeklärt in den Po ein. Trotzdem etabliert sich mittlerweile der Fremdenverkehr, wenn auch auf niedrigem Niveau. Bei Porto Barricata am Flussarm Po delle Tolle wurde ein komfortabler Campingplatz errichtet, der sich als Standort für ausgedehnte Delta-Touren anbietet. Zudem gibt es diverse Agriturismobetriebe und zwei Jugendherbergen.

▶ **Rundtour durch das nördliche Podelta und das Hinterland**: Von der SS 309, die von Venedig nach Ravenna führt, fahren wir vorbei an *Ca' Cappello* (→ Museen) in Richtung *Porto Levante*, das direkt am Meer liegt. Von dort geht es auf reizvoller,

Impressionen im Delta

schmaler Straße am Meer und an Deichen entlang nach Süden bis *Ca' Venièr* am Po di Venezia, dem Hauptarm des Po. Hier kann man in Richtung *Boccasette* mit der Jugendherberge „Rifugio Po di Maistra“ (→ Übernachten) fahren. Wenn man hinter dem Ort noch einige Kilometer über die Lagune fährt, die der Ausfluss des Po di Maistra hier gebildet hat, kommt man parallel zum Damm zu einem großen Parkplatz, der von Wohnmobilen zum Übernachten genutzt wird. Über eine wackelige Pontonbrücke kann man zur kilometerlangen *Spiaggia di Boccasette* hinübergehen. Oder man dringt bis zum Dörfchen *Pila* vor, das sich mit seinen einfachen Häusern so dicht in den Windschatten hinter den Damm kauert, dass man das überdimensionierte Heizkraftwerk „Centrale Termoelettrica E.N.E.L.“ mit seinem 250 m hohen Turm auf der anderen Seite des Po di Pila nicht sieht. Am Ortsende liegt der örtliche „Mercato Ittico“ (Fischmarkt), dort in der Nähe stehen auch Wohnmobile.
Man kann aber auch auf der großen Autobrücke bei Ca' Venièr den Po di Venezia überqueren und von dort wieder westwärts über *Ca' Vendramin* nach *Taglio di Po* fahren, wo die Venezianer 1604 durch ein aufwendiges Schleusensystem den Lauf des Po nach Süden umgelenkt haben.

• *Übernachten/Essen & Trinken* **La Ca' del Delta**, hübsch aufgemachter Agriturismohof östlich von Ca' Venièr im Grünen, großer, kiesbedeckter Hof mit 8 Stellplätzen für Womos, auch einige Plätze für Zelte. Fahrrad- und Kanuverleih, Spielplatz, Pferdehaltung. Gutes Restaurant (Wochenende geöffnet, sonst mit Reservierung), serviert wird z. B. ein besonderer Leckerbissen des Deltas, nämlich *anatra* (Ente). Via Mazzini 1, ✆ 0426/380679, 📠 382804, www.agriturismocadeldelta.it

San Gaetano, Agriturismohof an der Zufahrtsstraße zur Isola Albarella (→ oben). Hübsch angelegt, mit Abstellplätzen für Wohnmobile und Zeltmöglichkeit. Via Moceniga 20, ✆/📠 0426/664634.

Rifugio Po di Maistra, Jugendherberge im ehemaligen Pfarrhaus von Boccasette, neben der Kirche, eröffnet 1999. 60 Stockbetten in Mehrbettzimmern und einigen DZ, Garten mit Grillplatz. Für Gruppen werden Bus-, Boots- und Fahrradtouren organisiert. ✆ 0426/385330, 📠 385951, www.rifugiopodimaistra.com

Stellplätze für Wohmobile liegen bei Pila und Boccassette (→ Rundtour).

Belvedere, die einfache Fischtrattoria von Adriana, liegt im kleinen Dörfchen Pila links der Straße und bietet zwar keinen „Bel vedere“, dafür aber schmackhafte und unverfälschte Deltaküche. Mi geschl. ✆ 0426/387100.

Zeugen der Vergangenheit: Museen im Delta

Das größte Deltamuseum ist das *Museo Regionale della Bonifica* im historischen Pumpwerk von Ca'Vendramin, kurz vor dem Hauptort Porto Tolle. Schon von Weitem ist es an seinem mächtigen, 60 m hohen Schornstein zu erkennen. Es zeigt die riesigen Pumpen, die bei der Trockenlegung des Deltas zum Einsatz kamen, und die Heizturbinen, die mit dem hier erzeugten Wasserdampf angetrieben wurden.

Im nahen Porto Tolle besitzt das *Museo della Civiltà Contadina in Polésine* in der Via Ugo Giordano (Nähe Grundschule) zahlreiche Relikte der alten Landwirtschaftskultur im Delta.

Das *Museo della Corte* in Ca' Cappello bei Porto Viro zeigt in zwei Bauernhäusern des historischen Adelshofs der venezianischen Familie Cappello Material zur Geschichte des Bauwerks, typische Räumlichkeiten der Bauernzivilisation der Poebene (u. a. Landgasthaus, Küche, Schlafzimmer) und eine Ausstellung zur Tierwelt im Delta.

• *Öffnungszeiten* Für alle Museen gilt: besser vorher anrufen, denn nicht immer haben sie tatsächlich geöffnet.

Museo Regionale della Bonifica, April bis Sept. tägl. 9.30–12.30, 14.30–17.30 Uhr. ✆ 0426/81896.

Museo della Civiltà Contadina, während der Delta-Messe in der ersten Septemberwoche tägl. 21–24 Uhr, sonst nur nach Voranmeldung. ✆ 0426/380833.

Museo della Corte di Ca' Cappello, April bis Sept. Sa/So und Feiertage 9–12, 15–18 Uhr, Okt. bis März 9.30–12.30, 14.30–17.30 Uhr. ✆ 0425/20270.

▸ **Rundtour auf der Isola della Donzella**: Die Isola della Donzella ist die größte Insel im Delta und wird durch die Flussläufe Po di Venezia, Po delle Tolle und Po di Gnocca gebildet. Bei *Taglio di Po* zweigt man von der SS 309 in Richtung Porto Tolle ab. Kurz bevor man den Ort erreicht, kann man einen Abstecher zum *Museo Regionale della Bonifica* im Pumpwerk von Ca' Vendramin machen (→ Museen), das wenige hundert Meter seitlich der Straße liegt. *Porto Tolle*, der Hauptort des Podeltas, ist weit auseinandergezogen und besitzt alle nötigen Serviceeinrichtungen und diverse Unterkünfte.

Weiter geht es am Po delle Tolle entlang bis *Porto Barricata* am Südende der Halbinsel, wo der schöne Campingplatz „Barricata Beach“ liegt (→ Übernachten). Seitlich der Straße verlauft etwas erhöht ein Damm, dahinter liegt ein großer, einsamer Jachthafen. Über eine neu errichtete Holzbrücke erreicht man das offene Meer an der langen *Spiaggia Barricata* mit feinem, grauem Sand und niedrigen, bewachsenen Dünen.

Die Straße führt nun in Richtung Westen auf einem Deich um die Meeresbucht *Sacca degli Scardovari* herum – eine Domäne der Fischer, die hier in einfachen Verschlägen mit Wellblechdächern hausen und überall Holzgestelle ins niedrige Wasser gesetzt haben, an denen sie Muscheln züchten. Zurück nach Porto Tolle geht es über *Donzella* oder man überquert bei *Santa Giulia* den Flussarm und gelangt auf der Westseite des Flusses nach Ca' Vendramin, von dort nach Porto Tolle.

Das Podelta ist eine Domäne der Fischer und Muschelzüchter

• *Information* **Pro Loco** in Porto Tolle an der Durchgangsstraße (nördliche Straßenseite), Largo Europa 2. Di–Fr 9.30–12.30 Uhr, Sa 9–13, 15–18 Uhr, So 9–13 Uhr. ✆ 0426/81150, 📠 380584, www.prolocoporto tolle.org

• *Übernachten/Essen & Trinken* *** **Ponte Molo**, am Ortseingang von Porto Tolle, größeres, gut geführtes Haus mit beliebtem Restaurant, das auch gerne für Feiern, Hochzeiten etc. genutzt wird (Mo geschl.). DZ ca. 42–85 €, Frühstück extra. ✆/📠 0426/81238.

* **Klaus**, Zimmer mit Klimaanlage und TV, Ristorante/Pizzeria (Di, Sa und So mittags geschl.). DZ mit Frühstück ca. 45–62 €. Viale G. di Vittorio 52, Porto Tolle, ✆ 0426/81018.

Ca' Papadopoli, Agriturismobetrieb mit 22 ha Land in Ca' Mello, 7 km südöstlich von Porto Tolle. Vom jungen Ehepaar Crepaldi familiär geführt, für Kinder gibt es verschiedene Tiere, außerdem Möglichkeit zu Ausritten und Bootsausflügen, Fahrräder vorhanden. 6 Zimmer mit Bad und TV, DZ ca. 50–65 €. ✆ 0426/80090, www.cortepapadopoli.it

Rifugio Parco Delta del Po, Jugendherberge in der Località Gorino Sullam 43 am Po di Gnocca im südlichen Deltabereich, 54 Betten in 9 Zimmern, Fahrrad- und Kanuverleih. ✆ 0425/34289 o. 21530, 📠 26270, http://prenotazione.deltapocard.it/ostello

Camping Barricata Beach, moderne, großzügig konzipierte Anlage bei Porto Barricata am Ausfluss des Po delle Tolle. Brettflaches Wiesengelände mit noch jungen Bäumchen, bisher wenig Schatten, hauptsächlich Wohnmobile sieht man hier. Mit Restaurant, Bar, Pool für Erwachsene und Kinder, Spielplatz, Waschmaschine, Fahrradverleih, Tanzfläche (nur Hochsommer). Zahlreiche Bungalows mit Reihenhauscharakter stehen zur Vermietung. ✆/📠 0426/389270, www.barricatabeach.com

Da Brodon, alteingesessener Familienbetrieb in der Località Ca' Dolfin, ca. 9 km östlich von Porto Tolle. Serviert werden diverse Risotti, *anguille di Scardovari* (Aal), Fisch und Krustentiere aus dem Delta. Etwas höhere Preise. Mo geschl. ✆ 0426/384240.

Giusy, einfache, rustikale Trattoria bei Donzella, geboten ist z. B. *pesce con polenta*. Do geschl. ✆ 0426/81710.

• *Unternehmungen* **Bootsfahrten** durch Teile des Naturparks bietet der wettergegerbte Marino Cacciatori, Via G. Matteotti 304, Porto Tolle, ✆/📠 0426/380314, E-Mail: cacciatori@deltapocard.it, www.marinocacciatori.it

Fahrräder und **Kanus** verleiht in Porto Tolle Vittorio Cacciatori, er bietet auch geführte Touren an. Via Bologna 1, ✆ 0426/82501.

Der Südteil des Deltas gehört zur Region Emilia-Romagna, *siehe S. 191.*

Ferrara ist die Fahrradmetropole der Emilia-Romagna

Die Küste der Emilia-Romagna

Wie ein breiter Riegel schiebt sich die riesige Poebene zwischen das südliche Voralpenland und die Toskana. Zusammen mit den südlich ansteigenden Hügeln des Apennin bildet sie die Doppelregion Emilia-Romagna, die erst nach dem Zweiten Weltkrieg zu einer Region vereint wurde: Während der Nordteil der Küste, also die Provinz Ferrara mit dem Podelta, zur Emilia gehört, wird der größere südliche Küstenstrich bis zur Grenze der Region Marken „Riviera Romagna" genannt.

Das Besondere: Praktisch die gesamte Küstenlinie ist von kilometerlangen flachen Sandstränden gesäumt. Von den Lidi di Comacchio über Rimini bis Cattolica ist hier eines der größten Urlaubsareale Europas entstanden, in dem einige der renommiertesten Badeorte Italiens liegen. Namen wie Cesenatico, Rimini, Riccione und Cattolica sind zum Synonym für Badeferien an der Adria geworden – Herzstück ist natürlich das legendäre und international besuchte Rimini. Doch auch die Kultur kommt nicht zu kurz: Das einstige byzantinische *Ravenna* mit seinen weltberühmten Mosaiken, das Renaissancezentrum *Ferrara*, die Keramikstadt *Faenza*, *Cesena* und *Cesenatico* mit ihren hübschen Altstadtvierteln, aber auch das historische *Rimini*, Geburtsort Federico Fellinis, sind lohnende Ziele, um nur einige zu nennen. Und auch die Natur geizt nicht mit ihren Reizen: Das faszinierende *Podelta*, der Lagunensee *Valli di Comacchio* – der größte Italiens –, die Pineta von *Cervia/Milano Marittima* und die Tropfsteinhöhle *Grotte di Onferno* sind einige der landschaftlichen Höhepunkte, aber auch eine Fahrt in die Weinlandschaften des Apennin sollte man nicht auslassen.

Strandschönheiten bei Rimini

Bereits 1843 begann der Badetourismus mit der Gründung des ersten bescheidenen „Bagno" in Rimini. Doch nach dem Zweiten Weltkrieg explodierte die Entwicklung geradezu. Flächendeckend entstanden riesige Agglomerationen mit Hunderten von Hotelbauten, die in ihrer Uniformität manchmal erschrecken, zumindest aber gewöhnungsbedürftig sind. Die vollständig flache Küste begünstigte diese Entwicklung natürlich und so waren der Expansion keine Grenzen gesetzt. Ganz Europa machte sich seit den 1960er Jahren zum Baden nach Rimini und Umgebung auf und dem Wohlstand schienen keine Grenzen gesetzt – bis 1988/89 ganz unerwartet riesige Mengen von Algenschleim die Strände verschmutzten, eine der größten Katastrophen in der Geschichte des italienischen Tourismus. Verantwortlich für das Entstehen des weißen Glibbers war in erster Linie die Nährstoffübersättigung (Eutrophierung) der Adria durch stickstoffhaltige Phosphate aus Dünge- und Pflanzenschutzmitteln der Landwirtschaft in der Poebene, die der Po tonnenweise ins Meer schwemmte. Doch nach zwei Jahren verschwand der Spuk so plötzlich, wie er erschienen war, und seitdem sind die – übrigens vergleichsweise harmlosen – Schleimteppiche nicht wieder aufgetaucht. Inzwischen wurden moderne Kläranlagen gebaut und weit draußen im Meer Algenbarrieren festgemacht, zusätzlich werden durch schwimmende Labors regelmäßig Kontrollen vorgenommen. So ist die Küste von Comacchio bis Cattolica wieder jeden Sommer überfüllt und in Rimini tobt das Leben wie eh und je – tagsüber wie nachts.

Landschaftliche und kulturelle Highlights

Cervia: die Stadt der Salinen – Salz, Pineta und Natur (→ S. 220)

Cesenatico: sympathische Altstadt an einem pittoresken Kanal, am Strand davor der höchste Wolkenkratzer der Adria (→ S. 222)

Comacchio: bildhübsches Klein-Venedig am riesigen Lagunensee Valli di Comacchio (→ S. 193)

Faenza: die Stadt der Fayencekunst mit einem international angesehenen Keramikmuseum (→ S. 216)

Ferrara: Musterstadt der Renaissance zusammen mit einem reizvollen Altstadtviertel und einem prachtvollen Dom (→ S. 199)

Milano Marittima: Gartenstadt mit urwüchsiger Pineta (→ S. 221)

Mirabilandia: riesiger Vergnügungspark zwischen Ravenna und Cervia (→ S. 222)

Ravenna: italienischer Brückenkopf der byzantinischen Kaiser, frühchristliche Basiliken und einzigartige Mosaiken (→ S. 207)

Rimini: die Stadt Fellinis, überraschend schönes *centro storico*, davor die längste und lebhafteste Uferpromenade Italiens mit 1500 Hotels – Urlaub pur und das heißeste Nachtleben Europas (→ S. 226)

Riccione: ein Delphinarium, der ultramoderne Themenpark Oltremare und der größte Wasservergnügungspark Europas (→ S. 236)

Santarcangelo di Romagna: Tuffgrotten, eine historische Tuchdruckerei und eine berühmte Osteria (→ S. 238)

Strada dei Vini e dei Sapori: Fahrt durch die Weinberge an den Apenninhängen südlich von Forlì und Cesena (→ S. 218)

Auf der Piazza del Popolo in Ravenna

Vom Podelta bis Ravenna

Schöne Fahrt auf der Strada Romea (SS 309) zwischen Küstenpineta, Kanälen und Lagunenseen. Bei Comacchio ballen sich sieben große Badeorte, nördlich davon ist es ruhiger.

Ein Großteil der endlosen Feuchtgebiete im Podelta, darunter auch der große Lagunensee Valli di Comacchio, steht als *Parco Nazionale del Delta del Po* unter Naturschutz. Hauptort des Gebiets ist *Comacchio*, bedeutendste Sehenswürdigkeit die *Abbazia di Pomposa*. In den südlichen Ausläufern des Podeltas liegt der *Bosco della Mesola*, Rest eines großen Waldes.

Informationen zum **Nordteil des Podeltas** unter Region Venetien, S. 184.

Mesola: kleines Örtchen am Po di Goro, der die Grenze zur Region Venetien bildet. Das mächtige *Castello Estense della Mesola* wurde im 16. Jh. von den Este als Jagdschloss erbaut, denn im nahen Wald lebten Damhirsche und anderes Rotwild. Es kann besichtigt werden und beherbergt heute ein Umweltstudienzentrum für den Naturpark Delta del Po mit Exponaten zu Geologie, Fauna, Flora und Unterwasserwelt. Im Laubengang hinter dem Schloss sitzt man gemütlich im Ristorante/Pizzeria „Al Castello".

Öffnungszeiten/Preise **Castello Estense della Mesola**, März bis Okt. Di–So 9.30–12.30, 15–18 Uhr, Nov. Di–So 9.30–12.30, 14.30–17.30 Uhr, Dez. bis Feb. Sa/So 9.30–12.30, 14.30–17.30 Uhr. Eintritt ca. 3 €, über 65 J. frei.

▸ **Bosco della Mesola**: Ein bescheidener Rest des riesigen Waldes, der einst das ganze Delta bedeckte, liegt beim Ort *Bosco Mesola*. Er ist eingezäunt, wird von der Forstverwaltung bewacht und steht unter strengem Naturschutz. Wildtiere – darunter der „cervo delle dune" (Dünenhirsch) und seltene Wasservögel – haben hier ein letztes Refugium. Unter hohen Steineichen, Eschen, Ulmen und Schirmpinien, zwischen dichtem Unterholz und kleinen Wasserläufen kann man hier zwei, drei herrliche Stunden verbringen. An der Zufahrtsstraße, kurz vor dem Eingang, liegt der *Giardino del Delta*, wo selten gewordene Pflanzen gedeihen (✆ 0533/74918).

• *Öffnungszeiten/Preise* **Bosco della Mesola**, März bis Okt. Di, Fr, Sa und So 9 Uhr bis 1 Std. vor Sonnenuntergang, Eintritt frei. Besuch ausschließlich zu Fuß oder per Fahrrad (Verleih am Eingang bei Guido Beltrami, ca. 3 €/Std., ✆ 0533/794730). Führungen auf Anfrage bei „Cooperativa Fattorie del Delta", ✆ 0533/993176.

▸ **Goro und Umgebung**: Am Südrand des Podeltas liegt der kleine Ort *Goro*, der den größten Fischerhafen der Region besitzt. Im quadratischen Hafenbecken schaukelt ein Wald von Masten, ständig werden neue Fänge entladen und landen in der Versteigerungshalle *Mercato Ittico*, wenige hundert Meter entfernt an der Zufahrtsstraße. Bis zum Leuchtturm *Lanterna Vecchia* an der Mündung des Po di Goro sind es noch etwa 6 km durch das Feuchtgebiet *Valle Dindona*. Auf halber Strecke liegt das Örtchen *Gorino Ferrarese*, von dort führt eine Pontonbrücke über den Po di Goro nach *Gorino Veneto* an der nördlichen Flussseite.

Abbazia di Pomposa

Die mittelalterliche Abtei erhebt sich in der Einsamkeit der Küstenebene südlich vom Podelta, direkt an der Strada Romea. Von Benediktinern wurde sie wahrscheinlich bereits im 7. Jh. gegründet und zu einem landwirtschaftlichen Großbetrieb entwickelt. Tausend Jahre später musste Pomposa wegen steigender Malariagefahr aufgegeben werden, denn aufgrund der Änderungen im Lauf des Po breiteten sich zusehends riesige Sümpfe aus. Im 11. Jh. hat der Mönch Guido von Arezzo hier die Grundlagen der heutigen Notenschrift erfunden.

Weithin sichtbar ist der markante, 48 m hohe *Turm* aus dem 11. Jh. mit Blendarkaden, nach oben sich verbreiternden Fenstern und bunten Majolika-Scheiben. Er gilt als einer der harmonischsten Türme der Romanik. Bildschön zeigt sich auch die Fassade der *Klosterkirche*, eine grazile Arkadenhalle mit Reliefbändern, Terrakotta- und Majolika-Verzierungen. Das hohe dreischiffige Innere ist vollständig mit bunten Fresken der Bologneser Schule des 14. Jh. ausgemalt: in drei Reihen übereinander Szenen der biblischen Geschichte. Der Boden besteht fast vollständig aus Mosaiken. Anschließend an die Apsis der Kirche liegt der *Kapitelsaal*, ebenfalls mit Fresken ausgeschmückt, die einem Schüler Giottos zugeschrieben werden, im ersten Stock daneben das kleine *Museo Pomposiano* mit Relikten aus der Geschichte der Abtei. Weitere großflächige Fresken findet man im *Refektorium*, wahrscheinlich von einem Künstler aus Rimini gearbeitet.

Gegenüber der Kirchenfassade steht der *Palazzo della Ragione* mit elegantem Arkadengang. In diesem Gebäude wurde einst der Besitz des Klosters verwaltet und Recht gesprochen. Heute ist hier ein kleines Informationszentrum untergebracht (✆ 0533/79110).

Öffnungszeiten/Preise tägl. 8.30–19 Uhr, Eintritt ca. 4 €, von 18 bis 25 J. 2 €, frei unter 18 und über 65 J.; Kirche sonntags gratis, Rest der Anlage 3 €. ✆ 0533/719084.

Im „Batana" durch Comacchio

Comacchio

(ca. 22.000 Einwohner)

Ein wahres Bilderbuchstädtchen am Rand des mächtigen Lagunensees Valli di Comacchio. Der ehemalige Küstenort liegt heute mehrere Kilometer landeinwärts und hat dank seiner so verminderten Bedeutung weite Teile seines schönen alten Ortsbilds erhalten können.

Wie Venedig, Chioggia und Cáorle ist Comacchio auf Laguneninseln erbaut und malerische Kanäle durchziehen das Zentrum. Im Lauf seiner Geschichte wurde es immer wieder überschwemmt und war oft über lange Zeiträume ganz von der Umwelt abgeschnitten. Sogar ein eigener Dialekt soll sich so entwickelt haben. Dank seiner Lage ist Comacchio ein wichtiges Fischereizentrum. Kulinarische Spezialität sind die Aale, die im Lagunensee gezüchtet werden, und der eigentümlich säuerlich mundende *Vino del Bosco Eliceo*, der auf den Sanddünen der Umgebung wächst.

Das Zentrum lohnt einen ausgedehnten Streifzug: Niedrige, pastellfarbene Häuschen und blitzblank geputzte Gehsteige säumen die sanft geschwungenen Kanäle, die praktisch überflüssig geworden sind und nur als Zierde dienen. Einige imposante historische Bauten und hübsche Backsteinbrücken setzen dekorative Akzente.

• *Anreise/Verbindungen* Ab Ravenna oder von Norden kommend auf der „Strada Romea", ab Ferrara autobahnähnlich ausgebaute Schnellstraße (gebührenfrei).

• *Information* **IAT**, Corso G. Mazzini 4, beim Hauptplatz. Tägl. 9.30–12.30, 15.30–18.30 Uhr. ✆ 0533/314154, ℻ 319278, www.comacchio.it

Consorzio di Gestione del Parco Regionale del Delta del Po, deutschsprachige Broschüren sowie Informationen über Touren und Führungen im Naturpark. Die englischsprachige Broschüre „The Park by bike" gibt umfassende Tipps für Radtouren. Via Cavour 11, ✆ 0533/314003, ℻ 318007, www.parcodeltapo.it

• *Übernachten* *** **La Comacina (4)**, ganz zentral am Hauptkanal. Aufmerksam geführtes Haus mit geschmackvoll eingerichteten Zimmern und einladender Trattoria, auch schöne Plätze am Kanal. DZ ca. 85–90 €, Suite 95–110 €. Via E. Fogli 21, ✆ 0533/311547, www.lacomacina.it

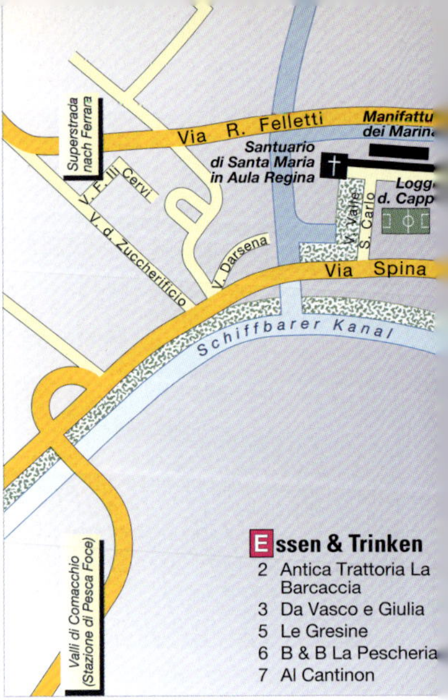

B & B La Pescheria (6), ebenfalls in reizvoller Lage am Hauptkanal, 3 kleine, neu eingerichtete Zimmer mit TV, die Inhaberin betreibt unten ein ausgezeichnetes Fischrestaurant. DZ mit Frühstück ca. 70–80 €. Via E. Fogli 99, ✆ 328-4920062, ✆/℻ 0533/81597, www.bblapescheria.it

Al Cantinon (7), Nähe Trepponti, 5 moderne Zimmer mit Klimaanlage und TV. DZ ca. 65 €, Frühstück extra (→ Essen & Trinken). Via L. A. Muratori, ✆/℻ 0533/314252, www.alcantinon.com

B & B Al Ponticello (1), ebenfalls zentrale Lage, 4 moderne, gut ausgestattete Privatzimmer mit reichhaltigem Frühstücksbuffet. DZ ca. 70 €. Via Cavour 39, ✆/℻ 0533/314080, www.alponticello.it

• *Essen & Trinken* Kurz nach Trepponti liegen rechter Hand in der Via Muratori die 2 einladenden Trattorie **Al Cantinon (7)** (→ Übernachten) und **Le Gresine (5)** nebeneinander an einem Kanal. In Ersterer werden die traditionellen Fischgerichte von Comacchio serviert, beim Nachbarn die ländliche Küche des Hinterlands, aber auch Pizza. ✆ 0533/314252.

Antica Trattoria La Barcaccia (2), gut geführtes Fischrestaurant mit großer Auswahl, hauptsächlich Aalgerichte. Ein umfangreiches Menü „tipico de valle" mit Risotto und Fisch für 2 Pers. kostet ca. 40 €/Person. Mo geschl. Am Hauptplatz beim Dom, ✆ 0533/311081.

Da Vasco e Giulia (3), alteingesessene Trattoria, in der noch die authentische Küche gepflegt wird, betrieben von den Frauen der Familie Forli. Mo geschl. Via Muratori 21, ✆ 0533/81252.

La Pescheria (6), gutes Fischlokal am Hauptkanal. Spezialitäten sind *brodetto di anguilla* und *anguilla ai ferri*. Di geschl. Via E. Fogli 99, ✆ 0533/81597.

• *Shopping* **La Bottega di Comacchio (8)**, wenige Meter ortseinwärts von Trepponti, schön aufgemacht und Riesenauswahl an regionalen Produkten – eingedoster und marinierter Aal, Reis, Salami, Käse und natürlich der typische Vino del Bosco Eliceo. Tgl. 10–13, 15–19 Uhr, So durchgehend geöffnet.

• *Bootsfahrten* In der Saison mehrmals täglich Fahrten mit den „Batanas" genannten Kähnen durch die Kanäle von **Comacchio**, Dauer ca. 40 Min., Abfahrt und Information unterhalb Trepponti.

• *Feste* **International Po Delta Birdwatching Fair**, Ende April/Anfang Mai, große Messe für Vogelbeobachtung und Naturtourismus. ✆ 0533/57693, www.podeltabirdfair.it

Modenschau, große „Show der Liebe und der Mode" Mitte Juni auf der Brücke Trepponti.

Aalfest, an den Wochenenden von Ende Sept. bis etwa 8. Okt., Tipp für Feinschmecker!

Collezionando sull'acqua, von April bis Okt. mehrmals monatlich Kunstausstellungen entlang der Kanäle.

Sehenswertes: Gleich am Zugang von der Durchgangsstraße zum *centro storico* erreicht man die elegante Treppenkonstruktion *Trepponti* am Zusammenfluss dreier Kanäle. Wenn man gleich danach rechts in die Via Muratori abbiegt, kommt man nach wenigen Metern zum Eingang der *Fisch-* und *Markthalle* (→ Stadtplan). Falls man jedoch geradeaus weitergeht, trifft man auf den Hauptkanal Canale Maggiore. Linker Hand soll hier im *Museo Nave Romana* bald ein 21 m langes römisches Schiffswrack ausgestellt werden, das 1981 im Lagunensee gefunden wurde (in den letzten Jahren war es noch in Restaurierung). Das Handelsschiff sollte über den Po ins Binnenland fahren, erlitt aber Schiffbruch, wahrscheinlich wegen einer Sturmflut. Die große Ladung blieb weitgehend erhalten, viele Stücke davon sind zu be-

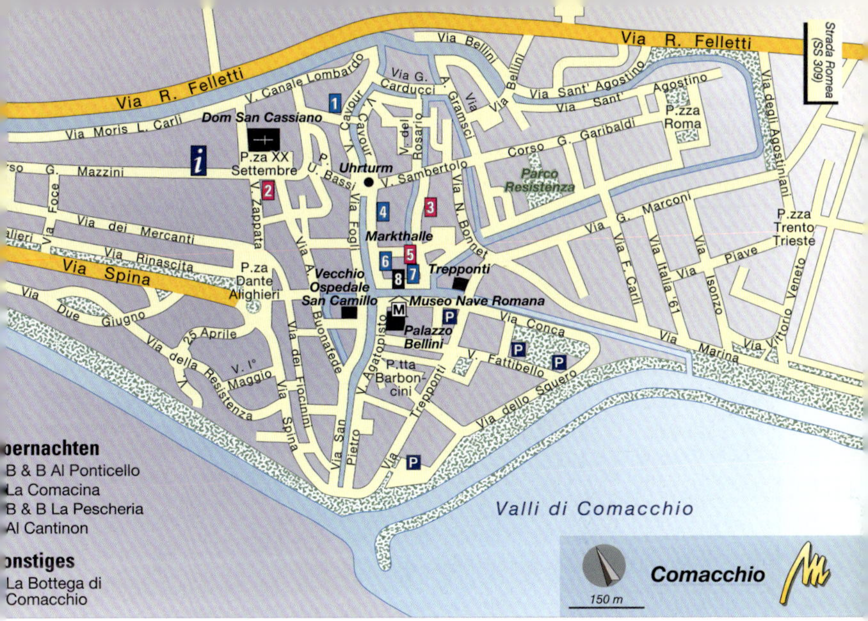

sichtigen, z. B. Weinamphoren, Parfümbehälter, Öllampen, Gläser und Keramikgeschirr, dazu viele Stücke, die der Mannschaft und den Passagieren gehörten. Die Restaurierung des Schiffs kann per Videoübertragung verfolgt werden. Gegenüber imponiert die klassizistische Fassade des *Vecchio Ospedale San Camillo* aus dem 18. Jh., das anfangs als Kirche, später als Krankenhaus genutzt wurde. Nach der kürzlich beendeten Restaurierung finden in dem eindrucksvollen Komplex wechselnde Ausstellungen statt, zuletzt 2007 über „Menschen des Deltas“.

Rechter Hand führt der Hauptkanal ins Zentrum mit dem Uhrturm und dem Rathaus. An der nahen Piazza XX Settembre steht der gewaltige Backsteindom *San Cassiano* mit eigentümlich geschwungenem Turmfuß. Wenn man nun den Corso Mazzini nach Osten nimmt, kann man den in seiner Gleichförmigkeit faszinierenden Säulengang *Loggiato dei Cappuccini* mit 143 Bögen auf Marmorsäulen entlanglaufen und erreicht am Straßenende die Wallfahrtskirche *Santuario di Santa Maria in Aula Regina*. Das einschiffige Innere ist düster und nur durch Oberlichter erleuchtet. Auf den Nussbaumaltären rechter Hand erkennt man Sant'Antonio di Padua (→ S. 159) und Franz von Assisi. Der schöne Hauptaltar ist ebenfalls aus Holz und besitzt ein Gemälde eines Ferrareser Renaissancekünstlers. Einige Stufen höher gelangt man zur verehrten Marienstatue, der die Kirche geweiht ist.

Im Laubengang vor der Kirche liegt der Zugang zur ehemaligen Fischfabrik *Manifattura dei Marinati*, die nach Voranmeldung besichtigt werden kann. Im Kanal hinter der Anlage wurden einst Aale angelandet, dann auf lange Spieße gezogen, in der „Sala dei fuochi“ über Feuer geröstet, in der „Sala degli aceti“ in Essigfässern eingelegt und schließlich in der „Friggitoria“ gelagert.

• *Öffnungszeiten/Preise* **Museo delle Nave Romana**, Di–Sa 9.30–13, 15–18.30 Uhr, So 10–13, 15–19 Uhr, Mo geschl., Eintritt ca. 4 €, bis 18 und über 65 J. die Hälfte. ✆ 0533/311316. **Vecchio Ospedale San Camillo**, bei Ausstellungen Di–Sa 9.30–13, 15–18.30 Uhr, So 10–13, 15–19 Uhr, Mo geschl. Eintritt ca. 4 €. **Manifattura dei Marinati**, Reservierung im Informationsbüro oder unter ✆ 0532/314003.

Mit der Autofähre über den Fiume Reno

Valli di Comaccio

Mit etwa 15.000 ha der größte Lagunensee Italiens, Lebensraum für eine riesige Vielfalt an Fischen und Wasservögeln. Man kann den See per PKW, zu Fuß, mit dem Rad oder mit dem Boot erkunden und wird sicher bald von der eigentümlichen Atmosphäre fasziniert sein.

Zahllose Filme wurden um Comacchio und im nahen Podelta gedreht, vor allem der italienische Neorealismus fand hier eine perfekte Szenerie. Auch Wim Wenders war angetan von der endlosen Weite und verfilmte Mitte der 1990er Jahre als Partner des Altmeisters Michelangelo Antonioni Szenen für „Jenseits der Wolken“, ein Film über die Liebe, ihr Vergehen und die Abgründe des Menschlichen.

▸ **Museo delle Valli di Comacchio**: Wenige Kilometer südlich von Comacchio liegt die ehemalige Fischfangstation *Stazione di Pesca Foce* (Wegbeschreibung im Informationsbüro). Von April bis November machen Motorschiffe von hier aus Ausflüge zu den Stützpunkten der Fischer im Lagunensee. Dort kann man die traditionellen „casoni“ (Fischerhäuser) besichtigen, aber auch absenkbare Krabbennetze, kunstvoll gefertigte Aalfangeinrichtungen aus Holzpfählen und Schilfwänden und andere einfallsreiche Vorrichtungen. In den strohgedeckten Fischerhütten mussten die Fischer während der Fangsaison unter einfachsten Verhältnissen oft wochenlang in Kälte und Regen hausen.

• *Schiffstouren* **Valli di Comacchio**, April bis Nov. tägl. 9, 11, 15 und 17 Uhr, ca. 9,20 €/Person. Reservierung beim Informationsbüro obligatorisch oder unter ✆ 340-2534267 (8.30–12.30, 14.30–17.30 Uhr), E-Mail: vallidicomacchio@parcodeltapo.it

▸ **Umrundung der Valli di Comacchio**: Zunächst nimmt man die SS 309 nach Süden und zweigt unmittelbar südlich der Valli di Comacchio landeinwärts nach *Mandri-*

ole ab. Hier trifft man bald auf bedeutendes historisches Pflaster, denn rechter Hand ist „Cippo di Anita" ausgeschildert: Zwischen hohen Pappeln steht dort das Grabmal der Anita Garibaldi, die im August 1849 in einem nahen Haus – ein Stück weiter ebenfalls ausgeschildert als „Casa ove mori Anita" – an Entkräftung starb (→ Kasten). Wenn man weiterfährt, erreicht man *Sant'Alberto*, dessen *Centro Visite Il Palazzone* eine umfassende vogelkundliche Sammlung zum Podelta besitzt. Ein hübsches Erlebnis bietet dann die Weiterfahrt nach Norden: Die Straße endet nämlich am Fiume Reno und eine kleine Autofähre bringt die wartenden Autos hinüber – macht Spaß und kostet fast nichts!

Im Folgenden geht es der Westflanke des schier endlos erscheinenden Binnensees entlang wieder in Richtung Comacchio. Etwa 6 km westlich von Comacchio, etwas südlich der Straße nach Ferrara, liegen die Überreste der bedeutenden etruskischen Hafenstadt *Spina*. Seit 1922 hat man hier gegraben, in einer großen Nekropole konnten mehrere tausend Gräber freigelegt werden. Eine Besichtigung ist derzeit nicht möglich. Die Ausgrabungsfunde wurden ins Archäologische Museum von Ferrara gebracht.

Garibaldis Marsch nach Venedig

1849 hatte Giuseppe Garibaldi, der Held der nationalstaatlichen Einigung Italiens (Risorgimento), nach dem Fall der revolutionären römischen Republik gegen die Franzosen versucht, mit seinem Heer in einem Gewaltmarsch von gut 800 km das von den Österreichern belagerte Venedig zu erreichen. Doch trotz fieberhafter Eile misslang der heroische Entsatzversuch, Venedig musste sich am 24. August nach langer Belagerung als letzte Bastion der norditalienischen Revolutionäre und Republikaner ergeben. Auf diesem Eilmarsch starb Garibaldis langjährige Partnerin Anita bei Comacchio und wurde hier begraben. Er selber wurde aus Italien verbannt und reiste um die halbe Welt, bis New York, Südamerika und Australien, bevor er in den 1860er Jahren als General der Alpenjäger des savoyischen Königreichs Sardinien die Österreicher in Norditalien bekämpfte. Die legendäre *Landung der „Tausend"* unter seinem Kommando auf Sizilien (mit anschließender Eroberung Siziliens und Neapels) führte letztendlich zur Niederlage der Bourbonen und dem Anschluss Süditaliens an das neue Königreich Italien.

▸ **Campotto di Argenta**: Das 800 ha große Sumpfland liegt bei Argenta an der Straße von Ravenna nach Ferrara, etwa 30 km südwestlich von Comacchio. Das mit einem Netz von Kanälen und Rückhaltebecken entwässerte Gebiet wird „Ecomuseo di Argenta" genannt und besteht aus dem Feuchtbiotop *Oasi di Val Campotto*, dem Campotto-Haus mit dem naturkundlichen und wasserwirtschaftlichen *Museo delle Valli di Argenta* und dem *Museo della Bonifica* in einem ehemaligen Pumpwerk.

• *Öffnungszeiten/Preise* **Museo delle Valli di Comacchio**, Auskunft über Öffnungszeiten im Informationsbüro von Comacchio.
Centro Visite Il Palazzone, Mitte Juni bis Mitte Sept. Mo u. Mi 9–12.30 Uhr, Do u. Sa 15–18.30 Uhr, Mitte Sept. bis Mitte Nov. Mi–Fr 9–13, 14.30–16.30 Uhr, Sa/So 10–13, 14–18 Uhr, übrige Zeit Mi–Fr 9–13, 14–16.30 Uhr u. Sa 9–13 Uhr. ✆ 0544/528710, www.atlantide.net/pal-santalberto
Ecomuseo di Argenta: **Museo delle Valli di Argenta**, Di–So 9.30–13, 15.30–18 Uhr, **Museo della Bonifica**, Di–So 9–11 Uhr, jeweils Mo geschl., Eintritt je 3 €, zusammen 5 €. ✆ 0532/808058, www.atlantide.net/ecomuseodiargenta

Sette Lidi di Comacchio

Sieben großflächige Badeorte liegen wie Perlen an der Kette auf 20 km Länge vor Comacchio, z. T. gehen sie ineinander über. Der ganz große Rummel wie in Rimini herrscht hier nicht, viele Urlauber kommen in Ferienhäusern unter, die mit ihren Piniengärten die langen Straßen flankieren. Im Hinterland erstrecken sich große Pfirsich-, Apfel- und Kirschplantagen. Die Badeorte im Folgenden von Nord nach Süd.

- **Lido di Volano**: etwas abseits der anderen sechs, noch im Einzugsbereich des südlichen Podeltas, am Rand des Lagunensees *Valle Bertuzzi*. Schöner, langer Strand, der mit einer Reihe flaggengeschmückter Badeanstalten prangt, gleich dahinter der dichte Pinienwald *Riserva Naturale Pineta di Volano* – eingezäunt, aber mit Durchgängen. Positiv ist das Fehlen jeglicher Bebauung, vor allem Richtung Süden wird der Strand leer. Mit Wohnmobil stehen bleiben ist ausdrücklich verboten, trotzdem sieht man immer wieder welche.
- **Lido delle Nazioni**: großer Badeort mit vielen modernen, z. T. recht pompösen Bauten, sehr offen gebaut, kaum Baumbestand, etwas außerhalb liegt der hübsche kleine Süßwassersee *Lago delle Nazioni*. Nach Norden wird der Strand schnell einsam und ist gänzlich unbebaut. Zahlreiche Ferienwohnungen werden angeboten. Von Juni bis September findet mittwochs ein großer Kunsthandwerksmarkt statt.

• *Übernachten* *** **Grand Hotel Le Nazioni**, gepflegte Unterkunft in zentraler Lage, großer Park und zwei Pools. DZ mit Frühstück ca. 75–100 €. ✆ 0533/379276, ℻ 399195, www.grandhotellenazioni.it

TIPP! ** **Hotel Club Spiaggia Romea**, ideal für Familien, üppig begrüntes Feriendorf in ruhiger Lage nördlich außerhalb im Pinienhain am Lago delle Nazioni, viel Platz für Kinder. Besitzer ist der „Pfirsichbaron" Luigi Mazzoni. Er züchtet Camargue-Wildpferde und veranstaltet für seine Gäste tägliche Ausritte. Bademöglichkeiten am Strand, im See und in zwei Pools. HP pro Pers. ca. 50–98 €. Via dell'Oasi 2, ✆ 0533/355366, ℻ 355113, www.spiaggiaromea.it

Camping Tahiti, gleich am Ortseingang, einer der Zeltplätze, die von einem großen deutschen Automobilclub als herausragend bezeichnet wurden, schön bepflanztes Gelände, hervorragende Sanitäranlagen, Erlebnisbad, Animation für Kinder, organisierte Ausflüge. Mitte Mai bis Ende Sept. ✆ 0533/379500, ℻ 379700, www.campingtahiti.com

- **Lido di Pomposa/Lido degli Scacchi**: Die beiden Badeorte bilden zusammen eine weitläufige Badestadt, für deren Bau ein Großteil der Uferpineta weichen musste. Angenehm fällt trotzdem der reiche Baumbestand auf, mit dessen Pflege man sich sichtlich Mühe gibt. Eine ganze Reihe von Campingplätzen bieten Quartier: Florenz, Vigna sul Mar, Ancora und Tre Boschettieri.
- **Porto Garibaldi**: von Comacchio auf einer Stichstraße zu erreichen, großer Hafen, Badeort und Fischereizentrum, langer Strand Richtung Norden. Ein Kanal verbindet das Meer mit den *Valli di Comacchio*, dicht an dicht reihen sich hier die großflächigen Fischernetze. Camping Spiaggia e Mare liegt nördlich vom Zentrum.
- **Lido degli Estensi/Lido di Spina**: zwei große Feriensiedlungen in dichter Pineta, die mittlerweile fast zusammengewachsen sind. Insgesamt schön gemacht mit zahlreichen Ferienhäusern, viel Vegetation und angenehmen Ortszentren. Am Strand wurden teilweise Bäume gepflanzt, was das Ambiente sichtlich hebt.

• *Übernachten* **** **Plaza**, komfortables Hochhaus am Strand von Lido degli Estensi, Meeresblick und Pool. HP ca. 67–100 €/Person. Viale dei Lecci 41, ✆ 0533/327236, ℻ 329072, www.hotelplazapineta.it

*** **La Pineta**, Hotel mit schattigem Garten, wenige Meter vom Strand. HP ca. 53–73 €/Person. Lido degli Estensi, Viale dei Lecci 2, ✆ 0533/327956, ℻ 328000, www.hotelplazapineta.it

*** **Gallia**, gepflegtes Haus mit großem Pool in Lido di Spina. ✆ 0533/333400, ℻ 333500, www.hotelgallia.it

Camping Mare e Pineta, großer Platz unter hohen Pinien und Laubbäumen. Lido degli Estensi, ✆ 0533/330194, 📠 330052, www.campingmarepineta.com

Camping Spina, schönes Gelände im Pinienwald. Lido di Spina, ✆ 0533/330179, 📠 333566, www.campingspina.it

Ferrara

(ca. 140.000 Einwohner)

Ruhige und sympathische Stadt in der brettflachen Ebene des Po – viele Radfahrer, weder Lärm noch Abgase in der für Autos gesperrten Innenstadt, vergleichsweise wenige Touristen und zahlreiche historische Bauten. 1391 wurde die Universität gegründet, sie ist damit die zweitälteste der Welt und hat heute etwa 12.000 Studenten.

Die mächtige Familie der Este baute Ferrara zu einem der wichtigsten Renaissance-Zentren Italiens aus, zeitweise war es gleichbedeutend mit Florenz, Mailand und Venedig. Mit dem Weggang der Este Ende des 16. Jh. nach Modena kam jedoch der rasche Niedergang. Der Kirchenstaat verleibte sich die Stadt ein, Ferrara blieb über Jahrhunderte „öde und menschenleer", wie viele Reisende, darunter auch Goethe, feststellten. Auf Spuren des ehemaligen Reichtums trifft man heute auf Schritt und Tritt. Mitten in der Stadt dominiert das riesige Kastell der Este, wenige Schritte entfernt erhebt sich der monumentale Dom, eine 9 km lange, fast vollständig erhaltene Mauer umgibt das Zentrum. Schon seit dem 13. Jh. begannen die Este, das Stadtbild zu prägen und Ende des 15. Jh. vergrößerte Ercole I. d'Este Ferrara fast ums Doppelte. Mit langen, schnurgeraden Straßen und großzügigen Palazzi ließ er nördlich vom Zentrum einen geschlossenen Renaissancekomplex errichten, der für seine Zeit revolutionär war. Im reizvollen Gegensatz dazu stehen heute die eng gekrümmten Pflastergassen des mittelalterlichen Viertels im Südosten des *centro storico*. Vor Kurzem wurde Ferrara in die Liste des Weltkulturerbes der Unesco aufgenommen. Für ein sympathisches Stadtbild sorgen die zahllosen Radfahrer: Bis zu 100.000 Räder sind täglich in der Stadt unterwegs, damit wird fast die Fahrraddichte von Amsterdam erreicht.

Anfahrt/Verbindungen/Information

• *Anfahrt/Verbindungen* **PKW**, das historische Zentrum ist für Autos gesperrt. Gratis parken kann man südlich vom Zentrum auf der Bastion Baluardo di San Lorenzo (vor dem Hotel San Paolo), gebührenpflichtig im Umkreis des benachbarten südlichen Stadttores Porta Paola.

Bahn, Ferrara hat häufige Verbindungen nach Venedig, Bologna und Ravenna. Der Bahnhof liegt etwas westlich außerhalb vom Zentrum, den breiten Viale Cavour entlang kommt man in 15 Min. direkt zum Castello Estense mitten in der Stadt (Bus 2, 9 oder 11).

Bus, Station an der Via Rampari San Paolo, Nähe Piazza del Travaglio. Viele Busse fahren auch ab Bahnhof.

Taxi, am Kastell und am Bahnhof. ✆ 0532/900900, 24 Std.

Fahrrad, jeder Einheimische fährt Rad und es lohnt sich auch für Besucher, die teils langen Wege gemütlich per Drahtesel zurückzulegen. Es gibt derzeit 4 Stellen, wo Fahrräder verliehen werden: Via della Luna 10 (beim Kastell), Piazzale Stazione (beim Bhf.), Piazzale Kennedy (Platz vor dem südlichen Stadttor) und Porta Paola (südliches Stadttor).

• *Information* **IAT** im Kastell, Mo–Sa 9–13, 14–18 Uhr. Viel Material (auch zum Podelta) und kompetente Auskünfte. ✆ 0532/299303, 📠 212266, www.ferrarainfo.com

Übernachten

**** **Annunziata (3)**, ruhige Lage an einer Piazza, Blick auf das Kastell. Wunderschön restauriertes historisches Haus, moderne und elegante Einrichtung, wobei die alten Deckenbalken großteils erhalten blieben. Zimmer mit TV, Parkplatz. DZ mit Frühstück ca. 150–200 €, im Preis ist Fahrradverleih inbegriffen, Parkplatz kostet extra. Piazza Repubblica 5, ✆ 0532/20111, 📠 203233, www.annunziata.it

*** **Carlton (2)**, direkt an der Piazza Sacrati, modernes, gut ausgestattetes Haus, dank der 58 Zimmer immer reichlich Platz, freundlich geführt. Zimmer schallisoliert, mit Aircon. und TV, Parkplatz. DZ mit Frühstück ca. 80–130 €. In einem Nebengebäude auch Appartements mit Küche für längere Aufenthalte. Via Garibaldi 93, ✆ 0532/211130, 📠 205766, www.hotelcarlton.net

*** **De Prati (1)**, in einem ruhigen Gässchen, wenige Meter nördlich vom Kastell. Ein Hotel mit Kunst: In der Lobby und im Frühstücksraum werden wechselnde Ausstellungen präsentiert, auch in den sorgsam ausgestatteten Zimmern hängen Kunstwerke. DZ mit Frühstück 75–110 €. Via Padiglioni 5, ✆ 0532/241905, 📠 241966, www.hoteldeprati.com

** **San Paolo (19)**, modern eingerichtetes Albergo am Südrand des *centro storico*, vis-à-vis der Stadtmauer. Zimmer mit Teppichboden und TV, gute Bäder, sehr sauber. Parkmöglichkeiten in der Umgebung. DZ ca. 60–80 €, kein Frühstück. Via Baluardi 13, ✆/📠 0532/762040, 📠 768333.

** **Santo Stefano (10)**, schlichte Zimmer mit Steinfußboden, sauber und ruhig. DZ mit Bad ca. 50–70 €, mit Etagendusche 40–55 €, kein Frühstück. Via Boccanale Santo Stefano 21, ✆ 0532/206924, 📠 210261.

* **Casa degli Artisti (14)**, in der Altstadt südlich vom Dom, einige DZ mit Bad ca. 60 €, die meisten mit Etagendusche für ca. 43 €, kein Frühstück. Via Vittoria 66, ✆ 0532/761038.

* **La Lupa (16)**, kleines, gemütliches Albergo in der verwinkelten Altstadt. 9 Zimmer mit Etagendusche, DZ ca. 40–45 €, kein Frühstück. Vicolo della Lupa 8, ✆/📠 0532/760070.

• *Bed & Breakfast* **Locanda Borgonuovo (5)**, zentrale Lage, gegenüber vom Kastell eine Gasse hinein. Signora Adele Orlandini führt das stilvollste Bed & Breakfast der Stadt. 4 Zimmer mit ausgesuchtem Mobiliar und Antiquitäten, gemütlicher Innenhof, es wird Englisch gesprochen. DZ mit Frühstück ca. 70–105 €. Frühzeitig reservieren, da sehr beliebt. Via Cairoli 29, ✆ 0532/211100, 📠 246328, www.borgonuovo.com

Antica Via, mitten in der Altstadt, Nähe Trattoria „Il Cucco". Ebenfalls zu empfehlen, gemütlich, hinten ein teilweise begrünter

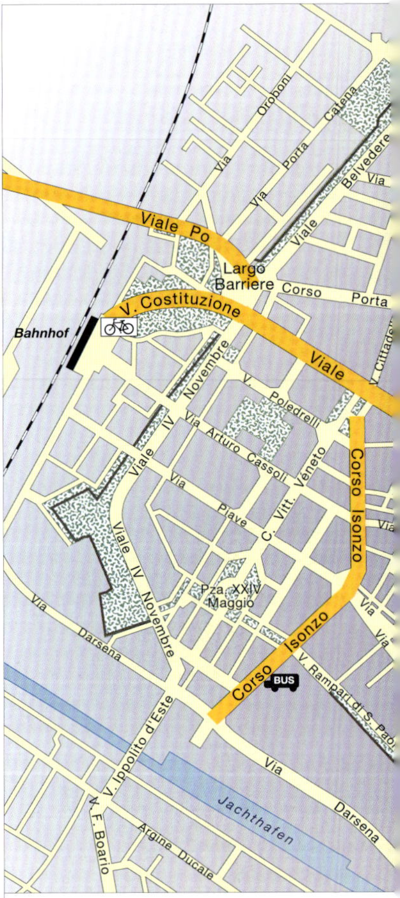

Ferrara

200 m

Übernachten
1 De Prati
2 Carlton
3 Annunziata
5 Locanda Borgonuovo
10 Santo Stefano
14 Casa degli Artisti
16 La Lupa
19 San Paolo

Essen & Trinken
4 Hosteria Savonarola
6 Da Settimo
9 L'Oca Giuliva
11 Centrale
12 Il Bagattino
13 Il Ciclone
17 Antica Osteria delle Volte
20 Il Cucco
21 Antica Trattoria Volan

Nachtleben
7 Due Gobbi
8 Al Brindisi
15 Antas
18 Il Messisbugo

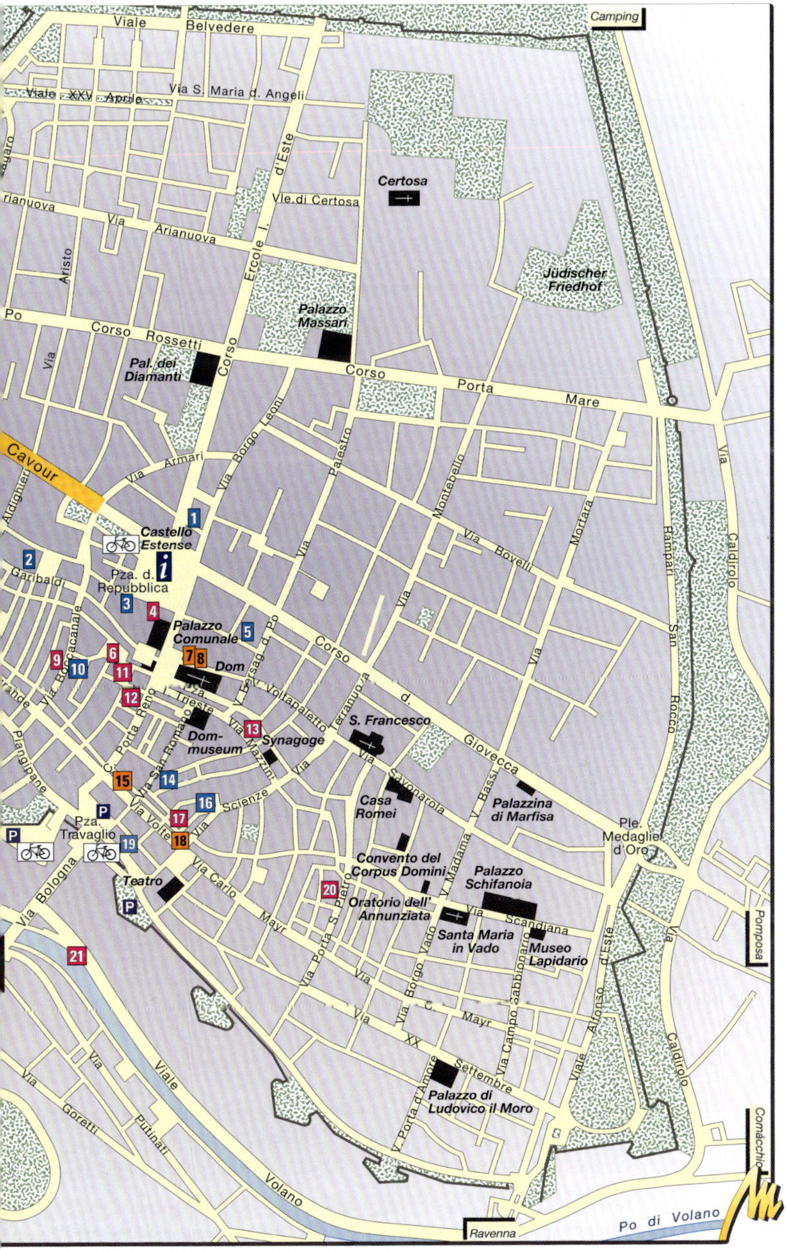
Viale Belvedere
Camping
Viale XXV Aprile
Via S. Maria d. Angeli
Vle.di Certosa
Certosa
Via Arianuova
Aristo
Corso Ercole I. d'Este
Jüdischer Friedhof
Palazzo Massari
Corso Rossetti
Po
Pal. dei Diamanti
Corso Porta Mare
Cavour
Via Armari
Via Borgo Leoni
Palestro
Montebello
Via Bovelli
Mortara
Rampari San Rocco
Via Caldirolo
Castello Estense
Pza. d. Repubblica
Garibaldi
Aldighieri
Palazzo Comunale
Dom
Via Boccacanale
Corso Giovecca
Voltapaletto
Terranuova
S. Francesco
Synagoge
Dom-museum
Trieste
Via Mazzini
Via Porta Reno
Via San Romano
Via Savonarola
Casa Romei
Scienze
Palazzina di Marfisa
V. Bassi
Ple. Medaglie d'Oro
Pza. Travaglio
Via Volte
Teatro
Via Carlo Mayr
Via Bologna
Convento del Corpus Domini
Oratorio dell' Annunziata
V. Madama
Palazzo Schifanoia
Via Scandiana
Santa Maria in Vado
Museo Lapidario
Via Borgo Vado
Via Porta S. Pietro
Via Campo Sabbionario
Viale Alfonso I d'Este
Via C. Mayr
Via XX Settembre
Palazzo di Ludovico il Moro
V. Porta d'Amore
Viale Volano
Via Goretti
Via Putinati
Via Caldirolo
Pomposa
Comacchio
Ravenna
Po di Volano
Piangipane
Grande
1 2 3 4 5 6 7 8 9 10 11 12 13 14 15 16 17 18 19 20 21
P
i

Hof. DZ ca. 50–70 €. Via Voltacasotto 7, ✆/℻ 0532/763888, www.anticavia.it

• *Camping* **Estense**, nördlich außerhalb der Stadtmauer, an der Via Gramicia. Wiesengelände mit großen Bäumen, moderne Sanitäranlagen, kein Laden, Kaffeeautomat. Fahrradverleih (ca. 7 €/Tag), Schwimmbad in der Nähe. Bus 5 vom und ins Zentrum (Castello Estense). Mitte Jan. bis Ende Feb. geschl. ✆/℻ 0532/752396, E-Mail: campeggio.estense@libero.it

Essen & Trinken (siehe Karte S. 200/201)

Ein typisches Ferrareser Gericht ist die *salama* (oder salamina) *al sugo*, eine kräftig-pikante Wurst, im Winter mit Kartoffelpüree warm serviert, im Sommer kalt mit Melone oder auch in Wein getränkt. Weiterhin werden überall die leckeren *cappellacci di zucca* geboten, mit Kürbisbrei gefüllte Nudeln, außerdem die dreieckigen, mit Fleisch gefüllten *cappelletti ferraresi*.

Centrale (11), Familienbetrieb in ruhiger Gasse, immer auf der Speisekarte stehen die Tortelloni mit Schinken, Sahne und Trüffeln und natürlich *cappellacci di zucca*. Mi-Abend und So geschl. Via Boccaleone 8 (zweigt von der Via Ripagrande ab), ✆ 0532/206735.

La Romantica, gutes Mittelklasserestaurant, prima Weinkarte und leckere regionale Gerichte, saisonal auch günstige Trüffelgerichte. So-Abend und Mi geschl. Via Ripagrande 36, ✆ 0532/765975.

Il Bagattino (12), großes Ristorante mit mehreren Speiseräumen, hübsch aufgemacht, auch einige Tische auf der Straße, gute traditionelle Küche, etwas teurer. Mo geschl. Via Correggiari 6, ✆ 0532/206387.

L'Oca Giuliva (9), „Cucina e Cantina" – gepflegtes Weinlokal mit guter Slow-Food-Küche. Ferrareser Gerichte, häufig wechselnde Speisekarte, auch viel mit Fisch. Schöne Sitzplätze im Laubengang. Etwas teurer. Di-Mittag und Mo geschl. Via Boccanale Santo Stefano 38, gegenüber Hotel Santo Stefano. ✆ 0532/207628.

Il Cucco (20), mitten im Gassengewirr der Altstadt, sympathische Trattoria mit gemütlichem Gastraum, dahinter ein schattig begrünter Hof, geführt von den Brüdern Maurizio und Michele Coreggioli. Leckere Nudelgerichte, natürlich auch *cappellacci di zucca*. Mi geschl. Via Voltacasotto 3, ✆ 0532/760026.

Antica Trattoria Volano (21), das alte Wirtshaus am Flussarm südlich der Altstadt ist innen vollständig modernisiert, auch hier wird typische Ferrara-Küche serviert. Fr geschl. Viale Volano 20, ✆ 0532/761421.

Antica Osteria delle Volte (17), helle, gemütliche Osteria mit dunklen Holztischen und Flaschengalerien an den Wänden. Gute Fleischgerichte, z. B. *misto di carni ai ferri* für ca.11 €. Di geschl. Via del Volte 37 a, in der Altstadt, zu erreichen von der Piazza Verdi an der Via Carlo Mayr. ✆ 0532/762033.

Hosteria Savonarola (4), einladende Enoteca mit warmer Küche, ganz zentral im Laubengang vis-à-vis vom Savonarola-Denkmal. ✆ 0532/208681.

Da Settimo (6), als Pizzeria vielleicht nur durchschnittlich, aber Settimo ist ein großer Jazzfan und legt gerne die eine oder andere fetzige CD ein. Nette Sitzplätze auf der Straße, gern von Studenten besucht. Do geschl. Via Cortevecchia 49/51, ✆ 0532/205145.

Il Ciclone (13), beliebtes Pizzarestaurant im mittelalterlichen Viertel, ebenfalls Studententreff mit nicht zu hohen Preisen. Mo geschl. Via Vignatagliata 11/Ecke Via Mazzini, ✆ 0532/210262.

• *Cafés* Am Corso Martiri della Libertà zwischen Dom und Kastell liegen mehrere schöne Cafés mit Sitzterrassen an der Straße, z. B. **Centro Storico** (Mo geschl.).

Nachtleben (siehe Karte S. 200/201)

Dank der lebhaften Studentenszene gibt es viele Kneipen und auch einige Diskotheken. Mittwochs geht man „il giro", d.h. alles trifft sich auf dem Domplatz.

• *Bars/Kneipen/Weinlokale* **Al Brindisi (8)**, nach eigenen Angaben die älteste Osteria Italiens, bereits 1435 ging man hier einen heben, u. a. war der polnische Astronom Kopernikus zu Gast (und 1973 Karol Wojtyla, der spätere Papst). Zur Auswahl von 600 Weinen nimmt man in den winzigen Räumen Sandwiches zu sich, aber auch Nudel-, Bohnen- und Wurstspezialitäten. Mittlerweile gibt es auch kommunikative Plätze

Blick vom Palazzo Comunale auf den Dom

auf der Straße vor dem Haus.. Mo geschl. Via degli Adelardi 11, unmittelbar neben dem Dom.

Due Gobbi (7), angesagte Szenekneipe neben dem Al Brindisi, ab 22 Uhr wird es brechend voll und man steht auf der Straße, Bier und Wein fließen in Strömen.

Antas (15), gemütlich-familiäre Kneipe mit nettem, gesprächigem Besitzer und Gitarrenmusik live. Di geschl. Via Carlo Mayr 7.

Il Messisbugo (18), populäre Weinkneipe zwischen Backsteinmauern, langer Tresen, hinten auch einige Tische, junges Publikum. Via Carlo Mayr 97.

• *Diskotheken* **Pelledoca**, Via Arianuova 91, im nördlichen Stadtzentrum, und **Limbo**, Via Porta Catena 37, nördlich vom Bahnhof.

Feste und Veranstaltungen

Als Höhepunkt verschiedener populärer Veranstaltungen an den Maiwochenenden findet am letzten Sonntag im Mai der *Palio di San Giorgio* statt, ein Pferderennen der acht Stadtviertel (Contrade).

Von Mitte Juli bis Mitte September läuft *Estate Ferrara* mit zahlreichen Veranstaltungen aus allen kulturellen Sparten: Tanz, Theater, klassische Musik, Rock, Jazz u. a. Veranstaltungskalender im Tourist-Büro.

Ende August steht die Stadt eine Woche lang kopf: Das *Busker's Festival* lockt Straßenmusiker aus der ganzen Welt nach Ferrara, extra eingeladen werden 20 besonders populäre Gruppen.

Sehenswertes

Fast die gesamte Innenstadt ist für den motorisierten Verkehr gesperrt, das Fahrrad das wichtigste Transportmittel. Das trägt erheblich zur Lebens- und Besichtigungsqualität bei. Beherrschend im Stadtbild ist die *Piazza Cattedrale* mit dem Dom, dem gegenüberliegenden Palazzo Comunale und dem Uhrenturm. An der Längsseite des Doms liegt die *Piazze Trento e Trieste*, beliebter Treffpunkt der radelnden Männer von Ferrara.

Ein Sammelticket für Palazzo Schifanoia, Lapidario, Palazzina Marfisa d'Este und Museo della Cattedrale kostet 8 € (über 65 J. 5 €).

Kathedrale: mächtig wie ein Ozeanschiff und eine interessante Synthese aus romanischen und gotischen Elementen, errichtet mit Unterbrechungen im 12.–14. Jh. Schöne, dreiteilige Fassade, prachtvolles Portal mit reich verziertem Überbau. In der Loggia eine „Madonna mit Kind" von Cristoforo da Firenze, darüber das „Jüngste Gericht" mit Seligen, die das Paradies erreichen, und Sündern, die in die Hölle abwandern. An der rechten Seitenfront der Kirche ist eine *Ladenzeile* mit Säulengang angebaut, lebendiges Zeugnis der Integration von Kirche und Stadt.
Durch eine Vorhalle gelangt man in den monumentalen Innenraum, der im Stil des 18./19. Jh. ausgestattet ist – klassizistisch überladen, aber doch sehr feierlich mit üppiger Goldbemalung und niedrig hängenden Kristallleuchtern. Angenehm warmes Licht fällt durch die farbigen Glasfenster und Oberlichter. In der Apsis riesiges Fresko „Das Jüngste Gericht" (Beleuchtung ca. 1 €) von Filippo Lippi, rechts im Querschiff Altar mit lebensgroßen Bronzestatuen.

Leidenschaftlich: der Reformator Savonarola

Das *Museo della Cattedrale* ist in der Kirche San Romano südlich vom Dom untergebracht (→ Mittelalterliches Viertel).
Öffnungszeiten **Dom**, Mo–Fr 7.30–12, 15–18.30 Uhr, Sa/So 7.30–12.30, 15.30–19.30 Uhr. Während der Messen keine Besichtigung.

Palazzo Comunale und Piazza Municipio: Den Eingang zum schönen Innenhof des zinnengekrönten Palazzo bewachen zwei mit Grünspan überzogene Bronzestatuen (Niccolo III. und Borso d'Este), die im 20. Jh. nach alten Vorbildern gestaltet wurden. Im Hof (Piazza Municipio) führt rechts ein großes, überkuppeltes Treppenhaus zu den ehemaligen herzoglichen Gemächern hinauf, darunter der *Stanzino delle Duchesse*, das Kabinett der berüchtigten Lucrezia Borgia, die 1502 einen der Este ehelichte (nicht zu besichtigen).
An der entgegengesetzten Seite der Piazza Municipio kann man die Fußgängerzone *Via Garibaldi* betreten, die durch die westliche Altstadt führt.

Castello Estense: Die trutzige Burg der Este mit vier mächtigen Ecktürmen steht mitten in der Stadt. Von einem breiten Wassergraben umgeben, bildet

sie eine eindrucksvolle Dekoration. Vom ehemaligen Prunk dieses enorm reichen Fürstenhofes, an dem sich Gelehrte und Künstler trafen, kann man sich heute kaum noch eine Vorstellung machen, denn das Innere ist fast leer, erhalten sind noch einige Fresken, z. B. im *Salone dei giochi*. Interessant ist auch ein anschauliches Tonmodell der Stadt. In den unterirdischen Gefängnissen wartete Parisina, die Gattin Niccolos III. d'Este, auf ihre Hinrichtung, nachdem sie ihren Ehemann mit ihrem jungen Stiefsohn Ugo betrogen hatte.
Vor dem Kastell steht das Denkmal des *Girolamo Savonarola*. Der leidenschaftliche Reformator, der in Florenz gegen die Verschwendungssucht der Medici kämpfte, wurde 1452 in Ferrara geboren.

Öffnungszeiten Di–So 9.30–17 Uhr, Mo geschl.; Eintritt ca. 6 €, über 65 J. ermäßigt, unter 10 Jahren frei.

Renaissance-Palazzi und Museen

An den schnurgeraden Straßen reihen sich viele Dutzend Stadtpaläste, die Außenfassaden sind oft schmucklos und nüchtern, dahinter liegen aber große Gärten und auch das Innenleben ist oft prächtig. Die meisten findet man an den breiten Straßen im Nordteil des Zentrums: Corso Porto Ercole d'Este und Corso della Giovecca, außerdem am Rand des mittelalterlichen Stadtviertels, z. B. Via XX Settembre und Via Scandiana.
Der breite Corso della Giovecca beginnt beim Castello und ist eine der Hauptstraßen der Stadt, an der Nr. 170 steht die *Palazzina di Marfisa d'Este* mit Fresken von Filippi. Nur zwei Ecken entfernt an der Via Savonarola 30 findet man die *Casa Romei*, ein ehemaliges Kaufmannshaus aus der Renaissance mit Skulpturen und Fresken.
Der große Backsteinbau des *Palazzo di Schifanoia* an der Via Scandiana 23 beherbergt das *Museo Civico di Arte Antica* und besitzt in seinem „Salone dei Mesi" die großartigsten, leider weitgehend sehr schlecht erhaltenen Fresken der Stadt: Szenen aus dem Leben des Borso d'Este, das höfische Leben des 15. Jh. und Monatsallegorien.
Das *Museo Lapidario* in der ehemaligen Chiesa di Santa Libera in der nahen Via Camposabbionario kann nur zusammen mit dem Palazzo di Schifanoia besucht werden und besitzt eine große Sammlung von römischen Marmorsteinen aus der Provinz Ferrara, hauptsächlich Grabsteine und Sarkophage.
Das nahe *Oratorio dell'Annunziata* kann ebenfalls besichtigt werden, nachfragen muss man dafür bei Suore della Carità, Via di Borgo Sotto 49.
Der *Palazzo Ludovico Il Moro* an der Via XX Settembre 124 ist berühmt für seinen Arkadenhof und beherbergt das *Archäologische Museum* mit Funden der nahen griechisch-etruskischen Stadt Spina (→ S. 197).
Der *Palazzo dei Diamanti* steht am gepflasterten Corso Ercole d'Este, der vom Castello nach Norden führt – so genannt, weil die gewaltigen Fassadensteine wie Diamanten behauen sind. Die typische Rustika-Fassade glänzt frisch restauriert in Weiß und leichten Rosatönen, was den strengen, ebenmäßigen Stil etwas mildert. Im Erdgeschoss wechselnde Ausstellungen moderner Kunst, im ersten Stock die *Pinacoteca Nazionale* mit Werken der Ferrareser Schule des 14.–16. Jh. Benachbart zum Palazzo Diamanti das eher mäßig interessante *Museo del Risorgimento e della Resistenza*.
Nur wenige Schritte weiter nördlich findet man am Corso Porta Mare den *Palazzo Massari* mit einer ganzen Reihe von Ausstellungen, u. a. das *Museo d'Arte Moderna e Contemporanea „Filippo de Pisis"* und das *Museo Boldini*.

• *Öffnungszeiten/Preise* **Palazzina di Marfisa d'Este**, Di–So 9–13, 15–18 Uhr, Mo geschl., Eintritt ca. 2 €, frei unter 18 J.
Casa Romei, Di–Sa 8.30–19.30 Uhr, So 8.30–14 Uhr, Mo geschl., Eintritt ca. 2 €, von 18–25 J. die Hälfte, unter 18 und über 65 J. frei.
Palazzo di Schifanoia, Di–So 9–18 Uhr, Mo geschl., Eintritt ca. 4,50 €, über 65 J. 2 €, unter 18 J. frei.
Il Lapidario, Di–So 9–18 Uhr, Mo geschl., Eintritt ca. 5 € (zusammen mit Palazzo Schifanoia), über 65 J. 3 €, frei unter 18 J.
Oratorio dell'Annunziata, tägl. 9–12, 15–18 Uhr, an Feiertagen geschl., Eintritt frei.
Palazzo Ludovico il Moro & **Museo Archeologico**, Di–So 9–14 Uhr, Mo geschl., Eintritt ca. 4,20 €, von 18–25 J. die Hälfte, unter 18 und über 65 J. frei.
Pinacoteca Nazionale, Di–Sa 9–14 Uhr (Do 9–19 Uhr), So 9–13 Uhr, Mo geschl., Eintritt ca. 4 €, von 18–25 J. die Hälfte, unter 18 und über 65 J. frei.
Museo del Risorgimento e della Resistenza, Di–Sa 9–18 Uhr, Mo geschl., Eintritt ca. 3 €, von 18–25 J. 2 €, unter 18 J. frei.
Museo Boldini & **Museo d'Arte Moderna e Contemporanea**, beide tägl. 9–13, 15–18 Uhr, Eintritt im Museo Boldini ca. 5 €, im Museo d'Arte ca. 3 € (beide für über 65-Jährige ermäß., unter 18 J. frei).

Mittelalterliches Viertel

Südöstlich des Doms blieb der ursprünglich verwinkelte Grundriss bis heute erhalten. Hauptgasse und Fußgängerzone ist die lebendige *Via San Romano* mit der gleichnamigen Kirche, in der das *Dommuseum* untergebracht ist. Es enthält einige interessante Stücke, darunter Gemälde von Cosmè Tura und zwölf Marmortafeln, die allegorisch die Monate darstellen.

Holpriges Pflaster, alte Laubengänge und dunkle Torbögen findet man vor allem in der malerischen *Via delle Volte* im südlichen Teil der Altstadt, die im Mittelalter die Straße der Kaufleute war.

Um die *Via Mazzini* lag jahrhundertelang das jüdische Viertel. Bis zum Zweiten Weltkrieg lebte in Ferrara eine der größten jüdischen Gemeinden Italiens, die von den Nazis und ihren Helfern fast völlig ausgerottet wurde. In der Nr. 95 steht die einzige erhaltene *Synagoge* der Stadt, gleichzeitig ist sie das Zentrum der israelitischen Kultusgemeinde mit dem *Museo Ebraico*. An der Fassade eine Gedenktafel für die 1943 in Auschwitz ermordeten Juden der Stadt.

Etwa 500 m weiter östlich steht der *Convento del Corpus Domini* aus dem 15. Jh., zu erreichen über die Via Praisolo. In der Klosterkirche liegt Lucrezia Borgia begraben sowie einige Mitglieder des Hauses Este.

• *Öffnungszeiten/Preise* **Museo della Cattedrale**, Di–So 9–13, 15–18 Uhr, Mo geschl.; Eintritt ca. 5 €, unter 18 J. frei.
Museo Ebraico, Führungen So–Do 10, 11 und 12 Uhr; Eintritt ca. 4 €, Stud. ca. 3 €, Anmeldung unter ✆ 0532/210288.
Convento del Corpus Domini, Mo–Fr 9.30–11.30, 15.30–17.30 Uhr, Sa/So geschl., Eintritt frei.

Certosa und Jüdischer Friedhof: Im Norden der Stadt, jenseits des Corso Porta Mare, steht die *Certosa*, ein ehemaliges Kartäuserkloster aus dem 15. Jh. mit monumentalem Portikus, dessen Gelände heute als städtischer Friedhof genutzt wird. Die *Chiesa di San Cristofero* ist noch sehr gut erhalten und besitzt Tafelbilder aus dem 16. Jh. Benachbart liegt der jüdische Friedhof, eine Gedenkstätte erinnert an die Ermordung der Ferrareser Juden.

Öffnungszeiten **Jüdischer Friedhof**, Führungen mehrmals wöchentlich 10, 11 und 12 Uhr, Aug. geschl., Auskunft unter ✆ 0532/210288.

Stadtmauer: Die weitgehend intakte Stadtmauer aus dem 16. Jh. mit ihren mächtigen Bastionen an der Südfront kann großteils begangen bzw. mit dem Rad befahren werden. Gute Ausgangspunkte für Touren sind die *Porta Paola* an der Piazza Travaglio im Süden und das nördliche Stadttor *Porta degli Angeli*.

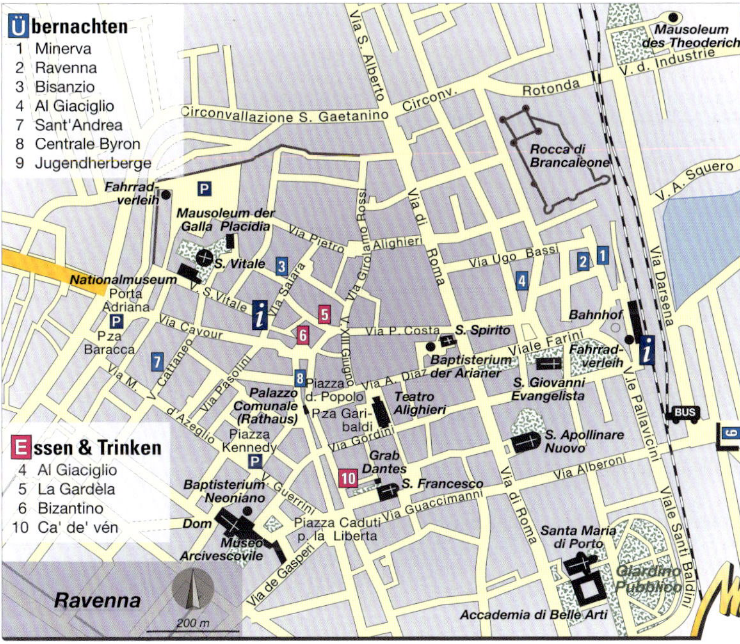

Ravenna

(ca. 138.000 Einwohner)

Die ehemalige Residenzstadt der byzantinischen Kaiser liegt in der großen flachen Küstenebene etwas landeinwärts der Adriaküste. Im fein herausgeputzten Kern findet man Fußgängergassen, schöne alte Palazzi, niedrige Häuser und ruhige Plätze. Insgesamt eine angenehme und wenig hektische Stadt, in der man sich mit Muße der Kultur widmen kann.

Viel besuchte Attraktionen sind die in der Stadt verstreuten Kirchen mit fantastischen Mosaiken aus byzantinischer Zeit – Höhepunkte sind die großartige Basilica San Vitale mit dem kleinen, aber feinen Mausoleum der Galla Placidia gleich dahinter, die Basilica Sant'Apollinare Nuovo (Nähe Bhf.) und einige Kilometer außerhalb die große Kirche Sant'Apollinare in Classe. Ansonsten kann man noch das Grabmal des Gotenkönigs Theoderich (Dietrich von Bern) anschauen, der hier lange als byzantinischer Statthalter residierte.

Anfahrt/Verbindungen/Information

• *Anfahrt/Verbindungen* **PKW**, von Bologna kommend die Autobahn A 14, dann den beschilderten Zubringer nach Ravenna nehmen. Von Ferrara führt die SS 16 nach Ravenna. Shuttle-Busse ins Zentrum starten an kostenlosen Parkplätzen der Peripherie: Cinema City/Viale Allende, Piazza Vacchi und Piazza della Resistenza. Gebührenpflichtige Parkplätze sind z. B. beim Nationalmuseum/Basilica San Vitale, auf der zentralen Piazza Kennedy und hinter dem Bahnhof. Außerdem gibt es viele Standplätze mit Parkuhren. Gratis parken kann man auf der relativ zentrumsnahen

Piazza Mura di Porta Serrata im nördlichen Stadtgebiet.

Bahn, Bahnhof an der Piazza Farini östlich der Altstadt, der Viale Farini führt geradeaus ins Zentrum zur Piazza del Popolo.

Bus, ATR-Busse zur Küste starten am Bahnhof.

Taxi, ✆ 0544/33888.

Fahrrad, Verleih bei „Coop San Vitale" links vom Bahnhof (Mo–Sa 7–20 Uhr, mit Gepäckaufbewahrung, ✆ 0544/37031), pro Tag ca. 9 €.

• *Information* **IAT**, Via Salara 8–12, Seitengasse der Fußgängerzone Via Cavour. Reichhaltiges Material (auch deutschsprachig), Auskünfte mit etwas Glück in Deutsch. Mo–Sa 8.30–18 Uhr, So 9.30–12, 15–18 Uhr. ✆ 0544/35404, ✆ 482670, www.turismo.ravenna.it; Zweigstelle vor dem Bahnhof, neben Fahrradverleih.

Übernachten

**** **Bisanzio (3)**, äußerlich ziemlich hässlich, aber innen Top-Ausstattung und stilvolles Ambiente mit Kronleuchtern, Marmor und weichen Teppichböden. Hinten kleiner Garten, gepflegte Zimmer mit TV. DZ mit Frühstücksbuffet ca. 146–170 €. Garage muss extra bezahlt werden. Via Salara 30, nur wenige Schritte vom Tourist-Büro. ✆ 0544/217111, ✆ 32539, www.bisanziohotel.com

*** **Sant'Andrea (7)**, neu eröffnet in der Nähe der Basilica San Vitale. Ein Palazzo aus dem 17. Jh., sehr geschmackvoll renoviert. Es gibt gut eingerichtete Zimmer in zwei Größen (die kleinen sind sehr klein). Im Garten hinter dem Haus kann man schön sitzen und auch frühstücken, Parkmöglichkeit in der Nähe. DZ ca. 120–160 €. Via Carlo Cattaneo 33, ✆/✆ 0544/215564, ✆ 33275, www.santandrea-hotel.com

*** **Centrale Byron (8)**, durch eine blanke Messingtür kommt man in die schlauchförmige Lobby aus weißem Marmor, unten nüchterner Frühstücksraum, die über 50 Zimmer verschieden groß und mit modernem Holzmobiliar und Teppichboden solide eingerichtet, in der Regel TV. DZ mit Frühstück ca. 80–110 €. Via IV Novembre 14, nur 20 m von der zentralen Piazza del Popolo. ✆ 0544/212225, ✆ 34114, www.hotelbyron.com

** **Minerva (1)**, an der Straße vor dem Bahnhof, etwas laute Lage, ansonsten okay, wohl wegen der bahnhofsnahen Lage etwas überteuert. DZ etwa 55–65 €. Viale Maroncelli 1/a, ✆/✆ 0544/213711.

* **Ravenna (2)**, gegenüber vom Minerva, einfaches Stadthotel mit Parkplatz. DZ mit Bad ca. 52 €, mit Etagendusche 45 €. Viale Maroncelli 12, ✆ 0544/212204, ✆ 212077.

* **Al Giaciglio (4)**, ruhige Ecke nah beim Bahnhof, altes Stadthaus, innen besser, als man von außen erwartet, hohe Zimmer, sauber, mit Teppichboden, begrünter Hinterhof, Ristorante. DZ mit Bad ca. 70 €, mit Etagendusche ca. 55 €. Via Rocca Brancaleone 42, ✆ 0544/39403, www.albergoalgiaciglio.com

• *Jugendherberge* **Ostello Dante (9)**, großes, nüchternes Haus in einem Außenviertel, ca. 14 € inkl. Frühstück. Bus 1 ab Bahnhof, Rezeption ab 17 Uhr offen, Schließzeit 23.30 Uhr. Übernachtung mit Frühstück ca. 14 €/Person, im Familienzimmer 16 €. Via Aurelio Nicolodi 12, ✆/✆ 0544/421164, www.ostellionline.org

• *Camping* Am Meer bei Marina di Ravenna gibt es mehrere große Campingplätze, wo man auch in der Hochsaison Platz findet.

Essen & Trinken (siehe Karte S. 207)

TIPP! **Ca' de' vén (10)**, Enoteca mit Küche. Mit Abstand das reizvollste Lokal in der Stadt, riesiges, holzgetäfeltes Gewölbe, dahinter grüner Hof, immer gut besucht. Es werden Weine der Region serviert, dazu leckere Salate. Nudelgerichte und Snacks, z. B. *crescione* (gefüllte Teigtaschen) und *piadina*, eine Art Fladenbrot. Mo geschl. Via Corrado Ricci 24, ✆ 0544/30163.

La Gardèla (5), gutbürgerliches Ristorante mit sehr gutem Ruf, die traditionelle Küche ist vor allem auf Grillgerichte spezialisiert, die Preise sind maßvoll. Do geschl. Via Ponte Marino 3, Nähe Markthalle, ✆ 0544/21714. **Al Giaciglio (4)**, das gleichnamige Albergo (→ Übernachten) besitzt ein nettes, kleines Ristorante, wo man in angenehmer Atmosphäre die Hausküche kosten kann, Touristenmenü ca. 16 €. So geschl. ✆ 0544/39403.

• *Self-Services* **Bizantino (6)**, modernes Selbstbedienungslokal in der Markthalle. Nur Mo–Fr mittags. Piazza Andrea Costa.

• *Cafés* **Caffè Nazionale**, Freiluftcafé an der Piazza del Popolo, unter der Loggia neben dem Rathaus, eine Institution, gleichermaßen Treff für Touristen wie für Einheimische.
• *Eis* **Gelateria Cavour**, zahllose Eissorten in traumhafter Qualität. Via Cavour 42.

Feste

Alljährlich im Juli steht die Stadt im Zeichen des *Ravenna Festivals*, das mit klassischer Musik, Oper und Theater an vielen Plätzen der Stadt stattfindet, viele prominente Künstler reisen dazu an. Hauptaufführungsort ist die venezianische Festung Rocca di Brancaleone in der Nähe vom Bahnhof, aber auch im stimmungsvollen Ambiente der byzantinischen Basiliken und im Teatro Alighieri werden Konzerte veranstaltet (Tickets online unter www.ravennafestival.org).
Im August findet ebenfalls in der Rocca das Festival *Ravenna Jazz* statt.

Sehenswertes

Ravenna besitzt ein kompaktes und angenehm ruhiges Centro storico, in dem das Bummeln Spaß macht.

Die malerische *Piazza del Popolo* bildet das Zentrum der Altstadt. Am oberen Ende befindet sich das zinnengekrönte Rathaus, davor stehen zwei hohe Säulen mit Stadtheiligen, seitlich schließt sich die elegante Loggia des *Palazzo Venezian* an. Mehrere Cafés und ein etwas deplatziert wirkender Schnellimbiss bieten reichlich Sitzgelegenheiten. Benachbart ist die *Piazza Garibaldi* mit dem obligaten Standbild des Risorgimento-Helden und dem *Teatro Alighieri* in kräftigem Habsburger Gelb.
Nördlich der Piazza del Popolo liegt an der Piazza Andrea Costa die *Markthalle*. Richtung Westen beginnt hier die verkehrsberuhigte *Via Cavour*, die schönste Flanierstraße im Zentrum. Am Straßenende folgt ein freier Platz mit der *Porta Adriana*, einem ehemaligen Stadttor. Kurz vorher zweigt eine Gasse zur berühmten Basilica San Vitale ab (→ unten).

Grabmal Dantes: An der Piazza Garibaldi zweigt eine kleine Gasse ab, die zum Grabmal des berühmtesten italienischen Dichters führt. Der Schöpfer der „Commedia" („Göttliche Komödie") starb nach seiner Vertreibung aus Florenz 1321 in Ravenna. Ein kleines Kuppelhäuschen aus dem 18. Jh. beherbergt heute seine sterblichen Überreste. Während der heftigen Bombenangriffe des Zweiten Weltkriegs lagen sie tief unter dem benachbarten Erdhügel (hinter dem Zaun) vergraben, da man die Zerstörung des Grabmals fürchtete. Wenige Schritte weiter kommt man zum *Braccioforte*, einem antiken Gewölbebau mit zwei frühchristlichen Sarkophagen. Dahinter steht die schlichte Backsteinkirche *San Francesco*, in der die Beerdigungszeremonie für Dante stattfand. Im

Garibaldi ist an der Adria überall präsent

Kreuzgang der Kirche (Eingang links neben dem Grabmal) ist ein *Dante-Museum* mit Handschriften, Bildern und Skulpturen untergebracht (derzeit wegen Restaurierung geschl.).

Das byzantinische Ravenna

Ravenna war Anfang des 6. Jh. italienischer Brückenkopf des oströmischen Reiches von Konstantinopel. Unter Kaiser Justinian residierte der Ostgotenkönig Theoderich als Statthalter.

Den byzantinischen Prunk der Residenzstadt kann man noch heute anhand der vielen prächtigen Mosaike nachvollziehen. Leider stehen die verschiedenen erhaltenen Gebäude und Kirchen weit auseinander. Um alle zu besuchen, muss man gut zu Fuß sein.

Der Zugang zu den Sehenswürdigkeiten ist mittels **Sammeleintrittskarten** (biglietto cumulativo) organisiert: **Sammelticket 1** für Basilica San Vitale, Mausoleum der Galla Placidia, Museo Arcivescovile, Baptisterium Neonianum und Basilica Sant'Apollinare Nuovo (ca. 7,50 €); **Sammelticket 2** für Museo Nazionale, Grabmal des Theoderich und Basilica di Sant'Apollinare in Classe (ca. 6,50 €); **Sammelticket 3** für Museo Nazionale und Grabmal des Theoderich (ca. 5 €).

Museo Nazionale: in den Kreuzgängen eines früheren Benediktinerklosters untergebracht. Hier tritt man ein, um zur direkt angebauten Basilica San Vitale durchzugehen. Im Untergeschoss hauptsächlich römische Skulpturen und Inschriftentafeln, oben Stücke aus Spätantike, Mittelalter und Renaissance: Bronzen, Ikonen u. a.
Öffnungszeiten/Preise Di–So 8.30–19.30 Uhr, Mo geschl., Eintritt ca. 4 € oder mit Sammelticket, unter 18 und über 65 J. frei.

Mosaiken von Weltrang – Kaiser Justinian mit Würdenträgern in der Basilica San Vitale

Basilica San Vitale: die große Attraktion Ravennas! Die byzantinische Basilika wurde 525 während der Herrschaft Theoderichs begonnen und unter Justinian 548 beendet. Der Einfluss des Ostens ist in vieler Hinsicht spürbar: Es gibt kein Längsschiff, wie in Italien meist üblich, vielmehr ist die Kirche ein achtseitiger Rundbau mit einer Zentralkuppel. Nach dem Eintritt bleibt man unwillkürlich überrascht stehen, denn das Innere ist architektonisch äußerst reizvoll, zudem mit Marmor und Mosaiken aufwendig ausgeschmückt, fast wie ein orientalischer Palast. Das warme, dämmrige Licht, das durch die gelblich getönten Scheiben fällt, verstärkt den nahezu mystischen Gesamteindruck.
Der originelle achteckige Kirchenraum wird an allen acht Seiten von hohen Bögen begrenzt, die ihrerseits wiederum von Arkaden unterteilt sind. In einem der Bögen liegt das Presbyterium mit den weltberühmten Mosaiken des Kaiserpaars *Justinian* und *Theodora* an den beiden Seiten. In der Apsis thront Jesus auf einer türkisfarbenen Weltkugel. Rechter Hand, von einem Engel begleitet, der Gründungsbischof der Basilika mit einem Kirchenmodell, links der Namenspatron San Vitale. Hergestellt wurden die Mosaiken etwa 520–550 n. Chr., ihre unglaubliche Leuchtkraft und der Abwechslungsreichtum der Farben lassen das Alter von nahezu 1500 Jahren nicht vermuten.
Öffnungszeiten/Preise tägl. 9.30–17 Uhr, Eintritt nur mit Sammelticket 1.

Mausoleum der Galla Placidia: Der kleine, äußerlich völlig unscheinbare Backsteinbau steht auf der Rasenfläche hinter San Vitale. Das Innere ist über und über mit Mosaiken bedeckt, alles auf tiefblau leuchtendem Grund! Gebäude und Mosaiken sind 100 Jahre älter als San Vitale und damit die ältesten von Ravenna. In der Kuppel prangt ein goldenes Kreuz inmitten zahlloser Sternchen, seitlich darunter sind die Apostel dargestellt, an den Enden der Seitenschiffe Hirsche, über dem Eingang der „Gute Hirte“ inmitten von Schafen. Das Ganze ist eingerahmt von herrlichen Ornamenten und vielfarbigen Mustern, die Fensteröffnungen sind mit lichtdurchlässigem Alabaster versetzt.
Öffnungszeiten/Preise tägl. 9.30–17 Uhr, Eintritt nur mit Sammelticket 1.

Dom: Der relativ durchschnittliche Barockbau besitzt keine Mosaiken. Beachtenswert ist allerdings das große *Lesepult* des Erzbischofs Agnello mit frühchristlichen Reliefs im Mittelschiff vorne rechts (6. Jh.). Benachbart zur Kirche steht ein schöner Campanile aus dem 10. Jh.
An der Rückseite des Doms ist der Erzbischöfliche Palast angebaut, im ersten Stock kann man das beachtliche *Museo Arcivescovile* mit Mosaikfragmenten, einem berühmten Bischofsthron aus Elfenbein (6. Jh.) und einer mit Mosaiken wunderschön ausgestalteten Hauskapelle besuchen.
Öffnungszeiten/Preise **Museo Arcivescovile**, tägl. 9.30–17 Uhr, Eintritt nur mit Sammelticket 1.

Baptisterium Neoniano: Taufkapelle aus dem 5. Jh., achteckiger Ziegelbau neben dem Dom. Die Innenwände mit Arkaden, Marmorsäulen und Stuck aus verschiedenen Epochen, in der Kuppel zeigt ein großes Mosaik die Taufe Jesu im Jordan. In der Mitte des Raumes ein großes Taufbecken, in dem die Täuflinge von Kopf bis Fuß eintauchen mussten. Der ursprüngliche Boden liegt 3 m tiefer, er ist in den sumpfigen Untergrund abgesunken.
Öffnungszeiten/Preise tägl. 10–17 Uhr, Eintritt nur mit Sammelticket 1.

Basilica Sant'Apollinare Nuovo: Die Palastkirche Theoderichs aus dem 6. Jh. steht in der Nähe des Bahnhofs an der Via di Roma. Vor der Fassade liegt eine kleine Säulenvorhalle, ansonsten gibt es abgesehen vom attraktiven runden Glockenturm

äußerlich wenig Besonderes. Das Innere ist absolut leer, so kommen die großartigen Mosaiken noch besser zur Geltung: Beide Wände des lang gestreckten Mittelschiffs sind mit großen, weiß gewandeten Menschengestalten bedeckt – rechts ziehen die Märtyrer vom Palast des Theoderich zum Thron Jesu, links Märtyrerinnen vom Hafen Classe zu Maria mit dem Kind, angeführt von den Heiligen Drei Königen. Darüber sieht man Apostelfiguren und Szenen aus dem Leben Christi. Den prunkvollen Palast des Theoderich ließ ein späterer Bischof retuschieren: Wo jetzt Schleier in den zwei Loggien wehen, standen früher arianische Würdenträger, Spuren sind noch zu erkennen – Theoderich war Arianer, d. h. für ihn war Jesus nicht gottgleich, sondern nur wesensähnlich.
Öffnungszeiten/Preise tägl. 10–17 Uhr, Eintritt nur mit Sammelticket 1.

Baptisterium der Arianer: achteckiger Bau aus dem 6. Jh., in der Kuppel Mosaiken aus der gleichen Zeit. Daneben *Santo Spirito*, die ehemalige Kathedrale der Arianer.
Öffnungszeiten/Preise tägl. 8.30–19.30 Uhr, Eintritt frei.

Basilica di San Giovanni di Evangelista: weitere frühchristliche Kirche, ganz in der Nähe vom Bahnhof. Reste von Mosaiken sind im Inneren erhalten, ein Kreuzgang der Renaissance schließt sich an.
Öffnungszeiten/Preise tägl. 7.30–12, 15.30–18 Uhr, Eintritt frei.

Grabmal des Theoderich: etwas außerhalb vom Zentrum, vom Bahnhof aus rechts, auf der anderen Seite der Gleise. Der monumentale, zweigeschossige Bau wurde wahrscheinlich noch von Theoderich persönlich in Auftrag gegeben. Gegenüber der byzantinischen Mosaikenpracht wirkt er auf den ersten Blick „barbarisch" einfach, besitzt aber trotzdem eine für die Germanen sonst eher untypische Eleganz. Der untere Raum ist kreuzförmig, über eine Außentreppe gelangt man in das Obergeschoss, dort steht in der Mitte ein großer Behälter aus Porphyr, in dem vielleicht Theoderich aufgebahrt lag (seine Gebeine sind verschollen). Das Kuppeldach misst 11 m im Durchmesser und besteht aus einem einzigen Steinblock! Der lange Spalt soll der Legende nach von einem Blitz herrühren, der das Mausoleum traf, als Theoderich vor einem Unwetter Schutz suchte.
Öffnungszeiten/Preise tägl. 8.30–16.30 Uhr, Eintritt ca. 2 € (zwischen 18 und 25 J. die Hälfte) oder mit Sammelticket 2 oder 3.

Ravenna/Umgebung

In der Ebene von Ravenna durchziehen viele Entwässerungskanäle das ehemalige Sumpfgebiet. Im weiten Umkreis dominieren Industrieanlagen. Vor allem Erdgas wird gewonnen, auch eine Erdölraffinerie arbeitet hier. Ausgedehnte Pinienwälder und ein endloser, im Sommer trotzdem meist rappelvoller Sandstrand schließen die Ebene um Ravenna zum Meer hin ab, eine ganze Reihe von Badeorten bietet Unterkunft.

Von der Küste zieht sich ein breiter, schiffbarer Kanal bis zum großen Wirtschaftshafen *Darsena* am Stadtrand von Ravenna. Bei der PKW-Anfahrt von Ravenna zum Meer genau auf die Beschilderung achten: Nördlich vom Kanal („Lidi Nord") kommt man nach *Porto Corsini*, *Marina Romea* und *Casal Borsetti*, südlich vom Kanal („Lidi Sud") geht es nach *Marina di Ravenna*, *Punta Marina*, *Lido Adriano* und *Lido di Dante*. Es gibt keine Brücke über den Kanal, zwischen Porto Corsini und Marina di Ravenna kann man jedoch mit ständig verkehrenden Pendelfähren übersetzen (PKW ca. 2,10 €, Fahrrad 0,60 €, Fußgänger 0,30 €).

▸ **Basilica Sant'Apollinare in Classe**: Die größte und am besten erhaltene Kirche Ravennas steht weithin sichtbar 5 km südlich der Stadt, nahe der Schnellstraße nach Marina di Ravenna. In der Antike lag hier die stark befestigte Hafenstadt Classe. Auf dem Weg von der Stadt kommt man an dem *Parco Archeologico di Classe* vorbei.

Basilica di Sant'Apollinare in Classe

Die weiträumige Backsteinkirche mit schönen Marmorsäulen und hohem Holzbalkengewölbe ist bis auf zehn große Sarkophage fast leer. Alles beherrschender Blickpunkt sind die herrlichen Mosaike in der Apsis. Sant' Apollinare, der erste Bischof der Stadt Classe, steht inmitten einer paradiesisch grünen Szene mit Schafen, darüber prangt ein güldener Himmel, in dessen Zentrum ein edelsteinbesetztes Kreuz mit dem Antlitz Jesu im Schnittpunkt die „Verklärung Christi auf dem Berg Tabor" darstellt. Unter dem Altarbereich liegt die meist verschlossene Krypta. Im linken Seitenschiff sieht man neben der Apsis einen wertvollen marmornen Baldachin (Ziborium) aus dem 10. Jh. Hier und am diagonal entgegengesetzten Ende des Kirchenschiffs sind Reste des ursprünglichen Bodens aufgedeckt.

• *Anfahrt/Verbindungen* an der Schnellstraße nach Marina di Ravenna beschildert. Vom Zentrum von Ravenna die breite Via di Roma nach Süden nehmen, wird zur Via Cesarea und danach zur Via Romea und führt aus der Stadt hinaus.

ATM-Bus 4 ab Bahnhof, auch Bahnstation in der Nähe (Linie nach Rimini).

• *Öffnungszeiten/Preise* **Basilica Sant' Apollinare**, Di–So 8.30–19.30 Uhr, Eintritt ca. 2 € (zwischen 18 und 25 J. die Hälfte) oder mit Sammelticket 2.

Parco Archeologico, Sommer Mo–Sa 9–19 Uhr, Winter Mo–Sa 9–16 Uhr, So 9–14 Uhr.

• *Essen & Trinken* TIPP! **Casa delle Aie**, ein Bauerngehöft an der SS 16 südlich der Basilika (beschildert). Gemütlich isst man hier an langen Tischen solide Hausmannskost. Frühzeitig kommen, wird schnell voll. Nur abends (Sa/So auch mittags), im Winter Mi geschl. ✆ 0544/927631.

Südöstlich von Classe liegt das Naturschutzgebiet Pineta di Classe, S. 215.

Ravenna/Die Nordstrände (Lidi Nord)

▸ **Porto Corsini**: unmittelbar nördlich vom großen Kanal, der nach Ravenna führt. Reine Ferienhaussiedlung ohne Hotels, fast ausschließlich von Bewohnern der Region genutzt. Der Strand beginnt nördlich der 5 km (!) langen Mole, die den Kanalausgang vor hohem Wellengang schützt. Für Wohnmobile gibt es eine Stellwiese in der Nähe der Fähranlegestelle.

▸ **Marina Romea**: hübsche und gepflegte Feriensiedlung, ganz versteckt in der Pineta, schattig und grün. Von der Durchgangsstraße führen schmale Wege zu den zahlreichen „Bagni" am Strand, Durchfahrt für Wohnmobile verboten, für PKW erlaubt. Einige gute Hotels und viele Ferienhäuser bieten passablen Komfort, es gibt einen Reitparcours, verschiedene Sportanlagen und Wanderwege im Pinienwald.

Hinter dem Ort liegen der Lagunensee *Pialassa della Baiona* (Bootstouren mit „Birdwatching“) und das Naturschutzgebiet *Punte Alberete* unter Aufsicht des WWF (World Wide Fund of Nature).

• *Information* **Pro Loco**, Mai bis Sept. Viale Ferrara 7, ✆ 0544/446035, www.prolocomarinaromea.it

• *Übernachten* Die gepflegten Hotels *** **Solaria** (✆/℻ 0544/446088, www.solariamare.it) und *** **La Meridiana** (✆ 0544/446040, ℻ 446068, www.hotellameridiana.net), beide mit Swimmingpool, stehen ganz im Schatten von Pinien.

Nördlich vom Ort liegen die **Campingplätze Reno**, **Romea** und **Pineta**, südlich **Villaggio del Sole**, alle in der Pineta.

▸ **Casal Borsetti**: Ferienort an der Mündung des Canale destro Reno, in der die Fischer ihre Fangnetze aushängen. Der große Camping „Adria“ liegt weiter nordwärts und ist durch einen Pinienwald vom Strand getrennt. Noch weiter nördlich beginnt militärisches Sperrgebiet. Tipp ist das große Feriendorf „Marepineta“ mit 210 Bungalows für bis zu vier Personen, olympischem Pool, Sportkursen, Miniclub etc.

Übernachten **Camping Adria**, ✆ 0544/445217, ℻ 442014, www.villaggiocampingadria.it; **Club Mare Pineta**, ✆ 0544/445605, 442063, www.marepineta.it

Ravenna/Die Südstrände (Lidi Sud)

▸ **Marina di Ravenna**: Hauptort am Strand von Ravenna, der schon vor 100 Jahren seine touristische Karriere begonnen hat. Heute eine typische Marina-Siedlung mit streng geometrischen Straßenzügen, vom nördlich benachbarten Porto Corsini durch den breiten Ravenna-Kanal getrennt. An der Kanaleinfahrt ragt (wie in Porto Corsini) eine Mole kilometerweit ins Meer – beliebt bei Netzfischern, Hobbyanglern und Joggern. Hier liegt auch der große Fischer- und Jachthafen mit über 800 Liegeplätzen. Richtung Süden erstreckt sich dichte Pineta mit diversen Hotels und Campingplätzen, davor ein sehr schöner, weißer Sandstrand mit Zugängen von der Durchgangsstraße. Im Juli/August ist abends immer viel Trubel im Ort, in diversen Lokale spielen Musikgruppen. Motorschiffe machen regelmäßig Tagesausflüge ins nahe Podelta (ca. 25 €) und nach Venedig (ca. 40 €).

• *Anfahrt/Verbindungen* **ATM-Busse** pendeln ab Bahnhof in Ravenna.

• *Information* Viale delle Nazioni 159, Mai bis Sept. ✆ 0544/530117.

• *Übernachten* In den zahlreichen Hotels und Pensionen läuft im Sommer ohne Halbpension meist nichts.

**** **Park Hotel Ravenna**, das beste der Hotels an der langen Uferstraße, schöner, großer Park mit Swimmingpool, Tennis. DZ mit Frühstück ca. 74–97 €. ✆ 0544/531743, ℻ 530430, www.parkhotelravenna.it

2 ausgedehnte, schattige **Campingplätze** liegen südlich vom Ort, hier findet man auch im Aug. meist noch ein Plätzchen. **Rivaverde** (✆ 0544/530491, www.rivaverdecamping.com) ist der nächste, danach folgt **Internazionale Piomboni** (✆ 0544/530230, www.campingpiomboni.it). Abends oft Animation, Tanz, Musikbands etc.

• *Essen & Trinken* **Lucciola**, schöne Lage direkt am Strand, Nähe Camping Rivaverde. ✆ 0544/530186.

▸ **Punta Marina**: südlich an Marina di Ravenna anschließend, langer Strand und drei Campingplätze, bekannt für seine Thermen, wo Erkrankungen der Atemwege kuriert werden.

• *Übernachten* 2 freundliche Pensionen mit Garten sind ** **Aurora** und ** **Regina**, DZ mit Balkon kostet ca. 50–70 €, über die Straße geht es rüber zum Baden.

Camping Park Adriano, sehr gut ausgestatteter Riesenplatz mit Pool, zum Meer läuft man 400 m. ✆ 0544/437230, www.campingadriano.com

Camping Villagio dei Pini, der nächste am Meer, liegt praktisch am Strand, ist jedoch mit einer Mauer begrenzt. ✆ 0544/437115, www.gestionecampeggi.it

Camping Coop 3, etwa 100 m vom Meer entfernt. ✆ 0544/437353.

▸ **Lido Adriano**: Badestadt mit bis zu acht Stockwerken hohen Betonkästen, zahlreiche Ferienwohnungen werden angeboten. In der preiswerten Nebensaison hauptsächlich von osteuropäischen Besuchern bevölkert. Vergnügen bis in die frühen Morgenstunden bietet die exponiert stehende Disco Raja, die allnächtlich ihre Laserstrahlen in den Himmel schickt.

▸ **Lido di Dante**: der kleinste Badeort an der Küste um Ravenna, wenig Rummel, schöner Strand und die herrliche Pineta di Classe (→ Kasten). Dank der zwei Zeltplätze „Classe" und „Ramazzotti" vor allem für Camper interessant, insbesondere auch für FKK-Liebhaber.

• *Übernachten* **Camping Classe**, 7 ha großes Wiesengelände mit angrenzendem Pinienwald. Etwa ein Fünftel ist für FKK reserviert. Zum Textilstrand sind es ca. 5 Min., etwa 30 Min. geht man bis zum 2–3 km langen FKK-Bereich am Strand. Am Platz gibt es einen Pool, im Sommer finden Musikveranstaltungen im Freien statt. ✆ 0544/492005, www.campingclasse.it

Camping Ramazotti, ebenfalls ein schöner Platz, Pizzeria, Kinderanimation. ✆ 0544/492250, 📠 492009, www.campingramazzotti.it

Pineta di Classe: Radeln unter Pinien

Die Region südlich von Lido di Dante ist Naturschutzgebiet. Hier sind letzte Reste der alten Schirmpinienwälder erhalten, die vor Einsetzen des Touristenbooms weite Teile der Adriaküste bedeckten. Das Gebiet ist einschließlich der Küste fast unbebaut und man kann wunderbar Rad fahren, z. B. zur Mündung *Bocca Bevano*, wo das Flüsschen Fosso Ghiaia ins Meer fließt.

Ravenna/Hinterland

Entlang der schnurgeraden Via Emilia von Bologna nach Rimini und in den Apenninhängen südlich davon reihen sich zahlreiche interessante Ziele.

▸ **Imola**: Die sympathische Kleinstadt ist aus zwei Gründen einen Abstecher wert: Zum einen gibt es am Rand der Altstadt die gut erhaltene und eindrucksvoll konzipierte Burg *Rocca di Sforzesca* mit breitem Graben, bulligen Türmen und gedecktem Zinnengang, in der eine Waffen- und Keramiksammlung zu besichtigen sind; zum anderen liegt südlich vom Fluss die berühmte Autorennbahn „Autodromo Enzo e Dino Ferrari", wo regelmäßig Formel-1-Meisterschaften stattfinden. 1994 fuhr hier der weltberühmte Brasilianer Ayrton Senna sein letztes Rennen – in einer Kurve verunglückte er tödlich. Wenn keine Rennen stattfinden, kann man jederzeit auf die Tribünen und bei etwaigen Trainingsrunden zusehen.

Öffnungszeiten/Preise **Collezioni Comunali d'armi e ceramiche (Rocca)**, Mai bis Mitte Sept. Sa 9–12, 15–19 Uhr, So 15–19 Uhr, übrige Zeit Sa 9–12, 14.30–18.30 Uhr, So 14.30–18.30 Uhr, Eintritt ca. 3 €.

▸ **Dozza**: schönes mittelalterliches Hügelstädtchen 8 km westlich von Imola. Seit 1960 findet hier alle zwei Jahre im September ein großer Wettbewerb der Wandmaler statt und zahlreiche Hausfassaden im Zentrum sind mit großflächigen Gemälden bepinselt. Die *Rocca* (Burg) aus dem 15. Jh. kann besichtigt werden, dort ist auch die hervorragend bestückte „Enoteca Regionale Romagnola" mit einem Weinmuseum untergebracht, wo man die besten Tropfen der Emilia-Romagna kosten kann. Essen und Übernachten lässt es sich gepflegt im kürzlich umfassend renovierten Canè, Via XX Settembre 27 (✆ 0542/678120, 📠 678522, www.ristorantecanet.net).

Kunstvolle Fayenzen schmücken viele Fassaden

Faenza

(ca. 55.000 Einwohner)

„Ceramiche di Faenza" – die riesigen Hallen an der Autobahn signalisieren es: Faenza ist seit vielen Jahrhunderten berühmt für seine milchweiß glasierten Keramikprodukte, die man seitdem „Fayencen" nennt. Sogar die Straßen- und Hausschilder sind hier aus Keramik.

Zu sehen gibt es außer dem kleinen, aber eindrucksvollen Zentrum um die Piazza del Popolo vor allem das berühmte *Museo Internazionale delle Ceramiche* am Viale Baccarini mit einer reichhaltigen Sammlung von Keramik und Majolika aus aller Welt – von den alten Ägyptern über vorkolumbianische Stücke Südamerikas und China-Porzellan bis zu Einzelwerken berühmter Künstler des 20. Jh. (u. a. Chagall, Picasso) ist alles vertreten, natürlich auch reichlich italienische Keramik.

Die *Piazza del Popolo* ist ein harmonisches Ensemble aus einem Uhrturm und zwei Loggien – Palazzo del Podestà (mit später aufgesetzten Zinnen) und Palazzo del Popolo. In den Cafés kann man die Gesamtarchitektur in Ruhe betrachten. Benachbart erhebt sich die *Kathedrale* aus dem 15. Jh., deren Front aus hervorspringenden Backsteinen einen eigenartigen Anblick bietet – die eigentlich vorgesehene Prachtfassade blieb bereits im Planungsstadium stecken. Das Innere ist streng und klar gehalten mit zahlreichen Seitenkapellen und Grabmälern. Vor dem Dom steht ein expressiver Löwenbrunnen.

Ein besonders schönes Beispiel für die Fayencekunst bietet der *Palazzo Matteucci* am Corso Mazzini 62.

• Öffnungszeiten/Preise **Museo Internazionale delle Ceramiche**, April bis Okt. Di–So 9.30–19 Uhr, übrige Monate Di–Fr 9–13.30 Uhr, Fr–So 9.30–17.30 Uhr; Eintritt ca. 6 €, 12–16 und über 65 J. 3 €. ✆ 0546/697311, www.micfaenza.org

• Anfahrt/Verbindungen **PKW**, Faenza liegt an der A 14 zwischen Bologna und Rimini. Gebührenpflichtig parken kann man auf der zentralen Piazza Martiri della Libertà, benachbart zur Piazza del Popolo. **Bahn**, Bahnhof im Norden der Stadt, der Viale Via

Baccarini führt ins Zentrum. **Fahrräder**, kostenloser Verleih an der Piazza del Popolo. Tägl. 7–21 Uhr. ✆ 0546/691444.

• *Information* **IAT**, unter dem Uhrturm. Mo–Sa 9.30–12.30, 15.30–18.30 Uhr, So 9.30–12.30 Uhr. Piazza del Popolo 1, ✆/℻ 0546/25231.

• *Übernachten* Es gibt nur wenige Hotels, in der Umgebung aber reichlich Agriturismo, Liste im Tourist-Büro.

**** **Vittoria**, gehobener Standard im Zentrum, nostalgisch im Stil des 19. Jh., schöner Garten. DZ mit Frühstück ca. 75–130 €. Corso Garibaldi 23, ✆ 0546/21508, ℻ 29136, www.hotel-vittoria.com

B & B Locanda Paradiso, hübsch begrüntes Haus in der Nähe des Krankenhauses, ordentliche Zimmer mit Bad, Klimaanlage und TV. Für Gäste werden auch Fahrräder zur Verfügung gestellt. DZ ca. 60–70 €. Via Gallo Marcucci 49, ✆ 0546/23400, ℻ 694413, www.locandaparadiso.it

• *Essen & Trinken* **Marianaza**, typische Osteria im traditionellen Stil in der zentralen Fußgängerzone. Mi geschl. Via Torricelli 21, ✆ 0546/681461.

TIPP! **Osteria del Mercato**, große urige Osteria mit weit gefächerter lokaler Speisekarte im örtlichen Dialekt, aber auch Pizza. So geschl. Piazza Martiri della Libertà 163, benachbart zur Piazza del Popolo. ✆ 0546/680797, www.osteriadelmercato.it

• *Shopping* Eine Liste der fast 60 **Keramikwerkstätten** in Faenza ist im Tourist-Büro erhältlich, im Internet unter www.entecera mica.it

Estate Ceramica Pianeta Faïence, alljährlich Ende Juni bis Ende Okt. große Verkaufsausstellung der Handwerker und Künstler im Palazzo delle Esposizioni am Corso Mazzini 92 (tägl. geöffnet).

Mondial Tornianti, internationaler Keramikerwettbewerb alljährlich im Juli auf der Piazza Nenni, dabei geht es u. a. um die Fertigung größtmöglicher Vasen und Schalen mit einer vorgegebenen Menge an Tonerde.

Weitere Informationen bei **Ente Ceramica Faenza**, Corso Mazzini 92, ✆/℻ 0546/21145, www.enteceramica.it

▸ **Brisighella**: mittelalterliches Städtchen im Tal des Flusses Lamone, 13 km südlich von Faenza. Die historische *Via degli Asini* (Eselsstraße) durchquert das Zentrum, die über der Stadt throndende *Rocca* ist zu besichtigen, pittoresk ist auch der exponiert auf einer Felszinne stehende Uhrenturm. In der ersten Julihälfte findet über zwei Wochen lang ein großes mittelalterliches Fest statt. Auch Feinschmeckern ist der Name des Städtchens ein Begriff, denn das Restaurant „Gigiolè“ in einem Palazzo an der Piazza Carducci kann auf eine 40-jährige Tradition zurückblicken und nannte lange einen Michelin-Stern sein Eigen (Mo geschl. mit Zimmervermietung, DZ ca. 80–95 €, ✆ 0546/81209).

Forlì (ca. 110.000 Einwohner)

Die lebendige Provinzstadt wurde im Zweiten Weltkrieg stark zerstört. Mussolini, im nahen Predappio geboren, arbeitete hier als Herausgeber einer Zeitung, bevor er nach Mailand ging.

Die zentrale Piazza Aurelio Saffi ist ein schöner repräsentativer Platz, benannt nach einem hier gebürtigen Politiker des Risorgimento, sein Denkmal steht in der Platzmitte. Um den Platz reihen sich große Palazzi mit Laubengängen, darunter das Rathaus und der Palazzo del Podestà (15. Jh.). Blickpunkt ist die mächtige dreischiffige *Chiesa San Mercuriale* aus dem 13. Jh., daneben der Kreuzgang einer früheren Abtei und der 76 m hohe Campanile. Der von Renaissance- und Barockpalazzi flankierte Corso Garibaldi bzw. Corso della Repubblica ist die Hauptschlagader im Zentrum, im Umkreis verlaufen gewundene Gassen mit langen Laubengängen. An der Piazza Ordelaffi, benannt nach dem alten Adelsgeschlecht der Region, steht der klassizistische Dom, am Südrand des *centro storico* die *Rocca di Ravaldino*, ein quadratischer Eckbau mit Rundtürmen.

Forlì hat sich in den letzten Jahren zur Drehscheibe für Billigflieger entwickelt, Ryanair und Germanwings fliegen den nur wenige Kilometer südlich der Stadt liegenden Airport von Deutschland aus regelmäßig an.

• *Anfahrt/Verbindungen* **Flughafen Luigi Ridolfi**, unmittelbar bei Forlì, Busverbindungen nach Bologna, Ravenna und in die Badeorte an der Küste inkl. Rimini. Stadtbusse fahren alle 20 Min. zum Bahnhof von Forlì nordöstlich vom Zentrum, Fahrtdauer 15 Min., ca. 1 € (Zugverbindungen nach Bologna alle 30–40 Min.). Taxi nach Forlì ca. 13 €. Abgestimmt auf Ryanair-Flüge fahren Busse auch mehrmals tägl. direkt nach Bologna (1 Std. 15 Min.). Fahrpläne unter www.atr-online.it, www.easyromagna.com und www.e-bus.it. ✆ 0543/474990, ℻ 474971, www.forliairport.com

Auf der zentralen Piazza von Forlì

• *Übernachten* **** **Hotel della Città e de la Ville**, klassischer Hotelbau in zentraler Lage, umgeben von einem grünen Park mit Pool, 32 geschmackvolle Zimmer. DZ mit Frühstück ca. 80–110 €. Corso della Repubblica 117, ✆ 0543-28297, www.hoteldellacitta.it

** **Marta**, einfaches Haus mit kleiner Kaffeebar, DZ ohne Frühstück ca. 50–60 €. Via Carlo Cignani 11, ✆ 0543/28288.

• *Essen & Trinken* **Osteria Nascosta**, im intimem Rahmen wird hier leckere romagnolische Küche serviert. Reservierung notwendig. Via De Amicis, ✆ 347-4048746.

Piazzetta delle Antica Pescheria, hübsche Lage in einer Art Innenhof, wenige Meter von der zentralen Piazza Saffi. Corso Armando Diaz 14.

Passaparola, Pizzeria mit netter Atmosphäre an der Hauptstraße. Corso Garibaldi 130, ✆ 0543/31466.

Casamadre, Piazza XX Settembre, hinter der Kirche San Mercuriale, neuer Self-Service mit Biokost.

▸ **Forlimpopoli**: Das benachbarte Städtchen besitzt ebenfalls eine mächtige Burg mit vier Rundtürmen, im Inneren ist ein Archäologisches Museum untergebracht.

Durch die Weinberge: Strada dei Vini e dei Sapori

Südlich von Forlì und Cesena steigt der Apennin an. Hier erstrecken sich kilometerweit Rebhänge, auf denen der rote DOC-Wein Sangiovese di Romagna gedeiht, bestens zu sehen z. B. auf der Fahrt nach Predappio. An dieser Straße kann man z. B. die Weinkellerei *Tenuta Godenza* besichtigen und die produzierten Weine verkosten.

Shopping **Tenuta Godenza**, Via dell'Appennino 654, San Lorenzo in Noceto. Tägl. 8.30–12, 14–19 Uhr, nur nach Voranmeldung. ✆ 0543/488424, ℻ 417203, www.tenutagodenza.it

▸ **Predappio**: Ein zweifelhafter „Ruhm" eilt dem Apenninstädtchen voraus – denn 1883 wurde hier Benito Mussolini geboren. Das Ortszentrum wurde nach seinen Wünschen weitgehend im faschistischen Architekturstil angelegt, sehenswert ist allenfalls die große *Pfarrkirche* am Ende der Hauptstraße. Im Zentrum ist das *Geburtshaus* beschildert, aber geschlossen.

Doch die eigentliche „Attraktion“ liegt kurz hinter dem südlichen Ortsende: Auf dem *Cimitero di San Cassiano in Pennino* liegt tatsächlich der Duce inmitten seiner Familie begraben! Eine monströse Gruft mit dem überlebensgroßen Kopf Benitos, Skulpturen der Familienmitglieder und einer Reihe gewaltiger Sarkophage wartet täglich auf den Besuch von Faschisten und Schaulustigen. Davor handeln Andenkenhändler mit braunen Devotionalien, z. B. einem Nachdruck des Testaments Mussolinis. Erfreulich immerhin, dass der gesamte Friedhof mit seinen eindrucksvollen Grabmälern sehr sehenswert ist, ebenso die schöne schlichte romanische *Basilica di San Cassiano* aus hellem Stein mit ihrer Krypta.

Cesena (ca. 90.000 Einwohner)

Das alte Wirtschaftszentrum an der Via Emilia besitzt eine attraktive Altstadt mit engen Gassen und Laubengängen in leichter Hügellage – ein schönes Ausflugsziel von der Küste.

Zentraler Platz ist die lang gestreckte *Piazza del Popolo* mit Kopfsteinpflaster und einem eleganten Barockbrunnen. Durch den *Parco della Rimebranza* steigt man hinauf zur *Rocca Malatestiana* aus dem 14. Jh., die über der Altstadt thront. In der Burg ist das volkskundliche *Museo della Civiltà Contadina* untergebracht.

Im *centro storico* kann man hübsch durch die alten Gassen bummeln. Von der Piazza del Popolo erreicht man durch die Laubengänge der Via Zeffirino Re die zentrale Fußgängerstraße, den *Corso Giuseppe Mazzini*. Dort steht der imposante *Palazzo del Ridotto* aus dem 15. Jh., in dem sich die zwei Ratsversammlungen der Stadt trafen. Im 18. Jh. wurde er für eine Statue des Papstes VI. (in der Loggia im ersten Stock) grundlegend umgebaut. Schräg gegenüber steht die interessante *Chiesa del Suffragio* aus dem 17. Jh. Ihr reich verzierter Innenraum besitzt zahllose plastische Details, Statuen und Stuck und ein prachtvolles Altarbild, oberhalb der Seitenaltäre sitzt der Tod als Marmorgerippe. Der große Backsteindom der Stadt steht ein Stück weiter oben am Corso.

Hinter dem Palazzo del Ridotto kann man im Palazzo delle Scuole die größte Sehenswürdigkeit der Stadt besichtigen, die prachtvolle *Biblioteca Malatestiana* der Malatesta-Familie aus Rimini (→ dort), eine humanistische Klosterbibliothek mit über 300 wertvollen alten Handschriften. Im Erdgeschoss ist dort außerdem das *Museo Archeologico* der Stadt eingerichtet.

• *Öffnungszeiten/Preise* **Parco della Rimebranza**, Juni bis Aug. 7–20.30 Uhr, April, Mai, Sept. u. Okt. 7.30–19.30 Uhr, Nov. bis März 8–16.30 Uhr.

Biblioteca Malatestiana, nur mit Führung, Sommer Mo–Sa 9.30–12.30, 16–19 Uhr, So 10–12.30 Uhr, Winter Mo–Sa 9–12.30, 14.30–17.30 Uhr, So 10–12.30 Uhr. Eintritt ca. 2,50 €, Stud. und über 65 J. 1,50 €.

Museo Archeologico, Juli bis Mitte Sept. Di–Sa 16–19 Uhr, übrige Zeit 15–18 Uhr, So 10–12.30 Uhr, Mo geschl. Eintritt ca. 2 €.

• *Übernachten* ** **Cappello**, ganz zentral an der Piazza del Popolo, Blick auf die Rocca, ordentliche Zimmer, DZ ca. 60 €, Parken gratis. Viale Jacopo Mazzoni 1, ✆ 0547/21016, ✆ 21158, www.hotelcappello.com

• *Essen & Trinken* **Osteria Michiletta**, altertümliche Gaststube mitten in der Altstadt, die Einrichtung stammt noch großenteils aus dem 19. Jh. So geschl. Contrada Fantaguzzi 26, ✆ 0547/24691.

La Grotta, elegantes Gewölbelokal an einer versteckt gelegenen Piazza, wo aus 15 Öffnungen Wasser sprudelt. Von der Via Zeffirino Re zu erreichen über eine schmale Seitengasse (Contrada Zeffirinio Re). Juni/Juli So geschl., sonst Di, außerdem erste Augusthälfte. Vicolo Cesuola 19, ✆ 0547/22734.

Tre Papi, nette Pizzeria schräg gegenüber vom La Grotta. ✆ 0547/24171.

Von Ravenna über Rimini bis Cattolica

Hier ballt sich der Tourismus. Höhepunkt ist natürlich das legendäre Rimini, eine Badestadt von größtem Ausmaß, die sich mit Vororten fast 20 km die Küste entlangzieht. Von Cesenatico bis Gabbice Mare ist die Adria praktisch zugebaut, Cervia und Milano Marittima liegen nördlich davon etwas am Rande. Insgesamt warten in der Provinz Rimini 40 km Sandstrand.

Cervia (ca. 25.000 Einwohner)

Der große Bade- und Thermalkurort blickt auf eine lange Vergangenheit zurück und hat sich im Zentrum ein hübsches Ensemble aus dem 17. Jh. bewahrt: die Piazza Garibaldi und die Piazza Pisacane mit Arkadengängen, Dom, Rathaus und engen Gassen, durch die alten Wohnhäuser ehemaliger Salinenarbeiter festungsartig nach außen abgeschirmt. Im Rathausdurchgang finden sich Gedenktafeln an die Gefallenen der Weltkriege, aber auch an die sardische Schriftstellerin und Nobelpreisträgerin Grazia Deledda, die hier mehrfach zur Kur weilte. Der lange Strand mit vielen Dutzend Hotels liegt einen knappen Kilometer vom historischen Zentrum entfernt.

Wegen des großen Lagunensees *Saline di Cervia* (heute Naturschutzgebiet) war Cervia jahrhundertelang ein bedeutender Ausfuhrhafen für Salz, durch den *Canale delle Saline* fuhren die Schiffe zum Meer. Die noch aus etruskischen Zeiten stammende *Salina Camillone* kann im Sommer besichtigt werden, außerdem wurde vor Kurzem ein Besucherzentrum eingerichtet, von dem aus man die Salinen auf verschiedenen Wegen erforschen kann. Im Zentrum stehen bei der zentralen Piazza Andrea Costa am Kanal noch die ehemaligen *Magazzini del Sale* mit der zu ihrem Schutz erbauten *Torre di San Michele*. Das dort eingerichtete *Museo del Sale di Cervia* kann nach Voranmeldung besichtigt werden. Jeden Donnerstag findet dort ein großer Markt statt.

• *Öffnungszeiten/Preise* **Salina Camillone**, Juni bis Mitte Sept. mit Führung Do und So 17.30 Uhr.

Centro Visite Salina di Cervia, April bis Juni Di–So 9.30–12.30, 14.30 bis Sonnenuntergang, Juli bis Sept. tägl. 14.30 Uhr bis Sonnenuntergang, übrige Zeit nur Sa/So 9.30–12.30, 14.30 bis Sonnenuntergang. Exkursionen mit Reservierung. Eintritt ca. 1,50 €. ✆ 0544/973040.

Museo del Sale di Cervia, ✆ 0544/977592.

• *Information* **IAT**, Viale dei Mille 65, Info-Büro zwischen historischem Zentrum und Strand. Tägl. 9.30–12.30, 15.30–18.30 Uhr. ✆ 0544/974400, ℻ 977194, www.rivieradicervia.it

• *Übernachten* Sehr großes Angebot an Hotels und Ferienhäusern, besonders schön wohnt man im benachbarten Milano Marittima.

*** **Astoria**, direkt an der Uferstraße, von den Zimmern frontaler oder seitlicher Meeresblick, Parkmöglichkeiten, Gästefahrräder. VP pro Pers. ca. 59–74 €. Lungomare Grazia Deledda 32, ✆ 0544/71475, ℻ 72319, www.astoriacervia.com

*** **Monique**, nettes kleineres Haus, hervorzuheben der hübsche Garten, in dem man morgens frühstückt und abends Unterhaltungsabende stattfinden. Gutes Restaurant, Zimmer klein (Sat-TV; Klimaanlage), Gästefahrräder, Parkplatz. DZ mit Frühstück ca. 60–80 €. Viale Belfiore 23, Seitengasse der Via Volturno, Nähe Infobüro. ✆ 0544/971224, ℻ 71683, www.hotelmonique.com

*** **Ficocle**, interessante Location mitten in den Salinen, alte Adelsvilla mit leicht morbidem Charme, eingerichtet mit Antiquitäten und Ritterrüstungen. Reitzentrum „Centro Ippico Sole e Sale" ganz in der Nähe. DZ mit Frühstück ca. 52–78 €. Via Madonna della Neve 13, ✆ 0544/971759, www.hotelficocle.com

** **Sedonia & Soave**, Familie Canali führt die 2 Häuser in erster Reihe, auch hier Parkplatz und Fahrräder. VP pro Pers. ca. 40–

65 € inkl. Strandliegen und Schirm. Lungomare Grazia Deledda 82, ✆ 0544/971258, 📠 971875, www.hotelsedonia.com

Richtung Süden liegen die Campingplätze **Pinarella** (✆ 0544/987408, www.camping pinarella.com) und **Safari** (✆ 0544/987356, www.cervia.com/az/csafari.htm), weitere Plätze nördlich von Milano Marittima.

• *Essen & Trinken* **E' Cantinon**, gemütliche Osteria mit schönem alten Innenraum in einer schmalen Gasse, wenige Meter vom Rathaus. Gerichte in der Tradition der Romagna, häufig wechselnde Speisekarte. Mo geschl. Via XX Settembre 28, ✆ 0544/977078.

Trattoria all'Orto da Bruno, in einem hübschen Innenhof, an der Straße, die parallel zum Kanal verläuft. Guter Fisch, aber nicht billig. Di geschl. Via Nazario Sauro 64, ✆ 0544/71585.

• *Shopping* Auch heute wird in Cervia noch **Salz** gefördert, man kann es in den Läden der Stadt säckchenweise erwerben.

• *Sport* **Fahrradverleih**, z. B. Via Volturno 5, Viale Colombo 42 und Viale Italia 45.

Milano Marittima (ca. 9000 Einwohner)

Die schöne „Gartenstadt" mit zahlreichen Ferienhäusern und Hotels liegt inmitten kräftiger alter Pinien und ist von Cervia nur durch den Canale delle Saline getrennt. Viele Stammgäste kommen regelmäßig in diese ruhige und gepflegte Ecke, wo der lärmende Rummel italienischer Seebäder nicht zu finden ist.

Gleich dahinter erstreckt sich die große, urwüchsige *Pineta di Cervia* mit zahlreichen Fuß- und Radwegen, einem sehr schönen, von Pinien umrahmten Golfplatz mit 27 Löchern und dem Schmetterlingshaus *La Casa delle Farfalle*, das der Dichter Tonino Guerra erst vor wenigen Jahren eingeweiht hat. Auch die *Therme von Cervia* liegt dort mitten im Grünen (www.terme.org).

• *Öffnungszeiten/Preise* **La Casa delle Farfalle**, März bis Okt. Di–So 9.30–12.30, 14.30–17 Uhr (April, Mai, Sept. 18 Uhr, Juni, Juli, Aug. 19 Uhr), Eintritt ca. 7 €, über 65 J. 5,50 €.

• *Information* Viale Matteotti 39–41, Hauptstraße im Zentrum, am zentralen Kreisverkehr Rotona 1 Maggio. ✆ 0544/993435, 📠 993226, E-Mail: iatmilanomarittima@comunecervia.it

• *Übernachten* **** **Ariston**, gepflegtes und geräumiges Haus direkt am Strand, Garten, Parkplatz, Swimmingpool. HP ca. 60–100 €/Person. Viale Corsica 16, ✆ 0544/994659, 📠 991555, www.aristonhotel.it

*** **Mazzanti**, ebenfalls in erster Reihe, familiär geführtes Haus mit Garten und beheiztem Schwimmbad. HP ca. 50–80 €/Person. Via Forli 51, ✆ 0544/991207, 📠 991258, www.hotelmazzanti.it

*** **Helvetia**, an der zentralen Straße, nur wenige Meter vom Strand. Kürzlich renoviert, moderne Einrichtung, gepflegt. VP ca. 45–80 €/Person inkl. Strandliegen und Schirm. Viale II Giugno 105, ✆/📠 0544/991085, www.helvetiahotel.com

B & B Noé, einige Zimmer in einer Villa nah am Canale delle Saline. DZ mit Frühstück ca. 50–80 €. Via Isonzo 17, ✆ 333-5347035, www.bbnoe.it

In der Pineta di Cervia

Nördlich von Milano Marittima liegen einige Campingplätze, z. B. **Romagna** (✆ 0544/949326) und **Adriatico** (✆ 0544/71537, www.campingadriatico.net).

• *Sport* **Adriatic Golf Club Cervia**, Via Gora 6, ✆ 0544/992786, 📠 993410, www.golfcervia.com

Centro Ippico Le Siepi, Reitstall in der Via Nullo Baldini 19/b, ✆ 0544/949303, 📠 949477, www.lesiepicervia.com.

Minigolf Centrale, Vialle Matteotti 48, ✆ 0544/994295.

Fahrradverleih z. B. Rotonda Cadorna 10, Viale Dante 37 und Viale Matteotti 160.

▶ **Lido di Savio**: der krasse Gegensatz zu Milano Marittima – ein großer, gesichtsloser Badeort mit turmhohen Häusern entlang schnurgerader Straßen. Über einen breiten Kanal mit Fischernetzen geht es hinüber nach **Lido di Classe**, dessen Uferstraße durch hässliche Hotelbauten verunstaltet ist. Camping Bisanzio hat schöne Strandlage, eine benachbarte Freiluftdisco sorgt abends allerdings für lautstarke musikalische Untermalung.

Der 700.000 m^2 große Vergnügungspark **Mirabilandia** mit Themenparks Achterbahnen, Wasserautos und Feuerwerk liegt etwas landeinwärts bei Savio. Hinkommen kann man mit dem kostenlosen Shuttle-Service ab Bahnstation Savio oder mit täglichen Bussen aus allen Badeorten. Geöffnet ist April bis September, tägl. 10–19 Uhr, im Sommer bis Mitternacht; Eintritt ca. 25 €, Kinder unter 12 J. (oder bis 1,50 m Größe) und Senioren über 60 J. 19 €, Kinder bis 1 m Größe frei. ✆ 0544/561111, www.mirabilandia.it

Cesenatico (ca. 20.000 Einwohner)

Beliebtes Seebad mit einem pittoresken Kanal, der sich quer durch die Stadt zieht. Traditioneller Anlaufpunkt deutscher Urlauber, zahllose Hotels und kilometerlange weiße Sandstrände. Parallel zum Strand verläuft eine lange Uferpromenade, unübersehbar ragt dort das bizarre „Wahrzeichen" Cesenaticos in den Himmel: das mit Abstand höchste Hochhaus der Adria. Direkt davor ist der Strand frei zugänglich.

Der malerische Kanal namens *Porto Canale* ist Standplatz der großen Fischerflotte, Leonardo da Vinci konstruierte ihn Anfang des 16. Jh. An Abwechslung ist hier immer etwas geboten – es gibt zahlreiche hübsche Restaurants und Kneipen, tagsüber finden Straßenmärkte statt, abends Livemusik. Eine originelle kleine Fähre pendelt in Strandnähe zwischen beiden Ufern (im Sommer bis nach Mitternacht). Besonders schön ist ein Spaziergang an beiden Seiten des Kanalausgangs bis zur Spitze der Mole, die weit ins Meer vorstößt, vorbei am Denkmal für die Fischerfrauen von Cesenatico und an malerischen „Trabocchi" (Fischereihäusern, auch „Trabucchi") mit großen Fischnetzen.

• *Anfahrt/Verbindungen* **PKW**, von Ravenna bzw. Rimini die SS 16 nehmen.

Bahn, der Bahnhof liegt am Rand des *centro storico*, ca. 1 km landeinwärts vom Meer.

• *Information* **IAT**, Viale Roma 112/Ecke Viale dei Mille. Modernes Büro etwas landeinwärts vom Hochhaus, tägl. 8.30–19 Uhr. ✆ 0547/673287, 📠 673288, www.cesenaticoturismo.com

Von Mai bis Sept. gibt es auch eine Zweigstelle vor dem Bahnhof.

• *Übernachten* Fast 400 Hotels und Pensionen bieten Zimmer, dazu gibt es zahllose Ferienwohnungen (Vermittlung über diverse Agenturen). Umfangreiche Unterkunftsliste im Info-Büro.

**** **Grand Hotel Cesenatico**, altehrwürdiges Haus, genau vis-à-vis vom Hochhaus – welch ein Gegensatz. Üppig aufgemacht, komfortable Zimmer mit TV und schönem Seeblick, kann allerdings mit dem üblichen Standard der Grand Hotels nicht ganz Schritt halten. Für Familien gibt es kleine Wohnungen zu mieten. Swimmingpool, Privatstrand, Tennis, Wasserski, Windsurfschule. DZ mit Frühstück ca. 100–160 €, VP/

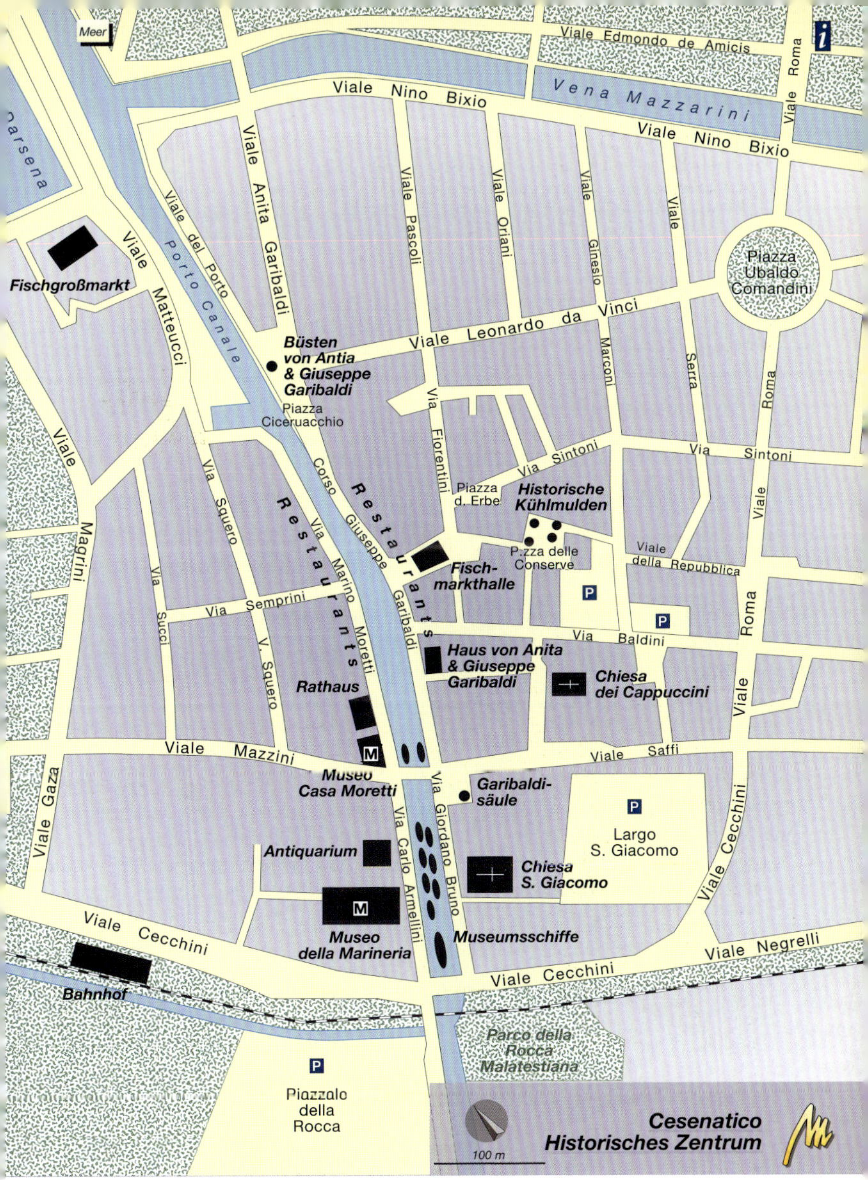

Person ca. 77–100 €. ✆ 0547/80012, 📠 80270, www.grandhotel.cesenatico.fo.it

**** **Miramare**, elegant verglaster Komplex am Kanalausgang, nah am Strand, Blick auf den Jachthafen. Gut ausgestattete Zimmer, hübscher Swimmingpool. DZ mit Frühstück ca. 100–155 €. Viale G. Carducci 2, ✆ 0547/80006, 📠 84785, www.hrmiramare.it

*** **Lungomare**, kürzlich renoviertes, sportfreundliches Familienhotel in zentraler Lage am Strand, hervorzuheben der große Pool, Verleih von Mountainbikes und Rennrädern, Fitnessräume, Sauna. VP ab 44 €/Person. Lungomare Carducci 299, ✆ 0547/680666, ✆ 680782, www.hlungomare.it

*** **Dolce Vita**, ebenfalls an der Strandstraße, mit Taverne und Bar im Garten. Zimmer mit TV. HP ca. 40–70 €/Person. Lungomare Carducci 190/A, ✆ 0547/80390, www.hoteldolcevita.it

Camping Cesenatico, großes gepflegtes Gelände mit Pool nördlich vom Ort, davor schöner, langer Sandstrand. Ganzjährig. ✆ 0547/81344, ✆ 672452, www.campingcesenatico.it

Camping Zadina, gleich benachbart, größer, eher einfacher Platz mit viel Schatten, ein Meerwasserkanal durchzieht das Gelände. Mai bis Sept. ✆ 0547/82310, ✆ 672802, www.campingzadina.it

Sommerliche Adria: Wolkenkratzer ohne Wolken

• *Essen & Trinken* Am Kanal ballen sich zahlreiche schön aufgemachte Lokale mit leckerer Meeresküche – man hat die Qual der Wahl.

An der Südseite des Kanals

Osteria l'Angolo Divino, feines und geschmackvoll konzipiertes Fischrestaurant, preislich gehoben. Piazza Ciceruacchio 1, ✆ 0547/673066.

La Buca, Stefano Bartolini ist ebenfalls weithin bekannt für seine exzellente Fischküche, auch hier liegen die Preise recht hoch. Zum Haus gehört auch die benachbarte, sehr beliebte **Osteria**, wo man etwas günstiger isst. Mo geschl. Corso Garibaldi 41, ✆ 0547/82474.

San Marco, alteingeführtes Fischlokal, angenehm lockere Atmosphäre, viel mit Meeresfrüchten und Muscheln, gut z. B. das *risotto alla pescatora*, eigener Hauswein in Flaschen. Mi geschl. Piazza Fiorentini, wenige Meter vom Kanal neben der kleinen Pescheria (Fischmarkthalle), ✆ 0547/80075.

Pippo, etwas abseits beim Museumsschiff, weniger Touristen, trotzdem immer gute Stimmung. Via Giordano Bruno 7, ✆ 0547/80378.

Gambero Rosso, schickes und teures Ristorante in traumhafter Lage am Ausgang des Kanals direkt am Strand. Meeresmenü ca. 40–60 €, aber auch Pizza ab ca. 8 €. Ableger gibt es u. a. in Acapulco, Bali und Sri Lanka. Im Winter Mo geschl. Via Molo Di Levante 21, ✆ 0547/81260.

An der Nordseite des Kanals

Cantina del Porto, mit seiner niedrigen Holzdecke ausgesprochen gemütlich. Via Moretti 29, ✆ 0547/82047.

La Lampara, ein fröhliches Völkchen trifft sich hier täglich am Hafenbecken Porto Canale di Leonardo. Via Moretti 45, ✆ 0547/80219.

Anita sul Mare, am Ausgang des Kanals, herrliche Lage mit Terrasse und Meerblick. ✆ 0547/83627.

Sonstige Zonen

Osteria Del Grillo, hübsche Lokalität zentral in der Altstadt, mal ganz bewusst kein Fisch, sondern „la vera bistecca fiorentina", also Beefsteak vom Grill auf toskanische Art. Via Fiorentini 94, ✆ 0547/82140.

Gabbiano, Ristorante/Pizzeria vor Camping Zadina, schöne Lage direkt am Strand. ✆ 0547/82128.

• *Nachtleben* **Pub Osteria Maraffa**, am frühen Abend wird hier gegessen (für mehrere Personen gleich in der Pfanne serviert), ab 22.30 Uhr dann Nachtbar, wo sich auch

Ruhezone am Ausgang des Kanals

die einheimische Jugend trifft. Mo geschl. Via Moretti 11, Nordseite des Kanals, ✆ 338-4112215.

• *Sport* Cesenatico besitzt ein Stadion mit 400 m langer Leichtathletik-Tartanbahn, eine Tennisanlage, Golfplatz, Reitschule, Fitnesscenter, Hallenbad, Fußball- und Minifußballplätze sowie Volley- und Basketballhalle. **Parco Acquatico Atlantica**, großer Wasserpark mit diversen Rutschen à la Shuttle, Anaconda oder Kamikazi. Eintritt ca. 17 €, Kind 4–12 J. 13 €. Piazza Marco Polo 4, ✆ 0547/673367, ℻ 673370, www.atlanticapark.it

Fahrradverleih, Giorgio Bocchini, Viale Venezia 18, ✆ 0547/81373; Giancarla Dolci, Viale Bernini 32, ✆ 0547/85482; Nanni William, Viale Pitagora 4, ✆ 0547/85065; Fanny Broccucci, Via Ferrara 3, u. a.

Sehenswertes: Originell ist das einzige „schwimmende Museum" Italiens – in einem stillgelegten Kanalabschnitt liegen verschiedene historische Schiffstypen der mittleren und oberen Adria vor Anker. Das dazugehörige *Museo della Marineria* am Kanal (Via Armellini 18) präsentiert mit liebevoll präsentierten Exponaten, historischen Fotos und zweisprachiger audiovisueller Untermalung die Vergangenheit Cesenaticos als Hafen und bedeutende Fischereiwerft, im angeschlossenen *Antiquarium* werden archäologische Stücke aus der römischen Vergangenheit gezeigt. Bei der benachbarten Kanalbrücke kann man das *Museo Casa Moretti* besuchen. Das Wohnhaus des Dichters, Schriftstellers und Dramaturgs Marino Moretti (1885–1979) wurde mit altem Mobiliar weitgehend original erhalten, in der Bibliothek kann man seine Manuskripte, Briefe und Druckwerke betrachten.

Auf der anderen Kanalseite steht an der Piazza Pisacane die erste Garibaldi-Statue Italiens, wenige Meter weiter den Kanal in Richtung Meer trifft man auf ein Haus, beschildert mit Anita und Giuseppe, wo der Risorgimento-Held Garibaldi und seine Frau Anita auf dem Gewaltmarsch ins von den Österreichern belagerte Venedig nächtigten – wenige Tage später starb die völlig entkräftete Anita (→ S.197). Im Umkreis erstreckt sich die hübsche Altstadt mit niedrigen, pastellfarbenen Häusern. An der *Piazza delle Conserve* gibt es einen kleinen Obst- und Gemüsemarkt,

Fellinis letztes Domizil: Das Grand Hotel in Rimini

dort sind außerdem historische Kühlmulden für Fische erhalten, die vom 16. bis 19. Jh. trichterförmig in die Sanddünen gegraben und ausgemauert wurden.

• *Öffnungszeiten* **Museo della Marineria/Antiquarium**, Mitte Juni bis Mitte Sept. tägl. 17–23 Uhr, übrige Zeit Di–Fr 15–19 Uhr, Sa/So 10–12, 15–19 Uhr, Mo geschl. Eintritt ca. 3 €.
Museo Casa Moretti, dieselben Öffnungszeiten, Eintritt frei. ✆ 0547/79264, www.museomarineria.eu, www.casamoretti.it

Zwischen Cesenatico und Rimini

Die Küstenzone ist hier fast durchgehend bebaut, lieblos hochgezogene Betonbauten ohne Anspruch auf Ästhetik, gelegentlich frei zugängliche Strandpartien. Mehrere Campingplätze stehen zur Verfügung: der komfortable „Rubicone" (****) in *Savignano Mare*, „Happy" in *Bellaria*, „Riccardo" in *Igea Marina*, „Castellabate" und „ Torre Pedrera" in *Torre Pedrera*.

Rimini

(ca. 130.000 Einwohner)

Badegroßstadt mit Schuhschachtelarchitektur, größter Badeort der Adria. An der 10 km langen Marina drängen sich Hotels, gläserne Ristoranti, glitzernde Diskotheken, Cafés und Kneipen, Ramschboutiquen, schäbige Spielhallen, Pizzabuden ... Neuankömmlinge wissen nicht, wo sie Halt machen sollen, es sieht alles gleich aus. Knapp 2 km landeinwärts dann der unerwartete Kontrast: die stilvolle Altstadt um die großzügige Piazza Cavour. Von der „großen weiten Welt" am Strand ist hier nichts mehr zu spüren. In den alten Kopfsteinpflastergassen fühlt man sich ins Mittelalter zurückversetzt. Doch auch dort herrscht jugendliches Leben, da Rimini eine Universität mit über 5000 Studenten besitzt.

Allabendlich im Hochsommer wird an der Marina die längste *Passeggiata* der Welt inszeniert. Gut zwei bis drei Stunden läuft man im Menschenstrom den völlig überfüllten Gehsteig rauf und wieder runter, zwängt sich dann endlich irgendwo in eines der Straßencafés, deren Stühle nicht zur Straße, sondern sämtlich zum Laufsteg der Eitelkeiten ausgerichtet sind. Falls man nicht rauf und runter läuft – was selten ist –, kann man seine Gaudi mit den vierrädrigen *ciclocarrozzelle* haben, danach ab in eine der fast 1000 (!) Discos und Bars oder Eis schlecken oder frustriert ins Bett, weil man in dieser toll gewordenen Urlaubsmaschine einfach nicht zurechtkommt. Diese Glitzerwelt aus Modepüppchen, italienischen Großstadt-Freaks, parfümierten Gigolos, aufgedrehten, jungen Touristen, vielen braven Familien und zahllosen Rentnern aus ganz Europa ist sehens- und erlebenswert. Sogar Fellini verfiel der Magie Riminis und verbrachte bis zu seinem Tod jeden Sommer in seiner Geburtsstadt. Das Geheimnis Riminis: für jeden etwas! Mein Rat: unbedingt im August kommen!

Aufstieg eines Seebades

Der märchenhafte Aufstieg des bekanntesten aller italienischen Seebäder begann 1843 mit der Gründung des ersten bescheidenen „Bagno": Ganze sechs Strandkabinen – drei für Männer und drei für Frauen – wurden in einem streng eingehaltenen Sicherheitsabstand von 30 m zwischen den Geschlechtern bereitgestellt. Schon um die Jahrhundertwende galt Rimini als eine der ersten Adressen Europas, hauptsächlich besucht von der besseren Gesellschaft und der Aristokratie. 1908 öffnete das Grand Hotel seine Pforten, das bis heute feudalen Prunk und gediegene Eleganz bietet. In den 1960er und 1970er Jahren explodierte der Fremdenverkehr, Rimini wurde zur Inkarnation des Massentourismus schlechthin und liebste Badewanne der Deutschen, die hier den Nabel ihres „Teutonengrills" fanden. Ende der 1980er Jahre verursachte eine verheerende Algenplage die größte Krise in der Geschichte des Urlaubsorts, zahlreiche Betten blieben leer, das Ende Riminis wurde prophezeit. Heute boomt das Geschäft wieder, Millionen zieht es alljährlich hierher und auch die Deutschen sind wieder da, wenn auch nicht mehr so zahlreich wie früher. Dafür kommen umso mehr Osteuropäer.

Anfahrt/Verbindungen

• *PKW* Autobahn A 14, **Rimini Nord** oder **Rimini Sud**, dann immer den Schildern „Al Mare" hinterher. An der Marina steht man im Sommer ständig im Stau, Parken in den Seitengassen.
Im historischen Zentrum gibt es einige gebührenpflichtige Parkplätze, z. B. am **Viale Roma**, westlich vom Bahnhof (alle eingezeichnet im Stadtplan von Rimini, erhältlich bei den Info-Büros).

• *Bahn* häufige Verbindungen in die Nachbarorte an der Küste, Fernzüge nach Bologna, Rom und entlang der Adria, im Sommer verkehrt 3-mal wöchentlich der Discozug „Treno Azzuro".
Bahnhof am Piazzale Cesare Battisti, auf halbem Weg zwischen Altstadt und Strand. Ins Zentrum kommt man geradeaus die Via Dante entlang, ca. 5 Min. zum Tempio Malatestiano, 10 Min. zur Piazza Cavour. Vom Bahnhof zum Strand rechts gehen bis zum Tunnel unter der Bahnlinie und dort die Via Principe Amedeo ca. 1 km geradeaus – oder Bus 10 oder 11 nehmen (→ Unterwegs in der Stadt).
Von Mai bis Sept. tägl. **Autoreisezüge** ab München.

• *Bus* Fernbusstation an der **Via Clementini/Via Roma**, Nähe Bahnhof. Busse ins Hinterland und nach San Marino starten direkt vor dem Bahnhof.

• *Flug* Der **Flughafen Federico Fellini** liegt südlich vom Zentrum in Rimini Miramare, Charterflieger aus ganz Europa landen hier. Der Linienbus 9 pendelt von und zum Bahnhof. ✆ 0541/715711, www.riminiairport.com

Information

• *Marina* **IAT**, großes Büro am zentralen Piazzale Federico Fellini (Nähe Kanalmündung). April bis Sept. Mo–Sa 8.30–19 Uhr, So 9.30–12.30, 16–19 Uhr, Okt. bis März Mo–Sa 9.30–12.30, 15.30–18.30 Uhr. ✆ 0541/56902, 📠 56598.

• *Zentrum* **IAT**, gegenüber vom Bahnhof, neben Verkehrspolizei. April bis Sept. Mo–Sa 8.30–19, So 9.30–12.30 Uhr, Okt. bis März Mo–Sa 9.30–12.30, 15.30–18.30 Uhr. Piazzale Cesare Battisti 11, ✆ 0541/51331, 📠 27927.

• *Zweigstellen* u. a. in **Igea Marina**, **Torre Pedrera**, **Viserba**, **Rivabella**, **Bellariva** und **Miramare**. Genaue Standorte sind im kostenlosen Stadtplan von Rimini eingezeichnet.
• *Internet* www.turismo.provincia.rimini.it, www.riminiturismo.it, www.riviera.rimini.it

Unterwegs in der Stadt

Ein effektives Bussystem sorgt für den Transport durch die riesige Badestadt und ins historische Zentrum. Tickets gibt es in allen Zeitungs- und Tabakläden, am Bahnhofsvorplatz und in einem Schalter an der Piazza Tre Martiri.
Neben Einzelfahrscheinen sind auch Tageskarten (ca. 3 €) und Achttageskarten (ca. 12 €) erhältlich. Die Haltestellen sind durchnummeriert und auf dem Gratis-Stadtplan eingezeichnet.
Start der orangefarbenen Busse **4**, **4a**, **10** und **11** an der zentralen Piazza Tre Martiri im Zentrum, nächste größere Station ist der Bahnhofsvorplatz. Buslinien 10 und 11 fahren runter zum Meer und pendeln die

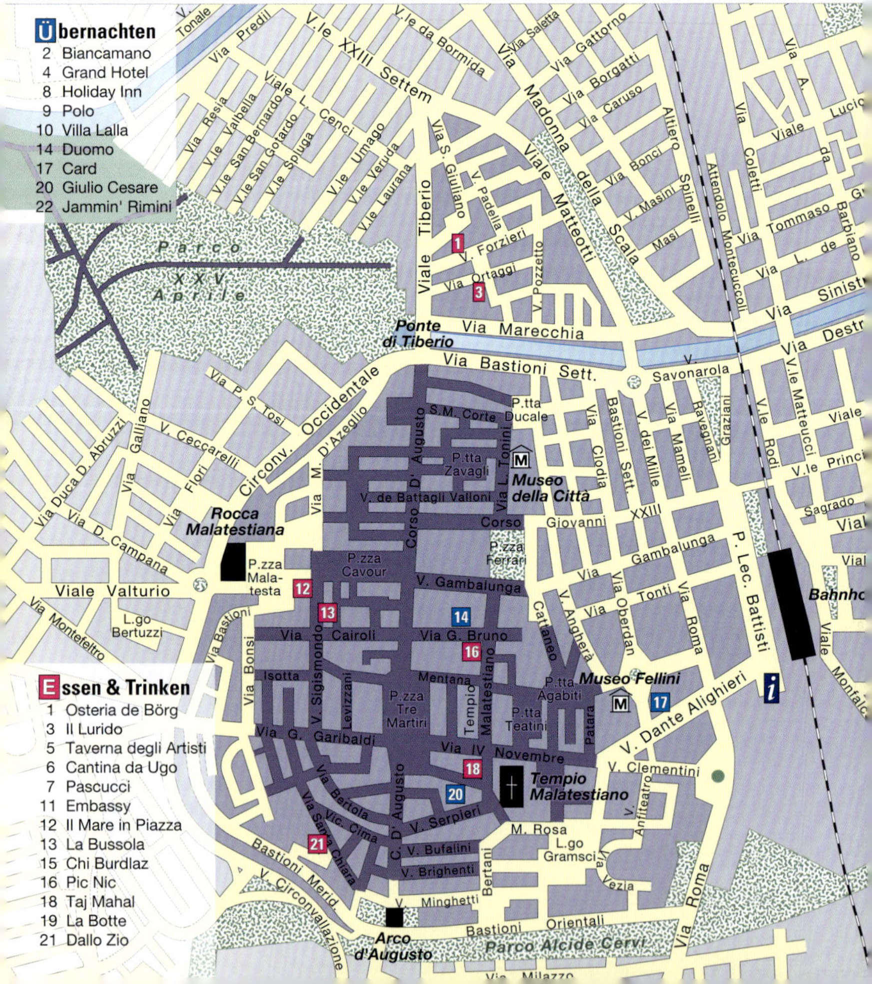

schnurgerade Küstenstraße entlang bis **Miramare**, Bus 11 fährt sogar bis ins benachbarte **Riccione**, ebenso Bus 124, allerdings auf der weiter landeinwärts verlaufenden Via Flaminia. Bus 4 und 4a fahren Richtung Norden die Küstenstraße entlang bis **Torre Pedrera**.

Von Mitte Juli bis Ende Aug. pendelt nachts der **Blue Bus** entlang der Küstenstraße zu allen wichtigen Diskotheken (→ Nachtleben).

Übernachten

Rimini besitzt mehr als 1500 Hotels. An der Strandpromenade reihen sich viele hunderte gesichtslose Betonkästen aneinander, in der Regel platzsparend gebaut, hellhörig und langweilig, Zimmer meist mit Mini-Balkon, „zweckmäßig" eingerichtet und auf Pauschalgäste eingestellt, im Hochsommer durchweg Pensionspflicht. Die besten und ruhigsten Häuser liegen im zentralen Bereich der Marina, Nähe Kanal. Preislich günstiger sind die Häuser in den etwas zurückliegenden Straßen ohne Meeresblick. In schönerer Atmosphäre wohnt man in den wenigen Hotels der Altstadt. Preislich gibt es starke saisonale Schwankungen, denn vor Mai und nach Oktober sind kaum Urlauber im Ort. Handeln oft möglich. Im Sommer unbedingt Zimmervermittlung in Anspruch nehmen.

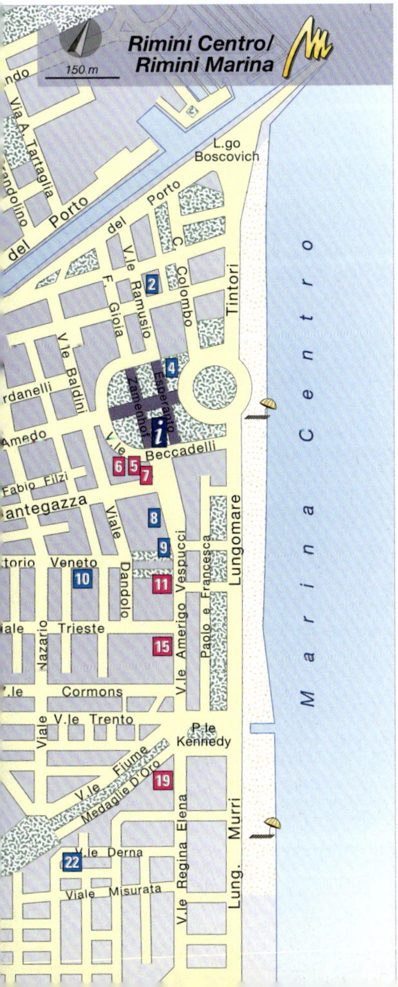

• *Zentrum* **** **Duomo (14)**, vollständig umgebaut und nun als topmodernes Designhotel geführt. Zimmer in Hellgrün, Purple oder Rot, TV mit Flachbildschirm, großzügige Bäder mit geschwungenen Wänden, wer's mag ... DZ mit Frühstück ca. 130–180 €. Via Giordano Bruno 28, ✆ 0541/24215, ✆ 27842, www.duomohotel.com

** **Giulio Cesare (20)**, einfaches Haus, altmodisch-gepflegt mit Holztäfelung und Polstermöbeln in der Lobby. DZ ca. 50–70 €. Via Battarra 9, ruhiges Seitengässchen der Piazza Tre Martiri. ✆ 0541/ 51303.

** **Card (17)**, großes, äußerlich etwas langweiliges Stadthotel, aber solide geführt und gut eingerichtete Zimmer mit TV, Parkmöglichkeit. DZ ca. 50–90 €. Via Dante 50, nur ein paar Schritte vom Bahnhof. ✆ 0541/ 26412, ✆ 54374, www.hotelcard.it

• *Marina* ***** **Grand Hotel (4)**, ein Relikt aus vergangenen Zeiten, mal reinschnuppern lohnt. Herrlicher Garten und gediegene Atmosphäre, in den Zimmern venezianische und französische Möbel des 18. Jh., viele reiche Gäste. Fellini schlich sich als Junge manchmal hinein. Seit den 1980er Jahren stand ihm eine Suite zur Verfügung, in der er sich jedes Jahr einquartierte. Am 3. August 1993 – er hatte gerade den 5. Oscar, diesmal für sein Lebenswerk, erhalten – erlitt er hier einen Schlaganfall, an dessen Folgen er dann am 31. Oktober starb. Der Platz vor dem Haus wurde nach ihm benannt. DZ mit Frühstück ab ca. 300 €. Piazzale

Federico Fellini 2, ✆ 0541/56000 ✆ 56866, www.grandhotelrimini.com

**** **Holiday Inn (8)**, gepflegtes Haus mit geschmackvoll eingerichteten Zimmern, Ristorante, diversen Wellness-Einrichtungen, Pool und Parkplatz. DZ mit Frühstück ca. 120–190 €. Viale Vespucci 16, ✆ 0541/52255, ✆ 28806, www.hrimini.com

**** **Polo (9)**, moderner Betonkomplex mit sachlich-schlichter Eleganz, Parkplatz. DZ mit Frühstück ca. 100–170 €. Viale Vespucci 23, ✆ 0541/51180, ✆ 51202, www.hotelpolo.com

*** **Biancamano (2)**, wenige Meter vom Grand Hotel mit Blick auf selbiges, gemütliches Haus mit Pool und Parkplatz. VP pro Pers. ca. 51–92 €. Marina Centro, Via Cappellini 1, ✆ 0541/55491, ✆ 55252, www.maximilianshotels.it/biancamano

Auf der Piazza Cavour im Centro storico

*** **Villa Lalla (10)**, etwas zurück vom Meer. Komplett renoviert, moderne Zimmer mit TV, Restaurant (Juni bis Sept.). DZ mit Frühstück ca. 52–92 €. Marina Centro, Viale Vittorio Veneto 22, ✆ 0541/55155, ✆ 23570, www.villalalla.com

*** **John**, modernes Haus in zweiter Reihe, ordentlich ausgestattete Zimmer mit Balkons, ganz oben schöner Blick über die Dächer aufs Meer. Disco Carnaby Club liegt um die Ecke. Parken vor dem Hotel möglich. DZ ca. 60–100 €. Marebello, Via delle Colonie 5/Ecke Via Mantova (Busstopp 25), ✆ 0541/370668.

* **Villa Neri**, wenige Schritte vom Meer, ordentliche Zimmer mit eigenem Bad. DZ ca. 40–60 €. Miramare, Via R. Serra 31 (Busstopp 20), ✆ 0541/381127, E-Mail: villaneri@libero.it

• *Jugendherbergen* **Jammin' Rimini (22)**, zentrale Lage in Marina. Eine frühere Pension wurde umgebaut, auf 4 Stockwerken 55 Betten in 15-Bett-Räumen und 2/4-Bett-Zimmern, teils mit eigenem Bad, teils Etagendusche. Pro Pers. je nach Saison 11–19 €, im Familienzimmer 13–21 €. Viale Derna 22, ✆ 0541/390800, ✆ 390800, www.hosteljammin.com

Sunflower Beach Backpacker Hostel Rimini, Ortsteil Marebello. Modernes Hostel mit Schlafsälen, Einzel- und Doppelzimmern, alle mit eigenem Bad. Bar mit „Chill-Out-Area", Internet-Point, Leseecke, Sat-Fernsehsaal mit Video/DVD, Billard, Tischfußball, Gemeinschaftsküche u. m. Kostenloser Strandzugang in 300 m Entfernung. Preise auf Anfrage. Via Siracusa 25, ✆ 0541/373432, ✆ 373432, www.sunflowerhostel.com

• *Camping* **Maximum**, großer Platz an der Küstenstraße in Miramare, im südlichen Stadtbereich von Rimini, etwa 7 km vom Zentrum (aus allen Richtungen sehr gut beschildert). Das baumbestandene und schattige Gelände besteht aus zwei getrennten Platzbereichen, die beide im Sommer extrem überfüllt sind. An der Rezeption internationale Crew mit Sprachkenntnissen. Busse 10/11 pendeln in die Stadt (11 auch nach Riccione), Haltestelle 33 genau gegenüber vom Eingang. Bar/Ristorante. Der Platz wird die ganze Nacht über bewacht. Mitte Mai bis Sept. ✆/✆ 0541/372602, www.campingmaximum.com

Italia, schattiger Wiesenplatz in Viserba, 4 km nördlich vom zentralen Bereich der Marina. Bus 4 und 4a pendeln ins Stadtzentrum (Bahnhof bzw. Piazza Tre Martiri), Haltestelle 14 vor dem Eingang. Große Bar mit Pizzeria, warme Dusche ohne Aufpreis, besonderer Pluspunkt ist der „free beach". Mitte Mai bis Sept. ✆ 0541/732882, 📠 732322, www.campingitaliarimini.it

Essen & Trinken (siehe Karte S. 228/229)

Im Strandbereich wenig Niveau, oft Massenabfertigung, manchmal Nepp. Nach dem Essen spielt sich hier die große Straßenshow ab. In der Altstadt isst man mit mehr Flair.

• *Altstadt* **Il Mare in Piazza (12)**, neu an der Oberkante der Piazza Cavour und hübsch zum Sitzen. Wie der Name verrät Meeresküche, Risotto etc. Via Poletti 8, ✆ 0541/780423.

La Bussola (13), sympathisches, von einer jungen Crew geführtes Lokal, reichlich Pizza und sogar Gerichte für Vegetarier. Via Sigismondo 39, ruhige Seitengasse gegenüber der Kirche Sant'Agostino, um die Ecke von der Piazza Cavour. ✆ 0541/785546.

TIPP! **Pic Nic (16)**, seit 1965, hübsch und gemütlich aufgemachtes Ristorante mit viel originellem Dekor, hinten auch ein Garten. Großes Buffet und umfangreiche Speisekarte. Mo geschl. Via Tempio Malatestiano 30, ✆ 0541/21916.

Dallo Zio (21), winziges gepflegtes Lokal in der Nähe des Augustusbogens. Man isst stilvoll und wird freundlich bedient. Reine Meeresküche, interessant die verschiedenen Pastavariationen mit Muscheln, Fischsauce etc., Spezialität das *tritto misto di pesce e verdure*. Mi geschl. Via Santa Chiara 16, ✆ 0541/786747.

Taj Mahal (18), großes indisches Lokal schräg gegenüber vom Hotel Giulio Cesare. Via Battarra 16.

• *Borgo San Giuliano* Wenn man vom Zentrum aus auf dem Ponte di Tiberio (→ Sehenswertes) den Fluss Marecchia überquert, kommt man in dieses ehemalige Fischerviertel mit einer Reihe interessanter Lokale.

Osteria de Börg (1), gemütlicher Innenraum, einige Tische auch im Freien. Fantasievolle Küche, die sich an der Tradition orientiert, hervorragend die Nudeln aus eigener Produktion, Fleisch vom offenen Grill. Werktags nur abends, an Festtagen auch mittags. Mo geschl. Via Forzieri 12, ✆ 0541/56074.

Il Lurido (3), angesagtes Fischlokal mit Sitzplätzen im klimatisierten Innenraum, raffinierte und leckere Küche, eher teuer. Piazzetta Ortaggi 7, ✆ 0541/24834.

• *Marina* **Taverna degli Artisti (5)**, ordentliches Restaurant mit vielfältiger regionaler Küche. Bis spät nachts geöffnet. Mi geschl. Marina Centro, Viale Amerigo Vespucci 1, beim Kreisverkehr an der Piazza Federico Fellini, ✆ 0541/28519, www.tavernadegliartisti.com.

Cantina da Ugo (6), wenige Meter weiter, anständige Küche, freundliche und lockere Bedienung, ein wenig verkehrsgeschädigt. Marina Centro, Via Beccadelli 7/9, ✆ 0541/21783.

Embassy (11), elegantes Lokal auf 2 Stockwerken, angeschlossen eine große Disco. Mo geschl. Marina Centro, Viale Amerigo Vespucci 35, ✆ 0541/52290.

Chi Burdlaz (15), „Osteria e cucina" am zentralen Laufsteg der Massen, opulent aufgemacht, viel Licht und Dekor. Marina Centro, Viale Amerigo Vespucci 63, ✆ 0541/709900.

La Botte (19), Außenplätze zum Verkehr hin abgeschirmt, Fisch und Pizza. Marina Centro, Viale Amerigo Vespucci 5/b, ✆ 0541/387849.

Osteria del mare, eins der beliebtesten Fischlokale, seit 1946 direkt am Strand. Marebello, Via Regina Margherita 77, ✆ 0541/375851.

• *Außerhalb* TIPP! **Il Baretto della Buona Piadina**, Gartenlokal in Covignano am Hügel unterhalb der Disco Paradiso (→ Nachtleben), bei Mama Ilde gibt's hervorragende heiße *piadine* (Fladenbrote) – der Tipp nach dem Discovergnügen, aber auch am frühen Abend. Via Covignano 245, ✆ 0541/753274.

• *Cafés/Bars* **Gelateria Nuovo Fiore**, riesiges Eiscafé mit viel Chrom und Sorten wie Sand am Meer von Rimini. Viale Amerigo Vespucci 7, Nähe Piazza Federico Fellini, Zweigstelle auch im nahen Riccione (→ dort).

Pascucci (7), nettes Straßencafé, wo man gemütlich in weichen Ledersofas lümmeln kann. Viale Amerigo Vespucci 3.

• *Selbstversorger* **Mercato Centrale Coperto**, der große städtische Markt liegt schräg hinter dem Tempio Malatestiano.

Nachtleben

Das Nachtleben Riminis ist das heißeste Europas. Noch vor Mallorca und Ibiza, allerdings konsequent auf den Hochsommer beschränkt, vorher und nachher läuft vieles nur auf Sparflamme. Vor allem in *Marina Centro* geht es rund. Der parallel hinter der breiten Uferstraße verlaufende *Viale Amerigo Vespucci* und die südliche Fortsetzung *Viale Regina Elena* fungieren als nächtlicher Laufsteg, die Kneipen, Pubs und Diskotheken gehen allein hier in die Hunderte. Das Zentrum des Trubels erstreckt sich vom Parco Federico Fellini etwa 2 km Richtung Süden, aber auch weiter südlich gibt es immer wieder Ballungszonen bis zum Campingplatz. Die ganz großen Topdiscos liegen in den Bergen des Hinterlands.

Wer kein eigenes Verkehrsmittel hat und nicht laufen will, kann bis etwa 1 Uhr morgens bequem mit den Bussen 10 und 11 hin- und herpendeln, die Stationen sind nach Nummern benannt. Mitte Juli bis Ende August machen die Busse der *Blue Line* ab etwa 22 Uhr bis in die frühen Morgenstunden etwa alle 30 Minuten eine Rundtour zu zahlreichen Clubs, Pubs und Diskotheken von Torre Pedrera bis Riccione. Start ist beim Rockisland auf der Kanalmole, Kostenpunkt ca. 3 €.

Für alle Nachteulen hier ein warnendes Statement der Tourismusbehörde von Rimini: „Die Leute gehen um 10 Uhr vormittags ins Bett und stehen um 5 Uhr nachmittags auf – viele kommen blass hier an und fahren nach drei Wochen leichenblass wieder zurück".

• *Diskotheken* Eintritt je nach Marktlage, meist um die 15–30 € (inkl. ein Getränk), in der Nebensaison gelegentlich frei. Außerhalb Juli/Aug. machen viele Discos nur am Wochenende auf. Auf den Straßen werden Flyer verteilt, mit denen man Ermäßigung bekommt.

Embassy, edel aufgemachte Disco mit Garten und oft Livemusik, ganz zentrale Lage, Platz für 1000 Personen. Ganzjährig. Viale Vespucci 33 (Busstopp 11), ✆ 0541/23934.

Carnaby Club, einer der „In"-Treffs an der Marina, 3 Tanzflächen übereinander, es geht rund, fröhliche Atmosphäre. Rivazzurra, Viale Brindisi 30 (Busstopp 26), ✆ 0541/373204.

Blow Up, kleinere, aber recht beliebte Disco, Szenetreff. Ganzjährig. Bellariva, Viale Regina Elena 209 (Busstopp 21), ✆ 0541/386060, www.blowupdisco.it

Altavista, ideal für Camper, die nicht weit laufen wollen, Camping Maximum ist nur 5 Min. entfernt. Junges Publikum, Techno. Miramare, Viale Principe di Piemonte 2 (Busstopp 31), ✆ 0541/372183.

Paradiso, in den Pinienhügeln über der Stadt, bereits seit den 1960er Jahren eine der beliebtesten Discos, Platz für bis zu 2000 Besucher, auch Open Air. An-/Abfahrt mit Blue Bus oder Taxi, ein hauseigener Bus steht ebenfalls zur Verfügung. Ganzjährig. Via Covignano 260, ✆ 0541/751132, www.paradisoclub.it

Weitere Discos → Riccione.

• *Treffs* **Rockisland**, tolle Lage an der Spitze der Kanalmole, große Bar mit DJ's und Livebands, kein Eintritt, aber Getränkepflicht. Piazzale Boscovich, Molo di Levante, ✆ 0541/50178.

Rock House Club, großer Pub mit Rock live. Marebello, Via Nervi 10, ✆ 340-8945549, www.rockhouseclub.it

Rose & Crown, seit 1964 und damit der älteste Pub Riminis. Via Regina Elena 2, ✆ 0541/391398.

The Barge, Irish Pub mit Livemusik, großem Bierangebot und ethnischer Küche. Lungomare Tintori 13, ✆ 0541/22685.

• *Im Centro Storico* Auch in der Altstadt sind um die Pescheria an der Piazza Cavour diverse Trendlokale entstanden, z. B. das **Casablanca** und das **Caravaggio**.

Sport

Jede Menge Möglichkeiten, detaillierte Hinweise und viele weitere Adressen in den entsprechenden Broschüren vom Informationsbüro.

• *Baden* Der kilometerlange Strand ist eine einzige gigantische Sonnenschirmparade, mehr als 140 durchnummerierte Badeanstalten bieten identischen Service an. Gebühren pro Tag: Liegestuhl (lettino), Sonnenschirm (ombrellone), Strandkabine (cabina) und warme Dusche in den hinteren Reihen 9–14 €/Tag, vorne 10–16 €, bei Wochenmiete Rabatt. Frei zugängliche Strandpartien liegen in der Nähe des Hafens und in Miramare bei der Mündung des Rio Marano. An kühlen Tagen wird der Strand zur riesigen Spazierzone, schwarze Verkäufer bieten Schmuck und Souvenirs an.

• *Wassersport* **Ruder/Tretboote** kosten ca. 7–8 €/Std.

Surfschulen gibt es an verschiedenen Stellen des Strandes (z. B. Bagno 8, 36 und 62), Brettverleih ca. 16 € für halben Tag, Kurs ca. 90 €.

Segelkurse im Club Nautico, Piazzale Boscovich 12, ✆ 0541/26520.

Ruderverein (Canoa Club Rimini), Via Valturio 38, c/o Cooperativa La Romagnola, ✆ 0541/741321.

• *Landsport* Die **Fahrraddroschken** (riscio oder ciclocarrozzelle), die überall vermietet werden, kosten pro Std. ca. 7 € (Zweisitzer) bzw. 12 € (Viersitzer). Außerdem gibt es zahlreiche **Mountainbike-Verleiher** vor Ort.

Minigolf in Riccione an der Via Torino/Ecke Via Bernini, ✆ 0541/691764.

Reiten, Club Ippico Riminese La Fenice, Via Secchiano 34, ✆ 0541/727792.

Rimini Golf Club, Via Tenuta Amalia 109, Villa Verucchio. Der Golfplatz im Hinterland von Rimini bietet einen schönen Blick auf die historischen Orte Verucchio, Torriana und San Leo sowie auf San Marino. 18-Loch-Profianlage, 7-Loch-Platz für Anfänger, dazu die Golf Academy, ein fast vollständig bewässerter und gut beleuchteter Übungsplatz mit 100 Anschlagplätzen (davon 25 überdacht). Im hübschen Clubhaus kann man die Gerichte der Romagna kosten. ✆ 0541/678122, 📠 670572, www.riminigolf.com

Strandleben

Rollschuhlaufen, Garden Sporting Center, Via Euterpe 7, ✆ 0541/774230.

Außerdem natürlich **Tennis**, **Squash** u. v. m.

Emilia-Romagna

Vergnügen/Feste/Veranstaltungen

Riesenangebot aller Art im ganzen Großraum um Rimini, auch in den Dörfern im Hinterland: Konzerte, Folklore, historische Festspiele, Märkte u. v. m. Detaillierte viersprachige Hinweise im Veranstaltungskalender *La Festa*, erhältlich in den Tourist-Büros.

• *Italia in Miniatura* in Viserba, einem nördlichen Vorort von Rimini. Vergnügungspark in Form des italienischen Stiefels, in dem originalgetreu verkleinert die Modelle von 200 berühmten Monumenten des Landes stehen. Dazu kann man Bötchen, Einschienenbahn und Gokart fahren. Eintritt je nach Saison ca. 9–16 €, Kinder 6–12 €. April bis Okt. tägl. 9 Uhr bis Sonnenuntergang, Juli/Aug. bis 24 Uhr. ✆ 0541/732004, www.italiainminiatura.com

• *Fiabilandia* in Rivazzurra an der SS 16. Fabelland, in dem der Grand Canyon, das Schloss des Zauberers Merlin, ein Märchensee und Ähnliches mehr zu bewundern sind. Eintritt ca. 17 €, Kinder und Senioren über 65 J. 12 €. April bis Okt. tägl. 10–18 Uhr, Juli/Aug. bis 24 Uhr, ✆ 0541/372064, www.fiabilandia.it.

• *Feste/Veranstaltungen* Riesenangebot aller Art im ganzen Großraum um Rimini, auch in den Dörfern im Hinterland: Konzerte, Folklore, historische Festspiele, Märkte u. v. m. Detaillierte viersprachige Hinweise im Veranstaltungskalender „La Festa“, erhältlich in den Tourist-Büros.

> Mit einer gelösten Eintrittskarte in **Italia in Miniatura** und **Fiabilandia** (Rimini) sowie **Aquafan** und **Delphinarium** (Riccione) erhält man Rabatt bei den anderen dreien.

Der Arco d'Augusto am Ende der Via Flaminia

Sehenswertes

Rimini wurde in Mittelalter und Renaissance vom Fürstengeschlecht der Malatesta beherrscht. Größte Sehenswürdigkeit ist der Tempio Malatestiano, eine gotische Kirche, die während der Renaissance völlig umgestaltet wurde.

Mittelpunkt der Altstadt ist die weite, offene *Piazza Tre Martiri*, von der die Straßen kreuzförmig in vier Richtungen gehen. Richtung Osten kommt man zum Tempio Malatestiano und zum Bahnhof, nach Süden geht's zum römischen Triumphbogen Arco d'Augusto und im Norden führt die Einkaufsstraße Corso d'Augusto zur historischen Piazza Cavour.

Tempio Malatestiano: Massiger Baukörper aus fast weißem Kalkstein, die Front ist dem Augustusbogen am Südostrand der Altstadt nachgebildet, rundum laufen große Rundbögen, die heute zugemauert sind. Die ursprüngliche Franziskanerkirche wurde im 15. Jh. vom Despoten *Sigismondo Malatesta* zu einem Ruhmestempel für sich und seine Familie umfunktioniert. Der immens große, einschiffige Innenraum vermittelt etwas von dem Machtanspruch dieses skrupellosen Gewaltmenschen, der Rimini groß gemacht hatte, aber wegen seiner zahlreichen Gräueltaten von Papst Pius II. exkommuniziert wurde. Die aufwendigen Seitenkapellen sind z. T. Grabmale, so die zweite Kapelle rechts das Grab der *Isotta degli Atti*, der Mätresse und späteren dritten Ehefrau Sigismondos. Die verschlungenen Initialen der beiden (S und I = $) sind überall in der Kirche zu finden, ebenso wie der Elefant, das Wappentier der Malatesta. Ein Holzkreuz von *Giotto* in der gleichen Seitenkapelle gehört zu den größten Kunstwerken der Kirche, ebenso ein Fresko von *Piero della Francesca* in der ersten Kapelle rechts.

Öffnungszeiten/Preise tägl. 7.30–12.30, 15.30–18 Uhr.

Piazza Cavour und Umgebung: Sehr harmonische Piazza, vor allem abends, wenn im dezenten Flutlicht die Bewohner von Rimini zum Plausch angeradelt kommen.

Die nördliche Längsseite wird von drei wehrhaften Palazzi gebildet, darunter der *Palazzo dell'Arengo* in der Mitte. Vom malerischen *Brunnen* mit seinem tannenzapfenförmigen Aufsatz trinkt man seit Jahrhunderten, während Papst Paul V. auf seinem Denkmalsockel sitzt. An der südlichen Längsseite liegt die *Pescheria*, der alte Fischmarkt mit langen Reihen von Verkaufstischen aus Marmor.
Wenige Schritte hinter dem Teatro Comunale an der oberen Platzseite kommt man zur *Rocca Malatestiana*, erbaut im 15. Jh. unter Sigismondo. Das früher hier untergebrachte *Museo Dinz Rialto*, eine reiche völkerkundliche Ausstellung außereuropäischer Kulturen, zieht derzeit um.
Das *Museo della Città* findet sich nördlich der Piazza Cavour in einem ehemaligen Jesuitenkollegium, Via Tonini 1. In 40 Sälen reichhaltige Sammlung von der römischen Antike bis ins 19. Jh.: Skulpturen, Keramik, Mosaike, Gobelins und zahlreiche Gemälde.

Öffnungszeiten/Preise **Museo della Città**, Mitte Juni bis Mitte Sept. Di–Sa 9–13.30, 16.30–19.30 Uhr, So 16.30–19.30 Uhr, Mo geschl., übrige Zeit Di–Sa 8.30–12.30, 17–19 Uhr, So 16–19 Uhr, Eintritt ca. 4 €.

Ponte di Tiberio: Die fünfbogige Brücke über den Fluss Marecchia wurde 14–21 n. Chr. als Beginn der Via Emilia durch die Poebene nach Mailand erbaut. Sie verbindet die Altstadt mit dem volkstümlichen Viertel *Borgo San Giuliano*, wo man noch einige gute alte Trattorie findet (→ Essen). Landeinwärts der Brücke wurde der Fluss gestaut und stattdessen der große *Parco XXV Aprile* angelegt – ein perfektes Grünareal direkt neben der Stadt.

Arco d'Augusto: Der älteste aller römischen Triumphbögen, 27. v. Chr. zu Ehren von Kaiser Augustus als Endpunkt der Via Flaminia von Rom errichtet, steht etwas einsam und verlassen am südöstlichen Ausgang der Altstadt.

Museo Fellini: Die Schau zum Werk und Leben des Regisseurs wurde 2003 von der Fondazione Fellini in der Via Oberdan 1 eröffnet – Kostüme, Fotos, Zeichnungen, Filmskripte und Szenendarstellungen, dazu wechselnde Ausstellungen.

Öffnungszeiten Di–So 16.30–19.30 Uhr, Sa/So 10–12, 16.30–19.30 Uhr, Mo geschl. Eintritt frei. ✆ 0541-50303, www.federicofellini.it

Grab Fellinis: Der Friedhof liegt im Ortsteil Rivabella, Piazzale Bartolani. Gleich nach dem Eingang erkennt man das Grab an seinen zwei großen, schiffsbugartig geformten Flügeln, die in der Mitte einen schmalen Spalt lassen. Der Bildhauer Arnaldo Pomodoro formte dieses Sinnbild für das Schiff der Träume und die Reise ins Ungewisse, die allen Filmen Fellinis zugrunde lag. Mit ihm ruhen hier seine Lebensgefährtin und sein Sohn, der 1945 im Alter von elf Wochen starb.

Das Grab Fellinis

Emilia-Romagna

Südlich von Rimini

Die Reihe der Badeorte setzt sich noch bis Gabbice Mare fort, dort beendet ein Küstengebirge die touristische Expansion in der Ebene.

Riccione (ca. 33.000 Einwohner)

Endlos ausufernder Hotel-, Ristorante- und Strandkomplex, mit Rimini zusammengewachsen, aber doch anders. Riccione besitzt viel Grün, eine breite, mondän aufgemachte Fußgängerzone, exklusive Läden und gewissen Chic.

Im Gegensatz zum volkstümlichen Rimini, wo sich wirklich jeder und alles tummelt, kann man in Riccione auch heute noch den Stil eines gehobenen Seebades verspüren. Viele wohlhabende Italiener verbringen hier regelmäßig ihre Ferien und auch für Familien ist das eher ruhige und gediegene Ambiente gut geeignet. Dass einst auch der Duce hier regelmäßig zur Sommerfrische weilte, tut dem keinen Abbruch. Für Ablenkung ist reichlich gesorgt: Am Viale Torino 16 gibt es ein *Thermalbad* und am Lungomare ein *Delphinarium*, weiterhin im Hinterland den riesigen Wasservergnügungspark *Aquafan*, der größte Europas, und gleich nebenan seit 2004 den ultramodernen Themenpark *Oltremare* (www.oltremare.org), wo man eine Reise ins Innere der Erde und in die Weltmeere erleben kann, auch ein IMAX-Kino gehört dazu.

• *Information* **Palazzo del Turismo**, Piazzale Ceccarini 10. Tägl. 8–20 Uhr. ✆ 0541/693302, ℻ 605752, www.riviera.rimini.it

• *Übernachten* Zahllose Möglichkeiten in allen Preisklassen.

**** **Sixty Hotel**, ganz zentrale Lage, brandneues Haus für die Unter-Dreißig-Generation, erst 2006 eröffnet. Alle 40 Räume sind bunt und fantasievoll mit Werken moderner Kunst ausgestattet, dazu gibt es TV und Internetanschluss. Via Milano 54, ✆ 0541/697851, ℻ 475540, www.sixtyhotel.com

*** **Ambassador**, modernes und gepflegtes Haus südlich vom Zentrum, Zimmer mit TV, 150 m zum Strand, Swimmingpool, Parkplatz. HP pro Kopf ca. 44–72 €. Via N. Bixio 18, ✆ 0541/600861, ℻ 600751, www.ambassadorhotel.net

** **Colombo**, einfache, aber gemütliche Pension mit Ristorante und kostenfreier Garage, dazu Fahrradverleih und eigener Strandbereich. DZ mit Frühstück ca. 60–95 €. Viale Ceccarini 108, am Ende der Fußgängerzone kurz vor der Bahnlinie, ✆ 0541/692730, ℻ 693868, www.hotelcolombo.com

Am südlichen Ortsausgang bieten 3 Zeltplätze große Wiesenflächen unter schattigen Bäumen: **Camping Riccione** mit Pool (www.campingriccione.it) und die 2 einfachen Plätze **Adria** (www.campingadria.com) und **Fontanelle** (www.camping fontanelle.net).

• *Essen & Trinken* **Sol y mar**, beliebtes Strandrestaurant an der frei zugänglichen Spiaggia Rio dell'Asse. Einst nur ein einfacher Kiosk, heute wird gute romagnolische Küche geboten, Tipp sind die *gamberi alla greca*. Viale Gabriele d'Annunzio 190, ✆ 0541/648528.

• *Bars/Cafés* **Green Bar** und **Blue Caffé**, die Marktführer in der Fußgängerzone, elegant, weit und offen.

Makkaroni, schick und zentral, beliebter Szenetreff nach Discoschluss. Viale Dante 48, ✆ 0541/603848, www.makkaroni.it

Caffè del Porto, angesagter Treff für einen „Aperitivo" an der Durchgangsstraße Richtung Rimini. Viale Gabriele d'Annunzio 4, ✆ 0541/644152.

Hakuna Matata, tagsüber Badezone, abends ebenfalls ein bevorzugter Spot für einen Aperitif, später Disco. Das Café Hakuna Matata bietet Bar- und Ristorantebetrieb nah am Meer. Viale Gabriele d'Annunzio, ✆ 0541/641203.

TIPP! **Nuovo Fiore**, am Beginn der Fußgängerzone, größte Gelateria der Adria, Sortenvielfalt über Dutzende von Metern.

• *Nachtleben* Wie in Rimini riesiges Angebot an Discos, die größten liegen im Hinterland. Mit dem Blue Bus kann man auch von und nach Rimini pendeln.

Pascià Disco Club, 2004 nach längerer Schließung wieder eröffnet und seitdem

Im Hafen von Cattolica

ein Star der Szene. Mit Restaurant, Freilufttanzfläche und Pool. Via Sardegna 30, ✆ 0541/604207.

Walky Cup by Aquafan, im Hinterland von Riccione, Via Pistoia, größte Disco am Ort, fasst bis zu 4000 Besucher, mit zahlreichen Tanzflächen (auch Open Air) und mehreren Swimmingpools. ✆ 0541/603050.

Cocoricò, im Hinterland vom Nachbarort Misano Adriatico. Gilt als der flippigste Club am Ort und ist landesweit berühmt, 4 Tanzflächen, bis zu 3000 Leute passen rein, nur am Wochenende offen. Misano Monte, Via Chieti 44, ✆ 0541/605183, www.cocorico.it

Byblos, ebenfalls seit Langem sehr angesagt, Platz für 2000 Gäste, Pool und 3 Tanzflächen, darunter ein Außentanzbereich. Misano Monte, Via Pozzo Castello 24, ✆ 0541/690252, www.byblosclub.com

▸ **Misano Adriatico**: lang gestreckte, wenig attraktive Badestadt mit schnurgeraden Straßen. Am südlichen Ortsende (kurz vor Cattolica) die Campingplätze „Misano Adriatico“ und „Conca d'Oro“.

Cattolica (ca. 16.000 Einwohner)

Der große beliebte Badeort liegt mit seinem schönen langen Lungomare und dem geschäftigen Fischereihafen an der Grenze zur Region Marken.

Der historische Kern befindet sich in leichter Hügellage etwas landeinwärts vom Meer, die mondäne Fußgängerzone Viale Bovio stellt von dort die Verbindung zur Piazzale 1°Maggio her, die direkt am Strand liegt und Ausgangspunkt des Lungomare Spinelli ist, der sich weit nach Osten zieht. Der schmale Fluss *Tavollo* trennt Cattolica vom benachbarten Gabbice Mare (→ S. 253), das bereits in den Marken liegt – über eine originelle Schwenkbrücke für Fußgänger kann man hinübergelangen, dort liegt auch der alte Fischerhafen.

Überreste einer *römischen Villa* gibt es an der Via Carlo Marx, ein *Archäologisches Museum* auf der Piazza della Repubblica. Bus 124 pendelt über Riccione bis Rimini.

• *Information* **IAT**, Via Matteotti 46, ✆ 0541/9 63341, 📠 963344, E-Mail: iat@cattolica.net

• *Übernachten* **** **Kursaal**, elegantes Haus in privilegierter Lage, HP ca. 65–105 €. Piazzale 1°Maggio, ✆ 0541/962305, 📠 962414, www.kursaalhotel.it

Zahlreiche weitere *** Hotels reihen sich am östlich anschließenden Lungomare, z. B. **Spiaggia**, **Bellevue**, **Prestige** und **Luxor Beach**.

• *Essen & Trinken* Die beiden Restaurants **Faro** und **Levante** liegen direkt an der Mündung des Tavollo, bieten leckere „cucina marinara" und sind hübsch zum Sitzen.

TIPP! **Malindi Beach Club**, Strandbad im afrikanischen Stil mit Palmwedelschirmen, Rundhütten und Zelten – tagsüber in der Sonne faulenzen, abend einen Aperitif, später Disco bis zum Morgengrauen – im Sommer 24 Std. lang geöffnet. Oasi del Conca (Parco Le Navi Cattolica), ✆ 335-224458.

Rimini/Hinterland

Mal raus aus dem Rummel, die „Entroterra" Riminis bietet einiges, nicht nur das völlig überlaufene San Marino. Fast jede Hügelspitze krönen die Burgen der Malatesta, die jahrhundertelang die Region um Rimini beherrschten. Tipps für Radtouren bieten die Informationsbüros.

Valmarecchia (Marecchia-Tal)

Entlang dieses reizvollen Tales kommt man rasch ins üppig grüne Hügelland, wo nur noch wenige Touristen anzutreffen sind. Weitab vom Rummel an der Küste haben sich hier zahlreiche Künstler niedergelassen, darunter der bekannte Literat und Maler Tonino Guerra, der viele Orte mit seinen Kunstwerken geschmückt hat.

Santarcangelo di Romagna (ca. 18.000 Einwohner)

Malerisches Städtchen kaum 10 km von der Küste, auf einem Hügel über dem Zentrum thront eine Malatesta-Burg. Bekannt ist Santarcangelo für sein großes Theaterfestival im Juni – zehn Tage mit Freiluftveranstaltungen auf den Plätzen der Altstadt.

Es gibt einiges zu sehen. Hochinteressant ist zunächst in der Nähe vom Hauptplatz Piazza Ganganelli, am Ende der Via Denzi/Ecke Via Cesare Battisti, die *Stamperia Marchi* von Alfonso Marchi. Eine schwere Steinpresse aus dem 17. Jh., bewegt durch ein großes Tretrad, presst grobes Leinen glatt, danach werden die Tuche wie vor 300 Jahren mit Stempeln per Hand bedruckt.

Faszinierend sind ferner die weitläufigen *Tuffgrotten* unter der hübschen Altstadt, die den Hang des Burgbergs wie einen Schweizer Käse durchlöchern. Mehr als 100 Höhlen sind es, die in drei Etagen übereinanderliegen. Entstehungsgeschichte und Ursache für ihren Bau sind gänzlich unbekannt, früher wohnte man darin, heute lagern die Einwohner hier ihren Wein. Ein Stück weit kann man sie besichtigen, Eingang an der Piazza delle Monache am Aufgang zur Burg.

Anschließend steigt man auf der „scalinata delle monache" zum Burghügel hinauf, wo man im mittelalterlichen Viertel mit idyllisch-schmalen Gassen und niedrigen, blumengeschmückten Backsteinhäusern schön bummeln kann. Auf der Piazza Galassi steht der 20 m hohe Stadtturm *Torre del Campanone*. Die Burg *Burg Rocca Malatestiana* ist in Privatbesitz, kann aber von Juni bis September besichtigt werden.

Nördlich der Durchgangsstraße SS 9, etwas außerhalb vom Zentrum, gibt es in der Via Montevecchio 41 ein ethnografisches Museum zur Romagna, das *Museo degli Usi e Costumi della Gente di Romagna*.

Südlich von Cattolica wird die Adria abwechslungsreich und hügelig (hier: bei Sirolo am Monte Conero)

• *Öffnungszeiten/Preise* **Stamperia Marchi**, 9–12.20, 16–19.30 Uhr (Winter 15.30–19 Uhr), Do Nachmittag und So geschl, Eintritt ca. 1 €.
Grotte Tufacee, Anmeldung beim Informationsbüro, Eintritt mit Führung ca. 3 € (mit Stadtführung 4 €).
Rocca Malatestiana, im Sommer jeden ersten Sa im Monat 13.30–17.30 Uhr, Eintritt ca. 3 €.
Usi e Costumi della Gente di Romagna, Juni bis Mitte Sept. Di–Sa 9–12 Uhr, Di, Do, Sa und So 16–19 Uhr, übrige Zeit Di–Sa 9–12 Uhr, Di, Do, Sa und So 15–18 Uhr; Eintritt ca. 2,60 €.

• *Information* **Pro Loco** in der Via Cesare Battisti 5. Tägl. 9.30–12.30, 16–19.30 Uhr (Winter 15–18.30 Uhr). ✆ 0541/624270, 📠 356300.

• *Essen & Trinken* TIPP! **La Sangiovesa**, große, populäre Osteria mit Restaurant auf der malerischen Piazza Balacchi in der Altstadt (Nähe Aufstieg zur Burg). Die Räumlichkeiten des großen mittelalterlichen Hauses wurden von Tonino Guerra gestaltet. In der Osteria gibt es herzhafte Imbisse mit *piadine* (Fladenbrot), aber auch leckere Nudelgerichte, im Restaurant wird gute regionale Küche serviert. Nur abends, Mo geschl. ✆ 0541/620710.
Del Campanone, Osteria am Burghügel, direkt am Fuß des Glockenturms. Kleine, ruhige Terrasse mit Blick über die Dächer. Mo geschl. Piazzetta Galassi 8.

• *Shopping* Fr großer **Markt** auf der zentralen Piazza Ganganelli.

▶ **Verucchio**: mittelalterliches Hügeldorf mit einer Malatesta-Burg am höchsten Punkt, die als Stammsitz der Sippe gilt, erbaut 1212–1312. Ein *Archäologisches Museum* in der Burg zeigt reiche Grabfunde aus dem 1./2. Jt. v. Chr. Von der Terrasse der „Osteria del Porto del Sasso“ am östlichen Ortsausgang genießt man einen Panoramablick über die Küstenebene bis zum Meer.
Einen ebenso schönen Ausblick hat man im nahen *Torriana* von der empfehlenswerten „Osteria del Povero Diavolo“, Via Roma 30 (Mi geschl.).
Öffnungszeiten/Preise **Archäologisches Museum**, tägl. 10–12.30, 14.30–19 Uhr. ✆ 0541/670280.

Valconca (Conca-Tal)

Die Conca mündet bei Cattolica ins Meer, von Rimini ist das Tal über Coriano zu erreichen. Hauptort ist Morciano di Romagna, reizvolle Ziele sind Montefiore Conca und Gemmano mit seiner Grotte.

▶ **Saludécio**: mittelalterliches, von einer Stadtmauer umgebenes Hügeldorf im Grenzgebiet zwischen Romagna und Marken, ca. 16 km südwestlich von Cattolica. Jedes Jahr Anfang August findet hier neun Tage lang das reizvolle *Ottocento Festival* statt: Konzerte, Tanz, Verkaufsstände aller Art, Gaukler, Straßenmusikanten ... das ganze Dorf wird zur Freilichtbühne. Kostenloser Bustransfer ab Cattolica.

▶ **Montefiore Conca**: Die alte Hauptstadt des Tals ist eines der malerischsten Burgdörfer Italiens und gehört zu den „borghi più belli d'Italia“ (www.borghitalia.it). In den engen Gassen gibt es noch einige Töpfereien, die nach jahrhundertealten Motiven formen. Die eindrucksvolle *Rocca Malatestiana* thront über dem Ort, aus der quadratischen Basis ragt ein mächtiger, vieleckiger Bau mit schweren Mauern. Herrlich ist der Blick von hier oben bis zur Küste.
Öffnungszeiten **Rocca Malatestiana**, Mai bis Sept. tägl. 10–12, 15–19 Uhr, übrige Zeit So 10–12, 14.30–18.30 Uhr.

▶ **Grotte di Onferno**: Bei *Gemmano*, ca. 25 km von Rimini, liegt diese mächtige Tropfsteinhöhle im Karst, entstanden durch die Auswaschungen eines unterirdischen Flüsschens.

• *Öffnungszeiten/Preise* Besichtigung mit Führung Mitte Juni bis Anfang Sept. tägl. 11, 15.30 und 17 Uhr, Juli/Aug. zusätzlich Sa/So um 22.30 Uhr, April, Mai, erste Junihälfte und zweite Septemberhälfte Sa/So 15–18 Uhr, Okt. bis März So 15–18 Uhr. Rundgang dauert ca. 1 Std. ✆ 0541/984694, www.grottedionferno.it

Burgzinnen wie in Disneyland – San Marino, die älteste Republik der Welt

Repubblica di San Marino

Der imposante Fels des Monte Titano beherrscht die hügelige Landschaft geradezu. Auf seinem Rücken bilden drei Türme – die Wahrzeichen von San Marino – eine markante Silhouette, drum herum erstrecken sich die bescheidenen 61 km² dieses einzigartigen Staates.

Von La Rocca, einem der drei Türme, überblickt man nahezu das gesamte Staatsgebiet der ältesten Republik der Welt: die „Hauptstadt" San Marino und umliegende Dörfer, Pinienwälder und grüne Wiesen. Bei guter Sicht reicht der Blick sogar bis an die Küste Riminis.

San Marino zieht jährlich etwa drei Millionen Besucher an. Man kommt zum Sightseeing und billigen Shoppen (keine Mehrwertsteuer), entsprechend dicht gedrängt geht es in den schmalen und steilen Gassen der Stadt am Hang zu. Der Tagestourismus boomt im Zwergstaat und stellt mittlerweile die wichtigste Einnahmequelle seiner Einwohner, der etwa 26.000 *Sammarinesi,* dar. Leder- und Elektronikläden, Parfümerien und Juweliergeschäfte prägen das Bild der Stadt heute ebenso wie unzählige Snackbars, in denen man nicht selten schlechtes Essen zu horrenden Preisen vorgesetzt bekommt.

San Marino, benannt nach dem gleichnamigen Eremiten, der sich hier im 4. Jh. niederließ, ist übrigens die älteste Republik der Welt, deren Verfassung im Kern auf das Jahr 1250 zurückgeht. Der Zwergstaat ist UN- und Europaratsmitglied, außerdem unterhält man diplomatische Vertretungen in 35 Ländern der Welt. Haupteinnahmequelle ist der Tourismus.

Information/Verbindungen/Adressen

• *Information* **Info-Büro** nahe dem Palazzo Governo (Piazza della Libertà) in der Contrada del Collegio. Umfangreiches Informationsmaterial, tägl. 9–18 Uhr.

• *Verbindungen* 8-mal tägl. **Busse** von und nach Rimini, Haltestelle am Piazzale Calcigni (unterhalb der Porta San Francesco bei Parkplatz 1).

• *Parken* Rund um die Altstadt gibt es nicht weniger als 8 Parkplätze (pro Std. ca. 1,50–2 €, ca. 8–10 € für den ganzen Tag). Man kann auch im nordwestlich unterhalb gelegenen Ort Borgo Maggiore parken und sich mit der Seilbahn (hin/zurück 4 €) nach oben ins Zentrum bringen lassen.

> Wer aus dem Ausland anrufen bzw. faxen und beispielsweise ein Zimmer reservieren will, muss die **Landesvorwahl** ✆ **00378** mitwählen!

Übernachten/Essen & Trinken

• *Übernachten* Da die wenigsten Gäste über Nacht bleiben, ist das Angebot beschränkt:

**** **Hotel Titano (3)**, Traditionshotel im Herzen der Altstadt, schönes Terrassenrestaurant, noble Zimmer mit Bad, TV und z. T. Balkon. EZ 55–110 €, DZ 85–175 €, Frühstück inkl., HP 16 € extra pro Pers. Contrada del Collegio 31 (etwas unterhalb der Piazza della Libertà), ✆ 0549/991006, ℻ 0549/991375.

** **Albergo La Rocca (2)**, auf dem Weg zur Rocca (Torre Guaita), schöner Blick, nahe gelegener Parkplatz, die Zimmer (Bad und TV) sind o. k. DZ mit Frühstück um 80 €, EZ ca. 60 €. Salita alla Rocca 34, ✆ 0549/991166, ℻ 0549/992430.

*** **Hostaria Da Lino (1)**, in Borgo Maggiore, Seilbahn hinauf ins Zentrum. DZ mit Bad ab 67 €, EZ 44 €, Frühstück inkl. (HP ab 88 €/DZ). Mit empfehlenswertem Restaurant. Piazza Grande 47, Borgo Maggiore, ✆ 0549/903975, ℻ 0549/906630, www.hostariadalino.com

Camping Centro Turistico San Marino , ca. 5 km von Borgo Maggiore. Großes Gelände mit Pool, Restaurant, Tennisplatz und Beachvolleyballfeld, auch Bungalows. Pro Pers. 8 €, Zelt 8 €, Wohnmobil 12 €, Wohnwagen 10 €. Ganzjährig geöffnet, Strada San Michele 50, ✆ 0549/903964, ℻ 0549/907120, www.centrovacanzesanmarino.com

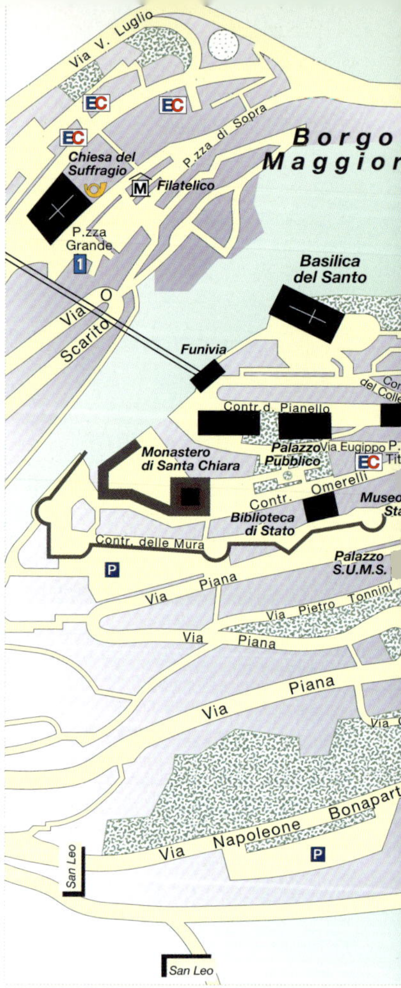

Anfahrt: Von Borgo Maggiore zunächst auf der Straße Richtung Rimini/San Leo, dann links ab nach Cailungo und der Beschilderung zum Camping folgen.

• *Essen & Trinken* Im Zentrum herrscht viel Nepp, es ist schwierig, ein nettes und einigermaßen günstiges Restaurant zu finden. Empfehlenswert ist die **Hostaria Da Lino (1)** an der Piazza in Borgo Maggiore (Adresse → oben), gute Küche, angemessenes Preisniveau, große Enoteca im Kellergewölbe, mittags und abends geöffnet (abends gibt es auch Pizza).

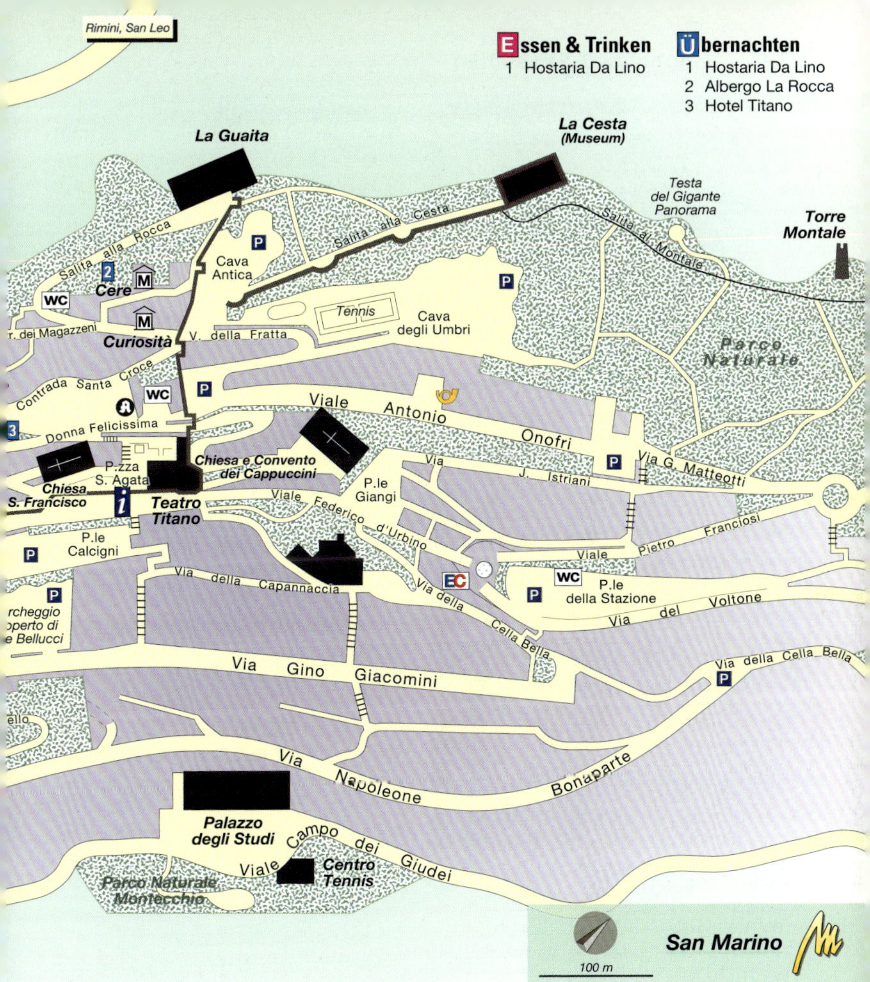

Sehenswertes

Beim Bummel durch die Altstadt fühlt man sich unweigerlich an Disneyland erinnert: zinnengekrönte Mauern und Türme, die Wachablösung am Palazzo del Governo (bzw. Palazzo Pubblico) wie fürs Publikum inszeniert, Souvenirstände ohne Ende. Wer San Marino im Rahmen eines Tagesausflugs besucht, wird die Vielzahl an Sehenswürdigkeiten inklusive der staatlichen und privaten Museen kaum bewältigen können. Auf keinen Fall auslassen sollte man aber:

Palazzo Pubblico (Palazzo del Governo): Das Herz der Republik. Der elegante Regierungspalast im neugotischen Stil ziert die Piazza della Libertà mit herrlichem Weitblick. Im Inneren des Palazzo kann man neben der repräsentativen Halle mit Wappen und Gedenktafeln im ersten Stock auch den *Saal des Großen Rates* besichtigen – ein außerordentlich stilvoller Raum, in dem das Regieren eine Freude ist.

Schaltzentrale der Republik: Palazzo Pubblico

Ein riesiges Wandgemälde an der Stirnseite erinnert die Parlamentarier daran, wem sie ihren Staat zu verdanken haben: dem Heiligen Marinus, der hier zum Volk herunterschwebt. Immer zur halben Stunde findet vor dem Palazzo die Wachablösung der 1754 gegründeten Garde statt.

Öffnungszeiten/Eintritt Tägl. 8–20 Uhr, im Winter 9–17 Uhr, Eintritt 3 €. Weitere Infos unter ✆ 0549/882674 oder www.museidistato.sm

Die Türme: Das Wahrzeichen der Republik sind die drei Türme *Guaita, Cesta* und *Montale* (von West nach Ost). Die *Rocca (La Guaita)* stammt aus dem 13. Jh. und liegt am höchsten Punkt des Monte Titano. Von den begehbaren Mauern oder vom Glockenturm *(Achtung:* steile Treppe) bietet sich ein herrlicher Blick auf die Umgebung. Die *Rocca Guaita* war einst die wichtigste Befestigung San Marinos und wurde im Laufe der Jahrhunderte mehrfach erweitert und umgebaut.

Von hier geht es über den *Passo delle Streghe,* den „Hexenpass“, zur *Torre La Cesta,* dem mittleren Turm, in dem sich heute ein kleines Waffenmuseum befindet. Auch hier kann man auf den Befestigungsmauern umhergehen und die Aussicht auf die beiden benachbarten Türme und auf die Stadt genießen.

Über einen gepflasterten Pfad, die *Salita al Montale,* geht es in ca. 10 Min. zum dritten Turm, der *Torre Montale,* die zwar nicht mehr zugänglich ist, aber allein des schönen Spaziergangs wegen einen Abstecher lohnt.

Öffnungszeiten/Eintritt Im Sommer tägl. 8–20 Uhr, ansonsten 9–17 Uhr. Für die beiden Türme La Guaita und La Cesta gibt es ein Sammelticket für 4,50 € (einzeln je 3 €).

Museo di Stato: Auf vier Stockwerken bietet das Staatsmuseum an der Piazza Titano ein breites Spektrum an Exponaten von der Vorgeschichte bis ins 19. Jh. Im Erd- und Untergeschoss befinden sich die Abteilungen für prähistorische, etruskische, griechische und römische Funde, interessant ist auch die Abteilung mit alten sanmarinesischen Münzen (UG). In den beiden oberen Stockwerken sind Ikonen und Gemälde aus dem 15.–19. Jh. zu sehen, außerdem einige Keramiken.

Öffnungszeiten/Eintritt Im Sommer tägl. 8–20 Uhr, im Winter 9–17 Uhr, Eintritt 3 €.

Basilica del Santo: Oberhalb der Piazza della Libertà liegt der Dom mit seiner klassizistischen Fassade, zuvor befand sich hier vermutlich ein romanischer Vorgängerbau. Im Inneren mit korinthischen Säulen, Kassettendecke und Stuck werden in einer goldenen Urne die Gebeine von Marinus aufbewahrt. In der Kapelle *San Pietro* nebenan kann man noch den Fels besichtigen, in dessen ausgeschlagenen Nischen Marinus und Leo geschlafen haben sollen.

Öffnungszeiten Ganztägig geöffnet.

Im Hinterland zwischen Emilia-Romagna und Marken: das Montefeltro

Der nordwestliche Zipfel der Marken an der Grenze zur Emilia-Romagna ist ein rauer und abgeschiedener Landstrich, geprägt von nicht enden wollenden Hügelketten mit vielen Wiesen, Äckern, etwas Wald und immer wieder auch schroff aus der Landschaft aufsteigenden Felsformationen.

Auffälligste Erhebungen des Montefeltro sind die Felsen von San Marino und von San Leo; ganz im Westen und schon halb auf toskanischem Gebiet ragen die beiden wuchtigen Felsen der Berge *Sasso Simone e Simoncello* (Regionalpark) weit aus dem Wald heraus. Höchster Berg des Montefeltro ist mit 1415 m der Monte Carpegna. Bodenerosionen haben vielerorts eine bizarre Mondlandschaft hinterlassen.

Die Gegend nordwestlich von Urbino ist die Heimat des Fürstengeschlechts der Montefeltro, das sich erst in Carpegna, dem Hauptort, und dann in San Leo niedergelassen und dieser Landschaft ihren Namen gegeben hat. Besiedelt wurde das Gebiet vermutlich von den Umbrern. Ab dem 3. Jh. v. Chr. entstanden zahlreiche römische Siedlungen, im 4. Jh. wurde die Gegend von Eremiten wie dem heiligen Leo christianisiert. Im Mittelalter verschanzte man sich hier so gut wie möglich vor den einfallenden „Barbaren". Seine Glanzzeit erlebte das Montefeltro im 15. Jh., was durch zahlreiche bedeutende Bauwerke – meist im Auftrag von Federico da Montefeltro (→ S. 261) entstanden – eindrucksvoll unter Beweis gestellt wird.

Touristische Highlights des Montefeltro sind das romantische **San Leo** und die wunderschöne Renaissancestadt **Urbino** (→ S. 260).

• *Anfahrt* Wer aus nördlicher Richtung auf der *A 14* kommt, verlässt am besten schon bei Rimini die Autobahn.

Ausfahrt Rimini-Nord: Von hier über Santarcangelo di Romagna nach Verrucchio und auf die *N 258*, die am meisten befahrene (und am schnellsten befahrbare) Straße des Montefeltro durch das Valmarecchia.

Ausfahrt Rimini-Süd: Von hier auf einer vierspurigen Schnellstraße direkt nach San Marino und in südliche Richtung weiter nach San Leo.

San Leo (ca. 2700 Einwohner)

Der sicherlich schönste Ort des Montefeltro liegt auf einem schon von weitem sichtbaren Felsen. Von der Festung hat man einen herrlichen Blick auf die Gegend und hinüber nach San Marino.

Nach Durchfahrt durch das schmale Stadttor landet man unvermittelt auf einer beschaulichen Piazza, die man auf dem trutzigen Felsen so nicht erwarten würde. Zur Festung, in der einst der berühmte *Graf Cagliostro* eingekerkert war, führt eine steile Straße hinauf, im Ort selbst gibt es mit dem Dom und der Pfarrkirche zwei bedeutende romanische Sakralbauten. Die aufregende Lage der Burg – und ihre Nähe zu den Badeorten um Rimini – hat sich allerdings herumgesprochen und im Sommer ist es hier entsprechend voll. Erst am Abend wird es ruhiger und man kann fast alleine über die romantische Piazza Dante flanieren.

San Leo – die beschauliche Piazza Dante ...

In römischer Zeit war San Leo unter dem Namen *Mons Feretri* bekannt, hier befand sich einst ein Tempel des „Jupiter Feretrus" – geweiht dem Kriegsgott, der den Römern 220 v. Chr. einen wichtigen Sieg über die Gallier beschert haben soll. Im 4. Jh. kam der heilige Leo aus Dalmatien hierher, nach ihm wurde der Ort später benannt. Schon im 5. Jh. war der imposante Kalkfelsen ein strategisch wichtiger Stützpunkt, im Hochmittelalter war San Leo ein Teil des Kirchenstaates, bis sich die Familie Carpegna hier im 12. Jh. niederließ. Aus ihnen gingen die Montefeltro hervor, nach deren Niedergang das gesamte Gebiet im Jahr 1508 an die della Rovere fiel. Um 1500 nahm Cesare Borgia den Ort im Auftrag der Kirche ein, zu deren Besitztümern San Leo bis zur Gründung des italienischen Nationalstaats im Jahr 1860 zählte. Seit dem Mittelalter bis ins 20. Jh. hinein diente die Festung auch als berüchtigtes Gefängnis. Der prominenteste Besucher, der den schroffen Kalkfelsen von San Leo je bestiegen hat, war der heilige *Franz von Assisi*: Er predigte hier im Jahr 1213, eine Gedenktafel erinnert an seinen Aufenthalt.

• *Information* **I.A.T. – Ufficio Turistico** im Erdgeschoss des Palazzo Mediceo an der Piazza Dante, Juni bis Sept. tägl. 9–19 Uhr, im Winter 9–12.45 und 14.30–18.45 Uhr. Gut ausgerüstet, sehr viel Informationsmaterial. ✆ 0541/916306.

• *Verbindungen* 2-mal tägl. **Busse** nach Novafeltria, allerdings nicht während der Schulferien, dort umsteigen Richtung Küste. 4-mal tägl. mit der Privatlinie Benedettini (✆ 0541/924035) nach Pietracuta (an der **N 258**), hier umsteigen nach Rimini.

• *Parken/Wohnmobile* Unterhalb *des centro storico* (hier durchfahren) befindet sich ein großer Parkplatz. Noch ein Stück weiter unterhalb gibt es einen Stellplatz für Wohnmobile (mit Wasserversorgung).

• *Übernachten* ** **Albergo Castello**, an der Piazza Dante, viele Zimmer hinaus zum Platz, alle mit modernem Bad und TV. EZ 55 €, DZ 75 €, Frühstück an der Bar im EG. Mit Ristorante, mittags und abends geöffnet, Do geschl. Piazza Dante Alighieri 11/12, ✆ 0541/916214, 📠 0541/926926.

** **Albergo La Rocca**, ähnliches Preisniveau wie Castello, alle Zimmer mit Bad, das Hotel liegt jedoch etwas abgeschiedener als obiges, mit Restaurant (→ unten). Auf dem

Weg zur Rocca auf der rechten Seite, Via Leopardi 6, ✆ 0541/916241, ℻ 926914, www.paginegialle.it/laroccasanleo

Agriturismo La Lama, nur 7 gepflegte Zimmer, Blick zur Festung von San Leo, allerdings nicht gerade günstig. DZ mit Bad 160 €, Frühstück inkl., mit HP ca. 200 €. Strada per Pugliano 4, ✆/℻ 0541/926928. *Anfahrt*: Etwa 1 km außerhalb von San Leo geht es auf der Straße Richtung Villagrande/Urbino rechts ab, beschildert.

• *Essen & Trinken* **Ristorante La Rocca**, gemütlich-rustikaler Speisesaal mit Stil und Kaminfeuer, im Sommer Terrasse. Umfangreiche Weinkarte, aufmerksamer Service, tägl. mittags und abends geöffnet, Mo geschl. Adresse → oben.

Taverna delle Ghiande, hervorragende Pasta (z. B. Ravioli mit Käsefüllung), frische Salate und eine umfangreiche Weinkarte. Mittleres bis gehobenes Preisniveau, es werden auch Menüs zu ca. 25–30 € angeboten. Ganzjährig mittags und abends geöffnet, im Winter Mo geschl. Mit Terrasse. Bei der Piazza Dante im Zentrum, Via Michele Rosa 3, ✆/℻ 0541/916158, www.tavernadelleghiande.com

Locanda San Leone, schön im Grünen gelegen, oft empfohlene Osteria mit ausgezeichneter Küche. Mit Terrasse, nur abends geöffnet, sonntags auch mittags, Mo/Di Ruhetag, Reservierung empfohlen unter ✆ 0541/912194. Strada S. Antimo 102. *Anfahrt*: von San Leo die schmale Straße hinunter nach Novafeltria, nach 4 km rechts ab, beschildert.

Bar Cagliostro, nur im Sommer (1. April bis 30. Sept.) geöffnet, hier kann man diverse Liköre aus der Produktion von Besitzer Leonardo Leardini probieren, verkauft werden die Spirituosen zwei Häuser weiter in seinem Geschäft **Liquorificio**: Unter anderem steht hier der bekannte Likör *Antico Balsamo di Cagliostro* für ca. 10 € zum Verkauf. Via Michele Rosa 60 (Eckhaus), ✆ 0541/916219.

Sehenswertes

La Rocca (Fortezza)/Museo Civico della Fortezza: Die berühmte Festung von San Leo bietet einen wunderbaren Blick auf das gesamte Montefeltro bis hinüber nach San Marino, ins breite Valmarecchia und letztlich auch auf den beschaulichen Ort San Leo – eine Aussicht, die man nicht versäumen sollte. Zweiter, aber nicht weniger gewichtiger Grund für einen Besuch ist natürlich die Festung selbst. Entworfen

... und der uralte Duomo aus dem 12. Jh.

Die Rocca auf dem Felsen

wurde sie 1479 vom berühmten Renaissance-Architekten Francesco di Giorgio Martini im Auftrag von Federico da Montefeltro; eine trutzige Wehranlage mit hoher Wallmauer zur Landseite und zwei riesigen Wachtürmen, die aber immer noch genug Eleganz ausstrahlte, um fortan als Vorbild militärischer Architektur zu dienen.

Im Inneren der Festung befindet sich heute das *Museo Civico della Fortezza*. Der *Torrione Maggiore*, einer der beiden Türme, beherbergt die Abteilung mit Rüstungen und Waffen aus dem 14.–19. Jh. In den weiteren Ausstellungsräumen und der Pinakothek im ersten Stock kann man sich u. a. eine (allerdings leere) Folterkammer, diverse historische Dokumente, alte Bilder und Möbel sowie die Küche der Festung anschauen. Hier befindet sich auch die *Cella del Tesoro*, in der Graf Cagliostro zeitweise inhaftiert war. Der zweite Stock ist dann ganz Giuseppe Balsamo alias Conte di Cagliostro gewidmet, zu sehen sind u. a. medizinische Geräte aus dem 17. und 18. Jh. sowie das *Laboratorio dell'Alchimista*.

• *Öffnungszeiten* **Festung und Museo Civico della Fortezza** im Sommer tägl. 9–19.15 Uhr, im Winter 9–12.45 und 14.30–18.45 Uhr. Eintritt 8 €, über 65 J. 5 €, Kinder unter 14 J. 3 €, unter 6 J. frei.

Etwa 1 km oberhalb vom Zentrum, es gibt auch einen Fußweg. Parkplatz beim Eingang.

Pieve Preromanica: Die sehr schlichte, dreischiffige Pfarrkirche an der Piazza Dante stammt wahrscheinlich aus dem 9. Jh. und wurde im 10. Jh. ausgebaut. Ursprünglich befand sich hier eine von Leo gebaute unterirdische Kapelle aus dem 4. Jh., in der der Heilige auch gewohnt haben soll. Im Inneren der Kirche mit ihrer uralten Holzdecke und Säulen mit korinthischen Kapitellen ist keinerlei Schmuck zu finden. Das Ciborium, der viersäulige Aufbau über dem Altar, wurde Ende des 9. Jh. gestiftet.
Öffnungszeiten Tägl. 9–12.45 und 15–19 Uhr.

Duomo: Dieser ebenfalls völlig schmucklose Bau (etwas zurückversetzt von der Piazza Dante und neben der Pieve) entstand ab 1173 und wurde im lombardisch-romanischen Stil errichtet. Eine ausgestaltete Fassade fehlt völlig. Eingang des Domes ist eine unauffällige Tür im Seitenschiff des dreischiffigen Bauwerkes. Der Legende nach haben sich hier die Gebeine des heiligen Leo befunden, die Kaiser Heinrich II. im Jahr 1014 über die Alpen nach Norden schaffen wollte. Schon bei Ferrara in der Emilia-Romagna fand die Reise der sterblichen Überreste Leos jedoch ein vorzeitiges Ende, da die Pferde des Transporttrupps keinen Meter weiter zu bewegen waren. Die Gebeine ruhen seither in San Leo di Vogheza, einzig der Sargdeckel von Leos Grab ist noch in der Krypta des Domes zu sehen. Neben dem Dom befindet sich der romanische Glockenturm (12. Jh.). Von hier nur ca. 100 m weiter kommt man zu einem Aussichtspunkt mit Soldaten-Denkmal.
Öffnungszeiten Zuletzt wegen Renovierung geschlossen, davor gleiche Öffnungszeiten wie die Pieve.

Üppig grünes Hügelland hinter der Küste der Marken – wie hier bei Urbino

Die Küste der Marken

180 km Sandstrand bieten die Marken, unterbrochen nur durch die dramatisch abfallende Steilküste des Monte Conero mit ihren malerischen kleinen Buchten – einer der schönsten Küstenabschnitte entlang der gesamten Adria.

Hinter der Küste erheben sich die endlosen Hügelketten zwischen Adria und Apennin, dazwischen breiten sich 13 teilweise sehr große Flusstäler aus, die sich von den Bergen den Weg zur Adria gebahnt und stellenweise eindrucksvolle Schluchten hinterlassen haben, z. B. die *Gola del Furlo* bei Fano oder die *Gola di Frasassi* mit den berühmten gleichnamigen Höhlen. Die Region erstreckt sich – grob gesagt – zwischen den Flüssen *Marecchia* im Nordwesten und *Tronto* (Mündung in Porto d'Ascoli) im Süden. Weit ragt das historisch bedeutsame Gebiet des *Montefeltro* in nordwestlicher Richtung an die Grenzen der Emilia-Romagna und der Toskana heran, im Südwesten reichen die oft schneebedeckten *Monti Sibillini* (Sibillinischen Berge) bis ins benachbarte Umbrien und zu den Abruzzen im Süden. Dazwischen fällt der Apennin in unzähligen Wellen zur flachen Adriaküste hin ab, im Norden der Marken etwas sanfter, im Süden in der Gegend um Cupra Marittima und Grottammare etwas steiler.

Als Urlaubsziel hat die Küste der Marken auch bei deutschen Gästen durchaus Tradition, Orte wie *Gabicce Mare, San Benedetto del Tronto* oder aber *Porto San Giorgio* sind ein Begriff. Am schönsten badet es sich allerdings an den kleinen Stränden des steil aufragenden *Monte Conero* bei Ancona mit seinen hübschen Orten *Sirolo* und *Numana* – die in der Hochsaison allerdings auch zu den Lieblingszielen italienischer Badegäste zählen und demnach aus allen Nähten platzen. Lohnend ist in den Marken aber nicht nur der Blick ins Hinterland – mit so kulturell

Die Festung Gradara bei Gabicce

interessanten Zielen wie z. B. *Urbino* oder *Ascoli Piceno*, sondern auch die Erkundung der Küste selbst: Das alte römische *Fano* zählt zu einem der schönsten Städtchen der Region, wie übrigens auch die benachbarte Rossini-Stadt *Pesaro*; und sogar die vielfach verkannte Hauptstadt *Ancona* kann bei näherer Betrachtung durchaus mit einigen Reizen aufwarten. Religiöses Zentrum ist der Wallfahrtsort *Loreto* bei Ancona mit seiner berühmten „Santa Casa", landschaftlicher Höhepunkt sind die menschenleeren *Monti Sibillini*, seit 1993 ein Nationalpark mit über 70.000 ha Fläche.

Älteste Funde am Monte Conero deuten auf eine Besiedlung in vorgeschichtlicher Zeit hin, ab etwa dem 10. Jh. v. Chr. siedelten an der Küste südlich von Ancona die *Picener* (daher z. B. auch der Beiname der Stadt *Ascoli Piceno*). Mit der Schlacht von *Sentinum* (295 v. Chr.) auf dem Gebiet der westlichen Marken unterwarf Rom die Picener, 220 v. Chr. erfuhr das Gebiet mit dem Bau der Via Flaminia zwischen Rom nach Fano einen mächtigen wirtschaftlichen Aufschwung. Unter byzantinischer Macht formte sich hier an der Küste der Fünfstädtebund *Pentapolis marittima* (bestehend aus Rimini, Pesaro, Fano, Senigallia und Ancona), der sich als Regionalmacht über Jahrhunderte halten konnte, bis das Gebiet im Zuge der sog. „Pippinischen Schenkung" dem Papst bzw. bald darauf dem Kirchenstaat übereignet wurde. Dem gehörten die Marken zwar faktisch bis ins 19. Jh. hinein an, doch übernahmen bald einflussreiche Familien die kleinen und größeren Territorien, die bekanntesten unter ihnen die *Malatesta* und deren Erzrivalen, die *Montefeltro*. Eine der schillerndsten Figuren der Renaissance war *Federico da Montefeltro* aus Urbino, unter dessen Herrschaft die Stadt zu einem der wichtigsten kulturellen Zentren Italiens im 15. Jh. aufstieg. Ab Mitte des 16. Jh. machte die Kirche jedoch ihren Machtanspruch deutlicher geltend, die in vielen Kleinkriegen untereinander zermürbten Familien verloren an Einfluss. Erst 1860, im Zuge der italienischen

Einigung, konnten sich die Marken aus der mächtigen Fürsorge des Heiligen Stuhls befreien. Im frühen 20. Jh. waren die Marken noch rückständiges Agrargebiet, der Wandel kam nach dem Zweiten Weltkrieg, als eine zunächst bescheidene Industrie der Region zu großem wirtschaftlichem Aufschwung verhalf. Wichtigster Wirtschaftszweig ist heute der Tourismus.

Highlights der Markenküste

Festung Gradara: zinnengekrönte Burg nahe der Küste bei Gabicce Mare, Schauplatz der tragischen Liebesgeschichte von Paolo und Francesca in Dantes „Göttlicher Komödie“ (→ S. 251)

Monte San Bartolo: kleines grünes Vorgebirge zwischen Gabicce und Pesaro, Regionalpark und Vogelparadies, kleine Buchten und hübsche Dörfer (→ S. 254)

Urbino: Idealstadt der Renaissance in schöner Lage zwischen zwei Hügeln, harmonische Altstadt – kulturhistorisch das Highlight der Marken (→ S. 260)

Fano: die alte Römerstadt betritt man noch immer durch den *Arco di Augusto*, autofreies Zentrum, eines der schönsten Städtchen hier an der Küste (→ S. 267)

Riviera del Conero: landschaftlicher Höhepunkt an der Küste, steile Felsen und lauschige Kiesbuchten, dazu die schönsten Badeorte der Marken (→ S. 284)

Loreto: viel besuchter Wallfahrtsort, die eindrucksvolle barocke Basilika erhebt sich weithin sichtbar über der flachen Küste (→ S. 294)

Ascoli Piceno: die vielleicht schönste Piazza Mittelitaliens, besonders stimmungsvoll zum Aperitivo am Abend, wenn hier die halbe Stadt flaniert (→ S. 313)

Monti Sibillini: imposante Hochgebirgsgipfel mit bis zu 2500 m Höhe, dazwischen brettflache Ebenen – nicht mal zwei Autostunden von der Küste entfernt (→ S. 318)

Die Küste von Gabicce bis Pesaro

Festung Gradara

Zinnengekrönt thront die mächtige Burg auf einem Hügel direkt neben der Autobahn A 14. Bekannt ist die Festung der Malatesta vor allem wegen der tragischen Liebesgeschichte von Paolo und Francesca, von der Dante in seiner „Göttlichen Komödie“ erzählt.

Die Festung Gradara umfasst nicht nur die wehrhafte Burg, sondern auch eine kleine Stadt innerhalb eines geschlossenen Mauerrings (700 m Umfang) mit 16 Türmen. Der älteste Teil der Festung stammt aus dem 12. Jh. Ende des 13. Jh. errichteten die Malatesta hier eine erste Residenz, die aber erst ab Mitte des 15. Jh. unter Sigismondo Pandolfo Malatesta (1417–1468) weiter ausgebaut und von einem äußeren Mauerring, dem *Girone* (= „großer Kreis“), umgeben wurde. Bis Ende des 15. Jh. wurde auch die kleine Stadt zwischen erstem und zweitem Mauerring fertiggestellt.

1463 fiel die Festung zunächst an die Montefeltro, dann an die Sforza. Strategisch geschickt heiratete Giovanni Sforza hier 1493 Lucrezia Borgia (die Tochter von Papst Alexander VI.) und erhielt Gradara als päpstliches Lehen. 1497 wurde die Ehe wegen Kinderlosigkeit annulliert, Giovanni vom Papst für impotent erklärt. Die Kirche entzog den Sforza daraufhin neben Gradara auch die Herrschaft über Pesaro, und erst nach dem Tod Alexanders im Jahr 1504 konnte Giovanni zurück auf seine Burg.

Die Geschichte von Paolo und Francesca

Unter Tränen erzählt Francesca im fünften Gesang in Dantes „Inferno" der „Göttlichen Komödie" die Geschichte ihrer Liebe zu Paolo: Eine jahrelange Fehde zwischen ihrer Familie, den *da Polenta* (aus Ravenna), und den *Malatesta* sollte durch die Heirat zwischen Francesca und Gianciotto Malatesta beigelegt werden. Gianciotto war nicht mehr der Jüngste, nicht besonders ansehnlich, und obendrein hinkte er, sodass man befürchtete, die schöne, junge Francesca könnte sich ihm verweigern und den Frieden zwischen den Familien gefährden. Man präsentierte ihr eine angenehmere Erscheinung: Gianciottos jüngeren Bruder Paolo. Francesca willigte sofort in die Heirat ein und verliebte sich unsterblich in Paolo. Groß war der Schock, als sie kurz darauf ihren eigentlichen Gatten zu Gesicht bekam.

Das frisch getraute Paar zog in der Festung Gradara ein, die Ehe nahm ihren wenig romantischen Lauf, bald jedoch zog sich Gianciotto immer öfter nach Pesaro zurück, wo er seiner ehrenvollen Aufgabe als *Podestà* nachkam. Paolo dagegen kam immer öfter zu Besuch nach Gradara, und die Liebe zwischen ihm und seiner Schwägerin entflammte aufs Neue – bis Gianciotto das Paar eines Morgens in flagranti ertappte. Der Gatte tötete beide mit einem Schwertstreich und vereinigte die Liebenden so auch im Tod.

Zugetragen hat sich die wahre Geschichte von Paolo und Francesca Ende des 13. Jh. 1275 fand die Hochzeit statt, 1287 entledigte sich Gianciotto von Ehefrau und Bruder – er selbst wurde 100 Jahre alt. Die Geschichte erfuhr Dante von der Familie *da Polenta*. Paolo war der Dichter in Florenz sogar schon selbst begegnet, als dieser *Capitano* der Stadt war.

Ein **Rundgang** führt vom unteren Tor, der *Porta del Castello*, über die Via Umberto I. und über eine Zugbrücke zur Rocca. Vom Innenhof mit **Bookshop**, *Folterkammer* und *Wachraum* der Soldaten führt die Treppe hinauf zum *Piano Nobile*, hier in den Repräsentanzräumen und Gemächern diverse Renaissancegemälde und -fresken. Schauplatz der tragischen Liebesgeschichte von Francesca und Paolo ist die *Camera di Francesca.*

• *Information* **Pro Loco** an der Via Umberto I, gleich am Eingangstor links. Mo–Fr 9–13 Uhr, im Sommer auch Sa/So 9–13 Uhr. ✆ 0541/964115.

• *Anfahrt/Parken* 6 km von Gabicce Mare, beschildert. Am oberen Parkplatz 1 €/Std., weiter unten kann man kostenlos parken.

• *Verbindungen* Im Sommer stündl. (6.30–19 Uhr) **Busse** ab Gabicce Mare.

• *Öffnungszeiten* Mo 8.30–13 Uhr, Di–So 8.30–18.30 Uhr, in der HS auch abends 21–23.30 Uhr. Im Winter eingeschränkte Öffnungszeiten. Eintritt 5 €, von 18–25 J. 2,50 €, unter 18 und über 65 J. frei. Viele Schulklassen.

Gabicce Mare/Gabicce Monte (ca. 5300 Einwohner)

Ansprechender Badeort mit schönem Sandstrand, nicht so riesig wie die anderen Adria-Orte, aber mit hohem Freizeitwert: Gabicce ist der ideale Ausgangspunkt für Ausflüge in die nördlichen Marken und auch der Regionalpark Monte San Bartolo liegt direkt vor der Haustür.

Der nördlich vom Ort verlaufende Fluss Tavollo (hier auch der alte Hafen) markiert nicht nur die Grenze zwischen Gabicce und Cattolica, sondern auch die zwischen der Emilia-Romagna und den Marken und zwischen Ober- und Mittelitalien. Gabicce Mare, das alte Fischerdorf, hat schon längst voll auf Tourismus umgerüstet, lediglich im alten Hafen dümpelt noch das eine oder andere Fischerboot. Das kompakte und verkehrsberuhigte Ortszentrum bietet alles, was das Urlauberherz begehrt: zahlreiche Restaurants, Cafés, Gelaterie, Pubs und die weithin bekannte Nobeldisco „Baia Imperiale" oberhalb am Hang. Wesentlich älter als der Badeort ist Gabicce Monte, das als *Castellum Ligati* bereits in den Chroniken des 10. Jh. auftaucht. Hier oben, 140 m über dem Meer, geht es etwas exklusiver zu als in Gabicce Mare.

Information/Verbindungen/Übernachten/Essen/Nachtleben

• *Information* **I.A.T.** im Palazzo Turismo im Zentrum, Viale della Vittoria 14. In der HS durchgehend geöffnet, hilft auch bei der Zimmersuche. ✆ 0541/954424, ℻ 953500, www.gabiccemare.com

• *Verbindungen* Der nächste **Bahnhof** befindet sich in Cattolica (→ S. 237f.). **Busverbindungen**: von 6.30–19.30 Uhr stündl. nach Pesaro (hier umsteigen nach Urbino), Gradara und Cattolica (hier umsteigen nach Rimini), Tickets im Bus. Die orangefarbenen **Stadtbusse** fahren im Sommer ca. halbstündl. nach Gabicce Monte und auf der Panoramastraße des Monte San Bartolo mit mehreren Stopps nach Pesaro. Abfahrt am Viale della Vittoria, Tickets im Bus.

• *Übernachten* **** **Posillipo**, Nobelherberge in Gabicce Monte mit herrlichem Blick auf die Küste. Mit Pool, Terrasse, Bar, Ristorante (→ unten). Komfortable Zimmer mit Meerblick, viele mit Balkon. DZ inkl. Frühstück 170 € (in der NS die Hälfte), das EZ ist etwa 15 % günstiger. 3 Tage Mindestaufenthalt. Via Dell' Orizzonte 1, Loc. Gabicce Monte, ✆ 0541/953373, ℻ 953095, www.hotelposillipo.com

*** **Marinella**, nahe der Piazza Matteotti im Zentrum, direkt am Strand. Ausgesprochen netter Service (Signore Walter spricht Deutsch) und hübscher kleiner Garten, Tiefgarage, Fahrradverleih. DZ 100 €, EZ 70 €, Frühstück inkl. Via Vittorio Veneto 127, ✆ 0541/954571, ℻ 950426, www.gabiccemare vacanze.com

• *Camping* → „Regionalpark Monte San Bartolo", S. 254.

• *Essen & Trinken* **Ristorante Posillipo**, gehört zum gleichnamigen Hotel (→ oben), nobles Ambiente, Service der alten Schule, Schwerpunkt Fisch, relativ teuer. Mittags und abends geöffnet, Mi geschl.

Osteria della Miseria, von Gabicce Monte auf der Panoramastraße Richtung Casteldimezzo, kurz hinter der Abzweigung zum Hotel Capo Est auf der rechten Seite. Terrasse, bodenständige Küche, nette Atmosphäre, Menü ca. 20–25 € pro Person. Nur abends ab 20 Uhr geöffnet, Mi geschl. Via Mandorli 2, ✆ 0541/958308.

La Cambusa, auf Fisch spezialisiertes Restaurant am alten Hafen, gehobenes Preisniveau, auch Pizza. Mittags und abends geöffnet, Mi geschl. Via del Porto 36 (beim Leuchtturm), ✆ 0541/954784.

• *Nachtleben* **Baia Imperiale**, eine der bekanntesten Discos an der Adria, im „kaiserlichen Stil" und mit fantastischem Blick. Pool (nur zum Anschauen), Restaurant, diverse Dance-Floors – allein der Eintritt kostet allerdings schon ca. 25 €. Entsprechendes Styling wird erwartet. Via Panoramica, auf halber Strecke nach Gabicce Monte in einer Kurve auf der linken Seite gelegen, unmöglich zu übersehen. ✆ 0541/950312.

Regionalpark Monte San Bartolo

Das kleine Vorgebirge zwischen Gabicce und Pesaro erstreckt sich auf 10 km Länge und fällt stellenweise von bis zu 200 m Höhe steil zum Meer hin ab.

Der Regionalpark Monte San Bartolo umfasst eine Fläche von 1600 ha. Für Seevögel ist der Park ein Paradies – es gibt nur wenige Strände, wenig Bebauung und somit wenig Störung. Vor allem in den Wintermonaten bietet der Küstenabschnitt Schutz u. a. für Möwen, Kormorane und Eistaucher, im Frühjahr legen Störche und Reiher hier eine Pause ein. Die Vegetation ist durch Ginster und Schilfrohr, Eichen, Mandelbäume und Akazien geprägt und bietet vor allem im Frühjahr ein farbenprächtiges Bild.

Eine Fahrt auf der *Strada Panoramica* von Gabicce nach Pesaro führt durch die hübschen kleinen Orte **Casteldimezzo** und **Fiorenzuola di Focara** mit altem Stadttor und viel historischer Bausubstanz im winzigen *centro storico.* Bademöglichkeiten finden sich in der **Baia Vallugola** und südlich von Fiorenzuola.

Verbindungen/Übernachten/Essen & Trinken

• *Verbindungen* Zwischen Gabicce und Pesaro im Sommer ca. halbstündl. **Stadtbusse** auf der Panoramastraße. Stopp beim Hotel Capo Est, in Fiorenzuola, Casteldimezzo und bei den Campingplätzen.

Am Monte San Bartolo

• *Übernachten* **** **Hotel Capo Est**, am Hang in der Baia Vallugola, nicht mehr ganz neu, 94 Zimmer, Pool, Privatstrand, Tennis, Boccia, Sauna, Bar, Restaurant etc. DZ (mit Meerblick) 196 €, EZ 153 €, Frühstück inkl. Geöffnet ca. Anfang April bis 30. Sept. Via Panoramica 123, Loc. Vallugola, ✆ 0541/953333, ℻ 952735, www.capoest.com. Von Gabicce auf der Strada Panoramica Richtung Süden, dann links, beschildert.

*** **Hotel Vallugola**, an der Abzweigung zum gleichnamigen Strand (direkt an der *Panoramica)*, auch schon etwas älter. Typisch italienisches Urlaubshotel mit Pool und Restaurant (für Halbpensionsgäste). EZ 42 €, DZ 78 €, Frühstück inkl. Ganzjährig geöffnet. Via Panoramica 131, ✆ 0541/950196, ℻ 967353.

*** **Camping Paradiso**, schöner, sympathischer Platz an der Straße, aber dennoch angenehm abgelegen. Viel Grün, ausreichend Schatten. Steile Straße zum Strand, zu Fuß ca. 20 Min. Auch Bungalows (für 2–4 Pers. 60–85 € pro Nacht). Pro Pers. 8 €, Wohnwagen/Zelt 8 €. Mit Bar, Ristorante, Mini-Market. Geöffnet März bis Dez. Strada delle Rive del Faro 2, ✆/℻ 0721/208579, www.campingparadiso.it *Anfahrt/Verbindung:* ca. 1 km vor Casteldimezzo auf der linken Seite. Bushaltestelle davor.

*** **Camping Panorama**, ebenso empfehlenswert, viel Schatten, Bar, Ristorante, Mini-Market. Zum Strand führt ein Fußpfad, ca. 10 Min. Bungalow 96 € (4–6 Pers.), pro Pers. 8 €, Stellplatz 15 €. Ganzjährig geöff-

Pesaro – Hafenpiazza mit moderner Kunst

net, Strada Panoramica S. Bartolo, Loc. Fiorenzuola di Focara, ✆ 0721/208145, ℻ 68676. 3 km südlich von Fiorenzuola di Focara. Bushaltestelle.

• *Essen & Trinken* **Taverna del Pescatore**, in Casteldimezzo. Bekanntes Restaurant, spezialisiert auf Fisch. Grandioser Blick auf Meer und Hinterland, rustikale Einrichtung, ziemlich teuer (v. a. Fisch). Nur abends geöffnet (Fr–So auch mittags), Mi geschl. ✆ 0721/208116 oder ✆ 208100.

La Canonica, viel gelobtes Restaurant mit lauschiger Terrasse, schönes Ambiente in altem Gemäuer im winzigen *centro storico* von Casteldimezzo. Menu di Terra 27 €, Menu di Mare 37 €, es gibt auch ein Antipasti-Degustationsmenü für 20 €. Nur abends geöffnet, Mo geschl. ✆ 0721/209017.

Ristorante La Rupe, an der Piazza von Fiorenzuola di Focara, großes Lokal mit Terrasse über dem Meer. Relativ günstig, es gibt auch Pizza. Mittags und abends geöffnet, ✆ 0721/208344.

Pesaro

(ca. 90.000 Einwohner)

Rund 4 km Sandstrand und dennoch städtisches Leben – ein durchaus angenehmer Aufenthaltsort. Alljährlich im August findet mit dem „Rossini Opera Festival" eines der bekanntesten Kulturereignisse der Region statt.

Aber auch sonst bleibt die Erinnerung an den berühmtesten Sohn der Stadt bestens erhalten: Das *Teatro Rossini* an der Piazza Lazzarini zählt zu den schönsten Opernhäusern Italiens, ganz in der Nähe befindet sich das *Conservatorio Rossini*, und Opernfans werden im Geburtshaus Gioacchino Rossinis (1792–1868) sicherlich ihre Freude haben.

In der teilweise verkehrsberuhigten Altstadt gelangt man fast zwangsläufig zur zentralen *Piazza del Popolo*. Um sie herum gruppieren sich in mehr oder minder großem Umkreis die Sehenswürdigkeiten der Stadt. Wer Strandleben mit Stadtanschluss vorzieht, ist am endlos langen *Viale Trieste* mit seinen unzähligen Hotels, Restaurants, Snackbars und der sonstigen badetouristischen Infrastruktur richtig

Viale Trieste
Viale Trento
Viale Cesare Battisti
Viale della Vittoria
Viale Monfalcone
Viale Fiume
Viale Napoli
Viale Gorizia
Calata Caio Duilio
Lung. delle Nazioni
Via L. Agostini
Monte San Bartolo
Museo del Mare
Via Cecchi
Via Canale
F. Fóglia
Lungofoglia G. Caboto
Via Morosini
P.za Doria
Viale Mameli
Viale dei Partigiani
Viale G. Marconi
V. Luca D. Robbia
Via Bertozzini
P.le d. Innocenti
Via Cavour
Corso XI Settembre
V. Tortora
P.le I° Maggio
Sant' Agostino
Via Castelfidardo
Musei Civici
Largo Tre Martiri
Villa Caprile, Autobahn, Urbino
Orti Giuli
Via Belvedere
Viale della Liberazione
Via Mazzini
Nome di Dio
Via Cairoli
Casa di Rossini
Pal. Ducale
V. Rossini
Municipio
P.za d. Popolo
Pal. d. Paggeria
S. Giovanni Battista
Museo Archeologico Oliveriano
Via Mezza
V. Sabbatini
Conser-vatorio Rossini
P.za Olivieri
Via Branca
Via G. Bruno
Via Passeri
Teatro Rossini
Via Abbati
P.le Cinelli
Via Oberdan
P.le Albani
P.za Lazzarini
Via Gramsci
P.le Garibaldi
Via XI Febbraio
V.le Risorgimento
Viale XXIV Maggio
Via N. Bixio
P.le Carducci
Via V. Monti
V. S. De...
Bahnhof
Via Miralfiore
Via V. Rossi

Übernachten
1 Rotonda Bruscoli
2 Des Bains
6 Villa Serena
Essen & Trinken
3 Antica Osteria la Guercia
4 Lo Scudiero
5 Felici & Contenti
Mare Adriático
P.le d. Libertà
Villino Ruggeri
Viale Zara
V.le Viale Trento
V.le d. Repubblica
Viale Trieste
Viale Cesare Battisti
V.le R. Sanzio
P.le Trieste
Viale G. Verdi
Viale Trento
Cattedrale
Rocca Costanzo
S.M. d. Grazie
Via Piave
Viale della Vittoria
P.le Matteotti
BUS
V.le Cialdini
Viale F. Rosselli
T. Genica
Viale Trieste
Viale Amendola
Viale F. Cavallotti
Manzoni
V. De Gasperi
Giusti
Via L. La Marca
Via M. Tocci
Via Mirabelli
Via Flaminia
Via Baracca
Via V. Locchi
Fano, Ancona
100 m
Pesaro

aufgehoben. Zentraler Punkt am Meer ist der Piazzale della Libertà mit der großen Bronzekugel des Künstlers *Arnaldo Pomodoro,* die über dem Brunnenbecken förmlich zu schweben scheint. Von hier zieht sich die Via della Repubblica (später Via Rossini und Via Branca) mit ihren zahlreichen Geschäften und einigen Cafés quasi als Rückgrat durch die Innenstadt. An das Stadtgebiet schließt nördlich ein kleiner Hafen an, der Markt der Stadt findet jeden Vormittag (außer Sonntag) im großen Innenhof hinter der Post statt.

Rossini Opera Festival (ROF)

Mit dem alljährlich im August stattfindenden Festival hat die Stadt ihrem größten Sohn ein würdiges Denkmal gesetzt. Das ROF ist weit über die Grenzen der Marken hinaus bekannt, Opernfreunde kommen aus der ganzen Welt eigens zu diesem Kulturereignis angereist. Aufgeführt werden natürlich die Opern Gioacchino Rossinis, darunter auch viele der weniger bekannten, sowie klassische Konzerte anderer Meister.

Das Festival wurde 1980 ins Leben gerufen, zu den stimmungsvollsten Aufführungsorten zählt sicherlich das 1818 eröffnete *Teatro Rossini.* Um Tickets (20–125 € plus 10 % Vorverkaufsgebühr) sollte man sich frühzeitig bemühen, Buchungen sind ab Ende April unter folgender Adresse möglich: Rossini Opera Festival, Via Rossini 24, 61100 Pesaro (PU), ✆ 0721/38001, ✆ 3800220, E-Mail: rof@rossinioperafestival.it. Allgemeine Informationen bekommen Sie unter www.rossinioperafestival.it

Information/Verbindungen/Adressen

• *Information* **I.A.T.** am zentralen Piazzale della Libertà 11 (Uferpromenade), Mo–Sa 9–13 und 15–19 Uhr. ✆ 0721/69341, ✆ 30462, iat.pesaro@regione.marche.it

Städtisches Infobüro in der Via Rossini 41, nahe der Piazza del Popolo, Mo–Sa 9–13 und 15–19 Uhr. ✆ 0721/359501.

• *Verbindungen* **Zug**: Der Bahnhof liegt ca. 1,5 km vom Meer am Rand des Zentrums, nahe der Piazza Lazzarini. Etwa stündl. nach Rimini und Ancona (via Fano und Senigallia). **Autoverleih Maggiore** am Bahnhof, ✆ 0721/371461.

Bus: Ca. stündl. nach Urbino, stündl. via Panoramastraße Monte San Bartolo (Campingplätze) nach Gabicce und von dort nach Gradara und Rimini und mindestens stündl. nach Fano. Abfahrt am Bahnhof und am Piazzale Matteotti.

Taxi: Stände an der Piazza del Popolo, am Piazzale Matteotti, am Bahnhof und im Sommer auch an der Uferpromenade.

• *Einkaufen* Schicke Schuh- und Bekleidungsgeschäfte befinden sich u. a. auf dem Corso XI Settembre und in der Fußgängerzone Via Rossini und Via Branca.

Übernachten/Essen & Trinken/Cafés (siehe Karte S. 256/257)

• *Übernachten* *** **Des Bains (2)**, Eckhaus nahe Piazzale della Libertà, nur wenige Schritte zum Meer. Historisches Gebäude mit 68 Zimmern, EZ 56–72 €, DZ 94–128 €, Frühstück inkl. Mit Garage. Viale Trieste 221, ✆ 0721/34957, ✆ 35062.

** **Rotonda Bruscoli (1)**, relativ günstige Herberge am Nordende des Strandes (beim Hafen), mit Ristorante. DZ mit Bad ab 55 €, EZ ab 40 €, HP 53 €/Person. Calata Caio Duilio 96, ✆/✆ 0721/400080.

• *Übernachten/Außerhalb* **TIPP!** *** **Villa Serena (6)**, traumhaft schöne Unterkunft 4 km südwestlich, ruhig auf einem Hügel gelegen. Herrliche Villa mit Park und Pool. Stilvolles Ambiente, mit Ristorante (nur für Hausgäste). Nur 9 Zimmer, DZ 170 €, EZ 120 €, Frühstück 11 €/Person. Eine Vorausbuchung für die HS ist unbedingt empfehlenswert! Ganzjährig geöffnet. Via San Nicola 6/3, ✆ 0721/55211, ✆ 55927, www.villa-serena.it. *Anfahrt:* Vom südwestlichen Teil Pesaros auf der Via Flaminia stadtauswärts

Die Piazza del Popolo im Zentrum von Pesaro

fahren, am Stadtrand rechts ab (gelbe Schilder „Villa Serena").

*** **Camping Marinella**, größerer Platz südlich von Pesaro, auf halber Strecke nach Fano direkt am Meer. Mit Bar, Restaurant, Mini-Market, Strandservice. Auch Bungalows (um 100–120 €/4 Pers.). Pro Pers. 8 €, Stellplatz ca. 10 €. Geöffnet Ostern bis Ende Sept. Adriatica km 244, Loc. Fosso-Sejore, ✆/℻ 0721/55795, www.campingmarinella.it

Weitere Campingplätze in der Umgebung von Pesaro → S. 254.

• *Essen & Trinken* **Lo Scudiero (4)**, Spitzenrestaurant beim Piazzale Matteotti im Zentrum. Man kocht u. a. auch nach den Rezepten des Komponisten und Gourmets Rossini. Menü ca. 50 € (mit Wein teurer). Reservierung empfohlen. Mittags und abends geöffnet, So geschl., Via Baldassini 2, ✆ 0721/64107, www.ristoranteloscudiero.it

Felici & Contenti (5), beliebtes Ristorante an einem winzigen Platz nahe der Via Branca. Mit Terrasse, immer voll, auch Pizza. Secondi um 12–14 €. Mittags und abends geöffnet, Sa mittags und Mo geschl. Piazzetta Esedra 34, ✆ 0721/32060.

Antica Osteria la Guercia (3), sympathische Osteria mit traditioneller pesaresischer Küche und noch dazu relativ günstig. An der Piazza del Popolo neben dem Caffè Ducale in den Torbogen hinein. Mittags und abends geöffnet, So geschl., Via Baviera 33, ✆ 0721/33463.

Sehenswertes

Erster Anlaufpunkt der Stadt ist die autofreie Piazza del Popolo mit dem **Palazzo Ducale** (nicht zugänglich) aus dem Jahr 1465, der zunächst von den Sforza gebaut, bald darauf aber von den della Rovere umgestaltet wurde. Der herrliche Brunnen **Fontana dei Tritoni** mit den Pferden stammt ursprünglich von Lorenzo Ottoni aus dem Jahr 1685 (Rekonstruktion). Nur wenige Meter hinunter in östlicher Richtung (zum Strand) stößt man auf den **Dom**, wo jüngst zwei große, übereinanderliegende römische Mosaikböden freigelegt wurden. Sich von hier rechts haltend, gelangt man gleich darauf zur mächtigen **Rocca Costanza** (nicht zugänglich) an der Piazza Matteotti. Die **römischen Ausgrabungen** an der Piazza Matteotti sind nur von außen einsehbar.

Straßencafé in Urbino

Ein Spaziergang zum Meer führt zum Piazzale della Libertà mit der **Sfera Grande** (Weltkugel) von *Arnaldo Pomodoro*; am gleichen Platz sollten Sie einen Blick auf die Jugendstilvilla **Villino Ruggeri** aus dem Jahr 1907 werfen.

▸ **Musei Civici**: Wertvollstes Exponat des städtischen Museums samt Pinakothek ist die „Krönung der Jungfrau" („Pala di Pesaro") von Giovanni Bellini aus dem Jahr 1474. Darüber hinaus sind im angeschlossenen Keramikmuseum zahlreiche Exponate aus der Umgebung von Pesaro zu sehen, viele davon aus dem 16. Jh.
Öffnungszeiten/Eintritt Tägl. (außer Mo) 9.30–12.30 Uhr, Do–So auch 16–19 Uhr; im Juli/Aug. Di–So 9.30–12.30 und 16–19 Uhr, Di und Do bis 22.30 Uhr. Eintritt 4 €, Kinder unter 14 J. frei. Piazza Toschi Mosca 29, ✆ 0721/387541.

▸ **Casa di Rossini**: Das schlichte Haus, in dem Gioacchino Antonio Rossini am 29. Februar 1792 das Licht der Welt erblickte, beherbergt heute ein kleines Museum mit allerlei Erinnerungsstücken und z. T. originalen Möbeln.
Öffnungszeiten/Eintritt Wie Musei Civici (→ oben). Via Rossini 34, ✆ 0721/387357.

Von Pesaro ins Landesinnere

Urbino (ca. 15.000 Einwohner)

Die Stadt zwischen den beiden Hügeln zählt kulturhistorisch zu den Highlights in Mittelitalien. Ein harmonisches, geschlossenes Stadtbild in Ocker und lebhaftes studentisches Treiben begeistern viele Besucher.

Das gut 30 km landeinwärts gelegene Städtchen steht bei Bildungsreisenden ganz oben auf der Besichtigungsliste, schließlich hat man hier zum Glanz der italienischen Renaissance nicht unerheblich beigetragen: *Raffael* erblickte in Urbino das Licht der Welt, *Bramante*, berühmt als Bauherr der Peterskirche in Rom, wurde nur wenige Kilometer entfernt im Nachbarort Fermignano geboren, und Fürst *Federico da Montefeltro* träumte in seinem Palazzo Ducale von der Idealstadt der Renaissance, der *città ideale*. Jahrhunderte später brachte Urbino mit *Clemens XI.* auch noch einen Papst hervor, aber das spielt bei der Fülle kunst- und kulturhistorischer Errungenschaften aus der Blütezeit der Stadt im Quattrocento (15. Jh.) nur noch eine untergeordnete Rolle.

Das Herz der Universitätsstadt schlägt an der Piazza della Repubblica, z. B. im Caffè Centrale, unter dessen Arkaden man stundenlang sitzen und das Geschehen beobachten kann. Studiert wird hier hauptsächlich Jura, BWL und Pharmazie, aber auch Geisteswissenschaften. Während der Semesterferien im Sommer wird die Uni von Sprachschülern aus aller Welt besucht.

Wann genau das heutige Stadtgebiet besiedelt wurde, ist nicht zweifelsfrei geklärt, und auch was die Herkunft des Namens Urbino anbelangt, ist man sich nicht sicher. Vermutlich wurde er abgeleitet von *urbs bina,* was so viel bedeutet wie „beide Städte" – damit ist die Lage Urbinos auf zwei Hügeln gemeint. *Urvinum Metaurense* war im 3. Jh. v. Chr. römisches Munizipium. Bei den Auseinandersetzungen zwischen Papst- und Kaisertum stand Urbino auf der Seite der kaisertreuen Ghibellinen. 1155 unterstützte Antonio da Montefeltro Friedrich I. Barbarossa entscheidend bei der Niederschlagung eines Aufstandes und erhielt zum Dank die Stadt Urbino als Lehen – der Grundstein für dreieinhalb Jahrhunderte nahezu uneingeschränkter Macht der Montefeltro war gelegt.

Federico da Montefeltro – der Mann mit Profil

Beim ritterlichen Wettbewerb um Ruhm und Ehre passierte es: Federico verlor durch einen gegnerischen Treffer mit der Lanze nicht nur das rechte Auge, sondern auch den oberen Teil seiner Nase. Die Hofmaler seiner Zeit waren fortan in ihrer künstlerischen Freiheit stark eingeschränkt: Der große Fürst von Urbino musste immer im Profil gemalt werden und immer von links – zu besichtigen z. B. im Palazzo Ducale (→ S. 265).

Federico wurde 1422 unehelich geboren, Machtansprüche konnte er erst anmelden, als sein Halbbruder Oddantonio ermordet worden war und er selbst 1444 das Amt des Fürsten übernahm. Bis dahin hatte Federico allerdings schon ein immenses Vermögen als *Condottiere* gemacht, als bezahlter Söldnergeneral, der seine Truppen in den Dienst des Meistbietenden stellte. Mit Amtsantritt kam der Wandel zum Förderer von Kunst und Kultur, Urbino erlebte einen rasanten Aufstieg und Federico versammelte an seinem Hof viele Künstler und Gelehrte von Rang und Namen. Sich selbst sah er am liebsten als Feldherrn, der liest: ein erfolgreicher Condottiere und feingeistiger Humanist gleichermaßen. 1472 wurde sein Sohn Guidubaldo geboren, 1482 starb Federico überraschend, durch geschicktes Taktieren war es aber gelungen, den Machtbereich des Vaters für den erst zehnjährigen Guidubaldo so zu erhalten, dass das Herzogtum Urbino – zumindest bis zu Guidubaldos erbenlosem Tod im Jahre 1508 – weiterhin in vollem Glanz erstrahlte. Aus dieser Zeit stammt auch eines der bedeutendsten Bücher über den italienischen Humanismus: „Il libro del Cortegiano" („Das Buch vom Hofmann"), in dem Baldassare Castiglione (1478–1529) das kulturelle Leben und Konversationen am Hof von Urbino beschreibt.

Marken

Übernachten

3 L'Angolo Divino
4 Vecchia Urbino
6 Al Cantuccio

Essen & Trinken

1 Raffaello
2 San Giovanni
5 Bonconte

A14 Ancona
Fano, Roma
Perugia, Assisi

Via N. Pellipario
Via Giro dei Debitori
Via del Popolo
Viale Gramsci
Via P. Virgili
Viale B. Buozzi
Fortezza Albornoz
Parco della Resistenza
Monumento a Raffaello
P.le Roma
Pian del Monte
Giov. Batt.
Via dei Maceri
Giro d. Cassero
Via Porticale
Viale Don Minzoni
Via Barocci
Via Voltaccia
Piola S. Margherita
Via S. Margherita
Casa di Raffaello
Via Raffaello
V. Rifugio
Via Posta Vecchia
Vie del Balestriere
Via T. Viti
Piazza S. Francesco
Piazza della Repubblica
Garibaldi
Via Bramante
Via Bramante
Porta S. Lucia
S. Francesco
Piano S. Lucia
Scalette S. Spirito
Via del Fosso
Veneto
Vittorio
Vic. S. Filippo
P.za S. Filippo
Via Cesare Battisti
V. S. Andrea
Via Nuova
Via d. Leone
Via d'Orso
Via Vasari
Fornari
F. Budassi
Via Pozzo
Via del Fiancale
Via delle Mura
Via dei Morti
Porta Lavagine
Via dei Morti
Viale G. di Vittorio Circonvallazione
San Leo Rep. S. Marino
V. Nazionale di Bocca Trabaria
S. S. 423 Urbinate
A14 Pesaro Rimini, Bologna
50 m
Urbino
1
2
3
4
5
P

Nach dem Tod des letzten Montefeltro übernahm 1508 Francesco Maria I. della Rovere das Herzogtum, 1631 wurde Urbino dem Kirchenstaat zugeschlagen und versank in der Bedeutungslosigkeit. Bis zur Entstehung des Königreiches Italien im Jahr 1860 blieb Urbino Teil des Kirchenstaates.

Information/Verbindungen/Diverses

• *Information* **I.A.T. Urbino**, gegenüber vom Dom, Piazza Rinascimento 1, ✆ 0722/2613, ✉ 2441, www.comune.urbino.ps.it

Mo–Sa 9–13 und 15–18 Uhr (im Sommer länger), So 9–13 Uhr. Info-Material, Stadtplan, Unterkunftsverzeichnis etc.

• *Verbindungen* **Busse** am Borgo Mercatale, hier fahren sowohl die kleinen orangefarbenen Stadtbusse als auch die Überlandbusse ab. Etwa stündl. nach Pesaro; außerdem 8-mal tägl. über Fano nach Pesaro.

Taxis am Borgo Mercatale (✆ 0722/327949) oder an der Piazza della Repubblica im Zentrum (✆ 0722/2550).

• *Parken* Parkplatz und Tiefgarage am Borgo Mercatale (ca. 1 €/Std.), das *centro storico* ist für Ortsfremde gesperrt.

• *Sprachkurse* Alljährlich im Aug. veranstaltet die **Universität Urbino** Italienischkurse sowohl für Anfänger als auch für Fortgeschrittene, die Kurse dauern 2–4 Wochen und kosten 280 € bzw. 490 €. Unterbringung im Studentenwohnheim kann organisiert werden (günstig!), aber auch im Hotel, Appartement oder Privatzimmer. Informationen beim Segreteria dell'Università degli Studi di Urbino, Via Saffi 2, 61029 Urbino, ✆ 0722/305250, ✉ 305287, www.uniurb.it

• *Feste/Veranstaltungen* **Festival Internazionale di Musica Antica**, in den letzten beiden Juliwochen, Konzerte mit Renaissancemusik. Infos und Programme bei der I.A.T.

Festa del Duca, 3. Wochenende im Aug., am Samstag Reitturnier wie zu Zeiten des Fürsten Federico, am Sonntag dann ein großer Umzug in historischen Kostümen.

Festa dell'Aquilone, am 1. Septemberwochenende steigen auf den nahe gelegenen Colline Monti delle Cesane (nahe Camping Pineta) die Drachen. Die Stadtviertel (Contrade) treten gegeneinander zum Wettbewerb an, prämiert wird der schönste Drachen.

Übernachten (siehe Karte S. 262/263)

**** **Hotel Bonconte (5)**, eines der besten in Urbino, zentrale, aber ruhige Lage an der Stadtmauer. Zimmer mit teilweise herrlichem Blick, EZ 77 €, DZ 133 €, Frühstück 8 €/Person. Man kann kostenlos vor der Tür parken. Ganzjährig geöffnet. Via delle Mura 28, ✆ 0722/2463, ✉ 4782, www.viphotels.it

*** **Hotel Raffaello (1)**, im oberen Teil der Altstadt (unterhalb der Fortezza Albornoz). Modernes Interieur in historischem Gebäude, viel Marmor. Nehmen Sie ein Zimmer im 3. Stock (toller Blick auf die Stadt). EZ 70 €, DZ 115 €, Frühstück inkl. Ganzjährig geöffnet. Vicolino S. Margherita 40, ✆ 0722/4896 oder 4784, ✉ 328540, www.albergo raffaello.com

** **Albergo San Giovanni (2)**, zentral in einer Seitengasse der Piazza della Repubblica. Relativ günstig, recht schlichte Zimmer (z. T. mit schönem Blick). EZ 36 €, DZ 55 €, 3er-Zimmer 66 €, kein Frühstück, Bar nebenan. Netter Service, mit Restaurant. Via Barocci 13, ✆ 0722/2827, ✉ 329622.

*** **Camping Pineta**, netter Platz, 3½ km außerhalb auf einem Hügel gelegen, teilweise schöner Blick auf die Stadt. Viel Schatten unter Pinien, Bar und Mini-Market. Pro Pers. 7 €, Stellplatz 15 €. Geöffnet von Ostern bis Ende Sept. Ab Urbino (Borgo Mercatale) ca. stündl. Stadtbus Nr. 7. Via San Donato. Loc. Monti delle Cesane, ✆/✉ 0722/4710, E-Mail: campeggiopinetaurbino@email.it *Anfahrt*: Ab der großen Kreuzung unterhalb von Urbino gut beschildert, die gleiche Straße führt in Richtung Mausoleo dei Duchi.

Essen & Trinken/Nachtleben (siehe Karte S. 262/263)

• *Essen/Trinken* **Vecchia Urbino (4)**, stilvolles Ambiente im kühlen, sorgsam restaurierten Gemäuer, edel gedeckte Tische und hervorragender Service. Spezialitäten aus der Region, u. a. auch Wild und Fisch, dazu erlesene Weine. Gehobenes Preisniveau. Mittags und abends geöffnet, Di geschl., für abends reservieren. Via dei Vasari 3/5, ✆ 0722/4447, www.vecchiaurbino.it

Urbino – der Palazzo Ducale von hinten

L'Angolo Divino (3), sympathische Osteria, traditionelle regionale und dabei hervorragende Küche, gute Weine und für das Gebotene sicher nicht zu teuer. Mittags und abends geöffnet, So abends und Mo geschl. Nur ca. 30 Plätze, für abends unbedingt reservieren. Via Sant'Andrea 14, ✆ 0722/327559.

Ristorante-Pizzeria Al Cantuccio (6), kleines Lokal im Souterrain, eher junges Publikum, auch bei Touristen beliebt. Flotter Service, hervorragende Pizza, guter Hauswein, mittleres Preisniveau, Secondi nicht ganz günstig. Mittags und abends geöffnet, Di geschl. Via Budassi 64, ✆ 0722/2521.

• *Nachtleben* z. B. im **Bosom Pub** in der Via Budassi 24: Bar und Gewölbe, junges Publikum. Von der Piazza della Repubblica Richtung Dom/Palazzo Ducale, dann links ab in die Via Nazario Sauro, dann rechts ab. Kaum zu verfehlen.

Sehenswertes

Palazzo Ducale (Galleria Nazionale delle Marche): Mit diesem alles dominierenden Gebäudekomplex hat Federico da Montefeltro sich selbst ein würdiges Denkmal gesetzt. Der Palazzo mit schlichter ockerfarbener Fassade zur Piazza Rinascimento hin bietet dem Betrachter von der Westseite ein ganz anderes Bild: Zwei Rundtürme flankieren symmetrisch die dreistöckige Loggia und gelten als Wahrzeichen der Stadt. Auch vermutet man hinter dem Eingangsportal weit weniger, als ein Rundgang durch die fürstliche Residenz bietet: der elegante *Cortile d'Onore* (Ehrenhof) mit Säulengang, rund 200 Räume mit teilweise prächtiger Ausstattung und immer wieder der herrliche Blick auf das grüne Hügelland um Urbino. Nicht zuletzt die *Galleria Nazionale delle Marche* – im ersten und zweiten Obergeschoss des Palazzo untergebracht – lohnt unbedingt eine Besichtigung: Mit bedeutenden Gemälden u. a. von Piero della Francesca, Tizian, Federico Barocci, Giovanni Santi, dem Vater Raffaels, und zwei Werken von Raffael selbst gilt sie als wichtigste Gemäldesammlung der Marken.

Blick vom Palazzo Ducale

Im Erdgeschoss befindet sich außerdem ein kleines **Archäologisches Museum**, im zweiten Stock ist u. a. eine **Keramiken- und Majolikensammlung** untergebracht.

• *Öffnungszeiten* Di–So 8.30–19.15 Uhr, Mo 8.30–14 Uhr, Einlass jeweils bis 90 Min. vor Schließung. An Feiertagen und Samstagen im Sommer bis 23 Uhr geöffnet. Eintritt 8 €, Stud. (18–25 J.) 4 €, für Jugendliche unter 18 und Senioren über 65 J. ist der Eintritt frei. ✆ 0722/322625. Mit **Bookshop** im Untergeschoss.

Dom und Museo Albani: Die heutige, fast strahlend weiße klassizistische Fassade täuscht: Ursprünglich war der **Dom** ein Auftragswerk von Federico da Montefeltro, Baumeister war *Francesco di Giorgio Martini*. Federico ließ sogar einen Durchgang zum benachbarten Palazzo Ducale errichten. Die Kuppel wurde 1604 angefügt, hielt aber kaum 200 Jahre, da sie bei einem Erdbeben 1789 einstürzte und dabei große Teile des Bauwerks in Mitleidenschaft zog. *Giuseppe Valadier* (1762–1839) wurde mit dem Wiederaufbau des Doms beauftragt, die Fassade hat er 1802 vollendet. Im Inneren sind in den Seitenaltären zwei Werke von *Federico Barocci* zu sehen, in der Krypta außerdem eine marmorne Pietà (Ende 16. Jh.).

Im angeschlossenen **Museo Albani**, das dem gleichnamigen Kardinal gewidmet ist, beeindrucken in der alten Sakristei die Freskenfragmente aus der gegenüberliegenden Chiesa di San Domenico und die prachtvoll ausgestattete neue Sakristei. Neben Altargegenständen (überwiegend aus dem 18. Jh.) sind im Museum außerdem einige Gemälde (meist 17. und 18. Jh.) zu sehen.

Öffnungszeiten Der Dom ist normalerweise ganztägig geöffnet, Eintritt frei. Das Museum ist tägl. von 9–12 und von 14.30–17.30 Uhr geöffnet, Eintritt 1,50 €.

Casa Natale di Raffaello: In diesem eleganten Renaissancebau in der Via Raffaello erblickte Raffaello Sanzio als Sohn des Malers Giovanni Santi und dessen Frau Magia Ciarla am 6. April 1483 das Licht der Welt. Nach dem frühen Tod der Eltern wurde Raffael in die Werkstatt Peruginos nach Perugia geschickt, um 1505 ging er nach Florenz, wo er Michelangelo und Leonardo da Vinci begegnete. 1508 wurde der damals 25-Jährige von Papst Julius II. zur Gestaltung der päpstlichen Gemächer („le stanze“) in den Vatikanischen Palast berufen. Damals war Raffael bereits als großartiger Porträtmaler bekannt, die drei Gemächer, an denen er in den Jahren 1508–1517 arbeitete, gelten jedoch als ein Höhepunkt seines Schaffens. Nach dem Tod Bramantes wurde Raffael zum Baumeister der Peterskirche ernannt. Sein Tod am 6.

April 1520 (seinem 37. Geburtstag) kam überraschend; die Kirchenobersten huldigten ihrem großen Künstler mit einer prächtigen Grabstätte im römischen Pantheon.

Seiner Heimatstadt hat er außer zwei Gemälden im Palazzo Ducale kaum etwas hinterlassen. Lediglich eine Madonnendarstellung ist in seinem Geburtszimmer zu sehen, doch hier ist die Urheberschaft nicht zweifelsfrei geklärt. Ansonsten kann man sich im Geburtshaus Raffaels zahlreiche Gemälde aus dem 15. und 16. Jh. anschauen, außerdem einige zeitgenössische Möbel.

Öffnungszeiten 9. März bis 31. Okt. tägl. 9–13 und 15–19 Uhr, von Nov. bis Ende Jan. 9–14 Uhr, sonntags immer 10–13 Uhr. 1. Feb. bis 8. März geschl. Eintritt 2,50 €, Stud. 1 €, Kinder unter 14 J. frei. ✆ 0722/310105 oder 320105.

Fano

(ca. 57.000 Einwohner)

Eines der schönsten Städtchen an der Küste mit großem Fischereihafen und sauberen Sand-/Kiesstränden. Dicke Stadtmauern umgeben noch heute das hübsche, größtenteils zur Fußgängerzone erklärte historische Zentrum. In der Antike endete hier die Via Flaminia.

Die drittgrößte Stadt der Marken ist dem 12 km nördlich gelegenen Pesaro als Badeort durchaus vorzuziehen: Gute Strände (knapp 500 m von der Altstadt entfernt) und touristische Infrastruktur sind vorhanden, dazu eine stimmungsvolle Altstadt, in der man abends dem Volkssport Flanieren nachgeht. An der Kanalmündung *(Porto Canale)* befindet sich der geschäftige Fischereihafen, der den Strand in zwei Zonen unterteilt: nördlich die kleinere *Spiaggia Lido*, südlich die lang gezogene *Spiaggia Sassonia* – beide Abschnitte mit zahlreichen Unterkünften. Zentraler Punkt der Altstadt ist die *Piazza XX Settembre* mit schönem Brunnen.

Das römische *Fanum Fortuna* wurde nach dem berühmten Tempel der Fortuna benannt, den man hier 207 v. Chr. nach dem Sieg über den Karthager Hasdrubal aufstellte. Entscheidend geprägt hat jedoch Kaiser Augustus das Stadtbild der von ihm neu gegründeten *Colonia Julia Fanestris*: Noch immer betritt man die Stadt durch den *Arco di Augusto*, und auch von den *Augusteischen Stadtmauern* ist ein Teil noch erhalten. Wie viele andere auch wurde die Stadt im 6. Jh. von den Goten zerstört. Später wurde Fano Mitglied der byzantinischen Pentapolis und brachte es im 14. Jh. zur freien Stadtrepublik. 1357 übernahmen die Malatesta hier die Macht, mussten sie aber 1463 an den übermächtigen Federico da Montefeltro wieder abtreten. Dennoch hinterließen die Malatesta deutliche Spuren im ganzen Stadtgebiet – u. a. durch den Bau des *Palazzo della Ragione* und der *Rocca Malatestiana*, durch die das Stadtgebiet gleichzeitig auch vergrößert wurde.

Information/Verbindungen/Adressen/Veranstaltungen

• *Information* **I.A.T.**, zwischen Bahnhof und Strand. Im Sommer Mo–Sa 9–13 und 15–19 Uhr, ansonsten 9–13 Uhr und Di + Do 15–18 Uhr. Viale Battisti 10, ✆ 0721/887314 oder ✆ 803534, www.turismofano.com

Ein **städtisches Infobüro** befindet sich außerdem an der Piazza XX Settembre im *centro storico*.

• *Verbindungen* **Züge** etwa stündl. via Pesaro nach Rimini und nach Ancona (via Senigallia). Der Bahnhof befindet sich am östlichen Rand der Altstadt.

Mit dem **Bus** etwa stündl. nach Pesaro und in die südlichen Vororte, 3-mal nach Urbino. Busbahnhof an der Piazza vor dem Arco di Augusto.

Taxistand am Bahnhof, ✆ 0721/803910.

Parken, am besten an einem der größeren Parkplätze an der Meerseite der Altstadt, kostenlos z. B. bei der Rocca Malatestiana.

• *Einkaufen* Jeden Mi und Sa großer **Markt** am Corso Matteotti und auf der Piazza XX Settembre im *centro storico*. Darüber hinaus jedes zweite Wochenende **Antiquitätenmarkt** in der Altstadt (mit Büchermarkt).

Haupteinkaufsstraßen von Fano sind der Corso Matteotti, die Via Arco d'Augusto und die Via Garibaldi.

Weinliebhaber werden in der **Enoteca-Vineria dall'Oste** fündig → unten.

• *Veranstaltungen* Bekanntestes Ereignis ist das Festival **Fano Jazz by the Sea**, das alljährlich Ende Juni bis Anfang Juli stattfindet. Infos: Ufficio Festival, ✆/℻ 0721/820275.

Wer im Feb./März in Fano ist, sollte den **Carnevale** nicht verpassen: großer Umzug mit monströsen Figuren aus Pappmaschee, es wird eine wahre Bonbon- und Schokoladenschlacht ausgetragen. Umrahmt ist das Ganze von unzähligen Veranstaltungen wie z. B. dem Maskenball auf der Piazza XX Settembre – die Stadt steht Kopf zur Faschingszeit, die im Sommer als **Carnevale d'Estate** wiederholt wird.

Übernachten/Essen & Trinken (siehe Karte S. 269)

• *Hotels* Über 60 Hotels und 9 Campingplätze, die meisten Hotels liegen in der Neustadt nahe Strand bzw. in den Vororten Torrette und Marotta.

**** **Augustus (5)**, optimale Lage am Kanal, nur wenige Gehminuten ins Zentrum und an den nördlichen Strand. 22 moderne Zimmer, Restaurant, Parkplatz. EZ 65 €, DZ 89 €, Frühstück 8 €/Person, im Aug. nur mit obligatorischer VP (EZ 92 €, DZ 154 €). Ganzjährig geöffnet, Via G. Puccini 2, ✆ 0721/809781, ℻ 825517, www.hotelaugustus.it

*** **Amelia (2)**, gleich bei der Spiaggia Lido gelegen, 24 Zimmer. EZ 59 €, DZ 89 €, Frühstück extra. Auch hier gilt: im Aug. nur mit obligatorischer VP (EZ 78 €, DZ 136 €). Mitte April bis Mitte Okt. geöffnet, Viale Cairoli 80, ✆ 0721/824040, ℻ 826804, www.hotelamelia.it

*** **Astoria (1)**, direkt beim Amelia, Strandhotel mit gutem Standard, freundlicher Service, Zimmer mit Bad und TV. EZ 65 €, DZ 82 €, Frühstück inkl. Mitte April bis Mitte Okt. geöffnet, Viale Cairoli 86, ✆/℻ 0721/803474, www.astoriamare.it

** **Sassonia (4)**, am gleichnamigen Strand, 27 Zimmer (mit Bad), typisches älteres Strandhotel, relativ günstig: EZ 40 €, DZ 50 €, in der HS mit VP (EZ 49 €, DZ 94 €), Strandservice und Fahrradverleih inkl. Ganzjährig geöffnet, Viale Adriatico 88, ✆/℻ 0721/828229.

• *Camping* Am südlichen Stadtrand liegen die beiden Drei-Sterne-Plätze **Fano** (Foce del Metauro 1, ✆ 0721/802652, ℻ 8522844, www.campingfano.it), pro Pers. 7,50 €, Stellplatz Zelt 10,50–13,50 €, auch Bungalows für ca. 50–95 €; und **Madonna Ponte** (Via delle Brecce 25, ✆ 0721/804520), pro Pers. 10 €, Stellplatz 13–22 €, Bungalows 70–90 €. Beide Ende März bis Mitte Sept. geöffnet.

Weitere 7 Campingplätze in Torrette und Marotta, den beiden südlichen Vororten von Fano.

• *Essen & Trinken* Eine Spezialität ist die Fischsuppe *Brodetto alla Fanese*. Unbedingt probieren sollte man aber auch *La Moretta:* Der mit Rum und Anisschnaps verstärkte Espresso ist ein Spezialrezept der Fischer von Fano.

Al Pesce Azzurro (3), weithin bekanntes und günstiges Selbstbedienungsrestaurant der Fischerkooperative am Hafen, hat was von einem Bierzelt – lange Tische und Bänke, schlichtes Ambiente. Fischmenü ab 9,50 €. April–Sept. mittags und abends geöffnet, Mo geschl. Viale Adriatico 50 (beim Hafen), ✆ 0721/823644, www.pesceazzurro.com

Casa Nolfi (9), Eckhaus in der Via Nolfi, das Restaurant genießt in Fano einen exzellenten Ruf. Degustationsmenüs für 33–54 €, das schnelle Mittagsmenü gibt es schon für 16 €, ansonsten: Antipasti 10–20 €, Primi 10–12 €, Secondi um 16 €. Angenehmes Ambiente, mitten im Zentrum. Mittags und abends geöffnet, So abend und Mo geschl. Via Gasparoli 59, ✆ 0721/827066.

Trattoria Da Maria (10), familiäre Trattoria ein Stück außerhalb der Altstadt, immer frischer Fisch, mit Terrasse und Garten, offener Hauswein, mittleres Preisniveau. Mittags und abends geöffnet, Mo geschl. Via IV Novembre 86, ✆ 0721/808962.

Il Cantinone (6), Traditionslokal an der Via Arco d'Augusto, mit Garten nach hinten hinaus, schnörkelloses Ambiente, mittleres Preisniveau, auch Pizza. Angeschlossene Enoteca. Mittags und abends geöffnet, Mo geschl. Via Arco d'Augusto 62, ✆ 0721/825922, www.ilcantinone.net

Enoteca-Vineria dall'Oste (8), im *centro storico*, Eckhaus Via Nolfi/Via Garibaldi. Recht große Auswahl an Weinen (auch glasweise) und kleinen Gerichten. Flaschenweine natürlich auch zum Mitnehmen. Tägl. 10–13 und 17.30–22 Uhr, So geschl. Via Nolfi 61, ✆ 0721/826835.

Caffè Centrale (7), beliebtes Café am Corso Matteotti 104.

Sehenswertes

Den sicherlich erhabensten Zugang zur Altstadt bietet der **Arco di Augusto** aus dem Jahr 9 n. Chr., seinerzeit das wichtigste Eingangstor zur Stadt, an dem die Via Flaminia endete. An der Nordseite der Altstadt (Richtung Kanal) sind auch noch Teile der **Augusteischen Mauern** (Mura Augustee) erhalten, die etwa zeitgleich mit dem Augustusbogen entstanden sind.

Gleich hinter dem antiken Stadttor kommt man zur **Loggia di San Michele** aus dem Jahr 1495 mit Arkadengang und Kirche, hier befand sich seinerzeit ein Waisenhaus. Auf der Via Arco d'Augusto erreicht man nach wenigen Schritten den **Dom** (Cattedrale) auf der rechten Seite (10. Jh., Umbau im 12. Jh.), einen Blick hier hineinzuwerfen lohnt vor allem wegen der prachtvollen **Cappella Nolfi** aus dem frühen 17. Jh.

Rechts ab gelangt man zur **Piazza XX Settembre**, dem Herzen der Stadt mit der barocken **Fontana della Fortuna** (1576, Ende des 17. Jh. restauriert): Glücksgöttin Fortuna ist zwar nur in Kopie zu sehen, das Original finden Sie jedoch wenige Schritte entfernt im **Museo Civico** (→ unten) in den Gemäuern des aus der Renaissance stammenden **Palazzo Malatestiano**. Ebenfalls an der Piazza XX Settembre, im **Palazzo della Ragione** bzw. **Palazzo del Podestà** (ursprünglich aus dem Jahr 1299), befindet sich das ehrwürdige **Teatro della Fortuna** im neoklassizistischen Stil (1845–1863). Besichtigen kann man das Theater nur im Rahmen einer Aufführung.

Die Loggia di San Michele

Museo Civico/Pinacoteca: Das städtische Museum im an sich schon sehenswerten Palazzo Malatestiano präsentiert eine umfangreiche Sammlung mit Exponaten aus prähistorischer Zeit bis hin zu Gemälden aus dem 20. Jh. Besonders sehenswert sind die Funde aus römischer Zeit, z. B. das Panthermosaik; außerdem in der Pinakothek eine „Madonna e Bambino" von Giovanni Santi.

• *Öffnungszeiten/Eintritt* Tägl. (außer Mo) 9.30–12.30 und 16–19 Uhr, vom 15. Juni bis 15. Sept. auch 21–23 Uhr. Im Winter: Di–Do 15–18 Uhr, Mi und Fr 9–14 Uhr, Sa 9–14 und 15–18 Uhr, So 10–13 und 16–19 Uhr. Eintritt 3 €, erm. 1,80 €, unter 18 J. frei. Piazza XX Settembre, ✆ 0721/828362.

Rocca Malatestiana: Am nördlichen Eck der Altstadt erhebt sich die trutzige Festung der Malatesta aus dem Jahr 1483. Später diente die Wehrburg als Gefängnis. Zu besichtigen sind heute der Innenhof und einer der inneren Säle (nur im Sommer).

Fano/Umgebung

Gola del Furlo

Das landschaftliche Highlight im Hinterland von Fano – der Fluss *Candigliano* hat sich zwischen steil aufragenden Bergen hindurchgegraben und eine höchst eindrucksvolle Schlucht hinterlassen.

Die Strecke durch die Gola del Furlo (lat. *forulus* = Felsloch) ist 3 km lang und führt auf der alten Römerstraße **Via Flaminia** (220 v. Chr.) durch einen echt antiken Tunnel, der allerdings erst 76 n. Chr. unter Kaiser Vespasian entstand. Damals war die Straße eine der militärischen Hauptadern zu den Gebieten im Nordosten des Imperium Romanum, sie verband Rom mit dem Adriahafen Fano. Heute laden zahlreiche Parkbuchten im Verlauf der nur wenig befahrenen Straße zum Fotostopp ein. Am Ende der Schlucht befindet sich auf der linken Seite ein kleiner, sehr netter

Park am Ufer, der zu Picknick und Sonnenbad einlädt.

Abteikirche San Vincenzo al Furlo: Die schlichte romanische Kirche aus dem 9./10. Jh. ist das einzige bauliche Überbleibsel der im 6. Jh. gegründeten gleichnamigen Abtei (links der Straße, ganztägig geöffnet).

• *Anfahrt* Wenn Sie durch die Gola del Furlo fahren wollen, sollten Sie die entsprechende Ausfahrt der *N 3* hinter Fossombrone (ca. 27 km landeinwärts von Fano Richtung Cagli) nicht verpassen. Andernfalls geraten Sie in den langen Straßentunnel und kommen erst ein Stück hinter der Schlucht heraus.

Steile Felsen in der Gola del Furlo

Senigallia (ca. 44.000 Einwohner)

Spiaggia di Velluto („Samtstrand") heißt der helle Sandstrand von Senigallia, dem beliebtesten und sicherlich auch attraktivsten Badeort des Küstenabschnitts nördlich von Ancona.

Tourismus hat in Senigallia Tradition: Bereits Mitte des 19. Jh. brachte man es hier auf eine beachtliche Zahl an Badegästen, mittlerweile ist Senigallia einer der wichtigsten Fremdenverkehrsorte der Marken. Dabei liegt am herrlichen Strand mit der auf Pfählen gebauten *Rotonda a Mare* durchaus noch ein Hauch vergangener Noblesse und auch das *centro storico* lädt zum Spaziergang ein, wobei besonders die *Rocca Roveresca* (1480) gegenüber vom Bahnhof und der klassizistische Säulenbau *Foro Annonario* (die alte Markthalle von 1831) gleich daneben am Kanal einen Besuch lohnen.

Senigallia geht auf eine Gründung aus dem 4. Jh. v. Chr. zurück und war die erste römische Kolonie an der Küste. Mitte bis Ende des 15. Jh. verhalfen Sigismondo Malatesta und nach ihm Giovanni della Rovere der zwischenzeitlich darniederliegenden Stadt zu neuem Aufschwung, man baute Festung und Stadtmauern (z. T. noch erhalten), Palazzi und den Kanalhafen, durch den sich hier ein wichtiges Handelszentrum entwickelte, das seine Glanzzeit im 17. und 18. Jh. erlebte.

Information/Verbindungen/Übernachten/Essen & Trinken/Nachtleben

• *Information* **A.P.T.** am Piazzale Morandi 2 (zwischen Bhf. und Strand), geöffnet im Sommer tägl. 9–13 und 16–19 Uhr, ✆ 071/7922725, ℻ 7924930, E-Mail: iat.senigallia@regione.marche.it

• *Verbindungen* Bahnhof im Zentrum (zwischen Altstadt und Strand), hervorragende **Zugverbindungen**: etwa stündl. nach Ancona und über Fano und Pesaro nach Rimini. **Busverbindungen**: ca. halbstündl. nach Ancona, 5-mal Corinaldo und Torrette (von hier nach Fano/Pesaro). Haltestelle vor dem Bahnhof, der Busbahnhof liegt beim Stadion (nahe Kanal/Ponte Garibaldi).

Taxistände an der Piazza Roma, der Piazza Saffi und am Bahnhof.

• *Hotels* Etwa 80 Hotels (1–4 Sterne), meist nur wenige Meter vom Strand entfernt, allerdings verläuft die Bahnstrecke teilweise nahe an den Hotels entlang. Dazu kommen 17 Campingplätze, von denen die meisten am Lungomare Leonardo da Vinci liegen. Ein *Tipp*:

*** **Hotel Continental**, sympathisches Strandhotel am Lungomare Alighieri, über die Straße zum Strand. Angenehm schlichte, ganz auf Badeurlauber ausgerichtete Zimmer teilweise mit Balkon. DZ 105 € (mit Meerblick), EZ 58 €. Mit kleinem Hallenbad, Garten und eigenem Strandabschnitt. Lungomare Dante Alighieri 126, ✆ 071/60047, 📠 7926518, www.ilcontinental.com

• *Camping* Am südlichen Rand von Senigallia liegen einige Campingplätze, z. B. am Lungomare Da Vinci der empfehlenswerte Platz ** **Spiaggia di Velluto** mit viel Schatten und relativ gehobener Ausstattung: 150 Stellplätze, pro Pers. 6,50 €, Stellplatz 21,50 €, geöffnet April bis Okt., ✆/📠 071/64873. * **Mare Verde**, einer der kleinsten Plätze der Gegend, relativ einfache Einrichtungen, pro Pers. 6,50 €, Stellplatz 19 €, geöffnet Mai bis Sept. (Lungomare Da Vinci 95, ✆ 071/7929544), oder aber **Liana,** mit Pool, pro Pers. 7 €, Stellplatz 23,50 €, geöffnet Ostern bis Ende Sept. (Lungomare Da Vinci 54, ✆ 071/65206, 📠 7921750, www.campingliana.it), und **Holiday** (Lungomare Da Vinci 46, ✆/📠 071/64740). Alle Plätze sind nur durch die Straße vom Strand getrennt.

• *Essen & Trinken* **Uliassi**, gegenüber vom Porto Turistico (andere Flussseite) gelegen, Blick auf die Rotonda, eines der empfehlenswertesten Fischrestaurants in Senigallia. Puristisches Ambiente, mit Terrasse, gehobenes Preisniveau, mittags und abends geöffnet, außerhalb der Saison Mo geschl. Banchina di Levante 6, ✆ 071/65463, 📠 659327, www.uliassi.it

Cucinamariano, bei der Rocca Roveresca, nettes Ambiente, außergewöhnliche Küche, auch Vegetarisches, allerdings ist die Auswahl nicht riesig. Für das Gebotene preiswert, Menü um 20–25 €, gute und günstige Weine. Mittags und abends geöffnet, Mo geschl. Via Manni 25, ✆ 071/7926659.

La Madonnina del Pescatore, eines der besten Fischrestaurants der Region, schon fast im Vorort Marzocca am Meer (ca. 5 km südöstlich von Senigallia) gelegen. Extravagante Küche, Degustationsmenü ca. 70 €. Mittags und abends geöffnet, Mo geschl. Lungomare Italia 11, ✆ 071/698267, 📠 698484.

• *Nachtleben* **Miu Miu**, die vielleicht hipste Disco der Marken liegt auf halbem Weg nach Fano, etwas außerhalb von Marotta (Via Valcesano). Weithin bekannt und sehr angesagt – entsprechendes Outfit und dicke Geldbörse nicht vergessen. Hier kann man auch essen: Menüs um 25–30 €. Do–So mit Programm. ✆ 0721/967389, www.miu-miu.it

Senigallia/Umgebung

Corinaldo (ca. 5200 Einwohner)

Ein wirklich schönes altes Städtchen, 18 km südwestlich von Senigallia und noch vollständig von einer gut erhaltenen Stadtmauer (über 900 m Umfang bei einer Höhe von 18 m) und mächtigen Rundtürmen umgeben. Innerhalb der dicken Mauern laden schmale Gässchen und Treppen zum Spaziergang im hübschen historischen Stadtkern ein. Von der Porta di Sotto am unteren Ende der Altstadt geht es steil über die 109 Stufen der *Piaggia* und weiter über die „Cento Scale“ (die „Hundert Stufen“) hinauf ins Zentrum, vorbei am alten Brunnen *Pozzo della Polenta*. Um ihn entbrennt alljährlich am dritten Juliwochenende die „Contesa del Pozzo della Polenta“, das mittelalterliche Stadtfest mit großer Tafel, mittelalterlichen Spielen, Umzug in historischen Kostümen usw. Ursprung des Festes war die siegreiche Verteidigung der Stadt gegen die Belagerung der Della Rovere im Jahr 1517. Zuvor wurde der Ort von den Malatesta beherrscht (1366–1440), aus jener Zeit stammen auch die Verteidigungsanlagen.

• *Information* **Pro Loco**, am oberen Ende der Piaggia links die Gasse hinein. Tägl. 17–19 Uhr, ✆ 071/679047.

• *Anfahrt/Verbindungen* Von Senigallia auf der *N 360* landeinwärts, dann rechts ab. 5-mal tägl. **Busse** von und nach Senigallia.

• Übernachten/Essen ** **Albergo-Ristorante I Tigli**, nettes einfacheres Haus an der Stadtmauer mit beliebtem Ristorante (auch Pizzeria) im Gewölbe, auch Terrasse. EZ 40 €, DZ 65 €, Frühstück inkl. Via del Teatro 31, ✆ 071/7975849, ✆ 7975856, www.itigli.it

Mondavio (ca. 3800 Einwohner)

Auf einem Hügel nordwestlich von Corinaldo thront das einladende Städtchen über dem Cesano-Tal. Den Rand des historischen Zentrums bildet die *Rocca Roveresca*, eine typische Wehranlage, die Francesco di Giorgio Martini für die della Rovere baute. Mondavio ist noch heute von seinen komplett erhaltenen Wehrmauern umgeben, ein Spaziergang durch das *centro storico* lohnt ebenso wie der Abstecher in das *Museo di Rievocazione Storica* und das *Museo Armeria* in der Festung – Waffen und durch lebensgroße Puppen nachgestellte Szenen aus dem 15.–18. Jh. (tägl. 9–12 und 15–19 Uhr, Eintritt 4 €, Kinder von 6–12 J. 3 €). Wer im Sommer in der Gegend unterwegs ist, sollte sich zwei Termine nicht entgehen lassen: Mitte August feiert man hier das große mittelalterliche Stadtfest *Rievocazione Storica*, am letzten Septemberwochenende finden in der Rocca die italienischen Meisterschaften im mittelalterlichen Armbrustschießen *(Antica Balestra)* statt.

Jesi – der Löwe am Palazzo della Signoria

• Information **Pro Loco/I.A.T.**, im Zentrum am Corso Roma 1, unregelmäßige Öffnungszeiten, ✆ 0721/977331, ✆ 989098.

• Übernachten/Essen *** **Albergo Ristorante La Palomba**, traditionsreiches Haus gegenüber der Rocca Roveresca, mit einladendem Ristorante (mit Kamin) und Bar. 15 Zimmer, EZ 35 €, DZ 55 €, Frühstück 5 €/ Person – für das Gebotene günstig. Im Restaurant kommen regionale Gerichte und ausgewählte Weine der Marken auf den Tisch. Mittags und abends geöffnet, günstige Mittagsmenüs, im Winter So-Abend geschl. Via Gramsci 13, ✆ 0721/97105, ✆ 977048, www.lapalomba.it

• Essen & Trinken **Ristorante/Pizzeria Al Giardino**, im Giardino G. Leopardi gleich bei der Rocca, nette Terrasse mit tollem Blick, günstige Pizza, Touristenmenü 18 €, günstiges Mittagsmenü für 13 €. Mittags und abends geöffnet, Di geschl. ✆ 0721/ 977175.

Im Val d'Esino

Jesi (ca. 39.000 Einwohner)

Die Geburtsstadt Friedrichs II. ist heute das wirtschaftliche Zentrum der Gegend. Innerhalb der gut erhaltenen und mächtigen Stadtmauern lädt ein hübsches Centro Storico zum ziellosen Bummeln ein. Untrennbar mit Jesi ist der „Verdicchio dei Castelli di Jesi" verbunden, einer der bekanntesten Weine Italiens.

Die von vielen Renaissancebauten geprägte Altstadt erstreckt sich lang auf einem Hügel nördlich des Esino. Ausgehend von der Piazza Federico II. (hier und in seiner Umgebung auch die wichtigsten Sehenswürdigkeiten) und über die Piazza della Repubblica mit dem bedeutenden *Teatro Pergolesi* (1796) gelangt man auf der Längsachse *Corso Matteotti*, der wichtigsten Einkaufsstraße der Stadt, zum *Arco Clementino* am südwestlichen Ende des *centro storico*. Der Torbogen stammt aus dem Jahr 1734 und ist Papst Clemens XII. gewidmet.

Nicht nur in wirtschaftlicher, auch in kultureller Hinsicht ist Jesi eines der Zentren in der Umgebung von Ancona. Seit 1967 findet in der Stadt die *Stagione Lirica* statt, die zu Ehren von Giovanni Battista Pergolesi, einem der berühmtesten Söhne der Stadt, ins Leben gerufen wurde. Pergolesi, bedeutender Opernkomponist des 18. Jh., wurde 1710 in Jesi geboren und starb im Alter von nur 26 Jahren bei Neapel. Er gilt als Wegbereiter der *Opera buffa*.

Die öffentliche Geburt

Eigentlich war Konstanze zu alt zum Kinderkriegen – unwahrscheinlich, dass die Gattin von Heinrich VI. (Sohn des berühmten Friedrich Barbarossa) mit 42 Jahren ihrem Mann noch einen Stammhalter würde schenken können. Die Echtheit ihrer Schwangerschaft (und somit die Legitimität des Nachfolgers) jedenfalls wurde angezweifelt, Konstanze sah sich in Bringschuld und ließ für die Geburt hier in Jesi kurzerhand ein Zelt auf der heutigen Piazza Federico II. aufstellen. Am 26. Dezember 1194 gebar sie in aller Öffentlichkeit ihren ersten und einzigen Sohn, keinen Geringeren als Friedrich II. von Hohenstaufen, später König von Sizilien und ab 1220 Kaiser des Römischen Reiches.

Friedrich II., der immer wieder mit der Kirche im Zwist lag und von Papst Gregor IX. gleich zweimal mit dem Kirchenbann geächtet wurde, ging auch als politischer Reformer und Feingeist in die Geschichte ein. In seinem süditalienischen „Modellstaat" (Sizilien und Apulien) sorgte er für die Schaffung effektiver Verwaltungsstrukturen, sodass ein fast modern anmutender Beamtenstaat entstand. Dokumentiert ist ein umfangreicher Schriftwechsel mit arabischen Gelehrten, darüber hinaus verfasste Friedrich eine Abhandlung über die Falkenjagd und Gedichte in sizilianischem Dialekt. Friedrich II. starb am 13. Dezember 1250 in Fiorento (Apulien).

Information/Verbindungen/Sonstiges

• *Information* **I.A.T./Pro Loco** an der Piazza della Repubblica 11/A. Freundlich und hilfsbereit, umfangreiches Info-Material. Mo–Fr 9–13 und 17–19.30 Uhr, Sa 9–13 Uhr, So geschl. ✆ 0731/59788, www.comune.jesi.an.it/proloco

• *Verbindungen* Jesi liegt an der Strecke Ancona – Fabriano – Rom, fast jede Std. **Züge** nach Ancona und zu den Grotte di Frasassi, der Bahnhof liegt ca. 600 m vom Zentrum.

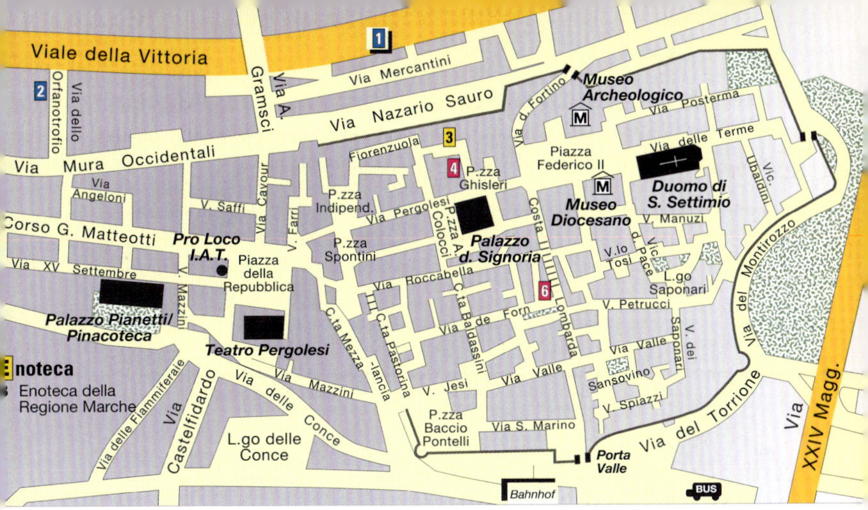

Busse fahren an der Porta Valle (an der Stadtmauer) ab, mindestens stündl. nach Ancona, Tickets in umliegenden Tabaccherie oder Kiosken (Edicole). Von der Porta Valle über die Via Lucagnolo und die Costa Lombarda hinauf ins Zentrum.

• *Einkaufen* In Jesi hat man beste Gelegenheit, sich mit *Verdicchio dei Castelli di Jesi* einzudecken (→ „Enoteche").

• *Veranstaltungen* **Stagione Lirica**, alljährlich Ende Sept. bis Dez. im traditionsreichen Teatro Pergolesi. Die Biglietteria im Theater ist tägl. 9–12.30 und 17–19.30 Uhr geöffnet. ✆ 0731/538355, www.teatropergolesi.org

Übernachten/Essen & Trinken/Enoteche

• *Übernachten* **** **Hotel Federico II (1)**, ca. 3 km außerhalb an der Straße nach Ancona, beschildert. Moderner Hotelkomplex mit 260 Betten, Pool, Garten, Sauna, Hallenbad, Restaurant, Bar. EZ 130 €, DZ 200 €, Frühstücksbuffet inkl. Ganzjährig geöffnet, Via Ancona 100, ✆ 0731/211079, ℻ 57221, www.hotelfederico2.it

*** **Mariani (2)**, zentralstes Hotel der Stadt, nur ein paar Treppen hinauf ins *centro storico*. 33 recht komfortable Zimmer, EZ 60 €, DZ 80 €, Frühstück inkl. Ganzjährig geöffnet. Via Orfanotrofio 10, ✆ 0731/207286, ℻ 200011.

Ostello Villa Borgognoni (5), schöne Villa mit Garten etwas nordöstlich der Altstadt (relativ zentrumsnah, beschildert, auch mit dem Stadtbus zu erreichen). Übernachtung 17,50 €/Person, Frühstück und Bettwäsche sind inkl. Via Crivelli 1, ✆ 0731/214088, ℻ 223702, www.ostellojesi.org

• *Essen & Trinken/Enoteche* **Forno Ercoli (6)**, von der Piazza Federico II ein Stück die Treppen der Costa Lombarda hinunter. Eher eine Enoteca, in der auch kleine Köstlichkeiten angeboten werden, unbedingt probieren sollte man hier den *Verdicchio dei Castelli di Jesi*, aber auch andere Weine der Marken. Nettes, schlicht-rustikales Ambiente im Backsteingewölbe, gemütlich. Mittleres Preisniveau, Di–Sa abends 19–2 Uhr, So 16–1 Uhr, Mo geschl. Piazza Nova 8, ✆ 0731/56960.

Hostaria San Floriano (4), nettes kleines Lokal ums Eck von der Piazza Federico II, ambitionierte Leitung, gemütlich-rustikales Ambiente, gute regionale Küche zu mittleren Preisen, dazu gibt es hervorragenden roten Hauswein für wenig Geld. Mittags und abends geöffnet, So geschl. Via Federico Conti 2, ✆ 0731/53028.

• *Enoteche* **Enoteca della Regione Marche (3)**, im Gewölbekeller des Palazzo Balleani nahe der Piazza Federico II. In dieser von der Region und der Gemeinde Jesi eingerichteten Enothek kann man nicht nur die hervorragenden Weine Jesis (und der ganzen Region) probieren und kaufen, sondern auch kulinarische Spezialitäten wie Käse, Wurst und Schinken (werden auch zur Degustation gereicht). Riesige Auswahl. Tägl. 10.30–12.30 und 17–21 Uhr, Juni–Sept. nachmittags 17.30–21.30 Uhr, in den Wintermonaten nur 17–21 Uhr, Mi geschl. Via Federico Conti 5, ✆ 0731/213386, E-Mail: enoteca.jesi@libero.it

Sehenswertes

Einen Rundgang durch die Altstadt beginnt man am besten an der geschichtsträchtigen Piazza Federico II: Der **Duomo** stammt ursprünglich aus dem 13. Jh., wurde aber im neoklassizistischen Stil umgestaltet. Das **Museo Diocesano** nebenan lohnt nur bedingt einen Besuch, zu sehen sind diverse sakrale Gegenstände, darunter auch ein hölzernes Kreuz aus dem 14. Jh. Der Brunnen mit Obelisk auf der Piazza mit den wasserspeienden Löwinnen stammt aus dem Jahr 1845. Gegenüber dem Museo Diocesano befindet sich im ehemaligen Konvent (Complesso San Floriano) das **Museo Archeologico**: hauptsächlich Funde aus Jesi und Umgebung von prähistorischer bis in die spätrömische Zeit, eine gesonderte Abteilung ist der picenischen Siedlungsgeschichte gewidmet.

Piazza Federico II – hier wurde der Staufer geboren

• *Öffnungszeiten* **Museo Diocesano**: im Sommer (Juli–Sept.) Di, Do und Fr 18–22 Uhr, im Winter Di und Sa 10–12 Uhr sowie Do 16.30–19.30 Uhr. Eintritt frei. ✆ 0731/56625. **Museo Archeologico**: Mitte Juni bis Mitte Sept. tägl. (außer Mo) 10–13 und 17–20 Uhr, ansonsten tägl. (außer Mo) 10–13 und 16–19 Uhr, So 10–13 und 17–20 Uhr. Eintritt 3,20 €. ✆ 0731/58419.

Nur wenige Schritte von der Piazza Federico II entfernt stößt man an der Piazza Colocci auf den **Palazzo della Signoria** (auch *Palazzo dei Priori),* eines der bedeutendsten Bauwerke der Stadt, das in den Jahren 1486–1498 unter der Leitung des Montefeltro-Architekten Francesco di Giorgio Martini entstand; von ihm soll auch die Darstellung des sich aufrichtenden Löwen über dem Eingangsportal stammen, einst Symbol für Macht und Stärke, heute eine Art Wahrzeichen der Stadt. In dem repräsentativen Palazzo ist die umfassende städtische Bibliothek untergebracht. Gegenüber des Palazzo dei Priori schaut man auf den **Palazzo Colocci**, die Residenz der gleichnamigen Familie aus dem späten 16. Jh. mit einer umfassenden Sammlung an Waffen, Gemälden, Schmuck, Porzellan usw. (zuletzt wegen Restaurierung geschl.).

Über die Via Pergolesi gelangt man zur Piazza dell'Indipendenza und zu zwei Palazzi aus dem 16. Jh., dem *Palazzo Comunale* und dem *Palazzo Ricci*, dazwischen der Arco del Magistrato. Durch ihn geht es auf die südwestlich anschließende Piazza della Repubblica – das eindrucksvolle **Teatro Pergolesi** (1798) an der Kopfseite des Platzes lässt man links liegen – und in die Via XV Settembre zum **Palazzo Pianetti** gleich auf der rechten Seite. Er stammt aus dem frühen 18. Jh. und beeindruckt allein schon durch seine Fassade mit ihren über 100 Fenstern. Im ersten Stock sind pompöse Rokoko-Stuckarbeiten zu bewundern. Ein Besuch der *Pinacoteca* im ersten Stock lohnt hauptsächlich wegen der Werke von Lorenzo Lotto. Das bedeutendste ist sicherlich die große „Pala di Santa Lucia".

Öffnungszeiten/Eintritt Von 15. Juni bis 15. Sept. Di–So 10–20 Uhr. Ansonsten tägl. (außer Mo) 10–13 und 16–19 Uhr, So und Feiertage 10–13 und 17–20 Uhr. Eintritt 5,50 €, Kinder unter 12 J. frei. Via XV Settembre 10, ✆ 0731/538342.

Gola di Frasassi

Die Schlucht mit den gleichnamigen Höhlen verläuft auf 2 km Länge zwischen fast senkrecht aufragenden Kalkfelsen. Die Straße führt in der engen Gola di Frasassi am Fluss Sentino entlang, einige Parkbuchten und Rastplätze laden zum Stopp ein. Lohnend ist ein Abstecher zur *Grotta del Santuario* (am nördlichen Eingang der Schlucht, beschildert), in der Giuseppe Valadier im Auftrag von Papst Leo XII. im Jahr 1828 einen oktogonalen Tempel aus Travertinstein bauen ließ, das *Santuario Madonna di Frasassi*. In der Gola di Frasassi liegt auch der kleine Thermalort **San Vittore Terme** (Kurhotel und mehrere Restaurants) mit der romanischen Kirche *San Vittore delle Chiuse* aus dem frühen 11. Jh., die als eine der wichtigsten romanischen Kirchenbauten der Gegend gilt. Der schlichte rechteckige Bau mit drei Apsiden weist auch byzantinische Einflüsse auf, später erst wurde der wuchtige Campanile angebaut. Ganztägig geöffnet. Auch der Eingang zu den berühmten Grotte di Frasassi befindet sich hier in der Schlucht.

Grotte di Frasassi

Das größte zugängliche Höhlensystem des Landes steht ganz oben auf der Besichtigungsliste – eine bizarre Welt aus Stalagmiten und Stalaktiten, die alljährlich Hunderttausende Besucher begeistert.

Entsprechend viele Schulklassen und andere Ausflugsgruppen sind anzutreffen, der Andrang ist enorm. Wer es vom überlaufenen Parkplatz am Schluchtausgang im Shuttle-Bus durch den Stollengang zu den Höhlen geschafft hat, weiß auch gleich, warum er Rummel und Wartezeiten auf sich genommen hat. Dem Besucher eröffnet sich eine riesige Halle, bei deren Anblick man zunächst sprachlos ist: der *Abisso Ancona* (Abgrund von Ancona), mit einer Länge von 180 m, einer Breite von 120 m und rund 200 m Höhe die größte bekannte Tropfsteinhöhle Europas! Hier wäre, so hat man errechnet, der Mailänder Dom bequem unterzubringen, und an der höchsten Stelle gäbe es sogar ausreichend Platz für den Eiffelturm.

Höhlenkundler gehen davon aus, dass das verzweigte Höhlensystem mit unzähligen Stalagmiten, Stalaktiten und Stalagnaten (zu Säulen zusammengewachsene Stalagmiten und Stalaktiten) vor etwa eineinhalb Millionen Jahren zu entstehen begann. Durch das Zusammentreffen des mineralhaltigen Wassers des Sentino mit dem heißen und schwefelhaltigen Wasser der unterirdischen Quellen, die hier bereits erste Höhlen entstehen ließen, kam es zu einer außergewöhnlichen Erosion des Kalksteins. Jeder Tropfen, der durch die Höhle rann, hinterließ winzige Mineralablagerungen, die mit der Geduld von Jahrtausenden zu beeindruckenden Formationen gewachsen sind.

Im Rahmen einer geführten Besichtigung sind etwa 1½ km des unterirdischen Labyrinths zugänglich. Die *Grüne Route* (Standardbesichtigung, ca. 70 Min.) führt durch den *Abisso Ancona* und dort zum *Lago Cristallizzato*, einem wie zugefroren wirkenden See mit einzigartigem Lichterspiel auf der Oberfläche. An den *Giganti* (hier auch der riesige weiße, in der Bewegung erstarrte Wasserfall *Niagara*) vorbei gelangt man zur *Grotte 200* (benannt nach ihrer Länge) mit bizarren Skulpturen wie dem „Hexenschloss" oder dem „Dromedar". Besonders sehenswert ist auch die *Sala delle Candeline* (Kerzengrotte) – wie in einer Kathedrale sind hier unzählige Kerzen „aufgestellt".

Achtung: Bei einer konstanten Temperatur von 14 °C sollte man lange Hosen, Jacke oder Pullover nicht vergessen!

• *Verbindungen* **Zug** von Genga Stazione (2 km von den Höhlen, neben dem großen Parkplatz/Ticketverkauf) 12-mal tägl. über Jesi nach Ancona.

Shuttle-Busse, vom nahe gelegenen Parkplatz/Ticketverkauf in Genga Stazione wird man kostenlos zu den Höhlen gebracht.

• *Information/Ticketverkauf* Riesiger Parkplatz mit Biglietteria am südwestlichen Ausgang der Schlucht, immenser Andrang (v. a. am Wochenende), im Sommer besonders lange Warteschlangen. Infos unter ✆ 0732/97211 oder www.frasassi.com

• *Öffnungszeiten/Eintritt* Die Höhlen sind von März bis Okt. 6-mal tägl. (9.30–18 Uhr etwa alle 1½ Std.) zu besichtigen, im Aug. von 8–18.30 Uhr alle 10 Min., im Winter eingeschränkt. Juni bis Sept. auch **deutschsprachige Führungen**. Eintritt 12 €, Kinder unter 6 J. frei, Kinder von 6–14 J. und Rentner über 65 J. 11 €, die Führung ist inbegriffen. Im Sommer sollte man Tickets reservieren unter ✆ 0732/90090 bzw. ✆ 90080.

• *Übernachten* *** **Hotel Frasassi Le Grotte**, blassrosa Bau an der Hauptdurchgangsstraße von Genga Stazione. Mit Ristorante, 35 komfortable Zimmer, EZ 50 €, DZ 88 €, 3er-Zimmer 125 €, jeweils mit Frühstück. Via Marconi 33 (bei der Bahn, kaum zu übersehen), ✆ 0732/905003, ℻ 905914, www.hotelfrasassi.com

Ancona

(ca. 100.500 Einwohner)

Hinter dem wenig ansehnlichen Hafen versteckt sich eine hübsche Altstadt, die die Durchreisenden auf dem Weg nach Griechenland meist keines Blickes würdigen. Die Hauptstadt der Region ist auch ihr wirtschaftliches Zentrum und der größte Handels- und Passagierhafen der mittleren Adria.

Dabei lässt sich bereits vom Hafen aus eine gewisse historische und kulturelle Bedeutung Anconas erahnen: Auf dem Monte Guasco thront, quasi als Wahrzeichen der Stadt, der romanisch-gotische *Duomo San Ciriaco*, unterhalb davon – auf dem Hafengelände – befindet sich mit dem *Arco di Traiano* das eindrucksvollste römische Bauwerk Anconas. Wer aus nördlicher Richtung zum Hafen fährt, wird kaum die ehemalige Quarantänestation *Lazzaretto* am Rand der unansehnlichen Zona Industriale übersehen.

In der Altstadt stößt man gleich hinter der verkehrsreichen Piazza della Repubblica auf einige beschaulichere Plätze wie z. B. die schöne und autofreie *Piazza del Plebiscito*, nach der imposanten und ernst wirkenden Statue von Papst Clemens XII. aus dem Jahr 1737 auch „Piazza del Papa" genannt. In östlicher Richtung (zur *Piazza IV. Novembre* hin) werden die Plätze und Straßen dann größer und offener, hier – besonders auf dem Corso Garibaldi und den umliegenden Straßen – liegt das geschäftliche Zentrum der Stadt mit zahlreichen Bekleidungsläden. Ein Bummel lohnt vor allem durch die Altstadt und hinauf zum Monte Guasco mit dem Duomo San Ciriaco, von wo sich ein schöner Rundblick auf Ancona und den Hafen bietet.

Ancona – Blick auf den Fährhafen

Die strategisch günstige Lage des natürlichen Hafens von Ancona haben die griechischen Kolonisten aus Syrakus bereits im 4. Jh. v. Chr. erkannt. Damals kontrollierte man vom Monte Guasco aus die Gegend. Eine bedeutende militärische Rolle spielte der Ort unter den Römern: 90 v. Chr. wurde die Stadt römisches Munizipium, der Hafen wurde ausgebaut und zum wichtigen Stützpunkt bei militärischen Auseinandersetzungen, z. B. bei den Dakerkriegen Anfang des 2. Jh. n. Chr. Aus dieser Zeit stammt auch der Trajansbogen am Hafen (115 n. Chr.). Im 6. Jh. trat Ancona der byzantinischen Pentapolis bei. Im 9. Jh. nahmen die Sarazenen die Stadt ein, es folgte bald darauf ein verheerendes Erdbeben. Nach dem Wiederaufbau erlangte Ancona schon im 11. Jh. den Status einer freien Stadt, die es durch rege Handelsbeziehungen mit dem östlichen Mittelmeer zu beachtlichem Wohlstand brachte. Dieser Reichtum lockte auch Friedrich I. Barbarossa an, der die Stadt 1167 vergeblich belagerte – wie nach ihm auch die Malatesta und die Sforza. Nach einer weiteren Phase des Wohlstandes fiel Ancona bereits 1532 in den Herrschaftsbereich des Kirchenstaats, zu dem es bis zur Einigung Italiens im Jahr 1860 gehören sollte.

Information/Verbindungen/Sonstiges

- *Information* **A.P.T.R.**, Via Thaon de Revel 4, nahe der Piazza 4 Novembre (Passetto). Mo–Fr 9–13 und 15–18 Uhr (im Hochsommer 15.30–18.30 Uhr), Sa 9–13 Uhr, So und feiertags 9–13 Uhr, ✆ 071/358991, ✆ 3589929. Von Juni bis Ende Sept. gibt es auch ein **Infobüro** am Hafen (tägl. ca. 8–20 Uhr).
- *Verbindungen* Der internationale **Flughafen Raffaello Sanzio** liegt ca. 10 km vom Zentrum entfernt bei Falconara. ✆ 071/28271 oder ✆ 2827491. Taxis ins Zentrum.

Fähren: Es bestehen hauptsächlich Verbindungen nach Griechenland (Korfu, Igoumenitsa, Patras), außerdem nach Kroatien, in die Türkei und nach Albanien. Tickets werden in den zahlreichen Agenturen im und um den Hafen verkauft.

Marken

Ancona
200 m
Kroatien, Türkei, Griechenland
Molo S. Maria
Banchina Giovanni da Chio
Lungomare della Zona Industriale
Via Enzo Vanoni
Via Luigi Enaudi
Via G. Fortunato
Vai del Lavoro
Via Luigi Enaudi
Via Enrico Mattei
Molo Sud
Quartiere Fieristico di Ancona
Lazzaretto
Porta Pia
Via 29 Settembre
Via S. Marco
Via E. Mattei
L.go della Fiera
Mercato Ittico
Via Enrico Cialdini
Via Astagno
Via Francesco Podesti
P.za A. Da Sangallo
Via Torrioni
Via della Cittadella
Cittadella
Via G. Marconi
Via Mamiani
V. Vasari
Senigallia, Autobahn,
Bahnhof
P.za N. e C. Rosselli
Via G. Marconi
P.za Italia
Via Gianbattista Pergolesi
Via Gioacchino Rossini
Sanzio
Via Circonvallazione
Via Santo Stefano
V. Lamaticci
V. Dalmazia
Via Giordano Bruno
P.le Medaglie D'Oro
Via Alcide de Gasperi
Via Filippo Marchetti
Via Raffaello
G. da Fabriano
Via Giuseppe Verdi
Via Vinicio Rossi
Via Pesaro
V. Dalmazia
Via Ragusa
V. Lilli
Via Tiziano
Via Tiziano
Via Circonvallazione
Via Canale
Via Urbino
Via Don Bosco
Via Lorenzo Lotto
Via Valle Miano
Almagia
Piazzale Europa
Via Michelangelo Buonarroti
Piazzale Liertà
Via Pesaro
Via Osimo
Largo Sarnano
Via Martiri della Resistenza
Via Valle Miano
Bocconi
Via Scrima
Via Ricostruzione
V. Bentivoglio
Via Valle Miano
P.le Bovio
Via Falconara
Chiaravalle
Via Senigallia
V. Loreto
P.zza Ugo Bassi
Via della
Via Macerata
Via Fano
Via Alessandro
Via Macerata
Via Corinaldo
V. Ascoli Piceno
Viale Cristoforo Colombo
Via delle Grazie
Via Monte Marino
Piazza D'Armi
Via della Marina
Via Torresi
Via Camerano
Via Fano
Via Paolucci
Via della Ferrovia

Übernachten
2 Roma e Pace
4 Gino
5 Jugendherberge
6 Grand Hotel Passetto
Essen & Trinken
1 La Cantineta
3 Teatro Strabacco
P.za del Duomo
San Ciriaco (und Museum)
Banchina Nazzario
Luigi Vanvitelli
Via Giovanni XXIII
V. Pio II
Via G. Birarelli
P.za del Senato
P.za Dante Alighieri
P.za Stracca
Il Gesù
S. Francesco alle Scale
P.za S. Maria
P.za S. Francesco
S. Maria della Piazza
Lungomare
Via del Faro
V. Ospizio
Via Fanti
V. Orsini
V. Bernabei
P.za Plebiscito
Via Scoscia
Cavalli
Via Giangiacomi
L.go Belvedere
Via Cardeto
Polizei
Giuseppe Garibaldi
Mazzini
Piazza delle Erbe
P.za Roma
Via Giacomo Matteotti
Via Goito
V. Indipendenza
Via Marsala
Palestro
San Cosma
L.go Curiel
Piazza Stamira
Piazza Cavour
BUS
L.go Cappelli
Montebello
Curtatone
Via San Martino
Via Palestro
L.go 24 Maggio
Antonio Giannelli
Corso G. Amendola
V. Montenero
Via Michele Fazioli
Orsi
Piazza Don Minzoni
Via Panoramica
Via Friuli
Montesanto
V. Cadore
Via Montegrappa
Battisti
Via Panoramica
Via Rismondo
Via Zara
Via Cesare
C. Maratta
Corso G. Amendola
Viale della Vittoria
de Bosis
Via Trento
Piazza Armando Diaz
Via Oslavia
Via Redipuglia
L.go Bevilacqua
Vittorio Veneto
Risorgimento
Galleria
Parco Pubblico
V. Veneto
Via Piave
Via Isonzo
Via Rovereto
Via Rodi
Via Trieste
Via Gino Tommasi
Via E. Cianchi
Via Filippo Corridoni
P.za 4 Novembre
Via Podgora
M.te S. Michele
V. Asiago
V. Tagliamento
Via del Conero
Via Avvenati
Via Pola
Via Thaon de Revel
Monte Conero
25 Aprile
P.za Fontana
V. Montessori
V. Sacconi
Gentiloni
Gervasoni
Via Vincenzo
Strada Vecchia di Pietra Lacroce
Via Francesco Angelini
Via Marsigliani
co di Traiano
ggia dei rcanti

Bahn: Der Bahnhof liegt ca. 1½ km nordwestlich des Zentrums; hervorragende Verbindungen: 10-mal tägl. Jesi (und Grotte di Frasassi), etwa halbstündl. über Pesaro (z. T. auch Senigallia und Fano) nach Rimini. Richtung Süden mind. 8-mal tägl. nach Pescara mit Stopp in Civitanova Marche, Porto San Giorgio und San Benedetto del Tronto. Mit Stadtbus 1 oder 1/4 (am So: 1/3) vom Zentrum zum Bahnhof. **Autoverleih**, *Europcar* an der Piazza Rosselli 16, gegenüber vom Bahnhof, ✆ 071/203100.

Busse: Haltestelle an der Piazza Cavour am Rand der Altstadt. Verschiedene Busgesellschaften, Tickets gibt es u. a. in der Tabaccheria Galeazzi an der Piazza Cavour 15. Etwa stündl. nach Sirolo, Numana und Marcelli. 5-mal tägl. nach Porto Recanati, 6-mal Loreto, ca. halbstündl. nach Senigallia und 3-mal tägl. weiter nach Pesaro, außerdem mind. stündl. nach Jesi.

Stadtbusse: Nr. 1 und Nr. 1/4 vom Bahnhof zum Hafen und durch das Zentrum zur Piazza IV. Novembre; Nr. 11 vom Zentrum zum Dom.

Taxi: am Bahnhof und an der Piazza Roma im Zentrum, ✆ 071/43321.

• *Parken* Mit Parkscheinautomat oder Parkscheibe um die Piazza Cavour, gebührenpflichtige Parkplätze oder -häuser gibt es z. B. am Bahnhof und beim Hafen.

• *Wein* Eine der ersten Adressen der Gegend ist die *Azienda Agricola Moroder*, schon auf halbem Weg zum Monte Conero gelegen. Via Montacuto 112, ✆ 071/898232, 📠 2800367, www.moroder-vini.it. Geöffnet Mo–Sa meist 9–12 und ca. 14–18 Uhr. *Anfahrt*: Von Ancona auf der Strada Provinciale Richtung Portonovo, rechts ab nach Montacuto, im Ort dann links ab (beschildert).

• *Veranstaltungen* **Ancona Jazz**, das älteste Jazzfestival der Region findet alljährlich ab Feb. statt. Infos: ✆ 071/2074239 oder ✆ 52525, www.anconajazz.com

Übernachten/Essen & Trinken (siehe Karte S. 280/281)

• *Hotels* **** **Grand Hotel Passetto (6)**, sehr nobel, am östlichen Stadtrand an der Piazza IV Novembre gelegen. Mit kleinem Pool und Parkgarage (ca. 10 €/Tag), Restaurant. Zimmer mit Meerblick, z. T. mit Balkon, DZ 175 €, EZ um 115 €, inkl. Frühstück. Via Thaon de Revel 1, ✆ 071/31307, 📠 32856, www.hotelpassetto.it

*** **Roma e Pace (2)**, etwas altertümliches, aber angenehmes Hotel mitten im Zentrum. DZ 95 €, EZ 59 €, 3er-Zimmer 115 €, 4er-Zimmer um 130 €, Frühstück inkl. Via Leopardi 1, ✆ 071/202007, 📠 2074736, www.hotelromaepace.it

** **Gino (4)**, gegenüber vom Bahnhof, für einfache Ansprüche: EZ 35 €, DZ 50 €, inkl. Frühstück. Via Flaminia 4, ✆/📠 071/42179.

• *Jugendherberge* **Ostello della Gioventù (5)**, nur wenige Schritte vom Bahnhof entfernt, seitlich der Piazza Rosselli die Treppen hinauf. Schlichte Herberge mit 56 Betten, Übernachtung 16 €/Person. Via Lamaticci 7, ✆ 071/42257.

• *Camping* → Portonovo, S. 285.

• *Essen & Trinken* **La Cantineta (1)**, traditionelle Trattoria im Herzen Anconas, einfach und günstig, nette Atmosphäre und gute Küche, die die Bewohner der Stadt zu schätzen wissen. Spezialität des Hauses ist Stockfisch (Stoccafisso all'anconetana), dazu gibt es Hauswein. Mittags und abends geöffnet, So geschl. Via Gramsci 1c, ✆ 071/201107.

Teatro Strabacco (3), in dieser Trattoria ist man auch mit kleinerem Hunger ein gern gesehener Gast, auf der Speisekarte stehen u. a. *Piadine* (belegte Fladenbrote), aber auch die ganze Bandbreite der üblichen Primi und Secondi. Große Weinkarte, nettes Ambiente, günstige Preise. Mittags und abends geöffnet, Mo mittags geschl. Via Oberdan 2, ✆ 071/56748.

Sehenswertes

▸ **Cattedrale San Ciriaco**: Der Dom Anconas steht auf dem Fundament eines Venustempels aus dem 4. oder 3. Jh. v. Chr. Im 6. Jh. n. Chr. baute man hier eine Basilika, der heutige Dom stammt aus dem 11./12. Jh. und gilt als eindrucksvoller Stilmix zwischen Romanik und Gotik.

Gleich am Hauptportal fallen die beiden gut erhaltenen Löwen aus Veroneser Marmor auf, die erst im 13. Jh. angefügt wurden – wie auch der Campanile des Doms. Im Inneren herrscht Schlichtheit – trotz bemalter Decke, Säulenkapitellen und der drei Seitenkapellen. In der Krypta befinden sich die Reliquien des heiligen Ciriaco,

Das Hauptportal der Cattedrale San Ciriaco

Ortspatron von Ancona und Namensgeber des Domes. Beachtenswert ist hier auch der Fußboden mit Einlegearbeiten.

Anfahrt/Öffnungszeiten Mit dem Auto ab Zentrum der Beschilderung folgen. Tägl. von 8–12 und von 15–18 Uhr geöffnet, im Sommer bis 19 Uhr. Stadtbus Nr. 11 ab Zentrum.

▶ **Museo Archeologico Nazionale delle Marche**: Das Museum ist im sehenswerten *Palazzo Ferretti* (um 1565) untergebracht: Pellegrino Tibaldi entwarf diese Residenz für Fürst Angelo Ferretti, die Fresken im Piano Nobile (erster Stock) stammen von den Brüdern Zuccari. Mitte des 18. Jh. verpasste Luigi Vanvitelli dem Palazzo ein repräsentatives Portal und den Balkon.

Das Museum beherbergt in etwa 25 Räumen zahlreiche Funde aus dem Neolithikum bis in die römische Zeit, fast alle stammen aus der Umgebung von Ancona. Im Erdgeschoss wurde für die *Bronzi Dorati* ein eigener Raum eingerichtet, in dem die berühmte Figurengruppe (Kopie) aus dem 1. Jh. n. Chr. eindrucksvoll in Szene gesetzt ist.
Während die Sammlung im zweiten und dritten Stock der prähistorischen Zeit gewidmet ist, beherbergt die Abteilung im ersten Stock Exponate aus der Zeit ab ca. 500 v. Chr., die meisten stammen aus der Gegend um Sirolo und Numana (Monte Conero), darunter auch der „Guerriero di Numana“, eine gut erhaltene kleine Kriegerskulptur aus der Zeit der Picener.

Öffnungszeiten Tägl. außer Di 8.30–19.30 Uhr. Eintritt 4 €, Jugendliche 18–25 J. die Hälfte, unter 18/über 65 J. frei. Via Ferretti 11 (Piazza del Senato), ✆ 071/202602, www.archeomarche.it

▶ **Pinacoteca Civica „Francesco Podesti“**: Das Museum ist im *Palazzo Bosdari* untergebracht. In den zwei Sälen des Cinquecento (16. Jh.) sind bedeutende Werke u. a. von Carlo Crivelli (ca. 1435–1500), Lorenzo Lotto (ca. 1480–1557) und Tizian (um 1480–1576) zu sehen. Im Erdgeschoss neben dem Kassenraum ist eine eigene kleine Abteilung den alten Stadtansichten von Ancona gewidmet.

Öffnungszeiten Mo 9–13 Uhr, Di–Fr 9–19 Uhr, Sa 9–18 Uhr, So 15–19 Uhr, an Feiertagen geschl. Eintritt 4,20 €, ermäß. 3,20 €, unter 18/über 65 J. frei. Via Pizzecolli 17, ✆ 071/2225041.

Riviera del Conero

Zweifelsohne der schönste Küstenabschnitt der Marken, wenn nicht sogar der gesamten Adria. Beschauliche Orte hoch über dem Meer, kaum zugängliche Badebuchten und ausgezeichnete Wander- und Wassersportmöglichkeiten üben große Anziehungskraft aus.

Die Gegend wird vom dicht bewaldeten, 572 m aus dem Meer herausragenden Monte Conero dominiert. Während der mächtige Kalkfelsen auf der Ostseite zum Meer hin dramatisch abfällt, wellen sich in westlicher Richtung sanfte Hügel, an denen der bekannte *Rosso Conero* angebaut wird.

Die Küste bei Portonovo

Wer von Ancona kommt, sollte auf jeden Fall die Panoramastraße an der Küste entlangfahren, von der sich immer wieder herrliche Ausblicke eröffnen – an einigermaßen klaren Tagen schweift der Blick bis hinüber zu den Monti Sibillini an der Grenze nach Umbrien. Als Standorte bieten sich **Portonovo**, nur 12 km von Ancona entfernt, **Sirolo** und **Numana** an, wobei Sirolo der vielleicht charmanteste Ort an der Riviera del Conero ist. Südlich von Numana schließt mit **Marcelli** ein angenehmer Badeort an – mit riesigem Sandstrand und Flaniermeile, die an den Abenden im Sommer aus allen Nähten platzt. Fast schon ein Muss ist der Bootsausflug zum Traumstrand der „Due Sorelle", der beiden Schwestern, vor eindrucksvoller Steilküste. Im Sommer ist die schwer zugängliche Bucht von Bootstouristen bestens besucht.

Kunsthistorisch bedeutend sind hier u. a. die Kirche *Santa Maria di Portonovo* und die *Badia di San Pietro* beim Gipfel des Monte Conero. Darüber hinaus eignet sich das Gebiet hervorragend als Ausgangspunkt für Ausflüge in die Umgebung: Der Wallfahrtsort **Loreto** liegt keine 20 km von Sirolo entfernt, außerdem ist auch **Recanati** einen Abstecher wert.

Parco Naturale del Conero

Der etwa 6000 ha große Regionalpark wurde bereits 1987 gegründet und ist somit das älteste Naturschutzgebiet der Marken. Beabsichtigt war eine Integration von Kultur- und Naturraum, und so finden sich ordentlich angelegte Felder samt Gehöften und ganze Dörfer mit unverkennbar touristischer Ausrichtung ebenso wie dichter Wald und zum Meer hin völlig unzugängliche felsige Abschnitte mit seltener Flora, wo einige sonst kaum noch vorkommende Vögel ungestörte Nistplätze finden.

Gut ausgebaute und markierte **Wanderwege** erlauben einen leichten Zugang zum Regionalpark. Eine gut brauchbare Wanderkarte (3 €) gibt es im Besucherzentrum des Parks in Sirolo.

Das **Centro Visite Parco Monte Conero** ist in Sirolo ab der Hauptstraße Richtung Monte Conero beschildert (rechts ab), vom 15. Juni bis 15. Sept. tägl. 9–13 und 16–19 Uhr geöffnet, ansonsten nur 9–13 Uhr (So und im Jan./Feb. geschl.). Das Centro bietet geführte Wanderungen im Park an, die Halbtagestour kommt auf 7 € (Kinder unter 14 J. gratis); außerdem Mountainbike-Verleih (14 €/Tag). Via Peschiera 30/A, 60020 Sirolo, ✆ 071/9331879, www.parcoconero.it

Portonovo

Die kleine Bucht bei Ancona ist wunderschön, an den Sommerwochenenden aber auch brechend voll.

Eine steile Stichstraße führt am fast senkrecht abfallenden Hang entlang hinunter nach Portonovo. Unten angekommen, erwartet Sie ein zersiedeltes Feriendörfchen ohne eigentliches Zentrum, aber mit viel Schatten spendendem Pinienbestand. Zu den wenigen (teuren) Hotels und den zwei Campingplätzen gesellen sich einige hervorragende Fischrestaurants. Portonovo ist allerdings in keinerlei Hinsicht günstig.

Im 11. Jh. wurde hier die versteckt liegende Abtei *Santa Maria di Portonovo* (im Sommer Di–So 16.30–19 Uhr) gegründet: Die elegante romanische Kirche mit byzantinischen Stilelementen erstrahlt im weißen Kalkstein des Monte Conero – ein wirklich idyllisches Plätzchen zwischen Bäumen und an der abfallenden Küste. Auffälligstes Gebäude der Siedlung ist der schon von Weitem sichtbare Wehrturm *Torre Clementina* (nicht zugänglich), der im Jahr 1716 unter Papst Clemens XI. zur Verteidigung gegen Piraten gebaut wurde. Knapp ein Jahrhundert später gab Napoleon hier eine weitere Verteidigungsanlage in Auftrag: 1808–1813 entstand das trutzige *Fortino Napoleonico* zum Schutz gegen die englische Flotte, heute ein Nobelhotel.

Anfahrt/Verbindungen/Diverses/Übernachten/Essen & Trinken

• *Anfahrt/Verbindungen* Auf der Panoramastraße, von Ancona kommend, geht es an einer großen Kreuzung links ab (beschildert). Tagesgästen sei dringend der **Shuttle-Bus** von der Abzweigung (hier auch ein großer kostenloser Parkplatz) geraten: im Sommer alle 20 Min. (bis ca. 18 Uhr abends), die Hin- und Rückfahrt kostet nur 0,60 €. **Busse**: Etwa stündl. von und nach Ancona, Sirolo, Numana und Marcelli. Die Busse halten nur an der großen Kreuzung.

• *Parken* Die Kapazitäten in Portonovo sind begrenzt, zumindest im Sommer (v. a. an Wochenenden), pro Tag ca. 8 €, kommen Sie früh am Morgen!

• *Information* Nur im Sommer **Info-Bude** am Parkplatz bei der großen Kreuzung, netter und hilfsbereiter Service.

• *Bootsverleih* **La Torre**, am Strand zwischen Torre Clementina und Hotel Fortino Napoleonico. 1. Juni bis 30. Sept. tägl. 8–20 Uhr geöffnet, 8 Boote, Motorboot 90–115 € am Tag, Benzin extra, für die HS reservieren. Bei den kleineren Booten ist kein Führerschein notwendig, nur Ausweisdokument. Auch Kanus (5 €/Std., 25 €/Tag). ✆ 071/801403, ✆ 338-9304023 (mobil).

• *Surfen* **Surf- und Kite-Schule PWB** (Portonovo Windsurf Band) gleich neben der Kirche Santa Maria di Portonovo. Infos unter ✆ 333-2028111 (mobil).

• *Übernachten* Portonovo ist ein teures Pflaster und mehr noch als in anderen Orten sollte man unbedingt frühzeitig buchen.

**** **Hotel Fortino Napoleonico**, äußerst stilvolles Ambiente am Meer, das Hotel ist in der wuchtigen napoleonischen Festung von 1813 untergebracht. Schöner Garten mit kleinem Pool, Bar mit Kamin, stilvolles Restaurant, komfortable Zimmer (Bad, TV, Aircon.). EZ 160 €, DZ 240 €, Frühstück inkl. Via Poggio, ✆ 071/801450, 📠 801454, www.hotelfortino.it

**** **Excelsior Hotel La Fonte**, am Kreisel gleich an der Einfahrt nach Portonovo gelegen, etwas vom Strand zurückversetzt, ebenfalls sehr komfortabel und mit schickem Pool. EZ 110 €, DZ 135 €, inkl. Frühstück. Zimmer mit Bad, Veranda, Aircon. und TV. In der HS muss man mind. 7 Nächte bei obligatorischer HP (100–110 €/Person, im EZ 130 €) bleiben. Baia di Portonovo, ✆ 071/801470, 📠 801474, www.excelsiorlafonte.it

*** **Hotel Internazionale**, am Hang (beim Kreisel) gelegener Natursteinbau. Mit schickem Ristorante und netten Zimmern mit viel Rot, Bad, TV, Aircon. Für Portonovo relativ günstig: EZ 119 €, DZ 145 €, Frühstück inkl. Baia di Portonovo, ✆ 071/801001, 📠 2139029, www.hotel-internazionale.com

** **Camping La Torre**, schöner und angenehm schattiger Platz in Bestlage fast am Meer (nahe der Torre Clementina), in Portonovo ausgeschildert. Mit Bar und Ristorante, leider kein Mini-Market. Pro Person ca. 7 €, Stellplatz Wohnwagen/Wohnmobil ca. 9 €, Auto 5 €. Geöffnet 1. Juni bis 15. Sept., keine Reservierungen, man kann sich jedoch kurzfristig (1–2 Tage vorher) anmelden. Loc. Portonovo, ✆/📠 071/801257.

* **Camping Adriatico**, kleiner als La Torre und ein wenig günstiger, ebenfalls ganz in Strandnähe gelegen, ausgeschildert. Geöffnet 1. Juni bis 15. Sept., Loc. Portonovo, ✆ 071/801170, 📠 34371.

• *Essen & Trinken* **Da Giacchetti**, schickes und teures Restaurant am Strand, mit Terrasse und riesiger Fensterfront. Menü ca. 35 €. 1. April bis 31. Okt. geöffnet (mittags und abends), in der NS Mo geschl., von Juni bis Ende Aug. tägl. Via Portonovo 171, ✆ 071/801384, www.ristorantedagiacchetti.it

Il Laghetto, gemütliches Holzhaus am Meer, mit Terrasse. Fisch und Meeresfrüchte bestimmen die Speisekarte (u. a. eine hervorragende Fischsuppe), entsprechend legt man bei der Weinauswahl den Schwerpunkt auf Weißweine aus der Region. Menü ca. 30–35 €, mittags und abends geöffnet, Mo geschl. Via Poggio, ✆ 071/801183.

La Capannina, ebenfalls am Strand, gleich bei der Kirche Santa Maria, auch hier riesige Fenster und Blick aufs Meer. Einfacher und günstiger als die beiden obigen, abends auch Pizza aus dem Holzofen, freundlicher Service. Mittags und abends geöffnet. ✆ 071/801121.

• *Essen/Umgebung* TIPP! **Osteria del Poggio**, eine wirklich einladende Osteria im gleichnamigen Dorf. Sehr ruhig gelegen, im Sommer mit kleiner Terrasse davor, es gibt nur eine kleine, wechselnde Karte mit stets frischen Gerichten, mittleres Preisniveau, gute Weinauswahl, Tagesmenü um 20–25 €. Nur abends geöffnet, Mo geschl. ✆ 071/2139018. Direkt neben der Osteria läuft der *Sentiero 1* (Wanderweg Nr. 1) vorbei, auf dem man über den Monte Conero in ca. 4 Std. nach Sirolo gelangt.

▸ **Baden:** Portonovo wird regelmäßig mit der Umweltfahne *Bandiera Blu* ausgezeichnet, kein Wunder, der schneeweiße Kieselstrand wirkt jederzeit wie frisch geputzt und poliert. Diverse Strandbäder vermieten Liegen und Sonnenschirme für 15-20 € am Tag, im Sommer kann es am stellenweise recht schmalen Strand schon mal eng werden. Eine Bade-Alternative bietet vielleicht der etwas größere nordwestliche Nachbarstrand **Mezzavalle**. An der Straße Richtung Ancona befindet sich nach wenigen hundert Metern ein Parkplatz, von hier führt ein Fußweg hinunter zum Strand.

Auf den Monte Conero

Eine kurvenreiche Straße führt an der Südwestseite des dicht bewaldeten Bergrückens steil hinauf. Beim Gipfel warten zwei Bars, die sehenswerte Klosterkirche *San Pietro* und das sicherlich schönste Hotel der Gegend. Über die markierten Wanderwege erreicht man ab dem Parkplatz in wenig anstrengenden Spaziergängen schöne Aussichtspunkte mit Weitblick auf die Riviera del Conero. Achtung: Es gibt **keine Busverbindung** auf den Monte Conero!

▸ **Badia di San Pietro**: Die romanische Klosterkirche geht auf eine benediktinische Gründung aus dem Jahr 1038 zurück. Später gehörte zum Kloster auch eine Einsiedelei (Grotte *Pietra dell'Abate*, nicht zugänglich), in die sich ein Teil der Kamaldulensermönche der Abtei zurückzog. Die Kirchenfassade, wie sie heute zu sehen ist, stammt aus dem 17. Jh. Sehenswert im Inneren der Kirche sind die zahlreichen Säulen mit ihren aufwendig verzierten Kapitellen in der Krypta und der Oberkirche.

• *Öffnungszeiten der Kirche* Unregelmäßig! Im Sommer oft ganztägig, man betritt die Kirche durch die Krypta auf der rechten Seite. Sollte sie geschlossen sein, fragen Sie im Hotel nebenan nach.

• *Übernachten* *** **Hotel Monteconero**, das geschmackvoll eingerichtete Hotel ist im Gebäude des ehemaligen Konvents untergebracht, absolute Ruhe, Bar und Ristorante mit Weitblick, Pool, Garten und Tennisplatz – ideal für Erholungsbedürftige. Zimmer mit Bad, TV, Aircon., EZ 86 €, DZ 122 €, Frühstück inkl. Im Aug. obligatorische HP. EZ 113 €, DZ 174 €. Geöffnet von Mitte März bis Anfang Nov. Via Monteconero 26, ✆ 071/9330592, 📠 9330365, www.hotelmonteconero.it

Typische Mittelmeerlandschaft am Monte Conero

Wanderung am Monte Conero

GPS-Wanderung

Auf dem großen Rundweg um den Monte Conero eröffnen sich allerbeste Aussichten in alle Richtungen: auf das beschauliche Portonovo im Nordwesten genauso wie auf das Hinterland im Südwesten. Besonders schön ist allerdings der Blick die steile Felsenküste hinunter – angemessener Lohn für die Strapazen des ständigen Aufstiegs im letzten Drittel der Wanderung

Anfahrt: Von Sirolo auf der Conero-Panoramastraße Richtung Portonovo/Ancona. Nach ca. 1 km rechts hinauf (beschildert), insgesamt 6 km von Sirolo. Gebührenpflichtiger Parkplatz beim Gipfel, Parktickets in den Bars.

Kurzbeschreibung: Die Wanderung (durchgehend beschildert) verläuft ein gutes Stück im schattigen Wald und zunächst überwiegend bergab und im letzten Abschnitt (ca. 1½ Std.) anstrengend auf schmalem Pfad steil bergauf. Gesamtdauer ca. 4–4½ Std.

Karte: *Carta Escursionistica Parco del Conero*, Maßstab 1:20.000, für 3 € erhältlich beim Besucherzentrum des Regionalparks Monte Conero in Sirolo (→ S. 285).

Vom Ausgangspunkt am **Parkplatz des Monte Conero** (1) führt eine asphaltierte Militärstraße (Beschilderung 1a) bergauf.

Nach etwa 15 Min. passiert man ein Tor, nach weiteren 5 Min. wird die Straße wieder eben und verläuft im Schatten. Kurz darauf verlässt man die Straße bei einem bergab führenden Linksknick (2) und folgt dem Weg 1a nun geradeaus und in westliche Richtung **in den Wald hinein** (Schranke).

Bei der folgenden Gabelung folgt man weiter der Beschilderung 1a links auf einen schattigen Waldweg bergab. Nach insgesamt ca. 30 Min. gelangt man zum **Aussichtspunkt Belvedere Norte** (3) mit herrlichem Blick bis nach Ancona. Der Pfad 1a führt nun nach links hinunter durch den Wald in westliche Richtung, an den beiden kleinen Gabelungen geht es jeweils halbrechts ab zum **Pian Grande**. Nach einem kurzen Stück am Abhang entlang (schöne Aussicht auf die Küste und Portonovo) gelangt man nach knapp einer Stunde Gesamtdauer zu einer großen Kreuzung (4), von wo sich ein kurzer Abstecher zum Pian Grande (auch hier schöner Blick auf Portonovo) anbietet: Folgen Sie hierfür dem Weg Nr. 1 Richtung Poggio. Von der großen Kreuzung geht es nun links ab auf breiterem Waldweg **Richtung Pian di Raggetti** (Nr. 1). Nach einer Gabelung (weiter auf 1) zweigt bald rechts eine steile Abkürzung zu den Grotte Romane ab, geradeaus weiter (Beschilderung Nr. 5) geht es zur großen Wiese des Pian di Raggetti (5): herrliche Lage, ideal zum Picknick. Der Wiesenweg führt nun in südöstliche Richtung und geradeaus wieder in den Wald hinein, man folge weiterhin der Beschilderung Nr. 5 (Fonte d'Olio). Nach ca. 10 Min. ab Pian di Raggetti folgt man an der Gabelung dem Weg geradeaus und biegt nach weiteren 10 Min. steil nach links hinunter ab (6) (Beschilderung Nr. 5). Durch dichten Wald führt der Weg stetig bergab und an einem alten Steinbruch vorbei, hier geht es gleich nach der Kehre den ersten Weg bergab in südliche Richtung (7).

Nach 15 Min. ab der Kehre gelangt man zu einem weiteren Steinbruch und kurz darauf zu einem riesigen Steinabbruch. Die kurz darauf folgende Abzweigung nach rechts (zur Fonte d'Olio) ist zu ignorieren, nach 300 m erreichen Sie die **Fahrstraße zum Monte Conero** (8) hinauf, in die man nach links bergauf einbiegt (Beschilderung: „1 Ex Convento Camaldolesi").

Linker Hand eröffnet sich der Blick auf Sirolo und das Meer, und nach ca. 500 m auf Asphalt geht es beim Schild „Bar Panini Belvedere" (9) rechts ab (**Beschilderung Nr. 1**) auf eine Schotterpiste, der man nun weiter bergan folgt. Das bald auftauchende Anwesen (namens „L'Infinito") wird links liegen gelassen, der Blick nach rechts fällt hier wieder auf Sirolo. Etwa 200 m nach dem Haus stößt man auf eine weitere Kreuzung (10), an der man nun für ein kurzes Stück dem Weg Nr. 2 (Passo del Lupo) folgt. Gleich nach der Kurve erreicht man erneut eine Gabelung, an der man nun auf den Pfad (**„1 Ex Convento Camaldolesi"**) links bergauf einbiegt.

Das Haus mit dem grünen Tor wird rechts liegen gelassen, man läuft auf dem Pfad oberhalb am Zaun entlang weiter und bergauf. Der Pfad wird recht schmal, kurz darauf erreicht man die nach rechts führende **Abzweigung 1c** (11) zur *Grotta Mortarolo*, eine ehemalige Einsiedelei. Hier geht es jedoch auf immer schmaler und verwachsener werdendem Pfad bergauf, dann lichtet sich der Weg ein wenig (Abzweigung nach links bergauf ignorieren). Bei einem bald darauf folgenden **Aussichtspunkt** nehmen Sie den linken Pfad in nordöstliche Richtung (nicht den rechten!). Nun schlägt man sich ca. 30 Min. auf steilem Pfad bergauf, bevor man nach langem Anstieg schließlich zum **Aussichtspunkt Belvedere** (mit Eisengeländer) gelangt (12). Weiter geht es bergauf auf mal breiterem, mal schmalerem Pfad und an einem weiteren Aussichtspunkt vorbei, bis der Pfad bald darauf zu einem breiteren Weg wird. An der bald erreichten Gabelung nimmt man den schmalen Pfad nach rechts, es geht wieder kurvig durch den Wald, die Abzweigung nach rechts ist zu ignorieren.

Am Ende des Pfades (Lichtung) biegt man nach rechts ab („**1 Ex Convento Camaldolesi**"). An der kurz darauf folgenden Gabelung geht es nun nach links auf einen breiten Pfad durch den Wald, und nach wenigen Metern ist das ehemalige Kloster beim Gipfel (Hotel Monte Conero) erreicht. Von hier sind es nur noch ein paar Schritte zum Ausgangspunkt (1/13) der Wanderung am Parkplatz.

Sirolo (ca. 3300 Einwohner)

Sicherlich der schönste Ort am Monte Conero – klein und überschaubar, allabendlich flaniert man an der herrlichen Piazza Belvedere, die wie ein riesiger Balkon über der Küste thront. Grandiose Aussicht.

Sirolo ist einer der exklusivsten Urlaubsorte der Marken, schließlich verbietet die Lage auf einem Hügel südlich des Monte Conero an sich schon eine allzu große touristische Expansion. Schöne Strände gibt es trotzdem, und dass es sich hier bestens aushalten lässt, ist in Italien schon lange kein Geheimnis mehr. An Sommerwochenenden scheint der Ort aus allen Nähten zu platzen.

Mit Sehenswürdigkeiten ist Sirolo nicht gerade gesegnet; herausragendstes Bauwerk im Zentrum ist die *Chiesa San Nicolò di Bari* (Piazza Vittorio Veneto) aus dem Jahr 1765. Beim Bummel durch die Hauptgasse Corso Italia fällt auch die barocke *Chiesa Madonna del Rosario* aus dem 16. Jh. ins Auge, in deren restauriertem Inneren Fresken zu sehen sind. Der Corso führt zum mittelalterlichen *Arco Gotico* aus dem Jahr 1050, am gleichen Platz befindet sich auch das 1908 fertiggestellte *Teatro Cortesi*.

Information/Verbindungen/Übernachten/Essen & Trinken

• *Information* **I.A.T.** an der Piazza Vittorio Veneto, der großen Piazza im Zentrum. Mit Internet-Point. In der HS (Juli/Aug.) tägl. 9–13 und 16–23 Uhr, in der NS Mo–Sa 9–12 und 16–19 Uhr, im Winter eingeschränkt. ✆ 071/9330611.

• *Verbindungen* Busse halten an der Kirche San Nicoló im Zentrum (Via Giulietti). Im Sommer von 9–13 und 15.20–19 Uhr halbstündl. **Stadtbusse** zu den Stränden Sassi Neri und Urbani (→ „Baden" S. 291), Tickets im Bus. Des Weiteren mind. stündl. nach Ancona und nach Numana/Marcelli, werktags auch 5-mal nach Porto Recanati, und 5-mal nach Loreto. Tickets in der Gelateria Grillo in der Via Giulietti.

Taxis mobil unter ✆ 349-7946648.

• *Übernachten* Für alle Unterkünfte in Sirolo (auch Campingplätze!) gilt: frühzeitig buchen!

*** **Locanda Rocco**, schöner Natursteinbau aus dem 14. Jh. mitten im Zentrum (nahe der Spiaggia Urbani), ruhig und stilvoll, mit erstklassigem Restaurant. Elegant-rustikale Einrichtung, nur 7 Zimmer (alle mit Bad, TV und Aircon.), DZ mit Frühstück 145 €, 3er-Zimmer 218 €, keine EZ. Ganzjährig geöffnet, das Restaurant nur von Ostern bis Okt. Via Torrione 1 (am Arco Gotico), ✆/℻ 071/9330558, www.locandarocco.it

*** **Hotel Sirolo**, noch recht neues Hotel, ebenfalls ruhig und zentral gelegen, mit kleinem Pool und „Centro Benessere": Sauna, Massage und türkisches Bad. Sehr schöne, helle Zimmer zum Wohlfühlen, alle mit Bad, Balkon, TV, Aircon. EZ 84 €, DZ 140 €, Frühstück inkl. Via Grilli 26 (an der Kirche S. Nicoló rechts ab), ✆ 071/9330665, ℻ 9330373, www.hotelsirolo.it

*** **Hotel Stella/** **Hotel Parco**, beide an der Via Giulietti, der Einfallstraße ins Zentrum. Dennoch nach hinten hinaus relativ ruhig, Zimmer mit Bad und TV, im Stella DZ mit Frühstück 110 € (EZ 80 €), im Parco ebenfalls 110 € (EZ 65 €). Hotel Stella: Via Giulietti 9, ✆ 071/9330704, ℻ 7360827, www.stella.it; Hotel Parco: Via Giullietti 58, ✆/℻ 071/9330733, www.hotelilparco.it

• *Camping* **** **Camping Internazionale**, Bestlage zwischen Sirolo und dem Strand (über einen Pfad zur Spiaggia San Michele), schattiges Gelände, terrassenartig am Hang, mit Bar, Pizzeria und Mini-Market, Internet-Ecke, Waschmaschine und MTB-Verleih. Auch Bungalows (81–111 € pro Tag, 2–5 Pers.). Camping pro Pers. 8 €, Stellplatz 14–16 €, Auto 5 €. Ostern bis Ende Sept. geöffnet, Stellplätze können in der HS max. 48 Std. im Voraus reserviert werden. Via S. Michele 10, ✆ 071/9330884, ℻ 9331471, www.campinginternazionale.com. *Anfahrt:* Von der Hauptstraße Via Giullietti links ab und steil den Berg hinunter zum Camping (beschildert).

*** **Camping Green Garden**, angenehmer, gut organisierter Platz, am Pool mit Bar lässt es sich gut aushalten, unzählige Bambini sorgen für Action. Relativ große Anlage mit ausreichend Schatten, Tennisplatz, kleinem Fußballplatz, Bar, Ristorante, Mini-Market, auch Appartements (2 Pers., ab 78 €/Tag) und Bungalows (4 Pers., 114 €/Tag). Teuer: 10,50 €/Person, Zelt 19,50 €, Wohnwagen/-mobil 22,50 €. 1. April bis 30. Sept. geöffnet, Via Peschiera 3 (ausgeschildert), ✆ 071/9331317, ℻ 9339257, www.greengardencamping.it

** **Camping Reno**, kleiner, schattiger Platz, der älteste im Ort, ca. 200 m unterhalb vom Zentrum, ausgeschildert. Mit Pizzeria und Bar, familiäre Atmosphäre. Nur ca. 50 Stellplätze, wie in einem Garten, hier kann man auch in der HS noch ein Plätzchen finden. Ganzjährig geöffnet, pro Pers. 8 €, Zelt 10–12 €, Wohnwagen/-mobil 15–16 €. Via Moricone 7, ✆ 071/7360315, E-Mail: reno.sirolo@camping.it

• *Essen & Trinken* **Locanda Rocco**, gehört zum gleichnamigen Hotel (→ oben). Mit schöner Terrasse, überaus freundlicher Service. Gehobenes Preisniveau: kleines Degustationsmenü 39 €, großes Degustationsmenü 49 €, ansonsten Antipasti 12 €, Primi

11 €, Secondi 18 €. April bis Ende Okt. geöffnet (mittags und abends), außerhalb der HS Di geschl. ✆ 071/9330558.

Il Grottino, an der Piazza Belvedere, Treppe hinunter in den gemütlichen Gastraum, im Sommer auch mit Terrasse. Kleines Degustationsmenü 12–18 €. Für Sommerabende sollte man reservieren. Mittags und abends geöffnet, außerhalb der HS Di geschl. Via Ospedale, ✆ 071/9331218.

Osteria Sara, beliebtes Lokal im Zentrum (Corso Italia 9, an der Piazza Vittorio Veneto), bereits zum Mittagessen bis auf den letzten Platz besetzt. Bodenständiges, ursprüngliches Ambiente. Mittags und abends geöffnet, Mi geschl. ✆ 071/9330716.

Tory's, beliebte Pizzeria im Zentrum (in der Via Verdi, zweigt bei der Kirche San Nicoló rechts ab), netter Garten. Mittags und abends geöffnet, Pizza gibt es auch mittags, in der NS Di und Mi geschl. Via Verdi 7, ✆ 071/9332064.

Blick auf Numana

▸ **Baden:** Man hat die Wahl zwischen zwei überaus schönen Buchten: die etwas weitläufigere **Spiaggia San Michele (Sassi Neri)** nördlich von Sirolo, ein Fußweg führt durch den kleinen Stadtpark hinunter, und die kleinere **Spiaggia Urbani** (Bus-Shuttle ab Zentrum, → „Verbindungen"). Beide Strände mit Sonnenschirm- und Liegestuhlverleih sowie Bars/Restaurants. Zur Spiaggia Urbani führt eine schmale Straße hinunter, zwei gebührenpflichtige Parkplätze liegen auf dem Weg, im Sommer ist es v. a. am unteren Parkplatz jedoch nahezu unmöglich, einen freien Platz zu finden. Daher sollte man den Bus vorziehen. Zu Fuß zur Urbani-Bucht sind es ca. 15 Min.

Numana (ca. 3300 Einwohner)

Südlich unterhalb von Sirolo gelegen, ebenfalls mit schöner Piazza weit über dem Meer. Der Ort ist unterteilt in den älteren Teil Numana Alta am Berg und Numana Bassa am Meer (mit Jachthafen).

An der Piazza del Santuario im Ortszentrum stehen der dominante *Palazzo Pubblico* und eine etwas gewöhnungsbedürftige moderne Kirche einander gegenüber. Die Via Roma, Flaniermeile mit zahlreichen Geschäften, verläuft von der zentralen Piazza zum *Arco di Torre*, dem mittelalterlichen Torbogen des Ortes. Hier befindet sich auch der „Balkon" von Numana: ein kleiner Platz mit herrlichem Ausblick. Von der Via Roma zweigt auch das pittoreske Treppengässchen *Costarella* (jetzt Via IV Novembre) zum Meer hinunter ab, einst der Fußweg der Fischer zu ihrem Arbeitsplatz.

Unter den Picenern war Numana ein wichtiger Hafen. Später trieb man hier Handel mit den Griechen; der Ort wurde im 3. Jh. v. Chr. römische Kolonie und Anfang des 1. Jh. v. Chr. zum römischen Municipium.

Information/Verbindungen/Ausflugsboote/Übernachten/Essen & Trinken

• *Information* **I.A.T.** an der Piazza del Santuario im Zentrum. Nur 1. Juni bis 15. Sept. tägl. 9–13 und 16–19 Uhr geöffnet. ✆/℻ 071/9330612,
E-Mail: iat.numana@regione.marche.it

• *Verbindungen* Im Sommer ca. stündl. **Busse** nach Marcelli und über Sirolo nach Ancona, 5-mal tägl. nach Porto Recanati und nach Loreto. Stopp an der Piazza del Santuario, bei der Bäckerei werden Tickets verkauft. Von der Piazza del Santuario außerdem ein Bus-Shuttle zur Spiaggiola.

• *Ausflugsboote* Nur von 15. Juni bis 15. Sept., Start u. a. am Jachthafen von Numana, Fahrt zu den Due Sorelle (letzte Rückfahrt 16 Uhr) ca. 15 €, Kinder bis 8 J. die Hälfte. 1-mal wöchentlich findet auch eine Abendtour an der Küste entlang zur Baia di Portonovo statt. Kleines Büro am Jachthafen, Via Peschiera 11, ✆ 071/9331795, www.traghettatoridelconero.it

• *Übernachten* Auch hier gilt: Im August hat man ohne vorherige Reservierung fast keine Chance. HP ist während der HS oft obligatorisch!

TIPP! *** **Hotel Eden Gigli**, im oberen Ortsteil, unser Tipp! Mit Privatstrand, Pool und großem Sport- und Wellnessangebot (u. a. Tennis, Boccia, Tischtennis, Hydromassage, türkisches Bad), nur wenige Schritte hinunter zur eigenen Bucht. Kostenloser MTB-Verleih. Trotz Größe und professioneller Leitung ein sympathischer Familienbetrieb – einfach nett. Zimmer mit Bad, TV, Balkon (Meerblick) und Aircon., EZ 113–130 €, DZ 196–230 €, obligatorische HP (im Juli/Aug.) und Strandservice inkl., in der NS auch nur mit Frühstück (EZ ab 75 €, DZ ab 110 €). Geöffnet April bis Ende Okt. Via Moretti 11 (geht von der zentralen Piazza del Santuario ab), ✆ 071/9330652, ℻ 9330930, www.giglihotels.com

*** **Hotel Scogliera**, etwas oberhalb des Porto Turistico, mit Pool. Schöne Terrasse, komfortable Zimmer mit Bad, TV und Aircon., z. T. auch mit Balkon. 98–120 €/Person im Juli/Aug. mit obligatorischer VP (Strandservice inbegriffen), im Mai/Juni und Sept. gibt es das DZ für 100–150 €. Via del Golfo 21, ✆ 071/9330622, ℻ 9331403, www.hotelscogliera.it

*** **Villa Sirena**, am Porto Turistico, nur wenige Häuser vom Scogliera entfernt. Sympathisches und typisches Strandhotel (zum eigenen Strandabschnitt nur über die Straße), das DZ mit Frühstück 140 €, mit HP 160 €, außerhalb der HS kostet das DZ 90 € (mit Frühstück). Zimmer mit Bad, TV und Ventilator. Via del Golfo 24, ✆/℻ 071/9330850.

*** **Bellavista**, im Zentrum, wunderschöner Blick von der Terrasse. Nur wenige Meter zum Strand und der Piazza Torre, ruhige Lage. DZ um 80–90 € mit Bad/Balkon, Frühstück inkl., im Aug. allerdings ziemlich teuer: DZ mit obligatorischer VP 170 €. Via C. Colombo 5, ✆ 071/9330636, ℻ 9331099.

*** **Camping Riviera**, einziger Platz in Numana, ca. 1 km vom Zentrum, man sollte ein Auto dabeihaben. Am Rand des Neubaugebietes, daher kaum idyllisch, aber mit Pool. Pro Pers. 10,50 €, Zelt 19,50 €, Wohnwagen/-mobil 22,50 €, auch Bungalows (für 3–4 Pers. 93–114 € pro Tag). Von Numana aus beschildert. 1. April bis 30. Sept. geöffnet. Via Montalbano 20, ✆ 071/9330521, ℻ 9339152, www.campingriviera.it

• *Essen & Trinken* **Ristorante La Torre**, eindeutig der beste Blick von der Terrasse auf den Hafen, den man in Numana kriegen kann. Degustationsmenü 40 €, Antipasti 18 €, Primi ab 9 €, Secondi ab 15 €. Mittags und abends geöffnet, man sollte reservieren. Via La Torre 1, ✆ 071/9330747.

Trattoria da Alvaro, nobles und teures Touristenlokal, direkt am Arco di Torre gelegen. Auf den edel gedeckten Tisch kommt meistens Fisch, zuvorkommender Service, schickes Ambiente. Mittags und abends geöffnet, für abends reservieren. Mo geschl. Via La Torre 30, ✆ 071/9330749.

▸ **Baden:** Die Via Cristoforo Colombo führt hinunter zum Ortsstrand **Spiaggiola** mit Sonnenschirm- und Liegestuhlverleih (Bus ab Piazza del Santuario, auch zu Fuß bequem zu erreichen). Beim Jachthafen unterhalb des Ortes beginnt der riesige und breite Sandstrand, der sich von hier endlos Richtung Süden zieht.

Numana – der Jachthafen

Marcelli

Ein moderner Badeort am langen Sandstrand, unzählige Strandbäder, Pizzerie, Snackbars usw. Zu sehen gibt es im südlichen Vorort von Numana nichts, es sei denn, man ist am Abend hier: Dann wird die Hauptstraße Via Litoranea für den Verkehr gesperrt und zur Flaniermeile. Unzählige Geschäfte für Bademoden, Sportkleidung, Beach-Accessoires usw. erleichtern das Geldausgeben.

• *Information* **I.A.T.** bei der Piazza Miramare im Zentrum, Via Litoranea. 15. Mai bis 15. Sept. tägl. nur 21–23 Uhr. ✆ 071/7390179. Das eigentliche Info-Büro der I.A.T. befindet sich am großen Parkplatz in Marcelli (beschildert), von 15. Juni bis etwa 20. Sept. tägl. 9.30–19.30 Uhr. Via Venezia 59, ✆ 071/7390179.

• *Verbindungen* Im Sommer ca. stündl. **Busse** über Numana und Sirolo nach Ancona, 5-mal tägl. nach Porto Recanati und 5-mal nach Loreto. Bushaltestelle am Hotel Baby Gigli (Via Litoranea).

• *Ausflugsboote* Start morgens an den Strandbädern Orlando und Amedeo, Fahrt zu den Due Sorelle (letzte Rückfahrt 16 Uhr) ca. 15 €, Kinder bis 8 J. die Hälfte, 1-mal wöchentlich findet auch spätnachmittags eine Tour an der Küste entlang zur Baia di Portonovo statt. Nur 15. Juni bis 15. Sept., weitere Infos und Reservierung unter ✆ 071/9331795, www.traghettatoridelconero.it

• *Übernachten* *** **Hotel Marcelli**, eines der besten Hotels im Ort. Sehr gepflegt, mit Pool am Strand, DZ mit obligatorischer HP in der HS 200–220 €, ansonsten DZ ca. 100–140 € (mit Frühstück). Via Litoranea 65, ✆ 071/7390125, ℻ 7391322.

• *Essen & Trinken* Unzählige Ristoranti, Snackbars und Pizzerie – man kann hier durchaus auch einen Reinfall erleben. Als bestes Restaurant der Gegend gilt **Il Saraghino** in der Via Litoranea 209 (Uferstraße Richtung Porto Recanati auf der linken Seite, gegenüber dem Hotel-Club Santa Cristiana). Kreative Fischküche, ziemlich teuer. Nett in Blau-Weiß eingerichtet, Terrasse am Meer. Mittags und abends geöffnet, Mo geschl., für abends reservieren. ✆ 071/7391596.

Prachtvolle Basilica della Santa Casa

Südlich des Monte Conero

Loreto

(ca. 11.000 Einwohner)

Die Basilika des Wallfahrtsortes überragt weithin sichtbar die flache Küstenebene südlich des Monte Conero. Jährlich finden über eine Million Pilger den Weg zur berühmten „Santa Casa", eines der meistbesuchten Pilgerziele Europas.

Das alte Zentrum ist von einer Stadtmauer umgeben, Einlass gewähren die beiden Stadttore Porta Mare (Ostseite) und Porta Romana (Südwestseite). Die Befestigung stammt aus dem frühen 16. Jh., einer Zeit, als die Basilika dringend vor Überfällen geschützt werden musste.

In der Altstadt, die die meisten Besucher durch die Porta Romana betreten, wirkt zunächst alles sehr eng, bis man – über die Hauptgasse Corso Boccalini mit zahlreichen Pilgersouvenirshops – unvermittelt auf der weiten Piazza della Madonna steht: ein überaus eleganter Platz mit *Fontana della Madonna* (samt wasserspeiender Drachen) in der Mitte und einer beeindruckenden Bronzestatue des sitzenden Papstes Sixtus V. (1585–1590) mit segnender Geste. Erheblich zur Eleganz der Piazza della Madonna trägt auch der zweistöckige Arkadengang des *Palazzo Apostolico* bei, der auf Pläne Bramantes zurückgeht.

Als *Villa Loreti* wird der Ort erstmals im frühen 14. Jh. erwähnt. Damals errichtete man einen Schutzwall um das „Heilige Haus" (und die hier zahlreich niedergelegten wertvollen Weihegaben), zum Bau der alles dominierenden Basilika um die *Santa Casa* herum kam es 1468 zunächst unter dem Bischof von Recanati, dann unter Papst Julius II., der persönlich die Arbeiten an dem Gotteshaus betreute. Ihm ist es zu verdanken, dass am Bau der Basilika viele hochkarätige Renaissance-Architekten mitwirkten, unter ihnen auch Bramante, der einen ersten Entwurf für den Palazzo

Apostolico und die Fassade der Basilika lieferte. Die Bauarbeiten an der Basilika samt Palazzo und Piazza zogen sich bis ins späte 16. Jh. hinein, zwischenzeitlich (Anfang des 16. Jh.) wurde der Ort mit einer dicken Stadtmauer und den beiden Bastionen versehen, und es entstanden zahlreiche Pilgerherbergen und Krankenhäuser. Loreto wurde 1586 zum Bischofssitz erklärt, unter Papst Sixtus V. wurde das Pilgerstädtchen dann über die Befestigungsmauern hinaus ausgebaut.

Die Legende der Santa Casa

In der *Santa Casa* wurde der Legende nach Maria geboren, Jesus soll hier seine Kindheit verbracht haben. Im Jahr 1291, nachdem Nazareth in islamische Hände gefallen war, hoben vier Engel das „Heilige Haus“ in die Lüfte und entschwebten damit Richtung Adria. Ob das Ziel der Reise zu diesem Zeitpunkt bekannt war, lässt die Legende offen, jedenfalls landete das Haus zunächst an der dalmatischen Küste, wo man ihm jedoch nur minimale Aufmerksamkeit schenkte. Zu wenig, befanden die Engel und hoben mit ihrem schweren Gepäck ein weiteres Mal ab: diesmal in die Nähe von Recanati, nur wenige Kilometer südlich von Loreto. Zwar kamen zahlreiche Gläubige, um das Heiligtum gebührend zu bewundern, mit ihnen aber auch Plünderer, sodass das Haus ein weiteres Mal wegflog – in den Garten zweier Brüder, die sofort in heftigen Zwist über die Eigentumsfrage des Himmelsgeschenks gerieten. Die Odyssee hatte ein Ende, als die Engel zum vierten und letzten Kraftakt anhoben und das Haus am 10. Dezember 1294 an seinen heutigen Standort brachten.

Soweit die Legende. Wissenschaftler im Auftrag der Kirche haben nachgewiesen, dass die Steine des „Heiligen Hauses“ identisch sind mit denen der Felsgrotte in Nazareth, wo sich das Haus ursprünglich befunden haben soll; ebenso gilt es als historisch gesichert, dass vor dem 10. Dezember 1294 an besagter Stelle in Loreto kein Gebäude zu finden war. Man geht davon aus, dass die *Santa Casa* zu Zeiten der Kreuzzüge ganz profan mit dem Schiff hierher gebracht wurde. Dabei bestand die Fracht nur aus drei Außenwänden, da das Haus in Nazareth an der vierten Seite an die Felsgrotte angebaut war. Gewölbe und vierte Wand des Hauses wurden in Loreto im 16. Jh. hinzugefügt. Zuvor schon entstand die prächtige Marmorverkleidung der *Santa Casa* nach Plänen von Bramante.

• *Information* **I.A.T.** an der Piazza Basili (Via Solari 3, Südseite der Stadtmauer). Von Juni bis Ende Sept. tägl. 9–13 und 16–19.30 Uhr, So nur 9–13 Uhr. ✆ 071/970276.

• *Verbindungen* **Busse** etwa stündl. nach Ancona, Recanati und Macerata, Abfahrt an den Arkaden in der Via Brancondi (mündet in die Piazza Leopardi an der Porta Romana). **Stadtbus** ca. stündl. ab Piazza Basili zum Bahnhof Loreto Stazione. Bustickets in der Tabaccheria gegenüber der I.A.T.

Etwa 10-mal tägl. hält der **Zug** auf der Strecke Ancona–Pescara in Loreto Stazione (ca. 1 km außerhalb von Loreto). Zu Fuß über die Scala Santa hinunter erreicht man den Bahnhof in wenigen Minuten, vom Bahnhof hinauf ist das Ganze allerdings etwas mühsamer.

• *Übernachten* Die meisten Hotels sind auf Pilgergruppen eingerichtet und in der Regel ganzjährig geöffnet.

*** **Hotel Pellegrino e Pace**, direkt an der Piazza della Madonna, empfehlenswertes Haus. Zimmer mit Bad, TV und Aircon., EZ 75 €, DZ 80 €, 3er-Zimmer 108 €, 4er-Zimmer 123 €, Frühstück inbegriffen. Im angeschlossenen Restaurant gibt es ein Mittagsmenü für nur 13 €! Piazza della Madonna 51/53, ✆ 071/977106, ℻ 978252.

** **Hotel Bellevue & Marchigiano**, Traditionshaus, hier legten sich schon Giulietta Masina, George Harrison und andere Berühmtheiten zu Bett. Zentral an der Bastion gelegen, Zimmer mit Bad und TV. EZ 49 €, DZ 73 €, 3er-Zimmer 98 €, Frühstück inkl. Mit Restaurant und Terrasse. Piazza Squarcia 14, ✆ 071/970165, 978713, www.hotelmarchigiano.com

** **Hotel Giardinetto/** Hotel Loreto**, beide am Corso Boccalini, der Hauptachse im Zentrum von Loreto, beide guter Standard. DZ mit Bad je ca. 65 €, EZ um 45 €, Frühstück um 5 €. Hotel Giardinetto, Corso Boccalini 10, ✆ 071/977135, 970067, www.hotelgiardinetto.it; Hotel Loreto, Corso Boccalini 60, ✆ 071/7500106, 7500108.

Ostello per la Gioventù, die Jugendherberge liegt südlich der Stadtmauern in der Via Aldo Moro, ab Zentrum beschildert. 240-Betten-Haus, Übernachtung im Mehrbettzimmer 15 €, EZ 22 €, DZ 34 €, 3er-Zimmer 48 €, Frühstück 2,50 €/Person, Mittag- und Abendessen je 9 €. Via Aldo Moro 46, ✆/ 071/7501026.

• *Essen & Trinken* Die meisten Restaurants sind auf Pilger ausgerichtet, sehr günstige Mittagsmenüs gibt es in den Restaurants der Hotels Pellegrino e Pace und Loreto (→ oben). An der Straße zwischen Loreto und Loreto Stazione auf der rechten Seite (gegenüber der Agip-Tankstelle) gibt es außerdem noch das beliebte **Ristorante La Lanterna**: apulische Küche, Holzofenpizza, mittleres Preisniveau, Parkplatz davor. Mittags und abends geöffnet, Di geschl. Via Manzoni 2, ✆ 071/976796.

Sehenswertes

Basilica della Santa Casa: Allein die Renaissance-Fassade der mächtigen Kirche mit einer Fläche von 67 x 97 m beeindruckt, sie wurde im Jahr 1587 vollendet. Die Kuppel der Basilika befindet sich direkt über dem „Heiligen Haus" und entstand 1499/1500 in nur acht Monaten Bauzeit. Der Glockenturm links der Basilika gehört zum Palazzo Apostolico und wurde erst wesentlich später, im Jahr 1750, an Stelle eines älteren und weniger repräsentativen Campanile angebaut. Bauherr des Glockenturms war Luigi Vanvitelli, der auch im nahe gelegenen Ancona städtebaulich äußerst aktiv war.

Beim Betreten der Basilika fallen die mächtigen Bronzeportale auf, die um 1600 entstanden und alttestamentarische Szenen zeigen. Hauptwerk im Inneren ist natürlich die berühmte *Santa Casa* in der Mitte der Kirche: Die prachtvolle Marmorverkleidung wurde von Papst Julius II. in Auftrag gegeben. Bramante kam 1507 für diese Arbeit nach Loreto und fertigte einen Entwurf, der bis 1538 von Andrea Sansovino, Aurelio Lombardo Giuliano und Antonio da Sangallo sowie den Brüdern della Porta vollendet wurde. Letztere haben u. a. die zehn Sibyllen (in den oberen Nischen der Marmorverkleidung) wie auch den Moses geschaffen. Darüber hinaus sind auf der prachtvollen Verkleidung auch Szenen aus dem Leben Marias und eine Darstellung vom Flug des „Heiligen Hauses" mit den Engeln zu sehen.

An der Piazza della Madonna

Das Innere der *Santa Casa* beherbergt die Statue der Madonna mit dem Kind, die nach einem Brand im Jahr 1921 allerdings nur noch in Nachbildung zu sehen ist. Ursprünglich stammte die Madonna aus dem 14. Jh. Des Weiteren finden sich im Inneren einige Fresken (14. Jh.) mit Madonnendarstellungen, außerdem ein Holzkreuz aus dem 13. Jh. Das „Heilige Haus" ist meist mit Betenden gefüllt, man sollte sich daher still verhalten.

Öffnungszeiten Täglich 6.15–20 Uhr geöffnet (Okt.–März nur bis 19 Uhr), die Santa Casa ist mittags von 12.30–14.30 Uhr geschl. Zutritt nur in angemessener Kleidung (lange Hosen/langer Rock, nicht bauch- oder schulterfrei), Handy- und Fotografierverbot.

Recanati (ca. 20.000 Einwohner)

Das Provinzstädtchen ist in ganz Italien als Geburtsort des großen Dichters Giacomo Leopardi bekannt. Recanati liegt auf einer Bergkuppe in luftigen 300 m Höhe zwischen den Flüssen Musone und Potenza.

Wer nach Recanati kommt, dem werden sofort die kleinstädtische Enge und eine gewisse Verschlafenheit auffallen. Die urbane Geschäftigkeit, die man in den anderen Städtchen der Region vorfindet, fehlt hier, Recanati ist merkwürdig still. Dennoch hat der Ort zwei italienische Ausnahmekünstler hervorgebracht: besagten Leopardi, dem man wirklich an fast jeder Ecke der Stadt begegnet, und Beniamino Gigli, den berühmten italienischen Tenor (1890–1957), der im Dom der Stadt als Chorknabe den Grundstein für seine grandiose Karriere legte.

Der traurige Poet

Das Unglück steht ihm förmlich ins Gesicht geschrieben. Das Denkmal von Giacomo Leopardi an der gleichnamigen Pizza bestätigt, was jedes italienische Schulkind weiß: Der größte Sohn der Stadt – und einer der berühmtesten Dichter Italiens – war ein pessimistischer, durch und durch unglücklicher und am Leben verzweifelnder Mensch.

Geboren wurde Giacomo am 29. Juni 1798 als ältester Sohn des Grafen Monaldo Leopardi und dessen Gattin Adelaide. Bereits im Alter von elf Jahren hatte Giacomo Horaz übersetzt und bald darauf seinen Hauslehrer in die Arbeitslosigkeit geschickt, in den folgenden Jahren studierte er sich auf eigene Faust durch die damals schon rund 20.000 Bände umfassende Bibliothek des Vaters. Sein berühmtes Gedicht „L'Infinito" datiert aus dem Jahr 1819, Leopardi war damals 21 Jahre alt. 1822 verließ er zum ersten Mal die Enge seiner Heimatstadt und ging für einige Monate zu seinem Onkel nach Rom. Es folgten mehr oder minder kurze Aufenthalte in Mailand, Bologna, Florenz und Pisa, die trostlosen Winter verbrachte er jedoch zumeist in Recanati. 1830 siedelte er – ausgestattet mit einer kleinen Rente, die Freunde und Bewunderer für ihn ausgesetzt hatten – nach Florenz um, wo er in Antonio Ranieri einen Freund fand, mit dem er 1833 nach Neapel zog. Am 14. Juni 1837 starb der Dichter bei Neapel an einem Asthmaanfall.

„Unheilbaren Weltschmerz" attestiert das Kindler-Literaturlexikon dem dichterischen Werk Leopardis, dessen Lyrik gemeinhin als schwer übersetzbar gilt, was sicherlich auch ein Grund für seinen relativ geringen Bekanntheitsgrad außerhalb Italiens ist. Der Stellenwert des Dichters in der italienischen Literatur wird beim Besuch des Geburtshauses allerdings mehr als deutlich: Schulklassenweise pilgert man hierher, ein Ausflug nach Recanati gehört zum Pflichtprogramm.

Information/Verbindung/Parken/Adressen/Veranstaltungen

• *Information* **I.A.T.** im Palazzo Comunale (Rathaus) an der Piazza Leopardi 27 im Zentrum. Nur Di und Fr 9.15–13 Uhr sowie an Wochenenden der Fiera Antiqua (Sa/So 9–13 und 15–18 Uhr) geöffnet. ✆ 071/981471. Stadtpläne und Prospekte gibt es auch bei den „Vigili Urbani", ebenfalls im Palazzo Comunale, ganztägig geöffnet.

• *Verbindungen* **Bus** von 5–21 Uhr ca. stündl. über Loreto nach Ancona, von 6–20 Uhr ca. stündl. nach Macerata und Porto Recanati. Abfahrt an der Ringstraße (Viale Filippo Corridoni) bei der Via Porta Cerasa, nahe Piazza Leopardi.

Nächster **Bahnhof** in Porto Recanati oder Loreto Stazione.

• *Parken* Schwierig, Parkplätze gibt es im Zentrum wenige, und auch an der Ringstraße um Recanati ist Parken fast überall verboten. Die besten Chancen auf einen Parkplatz hat man in der Via Calcagni bzw. Via XX Settembre (Einbahnstraßen, beide von der Piazza Leopardi geradeaus Richtung Porta Marina).

• *Veranstaltungen* Immer am ersten Samstag und Sonntag eines Monats findet auf der Piazza Leopardi im Zentrum die **Fiera Antiqua**, ein großer **Antiquitätenmarkt**, statt.

• *Übernachten* *** **La Ginestra**, im *centro storico*, wenige Schritte von der Piazza Leopardi. Renoviert, mit kleinem Garten und Bar/Ristorante (Di geschl.), alle Zimmer mit Bad, TV und Aircon. EZ 50 € (im Aug. keine EZ), DZ 75 €, 3er-Zimmer 95 €, Frühstück inkl. Ganzjährig geöffnet, Via Calcagni 2, ✆ 071/980355, ✆ 980594, www.hotelginestra.it

• *Essen & Trinken* **Ristorante Borgo Antico**, eines der wenigen Restaurants im Zentrum, in einem Seitengässchen der Via Falleroni (Straße zum Dom) gelegen, beschildert. Gute Pizza, auch Salat und Dessert sollte man nicht auslassen, mittleres Preisniveau. Nur abends geöffnet, Di geschl. Vicolo dell'Achilla 4, ✆ 071/7574286 oder ✆ 335-8443416 (mobil).

Im Zentrum gibt es einige **Bars** und Takeaway-Pizzerien *(pizza al taglio)* für den Hunger zwischendurch.

Sehenswertes

▶ **Casa Leopardi**: Das Geburtshaus des Dichters – ein eindrucksvoller Barockpalazzo aus dem 18. Jh. – wird noch immer von Mitgliedern der Familie Leopardi bewohnt. Die Ausstellung (Mostra) im Erdgeschoss dokumentiert die Lebensstationen Leopardis, dazu Erinnerungsstücke, diverse Dokumente und Texte des Dichters: über Eltern, Geschwister, die Natur, die Liebe etc.

Die *Bibliothek* der Familie Leopardi im ersten Stock des Gebäudes ist während des ca. 25-minütigen Rundgangs mit Führung zu sehen. Auf vier Räume sind hier ungefähr 25.000 Bücher und Schriften verteilt, darunter auch die Werke des Dichters selbst. Obwohl die Führungen ausschließlich auf Italienisch angeboten werden, ist es sehr lohnend, sich hier anzuschließen: Allein das Ambiente in der *Biblioteca* ist beeindruckend und erlaubt eine genaue Vorstellung von Leopardis Jugendjahren, als er den größten Teil seiner Zeit hier verbrachte.

• *Öffnungszeiten* Der Palazzo Leopardi liegt an der Piazzuola Sabato del Villaggio, von der Piazza Leopardi der Via Cavour und Via Calcagni folgen und dann rechts ab in die Via Roma, beschildert. Im Sommer tägl. 9–18 Uhr geöffnet, So bis 19 Uhr, im Winter tägl. 9.30–12.30 und 14.30–18 Uhr. Eintritt: Mostra 4 €, Kinder und Jugendliche unter 15 J. sowie Rentner über 65 J. 2 €, Biblioteca ebenfalls 4 € (ermäß. 2 €). Empfehlenswert ist das Kombiticket für beides zum Preis von 6,50 € (ermäß. 3 €). Tickets im Souvenirshop schräg gegenüber.

▶ **Colle dell'Infinito**: Eine Ahnung von Leopardis Schwermut erlangt man beim Besuch des berühmten „Hügels der Unendlichkeit": Ein Stück unterhalb dröhnt es auf der viel befahrenen Ringstraße um Recanati, der *colle* (Hügel) selbst ist wenig gepflegt, und an Weitsicht ist wegen vieler Büsche und Bäume kaum zu denken. Ein *„ermo colle"*, ein „öder Hügel", wie der Dichter vor fast 200 Jahren schon befand.

Recanati – die zentrale Piazza Leopardi

Wegen seiner angeschlagenen Gesundheit hat sich Leopardi die meiste Zeit seines Lebens im Haus aufhalten müssen und von seinem Fenster auf den Hügel geblickt. Über einen Pfad (vom Palazzo aus beschildert) kann man den – ziemlich kleinen – Hügel umrunden, eine Gedenktafel auf seiner Spitze erinnert an das berühmte Gedicht, für das er die Kulisse bot: *„Sempre caro mi fu quest'ermo colle ..."*

▸ **Museo Villa Colloredo Mels – Pinacoteca Civica**: Ein Besuch in dem vorbildlich aufgebauten Museum lohnt hauptsächlich wegen der Werke des Renaissancekünstlers Lorenzo Lotto. Zu sehen sind hier u. a. der „Polittico di San Domenico" (1506–1508), ein riesiges Polyptychon (Flügelaltar) und die „Annunciazione" („Verkündigung") aus der Zeit um 1528: Das als ein Meisterwerk Lottos geltende Gemälde zeigt die Ankunft des Erzengels Gabriel auf der Erde, bei der sogar die Katze vor Schreck zur Seite springt. Eben diese Katze hat sich das Museum übrigens zum Logo gemacht.

Lorenzo Lotto (ca. 1480–1556) wurde in Venedig geboren und kam während seiner künstlerischen Laufbahn immer wieder in die Marken, wo einige seiner Werke auch in kleineren Provinzmuseen zu besichtigen sind. Erst im 20. Jh. hat man die Bedeutung seines Gesamtwerkes für die Renaissance entdeckt. Beeinflusst war Lotto von Giovanni Bellini und Albrecht Dürer, aber auch von Raffael. Lorenzo Lotto gilt als einer der fantasievollsten, eigenwilligsten Maler und als großartiger Porträtkünstler seiner Zeit, als einer der Ersten, der seinen Figuren Dramatik und Seele einhauchte, statt sie idealisierend darzustellen. 1556 starb Lotto verarmt in Loreto.

• *Öffnungszeiten/Eintritt* Am nordwestlichen Rand der Altstadt, von der Piazza Leopardi den Corso Persiani (Hauptstraße) hinunter und links ab auf die Via Falleroni. Das Museum befindet sich neben dem Dom, Via Gregorio XII, ✆ 071/7570410. Im Juli/Aug. Di–So 9–13 und 15–20 Uhr, ansonsten Di–So 9–12 und 15–18 Uhr. Eintritt 4,50 €, ermäß. 3 €, Audioguide in deutscher Sprache inkl.

Santa Maria a Piè di Chienti

▸ **Cattedrale San Flaviano/Museo Diocesano**: Neben der Villa Colloredo Mels erhebt sich der im 18. Jh. grundlegend erneuerte Dom, der in Teilen in das Gebäude des Bischofssitzes aus dem 17. Jh. integriert wurde. Der alte Kirchenbau aus dem 14. Jh. nebenan beherbergt – ebenfalls nach einigen Umbauten – heute das Diözesanmuseum mit allerlei Gemälden aus dem 15.–17. Jh. sowie sakralen Gegenständen. Unregelmäßige Öffnungszeiten, erkundigen Sie sich im Büro der I.A.T.

▸ **Museo Gigli**: Auch dem zweiten berühmten Sohn der Stadt hat man in Recanati ein Museum gewidmet. Beniamino Gigli wurde am 20. März 1890 in einem Palazzo ganz in der Nähe der Cattedrale San Flaviano geboren, seiner Heimat blieb der berühmte Tenor immer verbunden. Gigli brachte es auf 41 Jahre Bühnenkarriere, darunter ein jahrelanges Engagement an der New Yorker Met, und ein Repertoire von über 40 Opern, darüber hinaus drehte er mehr als ein Dutzend Filme. Gigli starb 1957 in Rom, sein Grab befindet sich heute in einer äußerst prachtvollen kleinen Pyramide am Rand des Friedhofes von Recanati. Im Museum (im Palazzo Comunale an der Piazza Leopardi) sind u. a. Bühnenkostüme des Künstlers sowie Dokumente zur Geschichte der Oper im 20. Jh. zu sehen.

Öffnungszeiten/Eintritt Tägl. (außer Mo) 10–13 und 15–18 Uhr. Eintritt 2,50 €, ermäß. 1,50 €. ✆ 071/7570410.

Porto Recanati (ca. 9500 Einwohner)

Der erste größere Badeort südlich des Monte Conero ist keine wirkliche Augenweide. Auffälligstes Gebäude ist das *Castello* mit Uhrturm (15. Jh.) am Nordende der Uferpromenade, hier befindet sich auch die *Pinacoteca Comunale.* An der Piazza Brancondi ist in einem Pavillon die Touristeninformation untergebracht (nur im Sommer tägl. 9.30–12.30 und 16.30–23 Uhr), südlich davon verläuft die erfreulich autofreie Uferpromenade mit zahllosen Strandbädern. Der Strand besteht größtenteils aus groben Kieseln, Betonbarrieren bieten Schutz vor großen Wellen. Südlich von Porto Recanati gibt es einige Campingplätze.

Civitanova Marche/Civitanova Alta (ca. 38.000 Einwohner)

Der eher wenig idyllische Ort wird von einer kleinen Schuhindustrie geprägt, darüber hinaus lebt Civitanova Marche von der Fischerei und vom Tourismus. Ein Pluspunkt ist der recht schöne Sandstrand, der sich nördlich und südlich des wenig ansehnlichen Hafens erstreckt, auch die beiden Uferpromenaden mit unzähligen Strandbädern, Bars, Spielhöllen etc. wirken noch recht einladend. Im modernen Zentrum von Civitanova Marche herrscht Verkehrschaos, wir raten zum großräumigen Umfahren. Die Touristen-Information befindet sich an der riesigen Piazza XX Settembre (im Rathaus). Wer der Hektik unten am Meer entfliehen will, kann beispielsweise das 4 km landeinwärts auf einem Hügel gelegene *Civitanova Alta* ansteuern, ein hübsches Dorf mit engen Gassen, umgeben von einer z. T. noch erhaltenen Stadtmauer aus dem 15. Jh.

• *Essen & Trinken* **Trattoria Assunta**, in *Civitanova Alta*, sehr beliebt, eine Mischung aus stilvollem Lokal und typischer bodenständiger Familientrattoria, in der mehrere Generationen mitarbeiten. Relativ große Auswahl zu günstigen Preisen, abends auch Pizza. Mittags und abends geöffnet, Mi geschl. (in der HS nicht), für das Wochenende sollte man unter ✆ 0733/892848 reservieren. *Lage*: an der Piazza XXV Luglio, wenige Schritte rechts unterhalb der Piazza della Libertà im Zentrum.

Im unteren Chienti-Tal Richtung Macerata

Wer es eilig hat, gelangt auf der vierspurigen *N 77* durch das Chienti-Tal in gerade mal etwas mehr als einer halben Stunde von Civitanova Marche zur Provinzhauptstadt Macerata. Man sollte sich allerdings lieber etwas Zeit lassen: Auf der Strecke liegen zwei romanische Kirchen von besonderem kunsthistorischen Wert.

▶ **Santa Maria a Piè di Chienti**: Die Kirche bei Montecosaro Stazione nördlich des Flusses Chienti liegt nahe der Durchgangsstraße *SS 485* und ist kaum zu übersehen (auch ausgeschildert). Wahrscheinlich wurde mit dem Bau bereits im 10. Jh., vielleicht sogar schon im 9. Jh. begonnen, fertiggestellt war die Kirche Anfang bis Mitte des 12. Jh. Das Besondere an diesem Gotteshaus ist die Aufteilung des schlichten und recht düsteren Inneren: Die Kirche hat zwei Stockwerke und auch zwei Apsiden, im oberen Stockwerk finden sich einige wertvolle Fresken aus dem 14. Jh. Während das untere Stockwerk auch Laien offen stand, war der obere Teil mit Galerie ausschließlich für die Mönche reserviert.

Öffnungszeiten Tägl. 8–12 und 14–20 Uhr.

▶ **San Claudio al Chienti**: Die zweite bedeutende romanische Kirche im Chienti-Tal, vermutlich zwischen dem 5. und 7. Jh. erbaut und somit eine der ältesten Kirchen der Marken überhaupt. Der heute zu besichtigende Bau stammt wahrscheinlich, wie *Santa Maria a Piè di Chienti* auch, aus dem 12. Jh. Auffällig ist die fast quadratische Form mit drei Apsiden und den beiden symmetrisch angeordneten Rundtürmen, ungewöhnlich das Portal: Man steht vor zwei separaten Eingängen genau übereinander, eine Außentreppe rechts vom Hauptportal führt hinauf in den ersten Stock, daneben befindet sich das Wohnhaus des Kirchenverwalters. Im Inneren (der unteren Kirche) sieht man zwei Fresken aus dem Jahr 1468.

• *Anfahrt/Öffnungszeiten* Auf der *SS 485* von der Küste kommend kurz vor dem Ort San Claudio rechts ab (beschildert), Zufahrt über eine schnurgerade Zypressenallee. Großer Parkplatz, Bar und Hotel. Die Kirche ist ganztägig geöffnet.

• *Übernachten* *** **Hotel San Claudio**, gleich neben der gleichnamigen Kirche. In altem Gemäuer mit Terrasse und Garten, Bar. 22 Zimmer mit Bad und TV. EZ 55 €, DZ 82 €, Frühstück inkl. Frazione San Claudio 14, ✆ 0733/288144, 📠 287159, www.hotelsanclaudio.it

Macerata

(ca. 41.000 Einwohner)

Das Städtchen liegt auf einem Hügel zwischen dem Tal des Potenza im Norden und dem Chienti-Tal im Süden. Macerata ist in den Marken (und darüber hinaus) vor allem auch für das sommerliche Opernfestival bekannt.

Die Universitätsstadt verfügt über ein kompaktes und lebhaftes centro storico, das von einer fast durchgehenden Stadtmauer mit einigen bestens erhaltenen Stadttoren umgeben ist. Viele eindrucksvolle Palazzi (besonders auf dem Corso Matteotti), ruhige Straßen und teilweise steile Treppen laden zum Erkundungsgang rund um die zentrale Piazza della Libertà ein. Ein interessanter Spaziergang außerhalb des centro storico führt von der Porta Romana und vorbei an der Piazza Garibaldi auf den Corso Cavour mit seinen repräsentativen Palazzi aus dem frühen 20. Jh.

Macerata ist ein überaus sympathisches und relativ junges Städtchen. Von provinzieller Verschlafenheit wie z. B. im nördlich gelegenen Recanati ist hier nichts zu spüren. Die Universität macht sich bemerkbar – es gibt viele auf jugendliche Kundschaft ausgerichtete Geschäfte und ein gutes Angebot an Abendunterhaltung. Unumstrittener kultureller Höhepunkt sind allerdings die hiesigen Opernfestspiele.

Macerata Opera

Die „Stagione Lirica" im *Sferisterio*, dem wohl außergewöhnlichsten Bauwerk der Stadt, findet alljährlich etwa von 15. Juli bis 15. August statt. Gegeben werden meist Klassiker in Sachen Oper, das Programm wechselt jährlich. Zwar kann das *Sferisterio* am unteren (südöstlichen) Rand der Altstadt etwa 3000 sitzende Opernfreunde beherbergen (darüber hinaus gibt es auch noch Stehplätze), aber dennoch: Wer eine Aufführung besuchen will, sollte sich frühzeitig um Eintrittskarten bemühen.

• *Informationen/Tickets* Die Biglietteria des Sferisterio befindet sich vor dem Eingang an der Piazza Mazzini, geöffnet Mo–Sa 10.30–12 und 17–20 Uhr, ✆ 0733/230735. Reservierungen können nur schriftlich per Fax (📠 0733/261570) entgegengenommen werden (Kreditkartenzahlung), Karten 25–130 €, „Balconata" (Stehplätze ohne Reservierung) 15 €, weitere Infos unter www.sferisterio.it. **Achtung**: Hotels sind zu dieser Zeit weit im Voraus ausgebucht!

Information/Übernachten/Essen & Trinken/Sonstiges (s. Karte S. 304/305)

• *Information* **I.A.T.** an der Piazza della Libertà 9 im Zentrum. Mo–Sa 9–13 und 15–18 Uhr, nur im Sommer auch So 9–13 Uhr. ✆ 0733/234807, 📠 266631,
E-Mail: iat.macerata@regione.marche.it

• *Verbindungen* Bahnhof ca. 600 m südlich vom *centro storico* (von der Porta Umberto I den Viale Don Bosco hinunter) an der Piazza XXV Aprile, ✆ 0733/240354 oder ✆ 848-888088. **Züge** 10-mal zur Küste nach Civitanova Marche.

Große Busstation bei den Giardini Diaz (Aufzug zur Altstadt), mit Bar, Toiletten, Biglietteria, ein großer Fahrplan hängt aus. Von hier folgende **Busse**: 3-mal tägl. Ancona, 12-mal Fermo, 8-mal Jesi, 14-mal Loreto, 20-mal Porto Civitanova (Civitanova Marche), 12-mal Porto Recanati, 2-mal Porto San Giorgio, 2-mal Porto Sant'Elpidio, 14-mal Recanati. Biglietteria ✆ 0733/261594.

Taxis an der Piazza della Libertà, am Bahnhof und beim Park Giardini Diaz.

Macerata – die zentrale Piazza della Libertà

• *Parken* An den Giardini Diaz gibt es ein großes Parkhaus, ein Stück weiter auch einen Parkplatz, von hier geht es im Aufzug hoch in die Altstadt.

• *Übernachten* **** **Hotel Claudiani (4)**, bestes Haus der Stadt, in einer Seitenstraße des Corso Matteotti im Zentrum. 40 Zimmer, alle mit Bad, TV, Aircon. EZ 95 €, DZ 132 €, Frühstück inkl. Bar und hoteleigene Garage. Ganzjährig geöffnet, Via Ulissi 8, ✆ 0733/261400, ℻ 261380, www.hotelclaudiani.it

** **Hotel Arena (6)**, hervorragende und sehr zentrale Lage direkt an den wuchtigen Mauern des Sferisterio, modern und komfortabel ausgestattete, gemütliche Zimmer (Teppichboden) mit Bad, TV, Aircon., Kühlschrank, allerdings nicht besonders groß. EZ 35–45 €, DZ 55–75 €, 3er-Zimmer 60–85 €, Frühstück inkl. Vicolo Sferisterio 16, ✆ 0733/230931, ℻ 236059.

*** **Albergo da Rosa (3)**, am nördlichen Rand der Altstadt in der ruhigen Via Amaroli, mit empfehlenswerter Trattoria gegenüber (→ unten). Zimmer mit Bad, EZ 50 €, DZ 70 €, Frühstück inkl. Via Armaroli 94, ✆ 0733/232670.

Ostello Asilo Ricci (5), nahe dem Sferisterio, einfachste und günstigste Übernachtungsmöglichkeit in Macerata, insgesamt 100 Betten, EZ 22,50 €. DZ 40 €, 3er-Zimmer 54,50 €, 4er-Zimmer 58 €, im Mehrbettzimmer 14,50 €/Person, Frühstück jeweils inkl. Ganzjährig geöffnet, Via dell'Asilo 36, ✆/℻ 0733/232515.

• *Essen & Trinken* Zu den Opernfestspielen im Juli und Aug. kann man in den meisten Restaurants auch nach den Aufführungen noch essen – Reservierung obligatorisch!

Ristorante Da Secondo (2), genau das Richtige, wenn man sich in Macerata etwas Besonderes gönnen will. Stilvolles, gemütliches Ambiente mit viel dunklem Holz, Terrasse. Menü ab ca. 35 €. Mittags und abends geöffnet, Mo geschl. Via Peschiera Vecchia 26–28 (von der Piazza della Libertà die Via Don Minzoni hinunter), ✆ 0733/260912.

Osteria dei Fiori (7), in einer ruhigen Gasse parallel oberhalb zur Piazza Mazzini. Sehr beliebte und vielfach empfohlene Osteria mit bekannt guter und kreativer Küche, die mit „piatti della tradizione maceratese" wirbt. Primi 6–7 €, Secondi 10–13 €, Degustationsmenü 22 €. Mittags und abends geöffnet, So geschl. Via Lauro Rossi 61, ✆ 0733/260142, www.osteriadeifiori.it

Trattoria Da Rosa (1), eher einfaches Ambiente, sehr gute regionale Küche, sicher der richtige Ort, um die typischen handgemachten *Vincisgrassi* (Nudelauflauf) zu probieren. Je nach Saison sind auch Trüffel und Fisch im Angebot. Mittleres Preisniveau. Mittags und abends geöffnet, So geschl., für abends ist eine Reservierung ratsam. Via Amaroli 17, ✆ 0733/260124.

Sehenswertes

- **Duomo (Cattedrale)**: Der Dom an der Piazza Strambi datiert ursprünglich aus dem 15. Jh., der benachbarte Campanile ist noch im Original erhalten. Der Dom selbst wurde Ende des 18. Jh. durch Cosimo Morelli grundlegend umgestaltet und erweitert, wobei die Fassade unvollendet blieb (bis heute). Gewidmet ist das Bauwerk dem Stadtheiligen San Giuliano.
  Öffnungszeiten Tägl. 7–12 und 15.30–20 Uhr.
- **Sferisterio**: Der Name dieser lang gestreckten und halb ovalen Arena rührt von ihrem ursprünglichen Verwendungszweck her: *Sphaeristerium* bedeutet so viel wie „Ballspielsaal". Tatsächlich wurde das Sferisterio in den Jahren 1819–1829 als Arena für den „Pallone a Bracciale" gebaut, ein traditionelles Ballspiel der Gegend. Die Gelder für den neoklassizistischen Bau (90 x 36 m) mit hervorragender Akustik

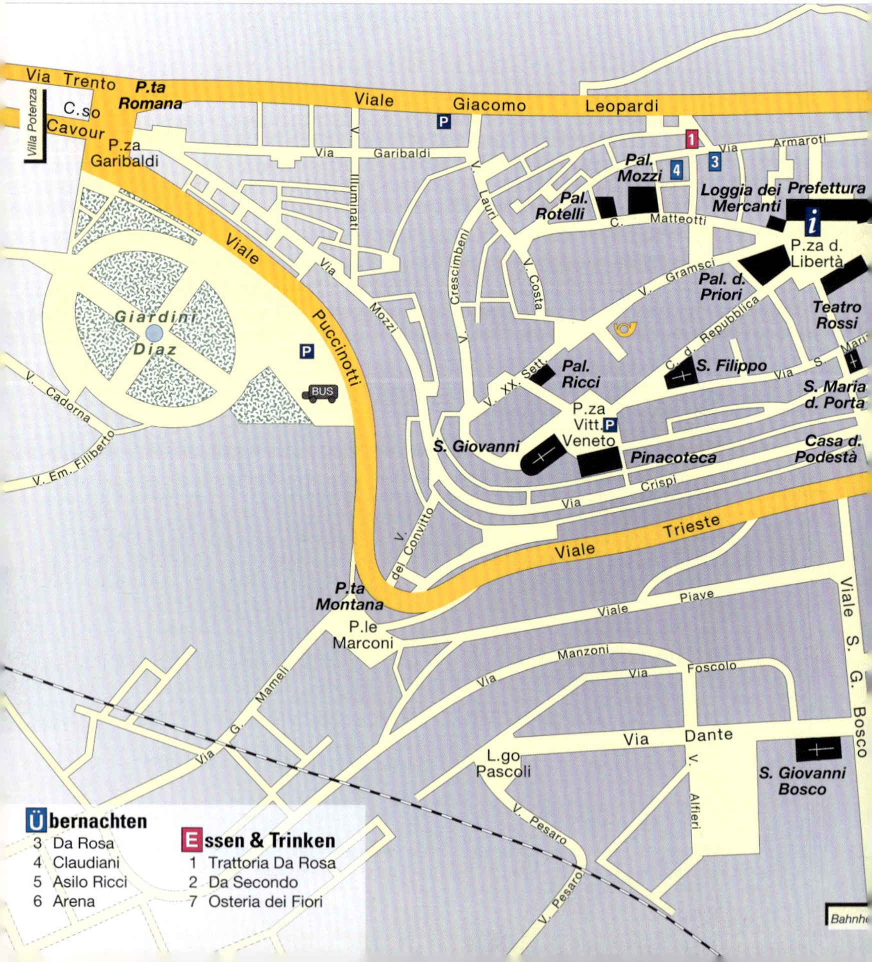

stammten damals übrigens von den reichen Bürgern der Stadt selbst. Die halbrunde Seite des Baus ist im Inneren mit dorischen Säulen unterteilt, auf zwei Stockwerken befinden sich hier insgesamt 104 Logen.

Öffnungszeiten/Eintritt Im Juli/Aug. Mo–Fr 10–13 und 16–19 Uhr, Sa/So 10–13 und 14–16 Uhr, ansonsten finden täglich um 12 und 16 Uhr geführte Besichtigungen statt. Reservierung (obligatorisch) unter ✆ 0733/234333. Eintritt 2 €, Tickets im Info Point an der Piazza Mazzini 12a.

▸ **Museen an Piazza Vittorio Veneto**: An dieser Piazza am unteren Ende des Corso della Repubblica finden sich praktischerweise gleich alle Museen der Stadt. Zur Auswahl stehen: die *Pinacoteca Comunale* mit Gemälden aus dem 14.–19. Jh. (darunter eine berühmte „Madonna col Bambino" von Carlo Crivelli) sowie wechselnden Ausstellungen; im gleichen Gebäude das *Museo Civico* mit picenischen und römischen Funden sowie zahlreichen Fotografien von Macerata im Wandel der Zeit; der *Palazzo Ricci* mit einer Gemäldesammlung berühmter Künstler vor allem des frühen 20. Jh. sowie zeitgenössischer Kunst; das *Museo della Carrozza* mit einer teilweise sehr prachtvolle Exemplare umfassenden Kutschenausstellung.

• Öffnungszeiten/Eintritt **Pinacoteca Comunale**, **Museo Civico** und **Museo della Carrozza**: Di–Sa 9–13 und 16–19 Uhr, Eintritt frei. Piazza Vittorio Veneto 2, ✆ 0733/256361.
Palazzo Ricci: Sa/So 10–13 und 16–20 Uhr, im Juli/Aug. tägl. 10–13 und 16–20 Uhr. Im Jan. und Feb. geschl. Eintritt frei. Via Domenico Ricci 1, ✆ 0733/261487, ℻ 247492, www.fondazionemacerata.it

Sant'Elpidio a Mare

Wesentlich sehenswerter und historisch interessanter als der langweilige Ableger *Porto Sant'Elpidio* am Meer ist dieser 10 km landeinwärts auf rund 250 m Höhe gelegene Ort. Zwar stehen auch hier, wie unten am Meer, viele moderne Zweckbauten, aber es gibt eben auch ein nettes mittelalterliches *centro storico.* Durch die *Porta Marina* (das „Tor zum Meer") gelangt man zur zentralen Piazza Matteotti, an der die wichtigsten Bauwerke des Ortes zu sehen sind: der wuchtige *Turm der Cavalieri Gerosolimitani* aus dem 14. Jh., daneben die reich geschmückte *Chiesa Maria della Misericordia* (Ende 16. Jh.) und die *Kollegiatskirche* (ursprünglich 14. Jh.), die Mitte des 17. Jh. ausgebaut wurde und in deren Innerem sich ein römischer Sarkophag aus dem 3. Jh. befindet, dessen gut erhaltenes Relief eine Löwenjagd zeigt.

• *Information* **Ufficio Turistico** auf dem Corso Baccio 32, im Sommer tägl. 9–13 und 16–20 Uhr, Mi nur nachmittags. ✆ 0734/810008.

• *Verbindung* Regelmäßig **Busse** von und nach Porto Sant'Elpidio, dort hält ca. 7-mal tägl. der regionale **Bummelzug** auf dem Weg nach Ancona bzw. Pescara.

• *Porto Sant'Elpidio/Camping* **La Risacca**, Villaggio Turistico, ca. 1 km nördlich am Kiesstrand. Komfortabler Platz mit Bar, Ristorante, Mini-Market, Pool mit Rutsche und extra Schwimmerbecken, Tennisplatz, Boccia, Basketball, Wassersport. Pro Pers. 8 €, Stellplatz 16 €, Bungalow für 4 Pers. 75–95 €, für 6 Pers. 125 €. Mai bis Sept. geöffnet, Via Gabbie 6, ✆ 0734/991423, ℻ 997276, www.larisacca.it

Le Mimose, am südlichen Ortsrand, ähnliches Niveau wie La Risacca (auch preislich), auch hier Bungalows. Geöffnet Mai bis Sept. Via Faleria 15, ✆ 0734/993379 oder 900604, ℻ 992958.

Porto San Giorgio (ca. 16.000 Einwohner)

Ein typischer Adria-Badeort mit breitem Sandstrand und lang gestreckter, erfreulicherweise autofreier Uferpromenade. Zwischen mäßig attraktiven Zweckbauten tauchen immer wieder Palmen und Pinien sowie gepflegte Häuser der vorletzten Jahrhundertwende und prächtige Villen im Art-nouveau-Stil auf – damals gehörte Porto San Giorgio zu den schickeren Seebädern der Adria. Etwas südlich liegt der große Jachthafen. Wer im Juli in der Gegend ist, sollte sich die *Sagra del Pesce* nicht entgehen lassen: Gebrutzelt wird der Fisch in einer riesiger Pfanne, vor der die Köche wie Liliputaner wirken (genaue Termine bei der I.A.T.).

Der ursprünglich bescheidene Fischerort gelangte als Hafen des 7 km westlich gelegenen Fermo zu Bedeutung. Zum Schutz gegen Piraten ließ man im 13. Jh. die sehenswerte *Rocca Tiepolo* erbauen (nur im Sommer, tägl. 17–20 Uhr).

• *Information* **I.A.T.** in der Via Oberdan 6 (Nähe Bhf.). Mo–Sa 9–13 und 16–20 Uhr, So 9–13 Uhr. ✆ 0734/678461.

• *Verbindungen* Gute **Zugverbindungen**: ca. 8-mal tägl. nach Ancona und (meist mit Halt in Cupra Marittima und Grottammare) nach San Benedetto del Tronto, die meisten Züge fahren weiter nach Giulianova und Pescara. Bahnhof in Zentrum.

Busse ca. halbstündl. ins 7 km landeinwärts gelegene Fermo, außerdem ca. stündl. mit dem Küstenbus in südliche Richtung über Cupra Marittima und Grottammare nach San Benedetto del Tronto bzw. in nördliche Richtung über Porto Sant'Elpidio nach Civitanova Marche. Haltestelle beim Bahnhof.

• *Übernachten* **** **Hotel Garden**, wenige Schritte zum Strand, renoviert und komfortabel, mit nettem Garten. Zimmer mit Bad, TV, Aircon. EZ 70 €, DZ 100 €, 3er-Zimmer 132 €, 4er-Zimmer 155 €, Frühstück 7 €/Person. Ganzjährig geöffnet. Via Battisti 6, ✆ 0734/679414, ℻ 676457, www.hotelgardensas.it

*** **Hotel Rosa Meublé**, etwa auf der Mitte der Uferpromenade, rosa Fassade, nur über die Straße zum Strand. Alle Zimmer mit Bad, TV und Balkon. EZ 48 €, DZ 86 €, 3er-Zimmer 110 €, Frühstück inkl. Ganzjährig geöffnet. Lungomare Gramsci 177, ✆/℻ 0734/678485, www.rosameuble.it

*** **Hotel Piceno**, sympathisches, schon etwas älteres Hotel gleich am Strand, relativ günstig. Zimmer mit Bad, Balkon und TV, DZ 75 €, Frühstück inkl. Nur wenige Minuten nördlich vom Bahnhof am Lungomare. Via Nazario Sauro 32, ✆/℻ 0734/678001.

Camping La Capannina, am südlichen Ortsrand zwischen Bahngleisen und Strand gelegen. Villaggio Turistico mit Pool, Restaurant, Market, Sportangebot etc., auch Bungalows. Stellplatz bis max. 4 Pers. 51 €, Bungalow für 2 Pers. ab 47 €, für 4 Pers. ab 80 €. Geöffnet Ende Mai bis ca. 10. Sept. Via San Martino 3, ✆ 0734/677003, ℻ 678644, www.villaggiolacapannina.it

• *Essen & Trinken* **Damiani & Rossi**, auf einer Bergkuppe außerhalb, schöner Blick, nettes Ambiente, ein Idyll im Grünen. Bekannt für hervorragende Küche, es gibt nur ein wechselndes Degustationsmenü für 33 € (Kindermenü 12 €). Nur abends geöffnet, So auch mittags, Mo/Di geschl., Reservierung empfohlen! Via della Misericordia 9, ✆ 0734/674401. *Anfahrt:* Vom Zentrum der Beschilderung zum Hotel Bellavista folgen, dort geht es links bergauf (beschildert). Gut 1½ km außerhalb.

Papst Sixtus V. in Fermo

Figaro Café, in der Mitte der Uferpromenade, schickes Ristorante (teuer), mit cooler Lounge ganz in Weiß, direkt am Strand. Auch Café, abends Music-Bar. Mittags und abends geöffnet, Mo geschl. Lungomare Gramsci, ✆ 0734/677708, www.figarocafe.it

Fermo (ca. 35.000 Einwohner)

Auf vierspuriger Schnellstraße gelangt man in Windeseile von der Küste hier hinauf. Die wenig ansprechende Peripherie sollte man großzügig übersehen. Dagegen belohnt das Centro Storico: Mittelalter und Renaissance pur, dazu eine herrliche Piazza.

Am höchsten Punkt der Stadt thront auf 321 m der Dom, umgeben von großer Piazza nebst Aussichtsterrasse, von der man einen wahrlich erhabenen Blick auf die idyllische Landschaft und zum Meer hin genießt. Das urbane Leben spielt sich aber unterhalb an der wunderschönen Piazza del Popolo ab: ein malerischer Platz mit Arkadengängen, in deren Cafés es sich hervorragend aushalten lässt. Neben der eleganten *Loggia di San Rocco* (1528) fallen am unteren Ende der Piazza del Popolo vor allem zwei Gebäude ins Auge: der *Palazzo degli Studi* (16./17. Jh.), Sitz der alten Universität von Fermo, und der *Palazzo dei Priori* (1590) mit der Statue von Papst Sixtus V., der aus dem wenige Kilometer südlich gelegenen Ort Grottammare stammte und von 1571 bis 1577 Bischof von Fermo war. Wer am 15. August in der Gegend ist, sollte sich auf jeden Fall auch den *Palio dell'Assunta* (traditionelles Pferderennen mit großem Mittelalterfest) anschauen!

• *Information/Eintrittskarten* **I.A.T.**, im Palazzo dei Priori (Piazza del Popolo). Im Sommer Mo–Fr 9–13 und 15–19 Uhr, Sa 9–13 Uhr, im Winter Mo–Sa 9–13 Uhr und Di–Do 15–17.30 Uhr. So geschl. ✆ 0734/228738 oder ✆ 217140, E-Mail: iat.fermo@regione.marche.it. Nebenan befindet sich die **Biglietteria** für die Besichtigung der Zisternen (→ unten).

Marken

• *Verbindung* Von 6–23.30 Uhr halbstündl. **Busse** nach Porto San Giorgio. Abfahrt am Torbogen zur Piazza del Popolo, Tickets bei Tabacchi/Edicola.

• *Parken* Am besten am Piazzale Girfalco am höchsten Punkt der Stadt (gebührenpflichtig), von hier Treppen hinunter zur Piazza del Popolo.

• *Einkaufen* In der HS (Juli/Aug.) findet immer donnerstags bis spätabends der **Mercatino Antiquariato** (Antiquitätenmarkt) von Fermo statt. Piazza del Popolo.

• *Übernachten* *** **Astoria**, nahe der Piazza del Popolo, solide Mittelklasse, mit Parkplatz, Zimmer mit Bad, TV und Aircon. EZ 50 €, DZ 90 €, Frühstück inkl, HP 65 €/ Person. Viale V. Veneto 8, ✆ 0734/228601, 📠 228602, www.hotelastoriafermo.it

• *Essen & Trinken* **L'Enoteca – Bar a Vino**, am oberen Ende der Piazza del Popolo, auch für den kleineren Hunger geeignet, es gibt aber auch ein Degustationsmenü für ca. 20 €, dazu gute Weine. Nur abends geöffnet, Mo geschl. (nicht in der HS). Piazza del Popolo 39.

Gran Caffè Belli, Traditionscafé nur wenige Schritte von der zentralen Piazza del Popolo. Guter und günstiger Mittagstisch, im Sommer mit Terrasse (schöner Blick). Corso Cefalonia 61.

Sehenswertes

Duomo (Piazzale del Girfalco): Selbst wer sich nicht für Kirchen interessiert, sollte zu dem großen Platz hinaufkommen: Die Aussicht von der Terrasse ist herrlich. Auf dem Platz befand sich früher die Festung der Stadt aus dem 13. Jh., die Mitte des 15. Jh. zerstört wurde. Der Dom datiert aus dem Jahr 1277 und wurde – bis auf die noch original erhaltene romanisch-gotische Fassade – im 18. Jh. fast komplett umgebaut. Sehenswert sind neben dem Portal (darüber die bronzene *Santa Maria Assunta* von 1758) und der Rosette im barocken Inneren u. a. eine byzantinische Ikone, ein frühchristliches Bodenmosaik und in der Krypta ein frühchristlicher Sarkophag.

Öffnungszeiten Tägl. 10–12.30 und 16–19 Uhr. Die Öffnungszeiten gelten auch für das angeschlossene **Diözesanmuseum** (links vom Dom).

Römische Zisternen (Piscine Romane): Zu sehen sind an die 30 bestens erhaltene und miteinander verbundene Kammern in römischer Ziegelbauweise, in denen Regen- und Quellwasser aufgefangen wurde. Entstanden ist das Wasserreservoir mit Reinigungsanlage in den Jahren 60–40 v. Chr.

Öffnungszeiten/Eintritt Tägl. (außer Mo) 9.30–13.30 und 15.30–19 Uhr, im Juli/Aug. bis 23.30 Uhr. Eintritt 3 €, ermäß. 2 €, im Preis ist eine Führung enthalten. Eingang in der Via degli Aceti (unterhalb der Piazza del Popolo).

Torre di Palme

Zurück an der Küste ist **Torre di Palme** das nächste lohnende Ziel. Der schöne kleine Ort mit gut erhaltenem *centro storico* liegt etwa 100 m hoch über dem Meer und bietet vom Piazzale Belvedere wirklich herrliche Ausblicke. Im Zentrum gibt es Bar/Caffè und Keramikladen, außerdem eine Pizzeria.

Essen & Trinken **Osteria Il Galeone**, in der Hauptgasse von Torre di Palme, mit Terrasse (Blick aufs Meer), kleines, feines Restaurant auf gehobenem Preisniveau. Nur abends geöffnet, So auch mittags, Mo geschl. (in der HS nicht). Via Piave 10, ✆ 0734/53631.

Cupra Marittima (ca. 4000 Einwohner)

Der Ort an der **Riviera delle Palme**, wie der Küstenabschnitt hier heißt, besteht aus einem modernen Teil am Meer mit einem guten Dutzend Hotels sowie einigen Campingplätzen und einem malerischen historischen Zentrum oben am Hügel (Cupra Alta). Cupra war der Name einer picenischen Göttin, die man hier in einem Tempel auf dem Berg verehrte. Ein Ausflug die steilen Gassen hinauf in den mittelalterlichen Ortsteil lohnt wegen einiger gut erhaltener Bauwerke (meist 15. Jh.) und wegen des *Museo Archeologico del Territorio* mit zahlreichen Funden aus der Umgebung (nur im Sommer ab spätnachmittags geöffnet, ✆ 0735/778561). Im modernen Cupra Marittima befindet sich am nördlichen Ortsausgang das *Museo Malacologico* mit über einer halben Million ausgestellter Muscheln aus aller Welt.

• *Öffnungszeiten* **Museo Malacologico Piceno**, im Sommer tägl. ca. 16–20 Uhr, Eintritt 6 €, Kinder und Stud. die Hälfte. Via Adriatica Nord 20, ✆ 0735/777550.

• *Information* **I.A.T.** an der Piazza della Libertà im Zentrum (an der Hauptdurchgangsstraße), im Sommer tägl. 9–13 und 16–20 Uhr, ✆ 0735/779193.

• *Verbindungen* **Zug**, 7-mal tägl. nach Ancona und Pescara, mit diversen Stopps auf der Strecke. Bahnhof am südlichen Ortsausgang.

Busse ca. stündl. ab Zentrum nach Porto San Giorgio und die Küste hoch bis Civitanova Marche, ebenfalls etwa stündl. in südliche Richtung nach Grottammare und San Benedetto del Tronto.

• *Übernachten* *** **Hotel Cristal**, nur über die Uferstraße zum Strand, siebenstöckiger Bau mit einladendem Pool, Garten und Kinderspielplatz. Zimmer mit Bad, Balkon, TV und Aircon. EZ mit obligatorischer VP (nur in der HS) 130 €, EZ 80 €. Mitte Mai bis Mitte Sept. geöffnet. Viale Romita 26, ✆/℻ 0735/777942, www.cristalhotel.it

• *Camping* **Camping Terrazzo sul Mare**, sehr kleiner Platz etwas oberhalb des Zentrums und ca. 500 m vom Meer, schöne Terrassenlage, mit Bar und Pool, pro Pers. 8 €, Stellplatz 13 €, auch Bungalows (nur wochenweise). Geöffnet April bis Sept. Via Adriatica Nord, ✆ 0735/777859, ℻ 777191, www.campingterrazzosulmare.it. *Anfahrt:* Auf der *SS 16* am nördlichen Ortsausgang eine kleine Straße links den Berg hinauf (beschildert).

Stille in Grottammare Alta

*** **Villaggio Verde Cupra**, ca. 1 km landeinwärts, ebenfalls in Panoramalage und mit Pool. Pro Pers. 9,50 €, Stellplatz 13 €, Appartements/Bungalows nur wochenweise: für 4 Pers. um 700 €, 6 Pers. ca. 800 €. Ganzjährig geöffnet, Via Lazio 2/6, ✆ 0735/777411, ℻ 777666, www.verdecupra.it

• *Essen & Trinken* Am schönsten in den Restaurants in Cupra Alta (beide Via Castello), **Ristorante Castello**, ✆ 0735/777105, und **Ristorante Pepe Nero**, ✆ 0735/777246.

Grottammare (ca. 14.000 Einwohner)

„La Perla dell'Adriatico", wie sich Grottammare selbst nennt, ist ein ansprechender Badeort mit Palmenpromenade und viel Grün, einigen schönen Villen am Meer und einem gepflegten Strand, der seit einigen Jahren regelmäßig mit der *Bandiera Blu* für besondere Sauberkeit und Umweltverträglichkeit ausgezeichnet wird. Dementsprechend herrscht an der breiten Uferpromenade mit zahlreichen Hotels und den angrenzenden Strandbädern ziemlich viel Trubel. Wer dem entfliehen möchte, sollte unbedingt in den mittelalterlichen Ortsteil (Grottammare Alta bzw. Monte Castello) auf der Anhöhe hinter dem modernen Zentrum hinauffahren und hier in idyllischer Atmosphäre am besten auch gleich zu Abend essen – sehr beschaulich.

An der malerischen kleinen *Piazza Peretti* in Monte Castello thront die große Statue von Papst Sixtus V., der hier am 13. Dezember 1521 als Felice Peretti geboren wurde und von 1585–1590 den Heiligen Stuhl innehatte.

• *Information* **Ufficio Informazioni** im Zentrum, Piazza Fazzini, im Sommer tägl. 9–13 und 16–20 Uhr, ✆ 0735/631087; außerdem in der Via Pasoli 26 (gleiche Öffnungszeiten), ✆ 0735/583166.

• *Verbindungen* **Zug**, 7-mal tägl. nach Ancona und Pescara, mit diversen Stopps auf der Strecke: in nördliche Richtung über Cupra Marittima nach Porto San Giorgio; in südliche Richtung nach San Benedetto del Tronto.

Busse ca. stündl. an der Küste entlang nach Cupra Marittima und Porto San Giorgio (bis Civitanova Marche), ebenfalls etwa stündl. in südliche Richtung nach San Benedetto del Tronto.

• *Übernachten* **** **Parco dei Principi**, gehobenes Hotel am Meer, modernes lila Gebäude mit Pool und Liegewiese, gepflegter Strandabschnitt, Tennisplatz, Fahrradverleih. 54 komfortable Zimmer, alle mit Bad, Balkon, Aircon. und Sat-TV. DZ mit obligatorischer VP (im Aug.) 210 €, EZ 116 €, in der NS deutlich günstiger. Südlich vom Zentrum, ganzjährig geöffnet, Lungomare De Gasperi 70, ✆ 0735/735066, ✆ 735080, www.hotelparcodeiprincipi.it

*** **Caraibi**, hellblaues Gebäude am Meer am südlichen Ortsrand, typisches Strandhotel. Im Aug. nur mit obligatorischer VP. DZ 154 €, Strandservice inkl. Ansonsten kostet das DZ mit Frühstück 65–75 €, das EZ 55–65 €. Zimmer mit Bad, Balkon, TV und Aircon. Ganzjährig geöffnet. Lungomare De Gasperi 166, ✆/✆ 0735/582157, www.hotelcaraibi.it

** **Velia**, günstige Übernachtungsmöglichkeit in Grottammare, fünfstöckiger Bau am Meer mit schattigem Garten und Terrasse, freundliche Leitung. Zimmer mit Bad und Balkon, EZ 55 €, DZ 70 €, Frühstück inkl. Lungomare De Gasperi 10, ✆ 0735/633541, ✆ 633542, E-Mail: velia@grottammare.it

Darüber hinaus gibt es auch noch den **Campingplatz Don Diego** (am Meer, 1 km südlich), ✆ 0735/583266, ✆ 583166, www.campingdondiego.it

• *Essen & Trinken* **Osteria dell'Arancio**, an der Piazza Peretti in *Grottammare Alta* gelegen, uriges Ambiente, nicht ganz billig. Nur abends geöffnet, Mi geschl. ✆ 0735/631059.

Locanda Borgo Antico, wenige Schritte von der Osteria dell'Arancio entfernt. Von der Terrasse wunderschöner Meerblick, Degustationsmenü mit Wein 35 €/Person. Nur abends geöffnet (und So-Mittag), Di geschl. Via Santa Lucia 1, ✆ 0735/634357.

San Benedetto del Tronto (ca. 43.500 Einwohner)

Der größte und bekannteste Badeort der Marken besitzt auch einen bedeutenden Fischereihafen mit Werften und Fisch verarbeitender Industrie.

Die endlose Uferpromenade ist von unzähligen Palmen gesäumt, außerdem wachsen hier Oleander und Pinien, dahinter finden sich einige Parkanlagen und Villen aus der Zeit des noblen Seebades an der Wende zum 20. Jh. Das Meer lockt mit einem feinsandigen und breiten Strand, der sich etwa 8 km weit nach Norden und Süden erstreckt und nur vom Hafen im Zentrum unterbrochen wird. Der südliche Strandabschnitt (hier auch die meisten Hotels) ist dem nördlichen vorzuziehen. Das ältere Zentrum von San Benedetto liegt einige hundert Meter landeinwärts hinter dem Corso Mazzini. Hier befindet sich der *Torre dei Gualtieri* aus dem 14. Jh., eines der ältesten erhaltenen Bauwerke der Stadt, die bereits in römischer Zeit ein wichtiger Handelsplatz und Hafen war. Zwischen Hafen und Altstadt lädt ein palmengesäumtes und quasi autofreies Areal tagsüber zu Sport aller Art (u. a. Tennis-, Basketball- und sonstige Plätze) ein, abends öffnen die Verkaufsbuden des „Mercatino" – diverse Souvenirs und kollektives Flanieren.

Etwas Abwechslung vom Strandleben bietet das *Meeresmuseum „Augusto Cariotti"* (*Museo Ittico*) beim Fischmarkt und Hafen (Di–Sa 9–13 Uhr, Eintritt frei) und das *Museo delle Anfore* gleich nebenan (Mo–Sa 9–12 und 16–19 Uhr, Eintritt frei).

Information/Übernachten/Essen & Trinken (siehe. Karte S. 312/313)

• *Information* **I.A.T.**, Mo–Sa 9–13 und 16–19 Uhr, in der HS auch So 9–13 Uhr, in der NS nur vormittags sowie Mi 15–18 Uhr. Viale delle Tamerici 5, ✆ 0735/592237.

• *Verbindungen* Mindestens 10-mal tägl. **Züge** nach Ancona (je nach Zug mit vielen Stopps auf der Strecke), außerdem gute Verbindungen nach Pescara sowie ca. 10-mal tägl. nach Ascoli Piceno. Bahnhof im Zentrum zwischen Corso Mazzini und Hafen.

Busse, 6–23 Uhr ca. halbstündl. nach Ascoli Piceno, außerdem etwa stündl. über Grottammare, Cupra Marittima, Torre di Palme, Porto San Giorgio und Porto Sant'Elpidio bis nach Civitanova Marche, 7-mal tägl. nach Offida. Busbahnhof vor dem Bahnhof.

• *Übernachten* 116 Hotels im Ein- bis Vier-Sterne-Bereich, aber nur ein Campingplatz. Im Juli/Aug. ist man fast überall zumindest zur HP verpflichtet.

*** **Hotel Progresso (2)**, am südlichen Strandabschnitt, schöne Villa an der Uferstraße, Zimmer mit Bad und TV, Parkplatz. EZ 55 €, DZ 85 € (mit Frühstück), im Aug. nur mit obligatorischer HP: DZ 150 €, EZ 87 €. Ganzjährig geöffnet. Viale Trieste 40, ✆ 0735/83815, ℻ 83980, www.hotelprogresso.it

**** **Villa Corallo (4)**, ansprechendes schneeweißes Gebäude am südlichen Abschnitt der Uferpromenade, gepflegte Zimmer mit gutem Komfort (Bad, TV, Aircon., z. T. auch mit Balkon zum Meer), das Frühstück wird auf der Dachterrasse mit Traumblick serviert. EZ 102 €, DZ 164 €, je inkl. obligatorischer VP (außerhalb der Saison auch nur Frühstück). Ganzjährig geöffnet. Lungomare Europa 50, ✆ 0735/81822, ℻ 780831, www.hotelvillacorallo.com

Camping Seaside, einziger Platz am Ort, klein, schlicht und relativ ruhig, nur ca. 100 m vom Meer. Pro Pers. ca. 7 €, Stellplatz 10–13 €. Juni bis Sept. geöffnet, Via dei Mille 127, ✆ 0735/659505, ℻ 655325.

• *Essen & Trinken* **Trattoria del Molo Sud (3)**, hervorragende und günstige Fischgerichte in eher einfachem Ambiente, von den Bewohnern San Benedettos heiß geliebt. Hervorragende Fischküche, guter weißer Hauswein, mit Terrasse (gleich am Hafen), falls im Angebot, sollte man die Fischsuppe *brodetto* probieren. Mittags und abends geöffnet (für abends v. a. am Wochenende reservieren), Mo geschl. Viale delle Tamerici 15, ✆ 0735/587325.

Osteria Pane e Vino (1), in einer versteckten Seitengasse der Piazza Matteotti, allein die Antipasti-Auswahl für 9,50 €/Person wächst sich zur vollen Mahlzeit aus, unter der sich der Tisch biegt – einfach köstlich. Primo und Secondo fallen mit ca. 5–8 € recht günstig aus. Guter Hauswein, flotter Service, nettes Ambiente. Mittags und abends geöffnet, Di und So-Mittag geschl. Via Labertino 28, ✆ 0735/591050.

• *Cafés* Zum Aperitivo trifft man sich im traditionsreichen **Gran Caffè Sciarra** in der Fußgängerzone (Viale Secondo), dazu werden mächtige Snacks gereicht. Auch Gelateria.

San Benedetto del Tronto

Umgebung von San Benedetto del Tronto

Offida (ca. 5500 Einwohner)

Das reizvolle Städtchen liegt nördlich des Tronto-Tals auf einem Hügel und ist vor allem für seine Spitzenarbeiten bekannt. Den flinken Klöpplerinnen hat man am Piazzale delle Merlettaie am Ortsrand sogar ein Denkmal gewidmet. In den Gassen des *centro storico* sieht man dann tatsächlich noch immer die – meist schon etwas älteren – Spitzenklöpplerinnen bei der Arbeit in ihren Hauseingängen sitzen. Darüber hinaus bietet Offida auch ein besonders schönes Stadtbild in Backsteinarchitektur mit zahlreichen historischen Bauwerken sowie ein interessantes Archäologisches Museum („Guglielmo Allevi“) mit angeschlossenem Volkskunde- und Klöppelmuseum.

Öffnungszeiten **Museo Archeologico Guglielmo Allevi**, nur von Juni bis Sept. 10–12.30 und 16–20 Uhr. Eintritt 3 €, ermäß. 2 €, ✆ 0736/88871.

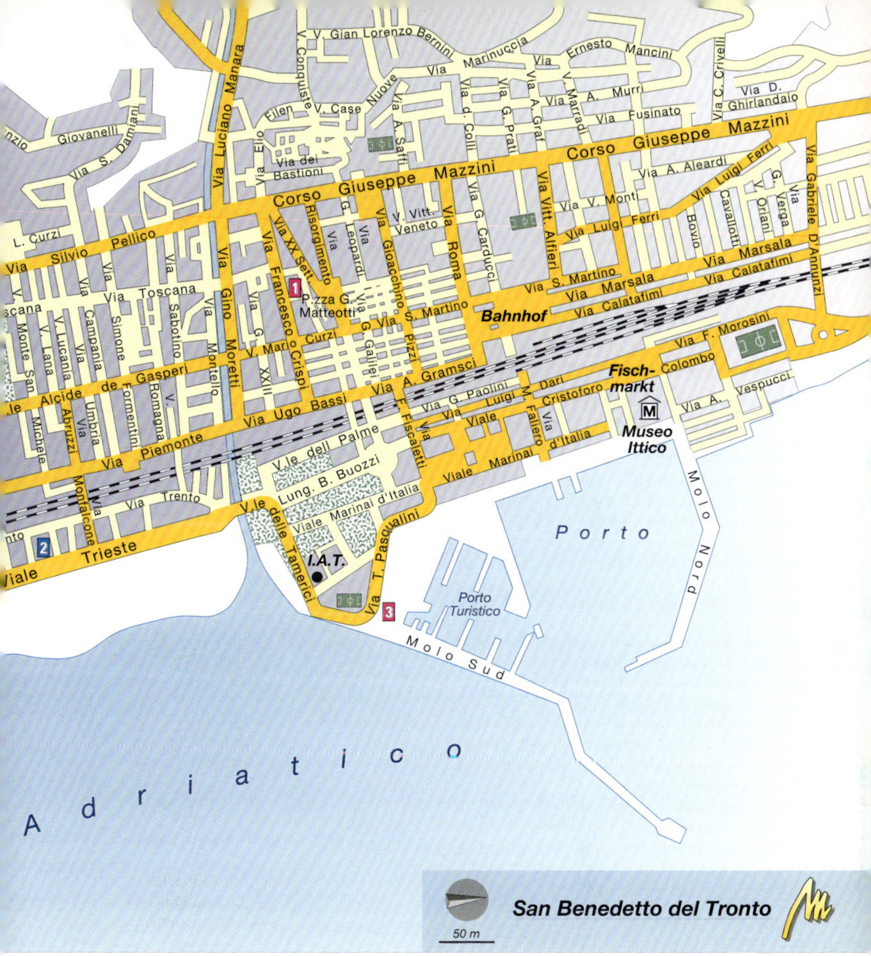

• *Information* **Ufficio Turistico,** in einem Holzhäuschen am Piazzale delle Merlettaie, nur im Sommer geöffnet.

• *Verbindungen* 7-mal tägl. **Busse** nach San Benedetto del Tronto und Ascoli Piceno. Abfahrt am Piazzale delle Merlettaie.

Im Tronto-Tal

Ascoli Piceno (ca. 50.000 Einwohner)

Zwei Worte sagen alles: La Piazza. Um den vermutlich schönsten Platz Mittelitaliens schnell zu erreichen, sollte man die triste Peripherie links liegen lassen und sich ohne Umwege in die malerische Altstadt von Ascoli begeben.

Das *centro storico* liegt auf einem Plateau zwischen den beiden Flüssen Tronto und Castellano, die östlich der Altstadt zusammenfließen. Travertinstein, leider oft schon ziemlich angegraut, dominiert das Zentrum mit seinen vielen hochkarätigen Sehenswürdigkeiten, von denen die *Piazza del Popolo* zweifelsohne herausragend ist: einer der schönsten und harmonischsten Plätze in Italien. Hier spielt sich – vor allem am Abend – ein großer Teil des urbanen Lebens in Ascoli ab. Hauptstraße der Altstadt ist der von Geschäften gesäumte Corso Mazzini, der schon in römischer Zeit die Hauptachse der Stadt war.

Doch sollte man bei aller Begeisterung für die Piazza die anderen Sehenswürdigkeiten Ascolis nicht außer Acht lassen: der Dom und seine Piazza, die vielen meist romanischen Kirchen, einige römische Überreste und drei Museen.

Wer sich auf einen Streifzug durch die Altstadt macht, findet im nördlichen Teil zwei sehr sehenswerte mittelalterliche Straßen: die *Via Solestà* und die *Via Soderini.* Überhaupt wechseln sich im Zentrum die geradlinigen Straßen der alten Römerstadt mit mittelalterlichen Gässchen und noch einigen erhaltenen Geschlechtertürmen ab, dazwischen finden sich aber auch bauliche Zeugnisse der Renaissance und des Barock. Immer wieder stößt man auf Brücken, die über den Tronto in die Neustadt führen: diesen Teil Ascolis können Sie sich allerdings getrost sparen.

Information/Verbindungen/Diverses/Übernachten/Essen & Trinken

• *Information* **I.A.T.** im Palazzo dei Capitani del Popolo an der Piazza del Popolo. Mo–Fr 8.30–13.30 und 15–18.30 Uhr, Sa 9–13 Uhr, nur im Sommer auch So 9–13 Uhr. ✆ 0736/253045.

• *Verbindungen* **Züge** mind. 10-mal tägl. nach San Benedetto del Tronto, einige fahren weiter bis Ancona. Vom Bahnhof ins Zentrum ca. 800 m über den Ponte Maggiore (oder Stadtbus 2 und 3).

Busse 6–23.30 Uhr etwa halbstündl. nach San Benedetto del Tronto, 15-mal tägl. nach Acquasanta Terme, 10-mal Arquata del Tronto, 5-mal Offida. Abfahrt am Viale Gasperi (hinter dem Dom) und/oder vom Bahnhof. Information unter ✆ 0736/263053.

Taxis am Bahnhof oder im Zentrum in der Via XX Settembre.

• *Parken* Gebührenpflichtige Parkplätze im Zentrum u. a. an der Piazza Roma und an der Piazza della Viola, je ca. 1 €/Std. Parkhaus hinter dem Dom (Torricella Park).

• *Feste* **Giostra della Quintana**, die mittelalterlichen Reiterwettspiele von Ascoli Piceno finden alljährlich am ersten Sonntag im August statt. Dabei treten die 6 Stadtviertel zum Lanzenstechen gegeneinander an, eingestochen wird auf eine schwarze Puppe, den „Moro", der als Symbol für die an der hiesigen Küste einfallenden Sarazenen des 9. Jh. steht.

• *Einkaufen* **Enoteca Migliori (7)**, Feinkost, hier gibt es die berühmten *olive all' ascolana* (→ unten) in allen möglichen Variationen. Außerdem Wein, Salami, Schinken, Käse etc. Auch Mittagstisch. Tägl. (außer Mo) 9–21 Uhr, So 9–14 Uhr. Piazza Arringo 2.

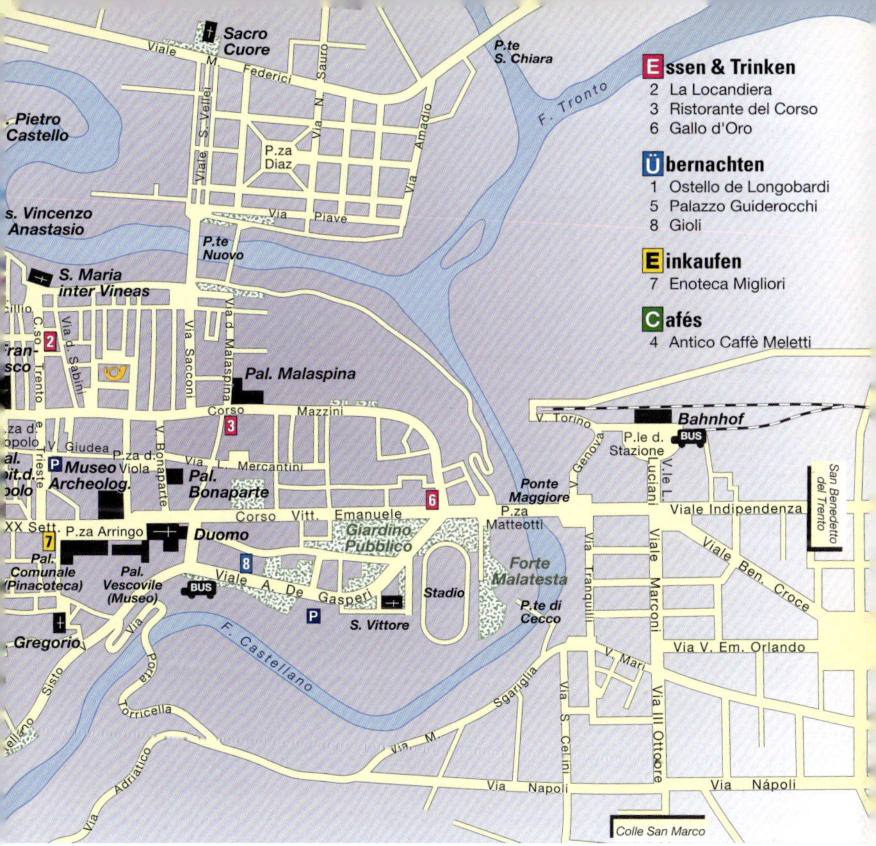

• *Übernachten* **** **Hotel Palazzo Guiderocchi (5)**, im Herzen der Altstadt und nur wenige Schritte von der Piazza del Popolo entfernt. Traditionsreicher Palazzo, Zimmer mit Stilmöbeln, alle mit Bad und TV, DZ mit Frühstück 89–159 €. Ganzjährig geöffnet, Via C. Battisti 3, ✆ 0736/244011, ✆ 243441, www.palazzoguiderocchi.com

**** **Gioli (8)**, modernes Haus nur wenige Gehminuten vom Zentrum, recht komfortabel, mit Parkplatz und Garten. Zimmer mit Bad, TV und Aircon. EZ 65 €, DZ 100 €, Frühstück inbegriffen. Viale De Gasperi 14, ✆ 0736/255550, ✆ 252145.

Ostello de Longobardi (1), Jugendherberge im Palazzetto Longobardo, dem höchsten Mittelalterturm des *centro storico*. Nur 8-Bett-Zimmer, Übernachtung 14 €/Person. An der Brücke über den Tronto gelegen (Ponte Solesta). Via dei Soderini 26, ✆ 0736/261862, ✆ 259191.

• *Essen & Trinken* Spezialität von Ascoli sind die besonders dicken *olive all'ascolana*, paniert und frittiert, die Füllung besteht aus Hackfleisch, Eiern, Parmesan und Trüffeln. Zum Essen passt ein *Rosso Piceno*, der hier in der Gegend angebaut wird.

Gallo d'Oro (6), beliebtes Restaurant am Corso Vittorio Emanuele, ausgewogenes Preis-Leistungs-Verhältnis, viele Spezialitäten der Region, gute Weine. Mittags und abends geöffnet, Mo geschl. Corso Vittorio Emanuele 54, ✆ 0736/253520.

Ristorante del Corso (3), gehobenes Restaurant nahe der Piazza del Popolo, bekannt für hervorragende Fischküche. Mittags und abends geöffnet, So-Abend und Mo geschl. Corso Mazzini 277, ✆ 0736/256760.

La Locandiera (2), nette kleine Trattoria im Gewölbe, nahe Piazza del Popolo. Täglich wechselnde Gerichte, nette Atmosphäre günstiger Hauswein, manchmal auch Fisch, erfreuliche Preise. Mittags und abends geöffnet, So-Abend und Mo geschl., Via Goldoni 2 (Ecke Corso Trento), ✆ 0736/262509.

Antico Caffé Meletti (4), ein Jugendstilcafé wie aus dem Bilderbuch, noch dazu in perfekter Lage an der Piazza del Popolo, was will man mehr? Das Café aus dem Jahr 1905 befindet sich im erlesenen Kreis der 150 „Locali storici" Italiens. Günstiger und guter Mittagstisch, aber auch der ideale Ort für einen Aperitif mit Blick auf das Treiben an der Piazza. Ganztägig bis ca. 24 Uhr geöffnet, im Sommer auch länger.

Sehenswertes

Piazza del Popolo: Die wunderschöne und autofreie Piazza liegt mitten im verkehrsberuhigten Teil der Altstadt. Ein beeindruckend eleganter Platz mit glattgewetztem Travertinboden und niedrigen Arkadengängen, der bereits im 13. Jh. entstand – heute der Salon Ascoli Picenos, in dem sich vor allem abends die halbe Stadt trifft. Herausragendes Gebäude ist der *Palazzo dei Capitani del Popolo* an der westlichen Längsseite, das Rathaus der Gemeinde in den Jahren 1400–1546. An der gleichen Seite befindet sich das *Antico Caffè Meletti*, das traditionsreiche Jugendstilcafé der Stadt. Die *Loggia dei Mercanti* (neben der Chiesa San Francesco) entstand in der Renaissance.

An der nördlichen kurzen Seite wird die Piazza von der im Inneren weitgehend schmucklosen *Chiesa San Francesco* begrenzt, mit deren Bau zwar im 13. Jh. begonnen wurde, die aber erst wesentlich später fertiggestellt war. Einzig die aufwendig gearbeiteten Portale heben sich von der schlichten Fassade der Franziskanerkirche mit ihren gewölbten Apsiden ab, über dem Portal zur Piazza thront Papst Julius II. An der Rückseite der *Chiesa San Francesco* stößt man auf den schönen Kreuzgang *Chiostro Maggiore* (1565–1623), in dessen Hof vormittags der Obst- und Gemüsemarkt der Stadt abgehalten wird.

Piazza Arringo mit Duomo Sant'Emidio und Museen: Der zweite überaus sehenswerte Platz der Stadt, ebenfalls erfreulich autofrei. An der Piazza Arringo – hier befand sich zu Römerzeiten übrigens das Forum – ist heute der barocke *Palazzo Comunale* (17./18. Jh.) zu sehen, in dem auch die sehenswerte städtische *Pinakothek* untergebracht ist. Hier finden sich Arbeiten zahlreicher märkische Meister sowie Werke von Tizian und van Dyck. Herausragend ist aber sicherlich die „Madonna mit Kind" von Carlo Crivelli.

Öffnungszeiten Tägl. (außer Mo) 9–13 und 14.30–18.30 Uhr (So nachmittags 15–19 Uhr), Eintritt 5 €, ermäß. 3 €.

Das *Diözesanmuseum* ist gleich nebenan im *Palazzo Vescovile*, einem Gebäudekomplex aus dem 15.–18. Jh., zu finden. Gezeigt wird sakrale Kunst des 14.–17. Jh., darunter auch einige Fresken und Skulpturen (zuletzt wegen Umbauten geschl., Infos beim Touristenbüro).

Wer die Museumstour vervollständigen will: An der gleichen Piazza beherbergt der *Palazzo Panichi* (17. Jh.) das *Archäologische Museum* mit Funden aus Ascoli und Umgebung von prähistorischer bis in die römische Zeit.

Öffnungszeiten **Archäologisches Museum** im Winter tägl. (außer So) 8.30–13.30 Uhr, im Sommer Di–Sa 8.30–19.30 Uhr, So/Mo geschl.; Eintritt 2 €, ermäß. 1 €.

Der *Duomo Sant'Emidio* an der östlichen Stirnseite der Piazza Arringo wurde im 15. Jh. auf den Fundamenten eines älteren Kirchenbaus errichtet, die Fassade stammt aus dem 16. Jh. Gewidmet ist der Dom dem Märtyrer und Ortspatron Emidius, dessen Gebeine in der Krypta ruhen. Im rechten Seitenschiff (in der Cappella del Sacramento) stößt man auf ein besonders wertvolles Polyptychon (1473) von

Carlo Crivelli, das als eines seiner Hauptwerke gilt. Der Venezianer Crivelli (um 1430 bis etwa 1500) wirkte ab ca. 1460 in den Marken und war berühmt für seine meisterhaften Altarbilder. Links des Domes befindet sich das achteckige *Baptisteriums* aus dem 12. Jh.

Öffnungszeiten **Dom**, tägl. 8–12 und 16.30–19 Uhr.

Von Ascoli Piceno in die Berge

Der wohl schönste Abschnitt auf der *N 4* (Straße Richtung Rom) im Tronto-Tal führt von Acquasanta Terme nach Arquata del Tronto: Es geht zwischen stellenweise eindrucksvoll steil aufragenden Felswänden hindurch, unterhalb der Straße plätschert der Fluss.

Acquasanta Terme: Es riecht nicht gut im 3500-Einwohner-Ort mit der viel befahrenen Durchgangsstraße *N 4*. Die Gerüche der heißen Schwefelquellen dringen in den Kurort hinauf, etwas weniger geruchsintensiv geht es im kleinen, unspektakulären *centro storico* oberhalb zu. Das heilsame Wasser von Acquasanta (= „Heiliges Wasser") war schon den Römern bekannt.

- *Verbindungen* 15-mal tägl. **Busse** nach Ascoli Piceno.
- *Übernachten* *** **Hotel Ristorante Il Passo**, renoviert, komfortable Zimmer mit Bad, TV und Aircon., empfehlenswertes Ristorante. EZ 40 €, DZ 70 €, 3er-Zimmer 80 €, Frühstück inkl. Piazza Terme 9, an der Durchgangsstraße. ✆ 0736/802755.

*** **Hotel Terme**, an der gleichen Piazza wie das Passo, ebenfalls mit Ristorante. Rustikale Zimmer mit Bad, TV und Aircon., EZ 40 €, DZ 70 €, Frühstück inkl. Piazza Terme 20, ✆ 0736/801263, ℻ 802700, www.albergoterme.it

Arquata del Tronto: Ganz am Südwestrand der Marken liegt der kleine, von der eindrucksvollen *Rocca* überragte 1500-Einwohner-Ort am Fuß der Monti Sibillini. Als Fotomotiv wirkt die Gesamtansicht von Arquata unglaublich malerisch, ist man erst einmal dort, stellt sich etwas Langeweile ein. Von Arquata del Tronto führt eine steile Straße hinauf in die Monti Sibillini (→ unten). 10-mal tägl. Busse über Acquasanta Terme nach Ascoli Piceno.

Eine der vielen Brücken über den Tronto in Ascoli

Ausflug in die Monti Sibillini

Eine Tour durch die imposante Bergwelt des Apennin zählt zu den besonderen Highlights einer Reise in die Marken. Hoch aufragende Felsformationen und die mächtigen Buckel der bis zu 2500 m hohen Berge, dazwischen brettflache Hochebenen und tiefe Schluchten hinterlassen bleibende Eindrücke.

Höchster Berg der Monti Sibillini ist der **Monte Vettore** (2476 m) im Südosten der Bergregion; der Norden und Nordwesten sind als Skigebiete in ganz Mittelitalien bekannt. Bei Castelluccio stößt man auf die vielleicht eindrucksvollste Naturschönheit der Sibillini: die riesigen Ebenen des **Piano Grande** und des **Piano Perduto**, die in der letzten Eiszeit noch einen riesigen See bildeten, der später austrocknete.

Parco Nazionale dei Monti Sibillini

Der rund 70.000 ha Fläche und an die 20 Zweitausender umfassende Nationalpark wurde 1993 gegründet. In den 18 Gemeinden des Parco leben ca. 18.000 Menschen, das Gebiet ist eine der bevölkerungsärmsten Gegenden in ganz Europa, das zum Teil als Acker- und Weideland genutzt wird.

Neben einer reichen Flora mit zahlreichen seltenen Blumen wie Türkenbund, Edelweiß, verschiedenen Orchideenarten und natürlich viel Wald (überwiegend Buchen) kann sich auch die Fauna des Parks in den Augen kritischer Naturschützer sehen lassen: Heimisch sind Wölfe, Wildkatzen und Stachelschweine, vor einigen Jahrzehnten wurden auch Rehe wieder angesiedelt. Auf dem Gebiet des Nationalparks finden sich außerdem zahlreiche endemische Arten.

Eine empfehlenswerte Tagestour führt um die mächtigen Bergmassive herum nach Norden. Ausgehend von **Arquata del Tronto** geht es zunächst über **Pretare** steil den Berg hinauf und bei der einzigen Abzweigung auf weiter Flur links ab Richtung Caselluccio und Visso. Schon bald erreicht man die **Forca di Presta**, den südlichsten und mit 1543 m auch höchsten Punkt der Panoramastraße. Über dem eindrucksvollen und vollkommen flachen Piano thront **Castelluccio** schon von Ferne sichtbar, der Ort selbst bleibt aber – abgesehen von der schönen Aussicht auf das Piano – ziemlich unspektakulär (im Sommer einige Bars). In nördliche Richtung erreicht man bald einen weiteren Pass (*Passo di Gualdo* auf 1496 m), bevor es sanft abwärts ins Tal der Nera und in den beliebten Ausflugsort **Visso** auf nur noch 600 m Höhe geht (hier diverse Bars, Restaurants, Osterien).

• *Straßenverhältnisse* Die Straßen durch die Sibillinische Bergwelt sind meist asphaltiert und gut befahrbar, ab Ende Okt. kann jedoch Schnee liegen, die Straße wird unpassierbar. Das Gleiche gilt für die Zeit vor Mitte April.

• *Tanken* Tankstelle in Visso.

• *Information* In *Visso* befindet sich der Hauptsitz der Nationalparkverwaltung der Monti Sibillini, die **Casa del Parco** an der Piazza Capuzi. Hilfsbereite Mitarbeiter, umfassendes Informationsmaterial – für einen ausführlicheren Besuch des Nationalparks sehr hilfreich. Im Juli und Aug. tägl. 9.30–12.30 und 16–19 Uhr, ansonsten nur Sa/So 9.30–12.20 und 15.30–18.30 Uhr. ✆ 0737/95262, www.sibillini.net

• *Essen & Trinken* In *Visso* der Piazza Capuzi gibt es eine **Pizzeria** und eine **Bar/Gelateria**, an der Piazza Martiri Vissani eine **Enoteca.** Besonders empfehlenswert ist auch die **Trattoria Da Richetta** an der Piazza Garibaldi 7 (der Platz vor der Porta Santa Maria): schmackhafte und bodenständige Küche, deftige Spezialitäten der Gegend, je nach Saison stehen auch Trüffel auf dem Programm. Typische ländliche Trattoria, günstig und gut, mittags und abends geöffnet, Mo geschl., ✆ 0737/79339.

Tolentino, Macerata
Macerata
Camerino
Rocca Da Varano
N 77
S. Ginesio
S. Giusto
Polverina
N 78
Foligno (Umbrien)
L. di Polverina
F. Fiastrone
Monastero
L. di Fiastra
Fiastra
Sarnano
Fermo
N 78
N 210
Sasso Tetto
Bolognola
Camerino
Amandola
Mad. dell'Ambro
N 209
Ussita
Montefortino
M. Bove N. 2112m
M. Priora 2332m
F. Tenna
N 78
Visso
Terni (Umbrien)
Frontignano
M. Dicco 2052m
Gola d. Infernaccio
M. Bove S. 2169m
M. Sibilla 2175m
Montemonaco
Castelsantangelo sul Nera
Monti Sibillini
Foce
Gualdo
P.so di Gualdo
Monte Gallo
Piano Perduto
L. di Pilato
Castelluccio
M. Vettore 2476m
Piano Grande
Pretare
Norcia
F.ca di Presta
Ascoli Piceno
Arquata del Tronto
Aquasanta Terme
N 4
Rieti, Rom
2,5 km
Monti Sibillini

Die Costa dei Trabocchi im Süden der Abruzzen

Die Küste der Abruzzen

Nahtlos setzen sich die breiten Adriastrände auch in den Abruzzen fort. Dass diese Region etwas im Schatten der berühmten Badeorte weiter nördlich steht, vermindert in keiner Weise ihre Attraktivität – im Gegenteil.

Nur wenige Reisende aus dem deutschsprachigen Raum, die mit dem Ziel Adriaküste nach Italien aufgebrochen sind, zieht es zur Küste der Abruzzen. Dabei sind hier die Strände genauso feinsandig, endlos und breit, ist das Wasser genauso klar und warm wie etwa in Venetien oder in den Marken. Und auch das Strandleben ist mindestens genauso rege, denn: Hier macht Italien Urlaub. Wie Perlen an einer Kette reihen sich die beliebten Badeorte entlang der 130 km langen abruzzesischen Küste aneinander: *Alba Adriatica, Giulianova, Roseto degli Abruzzi, Pineto* ... Auch wenn die einzige Metropole an der Küste, die Stadt *Pescara,* nicht gerade zu den Adriaschönheiten zählt, das alte Küstenstädtchen *Vasto* ganz im Süden, schon an der Grenze zur kleinen Nachbarregion *Molise,* ist dafür umso sehenswerter. Vor allem an der Moliseküste finden sich auch einsame Strandabschnitte, nicht „organisiert“ und ohne Uferpromenade, dafür mit jeder Menge Freiraum für Individualisten. Ein südliches Highlight bildet schließlich das Städtchen *Termoli,* für viele schon ein Stück Süditalien mit beschaulicher Altstadt und optimalen Badestränden.

Besonders attraktiv aber wird ein Urlaub an der abruzzesischen Adria durch die vielfältigen und abwechslungsreichen Ausflugziele im Hinterland, aus deutscher Sicht fast noch *terra incognita*: das hübsche *Civitella del Tronto* mit seiner mächtigen Festung, die reizenden Hügelstädtchen um Pescara, die mit so mancher kunsthistorischer Kostbarkeit überraschen – und in denen Fremde noch immer auffallen, oder aber das traditionsreiche *Chieti,* einst wichtiger Posten der Römer hier an

San Giovanni in Venere bei Fosscesia Marina

der Küste, heute Sitz des Archäologischen Nationalmuseums der Region. Auf keinen Fall entgehen lassen sollte man sich einen Ausflug in die majestätische Bergwelt um den *Gran Sasso* und schließlich zur Hauptstadt der Region, *L'Aquila*, auf der anderen Seite des alles dominierenden Bergmassivs.

Die zerklüftete wilde Bergwelt ist es auch, die das gängige Abruzzen-Image bestimmt. An der Küste herrscht dagegen ein ganz anderes Bild vor: sanft zum Meer hin abfallende Hügelketten, unterbrochen von schmalen romantischen, dann immer breiter werdenden Flusstälern, die sich Richtung Küste zu fruchtbaren Ebenen ausweiten. Man stößt auf uralte kulturgeschichtliche Relikte, alte Kirchen am Wegesrand, oft in herrlicher Umgebung und dennoch kaum besucht. Ganz im Norden der Region, schon an der Grenze zu den Marken, ist die Landschaft von endlosen Weinbergen und kleinen Dörfern auf Hügelkuppen geprägt. Hier baut man die besten Weine der Abruzzen an: den bekannten roten *Montepulciano d'Abruzzo* und den weißen *Trebbiano d'Abruzzo*, dazu den *Controguerra* in einem kleinen Anbaugebiet rund um den gleichnamigen Ort an der Grenze zu den Marken.

Historisch zählt die Küste der Abruzzen zu den ältesten Siedlungsgebieten auf der Apenninhalbinsel, Funde aus der Gegend um *Chieti* datieren etwa um 300.000 v. Chr. Ab ca. 1000 v. Chr. siedelten hier in Küstennähe die Picener, deren Stammland sich allerdings in den nördlichen Marken befand; in den Bergen der heutigen Abruzzen waren es die Samniten, Vestiner, Paeligner und die kriegerischen Marser. Rom ging mit den verschiedenen Volksstämmen eine geschickte Bündnispolitik ein und baute an der Adriaküste einen bedeutenden Außenposten seines Weltreiches auf – bei Pescara endete die antike *Via Claudia* am Zugang zum östlichen Mittelmeer; und auf dem Weg dorthin hatte Rom die eine oder andere Handelsstadt errichtet. Mit dem Römischen Reich gingen dann auch die Abruzzen darnieder, ab etwa dem 9. Jh. war die Küste hier vermehrt den Überfällen sarazenischer

Piraten ausgesetzt. Im 12. Jh. wurde das Gebiet dem Normannenstaat *Königreich beider Sizilien* angegliedert und erfuhr dadurch einen deutlichen Aufschwung, fiel aber in der Erbfolge bald an die *Staufer*, später dann an die *Anjou* und geriet im 15./16. Jh. schließlich in den Einflussbereich spanischer Herrscher. Von 1735 bis zur Einigung Italiens standen die Abruzzen unter der Herrschaft der *Bourbonen* und machten sich damals vor allem als hochgefährliches und gesetzloses Brigantenland einen Namen – kaum ein Reisender wagte sich durch die karge Bergwelt, hinzu kam die Angst vor Bären und Wölfen in der unheimlichen wilden Natur. Noch bis weit ins 20. Jh. waren die Abruzzen ein armes Hirten- und Bauernland, Tausende wanderten von hier aus, bevorzugt nach Übersee. Auch heute noch zählt sie zu den ärmeren Regionen des Landes, profitiert aber mittlerweile von seiner herrlichen Landschaft, die die Touristen in Scharen anzieht. Die meisten Gäste kommen jedoch in die Badeorte vor allem an der nördlichen Küste der Abruzzen.

Highlights der Abruzzenküste

Alba Adriatica: ein überaus gepflegter Badeort mit langer Uferpromenade und Pinienwäldchen, bekannt für seinen feinen Silberstrand (*spiaggia d'argento*), eines der beliebtesten Ziele an der Küste (→ S. 325)

Civitella del Tronto: ein beschauliches Dorf mit seiner mächtigen Festung, das man gesehen haben muss; bei schönem Wetter reicht der Blick bis zum Gran Sasso (→ S. 327)

Gole del Salinello: eindrucksvolle Schlucht mit Einsiedelei und Wasserfall, durch die heute ein Wanderweg führt (→ S. 329)

Atri: anmutiges Renaissancestädtchen auf einem Hügel, umgeben von den sog. *Calanchi*, das sind recht bizarre Bodenerosionen; die *Cattedrale Santa Maria Assunta* von Atri beherbergt einen der schönsten Freskenzyklen der Abruzzen (→ S. 346)

Chiesa Santa Maria in Piano: auf dem benachbarten Hügel zu Loreto Aprutino, berühmt ist das faszinierende Fresko vom „Jüngsten Gericht“ mit vielen überraschenden Details, unbedingt sehenswert! (→ S. 352)

Castelli: herrliche Lage an den Ausläufern des Gran Sasso, Castelli ist weithin für seine kunstvollen Keramiken bekannt (→ S. 333)

Campo Imperatore: eine bizarre, fast unwirkliche Steppenlandschaft zu Füßen des Gran Sasso, auf rund 1600 m Höhe (→ S. 337)

L'Aquila: Hauptstadt der Region, die jede Menge Kleinstadtcharme versprüht, dazu herrlich gelegen auf einem Plateau zwischen mächtigen Bergrücken (→ S. 338)

Costa dei Trabocchi: ein abwechslungsreicher Küstenabschnitt im Süden zwischen Ortona und Vasto, geprägt durch die *Trabocchi*, die pittoresken Pfahlbauten, die noch heute zum Fischfang genutzt werden (→ S. 366)

Vasto: eine malerische Altstadt auf einem Plateau mit Weitblick, unterhalb am Meer der überaus beliebte Badeort Marina di Vasto (→ S. 369)

Termoli: einzige Stadt an der Moliseküste, herrlicher Strand und eine wunderschöne winzige Altstadt (→ S. 373)

Die Küste von Martinsicuro bis Giulianova

Das Kerngebiet des abruzzesischen Adriatourismus mit endlosen und sanft abfallenden Sandstränden, bester Wasserqualität und einem umfangreichen Angebot für Erholungssuchende – an der nördlichen Küste der Abruzzen liegen einige der schönsten Badeorte der Region.

Gleich südlich der Tronto-Mündung (Grenze zu den Marken) erstrecken sich die bekannten Badeorte: *Martinsicuro, Alba Adriatica, Tortoreto* und *Giulianova*, Letzterer der einzig größere Ort hier oben an der Küste und schon mit deutlich städtischer Struktur. Überhaupt lässt sich feststellen, dass die schönsten Strandorte der Region im Norden liegen. Je mehr man sich Richtung Süden Pescara nähert, desto reizloser wird die Gegend. Die Orte sind zersiedelt, ein kompaktes *centro storico* ist kaum noch zu finden. Die zahllosen Hotels sind überdies nicht unbedingt immer taufrisch.

Martinsicuro (ca. 13.500 Einwohner)

Der nördlichste der abruzzesischen Badeorte, durch den Fluss Tronto von der Region Marken getrennt, erfreut sich besonders bei deutschen Gästen großer Beliebtheit.

Eine ansehnliche palmenbestandene Uferpromenade mit zahlreichen Hotels sowie ein umfangreiches Freizeit- und Sportangebot locken die Gäste. Dazu bietet die hier besonders flache und feinsandige Adriaküste samt Wellenbrechern optimale Badebedingungen auch für Kinder. Zwischen den üblichen Strandbädern finden sich sogar immer wieder einige freie Abschnitte, besonders in Richtung *Villa Rosa*, dem südlichen Ortsteil. Dort überwiegen Appartement-Anlagen, die in den Sommermonaten hauptsächlich von italienischen Badegästen belegt sind, im Winter ist alles verwaist.

Das eigentliche Ortszentrum Martinsicuros bleibt unspektakulär und etwas gesichtslos. Angenehm fällt jedoch auf, dass der Ort vom starken Durchgangsverkehr der *N 16* verschont bleibt, die Straße verläuft ein Stück landeinwärts.

Martinsicuro ging aus dem antiken *Castrum Truentum* hervor, seinerzeit bekannt für seine Purpurfärberei. Sogar Plinius d. Ä. erwähnte den Ort, zu sehen ist allerdings nichts mehr von der alten Stadt. Wehrhaftes Zeugnis der Vergangenheit ist die *Torre di Carlo V.* aus dem Jahr 1547, am Turm ist das Wappen von *Karl V.* zu sehen. Insgesamt 18 Wehrtürme schützten damals die abruzzesische Küste gegen Sarazeneneinfälle, der bekannteste und besterhaltenste ist am Meer bei Pineto zu sehen (→ S. 345).

Das Hinterland von Martinsicuro

Information/Verbindungen/Übernachten/Camping/Essen & Trinken

• *Information* Info-Büro im modernen Rathausgebäude (Seitenstraße zur Uferpromenade, beschildert), etwas zurückversetzt. Geöffnet 16. Juni bis 15. Sept. Mo–Sa 9–13 und 16–19 Uhr, So 9–13 Uhr; vom 16. Sept. bis 15. Juni Mo–Fr 9–13 Uhr, Mo und Do außerdem 15–18 Uhr, Sa/So geschl. Via Aldo Moro 32/A, ✆/📠 0861/762336.

• *Verbindungen* Die nächsten **Bahnhöfe** befinden sich in Alba Adriatica (→ S. 325) und in San Benedetto del Tronto (Marken). Busse verkehren etwa stündl. via Alba Adriatica nach Giulianova (→ S. 330), ab dort hervorragende Verbindungen.

• *Übernachten* *** **Sympathy Hotel**, angenehmes Strandhotel an der Uferpromenade, nur über die Straße zum eigenen Strandabschnitt. Großes weißes Gebäude, recht modern, freundlicher Service, Zimmer mit Bad, TV und teilweise mit großem Balkon. Frühstück mit Weitblick auf der Dachterrasse. Bar mit Terrasse im EG, Fahrradverleih. DZ ab 70 € (EZ ab ca. 50 €) mit Frühstück, in der HS mit obligatorischer HP: DZ 150 €, EZ 85 €. Geöffnet Mitte Mai bis Ende Sept. Lungomare Europa 26, ✆/📠 0861/760222, www.sympathyhotel.it,
E-Mail: sympathyhotel@tin.it

*** **San Remo**, in *Villa Rosa*, besonders bei deutschen Gästen beliebt, etwas zurückversetzt von der Uferpromenade. Fahrradverleih, Malkurse, Kinderanimation, kleiner Garten mit Schatten spendenden Schirmpinien, Terrasse, wenige Meter vom Strand. Netter Service, typisches Strandhotel mit zweckmäßig eingerichteten Zimmern (Bad, TV, Aircon.). DZ mit Frühstück ab 60 €, mit obligatorischer HP 130 € (im Aug.), EZ mit HP 86 €. Geöffnet Mitte April bis Ende Sept. Lungomare Italia 74, ✆ 0861/710110, 📠 0861/716688, im Winter ✆/📠 86354, www.hotelsanremo.it, E-Mail: info@hotelsanremo.it

*** **Olimpic**, gleich neben dem San Remo, mit Pool, nicht mehr ganz neues sechsstöckiges Gebäude, sehr freundlicher Service. DZ mit VP in der HS 150 €, ansonsten schon deutlich günstiger. Lungomare Italia 72, ✆ 0861/712390, 📠 710597, www.hotelolimpic.it, E-Mail: olimpic@hotelolimpic.it

• *Camping* Am südlichen Ortsrand von Martinsicuro liegt der relativ kleine und einladende *** **Duca Amedeo**, ein „Villaggio Turistico" mit Pool und Sonnenterrasse, rund 100 sehr schattige Stellplätze und 30 Bungalows, über die Straße zum Strand. Camping pro Pers. 8 €, Zelt 9 €, Wohnwagen/-mobil 16 €, Bungalows 55-70 € (2 Pers.) bzw. 95-100 € (4 Pers.). Geöffnet Ende April bis Ende Sept. Lungomare Europa 158, ✆ 0861/797376, 📠 797264, www.ducaamedeo.it, E-Mail: ducaamedeo@camping.it

Gleich neben dem Duca Amedeo liegt das riesige Gelände des **Camping Village Riva Nuova**: über 400 schattige Stellplätze, allerdings sehr parzelliert, dazu nochmal 70 Bungalows; Pool, Supermarkt, Restaurant, Sportplätze (u. a. Boccia, Tennis, Volleyball) vorhanden. Pro Pers. 9 €, Stellplatz für Wohnwagen/-mobil 16,50 €, Person plus Zelt 13 €. Bungalows (z. T. mit Aircon.) nur wochenweise ab 700 €. Ende April bis Mitte Sept. geöffnet. Via dei Pioppi 6, ✆ 0861/797515, 📠 797516, www.rivanuova.it, E-Mail: info@rivanuova.it

• *Essen & Trinken* **La Lampara**, hervorragendes, aber sehr teures Fischrestaurant in einer Seitenstraße an der nördlichen Uferpromenade, mit Terrasse. Für ein Menü sollten Sie mit etwa 50 €/Person rechnen. Mittags nur nach vorheriger Reservierung, ansonsten nur abends sowie Sonntagmittag, So-Abend und Mo geschl. Via delle Lampare 22, ✆ 0861/761012.

Eine ebenfalls bekannt gute Adresse für gehobene Fischküche ist das Ristorante **Leon d'Oro,** täglich wechselndes Fischangebot, gehobenes Preisniveau, sehr beliebt. Mittags und abends geöffnet, So-Abend und Mo geschl. Via Aldo Moro 55/57 (gleiche Straße wie die Tourist-Info), ✆ 0861/797070.

Gute Pizza zu günstigen Preisen gibt es bei **Santa Chiara,** mittags und abends geöffnet. Lungomare Europa 30, ✆ 0861/796836.

• *Einkaufen/Wein* In dem kleinen DOC-Gebiet um *Controguerra* (von Martinsicuro landeinwärts Richtung Colonella/S. Egidio alla Vibrata, dann beschildert) werden neben dem heimischen Montepulciano d'Abruzzo u. a. auch Merlot, Cabernet, Chardonnay und Malvasia angebaut. Zwei der bekanntesten Produzenten sind:

Azienda Agricola Dino Illuminati „Fattoria Nicò", Controguerra, Contrada S. Biagio 18, ✆ 0861/808008, 📠 810004, www.illuminativini.com, E-Mail: info@illuminativini.it

Reichhaltig und köstlich ist die Abruzzenküche

Azienda Agricola Camillo Montori, Controguerra, Via Piane Tronto, ✆ 0861/809900, ℻ 0861/809912, www.montorivini.it, E-Mail: info@montorivini.it

Vor einem Besuch und Degustation/Einkauf sollte man sich immer **telefonisch anmelden**!

Alba Adriatica (ca. 10.500 Einwohner)

Bekannt ist das Städtchen vor allem für seinen endlosen feinen und breiten Sandstrand, die *„spiaggia d'argento"* (Silberstrand). Alba Adriatica gehört zu den am meisten besuchten Badeorten der Abruzzen.

Zwischen der Uferpromenade und dem Meer reihen sich die Strandbäder dicht an dicht aneinander – freien Strand findet man nur nördlich und südlich der Hauptpromenade. An die 50 Hotels und Appartement-Häuser zählt man entlang des Lungomare und in den Straßen in zweiter Reihe. Dazu kommen Restaurants, Bars, Spielhöllen, Hüpfburgen, Souvenirshops usw. – ein ganz typisches, aber sehr gepflegtes Adriabad mit umfangreichem (Wasser-)Sportangebot. Ein beschauliches kleines Pinienwäldchen (*Pineta*) hinter dem Strand lädt zum Spaziergang unter schattigen Bäumen ein. Wer es sportlicher mag, kann am Strand entlang bis hinauf nach Martinsicuro radeln. Nur ein Fußgängerweg führt von Alba über den Fluss *Vibrata* am Ufer entlang nach Norden. Historisch Bedeutsames sucht man in Alba Adriatica jedoch vergeblich. Kapital des Ortes ist der über 4 km lange Sandstrand sowie die familienfreundliche touristische Infrastruktur.

Information/Verbindungen/Übernachten/Essen & Trinken

• *Information* **I.A.T.** am oberen (nördlichen) Ende der Uferpromenade, beim Fluss (Rotonda Nilo), während der Saison Mo–Sa 9-13 und 16–19 Uhr, So 9–13 Uhr, vom 16. Sept. bis 15. Juni nur Mo–Fr 9–13 Uhr und Mo, Mi, Do 15–18 Uhr, Sa/So geschl. Lungomare Marconi 1, ✆/℻ 0861/712426. Ein Info- und Buchungspavillon der Hotelvereinigung Albatour (Hotelverzeichnis erhältlich) befindet sich am Lungomare Marconi bei der Rotonda Via Trieste, ✆/℻ 0861/752825.

• *Verbindungen* **Busse**, mehrere Haltestellen entlang des Lungomare (u. a. Rotonda Via Trieste, Piazzale Abruzzo etc.), ca. stündl. nach Teramo und Giulianova, 12-mal tägl. Martinsicuro, 7-mal tägl. San Benedetto del Tronto, 10-mal tägl. Ascoli Piceno. Alba Adriatica liegt an der **Bahnlinie** Ancona–Pescara, gute Verbindungen zu den anderen Küstenorten.

• *Übernachten* **** **Meripol Hotel**, Luxus in augenfälliger Architektur. Die Fassade des siebenstöckigen Hotels wird von den Balkonen bestimmt, die mal in die Hausecken hineingeschnitten sind, mal kantig herausragen, mal halbrund gestaltet sind. Davor ein kleiner schicker Pool, im zweistöckigen „Wintergarten" sind das gehobene Restaurant (oben in Panoramalage) und der Frühstücksraum untergebracht. Eigener Strandabschnitt, Schöne, funktionale Zimmer, fast alle mit Balkon und Meerblick, DZ 200 €, EZ 130 €, VP inbegriffen, in der NS deutlich günstiger, ganzjährig geöffnet. Lungomare Marconi 290, ✆ 0861/714744, ℻ 752292, www.meripol.it

*** **Atlas**, großes gelbes Gebäude am Lungomare, recht komfortabel, zuvorkommender Service. Privatstrand gleich gegenüber. Zimmer mit Bad, Balkon, TV und Aircon., die meisten zur Meerseite. DZ mit HP 160 €, in der NS (Mai/Juni, Sept.) gerade mal die Hälfte. EZ 105 € (NS 50 €). Geöffnet ca. 10. Mai bis ca. 20. Sept. Lungomare Marconi 314, ✆ 0861/712393, ℻ 789088, www.hotelatlas.it, E-Mail: info@hotelatlas.it

*** **Alb's**, am Südende des Lungomare Marconi (Ecke Via Isonzo). Einfaches kleines Hotel mit eigenem Ristorante am Strand (ein Stück den Lungomare hinauf), eigener Strandabschnitt mit Bar vom Hotel etwas versetzt, DZ mit Bad, TV und Frühstück 110 €.

• *Essen & Trinken* **Ristorante Spiaggia d'Argento**, edles Fischrestaurant mit viel Pastell an der Uferpromenade, sogar die Terrasse ist hier mit Teppich ausgelegt. Gediegenes Publikum, gehobene Preise: Antipasti und Primi je um 10 €, Fisch nach Gewicht, Dolci um 5 €. Mittags und abends geöffnet, So-Abend und Mo geschlossen. Lungomare Marconi 338, ✆ 0861/752592.

Ristorante L'Arca, viel gelobtes Restaurant, die gleichnamige Enoteca befindet sich nebenan (Viale Mazzini 117). Nett und geschmackvoll aufgemacht, gar nicht mal so teuer: Primi um 7 €, Secondi 10–15 €. Gute Weine. Ca. 200 m von der Uferpromenade auf dem breiten Viale Mazzini 109, landeinwärts. Sa-Mittag und Di geschl. ✆ 0861/714647.

Tortoreto Lido/Tortoreto Alto (ca. 8000 Einwohner)

Eine kilometerlange Uferpromenade mit ordentlich aufgestellten Palmenreihen sowie ein supersauberer Sandstrand mit entsprechender Infrastruktur sind die wichtigsten Vorzüge von *Tortoreto Lido*. Ansonsten unterscheidet es sich nicht allzu sehr von den benachbarten Küstenorten.

Rund 3 km oberhalb des gepflegten Badeortes thront auf 240 m Höhe das mittelalterliche Borgo *Tortoreto Alto*. Ein Abstecher hier hinauf lohnt vor allem wegen der Aussicht vom Belvedere am östlichen Ortsrand, der einen herrlichen Blick entlang der Küste erlaubt. Doch auch von anderen Plätzen des beschaulichen *centro storico* mit seinen ruhigen Gassen bieten sich nette Ausblicke. Sehenswert sind in dem alten Festungsdorf u. a. die **Chiesa di San Nicola** (16. Jh., leider meist verschlossen) und die nur wenige Schritte entfernte **Chiesa della Misericordia**, die im 14. Jh. nach einer Pestepidemie erbaut worden sein soll. In ihr sind Fresken aus dem frühen 16. Jh. zu sehen, die die Passion Christi zum Motiv haben.

Information/Verbindungen/Übernachten/Essen & Trinken/Nachtleben

• *Information* **I.A.T.**, liegt von der Strandpromenade zurückversetzt (beschildert), geöffnet Mo–Sa 9–13 Uhr, Di, Mi, Fr auch 15–18 Uhr. Via Archimede 15, ✆ 0861/787726, ℻ 778119.

• *Verbindungen* Eine Art **Stadtbus** verbindet etwa stündl. Tortoreto Lido mit Tortoreto Alto einerseits und Alba Adriatica andererseits.

• *Übernachten* *** **Hotel Costa Verde**, fünfstöckiger Bau etwa in der Mitte der endlosen Uferpromenade, mit Terrasse, Pool und Fahrradverleih, EZ 103 €, DZ 170 €, je inkl. HP (in der HS), im Mai/Juni und Sept. EZ um 55 €, DZ 80 €. Geöffnet 1. Mai bis 30. Sept. Lungomare Sirena 384, ✆ 0861/787096, ℻ 786647, www.hotel-costaverde.com, E-Mail: info@hotel-costaverde.com

Camping Villaggio Salinello, am Südende der Uferpromenade (die hier auch endet). Wohlorganisiertes Gelände mit rund 150.000 m^2 Fläche und viel Grün, breiter Sandstrand, Einkaufszentrum, Bar, Restaurant, mehrere Pools, diverse Sportanlagen, Animation, Abendprogramm usw. Insgesamt 550 Stellplätze und 300 Bungalows bzw. Ferienhäuser. Hauptsächlich italienische Gäste. Camping pro Pers. 7 €, Stellplatz 12,50 €, Ferienhaus für 3 Pers. ab 55 €, Bungalow (max. 4 Pers.) 83 €, App. (6 Pers.) ab 150 €, in der HS (Juli/Aug.) allerdings zwei Wochen Mindestaufenthalt! 1. Mai bis 30. Sept. geöffnet, Lungomare Sud, ✆ 0861/786306, ℻ 786451,www.salinello.it,
E-Mail: info@salinello.it

• *Essen & Trinken* TIPP! **Ristorante Anchise dal 1909**, im gut 3 km von Tortoreto Lido entfernten alten Ortsteil *Tortoreto Alto*. Mit kleinem Balkon (tolles Panorama), großzügiger rustikaler Innenraum mit Gebälk und Gewölbe. Wärmstens empfehlen können wir hier das Antipasto Rustico für 9 € (reicht locker für zwei), die Pasta ist ein Gedicht, abends gibt es auch Pizza. Mittleres Preisniveau, freundlicher Service, schöner Blick. Mittags und abends geöffnet, Mo geschl., in der HS kein Ruhetag. Via XX Settembre 60, ✆ 0861/786587 oder 786278.

Cantina del Nonno, unweit von Anchise in der gleichen Straße im *centro storico*, sehr beliebt, mittags und abends geöffnet, Mi geschl.

• *Nachtleben* **Sayonara Dancing**, an der Uferpromenade nahe des Kreisels, sehr schicke Lounge, Diskothek und teures Re-

Weiter Blick auf die Küste

staurant (Primi ab 15 €, Secondi ab 20 €), alles in Weiß. Lungomare Sirena 22, ✆ 0861/777290.

• *Sonstiges* **Acquapark Onda Blu**, riesige Rutschen, Wasserfall, Wellenbecken, Liegewiese, Bar etc., die Anlage liegt südlich von Tortoreto schon kurz vor Giulianova. Nur ca. 20. Juni bis 31. Aug. geöffnet, tägl. 10–18.30 Uhr, Eintritt 13 €, Kinder bis 1,40 m 10 €, sonntags und in der HS von ca. 5.–20. Aug. 16 € (13 €). ✆ 0861/7791, www.acquaparkondablu.it

Abstecher ins Landesinnere: Civitella del Tronto

Die über 700 Jahre alte Festung überragt die Landschaft schon von Weitem. Ein mächtiges Bollwerk auf einem felsigen Berg, an dessen Hang sich der einladende Ort mit seiner herrlichen Panoramapiazza erstreckt.

Ein Spaziergang durch das beschauliche Dorf (ca. 5000 Einwohner) beginnt an der Porta Napoli, durch die man in das (fast) autofreie *centro storico* gelangt. Vorbei an der Kirche San Lorenzo (16. Jh.) betritt man den Balkon von Civitella: die Piazza

Civitella del Tronto – Piazza mit Panorama

Filippi Pepe, allgemeiner Treffpunkt mit fantastischem Panoramablick bis hin zum mächtigen Gebirgsstock des Gran Sasso im Süden. Durch malerische Gassen geht es steil hinauf zur Festung mit sehenswertem Museum.

Fortezza Spagnola: Die Festung erstreckt sich auf fast 500 m Länge und 645 m Höhe über den gesamten Hügelkamm – ein unzugänglicher Verteidigungsbau, von dicken Mauern umgeben und mit einer Gesamtfläche von rund 25.000 m^2. Die Verteidigungsanlage entstand im 13. Jh. (der Ort selbst bereits im 10. Jh.) und war im Laufe der Zeit immer wieder heiß umkämpft, u. a. gleich zweimal von napoleonischen Truppen (1798 und 1805). Zuletzt wehrten sich hier im Jahr 1861 die Bourbonen heftig gegen die piemontesischen Truppen und deren Feldzug für ein geeintes Italien. Von besonderer strategischer Bedeutung war die Festung wegen ihrer unmittelbaren Nähe zur Grenze zwischen Kirchenstaat und dem bourbonischen Königreich beider Sizilien, die kaum einen Kilometer nördlich von hier durch den Fluss *Salinello* verlief.

Im ehemaligen Artillerie-Magazin der Festung ist heute das **Museo Storico delle Armi** untergebracht, welches sich in weiten Teilen dem Risorgimento widmet (Dokumente, Waffen, alte Lage- und Angriffspläne, u. a. auch von Napoleon). Am Westende der Anlage erreicht man die Vista Panoramica am höchsten Punkt der Festung mit fantastischem Ausblick.

• *Öffnungszeiten* Im Mai 10–19 Uhr, Juni bis Sept. 10–20 Uhr, Okt. bis März 10–13 und 14.30–17 Uhr, im April bis 18 Uhr, tägl. geöffnet. Eintritt 4 € (inkl. Museum), Kinder 5–10 J. 1 €. Im Souvenirshop gegenüber vom Museum werden gekühlte Getränke verkauft.

• *Information* Prospekte gibt es auf Anfrage beim Souvenirshop an der Piazza Pepe und am Eingang zur Fortezza.

• *Verbindungen* 7-mal tägl. **Busse** nach Teramo.

• *Übernachten* **** **Hotel Zunica**, am zentralen Platz, mit empfehlenswertem Ristorante (→ unten). Einladendes fünfstöckiges Gebäude. Zimmer mit Bad, TV und Kühlschrank, relativ günstig: EZ 45 €, DZ 80 €, jeweils inkl. Frühstück; HP 55 €/Person (ab 3 Tage Aufenthalt). Piazza Filippi Pepe 14, ✆/📠 0861/91319 oder 918150, www.hotelzunica.it

• *Essen & Trinken* Das **Ristorante Zunica** im gleichnamigen Hotel bietet gehobene Küche in feinem Ambiente. Man hat die Wahl zwischen dem kleinen *Menu Civitellese* für 20 €, dem *Menu di Degustazione* für 30 € und dem *Menu Abruzzese* mit Wein-Degustation für 35 €. Mittags und abends geöffnet.

Enoteca Fortezza, gegenüber dem gleichnamigen Hotel am schmalen Corso Mazzini, kühles Gemäuer, zur Auswahl stehen hauptsächlich abruzzesische Gewächse (Montepulciano d'Abruzzo), aber auch andere italienische Weine und Spumanti.

Civitella/Umgebung

Gole del Salinello/Grotta di Sant'Angelo: Auf dem westlich gegenüberliegenden Hügel gelangt man in das einsame Dorf *Ripe*, von wo aus eine eindrucksvolle Wanderung in die Gole del Salinello führt (beschildert): eine immer enger werdende Schlucht mit Wasserfall; gleich am Anfang auf der rechten Seite geht es zur Grotta Sant'Angelo, einer kleinen Einsiedel-Höhle mit vielen Stalagmiten und Stalaktiten. Westlich von Ripe beginnt der **Parco Nazionale del Gran Sasso e Monti della Laga**, mit 150.000 ha einer der größten Nationalparks in Italien.

• *Anfahrt* Von Civitella ins Tal hinunter Richtung Teramo, an der Abzweigung rechts und bald darauf links ab nach Ripe (beschildert). Keine Busse.

• *Essen & Trinken* In Ripe empfehlenswert ist das **Ristorante Le Grotte**, etwas unterhalb der Durchgangsstraße (beschildert). Rustikaler Gastraum mit tollem Blick durch die Fensterfront, freundlicher Service, glückliche Gäste vor dampfenden Nudelbergen. Spezialität: Trüffel, Wild, Pilze. Relativ günstig. Mittags und abends geöffnet, Mo geschl. Via Rotabile 22, ✆ 0861/91604.

Wanderung durch die Gole del Salinello

Charakteristik: Eindrucksvolle, aber kaum anstrengende Tour in die immer enger werdende Schlucht mit Wasserfall. Nur an wenigen Stellen steiler Weg, dennoch ist auch in der Schlucht ein gewisses Maß an Trittsicherheit erforderlich. Nur bei gutem Wetter zu empfehlen und keinesfalls nach starken Regenfällen: Steinschlag!

Länge und Dauer: Hin und zurück ca. 8 km; reine Gehzeit gut zwei Stunden.

Wegbeschreibung: Die Wanderung beginnt auf dem kleinen Parkplatz, der sich bei der Kirche am oberen Ortsrand von Ripe befindet. Eine asphaltierte Straße wird nach 100 m zu einem befahrbaren Schotterweg, der in sachten Kurven leicht bergab führt. Nach etwas mehr als 500 m passiert man einen Picknickplatz, nach weiteren 500 m verengt sich der Weg. Es geht auf einem steinigen Pfad bergan. Achtung: Links fällt das Terrain steil ab, der Weg wird nur von einem klapprigen Holzgeländer gesichert. Bald führt der steile und ungesicherte Weg rechts hinauf zur *Grotta S. Angelo*. Die größte Höhle ist über eine Gitterkonstruktion begehbar, vom Eingang oder dem „Balkon" ergeben sich herrliche Ausblicke ins Tal.

Zurück zur Abzweigung führt der teils ungesicherte Pfad weiter zur Schlucht, bald eröffnet sich der Blick auf einen Wasserfall. Nach einem kurzen Wegstück teilt sich der Weg, links geht es zuerst über Stufen, dann in Serpentinen hinab. Unten kann man mit einem Abstecher von wenigen Schritten linker Hand an den Oberrand des Wasserfalls gelangen. Geradeaus führt der Weg weiter in die Schlucht und ehe man sich versieht, rücken die Felswände aneinander. In der spektakulär schönen Schlucht kann man sich nun eigentlich nicht mehr verlaufen, wenn man sich an den Lauf des Salinello hält. Unterstützt wird die Orientierung dennoch mit rot-gelb-roter Markierung (Abzweigungen ignorieren). Zuweilen muss man das Bachbett auf Felsen überqueren, was eine gewisse Trittsicherheit erfordert. Die Schlucht wird nun immer beeindruckender. Schließlich läuft man im Bachbett, die hohen Felswände sind kaum noch 5 m voneinander entfernt, bevor die Schlucht sich abrupt weitet. Hier kann man noch eine Weile weitergehen, bis sich der Weg im Salinello verläuft. Auf gleichem Weg geht es zurück zum Ausgangspunkt.

Giulianova (ca. 22.000 Einwohner)

Die größte Stadt an der nördlichen Abruzzenküste teilt sich in das nicht sehr idyllische, aber bestens besuchte *Giulianova Lido* am Meer und das alte *Giulianova Paese* (*Giulianova Alta*) auf der Anhöhe dahinter. Dazwischen verlaufen die Adriaküstenstraße *N 16* und die Bahnlinie.

Während im etwas gesichtslosen Giulianova Lido das Strandleben mit sämtlicher touristischer Infrastruktur pulsiert, ist in Giulianova Paese durchaus noch die eine oder andere beschauliche Ecke zu entdecken – viel Patina, aber auch unaufhörlicher Verkehr, der sich hier durch die Gassen und besonders durch den Corso Garibaldi quetscht. Sehenswert ist in jedem Fall der achteckige **Duomo di San Flaviano** aus dem Jahr 1478 mit seiner wuchtigen Kuppel. Davor sitzt man auf der Parkbank an der Piazza Rotonda und beobachtet das Geschehen. Fremde fallen hier oben noch auf, zumindest außerhalb der Saison. Recht gut lässt es sich bei Aperitivo und Meerblick auf der Terrasse des nahe gelegenen *Gran Caffè De' Baroni* direkt an der Piazza Belvedere aushalten. Oberhalb des Belvedere schwenkt Vittorio Emanuele II. ganz leger seine Mütze zum Gruß, die bronzene Statue stammt von dem heimischen Künstler *Raffaele Pagliaccetti* (1839–1900).

Giulianova geht auf einen antiken römischen Hafen namens *Castrum Novum* zurück, 290 v. Chr. wurde der Ort römische Kolonie. Im Jahr 1470 hat man ihn etwas nördlich der alten römischen Siedlung am Hang neu errichtet, nachdem das alte *Castel San Flaviano* kurz zuvor bei einer Schlacht zerstört worden war. Bauherr Giulianovas war damals Giulio Antonio Acquaviva, seinerzeit Herzog von Atri, der der Stadt auch ihren neuen Namen gab. Heute beherbergt der Hafen von Giulianova eine der wichtigsten Fischfangflotten der gesamten Adriaküste.

Information/Verbindungen/Feste/Übernachten/Essen & Trinken

• *Informationen* **I.A.T.** gegenüber vom Bahnhof (Piazza Roma) in der Seitengasse Via Mamiani. Im Sommer Mo–Sa 9–13 und 16–19 Uhr, So 9–13 Uhr, im Winter Mo–Fr 9–13 und 15–18 Uhr. ✆ 085/8003013.

• *Verbindungen/Parken* **Zug**, Bahnhof im Zentrum, mind. stündl. mit der Regionalbahn via Roseto degli Abruzzi und Pineto nach Pescara, ca. stündl. über Alba Adriatica und San Benedetto del Tronto nach Ancona, etwa alle 1½ Std. nach Teramo.

Busse fahren vor dem Bahnhof ab: von 5-22 Uhr etwa halbstündl. nach Teramo, mind. stündl. nach Pescara, 16-mal tägl. Alba Adriatica, 10-mal Martinsicuro, 7-mal San Benedetto del Tronto, 6-mal Ascoli Piceno, 8-mal Roseto degli Abruzzi, 9-mal L'Aquila und ca. 8-mal nach Rom (teilweise nonstop). Tickets bei der ARPA-Biglietteria am Bahnhof.

In Giulianova Lido kann man auf dem großen kostenlosen Parkplatz an der Mole parken, in Giulianova Alta an der Piazza della Libertà.

• *Feste* Immer in der ersten Augustwoche findet die Fischerprozession **Madonna di Porto Salvo** statt.

• *Übernachten* An die 40 Hotels entlang der Uferpromenade, die meisten im ***-Bereich, z. B. am nördlichen Lungomare Zara:

Der weite Strand bei Giulianova

*** **Hotel Avila**, DZ mit VP in der HS 160 €, in der NS bis zu 40 % günstiger. Lungomare Zara, ✆ 085/8000126, ✆ 8000011, www.avila hotel.it

*** **Hotel Smeraldo**, zusätzlich mit Pool, DZ mit VP im HS 164 €, in der Vor- und Nachsaison nur etwa die Hälfte. Lungomare Zara 119, ✆ 085/8000077, ✆ 8000114, www.hotel-smeraldo.it

Knapp 3 km nördlich der zentralen Piazza Dalmazia (Fischerhafen) folgen gleich 6 **Campingplätze** aufeinander (z. B. Golden Beach und Baviera), ein weiterer am südlichen Ortsrand (Tam Tam).

• *Essen & Trinken* **Osteria dal Moro**, schlauchartiges kleines Lokal mit Wintergarten, nettes Ambiente, leider keine Terrasse, sehr gute Küche zu mittleren Preisen, unbedingt reservieren. Mittags und abends geöffnet, Mo/Mi nur abends, Di geschl. An der südlichen Promenade Lungomare Spalato 74, etwas südlich der Mole, ✆ 085/8004973.

Osteria La Stracciavoce, nette Terrasse an kleiner Piazza (Parkplatz), allerdings in wenig idyllischer Umgebung. Fischküche auf hohem Niveau zu mittleren bis gehobenen Preisen, zuvorkommender Service. Mittags und abends geöffnet. Via Trieste 159 (Parallelstraße zum Lungomare, vom Lungomare auf Höhe der Molo Sud in die Via Sorrento hinein), ✆ 085/8005326. Reservierung empfohlen.

Pizzeria San Marco, in *Giulianova Paese* beim Dom, Holzterrasse zur Piazza.

Ristorante Pizzeria Bellavista, *Lesertipp*. Viel Fisch, aber auch Steinofenpizza, dazu ein grandioser Blick auf Giulianova und das Meer. In Giulianova Alta, Via Montello 6/A, ✆ 085/8003285.

• *Essen/außerhalb* *Lesertipp*: **Osteria del Priore** in Mosciano Sant'Angelo (12 km landeinwärts von Giulianova, zunächst die *N 80* Richtung Teramo, dann rechts ab). „Vergessen Sie alle Diäten, streichen Sie ‚Askese' aus Ihrem Wortschatz, vergessen Sie, dass Völlerei im Grunde eine Sünde ist. Das Essen ist wirklich hervorragend, typische Spezialiäten der Region in bester Qualität, kombiniert mit anderen, normalerweise nur in Privatküchen zu findenden Überraschungen. Essen Sie alles (!), was empfohlen wird, nach den zahlreichen Vorspeisen sind Sie zwar sicher schon satt, der Primo wird aber schon noch passen, beim Secondo muss man hart gegen sich selbst sein, Schwächeln gilt nicht! Auch wenn man Sie dann aus dem Lokal tragen muss, wird es ein unvergessliches kulinarisches Erlebnis sein." Wir danken Thomas Hartmann für diese Anregung! Adresse: Via Convento 5, ✆ 085/8062616. Mo geschl.

Teramo

(ca. 52.000 Einwohner)

Die unspektakuläre Provinzhauptstadt am Zusammenfluss von Tordino und Vezzola liegt 27 km landeinwärts von Giulianova und war schon von den Picenern und Römern besiedelt. Touristisch spielt Teramo kaum eine Rolle.

Unter den Römern war das antike *Interamnia Praetutiorum* ein bedeutendes Zentrum, Reste des Teatro Romano aus dem 1. Jh. v. Chr. nahe der Cattedrale sind noch zu besichtigen, auch einige Überreste des Amphitheaters mit einst mächtigen Ausmaßen sind noch zu sehen. Später fiel die Stadt in die Hände der Langobarden, dann der Herzöge von Spoleto und im 11. Jh. an die Normannen, die Teramo zwar bald an Apulien abtreten mussten, aber eine ziemlich zerstörte Stadt hinterließen. Eine große Blüte erlebte Teramo im 19. Jh., nachdem die Stadt dem Königreich Neapel angegliedert wurde.

Der heutige Eindruck entspricht einem verschlafenen Provinzstädtchen mit vielen gesichtslosen und wenig reizvollen Neubauten, idyllische alte Gassen findet man nur vereinzelt in der Gegend südöstlich der Cattedrale. Durch das Zentrum führt der überwiegend autofreie Corso San Giorgio, die wichtigste Einkaufsstraße der Stadt. Allgemeiner Treffpunkt ist die ebenfalls zur Fußgängerzone erklärten Piazza Martiri della Libertà rund um die Cattedrale.

Information/Übernachten/Essen & Trinken (siehe Karte S.334/335)

• *Information* Zwei Touristenbüros: **I.A.T.** in der Via Oberdan 16, im Sommer (15. Mai bis 15. Sept.) Mo–Sa 9–13, 16–19 Uhr, So 9–13 Uhr. Im Winter Mo–Fr 9–13, 15–18 Uhr, Sa 9–13 Uhr. ✆ 0861/244222. **Info-Büro der Provinz Teramo** in der Via Carducci, im Sommer Mo–Sa 8–19 Uhr, im Winter Mo–Sa 8–14 Uhr, Di und Do auch 15–18 Uhr. ✆ 0861/255057 oder 243202.

• *Verbindungen* **Busse** fahren an der großen Piazza Garibaldi ab (mehrere Haltestellen), Tickets bei der Agenzia ARPA am Eck der Piazza, Mo–Sa 6.20–19.30 Uhr geöffnet, hier hängen Fahrpläne aus. Etwa stündl. Verbindungen nach L'Aquila und weiter nach Rom, halbstündl. nach Giulianova (von dort zu anderen Orten an der Küste und nach Pescara), 7-mal Civitella del Tronto, 7-mal Castelli, 7-mal Isola Gran Sasso, 4-mal Pescara direkt.

Züge: 11-mal tägl. nach Giulianova, 5-mal Pescara, 4-mal Sulmona, 3-mal Chieti, 1-mal Termoli (Molise). Der kleine Sackbahnhof liegt ein Stück außerhalb vom Zentrum an der Straße nach Giulianova.

• *Übernachten* *** **Hotel Gran Sasso (1)**, eigentlich eher **-Niveau, ruhige Lage im Zentrum, Parkmöglichkeit. EZ ca. 50 €, DZ 70 €, Zimmer mit Bad, kleines Frühstück inbegriffen. Via Vinciguerra 12, ✆ 0861/245747, 📠 245897.

• *Essen & Trinken* **Ristorante Antico Cantinone (3)**, etwas abseits, aber ganz in der Nähe vom Dom in einer Seitengasse. Kühles Gewölbe mit viel Hellblau, leider keine Terrasse. Nettes Ambiente, wechselnde Tageskarte, nicht teuer. Mittags und abends geöffnet, Mi geschl. (im Juli/Aug. So geschl.). Via Ciotti 5, ✆ 0861/248863.

Enoteca Centrale (2), hinter dem Dom, nur wenige Gerichte, ungewöhnliche und empfehlenswerte Antipasti-Platte für 9 €. Gute Weine auch glasweise (3 €), aufmerksamer Service, kleine Terrasse auf dem autofreien Corso Cerulli 24. Mittags und abends geöffnet. ✆ 0861/243633.

Sehenswertes

Cattedrale San Berardo: Das dominierende Bauwerk am unteren Ende des zentralen Corso San Giorgio an der Piazza Martiri della Libertà. Die Kathedrale stammt ursprünglich aus dem 12. Jh. und wurde im 14./15. Jh. mehrfach umgestaltet, das Portal von *Diodato Romano* aus dem Jahr 1332 befindet sich auf der heutigen Rückseite, der spitze Giebel wurde erst im 15. Jh. angefügt. Wertvollstes Kunstwerk

Teramo – Corso San Giorgio mit Blick auf die Cattedrale

im Inneren ist das silberne **Antependium** des Altars von *Nicola da Guardiagrele* aus der Zeit von 1433 bis 1448, das 35 Tafeln mit teilweise sehr filigranen Bibeldarstellungen umfasst (über Mittag geschl.).

Museo Archeologico: Um einen Innenhof erstrecken sich die ungemein stilvoll gestalteten Ausstellungsräume. Gezeigt werden vor allem Funde zur Stadtgeschichte aus römischer Zeit (Erdgeschoss). Die Säulenkapitelle und -reste lassen die Größe und Bedeutung des Forums von Teramo erahnen. Schmuckstück ist das prächtige Löwen-Mosaik, *del Leone*. Im ersten Stock sind Funde aus der Umgebung zu sehen (römische Zeit bis ins Mittelalter). Erklärungen nur auf Italienisch.

Öffnungszeiten Di–So 10–13 und 16–20 Uhr, Mo und an Feiertagen geschl. Eintritt 5 €, ermäßigt 4 €. Via Delfico 30, ✆ 0861/247772.

Südlich und südwestlich von Teramo

Auf bestens ausgebauter Straße (*N 80*) geht es zum 14 km südlich gelegenen **Montorio al Vomano** und dann auf schmaler Straße durch recht liebliche Landschaft nach Süden – die Nordseite des mächtigen *Gran Sasso* und der östlich gelegenen *Camicia* (2564 m) immer vor Augen. Bald gelangt man zum **Santuario di San Gabriele dell'Addolorato**: Der meistbesuchte Pilgerort der Abruzzen wurde 1215 vom *Hl. Franz von Assisi* gegründet.

▸ **Castelli**: Der Ort an den Ausläufern des *Monte Camicia* (2564 m) ist in der ganzen Region für seine Keramiken bekannt, für die Castelli schon seit dem frühen 17. Jh. ein bedeutendes Zentrum ist. Dank der schönen Lage auf einem Hügel am Fuß des mächtigen Bergmassivs und der pittoresken Altstadt mit Panoramapiazza ist Castelli ein beliebter Ausflugsort, zahlreiche Keramikläden und -stände säumen die Hauptstraße.

Verbindungen 7-mal tägl. **Busse** von und nach Teramo.

Essen & Trinken
2 Enoteca Centrale
3 Ristorante Antico Cantinone

Übernachten
1 Hotel Gran Sasso

Von Castelli auf die Hauptstraße *N 491* in das Mavone-Tal Richtung Küste abbiegend, stößt man an der Straße auf gleich zwei kunsthistorisch bedeutsame Kirchen am Wegesrand: Links der Straße sieht man zunächst die **Chiesa San Giovanni ad Insulam** aus dem 12. Jh. aufragen; nur 6 km weiter flussabwärts geht es dann rechts ab nach Ronzano zur **Chiesa Santa Maria di Ronzano** aus dem Jahr 1181. Dank ihrer kunstfertigen Fassade und der aufwendigen Fensterdekorationen zählt sie zu den bedeutendsten romanischen Kirchenbauten der Abruzzen. Von der Hauptstraße beschildert.

Von Teramo zur Nordseite des Gran-Sasso-Massivs

Südwestlich von Teramo geht es ab **Montorio al Vomano** auf der *N 80* Richtung Westen durch das landschaftlich überaus reizvolle obere Vomano-Tal: Auf halber Höhe führt die Straße an der waldreichen Schlucht entlang, hoch oben thronen halbverlassene Dörfer auf den Felsen. Von der *N 80* geht es links steil in Serpentinen hinauf nach **Fano Adriano**, einer beliebten Sommerfrische der Römer auf 750 m Höhe (mit empfehlenswerter *Taverna 7 F* am Ortsrand in der Via Moreni 2, ✆ 0861/95269).

> Wunderbare und spektakuläre Ausblicke auf das Gran-Sasso-Massiv bietet die *Verbindungsstraße von Fano Adriano nach Pietracamela.*

▶ **Pietracamela**: Beliebter Ausflugsort auf 1005 m Höhe in schöner grüner Lage an der Nordseite des Gran Sasso. Ein Spaziergang führt durch schmale Gassen und Torbögen, teilweise sehr pittoresk. Einige der Häuser wurden in den letzten Jahren aufwendig zu Sommerresidenzen hergerichtet, andere erscheinen jedoch sehr baufällig: Wie viele andere Orte auch, war Pietracamela stark von der Abwanderung betroffen. Im Sommer ist der Ort ein guter Ausgangspunkt für Wanderungen, im Winter quartierten sich hier Skitouristen ein.

• *Information* **Punto Informativo** des *Parco Nazionale Gran Sasso e Monti della Laga*, Besuchszentrum des Nationalparks im Ort (beschildert). Wanderkarten und geführte Touren. Im Sommer 9–13 und 14–18 Uhr geöffnet, Di und Fr vormittags und Mi geschl., im Winter eingeschränkte Öffnungszeiten. ✆ 0861/955005.

• *Übernachten/Essen & Trinken* ** **Albergo/Ristorante Antica Locanda**, Eckhaus bei der zentralen Piazza, 9 Zimmer mit dunklen Holzböden, Bad und TV, DZ 60 € (mit Frühstück), HP 50 €/Person. Im EG urgemütliches Ristorante mit Fernseher in der Ecke, Kamin und nur 6 Tischen – oft bis auf den letzten Platz besetzt. Ziemlich günstig, empfehlenswert. Mittags und abends geöffnet, Mi geschl. Via Vicolo Stretto 1, ✆ 0861/955120, ℻ 955275, www.anticalocandaonline.it

** **Residence Gran Sasso**, im Zentrum (bei Antica Locanda) über der gleichnamigen Bar/Ristorante. 9 moderne Mini-Appartements mit Küche, Bad, TV, für 1 Pers. 33 €, 2 Pers. 66 €, Frühstück extra (gibt's in der Bar). Via XXIV Maggio, ✆ 0861/955109, ℻ 959669, www.MontautiHotel.it

In Teramo

Prati di Tivo: Endlos schraubt sich die 6 km lange Straße von Pietracamela immer höher hinauf zur großen „Wiese" (= *Prati*): Prati di Tivo (1450 m) ist ein weit auseinandergezogenes Retortendorf mit einer Handvoll unschöner Hotelklötze, Snack-Bars und Restaurants. Vier Lifte führen von hier zu den Pisten, der Gran Sasso ist zum Greifen nah. Ein träger Einer-Sessellift schaukelt auch im Sommer langsam hinauf zur Bergstation, dem Ausgangspunkt für hochalpine Touren im Gran-Sasso-Massiv, an dessen Nordostseite auch der *Ghiacciaio del Calderone*, der südlichste Gletscher Europas und einziger auf dem Apennin, zu finden ist.

• *Öffnungszeiten Sessellift* Im Sommer Mo–Fr 9–17 Uhr, Sa/So 8.30–17.30 Uhr, hin und zurück 8 €, einfach 6 €, Kinder unter 8 J. (bzw. 1,40 m Größe) frei. **Bar** und **Liegestühle** an der Talstation des Sessellifts.

Ankunft am Campo Imperatore

Von Teramo zum Campo Imperatore und nach L'Aquila

Der schnellste Weg führt von Teramo auf der Autobahn *A 24* Richtung L'Aquila, kurz nach dem 10 km langen *Gran-Sasso-Tunnel* verlässt man diese bei der Ausfahrt **Assergi** (47 km, Autobahngebühren 2,30 €; wer nach L'Aquila möchte, nimmt die darauffolgende Ausfahrt *L'Aquila Est*).

> **Tour-Variante**: Mehr Landschaft und weniger Autobahn bietet die Strecke auf der *N 80* über Montorio al Vomano und das Vomano-Tal hinauf in südwestliche Richtung, an der Westflanke des Gran Sasso entlang und von Nordosten her nach L'Aquila. Ab dort auf der *N 17* Richtung Popoli, dann aber links ab nach **Assergi** (beschildert).

Assergi thront hoch über der Straße, gleich hier kommt die Autobahn aus dem Berg heraus. Der kleine Ort lohnt in jedem Fall einen Zwischenstopp: Zwar gibt es keinerlei touristische Infrastruktur, dafür versprühen die stillen, engen Gassen umso mehr Charme. Nördlich von Assergi befindet sich in **Fonte Cerreto** die Talstation der Seilbahn, die über 1000 Höhenmeter hinauf auf die westliche Schwelle des *Campo Imperatore* führt. Im Sommer ist der Ort ein beliebtes „Basislager" für Wanderer, im Winter treffen sich hier die Skisportler. Bei der Talstation gibt es zwei Hotels, Restaurants und einen hübschen Campingplatz.

- *Verbindung* **Bus** von L'Aquila werktags stündl., sonn- und feiertags 5-mal tägl.
- *Seilbahn* **Funivia del Gran Sasso**, tägl. 8–17 Uhr alle halbe Stunde (Sa/So bis 18 Uhr), Mitte März bis Mitte/Ende Juni geschl. 9 € (hin und zurück), Kinder zwischen 7 und 16 J. die Hälfte, Kinder bis 6 J. frei.
- *Übernachten/Essen & Trinken* Am Platz unterhalb der Talstation versammeln sich mehrere Hotels von vergleichbarem Niveau, alle nicht mehr ganz neu, alle mit Bar und Restaurant, alle mit der gleichen Adresse: Fonte Cerreto – L'Aquila, Base della Funivia del Gran Sasso. Das **Hotel Fiordi-**

gigli und das **Hotel Villetta** gehören zum Hotel Duomo in L'Aquila (in beiden: DZ mit Bad und TV ca. 80 €, ✆ 0862/606171, ℻ 606674); im **Hotel Cristallo** kostet das DZ mit Bad und TV 110 €, ✆ 0862/606678, ℻ 606688.

• Camping **Fonte Cerreto**, gemütlicher kleiner Wald- und Wiesencamping mit ausreichend Schatten, ein Stück unterhalb der Talstation, bei Italienern und Deutschen gleichermaßen beliebt. 6,60 €/Person, Zelt ab 4,70 €, Wohnmobil 7,80 €, Auto 1 €. ✆/℻ 0862/606163 oder 348-0312329 (mobil).

Nicht nur die Seilbahn, auch eine eindrucksvolle **Panoramastraße** führt hinauf auf den Campo Imperatore. Allerdings muss man mit dem Auto einen gehörigen Umweg nehmen, um zur Bergstation der Seilbahn zu gelangen: In vielen Kurven geht es bergauf, zunächst durch Wald, dann endlich auf der riesigen Hochebene des Campo Imperatore, flankiert von den schroffen Felsgipfeln des Gran Sasso – eine fast unwirkliche Landschaft von karger Schönheit (nach insgesamt 17 km und gut 500 Höhenmetern zweigt eine Straße ab, ab da weitere 10 km). Das letzte Stück windet sich die Straße in steilen Serpentinen hinauf zur **Bergstation** auf 2130 m Höhe. Hier befindet sich das *Albergo Campo Imperatore*, das heute auch ein beliebtes Ausflugslokal beherbergt und einst durch den unfreiwilligen Aufenthalt Mussolinis Berühmtheit erlangte. Nachdem nämlich der „Duce" im Zuge der Landung englischer Truppen gefangen genommen war, wurde er ab dem 28. August hier unter Arrest gestellt. Am 12. September 1943 befreite ihn die deutsche Wehrmacht und brachte ihn nach Norditalien, wo er als Marionette Hitlers das letzte Kapitel seiner Diktatur aufschlug.

Von der Bergstation führt ein schweißtreibender Fußpfad hinauf zum *Rifugio Duca degli Abruzzi* auf 2388 m Höhe, von hier aus bieten sich grandiose Ausblicke auf die Gebirgszüge des Gran Sasso.

• Übernachten/Essen & Trinken **Hotel Campo Imperatore**, das Zimmer, in dem Mussolini untergebracht war, kann besichtigt werden (3 €/Person), im Shop werden geschmacklose Duce-Souvenirs angeboten. Beliebtes Ristorante (Touristenmenü 15 €), DZ mit Bad 110 €, Mai und Okt. geschl., ✆ 0862/400000, ℻ 400004, www.hotelcampoimperatore.too.it

Ostello Campo Imperatore, neben der Bergstation, einfache Zimmer für 15 €/Person (Reservierung ratsam), auch Selbstbedienungs-Restaurant, ganzjährig geöffnet, ✆ 0862/400011.

L'Aquila

(ca. 67.000 Einwohner)

Die Hauptstadt der Abruzzen ist in jedem Fall einen Abstecher in die Berge wert. Zum einen eignet sie sich hervorragend als Standort für Ausflüge, zum anderen bietet L'Aquila selbst eine ganze Reihe von Sehenswürdigkeiten nebst sympathischem Kleinstadtflair.

L'Aquila liegt auf immerhin 721 m Höhe auf einem Plateau zwischen mächtigen Bergrücken, nordöstlich erhebt sich das Gran-Sasso-Massiv. Die Stadt selbst bietet einen reizvollen Kontrast zwischen moderner Hauptstadt-Geschäftigkeit und beschaulicher Ruhe in den engen Gassen des *centro storico* mit seinen zahlreichen sehenswerten alten Palazzi. Das Herz der Stadt ist die Piazza del Duomo, von hier zweigt die belebte Shoppingmeile und Fußgängerzone Corso Vittorio Emanuele ab, die geradewegs zur Festung führt. Wenig ansehnlich zeigt sich dagegen die verkehrsreiche Neustadt von L'Aquila außerhalb der alten Stadtmauern.

Die Geschichte L'Aquilas ist verhältnismäßig jung: Der Hohenstaufer *Friedrich II.* gab die Stadtanlage im 13. Jh. in Auftrag, 1257 ernannte Papst *Alexander IV.* die Stadt zum Bischofssitz, 1272 wurde die Basilica Santa Maria di Collemaggio gebaut

L'Aquila – die Piazza del Duomo

und 1294 darin ein Papst gekrönt – für das damalige Italien ein Ereignis von immenser Bedeutung, das auch die Stadt aufwertete. Zu kultureller Blüte kam es im 15. Jh. mit der Gründung der Universität, im 16. Jh. rückten aber schon die Spanier an, denen die unabhängige Stadt ein Dorn im Auge war. Von ihnen stammt die beeindruckende Festung am Rand der Altstadt, mit der man der aufmüpfigen Bevölkerung Respekt einzuflößen versuchte. Zum Katastrophenjahr für L'Aquila wurde das Jahr 1703, als ein Erdbeben weite Teile der Stadt in Schutt und Asche legte.

Information/Verbindungen/Diverses/Übernachten/Essen & Trinken

• *Information* **A.P.T.R.**, Informationsbüro der Region, aber auch für L'Aquila, in den Sommermonaten (15. Mai bis 15. Sept.) Mo–Sa 9–13, 16–19 Uhr, So 9–13 Uhr, ansonsten Mo–Fr 9–13 und 15–18 Uhr, Sa 9–13 Uhr, So geschl. Ausreichend Info-Material, Stadtplan. Piazza S. Maria Paganica 5, ✆ 0862/410808, 📠 65442. Ein Info-Büro der **I.A.T.** (gleiche Öffnungszeiten) befindet sich in der Via XX Settembre 8, ✆ 0862/22306. Am oberen Ende der Piazza del Duomo gibt es außerdem einen **Info-Stand** der Stadt (im Sommer).

• *Verbindungen* **Zug**: Bahnhof weit unterhalb vom Zentrum, erreichbar mit den Stadtbussen Nr. 8 und Nr. 11 ab dem großen Bus-Terminal (→ unten). Nur regionaler Zugverkehr (13-mal tägl. Sulmona, dort umsteigen für die Küste).

Busse: Moderner Terminal unterhalb der Altstadt nahe der Kirche S. Maria di Collemaggio, mit der Piazza Duomo durch einen unterirdischen Gang samt Laufband verbunden. Bar, Tourist-Information, Wartesaal und Biglietteria im EG; ca. 10-mal tägl. nach Pescara (teilweise über die Autobahn A 25), 8-mal Teramo (z. T. über Autobahn A 24), außerdem ca. stündl. nach Rom (Stazione Tiburtina) in nur rund 1½ Std. Fahrtzeit. ✆ 0862/412808.

Stadtbusse: Ebenfalls am Terminal, Nr. 76 nach Paganica, dort umsteigen nach Fonte Cerreto zur Seilbahn-Talstation zum Gran Sasso; Nr. 8 und Nr. 11 zum Bahnhof.

Taxis am Busbahnhof und an der Piazza Duomo (Ecke Corso Vittorio Emanuele), gelegentlich auch vor dem Bahnhof. ✆ 0862/22115.

• *Parken* Im 2. UG des Bus-Terminals für 1 €/Std., ansonsten in der Altstadt eher schwierig, da teilweise *zona traffico limitato* oder ebenfalls gebührenpflichtig. Bei den meisten Hotels Parkmöglichkeiten.

• *Autovermietung* Beide etwas außerhalb, Autos können gebracht werden: **Hertz**, an der SS 80 km 2,3, ✆ 0862/319436; **Avis** an der SS 615, ✆ 0862/410415.

• *Internet* **Internet Point** im EG der Bibliothek am Corso Umberto I (zweigt vom Corso Vittorio Emanuele ab).

• *Einkaufen* Werktags vormittags (bis ca. 13 Uhr) großer **Lebensmittelmarkt** an der Piazza Duomo, hervorragendes frisches Obst und Gemüse. Am oberen Ende der Piazza Duomo können Sie im Traditionsgeschäft der **Fratelli Nurzia** ganz köstliche und weiche *Torrone al Cioccolato* sowie andere unwiderstehliche Kalorienbomben kaufen. Piazza Duomo 74–75.

• *Übernachten* TIPP! *** **Hotel Duomo (5)**, mitten im Zentrum, aber noch relativ ruhig in einer Seitengasse an der Piazza Duomo, einige Zimmer auch zur Piazza. 30 eher kleine Zimmer, mit Bad und TV. Freundlicher Service, eigener Parkplatz (5 €/Tag). EZ 60 €, DZ 90 €, 3er-Zimmer 110 €, 4er-Zimmer 140 €, Frühstücksbuffet inkl. Ganzjährig geöffnet. Via Dragonetti 6–10, ✆ 0862/410769, 📠 413058, www.hotelduomo.it

**** **Grand Hotel e del Parco (6)**, etwas in die Jahre gekommene Nobelherberge hinter unscheinbarer moderner Backsteinfassade, unterhalb der Piazza Duomo und gegenüber des kleinen Stadtparks gelegen. Innen herrscht gediegene Eleganz, EZ 76 €, DZ 120 €, Frühstück inkl. Corso Federico II 74, ✆ 0862/413248, 📠 65938.

*** **Hotel San Michele (7)**, ebenfalls ziemlich zentral gelegen, relativ ruhig. Moderne und komfortable Zimmer, EZ 65 €, DZ 90 €, Frühstück inkl. Eckhaus in einer verkehrsarmen Parallelstraße des Corso Federico II. Via dei Giardini 6, ✆ 0862/420260, 📠 27060, www.stmichelehotel.it

• *Essen & Trinken* **Osteria Antiche Mura (1)**, urige Einrichtung wie in einem Trödelladen, dabei aber sehr stilvoll und elegant, eines der besten Restaurants der Stadt. Die Lage (etwas zurückversetzt an der Hauptausfallstraße nach Westen) ist nicht ideal, durch den kleinen Vorgarten aber dennoch recht ruhig. Mittagsmenü 28 €, abends teurer. Mittags und abends geöffnet, So geschl. Reservierung erbeten. Viale XXV Aprile 2 ✆ 0862/62422.

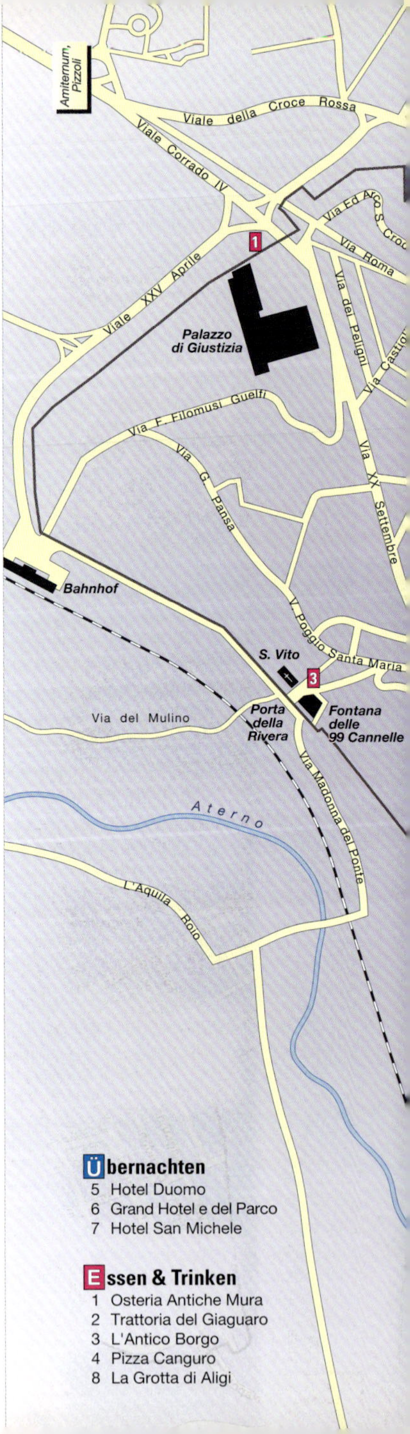

L'Aquila
200 m
Viale della Croce Rossa
Viale Ovidio
Stadio Comunale
Assergi, Gran Sasso
Piazza S. Basilio
Viale Nizza
Viale Duca degli Abruzzi
Viale San Giovanni Bosco
S. Silvestro
Via S. Silvestro
Viale Gran Sasso
Via Pretatti
Via Roma
Via Tre Spighe
Piazza S. Amico
V.le Ovidio
Fontana Luminosa
Viale delle Medaglie d'Oro
Castello/ Museo Nazionale
Via Rustici
Via Garibaldi
S. Pietro
Via dei Guelfi
Via dei Marrucini
Viale Giovanni XXIII
S. Domenico
Via Roma
Via Cascina
Via S. Martino
Piazza S. M. Paganica
S. Maria Paganica
Via Paganica
Corso Vittorio Emanuele
Via Castello
Porta Castello
Pza. Angioina
Università
Via Buccio da Ranallo
Via Antonelli
S. Margherita
Via A. Bafile
Via Camponeschi
Teatro Comunale
Via Zara
Via Vittorio Veneto
Via G. Verdi
Viale Giovanni XXIII
Via Fontesecco
Piazza Palazzo
C.so Umberto I
Biblioteca
Via Sallustio
Via San Bernardino
S. Bernardino
Via Panfilo Tedeschi
Via Cesura
Via Sassa
C.so Vitt. Emanuele
Via S. Crisante
V. Fortebraccio
Scalinata Bernardino
Porta Leone
Via Teramo
Via Persichetti
Via Roio
Via Roio
Via Tre Marie
Via delle Grazie
Via Maiella
Piazza Bernardino
Duomo
Piazza del Duomo
Via del Cardinale
Via San Marciano
Via Nicolò
Via XX Settembre
Via Fortebraccio
Piazza G. Matteotti
S.M. del Suffragio
V. Cimino
Via Crispomonti
Via Rocca di Corno
Via Buone Novelle
Piazza della Prefettura
Via Santa Giusta
Costa Masciarelli
Corso Federico II
Largo Corsica
V. San Fr. di Paola
S. Agostino
S. Giusta
Via Strinella
Via S. Andrea
Via XX Settembre
Via S. Agostino
Via Celestino
V. San Michele
Tunnel zum Zentrum (Fußgänger)
Via Campo di Fossa
Piazzale Pasquale Paoli
Via Gen. Francesco Rossi
V. d. Giardini
Viale Luigi Rendina
Villa Comunale
Viale Fr. Crispi
Via Michele Jacobucci
Viale Giacomo Caldora
TAXI
BUS
P
Ospedale S. Maria di Collemaggio
Viale di Collemaggio
Via P. Colagrande
Via Filippo Corridoni
Viale Francesco Crispi
Via Piave
V.le D'Annunzio
Viale XXIV Maggio
Via G. Belusari
Piazzale di Collemaggio
S. Maria di Collemaggio
Via Porta Napoli
Navelli, Popoli, Sulmona

La Grotta di Aligi (8), gemütliches Restaurant im Gewölbe, beliebter Treffpunkt von Geschäftsleuten zum Mittagessen, freundlicher Service, große Auswahl, gute Weine. Gehobenes Preisniveau, liegt gegenüber des wenig ansehnlichen Stadtparks, ums Eck vom Grand Hotel. Reservierung ratsam. Mittags und abends geöffnet, So geschl. Viale Rendina 2, ✆ 0862/65260.

L'Antico Borgo (3), sympathisches Ristorante bei der Fontana delle 99 Canelle, vielleicht mit einem Ausflug dorthin zu verbinden – bevor man sich wieder auf den steilen Weg hinauf ins Zentrum macht. Kleines gemütliches Lokal mit Terrasse, auch mittags bis auf den letzten Platz besetzt. Degustationsmenü 25 €, ansonsten Antipasto, Primo und Secondo je um 8 €. Mittags und abends geöffnet, kein Ruhetag. Reservierung ratsam (auch mittags). Piazza San Vito 1, ✆ 0862/22005.

Trattoria del Giaguaro (2), beliebte Trattoria, sehr netter Service, bodenständig-schnörkelloses Ambiente, gute Küche zu günstigen Preisen: köstliche hausgemachte Ravioli mit Ricotta-Gemüse-Füllung für 5 €, ein halber Liter Hauswein kommt für 2,50 € auf den Tisch. Mittags und abends geöffnet, Mo-Abend und Di geschl. Piazza Santa Maria Paganica 4, ✆ 0862/28249.

Bei **Pizza Canguro (4)** an der Piazza Duomo gibt es hervorragende, sehr saftige *Pizza al taglio*, erkennbar ist der winzige Laden an der langen Menschenschlange jeden Mittag.

Sehenswertes

Castello (Museo Nazionale d'Abruzzo): Am nordöstlichen Rand der Altstadt liegt mitten im kleinen *Parco del Castello* die mächtige Festung der Stadt – eine wuchtige, streng symmetrische Anlage mit vier Bastionen, im 16. Jh. von den Spaniern errichtet. Noch immer ist das Castello von einem tiefen Burggraben umgeben, und auch heute noch gibt es nur einen einzigen Zugang über eine Steinbrücke. Fast überflüssig zu erwähnen, dass die Festungsanlage nie eingenommen wurde. Im Inneren ist eines der bedeutendsten Museen der Region untergebracht: Das **Museo Nazionale d'Abruzzo** bietet ein interessantes Spektrum an Exponaten. Dazu gehören z. B. das Skelett eines Mammuts in der paläontologischen Abteilung sowie bedeutende archäologische Funde aus römischer Zeit (beide im Erdgeschoss). In den oberen Stockwerken sind mittelalterliche Kunstwerke zu sehen, außerdem eine Abteilung für sakrale Kunst mit kostbaren Reliquiaren. *Arte sacra* findet sich auch im Gewölbekeller. Die Informationstafeln sind zum Teil dreisprachig (ital., engl., dt.).

Öffnungszeiten Di–So 9–20 Uhr, Mo geschl. Eintritt 4 €, ermäßigt 2 €. An den Wochenenden finden auch Führungen statt, Infos unter ✆ 0862/633226.

Chiesa Santa Maria di Collemaggio: Die bedeutendste Kirche der Stadt (etwas außerhalb vom Zentrum, gleich beim großen Bus-Terminal) wurde im Jahr 1287 von *Pietro da Morrone* in Auftrag gegeben. Er stieg im August 1294 als *Coelestin V.* auf den Papstthron, gekrönt wurde er in L'Aquila, hier in Santa Maria di Collemaggio. Auffällig an der Kirche ist allein schon die Fassade mit weiß-roter Steinverkleidung und den drei Portalen mit Fensterrosen darüber. Im Inneren wurde die zwischenzeitlich barockisierte Kirche wieder in ihren ursprünglichen Stil „zurückrenoviert“, es dominiert die kahle Gotik, nur wenige barocke Elemente sind erhalten geblieben. In der rechten Chorkapelle befindet sich das Mausoleum des Papstes Coelestin. Ihm zu Ehren feiert alljährlich die ganze Stadt Ende August ein großes Fest namens „La Perdonanza“. Am Abend des 28. Augusts wird die *Porta Santa* geöffnet, die „Heilige Pforte“ der Kirche: Wer hindurchschreitet, wird von seinen Sünden freigesprochen – und kann danach umso ausgelassener feiern.

Öffnungszeiten Tägl. 8.30–13 und 15–18 Uhr, So bis 20 Uhr.

Santa Maria di Collemaggio

Piazza del Duomo: Hier trifft man sich allmorgendlich zum Einkauf am Markt, diverse Cafés laden zu Cappuccino oder – später – zum Aperitivo, in den lauen Sommernächten finden gelegentlich Konzerte statt, aber auch an ganz „normalen“ Abenden ist der Platz voller Menschen, die hier der *Passegiata*, dem abendlichen Flanieren nachgehen. Wichtigstes Bauwerk der Piazza del Duomo ist natürlich der Dom am unteren Ende des Platzes: Die schneeweiße *Cattedrale San Massimo* stammte ursprünglich aus dem 13. Jh., wurde aber bei dem Erdbeben im Jahr 1703 vollkommen zerstört und erst im 19. Jh. wieder aufgebaut.

Fontana delle 99 Canelle: Eine der bekanntesten und meistfotografierten Sehenswürdigkeiten von L'Aquila liegt gut versteckt an der alten Stadtmauer, weit unterhalb vom Zentrum. 99 Castelli sollen angeblich an der Stadtgründung L'Aquilas beteiligt gewesen sein, jedes mit eigener Kirche und eigenem Brunnen, so die Legende. Sicher weiß man, dass es die Fontana delle 99 Canelle mit ihren wasserspeienden Masken hier schon seit 1272 gibt. Die Stadtwappen wurden im 15. Jh. angefügt, 1744 wurde die Brunnenanlage nach Erdbebenschäden restauriert. Nachzählen kann man sich übrigens sparen: Es sind nur 93 Masken. Zu Fuß gelangt man von der Via XX Settembre über die Via Borgo Rivera hinunter zum Brunnen. Anstrengender Rückweg in die Stadt!

Die Küste von Roseto bis Silvi Marina

Zwar gibt es auch hier noch immer den feinen Sandstrand, doch wirken die Orte nicht mehr ganz so taufrisch wie die nördlicheren. Dafür locken einige hübsche Kleinstädte im Hinterland zur Entdeckungstour.

Die viel besuchten Badeorte *Roseto degli Abruzzi*, *Pineto* (mit seinem hübschen Pinienwäldchen, von dem der Ort seinen Namen hat) und *Silvi Marina* bieten die passende Infrastruktur für den Strandurlaub, wobei Roseto und Pineto vielleicht

Am Strand bei Roseto

die empfehlenswerteren Orte sind: Roseto mit seiner breiten Uferpromenade wirkt weitläufig, Pineto etwas ruhiger und gemütlicher. Die Nähe zum Großraum Pescara ist spätestens ab Silvi Marina deutlich spürbar.

Roseto degli Abruzzi (ca. 20.000 Einwohner)

Dank endloser feiner Sandstrände und über 30 Hotels (sowie einem halben Dutzend Campingplätzen) gehört Roseto zu den beliebtesten Badeorten an diesem Küstenabschnitt. In der Hochsaison verdoppelt sich die Einwohnerzahl des etwas konturlosen Städtchens und am Strand mit seinen unzähligen „Stabilimenti Balneari" herrscht drangvolle Enge. Ihn verunziert eine unansehnliche Seebrücke aus Beton, recht lauschig gibt sich dagegen die kleine *Pineta*, das Pinienwäldchen mit Parkbänken und Kinderspielplatz.

Südlich des Ortes mündet der Fluss *Vomano* ins Meer. Hier zeigt sich Roseto von seiner nicht ganz so gepflegten Seite, es gibt einige freie Strandabschnitte ohne Wellenbrecher. Historische Bausubstanz sucht man in Roseto vergeblich: ein moderner, touristisch bestens erschlossener Ort, vor allem bei Familien beliebt.

Information/Verbindungen/Übernachten/Essen & Trinken

• *Information* **I.A.T.** an der Piazza Libertà 25, ✆ 085/8991157.

• *Verbindungen* **Bahn**, mindestens stündl. nach Pescara und Giulianova, ca. alle 90 Min. nach Alba Adriatica und alle 2 Std. nach San Benedetto del Tronto (Marken).

Busse, von ca. 6–23 Uhr etwa stündl. nach Giulianova, mindestens stündl. nach Pescara (ca. 5.30–21 Uhr), 15-mal tägl. über Giulianova nach Teramo, 8-mal Atri, 9-mal L'Aquila.

• *Übernachten* **** **Hotel Bellavista**, gepflegtes Haus an der Uferpromenade, mit einladendem Pool, über die Straße zum Strand. Schickes Ristorante, 100 moderne Zimmer mit Bad, TV, Aircon. DZ mit HP ab 136 €, Balkon 20 € Aufpreis. In der NS DZ mit Frühstück ab 70 €. Ende März bis Ende Okt. geöffnet. Via Veneto 2, ✆ 085/8931110, 📠 8930559, www.bellavistahotel.net, E-Mail: hotel@bellavistahotel.net

Camping Lido d'Abruzzo, bestens organisierter Campingplatz und Bungalow-Areal, großer Pool (mit Rutsche und Jacuzzi), Restaurant, Supermarkt, Animation usw. Rund 150 Bungalows, dazu 200 schattige Stellplätze. Pro Pers. 8,50 €, Stellplatz 15 €. Bungalows nur wochenweise ab 630 € (4 Pers.). Gut 2 km nördlich von Roseto. Via Makarska, Lungomare Nord, ✆ 085/8942643, 📠 8944346, www.villaggiolidoabruzzo.it, E-Mail: info@villaggiolidoabruzzo.it

3 weitere Campingplätze befinden sich in direkter Nachbarschaft zu obigem: „Gilda", „La Playa" und „Surabaja" – alle kleiner und ein wenig günstiger als „Lido d'Abruzzo".

• *Essen & Trinken* **Trattoria Luciana**, Fischrestaurant am südlichen Ortsausgang, rustikales Ambiente, wechselnde Tagesgerichte. Mittags und abends geöffnet, Di geschl. Lungomare Trieste 60, ✆ 085/8997143.

a Maltese, Jazzhouse, auch günstige einfache Küche (Pasta meist unter 5 €), das gelbe Gebäude in zweiter Reihe verfügt über eine schmale Terrasse zu den Bahngleisen hin, ab 20 Uhr geöffnet, Mi Ruhetag. Via Ariccia 9.

Roseto/Umgebung

▶ **Abbazia di Santa Maria di Propezzano**: Am 10. Mai des Jahres 715 soll hier die Muttergottes erschienen sein, woraufhin Papst *Gregor II.* an gleicher Stelle bald eine erste Kirche bauen ließ. Der heutige romanische Bau mit angeschlossenem Kloster stammt aus dem Jahr 1285. Damals war die Abtei in reizvoller Einzellage am Hang des Vomano-Tales eine wichtige Station der Pilger auf ihrer Reise ins Heilige Land.

Man betritt die dreischiffige Kirche durch eine Säulenvorhalle, in der auch die Heilige Pforte aus dem Jahr 1315 zu bewundern ist. Das schmucklose Innere ist schon gotisch; interessant sind die leider nur in Resten erhaltenen Fresken aus dem späten 15. Jh. auf der linken Seite des Mittelschiffes.

• *Anfahrt/Öffnungszeiten* Von der *N 150* (Vomano-Tal landeinwärts) rechts ab Richtung Notaresco, die Kirche liegt auf der rechten Seite, kaum zu übersehen. Keine Busverbindungen. Die Kirche ist meist verschlossen, den Schlüssel bekommt man in der Bar nebenan (am Parkplatz).

Pineto

(ca. 13.000 Einwohner)

Attraktion des Ortes ist zweifelsohne die *Pineta*, das Pinienwäldchen am Südrand des Ortes, hinter dem sich ein sehr schöner, breiter und ruhiger Sandstrand erstreckt. Hier findet sich so manches, was zur Strandentspannung beitragen kann: Kinderspiel- und Bolzplätze, Bocciabahn, Tavernen, Eisstände usw. Straße und Bahnlinie liegen etwas entfernt, zum Strand geht es durch diverse kleine Unterführungen – kein Durchkommen für Autos oder Mopeds. Überhaupt ist Pineto um einiges beschaulicher als die wenige Kilometer nördlich gelegenen Orte Roseto oder Giulianova – also ein relativ ruhiger und gemütlicher Badeort, sicherlich einer der empfehlenswertesten an diesem Teil der Küste. Südlich des Ortes erhebt sich zwischen *N 16* und Strand die eindrucksvolle *Torre di Cerrano*. Der zinnengekrönte Wehrturm wurde im 16. Jh. zur Verteidigung der Küste gegen die einfallenden Sarazenen errichtet (nur von außen zu besichtigen).

Information/Verbindungen/Übernachten

• *Information* **I.A.T.**, Nähe Rathaus und Durchgangsstraße im südlichen Ortsteil, Via G. D'Annunzio 19, ✆ 085/9491745 oder 9491341.

• *Verbindungen* **Bahn**, Bahnhof im Zentrum, mit dem Bummelzug mindestens halbstündl. nach Pescara, Roseto und Giulianova.

Busse, Haltestelle vor dem Bahnhof, etwa stündl. via Silvi Marina nach Pescara, ebenso ca. stündl. nach Roseto und Giulianova, außerdem ca. alle 1 bis 2 Std. nach Atri.

• *Übernachten* *** **Hotel Costa Verde**, nördlich der Flussmündung, gepflegtes Albergo mit Pool, fünfstöckiger Bau, recht moderne und komfortable Zimmer mit Bad, Balkon, TV und Aircon. EZ mit obligatorischer HP 92 €, DZ 164 €, in der NS deutlich günstiger (53 € bzw. 86 €). Privater Strandabschnitt gegenüber. Geöffnet 1. Mai bis 20. Sept. Lungomare dei Pini 5, ✆ 085/9491633, 📠 9490293, www.pinetovacanze.it, E-Mail: costaverde@pineto.com

Camping Park Pineto Beach, ca. 2 km nördlich vom Ort direkt am Strand, aber auch direkt an der Bahnlinie. Schön grün und mit ausreichend Schatten, Pool, Bar, Ristorante, Mini-Market. Außerdem diverse Sportangebote, u. a. Boccia, Beachvolleyball, Tischtennis, Fußball. Pro Pers. 9 €, Stellplatz 15–16 €. Bungalows nur wochenweise ab 660 € (4 Pers.). Geöffnet Mitte Mai bis ca. 20. Sept., Loc. Nuova Pineta, ✆ 085/9492724, 📠 9492796, www.pinetobeach.it, E-Mail: pinetobeach@libero.it

Camping Heliopolis, gleich daneben, etwas kleiner, aber ebenfalls mit Pool, Bar, Restaurant und Mini-Market. Pro Pers. 8,50 €, Stellplatz ab 9 €, Miet-Wohnwagen 21–24 €. 1. April bis 30. Sept. geöffnet. Contrada Villa Fumosa, ✆ 085/9492720, 📠 9492171, www.heliopolis.it, E-Mail: info@heliopolis.it

Pineto/Umgebung

Atri (ca. 11.500 Einwohner)

Etwa 12 km landeinwärts von Pineto thront das anmutige Renaissancestädtchen auf 442 m Höhe – Panoramablick auf die Hügellandschaft inklusive.

Im Zentrum stößt man unweigerlich auf die weite Piazza Duomo, das große Wohnzimmer der Stadt, an dessen unterem Ende sich die eindrucksvolle *Cattedrale Santa Maria Assunta* befindet. Hinter der strengen und schmucklosen Fassade mit Fensterrose verstecken sich in der Apsis einige meisterhafte Fresken aus der Zeit um 1450. Die Piazza selbst und der anschließende Corso Adriano sind angenehmerweise autofrei, überhaupt herrscht in der Stadt eine ruhige und entspannte Atmosphäre, die einen Besuch hier so lohnenswert macht.

Wer aus westlicher Richtung nach Atri kommt, wird die durch Erosionen entstandenen Bodenfalten namens *Calanchi* kaum übersehen. Diese Wüsten- und Mondlandschaft neben intensiv bewirtschaftetem Ackerland hinterlässt durchaus Eindruck und wurde 1995 zum Naturschutzgebiet erklärt.

Die Stadt Atri blickt auf eine große Vergangenheit zurück. Bereits im 5. Jh. v. Chr. befand sich hier eine Siedlung, erstmals dokumentiert wurde das antike *Hatria* 290 v. Chr. Als treue Verbündete Roms kämpfte die Kolonie schon gegen den Karthager Hannibal, später wurde Hatria zum wichtigen und wohlhabenden Handelszentrum. Zahlreiche mittelalterliche Gebäude wurden auf Fundamenten des antiken Ortes gebaut, die teilweise noch zu sehen sind, u. a. an der Piazza Duomo. Im Jahr 1251 wurde die Stadt auf Betreiben eines Kardinals von *Papst Innozenz IV.* zur Diözese erhoben, 1395 kaufte *Antonio Acquaviva*, der Duca des nahe gelegenen San Flaviano (bei Giulianova) die Stadt auf und legte den Grundstein für eine rege Bautätigkeit. Die wichtigste Hinterlassenschaft ist sicherlich der *Palazzo dei Duchi d'Acquaviva* (14. Jh.) an der gleichnamigen Piazza, wo heute das Rathaus der Stadt untergebracht ist.

• *Verbindungen* Beste **Busverbindungen** an die Küste, ca. 10-mal tägl. Pineto, Giulianova und Pescara, 8-mal Roseto degli Abruzzi, 4-mal Teramo.

• *Übernachten* *** **Hotel Du Parc**, einladendes Haus am unteren Ende des Viale Umberto I, beim Parco Comunale. Äußerst beliebt bei italienischen Gästen, mit Pool. Gutes Ristorante, HP ist üblich, aber nicht obligatorisch. Zimmer mit Bad und TV, EZ 62 €, DZ 87 €, Frühstück inkl. HP in der HS 60 €/Person. Ganzjährig geöffnet. Viale Umberto I 6, ✆ 085/870260, ℻ 8798326, www.hotelduparc.it

* **San Francesco**, etwas einfacheres Albergo oberhalb der Piazza Duomo am autofreien Corso Adriano im Zentrum. Hätte eigentlich 2 Sterne verdient: 38 ordentliche Zimmer mit Bad und TV, auch Dachterrasse und im EG Bar und Trattoria. EZ 32 €, DZ 47 €, 3er-Zimmer 65 €, kein Frühstück. Corso Adriano 38, ✆ 085/87473, ℻ 870305.

• *Essen & Trinken* **Locanda Duca d'Atri**, gemütliches Restaurant unter einer Gewölbedecke, regionaltypische Küche. Mittags und abends geöffnet, Di Ruhetag. Von der Piazza Duomo aus beschildert. ✆ 085/8797586 oder 328-4769733.

Bar del Teatro, hier sitzen Sie in der ersten Reihe, Logenplatz an der wirklich wunderschönen ruhigen Piazza Duomo, dem großen Wohnzimmer der Stadt. Halb Atri schlendert hier zur Passegiata, und auf der Terrasse der Bar lässt es sich mit Aperitivo und Nüsschen wirklich stundenlang aushalten.

Macoba, schicke Wein- und Cocktailbar nur wenige Schritte von der Piazza Duomo in der Via Ferrante 12. Tägl. 17–2 Uhr geöffnet.

Gemütlichkeit an der Piazza Duomo

▸ **Cattedrale Santa Maria Assunta**: Die Kathedrale an der Piazza Duomo beeindruckt mit ihrer beige-gelben Steinfassade, deren gleichförmige Schlichtheit nur durch das aufwendige Portal mit der Fensterrose darüber unterbrochen wird. Im dreischiffigen Inneren setzt sich zunächst die Schlichtheit fort, bis man zum Chor mit dem herausragenden Freskenzyklus aus dem 15. Jh. gelangt. Er stammt von *Andrea Delitio*, einem bedeutenden abruzzesischen Maler, der auch in Umbrien und der Toskana gewirkt hat. Der Freskenzyklus von Santa Maria Assunta gilt als sein Meisterwerk: In der Zeit zwischen 1450 und 1460 schuf er hier insgesamt 26 Szenen aus dem Leben des Heiligen Joseph und der Heiligen Maria, davon am drastischsten und eindrucksvollsten sicherlich der grausige „Kindermord von Bethlehem" (wenn man hereinkommt links oben). Die drei Wände sind von oben bis unten mit Fresken ausgemalt und bergen viele überraschende Details – unbedingt sehenswert!

Die Cattedrale entstand in den Jahren von 1264 bis 1305 auf den Fundamenten eines älteren Kirchenbaus aus dem 9. Jh., vermutlich befand sich hier eine römische Zisterne, worauf Funde in der Krypta hinweisen (Zugang zur Zisterne über Museo Capitolare).

Öffnungszeiten Über Mittag geschl.

▸ **Museo Capitolare**: Das Kapitularmuseum im Kloster neben dem Dom beherbergt zahlreiche sakrale Kunstwerke (alte Schriften und Dokumente, Gewänder, Gemälde,

Detailreich sind die abruzzesischen Kirchenfassaden

Statuen, Madonnendarstellungen, Majoliken usw.). Vom Kreuzgang gelangt man zur alten Krypta der Kathedrale: An dieser Stelle befand sich die riesige **Cisterna Romana**, die die Wasserversorgung der römischen Bäder sicherte. Auch im Mittelalter war hier ein riesiges Wasserreservoir untergebracht. In der Krypta sind ebenfalls noch einige alte Fresken zu sehen.

Öffnungszeiten Im Sommer tägl. 10–12 und 16–20 Uhr, im Winter (1. Okt. bis 31. Mai) 10–12 und 15–17 Uhr, Mi geschl. Eintritt 3 €, erm. 2 €. Via A. de Litio.

Silvi Marina/Silvi Alta

Die Nähe zur Großstadt Pescara macht sich in *Silvi Marina* schon deutlich bemerkbar, v. a. am Südrand des Ortes, an dem eine Handvoll Hotelhochhäuser entstanden sind – zum Teil recht luxuriös, wie z. B. das *Grand Hotel Berti*. Weiter nördlich erstrecken sich am knapp 4 km langen Sandstrand zahlreiche Mittelklasseherbergen. Die meisten Hotels befinden sich auf der Seeseite, so dass man nicht mal die Straße überqueren muss, um an den gut besuchten Sandstrand zu gelangen. Rund 5 km nordwestlich liegt hoch über der Küste der alte Ort *Silvi Paese* – ein beschauliches Dorf mit herrlichem „Balcone". Toller Blick!

Information/Verbindungen/Übernachten/Essen & Trinken

• *Information* **I.A.T.**, an der Hauptstraße Via Garibaldi 208, im Sommer Mo–Sa 9–13, 16–19 Uhr, So 9–13 Uhr, vom 16. Sept. bis 15. Juni Mo 15–19 Uhr, Di–Mi und Sa 9–14 Uhr, Do–Fr 9–13 und 15–19 Uhr. Hier hängen Busfahrpläne aus. ✆ 085/930343.

• *Verbindungen* **Zug**, Bahnhof im Zentrum, mindestens stündl. Verbindungen nach Pescara, mindestens stündl. nach Pineto, Roseto und Giulianova, ca. alle 2 Std. nach Alba Adriatica. Gute Zugverbindungen ab Pescara.

Busse, Abfahrt vor dem Bahnhof, mindestens stündl. nach Pescara, ca. alle 1½ Std. nach Atri, ca. stündl. nach Giulianova.

• *Übernachten* **** **Mion Hotel**, direkt am Strand, schöner Garten, schickes Restaurant „Sanio" mit Terrasse, Pool, zum hoteleigenen Sportangebot zählen u. a. Surfen, Tennis, Kanu, außerdem kostenloser Fahrradverleih. 64 angenehme Zimmer mit Bad, Balkon, TV und Aircon. EZ 100–130 €, DZ 135–160 €, Frühstücksbuffet 15 €/Person. Mitte Mai bis ca. 10. Sept. geöffnet. Via Garibaldi 22, ✆ 085/9350935, 📠 9350864, www.mionhotel.com, E-Mail: info@mionhotel.com

*** **Hotel Miramare**, sympathisches, schon etwas in die Jahre gekommenes Strandhotel, netter Garten mit Pool und Liegewiese, vom Garten geht es direkt an den Strand. EZ mit obligatorischer VP 61–76 €, DZ 122-

152 €, in der NS um 50 € bzw. 100 €. Ende März bis Ende Sept. geöffnet. Via Garibaldi 134, ✆ 085/930235, 📠 9351533, www.miramaresilvi.it, E-Mail: info@miramaresilvi.it

Camping Unita Europa, ganz am Nordende der Uferpromenade am Meer (die Straße endet hier), neben einer kleinen Pineta, relativ weit ab vom Schuss. Bar, Ristorante und Mini-Market am Platz, dazu Boccia und Beachvolleyball, in der HS auch Animation. Camping pro Pers. 7,50 €, Stellplatz 10,50–14,50 €. Anfang Mai bis Ende Sept. geöffnet. Zona Cerrano – Via Arenile Nord, ✆/📠 085/932733.

• *Essen & Trinken* **Vecchia Silvi**, in *Silvi Paese* an der Ringstraße, nicht zu übersehen. Solide abruzzesische Küche, freundlicher Service, nicht zu teuer: Menu turistico für 16 € bzw. 18 €, das Menu tipico kommt auf 25 €. Mittags und abends geöffnet. Via Circonvallazione, ✆ 085/930141.

Im Hügelland bei Pescara

Endlose Hügel, oft gekrönt von pittoresken, kleinen Städtchen. Die sehenswertesten findet man zwischen Pescara und dem Gran Sasso-Massiv, das hier allgegenwärtig ist.

Die Orte dieser Gegend liegen oftmals in Sichtweite zueinander, doch der Schein trügt: Wer von A nach B will, muss erst einmal in vielen Kurven hinunter ins Tal, durch landwirtschaftlich intensiv bewirtschaftetes Gebiet und dann wieder den Berg hinauf – was dauern kann. Dennoch, Städte wie Penne, Loreto Aprutino und Città Sant'Angelo sind in jedem Fall einen Ausflug wert. Abseits der üblichen Routen und vollgestopft mit teilweise spektakulären Kunstschätzen – man denke nur an das Fresko von *Santa Maria in Piano* bei Loreto Aprutino – bieten diese Orte aber vor allem eins: reges Kleinstadtleben mit vielen kleinen Geschäften, urigen Osterien und altertümlichen Bars an der Piazza, wo jeder jeden kennt.

Città Sant'Angelo (ca. 11.500 Einwohner)

Trotz der Nähe zur Küste sieht man in dem typischen abruzzesischen Hügelstädtchen kaum Touristen. In der Altstadt herrscht Betriebsamkeit, von dem zentralen ausladenden „Balcone" hat man einen herrlichen Weitblick.

Gleich am unteren Ende des Corso Vittorio Emanuele, dem Rückgrat der Altstadt, thront rechter Hand auch schon die bedeutendste Sehenswürdigkeit von Città Sant' Angelo: die besonders schöne *Collegiata San Michele* aus dem 14. Jh. (ab 1351 Stiftskirche), die auf einem Vorgängerbau aus dem 9. Jh. entstand. Bemerkenswert ist das kunstvolle Portal aus dem Jahr 1326, umrahmt von einem anmutigen Portikus aus dem 15. Jh.; der Campanile erinnert an die *Cattedrale S. Maria Assunta* des benachbarten Atri. Innen ist die Kirche barock.

Città Sant'Angelo, strategisch günstig auf 320 m Höhe mit Blick auf die Küste gelegen, war schon von den Vestinern besiedelt, seinerzeit unter dem Namen *Angulus*. Im Mittelalter nannte man sich dann *Castrum Sancti Angeli* (daher auch der heutige Name) und war papsttreu – eine Haltung, die Città Sant'Angelo später teuer bezahlen sollte, als nämlich *Friedrich II.* die Stadt im Jahr 1226 in Schutt und Asche legte.

• *Information* Ein Info-Büro sucht man vergebens. Zur Orientierung hängt am Anfang des Corso Vittorio Emanuele ein **Stadtplan** aus.

• *Feste* Am 3. So im Sept. findet das **Patronatsfest San Michele** statt, mit einer Prozession am Tag darauf.

• *Verbindungen* **Busse**, mindestens stündl. über Montesilvano nach Pescara, ab dort weitere Verbindungen.

• *Essen & Trinken* **Osteria dell'Angelo**, in einer Seitengasse der zentralen Piazza Garibaldi, uriges Ambiente, spezialisiert auf Fischgerichte, etwas gehobenes Preisniveau: Primi 7–8 €, Secondo Pesce ab 15 €, dazu wechselnde Tagesgerichte. Mittags und abends geöffnet, Mo geschl. Via Diaz 8, ✆ 085/9699023.

Penne

(ca. 12.500 Einwohner)

Das beachtliche Centro storico der Stadt erstreckt sich über zwei Hügel. Dunkle Gassen, uralte Palazzi und Kirchen sind hier zu sehen, umgeben von herrlich grüner Landschaft mit See und Gran Sasso-Panorama.

Ein Spaziergang durch das sehr sehenswerte Städtchen führt immer wieder steil bergauf (bzw. bergab), über Treppen und durch düstere schmale Straßen, durch die kaum ein Fiat 500 passen würde. Dazwischen finden sich viele schöne Palazzi aus den verschiedensten Epochen, alte Loggien, Stadttore wie z. B. die Porta di San Francesco (oder Porta San Nicola), durch die im Jahr 1216 kein Geringerer als der *Heilige Franz von Assisi* höchstselbst geschritten sein soll, Innenhöfe aus der Renaissance und nicht zu vergessen natürlich das gute Dutzend alter Kirchen, in denen sich noch der eine oder andere Schatz entdecken lässt. Kurzum: Wer mit offenen Augen durch die Stadt geht, stößt auf zahlreiche interessante Relikte der vergangenen Jahrhunderte. Die Gegenwart spielt sich in Penne in der Umgebung der Piazza Luca da Penne und am Corso Alessandrini ab, hier finden sich auch diverse Geschäfte und Restaurants. Vom hinteren linken Eck der Piazza Luca da Penne führt ein Durchgang zum „Balcone" von Penne – schöner Blick bis zum Meer.

Die Gegend um Penne ist geschichtsträchtig: Lange vor den Römern errichteten die Vestiner das antike *Pinna*, seinerzeit eine große und mächtige Stadt. 89 v. Chr. vereinnahmten die Römer Pinna und erhoben es gleich darauf zum Municipium. Im Mittelalter wüteten zuerst die Barbaren, dann die Langobarden, zwischenzeitlich wurde der Ort von *Karl dem Großen* zur Hauptstadt der Provinz Pennese erklärt. Später machte Penne als Hochzeitsgeschenk von sich reden: *Karl V.* schenkte die Stadt seiner Tochter *Margarete von Österreich* zu deren Vermählung mit *Alessandro de' Medici*. Aus jener Zeit stammen auch viele der repräsentativen Gebäude und Kirchen. Einen weiteren Aufschwung erlebte Penne im 18. Jh., als der Ort dank seiner herrlichen Lage auf 438 m Höhe und inmitten satten Grüns vom abruzzesischen Landadel als Sommerfrische entdeckt wurde und viele Palazzi in neuem Glanz erstrahlten.

Information/Verbindungen/Übernachten/Essen & Trinken

• *Information* **Ufficio Informazione Turistica**, in der Via Dante Alighieri (geht von der Piazza Luca da Penne ab), Mo–Fr 9.30–12.30 Uhr geöffnet, Di und Do auch 15–18 Uhr. ✆ 085/82167219 oder 8211839.

• *Verbindungen/Parken* **Busse**, ca. 10-mal tägl. über Loreto Aprutino nach Pescara, teilweise mit Umsteigen.

• *Übernachten* Einzige Übernachtungsmöglichkeit in Penne ist das moderne *** **Hotel dei Vestini** am unteren Rand der Altstadt. Moderner Betonklotz, mit Garten und Pool, Bar und Restaurant, komfortable Zimmer mit Bad und TV. EZ 50 €, DZ 70 €, Frühstück jeweils inkl. Ganzjährig geöffnet. Via Caselli 37, ✆/✆ 085/8278200, www.hoteldeivestini.com

• *Essen & Trinken* **Osteria del Leone**, gemütliches Restaurant im Gewölbe an der Piazzetta XX Settembre im Zentrum (etwas oberhalb der Piazza Luca da Penne). Ungewöhnlich die große Auswahl an vegetarischen Gerichten, außerdem wechselnde Tagesgerichte, nicht zu teuer: Menü mit Hauswein um 20 €. Mittags und abends geöffnet, für abends besser reservieren. Mo geschl., ✆ 085/8213224.

Ristorante La Grotta, einfacher und bodenständiger als obiges, auch günstiger, dabei aber sicher keine schlechte Wahl. Gut und solide zubereitete abruzzesische Küche, das Menü mit Hauswein kommt auf ca. 15 €/ Person. Freundlicher Service. Etwas versteckt in einer Seitengasse zwischen Piazza Luca da Penne und Porta di San Francesco gelegen. Via Pultone 8, ✆ 085/8210255. Auch *Lesertipp* von Jörg Grimm aus Hoisdorf.

▸ **Cattedrale**: Das bedeutendste Gotteshaus der Stadt (die schmalen Gassen immer bergauf zum höchsten Punkt) mit dem überlangen Namen *Cattedrale di Stanta Maria degli Angeli e San Massimo Martire* entstand bereits um das Jahr 1000 auf den Fundamenten eines antiken Tempels. Schon bald darauf baute man die Cattedrale im romanischen Stil um (11. Jh.), im 14. Jh. erfolgte der Wechsel zum gotischen Stil. Mitte des 17. Jh. fand dann eine letzte große Umgestaltung nach den Vorgaben des Barock statt, 1944 wurden große Teile des Bauwerks zerstört. Heute zeigt sich die dreischiffige Cattedrale als schmuckloser Backsteinbau, in dem aber durchaus einige Kunstwerke aus den verschiedenen Jahrhunderten zu bewundern sind, darunter das seitliche Renaissanceportal (16. Jh.), das Weihwasserbecken (15. Jh.) und der Hochaltar aus dem 12. Jh. Unbedingt einen Blick sollte man auch in die Krypta aus der Zeit um 1000 mit Freskenmalereien aus dem 13. und 14. Jh. werfen.

Altstadtgasse in Penne

Öffnungszeiten Di–So 10–13 und 16–19 Uhr, Mo geschl.

Loreto Aprutino

(ca. 7500 Einwohner)

Auch das etwas südöstlich von Penne gelegene kleine Städtchen bietet eine malerische Altstadt samt herrlichem Panoramablick über das Hügelland zum Meer hin.

Umgeben ist Loreto Aprutino hauptsächlich von Olivenbäumen, das Öl aus der Gegend ist berühmt und hat es sogar zum DOP-Status gebracht. Im Ort angelangt, muss man erst einmal die wenig spektakuläre Neustadt hinter sich lassen, dann geht es über schmale Gassen hinauf ins *centro storico,* an dessen höchstem Punkt das **Castello Chiola** thront. Eine Befestigung gab es hier schon in der Antike, sie bildete die Basis für spätere Bauten, deren ältester etwa auf das Jahr 1000 zurückgeht. Heute befindet sich in dem alten Gemäuer ein Luxushotel mit traumhafter Aussicht. Nur wenige Schritte sind es zu der hier abgehenden Via del Baio mit diversen eindrucksvollen Palazzi. Heute wirkt das alte Loreto Aprutino recht verschlafen, man trifft sich an der Piazza Garibaldi im modernen Stadtteil unterhalb des *centro storico.*

Verbindungen/Einkaufen/Übernachten

• *Verbindungen* **Busse**, ca. 10-mal tägl. nach Pescara und Penne. Richtung Pescara teilweise mit Umsteigen.

• *Einkaufen* *Prodotti tipici* aller Art gibt es bei **La Fonte di Feronia** in der Via del Baio, unweit des B & B Lauretum.

Azienda Vinicola Valentini, hervorragender Montepulciano d'Abruzzo DOC und Trebbiano DOC, Valentini gilt als einer der besten Produzenten der Region. Via del Baio 2, ✆/℻ 085/8291138.

• *Übernachten* **** **Castello Chiola**, Nobelhotel im alten Schloss an der höchsten Stelle von Loreto Aprutino (beschildert). Stilvoll und aufwendig hergerichtet, glasüberdachter Innenhof, die Zimmer etwas altmodisch, aber sehr elegant und komfortabel, 2 Restaurants, Pool mit Terrasse und Weitblick, absolute Ruhe. EZ 127 €, DZ 180 €, Frühstück inkl. Ganzjährig geöffnet. Castello Chiola, Via degli Aquino, ✆ 085/8290690, ℻ 8290677, www.castellochiolahotel.com

B & B Lauretum, nur wenige Meter vom Castello entfernt, in einem alten Palazzo, sympathische Leitung, familiäre Atmosphäre, pro Stockwerk 1 Badezimmer (insgesamt nur 5 Zimmer), EZ 36 €, DZ 60 €, 3er-Zimmer 80 €, mit Frühstück Jan./Feb. geschl. Via del Baio 3, ✆/℻ 085/8292000, www.bedbreakfastlauretum.com

Berühmt ist Loreto Aprutino für seine *Pfingstmontagsprozession*, die **Festa di San Zopito**, bei der ein weißer Pflugochse durch das Dorf geführt wird – bunt geschmückt und mit einem Mädchen des Dorfes auf dem Rücken. Nun arbeitet im dritten Jahrtausend kaum noch jemand ernsthaft mit einem Pflugochsen. Um den Brauch (an Größe und Beschaffenheit der Exkremente des Ochsen bei seinem Gang durch die Gemeinde kann man nämlich die zu erwartende Ernte ablesen) aufrechtzuerhalten, hat die Kommune Loreto Aprutino eigens einen weißen Ochsen angeschafft, der das ganze Jahr über gehegt und gepflegt und auf seinen großen Auftritt vorbereitet wird.

Zurückzuführen ist die Prozession auf den Pfingstmontag des Jahres 1711, als die Überreste des neuen Stadtheiligen Zopito von der Calixtus-Katakombe in Rom hierher überführt wurden. Seit dem Pfingstmontag des Jahres 1712 trägt man nun alljährlich die Reliquien begleitet von einem weißen Ochsen durch die Stadt, das Mädchen soll einen Engel symbolisieren.

▸ **Chiesa Santa Maria in Piano:** Die eigentliche Attraktion des Ortes, ein Stück außerhalb gelegen. Berühmt ist das Fresko des „Jüngsten Gerichts“ an der Eingangswand, vermutlich aus der Zeit um 1400. Das Kunstwerk ist leider nur noch in Teilen erhalten, diese aber sind wunderschön, motivstark und mit vielen überraschenden Details – z. B. die schmale Brücke zum Paradies. Hier klettern die armen nackten Seelen hinüber, manche fallen hinunter, die meisten schaffen es aber ins Paradies, wo sie gewogen werden und dann zu Petrus in den Turm hinauf dürfen, wo sie von einem Engel eingekleidet werden. Sehr sehenswert!

In Anbetracht dieses faszinierenden Freskos (auch wenn hier der rechte Teil, vermutlich die Hölle, komplett fehlt) fällt es schwer, sich für die weiteren Kunstwerke der Kirche zu erwärmen. Erwähnenswert auf der rechten Seite sind noch die Darstellungen zum Leben von Thomas von Aquin, außerdem Szenen aus dem Leben von Jesus und Maria, alle aus dem 14./15. Jh.

Von außen wirkt Santa Maria in Piano äußerst schlicht. Dokumentiert ist, dass das Gotteshaus bei einem Brand im Jahr 1168 zerstört wurde, der heutige einschiffige Kirchenbau stammt von 1280. Erst später hat man den Campanile angefügt, und wer Ähnlichkeiten zu dem Campanile von Atri feststellt, hat Recht: Hier war die gleiche Werkstatt tätig wie bei der *Cattedrale Santa Maria Assunta* in der nördlichen Nachbarstadt.

Anfahrt/Öffnungszeiten Die Kirche liegt gut 1 km von Loreto Aprutino auf dem benachbarten Hügel. Ab Loreto Aprutino beschildert. Ganztägig geöffnet

Modernes Pescara: am Kanal

Pescara

(ca. 115.000 Einwohner)

Eines vorneweg: Pescara ist sicher nicht der geeignete Ort für einen Adria-Urlaub. Die Stadt ist alles andere als entspannend. Hektik, viel Beton und noch mehr Verkehr bestimmen das Stadtbild.

Die größte Stadt der Abruzzen wurde bei Bombenangriffen im Zweiten Weltkrieg zu rund 80 % zerstört. Historische Bausubstanz ist dementsprechend kaum noch zu sehen, es dominieren moderne, meist etwa fünfstöckige Häuser entlang geradliniger breiter Straßen. Das Zentrum der Universitätsstadt erstreckt sich zwischen Corso Vittorio Emanuele und Lungomare Matteotti, genauer gesagt rund um den schicken Corso Umberto I., die Shoppingmeile der Stadt mit ihren noblen Geschäften. Sie mündet in die Piazza Primo Maggio an der Strandpromenade, dem eigentlichen Herzen der Stadt. Unverkennbar im faschistischen Stil zeigen sich der Palazzo di Città an der Piazza Duca d'Aosta gleich am Kanalhafen und der Palazzo del Governo an der Piazza Italia schräg dahinter.

Ein wenig „altes" Pescara entdeckt man am ehesten um die Piazza Unione am Kanal (des Flusses Pescara), von wo die Via delle Caserme und der Corso Manthonè, zwei der ältesten Straßen der Stadt, abgehen. Empfindlich gestört wird diese beschauliche Ecke allerdings durch die direkt oberhalb verlaufende Zubringertrasse zur Autobahn.

Erwähnenswert ist bei all dem Beton und Verkehr aber sicher noch Pescaras über 10 km langer Sandstrand, der mit diversen Strandbädern, Bars und sonstigen Einrichtungen ausgestattet ist. Gleich südlich vom Kanal befindet sich der Porto Turistico „Marina di Pescara", einer der größten Jachthäfen an der italienischen Adriaküste.

Das Gebiet an der Flussmündung war schon in vorrömischer Zeit besiedelt. In den Annalen der Großmacht Rom tritt das heutige Pescara als *Aternum* erstmals im Jahr 214. v. Chr. auf, als sich seine Bewohner mit Hannibal gegen die aufstrebende Macht verbündeten. Rom übte Rache, unterwarf Aternum und verschleppte einen Großteil der damaligen Bevölkerung.

Fast 200 Jahre später stieg die Stadt zu einem florierenden Wirtschaftszentrum nebst wichtigem Verbindungshafen Richtung Osten mit Namen *Ostia Aterni* auf. Unter Augustus war Aternum Hauptstadt der Provinz Valeria. Später endete hier die wichtige Handelsstraße *Via Claudia* (Mitte 1. Jh. n. Chr. gebaut), der letzte Abschnitt der Querverbindung von Rom zur mittleren Adriaküste.

Nach dem Niedergang des Römischen Weltreiches wurde aus dem einstigen Außenposten Roms ein Fischerdorf, das erst 1510 durch *Karl V.* zur Festung *Piscaria* ausgebaut wurde. Im Spanischen Erbfolgekrieg fiel Pescara – wie Piscaria nun hieß – an Österreich, kurze Zeit später herrschten die Bourbonen über die Stadt. 1798 nahmen dann napoleonische Truppen Pescara ein und errichteten hier am Fluss ein berüchtigtes Militärgefängnis (heute Museum, s. S. 357), in dem

zeitgenössischen Berichten zufolge unsägliche hygienische Zustände geherrscht haben sollen. Nicht zuletzt aus diesem Grund war die Stadt seinerzeit als Malaria- und Choleragebiet gefürchtet. Im 19. Jh. fanden zahlreiche italienische Patrioten in dem Gefängnis den Tod.

Im August 1943 wurde die Stadt bei schweren Bombenangriffen fast zerstört, Tausende Menschen kamen ums Leben und nur etwa ein Fünftel der alten Bausubstanz blieb erhalten. Pescara erholte sich jedoch schon bald und ab Mitte der 1950er Jahre kam es zu einem regelrechten Boom. Damit einher gingen eine hemmungslose Bauwut in ihrer abschreckendsten Form, planlos und oft jegliche Baugenehmigungen ignorierend – die Strafen für Schwarzbauten wurden einfach mit einkalkuliert. Auch die schnell entstandenen Industriegebiete sind alles andere als ansehnlich. Heute ist Pescara nicht nur die mit Abstand größte Stadt der Abruzzen, sondern auch das Handels- und Finanzzentrum der Region sowie ein wichtiger Verkehrsknotenpunkt an der Adriaküste. Trotz aller architektonischen Fehlgriffe ist die Stadt auch ein kleines touristisches Zentrum, was besonders für die Vororte Montesilvano Marina und Francavilla al Mare gilt (→ S. 359).

Der Bahnhof von Pescara

Information/Verbindungen/Diverses

• *Information* **I.A.T.** Eckhaus des Corso Vittorio Emanuele II zur großen Bahnhofspiazza. Mo–Fr 8–21 Uhr, Sa 8–14 Uhr, So geschl. Corso Vittorio Emanuele II 301, ✆ 085/42900212.

• *Verbindungen* **Flughafen**, der Aeroporto von Pescara liegt einige Kilometer landeinwärts, hier landen einige Billigflieger, ansonsten inneritalienischer Flugverkehr. Mit dem Stadtbus Nr. 38 in ca. 15 Min. ab Bahnhof zum Flughafen (einfach 0,90 €), mit dem Taxi ca. 15 €. Autoverleiher am Flughafen (→ unten). Weitere Infos zum Flughafen unter ✆ 085/4324200 und www.abruzzo-airport.it. Autoverleiher am Flughafen: *Autoeuropa* (✆ 0872/711664) und *Sixt* (✆ 085/4313690).

Bahn, größter Bahnhof der Abruzzen, im Zentrum, von hier beste Verbindungen entlang der Küste nach Ancona und hinunter bis Bari (jeweils mit diversen Zwischenstopps), außerdem mehrmals täglich nach Mailand, Turin, Lecce und Taranto, nach Rom direkt nur mit dem Regionalzug (4 Std.). Gute Verbindungen nach Chieti Scalo (ca. halbstündl.), Teramo und Vasto (je ca. alle 1½ Std.), L'Aquila (alle 2 Std., Umsteigen in Sulmona). Autoverleiher *Maggiore Rent* (✆ 085/389167) am Bahnhof.

Busse, großer Busbahnhof an der Bahnhofspiazza, 8-mal tägl. Rom (Tiburtina), 3-mal tägl. Neapel, 1-mal tägl. über Ancona, Pesaro, Rimini und Bologna bis nach Genua, 4-mal tägl. Teramo, alle 15 Min. nach Chieti, stündl. nach Giulianova, stündl. Città Sant'Angelo, etwa 10-mal tägl. über Loreto Aprutino nach Penne, ca. 10-mal L'Aquila, 5-mal Caramanico Terme, 4-mal Sulmona, mindestens stündl. Ortona, ca. 10-mal Atri.

Stadtbusse: mit der Linea 1 halbstündl. vom Corso Vittorio Emanuele nach Francavilla al Mare, mit der Linea 2 ebenfalls halbstündl. nach Montesilvano, die Nr. 38 fährt alle 10 Min. zum Flughafen. Tickets (auch für Stadtbusse) beim Zeitungskiosk im Bahnhof.

Taxi, am Bahnhof (✆ 085/4211870) und am Flughafen (✆ 085/53748).

• *Parken* Riesiger gebührenpflichtiger Parkplatz am Bahnhof, Parken kann man teilweise auch an der Uferpromenade (Parkscheinautomaten).

• *Feste/Veranstaltungen* **Festa della Madonna dei Sette dolori**, am ersten Sonntag im Juni strömen die Pilger in die gleichnamige Basilika zur Statue der „Madonna der Sieben Schmerzen" auf dem Colle della Madonna. Das Gotteshaus aus dem Jahr 1757 ist das älteste der Stadt.

Pescara Jazz, internationales Jazzfestival im Juli.

Festa di Sant'Andrea, Meeresprozession mit festlich geschmückten Booten für den Heiligen Andreas, immer am letzten Sonntag im Juli.

• *Einkaufen* Süße Spezialität ist der Mandelkuchen **Parrozzo** der Traditionsfirma *D'Amico*, mit dicker Schokoglasur, erhältlich in den Pasticcerien im Zentrum. Jeden Montag vormittags großer **Markt** an der Porta Nuova (beim Stadion), Mittwoch vormittags das Ganze etwas kleiner auf dem Viale Castellamare und den umliegenden Straßen (etwa zwischen Via Cavour und Via Cadorna); der **Fischmarkt** befindet sich links der Via Paolucci Richtung Lungomare Matteotti.

Übernachten/Essen & Trinken (siehe Karte S. 354/355)

• *Übernachten* **** **Hotel Esplanade (2)**, erstes Haus am Platz, fast am Meer und ziemlich zentral. 150 komfortable Zimmer, teilweise mit Seeblick, EZ 100 €, DZ 140 €, 3er-Zimmer 160 €, Frühstück inkl. Piazza Primo Maggio 46, ✆ 085/292141, ✆ 4217540, www.esplanade.net

*** **Hotel Alba (4)**, zentrale, aber relativ ruhige Lage im Zentrum, nur 300 m zum Meer. Angenehmes Hotel, nette Zimmer, EZ 54 €, DZ 82 €, 3er-Zimmer 105 €, 4er-Zimmer 130 €, Frühstück jeweils inkl. Am Wochenende (außer Juli/Aug.) Sondertarife: EZ 44 €, DZ 60 €. Garage 8 €/Tag. Via Michelangelo Forti 14, ✆ 085/389145, ✆ 292163, www.hotelalba.pescara.it

*** **Hotel Bellariva (1)**, an der nördlichen Uferpromenade, nur über die Straße zum Strand, EZ 55 €, DZ 75 €, Frühstück inkl. Zeitweise mit obligatorischer HP, dann um 65–70 €/Person und Tag. Viale Riviera 213, ✆ 085/4712641, ✆ 73628.

* **Hotel Planet (3)**, für einfache Ansprüche, mitten im Zentrum, EZ ohne Dusche um 20 €, DZ um 40–45 € (mit Dusche). Via Piave 142, ✆ 085/4211657.

• *Essen & Trinken* Die empfehlenswertesten Restaurants der Stadt liegen ganz dicht beieinander am Corso Manthonè bzw. Via delle Caserme, beide autofrei und in der wohl schönsten Ecke von Pescara.

La Cantina di Jozz (6) in der Via delle Caserme 61 (So abends und Mo geschl.) und fast nebenan in der Via delle Caserme 51 **La Lumaca (5)**, etwas günstiger und nur abends geöffnet (Di geschl.).

Am parallel verlaufenden Corso Manthonè 58 die **Locanda Manthonè (8)**: recht günstig, nur abends geöffnet, So geschl. Einige Schritte weiter stößt man auf die **Taverna 58 (7)**, Corso Manthonè 46, mittags und abends geöffnet, So geschl.

Vor allem abends ist die Gegend ein beliebter Treffpunkt.

Sehenswertes

Die Sehenswürdigkeiten halten sich in der größten Stadt der Abruzzen in Grenzen. Es gibt aber immerhin gleich zwei hochkarätige Museen, die fast nebeneinanderliegen, nur wenige Schritte von der Piazza Unione im alten Teil von Pescara (gleich am Südufer des Kanals).

▸ **Museo delle Genti d'Abruzzo**: In 15 Sälen wird in dem 1991 eröffneten Museum die Geschichte der Abruzzen erläutert und anhand zahlreicher Fundstücke und anderer Exponate anschaulich gemacht. Zu sehen sind Relikte aus der Alt- und Jungsteinzeit, Bronze- und Eisenzeit, der Zeit der Italischen Stämme, natürlich auch der Römer. Im Bereich der neueren Geschichte widmet sich die Ausstellung Themen aus dem abruzzesischen Bauern- und Schäferalltag: Landwirtschaft und Ackerbau, Wein, Safran und Oliven, Transhumanz und Wollwirtschaft, Kunsthandwerk und Möbeln, Majoliken und Volkstrachten, Hochzeitsriten usw.

Das Museum ist übrigens im restaurierten **Bagno Borbonico**, dem Zuchthaus der Bourbonen aus dem 19. Jh., in der Via delle Caserme gleich beim Fluss untergebracht. Ein kleiner Teil der Ausstellung ist auch dem Gefängnis und der Zeit des Risorgimento, als hier diverse Freiheitskämpfer inhaftiert waren, gewidmet.

Öffnungszeiten/Eintritt Im Sommer Mo–Fr 9–13 Uhr, Di–So außerdem 21–24.30 Uhr, im Winter Mo–Sa 9–13 Uhr, Di und Do auch 15.30–18 Uhr, So 10–13 Uhr. Eintritt 5 €, ermäß. 2 €. Via delle Caserme 22, ✆ 085/4510026.

Gabriele D'Annunzio

In einem ansehnlichen Haus am Corso Manthonè wurde er am 12. März 1863 geboren – mitten hinein in die pescaresische Oberschicht. Schon mit elf Jahren verließ D'Annunzio seine Heimatstadt und trat eine erstklassige Ausbildung im *Collegio Cicognini* in Prato bei Florenz an. Von dort zog es ihn 1881 zunächst als Journalist nach Rom, wo er zwei Jahre später die Gräfin Maria di Gallese heiratete. Sie blieb nicht die einzige Frau in D'Annunzios Leben, es folgten mehrere Ehen und noch mehr Affären – u. a. mit der Schauspielerin Eleonora Duse, die auch künstlerisch zu seiner Muse wurde. D'Annunzio lebte exzessiv, nicht nur was Frauen anging, sondern auch durch seine öffentlichen Auftritte. Zunächst sah er sich als eine Art Ästhet der Dekadenz im Fin de Siècle. Im Laufe der Zeit wurde er dann aber mehr und mehr zum sendungsbewussten Nationalisten und saß sogar als Abgeordneter im italienischen Parlament. Allerdings lag ihm nichts ferner als die Demokratie und in gewisser Regelmäßigkeit sprach er sich prinzipiell für den vaterländischen Krieg aus.

In privater Hinsicht tat sich der Dichter als verschwenderischer Lebemann hervor, der die Frauen reihenweise mit seinen Schulden sitzen ließ und sich – nach zwölf Jahren des dekadenten Lebens in seiner Villa im toskanischen Settignano (1898–1910) – aufgrund hoher Verschuldung ins französische Arcachon flüchten musste. Bei Eintritt Italiens in den Ersten Weltkrieg im Jahr 1915 war D'Annunzio dann aber wieder zurück und unterstützte sein Vaterland tatkräftig als Flieger. Mussolini war ihm dann zunächst ein Dorn im Auge, denn eigentlich hatte D'Annunzio ganz unbescheiden sich selbst für den Posten des neuen Regierungschefs vorgesehen. Doch man arrangierte sich, die Faschisten kamen dem Dichter und Romancier entgegen, der im Gegenzug seine aristokratisch-elitäre Haltung gegen eine faschistische eintauschte. 1920 zog er sich in eine beschlagnahmte und vom italienischen Staat finanzierte Villa bei Gardone am Gardasee zurück, der er den Namen „Vittoriale" gab. 1924 erhielt D'Annunzio von Vittorio Emanuele III. den Adelstitel „Principe di Montenevoso", mehr Amt und Würden waren für den Dichter jedoch nicht mehr drin. Am 1. März 1938 starb Gabriele D'Annunzio in seiner Villa am Gardasee, kokainsüchtig und nur noch ein Schatten seiner selbst.

Doch nicht nur sein Leben, auch seine Werke sorgten für einige Irritationen. Schon während seiner Internatszeit veröffentlichte er Gedichte, zunächst von Carducci und antiken Dichtern wie Horaz beeinflusst. Bald darauf entdeckte er die französische Avantgarde als Vorbild, dann Tolstoi und Dostojewski und schließlich Nietzsche, dessen Idee vom Übermenschen („superuomo") er übernahm. Allgemein gilt die Sprache D'Annunzios als sehr überladen und schwülstig, wer es dennoch versuchen will: „La Figlia di Iorio" („Die Tochter des Iorio") aus dem Jahr 1904 gilt als sein bestes dramatisches Werk.

▶ **Casa Natale di Gabriele D'Annunzio**: Das Geburtshaus des Dichters, die wohl bedeutendste Sehenswürdigkeit der Stadt, liegt heute wenig malerisch unterhalb der Stelzen der Zubringertrasse zur Autobahn, doch lässt sich das Flair des alten Viertels um D'Annunzios Elternhaus durchaus noch erahnen.

Zu besichtigen sind in dem Haus mit Innenhof das erste Obergeschoss mit dem Schlafzimmer der Eltern und dem Zimmer des jungen Gabriele, Salon und Studierzimmer, das Zimmer der Tante usw. In weiteren Räumen sind in diversen Vitrinen thematisch angeordnete Dokumente zum Leben des Dichters ausgestellt.

Öffnungszeiten/Eintritt Tägl. nur vormittags 9–13.30 Uhr (So bis 12.30 Uhr) geöffnet, Eintritt 2 €, ermäß. 1 €, Corso Manthonè 116, ✆ 085/60391.

Die Küste um Pescara

▶ **Montesilvano Marina**: Den nordwestlichen Vorort von Pescara muss man nicht zwingend gesehen haben. Zwar bringt es die Stadt auf gut 39.000 Einwohner, viele der Appartements entlang der Uferpromenade werden jedoch nur in den Sommermonaten bewohnt und bleiben außerhalb der Saison gespenstisch leer. Das Gleiche gilt für das knappe Dutzend Hotelburgen am Nordende Montesilvanos an der Flussmündung des *Saline*: Schon ab Mitte September wirkt hier alles recht ausgestorben und vor Mitte Mai braucht man gar nicht erst anzureisen. Dabei ist der Strand von Montesilvano durchaus attraktiv: ein breiter Sandstrand, flach abfallend und mit Wellenbrechern, im Sommer einer der beliebtesten in der Umgebung mit zahlreichen „Stabilimenti balneari".

Wer von Pescara Richtung Montesilvano am Meer entlangfährt, kommt nach etwa 3 km am Naturschutzgebiet *Riserva Naturale di Santa Filomena* vorbei: Auf rund 20 ha Fläche bietet der Pinienhain Rückzugsgebiet für die verschiedensten Vogelarten. Das über 3 km lange Areal wird von zahlreichen Spazierwegen durchzogen.

Verbindungen Mit dem **Stadtbus** *Linea 2* etwa halbstündl. von und nach Pescara. Montesilvano hat auch einen eigenen Bahnhof: mit dem **Bummelzug** ca. stündl. über den Fluss nach Silvi, Pineto und weiter die Küste hinauf.

▶ **Francavilla al Mare** (ca. 24.000 Einwohner): Der südöstliche Vorort von Pescara wirkt im Gegensatz zu Montesilvano doch etwas eigenständiger und weniger saisonabhängig (zumindest was den Strandbereich betrifft). Großes Manko ist allerdings der viel befahrene *Viale Alcione*, der zwischen den Hotels verläuft. Wer sich hier einquartiert, sollte unbedingt ein Zimmer zum Meer hin nehmen.

• *Verbindungen* Mindestens halbstündl. mit dem **Stadtbus** *Linea 1* von und nach Pescara (Corso Vittorio Emanuele). Mit dem **Regionalzug** alle 1–2 Std. nach Ortona, ca. alle 2 Std. nach Vasto.

• *Übernachten* *** **Albergo Punta de l'Est**, weißes Haus an der Meerseite des Viale Alcione, direkt am Strand und mit Restaurant. Helle und freundliche Einrichtung, Terrassenbar, 52 komfortable Zimmer, Strandservice und Fahrräder stehen den Gästen kostenlos zur Verfügung. DZ mit obligatorischer VP im Aug. 180 € (EZ 105 €), in der NS ab ca. 100 € (65 €). Anfang Mai bis ca. Anfang Okt. geöffnet. Viale Alcione 188, ✆ 4982076, ℻ 085/4981689, www.puntadelest.it

*** **Hotel Corallo**, neues, gelbes Gebäude an der Hauptdurchgangsstraße, allerdings auf der Landseite. Die 31 ansprechenden Zimmer sind mit dunklen Möbeln eingerichtet, im angeschlossenen Restaurant ist ein Touristenmenü schon ab 15 € zu haben. Eigener Strandabschnitt. DZ mit Frühstück 110–140 € (EZ 78–105 €), in der NS bis zu 40 % weniger. Ganzjährig geöffnet. Viale Alcione 203, ✆ 085/4981662, ℻ 4981665, E-Mail: corallorooms@tiscali.it

• *Essen & Trinken* **Stabilimento Balneare La Caravella**, eigentlich ein Strandbad mit Restaurant, auch Pizzeria, modernes Ambiente, große Fensterfront zum Meer, mit Terrasse am breiten Sandstrand, mittags und abends geöffnet, Mo geschl. Gehört noch zu Pescara, am Nordende von Francavilla auf der rechten Seite, eigener Parkplatz. Viale Primo Vere 65 (geht in den Viale Alcione über), ✆ 085/63953.

• *Wein* Gute Abruzzenweine bekommt man bei der **Azienda Agricola Pasetti**, zwischen Pescara und Francavilla ein Stück landeinwärts gelegen. Via S. Paolo 21, Contrada Pretaro, ✆ 085/61875, ℻ 4519292, www.pasettivini.it

Von Pescara ins Landesinnere

Chieti

(ca. 50.000 Einwohner)

Auf 330 m Höhe thront die Hauptstadt der gleichnamigen Provinz auf einem Hügel, gerade mal 14 km landeinwärts von Pescara. Die Silhouette wird von unschönen und waghalsig am Hang klebenden Hochhäusern dominiert, doch es gibt auch eine hübsche Altstadt.

Rückgrat der Stadt ist der belebte Corso Marrucino mit seinen Portici und zahlreichen Geschäften sowie einigen Cafés, an dessen Ende die alte *Porta Pescara* als einziges Relikt aus dieser Zeit die Grenzen der mittelalterlichen Stadt markiert. Am Corso befindet sich auch das gleichnamige Theater im neoklassizistischen Stil aus der Zeit um 1815. Mitten im Zentrum sind einige antike Überreste wie die römischen Tempel (→ unten) oder das römische Theater zu sehen. Das sehenswerte Archäologische Nationalmuseum liegt am Stadtrand und ist in einer eindrucksvollen Villa untergebracht (→ unten).

Chieti geht auf eine uralte vorrömische Siedlung namens *Teate* zurück, neolithische Funde beim römischen Theater datieren auf das 3. Jt. v. Chr. Unter den Römern war Teate ein wichtiger Bündnispartner, nicht zuletzt durch die ideale Lage an der bedeutenden *Via Claudia* (die Verbindung von Rom nach Pescara). Entsprechend wohlhabend war die Stadt vor allem zur römischen Kaiserzeit, wovon u. a. die Überreste von Theater und Thermen noch zeugen. Im 16. Jh. wurde Chieti zum Bischofssitz.

Information/Verbindungen/Feste

• *Information* **I.A.T.**, in einer Seitenstraße des Corso Marrucino, der Via B. Spaventa 29. 15. Juni bis 15. Sept. Mo–Sa 9–13, 15–18 Uhr, So 9–13 Uhr, außerhalb der Saison Sa nachmittags und So geschl. ✆ 0871/63640, ✆ 63647.

• *Verbindungen* **Bahn**, der Bahnhof liegt unterhalb im Tal in Chieti Scalo. Von hier etwa halbstündl. nach Pescara, häufig Stadtbusse hinauf ins Zentrum.

Busse, Bus-Terminal unterhalb vom Zentrum (Rolltreppe hinauf zur Via Asinio Herio), u. a. folgende Verbindungen: mindestens alle halbe Std. nach Pescara und Francavilla, ca. 3-mal Ortona.

Taxis am Corso Marrucino und am Bahnhof in Chieti Scalo, ✆ 0871/348787 oder 330333.

• *Feste* **Processione del Cristo morto**, die berühmte Karfreitagsprozession mit Fackeln soll zu den ältesten dokumentierten Prozessionen der Abruzzen zählen. Am Karfreitag spätnachmittags, riesiger Andrang.

Übernachten/Essen

• *Übernachten* *** **Grand Hotel Abruzzo**, professionell geführtes Haus im Zentrum, komfortable, etwas altmodisch eingerichtete Zimmer, im UG gutes Restaurant namens **Akileas** mit Terrasse und Weitblick. EZ 65 €, DZ 94 €, 3er-Zimmer 125 €, Frühstück inkl. Via Asinio Herio 20, ✆ 0871/42041, ✆ 41960, www.albergoabruzzo.it

Hotel Garibaldi, an der gleichnamigen Piazza, für einfache Ansprüche. Zimmer mit Bad, EZ 39 €, DZ 55 €. Piazza Garibaldi 25, ✆ 0871/345318.

• *Essen & Trinken* **Caffè Vittoria**, nett zum Sitzen unter den Portici am Corso, Kellner der alten Schule, innen gediegen. Auch Mittagstisch. Corso Marrucino 82.

• *Essen/außerhalb* **Trattoria Nonna Elisa**, gute abruzzesische Landküche zu angemessenen Preisen. Mittags und abends geöffnet, Mo geschl. Ca. 9 km außerhalb in Brecciarola (N 5 Richtung Popoli). Für abends Reservierung ratsam unter ✆ 0871/684152.

Die Hauptportale der Cattedrale San Giustino

Sehenswertes

▸ **Cattedrale San Giustino**: Ursprünglich soll sich hier, am höchsten Punkt der Stadt, ein Herkules-Tempel befunden haben. Auf dessen Resten entstand schon im 4. Jh. ein erster Kirchenbau, der aber von *Pipino il Breve* (der „Kleine" oder auch *Pippin III.*, Sohn *Karl Martells*) im 8. Jh. zerstört wurde. Im Jahr 840 ließ Bischof *Theoderich* die Kirche wieder aufbauen, die aber ein weiteres Mal zerstört und im 11. Jh. von einem dritten Kirchenbau ersetzt wurde, der wiederum bei Erdbeben in den Jahren 1560 und 1706 stark beschädigt wurde.

Heute wirkt die Cattedrale von außen zwar alt, doch der Schein trügt: Die Fassade wurde in den 1920er Jahren im mittelalterlichen Stil rekonstruiert, teilweise sind auch neogotische Elemente zu finden. Das dreischiffige Innere wurde bereits im 18. Jh. im barocken Stil umgewandelt. Ältester Teil der Cattedrale ist die sehenswerte romanische Krypta aus dem 11. Jh. mit ihren Freskenfragmenten aus dem 13. Jh., die die verschiedenen Erdbeben überstanden haben. Der Campanile stammt aus der Mitte des 14. Jh., der obere Aufbau wurde allerdings erst Ende des 15. Jh. angefügt.

Geweiht ist die Cattedrale dem **Heiligen Justinius**, der um 290 den christlichen Glauben nach Chieti gebracht haben soll und später zum Bischof der neuen Gemeinde wurde. Seine sterblichen Überreste wurden im Jahr 1432 hierher überführt.

Öffnungszeiten Tägl. 7.30–12 und 16–19 Uhr.

▸ **Museo Archeologico Nazionale d'Abruzzo**: Am südlichen Stadtrand, inmitten eines netten Parks, residiert das sehenswerte Museum schon seit 1959 in der neoklassizistischen *Villa Frigerj* aus dem Jahr 1830. Das Museum zählt zu den bedeutendsten seiner Art in den Abruzzen und erlaubt einen umfassenden Blick auf die archäologischen Funde der Region aus italischer und römischer Zeit.

Ein paar Highlights: Gleich im EG stößt man im hinteren Saal (links vom Eingang) auf das bedeutendste Exponat der Ausstellung: den „Guerriero di Capestrano" (den Krieger von Capestrano), eine überlebensgroße Männerstatue aus dem 6. Jh. v. Chr. mit voller Rüstung und erstaunlich unförmiger Figur. In der Eingangshalle links hinten ist eine große sitzende Herkules-Statue zu sehen, nebenan eine umfangreiche numismatische Abteilung (chronologische Anordnung). Glanzstück im ersten Stock ist die bestens erhaltene, bronzene Herkules-Statuette aus der Gegend um Sulmona. Herkules ist hier mit dem Fell des Nemeischen Löwen zu sehen.

Öffnungszeiten/Eintritt Di–So 9–20 Uhr (letzter Einlass 19.30 Uhr), Mo geschl. Eintritt 4 €, ermäß. 2 €, unter 18 und über 65 J. frei. Villa Comunale 2, ✆ 0871/331668.

▸ **Templi Romani**: Umgeben von Wohnhäusern in einer Seitenstraße im Zentrum hat man recht gut erhaltene Überreste römischer Tempel aus dem 1. Jh. n. Chr freigelegt. Piazza dei Templi Romani in der Via Priscilla (kleine Parallelstraße zum Corso Marrucino). Nur von außen einsehbar.

▸ **Teatro Romano**: Die spärlichen Überreste des römischen Theaters (1.–2. Jh. n. Chr.) begeistern nur Kenner. An der Durchgangsstraße Via Pianell, nicht zugänglich, aber von außen bestens einsehbar.

Von Chieti weiter ins Landesinnere

Die *N 5* (parallel zur Autobahn) führt von Chieti ins Landesinnere in Richtung Sulmona. Es geht mehr oder minder am parallel verlaufenden Fluss *Pescara* entlang, beidseits türmen sich hier die grünen, teilweise aber auch recht kargen Hügel auf. Im Süden erhebt sich majestätisch das *Majella-Massiv* mit seinen dichten Wäldern und einsamen Gipfeln.

Auf der Strecke lohnen mehrere Abstecher, z. B. zum bekanntesten abruzzesischen Kurbad **Caramanico Terme** in traumhafter Lage an der Nordwestflanke der Majella – mitten im gleichnamigen Nationalpark – oder aber zur sehr sehenswerten romanischen Abtei **San Clemente a Casauria** bei Torre de' Passeri. Wer genügend Zeit und natürlich Interesse hat, sollte auch den Kirchen von Manopello Scalo und Manopello einen Besuch abstatten.

▸ **Manoppello Scalo**: Ein eingehender Besuch des eher nichtssagenden Ortes gut 10 km südwestlich von Chieti ist nicht erforderlich, einzig und allein die wunderschöne romanische **Abbazia di Santa Maria Arabona** lohnt den Weg hierher. Die Kirche samt Klosteranlage wurde von Zisterziensern im Stil der französischen Gotik im Jahr 1208 fertiggestellt, vermutlich auf den Fundamenten eines römischen Tempels. Das Kloster selbst erlebte nur eine kurze Blütezeit. Die Klosterkirche wurde Mitte des 20. Jh. sorgsam restauriert, zu ihren besonderen Sehenswürdigkeiten zählt der kunstvolle hohe Osterleuchter („*cero pasquale*") und das gotische Tabernakel.

Anfahrt/Öffnungszeiten Von Chieti auf der N 5, ab Manoppello Scalo aus beschildert, die Klosteranlage thront oberhalb des Ortes. Ganzjährig geöffnet von 7–12 und von 16–19.30 Uhr.

▸ **Santuario del Volto Santo di Manoppello**: 6 km südlich von Manoppello Scalo liegt der eigentliche Ort Manoppello, ein unspektakuläres 5600-Einwohner-Städtchen. 2 km sind es von hier zur Wallfahrtskirche auf einem Hügel, die nichts Geringeres als das „*Volto Santo*", das Heilige Tuch mit dem Antlitz Christi, beherbergt. Die Reliquie wird zwischen zwei Glasplatten über dem Hauptaltar der Kirche aufbewahrt. Die dreischiffige Kirche selbst stammt aus der Zeit zwischen 1617 und 1638, wurde aber mehrfach restauriert. Das *Volto Santo* befindet sich über dem Hauptaltar.

Öffnungszeiten Das Santuario ist tägl. 6–13 und 15–19 Uhr geöffnet. Weitere Informationen beim angeschlossenen Kapuzinerkonvent unter ✆ 085/859118.

Das Antlitz Christi

Wenn das Licht stimmt – es darf nicht zu hell sein und muss aus der richtigen Richtung fallen –, dann sieht man auf dem kleinen Tuch in der Tat das Gesicht eines bärtigen Mannes. Lange Zeit ging die Legende, gestützt auf apokryphe Schriften, eine Frau hätte Christus auf seinem Weg nach Golgatha ein Tuch gereicht und er hätte ihr daraufhin den Abdruck seines Gesichtes geschenkt: *vera icon*, das wahre Abbild. Die Reliquie wurde *Das Schweißtuch der Veronica* genannt.

Der Heilige Schleier, das sogenannte *soudarion*, war eine der wichtigsten Reliquien des Mittelalters. Bei Jesu Grablegung bedeckte es das Gesicht des Gekreuzigten, am Ostermorgen aber lag es, laut dem 20. Kapitel des Johannesevangeliums, nicht bei den Leichentüchern im leeren Grab, sondern „zusammengewickelt an einem besonderen Ort" (Joh. 20,7). Seit ca. 1200 soll die Reliquie in der alten Peterskirche in Rom aufbewahrt worden sein. Zeitgenössischen Berichten zufolge zog das Tuch große Scharen von Gläubigen an. 1608 aber wurde die Kapelle, in der das Tuch aufbewahrt wurde, für den Bau des Petersdoms abgerissen. Seitdem gab es immer wieder Gerüchte, das Tuch sei verschollen und durch eine Fälschung ersetzt worden. Der Vatikan gab sich bedeckt, wenn es um den Verbleib des „Heiligen Schleiers" ging.

Vor einigen Jahren brachte dann der Jesuit *Heinrich Pfeiffer* eine neue Wendung in die Geschichte. Der Professor für Kunstgeschichte an der päpstlichen Gregoriana-Universität in Rom behauptet, dass die in Manoppello verehrte Reliquie das „echte" *soudarion* sei. Das nur 17 x 24 cm große Seidentuch weise u. a. dieselben Materialeigenschaften wie das aus Rom verschwundene Tuch auf. Zudem stellte er Übereinstimmungen mit den Gesichtszügen Jesu auf dem Turiner Grabtuch (*Sacra Sindone*) fest, das ja – siehe Joh. 20 – in engster Verbindung mit dem *Heiligen Schleier* steht. Folglich ist in Manoppello das wahre Antlitz Jesu Christi zu sehen.

In Manoppello wird die Diskussion im Übrigen mit Interesse, aber auch mit Gelassenheit verfolgt. Hier weiß man, wem man die wertvolle Reliquie zu verdanken hat: Ein Engel, verkleidet als Pilger, hatte sie bereits im Jahre 1506 in das Abruzzendorf gebracht und in die Obhut der kleinen, abgelegenen Gemeinde gegeben. Demnach wurden im Jahr 2006 hier auch 500 Jahre „Volto Santo" gefeiert, und kein Geringerer als *Papst Benedikt XVI.* pilgerte am 1. September 2006 zur Wallfahrtskirche – allerdings als reiner Privatmann, wie der Vatikan betonte. Dennoch verlieh der Papst dem Santuario wenige Wochen später den Ehrentitel einer *Basilica minor*, was die Besucherzahlen in den abruzzesischen Hügeln sicher noch weiter nach oben steigen lässt.

Abstecher in die Berge: Caramanico Terme (ca. 2300 Einwohner)

Das Kurbad auf 556 m Höhe liegt eindrucksvoll an der Nordwestflanke der mächtigen Gipfel der Majella. Der Ort ist ein guter Ausgangspunkt für Ausflüge in die wilde Bergwelt, wird allerdings überwiegend von Kurgästen besucht.

Allein schon die Anfahrt vom weiten Pescara-Tal hier hinauf in die einsame Berglandschaft lohnt einen Ausflug von der Küste. Auf der Strecke – zunächst durch liebliches Hügelland, auf dem letzten Stück wird es etwas schroffer – bieten sich herrliche Ausblicke auf das breite Tal zwischen *Majella* und *Morrone.*

In dem Städtchen selbst geht es beschaulich zu – ein ruhiger Kurort, von dessen beiden schwefelhaltigen Quellen „La Salute“ und „Gisela“ man sich Linderung bei den verschiedensten Erkrankungen verspricht. Eine weitere Mineralquelle, der „Pisciarello“, liegt ein Stück außerhalb. Das autofreie *centro storico* erstreckt sich am Hang, der Verkehr wird durch einen Tunnel an Caramanico Terme vorbeigeleitet. Zu sehen gibt es wenig, kulturhistorisches Highlight im Zentrum ist die mittelalterliche Kirche *Santa Maria Maggiore* aus dem 15. Jh. mit sehenswertem Portal. Die Kuranlagen (schon etwas älteren Datums) liegen am Ortsrand. Unterhalb von Caramanico Terme fließen die beiden Flüsse *Orta* und *Orfento* zusammen.

Der Ort wurde im späten 10. Jh. von einem Mönch gegründet, angeblich sogar von einem Nachkommen *Karls des Großen.* Seine größte Blüte erlebte Caramanico unter der Familie *D'Aquino* im 14. und 15. Jh., das große Erdbeben von 1706 zerstörte jedoch zahlreiche Gebäude. Erst seit 1960 darf sich Caramanico offiziell auch „Terme“ nennen. Der Ort in herrlicher Lage an der Nordwestseite der Majella ist das bedeutendste und bekannteste Thermalbad der Abruzzen und zieht alljährlich wahre Kurgastscharen an.

Informationen/Verbindungen/Kuren/Übernachten/Essen

• *Information* **I.A.T.** am Viale Fontegrande 5 im Zentrum, geöffnet Juni–Sept. Mo–Sa 9–13, 16–19 Uhr, So 9–13 Uhr. Im Winter stark eingeschränkte Öffnungszeiten. ✆ 085/922202. Im Sommer werden von der I.A.T. auch MTB-Touren angeboten.

• *Verbindungen* **Busse**, 5-mal tägl. nach Chieti Scalo und weiter nach Pescara, Abfahrt von der oberen Piazza.

• *Kuren* **Stabilimento Termale**, Via Torre Alta 16, ✆ 085/9230661, 📠 9230610, www.termedicaramanico.it. Telefonische Informationen und Anmeldungen Di–Fr 8–12.30 und 15–17 Uhr, Sa 8–12 Uhr, So geschl., Mo nur 15–17 Uhr. Das Thermalzentrum ist von Ende April bis Anfang Nov. geöffnet.

• *Übernachten* Die Hotels sind natürlich auf Kurgäste eingerichtet, es herrscht in der Regel Verpflichtung zur HP.

*** **Hotel Maiella e delle Terme**, neben den Kuranlagen und jüngst renoviert. 100 Zimmer, EZ 69 €, DZ 110 €, inkl. obligatorischer HP. Via Roma 29, ✆ 085/92301, 📠 9230610, www.albergomaiella.it

*** **Pesco Falcone**, gegenüber der Therme und schlichter als Obiges, auch nur mit Frühstück möglich: EZ 35 €, DZ 60 €. Zimmer teilweise mit Balkon. Via Roma 50, ✆/📠 085/9290103 oder 9231944.

• *Essen* Im Ort einige **Bars** und **Pizzerien**, ansonsten isst man hier hauptsächlich bei HP im Hotel.

• *Einkaufen* Diverse **Prodotti-Tipici**-Läden im *centro storico.*

Abbazia di San Clemente a Casauria

Die alte Zisterzienserabtei in *Torre de' Passeri* (im breiten Pescara-Tal, nördlich der Autobahn) zählt zu den bedeutendsten mittelalterlichen Kirchenbauten der Abruzzen. Zu sehen ist heute ein eleganter romanischer Bau aus dem späten 12. Jh., ge-

Blick auf Caramanico Terme

gründet wurde die Abtei aber bereits im Jahr 871 durch *Kaiser Ludwig II.* Bereits ein Jahr später überführte man die Reliquien von Papst Klemens hierher – daher auch der Name der Abtei: „San Clemente". Anfang des 10. Jh. wurde das Kloster von Sarazenen heimgesucht und geplündert, im 11. Jh. dann schließlich von den Normannen zerstört. Abt *Leontas* ließ die Kirche in den Jahren von 1176 bis 1182 neu aufbauen und engagierte zu diesem Zweck die renommiertesten Architekten aus ganz Süditalien. Außerdem ließ er auch noch eine Chronik (*Chronicon Casauriense*) des Klosters anfertigen, die zu den wichtigsten und aufschlussreichsten Schriften in der mittelalterlichen Geschichte der Abruzzen zählt. Das Kloster, seinerzeit mächtiger als Montecassino, erlebte im 12. und 13. Jh. seine Blütezeit, mit der es aber schon Mitte des 14. Jh. wieder vorbei war. Nach einem Erdbeben wurde das Kloster verlassen und später dem Bischof von Chieti übergeben. Im Jahr 1894 erklärte man die Klosterkirche zum nationalen Monument.

Man betritt die spätromanische Kirche aus hellem Travertinstein durch eine dreibogige Säulenhalle im burgundischen Stil. Schon hier entdeckt man zahlreiche aufwendige Verzierungen und Ornamente, die sich auf dem Mittelportal und z. T. im Inneren fortsetzen. Herausragend ist das Portal mit dem bronzenen Tor aus dem Jahr 1192. In der Lünette ist die Gründungsgeschichte der Abtei dargestellt, auf der auch der Abt *Leontas*, der Auftraggeber des Bauwerks, zu sehen ist. Begraben liegt der Gründungsvater von *San Clemente a Casauria* übrigens in der Kirche selbst. Im überwiegend schlichten Inneren des dreischiffigen Baus fällt sofort der Altar mit Ziborium (Altaraufsatz) aus dem 12. Jh. auf, außerdem der kunstvoll und aufwendig verzierte Ambo (Lesepult) und der Osterleuchter (*cero pasquale*); Ersterer stammt aus der Gründungszeit 1176–1182, Letzterer wurde zwar erst im 13. Jh. hier aufgestellt, besteht aber aus einer ursprünglich römischen Säule. Unbedingt einen Blick sollte man auch in die Krypta werfen, den ältesten Teil der Klosterkirche.

Anfahrt/Öffnungszeiten Von Chieti auf der *N 5* landeinwärts, dann rechts ab und über die Autobahn hinüber nach Torre de' Passeri (beschildert). Die Kirche ist ganztägig geöffnet.

An der Costa dei Trabocchi

Die südliche Küste von Pescara bis Vasto

Nicht ganz so weitläufig wie an der nördlichen Abruzzenküste sind die Sandstrände im Süden. Hier gibt es zudem einige zerklüftete Abschnitte und Buchten. Highlight ist die fotogene „Costa dei Trabocchi".

Etwas eintönig wirkt der Küstenabschnitt zwischen Francavilla al Mare, dem südöstlichen Vorort von Pescara (→ S. 359), und Ortona, der von Badetourismus und ein wenig zersiedelter Industrie bestimmt wird. Nach Ortona geht es dann steil zu einem Felsplateau hinauf, südlich davon erstreckt sich die *Costa dei Trabocchi*: viel Grün und eine zerklüftete Küstenlinie, die breiten Sandstrände sind kleineren Kiesbuchten gewichen. Eine nette Ecke ist die noch ein Stück weiter südlich gelegene *Punta Aderci* (*Punta della Penna*) mit einigen einsamen Buchten, bevor man sich in Vasto, schon fast an der Grenze zur Molise, wieder ins übliche Strandleben stürzen kann: breite Sandstrände mit unzähligen Stabilimenti Balneari (Strandbäder), Bars und Cafés. Vasto eignet sich hervorragend als Standort an der südlichen Küste.

La Costa dei Trabocchi

„Trabocchi" heißen die merkwürdigen, aber überaus fotogenen Pfahlbauten, die man hier an der Küste immer wieder sieht, gehäuft treten sie zwischen Ortona und Fossacesia Marina (u. a. bei der *Punta Cavalluccio*) auf. Die filigrane Konstruktion aus dürren Stangen, Seilen und Fischernetzen ist für Laien allerdings kaum zu begreifen. An der unteren Adria werden sie seit Mitte des 19. Jh. für den Fischfang eingesetzt. Der ideale Standort für einen Trabocco ist einige Meter vor der felsigen Küste, das Wasser sollte aber noch nicht zu tief sein – hier tummeln sich nämlich die meisten Fischschwärme. Das Netz mit dem Fang wird dann mit einer komplizierten Zug- und Windenkonstruktion nach oben gezogen.

Ortona

(ca. 22.000 Einwohner)

Die Hafenstadt mit ihrem eindrucksvollen, aber leider schon ziemlich verfallenen *Castello Aragonese* liegt auf einem Plateau auf 62 m Höhe. Der Hafen unterhalb ist nicht sonderlich ansehnlich; von hier starten Ausflugsschiffe zu den Tremiti-Inseln vor der Küste von Termoli (Molise). Doch auch im Zentrum auf dem Hügel halten sich die Sehenswürdigkeiten in Grenzen: Neben besagtem Castello aus dem 15. Jh. gehört vor allem die *Cattedrale San Tommaso* mit einem schönen gotischen Portal aus dem frühen 14. Jh. dazu. Im Inneren befinden sich die Gebeine des *Hl. Thomas.* Alljährlich am ersten Sonntag im Mai gedenkt man dem Stadtpatron mit der **Festa del Perdono** (*Fest der Vergebung*).

Ansonsten ist Ortona überwiegend modern, und das nicht ohne Grund: Von 5. bis 18. Dezember 1943 fand hier – am Verlauf der berüchtigten *Frontlinie Gustav* – die „Schlacht von Ortona" zwischen Deutschen und Alliierten statt, wobei rund 2000 Bewohner der Stadt ums Leben kamen und Ortona fast vollständig zerstört wurde.

Information/Verbindungen/Übernachten/Essen/Wein

• *Information* **I.A.T.** im Zentrum im EG des Palazzo Municipale. Im Sommer Mo–Sa 9–13 und 16–19 Uhr, So 9–13 Uhr, im Winter nur Mo–Fr 9–13 und 15–18 Uhr. Piazza della Repubblica 9, ✆ 085/9063841.

• *Verbindungen* **Zug**, Bahnhof unten am Hafen, ca. 8-mal tägl. nach Pescara, 6-mal nach Vasto.

Busse fahren an der Piazza del Plebiscito am Rand des *centro storico* ab. Ca. 8-mal tägl. nach Chieti (teilweise mit Umsteigen in Francavilla al Mare), mindestens stündl. nach Francavilla und Pescara.

Ausflugsboote, nur von Ende Juni bis Anfang Sept. werden Ausflüge mit dem Schnellboot zu den Tremiti-Inseln angeboten. Tägliche Fahrten, Abfahrt ab Ortona um 8 Uhr, Ankunft Tremiti 10 Uhr, retour ab Tremiti 16.45 Uhr (an Ortona 18.45 Uhr). Hin und zurück 41,80 €, Kinder 4–11 J. zahlen die Hälfte, unter 4 J. frei. Infos bei der Agenzia Fratino, Via Porto 34, ✆ 085/9063885.

• *Übernachten* Einzige empfehlenswerte Unterkunft im Zentrum ist das *** **Hotel Ideale**, frisch renoviert, nette Zimmer mit tollem Ausblick aufs Meer, EZ 56 €, DZ 80 €, kleines Frühstück mit Cappuccino und Cornetto inkl. Mit Garage, freundlicher Service. An der Hauptzufahrtsstraße zur Innenstadt gelegen, man sollte daher möglichst ein Zimmer nach hinten hinaus nehmen. Corso Garibaldi 65, ✆ 085/9063735, 📠 9066153, www.hotel-ideale.it

• *Essen & Trinken* TIPP! **Ristorante Miramare**, im Palazzo Farnese am Anfang der Passegiata Orientale untergebracht. Ganz hervorragende Fischküche, nettes Ambiente und freundlicher Service, dazu guter weißer Hauswein. Mittags und abends geöffnet, Mo geschl., im Winter auch So abends geschl., in der HS am Wochenende für abends reservieren. Palazzo Farnese 6, ✆ 085/9066556.

Al Vecchio Teatro, sehr beliebtes Ristorante, spezialisiert auf Fisch. Primi um 9 €, Secondi ab 12 €. Guter Service, als nette Geste kommen zu Begrüßung und Abschied köstliche Häppchen aus der Küche. Im Sommer mit Terrasse, das Lokal selbst schlauchförmig. Zwei Eingänge: am Corso Garibaldi und am Largo Ripetta (an der Passegiata). Mittags und abends geöffnet, Mi geschl., Reservierung empfohlen. Largo Ripetta 7, ✆ 085/9064495.

• *Wein* **Enoteca Regionale d'Abruzzo**, hier gibt es quasi alle Weine der Abruzzen im Verkauf (teilweise auch zur Degustation). Geöffnet im Sommer (April–Okt.) Di–So 16.30–24.30 Uhr, im Winter Di–So 15–23 Uhr, Mo geschl. Zwischen Cattedrale und Castello gelegen. Palazzo Corvo, Corso G. Matteotti, ✆/📠 085/9068277, www.enotecaregionale.abruzzo.it

Farnese Vini, eine der größten Kellereien der Region. Klassische Abruzzenweine wie der viel gelobte Montepulciano d'Abruzzo, außerdem Trebbiano d'Abruzzo, Cerasuolo sowie Sangiovese und Chardonnay, Olivenöl Extra Vergine und Grappa. In der (restaurierten) südwestlichen Ecke des Castello Caldora untergebracht. Castello Caldora, Via dei Bastioni, ✆ 085/9067389, www.farnesevini.it

• *Wein/außerhalb* **Cantina Tollo**, Weingenossenschaft im Landesinneren (ca. 15 km landeinwärts von Ortona), guter und günstiger Montepulciano, außerdem Trebbiano d'Abruzzo und Chardonnay. Viale Garibaldi 68, ✆ 0871/96251, ℻ 962122, www.cantinatollo.it
Anfahrt: Von Ortona auf der N 16 zunächst in nördliche Richtung, wenige Kilometer nach Lido Riccio geht es links ab und noch gut 7 km landeinwärts nach Tollo.

Ortona/Umgebung

▸ **Baden/Lido Riccio**: Der Stadtstrand von Ortona liegt etwa 4 km nördlich der Stadt: Eigentlich ein ganz netter Sandstrand, störend wirken allerdings die etwas sperrigen Hotelklötze, außerdem ist alles nicht mehr taufrisch. Badebetrieb herrscht hier nur von Juni bis Ende August, bereits im September wirkt Lido Riccio wie ausgestorben. Es gibt sechs Hotels und fünf Campingplätze.

Verbindungen Mit dem **Bus** zwischen 7 und 20.30 Uhr etwa halbstündl. von Ortona nach Lido Riccio und retour.

▸ **San Vito Chietino/Marina di San Vito**: Das alte San Vito Chietino liegt panoramareich oberhalb des Meeres auf einem Felsplateau und wurde im 12. Jh. gegründet. Der recht zerklüftete Küstenabschnitt verflacht sich lediglich bei Marina di San Vito unterhalb des alten Borgo. Hier befinden sich einige Hotels und ein Stück Strand etwas nördlich vom Ort. Zwischen Marina di San Vito und dem Strand verlaufen allerdings die viel befahrene Küstenstraße N 16 und die Bahnlinie. Im Meer in Küstennähe kann man in der Umgebung einige der fotogenen *Trabocchi* sehen. 9-mal tägl. Busse von und nach Ortona.

▸ **Promotorio Dannunziano**: Nur wenige Kilometer südlich von San Vito Chietino auf der N 16 geht es links ab zum Promotorio Dannunziano (beschildert): ein Aussichtspunkt nur einige hundert Meter von der Straße entfernt mit ganz herrlichem Blick auf Küste und Trabocchi. Im Norden reicht die Sicht bis Ortona. Gegenüber vom Aussichtspunkt befindet sich ein Ristorante. Gabriele d'Annunzio soll hier an seinem Roman *Trionfo della Morte* (Triumph des Todes) geschrieben haben – daher auch der Name.

Fossacesia Marina (ca. 5000 Einwohner)

Ein weiterer typischer Ferienort an der Küste und Ableger der auf einem Hügel über dem Meer gelegenen älteren Siedlung Fossacesia. Sehenswert ist vor allem die etwas nördlich gelegene Kirche San Giovanni in Venere.

Der Ort liegt am *Golfo di Venere*, in dessen Hinterland sich liebliche grüne Hügel, Olivenhaine und Weinberge erheben. Südlich befindet sich die Mündung des Flusses *Sangro*, etwas nördlich am felsigen Küstenvorsprung *Punta Cavalluccio* sind noch einige der pittoresken Trabocchi zu sehen. Im Ort selbst geht es unspektakulär zu: langer Kiesstrand, weitläufige Promenade, viele Ferienwohnungen und nur wenige Hotels und Ristoranti, außerdem ein Camper-Stellplatz und am Südende der breiten Uferstraße eine moderne Marina (Jachthafen). Über allem wacht auf einem Hügel – nur wenige hundert Meter Luftlinie nördlich – die romanische Kirche und Abtei San Giovanni in Venere.

Chiesa San Giovanni in Venere

In wunderbarer Lage ein Stück oberhalb der Küste und inmitten eines Olivenhaines erhebt sich die romanische Kirche an der Stelle eines früheren Venus-Tempels, daher auch der Name. Eine erste Kirche mit Konvent entstand wahrscheinlich schon im 9. Jh., im 10. Jh. befand sich hier dann eine Einsiedelei. Den Auftrag für einen Kirchenneubau an dieser exponierten Stelle gab im Jahr 1015 *Trasmondo II.*, der Fürst von Chieti. 1165 zogen die Zisterzienser ein und bauten die Kirche dergestalt um, wie sie heute noch zu sehen ist. In den Jahren 1932–1935 wurde der angrenzende Kreuzgang der Kirche aufwendig restauriert.

Unterhalb vom Balkon hinter der Apsis (herrlicher Blick) befindet sich ein uralter Olivenbaum, der bereits 1871 zum nationalen Monument ernannt wurde – wie übrigens auch die Kirche selbst.

Von der recht schmucklosen Fassade der Kirche fällt einzig das „Portale della Luna" mit seinen Marmorreliefs auf: Es gilt als eines der schönsten in den gesamten Abruzzen und stammt aus der Zeit um 1225–1230. Dargestellt sind Szenen aus dem Leben *Johannes des Täufers*. Schlicht und einfach wie die Fassade gibt sich auch das dreischiffige Innere, man sollte jedoch einen Blick in die Krypta werfen: Hier sind besonders schöne Fresken aus dem späten 12. und frühen 13. Jh. zu sehen. Sehenswert ist auch der Kreuzgang des angeschlossenen Klosters.

• *Anfahrt/Öffnungszeiten* Von Fossacesia Marina die Straße nach Fossacesia, dann gleich rechts ab, nicht zu verfehlen. Die Kirche ist ganztägig ca. 8–20 Uhr geöffnet, keine Mittagspause. Gegenüber befindet sich die Bar **L'Angolo d'Abruzzo** mit nettem schattigen Garten, hier auch Snacks (ganztägig geöffnet, ✆ 0872/607137)

▸ **Lido di Casalbordino**: Dieser Strandort mit diversen Bars und Stabilimenti ist etwas ansprechender als das nur wenig nördlich gelegene **Torino di Sangro Marina**.

Von **Lido di Casalbordino** führt ein Feldweg (auch Fahrradweg) zum einsamen Kiesstrand von *Punta Aderci*: Am Südende der Uferpromenade folgt man der einzigen Straße weiter nach Süden, vorbei an der Ferienanlage „Poker" linker Hand, dahinter (direkt vor dem Tunnel) geht es links hinauf auf einen Schotterweg. Bei der gleich darauf folgenden Gabelung hält man sich rechts (und bergauf), nach wenigen Metern führt nun eine Brücke über die Mündung des Sinello. Von nun an auf schmaler werdendem Weg durch Schilf, Pinienwäldchen und Brombeersträucher immer geradeaus, links strahlt das blaue Meer, bis man schließlich die schöne und nur wenig besuchte **Spiaggia Aderci** linker Hand sieht. Zu Fuß ca. 45 Min. ab Lido di Casalbordino, mit dem Fahrrad ca. 15–20 Min.

Vasto/Marina di Vasto (ca. 33.000 Einwohner)

Die einzige größere Stadt im Süden der Abruzzen thront auf einem Plateau in 144 m Höhe und besitzt eine malerische Altstadt. Unterhalb erstreckt sich der beliebte Badeort Marina di Vasto mit seinem endlosen Sandstrand.

Zwar quält sich der Verkehr scheinbar unaufhörlich über den Corso Garibaldi, die Hauptachse durch die Altstadt von **Vasto**, doch sollte man sich davon nicht abschrecken lassen, sondern das Auto parken und das lebendige *centro storico* mit seinen beschaulichen Gassen zu Fuß erkunden. Allgemeiner Treffpunkt ist die Fußgängerzone (und wichtigste Einkaufsstraße) *Via De' Parma*, wo man sich im gleichnamigen Caffè allabendlich zum Aperitivo trifft. Von hier geht es in einem netten kleinen Spaziergang zum „Balcone" der Stadt, der *Loggia Ambling*, von der sich vor allem abends, wenn die Küstenorte wie in ein Lichtermeer getaucht sind, ein traumhafter Blick bietet. In Vasto gibt es einige gute Restaurants, die allein einen abendlichen Ausflug hierher lohnen.

Das Strandleben spielt sich im 3 km unterhalb gelegenen **Marina di Vasto** ab. Die lang gestreckten Sandstrände entlang dem *Lungomare Cordella* (nördlich) bzw.

dem *Viale degli Abruzzi* (südlich) lassen kaum Wünsche offen: Strandbäder, Sportmöglichkeiten, Bars, ein Pinienwäldchen usw. Marina di Vasto wird seit Jahren mit der *Bandiera Blu* für besondere Umweltverträglichkeit ausgezeichnet.

Bereits die Griechen errichteten in Vasto eine ihrer Kolonien an der Adriaküste. In römischer Zeit wurde der Ort unter dem Namen *Histonium* zum Municipium erhoben. Funde aus dieser Zeit sind im Archäologischen Museum (→ unten) zu sehen, bauliche Überreste der Römer sind in verschiedenen Bereichen der Stadt noch vereinzelt vorzufinden. Im Jahr 803 plünderte der Frankenkönig *Pipino III.* („Il Breve") die Stadt und gab sie an *Ayome von Dordona* als Lehen weiter. Die bedeutendsten Herrscher über die Stadt waren allerdings die *d'Avalos*, die ab Ende des 15. Jh. 300 Jahre lang die Geschicke Vastos bestimmten, bis die Stadt 1798 von den Franzosen eingenommen wurde.

Information/Verbindungen/Feste

• *Information* **I.A.T.** im alten Zentrum gegenüber des Palazzo d'Avalos. Im Sommer Mo–Sa 9–13 und 16–19 Uhr, So nur 9–13 Uhr, im Winter Mo–Fr 9–13 Uhr geöffnet. Piazza del Popolo 18, ✆ 0873/367312. In Marina di Vasto befindet sich ein Info-Büro an der Piazza Rodi/Viale Dalmazia; Öffnungszeiten wie oben, im Sommer abends länger, im Winter geschl.

• *Verbindungen* **Zug**, der Bahnhof von Vasto befindet sich in Marina di Vasto, ab hier jeweils etwa stündl. nach Termoli (Molise) und die Küste hinauf nach Pescara.

Überlandbusse fahren etwas außerhalb des Zentrums von Vasto am Busterminal beim Friedhof ab (Via dei Conti Ricci), dorthin gelangt man vom Zentrum mit dem Stadtbus Nr. 4. 5-mal tägl. nach Rom, 4-mal nach Pescara, 8-mal nach Chieti.

Stadtbusse fahren an der Piazza Verdi im Zentrum (Corso Garibaldi), Nr. 1 und Nr. 4 pendeln mindestens stündl. zwischen Vasto und Marina di Vasto.

• *Parken* In Marina di Vasto kein Problem, an der Uferpromenade jedoch meist gebührenpflichtig (frei Parken in den Seitenstraßen), in Vasto gibt es einige Parkplätze seitlich des viel befahrenen Corso Garibaldi, z. B. die Piazza Marconi mit Parkwächter, der auch kassiert: ca. 1 €/Std.

• *Feste* **Processione della Sacra Spina**, am Freitag vor Karfreitag findet in Vasto die Prozession der „Heiligen Dorne" statt.

Übernachten/Essen & Trinken

• *Übernachten* Große Auswahl in *Marina di Vasto*: Hier gibt es rund 30 Hotels und einige Campingplätze (empfehlenswert z. B. Camping Europa).

*** **Baiocco**, typisches und recht günstiges Badehotel in der Parallelstraße zum Lungomare, guter Standard, 32 nicht mehr ganz neue Zimmer, EZ 55 €, DZ 70 €, Frühstück inkl., in der HS kostet das Zimmer mit obligatorischer VP 60–70 €/Person. Liegestühle und Sonnenschirm am privaten Strandabschnitt sind im Preis eingeschlossen. Ganzjährig geöffnet. Viale Dalmazia 137, ✆ 0873/801976, ℻ 802376, www.hotelbaiocco.com

* **La Bitta**, am nördlichen Strandabschnitt (Lungomare Cordella), für das kleinere Budget, etwas schlichter, günstig. Nur 20 Zimmer, EZ 30–40 €, DZ 50–60 €, Frühstück inkl. April–Sept. Lungomare Cordella 18, ✆ 0873/801979.

• *Essen & Trinken* Spezialität von Vasto ist *Brodetto*, die Fischsuppe.

Ristorante Castello Aragona (1), herausragendes Restaurant etwas südlich vom Zentrum in zinnengekröntem Nobelpalazzo. Im Garten und auf der Panoramaterrasse (wunderschöner Blick) speist gediegenes Publikum bei tollem Ambiente, das Ganze natürlich zu entsprechend gehobenen Preisen – Menü ab ca. 40 €. Mittags und abends geöffnet, Mo geschl., Reservierung erwünscht. Via San Michele 105, ✆ 0873/69885. Anfahrt: In Vasto Zentrum dem Corso Garibaldi in südliche Richtung folgen, er geht in die Via San Michele über, die (beschilderte) Einfahrt zum Restaurant befindet sich auf der linken Seite. Parkplatz im Hof.

All'Hostaria del Pavone (3), nur wenige Schritte von der Cattedrale in einer schmalen Gasse im *centro storico*. Nette Atmo-

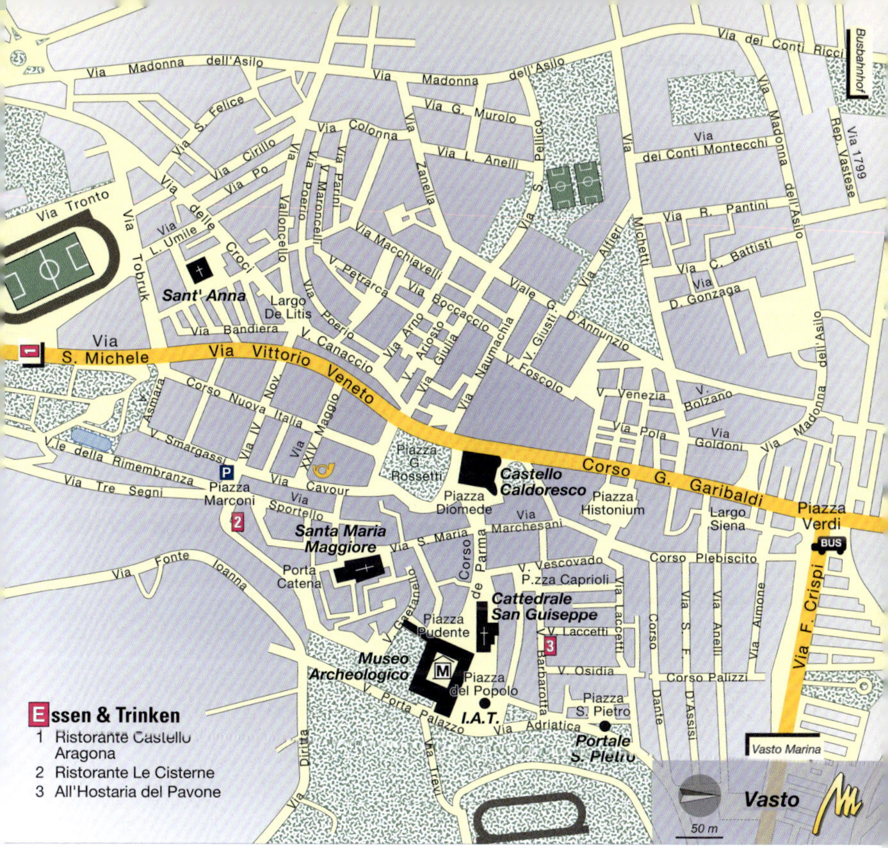

sphäre im Gewölbe, gute abruzzesische Fischküche zu angemessenen Preisen (Menü 25–30 €). Mittags und abends geöffnet, Di geschl. Via Barbarotta 15–17 (zweite Parallelstraße hinter der Cattedrale), ✆ 0873/60227.

Ristorante Le Cisterne (2), am oberen Ende der panoramareichen Loggia Ambling, von der Terrasse herrlicher Blick, im Inneren sitzt man zwischen den antiken Resten der über 2000 Jahre alten Wasserversorgung der Stadt – daher auch der Name des Restaurants. Antipasti um 7 €, Primi 6 €, Secondi um 12 €, abends gibt es auch leckere Pizza aus dem Holzofen ab 6 €. Mittags und abends geöffnet, kein Ruhetag. Vico Moschetto 10/12, ✆ 0873/362926.

Pizzeria Ippocampo, in *Marina di Vasto* an der Durchgangsstraße Viale Dalmazia. Sehr gute und saftige Riesenpizza, üppig belegt, zum Festpreis von 17 € für 2 Pers. Mit Terrasse. Nur abends geöffnet. Viale Dalmazia 52, ✆ 0873/802402.

Sehenswertes

Die wichtigsten Sehenswürdigkeiten in der lebendigen Altstadt von Vasto liegen nahe beieinander und können bei einem kleinen Stadtspaziergang gemütlich „abgelaufen“ werden.

An der großen Piazza Rossetti fällt zunächst die mächtige **Torre di Bassano** aus dem 15. Jh. auf, in der heute ein Juweliergeschäft untergebracht ist. Schräg unterhalb thront das schon etwas baufällige **Castello Caldoresco,** ursprünglich aus dem 13. Jh., das aber im 15. und frühen 18. Jh. umgebaut wurde (nur von außen zu besichtigen). Die Fußgängerzone Corso De' Parma hinunter geht es zur **Cattedrale San Giuseppe** mit dem Grundriss eines lateinischen Kreuzes. Sie stammt ursprünglich aus dem Jahr 1293, von der alten Fassade ist jedoch nur das Portal im lombardischen Stil erhalten. 1890 unterzog man die Cattedrale einer Generalsanierung.

Schräg unterhalb der Cattedrale entstand ebenfalls im 13. Jh. zunächst ein Augustinerkloster, das 1427 von *Jacopo Caldora* zu seiner Residenz ausgebaut wurde und dann in den Besitz der *d'Avalos* überging: der **Palazzo d'Avalos**. Im Erdgeschoss des großzügigen Palazzo befindet sich das **Archäologische Museum** der Stadt mit zahlreichen interessanten Funden aus dem römischen *Historium*. Sehenswert ist auch der zweite Stock des Palazzo mit Balkon.

Öffnungszeiten/Eintritt In der Hochsaison (Juli/Aug.) tägl. 10.30–12.30 und 18–24 Uhr, ansonsten Di–So 9.30–12.30 und 16.30–20 Uhr, Mo geschl., Besuch im Garten des Palazzo inbegriffen. Eintritt 1,10 €, Kinder unter 10 J. frei. Piazza Lucio Valerio Pudente, ✆ 0873/367773.

An der Piazza Pudente führt eine Gasse nach rechts zur panoramareichen *Loggia Ambling*, die wie ein langer Balkon um die halbe Altstadt herumführt. Dahinter verbirgt sich ein Gewirr aus schmalen und düsteren Gassen. Einen Abstecher wert ist hier sicherlich die **Chiesa Santa Maria Maggiore** mit wertvollen Gemälden im Kircheninneren. Wer sich am oberen Ende der Loggia Ambling zum Essen im *Ristorante Le Cisterne* niederlässt, sieht hier noch Überreste der alten römischen Wasserleitungen.

Von der Piazza Pudente geht es am Palazzo d'Avalos weiter hinunter zur Piazza del Popolo und dann gleich nach links in die Via Adriatica, wo man kurz darauf auf das kuriose **Portale San Pietro** stößt: Ursprünglich gehörte es zu einer Kirche aus dem 13. Jh., die aber bei einem Erdrutsch zerstört wurde – seitdem steht das Portal allein. Noch ein Stück weiter die gleiche Straße hinunter gelangt man zu den **römischen Thermen** (*Terme Romane*) und der **Arena**, die aber meist nur von außen einzusehen sind (unregelmäßige Öffnungszeiten, bei der I.A.T. nachfragen).

Die Küste der Molise

Nicht mal 50 km beträgt die Küstenlinie der zweitkleinsten Region Italiens. Man findet dort überwiegend unverbaute Sandstrände, teilweise recht schön und in der Regel kaum besucht. Einziges größeres Zentrum am Meer ist das Städtchen Termoli.

Wer den Fluss *Trigno*, die südliche Grenze der Abruzzen zur Molise, überquert hat, erreicht zuerst **Marina di Petacciato**, ein typisches und schon etwas in die Jahre gekommenes Badeareal mit Strandservice, Bars, (wenigen) Hotels, Restaurants, Kiosk, Wohnmobilstellplatz und riesigem Parkplatz; dazu ein wirklich sehr schöner und breiter Sandstrand, der nur an den Wochenenden der Hochsaison dicht belegt ist.

Erwähnt sei kurz vor Termoli noch der **Sarazenenturm** (*Torre Saracena*), der wie ein steinerner Wächter an die wirren Zeiten der Pirateneinfälle hier an der Adria erinnert. Ähnliche Türme säumten ursprünglich die ganze Adriaküste bis hinunter nach Apulien. Bei Pineto, im nördlichen Küstenabschnitt der Abruzzen, ist ein weiterer Turm erhalten geblieben.

Verlässt man Termoli auf der *N 16* in südöstlicher Richtung, erreicht man kurz nach der Überquerung des Flusses *Biferno* den einzigen weiteren Badeort der Molise: **Lido di Campomarina**. Während der eigentliche alte Ort **Campomarina** ein

Strand und Altstadt von Termoli

Stück landeinwärts liegt und noch heute von einer albanisch sprechenden Minderheit bewohnt wird, gibt sich der moderne Lido etwas gesichtslos, ist allerdings mit schönem, breitem Sandstrand samt Wellenbrechern ausgestattet.

Die **Region Molise**, italienisch *il Molise*, ist mit einer Fläche von nur 4438 km^2 die zweitkleinste Region Italiens, noch kleiner ist nur das Aostatal ganz im Nordwesten (3263 km^2). Insgesamt wohnen im Molise ca. 320.000 Menschen, genannt *Molisani*. Hauptstadt ist Campobasso mit ca. 47.000 Einwohnern, Termoli ist die zweitgrößte Stadt der Region.

Termoli (ca. 30.000 Einwohner)

Ein Stück Süditalien mit einer wunderschönen kleinen Altstadt über dem Meer und überaus ansehnlichem Stadtstrand. In der Neustadt dagegen dominieren moderne Zweckbauten und Verkehrschaos.

Vom Hauptbahnhof über den *Corso Umberto I.* geht es zunächst zur palmenbestandenen *Piazza Vittorio Veneto*, dem Zentrum der Neustadt. Über den langen *Corso Nazionale* (hier einige Cafés) erreicht man schließlich das Eingangstor zur deutlich ruhigeren Altstadt, dem pittoresken **Borgo Vecchio** auf einer Landzunge, die erhöht zwischen Hafen und Strand ins Meer hineinragt. Hier, im alten Termoli, scheint die Zeit stehen geblieben zu sein: Stille und Beschaulichkeit, Blumenkübel vor den Häusern, in deren Schatten Katzen dösen, in den kleinen Gassen sind Wäscheleinen gespannt, und hinter geschlossenen Fensterläden hört man resolute Hausfrauen mit den Töpfen klappern. Zur Siesta ist das alte Viertel dann wie ausgestorben.

Die beiden wichtigen Altstadt-Sehenswürdigkeiten sind das unter *Friedrich II.* entstandene **Castello** (*Rocca Federiciana*), in dem heute die italienische Marine ihren Sitz hat (daher nicht zu besichtigen), und die romanische **Cattedrale** (→ S. 377). Ein herrlicher Blick bietet sich vom *Belvedere* gleich neben dem Castello: über die Stadtmauer auf den malerischen Trabocco und zum Strand. Vom erhöht gelegenen Borgo Vecchio führt eine moderne Beton-Wendeltreppe hinunter zum Hafen (von der Piazza Bisceglie), wo die Ausflugsboote zu den Tremiti-Inseln starten.

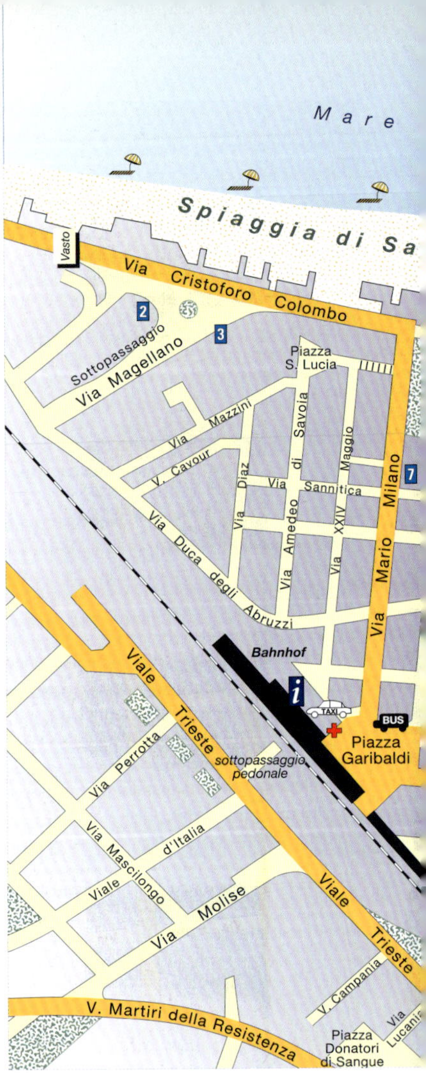

Die Gegend an der südlichen Adria wurde in vorrömischer Zeit vom italischen Volksstamm der *Frentaner* besiedelt, die Anfang des 3. Jh. v. Chr. dann zu römischen Bundesgenossen wurden. Aus der Zeit der Großmacht Rom ist allerdings erstaunlich wenig bekannt, erst aus dem frühen Mittelalter werden wieder verlässlichere Daten geliefert: Mitte des 6. Jh. fielen die Langobarden ein, die hier das Herzogtum von Benevent etablierten, im Jahr 827 kamen die Sarazenen, dann die Normannen und im späten 12. Jh. wurde die Stadt von Seefahrern geplündert. Im Jahr 1203 wurde ein Handelsabkommen mit *Ragusa* (heute Dubrovnik) an der gegenüberliegenden dalmatischen Küste geschlossen, in dessen Folge Termoli zu Wohlstand kam. Ab etwa 1220 hatte hier der Staufer *Friedrich II.* das Sagen, der die Stadt gegen die Venezianer verteidigte. Ein schweres Erdbeben (1456) sowie die Pest im Jahr 1495 setzten Termoli schwer zu, besonders hart kam es aber 1566, als türkische Truppen die Stadt in Brand setzten und zerstörten. Mit dem Bau der Neustadt von Termoli wurde erst Mitte des 19. Jh. begonnen.

Information/Verbindungen/Parken/Feste

• *Information* **I.A.T.**, Haupt-Informationsbüro gleich beim Bahnhof, etwas schwierig zu finden: Vom Corso Umberto I. auf der rechten Seite durch einen Durchgang und auf der Rückseite des Gebäudes im 1. Stock. Sehr sparsam beschildert. Im Sommer Mo–Fr 8–14 Uhr und Sa 8–13 Uhr, nachmittags Mo und Mi 15–20 Uhr, Di, Do und Fr 17–20 Uhr, Sa 16–20 Uhr, So geschl. Im Winter Mo–Fr 8–14 Uhr, Sa 8–13 Uhr und Mo

und Mi 15–18.30 Uhr. Piazza Melchiorre Bega 1, ✆ 0875/703913.
Ein **Info-Pavillon** befindet sich am Bahnhof, nur im Sommer (Ende Juni bis Anfang Sept.) tägl. 9–13 und 18–21 Uhr geöffnet. Hier auch kostenlose Gepäckaufbewahrung. Zu guter Letzt gibt es dann noch das **Tourist-Help-Büro** am Eingang zur Altstadt über dem Meer: nur im Sommer tägl. 20–24 Uhr.

• *Verbindungen* **Bahn**, gute Verbindungen: 8-mal tägl. über Vasto nach Pescara, mehrmals tägl. ICs nach Bari und Lecce sowie über Ancona und Bologna nach Mailand, Nachtzüge nach Venedig, Mailand, Turin.

Busse, der Bus-Terminal liegt etwas außerhalb, 8-mal tägl. nach Vasto, 5-mal via San Salvo (bei Vasto) nach Pescara, außerdem entlang der Molise-Küste mindestens stündl. nach Campomarina und 10-mal tägl. nach Marina di Petacciato. Vom Hauptbahnhof fährt der **Stadtbus Nr. 2** zum Bus-Terminal.

Taxis fahren an der Piazza Garibaldi am Bahnhof ab.

Fähren und Schnellboote starten im Hafen zu den Tremiti-Inseln, nur von Ende Mai bis Ende Sept. Überfahrt 50 Min. bis 1½ Std., Abfahrt in der Regel morgens, in der HS bis zu 3-mal tägl. (auch mittags/nachmittags). Mit dem Schnellboot pro Pers. 15 €, Kinder unter 12 J. die Hälfte, mit dem langsameren Motorboot 8,50 € (4,25 €). Es gibt 3 Fährgesellschaften: *Navigazione Libera del Golfo* (✆ 0875/704859 oder ✆ 703937), *Adriatic Shipping Lines* (✆ 0875/705198) sowie *Adriatica di Navigazione* (✆ 0875/705343).

• *Parken* Am Piazzale del Porto (am Hafen) teilweise gebührenpflichtige Parkplätze.

• *Feste* **Festa di San Basso**, das Fest des Stadtpatrons, alljährlich am 3./4. Aug. (mit Meeresprozession).

Incendio del Castello am 15. Aug. (Ferragosto).

Übernachten/Essen & Trinken (siehe Karte S. 374/375)

• *Übernachten* **** **Hotel Mistral (3)**, großer Kasten in der Neustadt am Lungomare Nord, relativ zentrale Lage und nur über die Straße zum Strand. Von außen nicht sehr idyllisch, komfortables 120-Betten-Hotel mit Sonnenterrasse und großem Ristorante, EZ ab 55 €, DZ ab 110 €, inkl. Frühstück, HP 18 €/Person. Lungomare C. Colombo 50, ✆ 0875/705246, ℻ 705220, www.hotelmistral.net

*** **Hotel Meridiano (2)**, gleich daneben und von außen ebenfalls nicht besonders ansehnlich, innen aber ein nettes und sympathisches Strandhotel. Freundlicher Service, Signore Antonio spricht deutsch. Relativ günstig: EZ 77 €, DZ 93 €, Frühstück inkl. Lungomare C. Colombo 52 A, ✆ 0875/705946, ℻ 702696, www.hotelmeridiano.com

B & B Locanda Alfieri (1), eine der schönsten Unterkünfte Termolis in der Altstadt, nur 8 Zimmer (davon 1 EZ) in historischem Gemäuer, sorgsam restauriert und nett hergerichtet, schöner Frühstücksraum. EZ 50 €, DZ 75–90 €, Frühstück inkl. Via Duomo 39, ✆ 0875/708112, www.locandalfieri.com

** **Pensione Villa Ida (7)**, relativ günstige Pension ein Stück oberhalb des Stadtstrandes. Noch recht zentrale Lage zwischen Bahnhof und Meer, nur wenige Minuten von der Altstadt entfernt. 23 Zimmer, teilweise mit Balkon, modern und schlicht eingerichtet, empfehlenswert. EZ 40–42 €, DZ 58–62 €, inkl. Frühstück. Im Aug. Zimmer mit obligatorischer VP für 63 €/Person. Für die HS sollte man spätestens im April buchen! Via M. Milano 27, ✆ 0875/706666, ℻ 708132, www.pensionevillaida.it, E-Mail: villaida@ciaoweb.it

Altstadtgasse in Termoli

• *Essen/Trinken* **Trattoria Nonna Maria (5)**, in der autofreien Via Oberdan, ein kleines gemütliches Lokal mit wirklich gelungenem Ambiente, sehr sympathisch. Hervorragende Küche, die auch der *Gambero Rosso* lobt, etwas gehobene Preise, freundlicher Service. Mittags und abends geöffnet, Mo geschl. Via Oberdan 14, ✆ 0875/81585.

Z'Bass (6), gleich neben der Nonna Maria, nennt sich Trattoria tipica, ebenfalls gehobenes Preisniveau. Mittags und abends geöffnet, Mo geschl. Via Oberdan 8, ✆ 0875/706703.

Da Noi Tre (8), sehr beliebtes Ristorante im autofreien Bereich um die schöne Piazza Mercato. Mittags und abends geöffnet, nur im Winter Mo Ruhetag. Via C. Ruffini 47, ✆ 0875/703639.

Ristorante da Antonio (9), gleich beim Bahnhof in der Neustadt, gegenüber der Piazza Vittorio Veneto. Auf Fisch spezialisiert und nicht allzu teuer, sehr typisches Lokal, nett. Mittags und abends geöffnet, kein Ruhetag. Corso Umberto I. 59, ✆ 0875/705158.

La Cantina del Porto (4), Enoteca und Ristorante gegenüber vom Eingang zur Altstadt und oberhalb des Hafens gelegen, gediegenes Ambiente in kühlem Gewölbe. Hervorragende Weine, das Preisniveau ist etwas gehoben. Über Jahre von *Veronelli* empfohlen. Mittags und abends geöffnet, So abends und Mo geschl. Via Aubry 5, ✆ 0875/706166.

Trattoria Nicolino, in der Via Roma 11–13, ✆ 0875/706804, ist eine ausgezeichnete Adresse für Fischgerichte. *Lesertipp* von Gabriele Niebling.

Sehenswertes

▸ **Altstadt**: Ohne einen Besuch in der Altstadt, dem *Borgo Vecchio*, bleibt eine Besichtigung Termolis unvollständig. Hier konzentrieren sich auf engstem Raum Torretta Belvedere, Castello und Cattedrale, die einzigen bedeutenden Sehenswürdigkeiten der Stadt.

Gleich am Altstadttor stößt man auf den kaum zu übersehenden Turm **Torretta Belvedere**, in dem heute das private *Archivio Storico Termolese* untergebracht ist: eine interessante Sammlung und Stadtarchiv zugleich, dazwischen einige Kuriositäten (im Sommer immer vormittags geöffnet, Eintritt frei).

Auf der anderen Seite befindet sich bei einem weiteren Altstadttor das ebenfalls nicht zu übersehende **Castello** – ein wuchtiger Bau mit angedeuteten Bastionen und einem mächtigen quadratischen Turm in der Mitte. Das Bauwerk entstand 1247 auf Geheiß des Staufers *Friedrich II.* und beherbergt heute die italienische Marine (nicht zugänglich).

Bauliches Glanzstück in der Altstadt ist zweifelsohne die **Cattedrale San Basso** an der beschaulichen und autofreien Piazza Duomo. Der schlichte romanische Bau stammt aus der ersten Hälfte des 13. Jh., geht aber vermutlich auf einen Vorgängerbau aus dem 10. Jh. zurück – Teile der alten Kirche sind im Inneren noch zu sehen. Besonders beeindruckt die Fassade mit Portal und aufwendig gearbeiteten Blendarkaden, von denen allerdings nur noch Teile erhalten sind. Im Inneren der dreischiffigen Basilika lohnt ein Blick auf die alten Mosaike der Vorgängerkirche (ganztägig geöffnet, über Mittag 12–16.30 Uhr geschl.).

Baden

Schönster Badestrand der Stadt ist die *Spiaggia di Sant'Antonio* westlich der Altstadt: bestens gepflegter Sandstrand, diverse Strandbäder und Bars, seichtes Wasser mit Wellenbrechern und dazu der herrliche Blick auf Borgo Vecchio und Trabocchi. Der Strand wird seit Jahren mit der „Bandiera Blu" für besondere Sauberkeit und Umweltfreundlichkeit ausgezeichnet.

Eine Badealternative könnte die *Spiaggia Rio Vivo* südlich des Hafens sein: Über 500 m erstreckt sich der Strand mit Stabilimenti, Bars und Bootsverleih. Beide Strände sind nur zur Hochsaison bestens besucht, im Juni und September ist hier v. a. unter der Woche kaum jemand anzutreffen.

Etwas Italienisch

Aussprache (Hier nur die Abweichungen von der deutschen Aussprache)

c: vor e und i immer *„tsch"* wie in *rutschen*, z. B. *centro* (Zentrum) = *„tschentro"*. Sonst wie *„k"*, z. B. *cannelloni* = *„kannelloni"*.

cc: gleiche Ausspracheregeln wie beim einfachen **c**, nur betonter: *faccio* (ich mache) = *„fatscho"*; *boccone* (Imbiss) = *„bokkone"*.

ch: wie *„k"*, *chiuso* (geschlossen) = *„kiuso"*.

cch: immer wie ein hartes *„k"*, *spicchio* (Scheibe) = *„spikkio"*.

g: vor e und i *„dsch"* wie in *Django*, vor a, o , u als *„g"* wie in *gehen;* wenn es trotz eines nachfolgenden dunklen Vokals als *„dsch"* gesprochen werden soll, wird ein i eingefügt, das nicht mitgesprochen wird, z. B. in *Giacomo* = *„Dschakomo"*.

gh: immer als *„g"* gesprochen.

gi: wie in *giorno* (Tag) = *„dschorno"*, immer weich gesprochen.

gl: wird zu einem Laut, der wie *„lj"* klingt, z. B. in *moglie* (Ehefrau) = *„mollje"*.

gn: ein Laut, der hinten in der Kehle produziert wird, z. B. in *bagno* (Bad) = *„bannjo"*.

h: wird am Wortanfang nicht mitgesprochen, z. B. *hanno* (sie haben) = *„anno"*. Sonst nur als Hilfszeichen verwendet, um c und g vor den Konsonanten i und e hart auszusprechen.

qu: im Gegensatz zum Deutschen ist das u mitzusprechen, z. B. *acqua* (Wasser) = *„akua"* oder *quando* (wann) = *„kuando"*.

r: wird kräftig gerollt!

rr: wird noch kräftiger gerollt!

sp und **st**: gut norddeutsch zu sprechen, z. B. *specchio* (Spiegel) = *„s-pekkio"* (nicht *schpekkio), stella* (Stern) = *„s-tella"* (nicht *„schtella")*.

v: wie *„w"*.

z: immer weich sprechen wie in *Sahne*, z. B. *zucchero* (Zucker) = *„sukkero"*.

Elementares

Frau ...	*Signora*
Herr ...	*Signor(e)*
Guten Tag	*Buon giorno*
Guten Abend (ab nachmittags!)	*Buona sera*
Gute Nacht	*Buona notte*
Auf Wiedersehen	*Arrivederci*
Hallo/Tschüss	*Ciao*
Wie geht es Ihnen?	*Come sta?*
Wie geht es dir?	*Come stai?*
Danke, gut.	*Molto bene, grazie*
Danke!	*Grazie*
Entschuldigen Sie	*(Mi) scusi*
Entschuldige	*Scusami/Scusa*
Entschuldigung, können Sie mir sagen...?	*Scusi, sa dirmi...?*
ja	*si*
nein	*no*
Tut mir leid	*Mi dispiace*
Macht nichts	*Non fa niente*
Bitte! *(gern geschehen)*	*Prego!*
Bitte (als Einleitung zu einer Frage oder Bestellung)	*Per favore...*
Sprechen Sie Englisch/Deutsch?	*Parla inglese/ tedescso?*
Ich spreche kein Italienisch	*Non parlo l'italiano*
Ich verstehe nichts	*Non capisco niente*
Könnten Sie langsamer sprechen?	*Puo parlare un po` più lentamente?*
Ich suche nach...	*Cerco...*
Okay, geht in Ordnung	*va bene*
Ich möchte	*Vorrei*
Warte/Warten Sie!	*Aspetta/Aspetti!*
groß/klein	*grande/piccolo*
Geld	*i soldi*
Ich brauche ...	*Ho bisogno ...*
Ich muss ...	*Devo ...*
in Ordnung	*d'accordo*
Ist es möglich, dass ...	*È possibile ...*
mit/ohne	*con/senza*
offen/geschlossen	*aperto/chiuso*
Toilette	*bagno*
verboten	*vietato*
Wie heißt das?	*Come si dice?*
bezahlen	*pagare*

Fragen

Gibt es/Haben Sie...?	*C'è ...?*
Was kostet das?	*Quanto costa?*
Gibt es (mehrere)	*Ci sono?*
Wann?	*Quando?*
Wo? Wo ist?	*Dove?/ Dov'è?*
Wie?/Wie bitte?	*Come?*
Wieviel?	*Quanto?*
Warum?	*Perché?*

Smalltalk

Ich heiße ...	*Mi chiamo ...*
Wie heißt du?	*Come ti chiami?*
Wie alt bist du?	*Quanti anni hai?*
Das ist aber schön hier	*Meraviglioso!/Che bello!/Bellissimo!*
Von woher kommst du?	*Di dove sei tu?*
Ich bin aus München/Hamburg	*Sono di Monaco, Baviera/di Amburgo*
Bis später	*A più tardi!*

Orientierung

Wo ist bitte...?	*Per favore, dov'è..?*
... die Bushaltestelle	*...la fermata*
... der Bahnhof	*...la stazione*
Stadtplan	*la pianta della città*
rechts	*a destra*
links	*a sinistra*
immer geradeaus	*sempre diritto*
Können Sie mir den Weg nach ... zeigen?	*Sa indicarmi la direzione per..?*
Ist es weit?	*È lontano?*
Nein, es ist nah	*No, è vicino*

Bus/Zug

Fahrkarte	*un biglietto*
Stadtbus	*il bus*
Überlandbus	*il pullman*
Zug	*il treno*
hin und zurück	*andata e ritorno*
Ein Ticket von X nach Y	*un biglietto da X a Y*
Wann fährt der nächste?	*Quando parte il prossimo?*
... der letzte?	*...l'ultimo?*
Abfahrt	*partenza*
Ankunft	*arrivo*
Gleis	*binario*
Verspätung	*ritardo*
aussteigen	*scendere*
Ausgang	*uscita*
Eingang	*entrata*

Auto/Motorrad

Auto	*macchina*
Motorrad	*la moto*
Tankstelle	*distributore*
Volltanken	*il pieno, per favore*
Bleifrei	*benzina senza piombo*
Diesel	*gasolio*
Panne	*guasto*
Unfall	*un incidente*
Bremsen	*i freni*
Reifen	*le gomme*
Kupplung	*la frizione*
Lichtmaschine	*la dinamo*
Zündung	*l'accensione*
Vergaser	*il carburatore*
Mechaniker	*il meccanico*
Werkstatt	*l'officina*
funktioniert nicht	*non funziona*

Bank/Post/Telefon

Wo ist eine Bank?	*Dove c' è una banca*
Postamt	*posta/ufficio postale*
Ich möchte Reiseschecks einlösen	*Vorrei cambiare dei traveller cheques*
Postkarte	*cartolina*
Brief	*lettera*
Briefkasten	*la buca (delle lettere)*
Briefmarken	*i francobolli*
Wo ist das Telefon?	*Dov' è il telefono?*

Hotel/Camping

Haben Sie ein Einzel/Doppelzimmer?	*C'è una camera singola/doppia?*
Können Sie mir ein Zimmer zeigen?	*Può mostrarmi una camera?*
Ich nehme es/wir nehmen es	*La prendo/la prendiamo*
Zelt/ kleines Zelt	*tenda/canadese*
Schatten	*ombra*
mit Dusche/Bad	*con doccia/ bagno*
ein ruhiges Zimmer	*una camera tranquilla*
Wir haben reserviert	*Abbiamo prenotato*
Schlüssel	*la chiave*
Vollpension	*pensione completa*
Halbpension	*mezza pensione*
Frühstück	*prima colazione*
Hochsaison	*alta stagione*
Nebensaison	*bassa stagione*

Zahlen

0	*zero*	13	*tredici*	60	*sessanta*
1	*uno*	14	*quattordici*	70	*settanta*
2	*due*	15	*quindici*	80	*ottanta*
3	*tre*	16	*sedici*	90	*novanta*
4	*quattro*	17	*diciassette*	100	*cento*
5	*cinque*	18	*diciotto*	101	*centuno*
6	*sei*	19	*diciannove*	102	*centodue*
7	*sette*	20	*venti*	200	*duecento*
8	*otto*	21	*ventuno*	1.000	*mille*
9	*nove*	22	*ventidue*	2.000	*duemila*
10	*dieci*	30	*trenta*	100.000	*centomila*
11	*undici*	40	*quaranta*	1.000 000	*un milione*
12	*dodici*	50	*cinquanta*		

Arzt/Krankenhaus

Ich brauche einen Arzt	*Ho bisogno di un medico*
Hilfe!	*Aiuto!*
Erste Hilfe	*pronto soccorso*
Krankenhaus	*ospedale*
Schmerzen	*dolori*
Ich bin krank	*Sono malato*
Biss/Stich	*puntura*
Fieber	*Febbre*
Durchfall	*diarrea*
Erkältung	*raffreddore*
Halsschmerzen	*mal di gola*
Magenschmerzen	*mal di stomaco*
Zahnweh	*mal di denti*
Zahnarzt	*dentista*
verstaucht	*slogato*

Restaurant

Haben Sie einen Tisch für x Personen?	*C'è un tavolo per x persone?*
Ich möchte zahlen	*Il conto, per favore*
Gabel	*forchetta*
Messer	*coltello*
Löffel	*cucchiaio*
Aschenbecher	*portacenere*
Mittagessen	*pranzo*
Abendessen	*cena*
Eine Quittung, bitte	*Vorrei la ricevuta, per favore*
Es war sehr gut	*Era buonissimo*
Trinkgeld	*mancia*
Extra-Preis für Gedeck, Service und Brot	*coperto/pane e servizio*
Vorspeise	*antipasto*
erster Gang	*primo piatto*
zweiter Gang	*secondo piatto*
Beilagen	*contorni*
Nachspeise (Süßes)	*dessert*
Obst	*frutta*
Käse	*formaggio*

Register

R

S

T

U/V

W/Z